教育部哲學社會科學研究重大課題攻關項目
國家社會科學基金重大項目
「十一五」國家重點圖書出版規劃項目·重大工程出版規劃

儒藏

精華編二三〇册

集部

儒藏

精華編

《儒藏》精華編第二二〇册

首席總編纂　季羨林

總　編　纂　湯一介　龐　樸　孫欽善　安平秋（按年齡排序）

本册主編　陳俊民

《儒藏》精華編凡例

一、中國傳統文化以儒家思想爲中心。《儒藏》爲儒家經典和反映儒家思想、體現儒家經世做人原則的典籍的叢編。收書時限自先秦至清代結束。

二、《儒藏》精華編爲《儒藏》的一部分，選收《儒藏》中的精要書籍。

三、《儒藏》精華編所收書籍，包括傳世文獻和出土文獻。傳世文獻按《四庫全書總目》經史子集四部分類法分類，大類、小類基本參照《中國叢書綜録》和《中國古籍善本書目》，於個别處略作調整。凡單書已收入入選的個人叢書或全集者，僅存目録，並注明互見。出土文獻單列爲一個部類，原件以古文字書寫者一律收其釋文文本。韓國、日本、越南儒學者用漢文寫作的儒學著作，編爲海外文獻部類。

四、所收書籍的篇目卷次，一仍底本原貌，不選編，不改編，保持原書的完整性和獨立性。

五、對入選書籍進行簡要校勘。以對校爲主，確定内容完足、精確率高的版本爲底本，精選有校勘價值的版本爲校本。出校堅持少而精，以校正誤爲主，酌校異同。校記力求規範、精煉。

六、根據現行標點符號用法，結合古籍標點通例，進行規範化標點。專名號除書名號用角號（《》）外，其他一律省略。

七、對較長的篇章，根據文字内容，適當劃分段落。正文原已分段者，不作改動。千字以内的短文一般不分段。

八、各書卷端由整理者撰寫《校點説明》，簡要介紹作者生平、該書成書背景、主要内容及影響，以及整理時所確定的底本、校本（舉全稱後括注簡稱）及其他有關情況。重複出現的作者，其生平事蹟按出現順序前詳後略。

九、本書用繁體漢字豎排，小注一律排爲單行。

《儒藏》精華編第二三〇册

集部

藍田呂氏遺著輯校

〔北宋〕呂大臨等　撰
陳俊民　輯校

目録

校點説明

本書是對北宋藍田吕氏四兄弟之遺著，主要是吕大臨之理學遺著的輯佚、校點和編輯，故定名爲「藍田吕氏遺著輯校」。

吕大臨，字與叔，號芸閣，其先汲郡（今河南汲縣）人，因祖太常博士吕通葬藍田（今陝西藍田縣），遂以藍田爲家焉。父比部郎中吕蕡共六子，其「五登科」，今有史可考者，只有大忠（晉伯）、大防（微仲）、大鈞（和叔）和大臨四兄弟，大臨爲幼。其三兄俱登第入官，大防官至尚書右丞、左僕射，有「相王室」之位，惟大臨以「不敢掩祖宗之德」而不復應舉，雖藉門蔭入爲太學博士，遷秘書省正字，畢生「修身好學，行如古人」，無意仕進擢用。元祐七年壬申（一〇九二年），范内翰祖禹以其學行薦可充講官，以備勸學，未及用而卒，年僅四十七歲。史稱其「既事横渠，卒業于二程」，學「通六經，尤深於《禮》」，「有《易》《詩》《禮》《中庸》説、《文集》等行世」。《伊洛淵源録》卷八、《宋史》卷三四〇和《關學編》卷一有傳。

從現存的藍田吕氏遺著看，大體有兩種情況：一種是全書完整的流行於世者，有吕大臨《考古圖》十卷，吕大鈞《吕氏鄉約鄉儀》，吕大防《杜工部年譜》，共計三部；另一種是全書已不復見，而其部分或大部、全部被蒐集條疏於宋人詩文集及各類總集、類編者。這些散見的和完整的遺著，按其内容和性質，可分爲三類：一類是吕氏對古籍器物的整理考釋，對當朝的有關奏章及對前人所做的年譜，如吕大防的《周易古經》、《杜工部年譜》和吕大臨的《考古圖》等，它們同理學思想無直接關涉，可不論；二類是吕氏與二程的答問及關於二程談話的述録，如《程氏遺書》中的《東見録》、《程氏文集》中的《與吕大臨論中書》等；三類是吕氏的專著與詩文，如《呂氏鄉約鄉儀》、《禮記傳》、《易章句》、《論語解》、《孟子講義》、《中庸解》、《克己銘》、《春静》詩等。後兩類專著、詩文和述録，除《呂氏鄉約鄉儀》和部分詩文之外，多屬呂大臨佚存的重要理學著作，是研究呂大臨在張、程之間如何進行理學抉擇的直接史料，而又幾乎全散見於宋人詩文集及各種總集類書之中。這就確定了我們輯校呂氏遺著所涉及的主要範圍，及以呂大臨著作爲主體的編排宗旨。現就本書各部分之史料來源及版本情況作一簡單介紹。

（一）《易章句》，呂大臨撰，乃未完之作，原書已亡佚。清康熙年間納蘭成德編撰的《合訂删補大易集義粹言》（以下簡稱「《粹言》」）中引用了呂氏易説三百三十九條，今以《通志堂經解》原刊本《粹言》爲底本，將其全部輯出，校以影印文淵閣《四庫全書》本《粹言》（簡稱「四庫本」），分繫於各卦爻辭之下，其中不涉及《繫辭》以下的內容。南宋呂祖謙編撰的《晦庵先生校正周易繫辭精義》（以下簡稱「《精義》」）亦引用了呂氏易説，剔除重複者，得二十九條，内容與《周易》上下經無涉。今以古逸叢書覆刻元至本《精義》爲底本，將其全部輯出，校以復性書院重刊本《精義》（簡稱「馬浮本」），繫於《易傳》各篇相關内容之下。今輯本不分卷。

（二）《禮記解》，呂大臨撰。原書已亡佚，宋衛湜《禮記集説》多引其説。清宣統三年（一九一一年）藍田牛兆濂有輯本，曾藏版於藍田芸閣學舍，刊入《西京清麓叢書續編》中，書名《禮記傳》（簡稱「清麓本」）。今以影印南宋嘉熙四年（一二四〇年）新定郡齋刻本《禮記集説》爲底本（簡稱「新定本」），重輯此書，得三百八十則，分繫於《禮記》相關文字之下，並校以影印文淵閣《四庫全書》本《禮記集説》（簡稱「四庫本」）和清麓本《禮記傳》。今輯本不分卷。

（三）《論語解》、《孟子解》，呂大臨撰。二書均已亡佚，朱熹《論孟精義》中多存其説。今以清康熙呂氏寶誥堂重刊白鹿洞原刻本《論孟精義》爲底本，輯出《論語解》一百九十五條，《孟子解》二十六條，分繫《論語》、《孟子》各章之下，校以影印文淵閣《四庫全書》本《論孟精義》（簡稱「四庫本」）、南京圖書館館藏明抄本《國朝諸老先生論孟精義》（簡稱「明抄本」）以及日本影享保十四年（一七二九年）和刻本（簡稱「和刻本」）。二書今輯本皆不分卷。

（四）《中庸解》，吕大臨撰，存《二程全書》中。今從中華書局校點本《二程集》中録出，並復校以《二程集》所用底本和校本，即復校以清同治涂宗瀛（簡稱「涂本」）和明萬曆徐必達（簡稱「徐本」）、清康熙吕留良（簡稱「吕本」）諸刻本《二程全書》相關部分。

（五）《論中書》、《東見録》，此二篇乃吕大臨與二程談話答問之記録，由吕氏本人記録整理，被編入《二程全書》中。《論中書》見《程氏文集》卷九；《東見録》見《程氏遺書》卷二，此卷分上、下，乃《東見録》之不同版本。今將二篇從中華書局校點本《二程集》中録出，並復校以《二程集》底本和校本（與前同）。

（六）《藍田儀禮説》、《藍田禮記説》、《藍田語要》，此三篇係《宋元學案補遺》卷三十一所引吕大臨有關專著、文章、語録的摘抄，今從《四明叢書》第五集《補遺》中全文輯出，校以前述吕氏《禮》、《論》、《孟》、《庸》諸《解》之相關部分，加以標點，篇名仍舊。又考《性理大全書》、《宋元學案》所引大臨語，前者十四則，後者七則，今以四庫本《大全書》與中華書局校點本《學案》爲依據，分别將其輯出，並加校點，一併附於《藍田語要》之内。其中所引重複者，不予删削，保其原貌，以見其語爲歷代史書所徵引、珍重之實。

（七）《吕氏鄉約鄉儀》。《鄉約》一卷，舊傳爲大忠所作，《宋史》引《鄉約》一條，又載於《大防傳》中，經朱熹考定，爲大鈞所作；《鄉儀》一卷，舊題蘇昞所爲，依朱熹考定，「乃季明（蘇昞）所序」，而「吕氏書也」。足見此書實係三吕共同編定。其書刊刻流佈最廣，而以《關中叢書》本較善，今用以爲底本，校以明嘉靖刻《朱文公文集》本《增損吕氏鄉約》，並加標點，書名仍舊。

（八）《文集佚序》。吕氏文集既佚，今自《四部叢刊》影印宋本《皇朝文鑑》，清乾隆刻本厲鶚《宋詩紀事》，山西古籍出版社校點本清陸心源《宋詩紀事補遺》，中華書局校點本《二程集》、《張載集》、《楚辭集註》以及《全宋文》、《全宋詩》中，分别輯出吕大臨詩文四十四篇，吕大鈞詩文九篇，吕大防詩文七十篇，吕大忠詩文二十二篇，加以校點，歸爲一編，題作《文集佚存》，以見吕氏詩文之散佚、存流情況。

就以上八部分資料的内容看，現在的吕氏遺著，其實主要是吕大臨的作品。儘管其大部分篇章寫作年代不詳，但可以肯定《中庸解》是「吕與叔晚年所爲」，《東見録》、《論中書》爲吕大臨於三十三歲入洛東見二程以後所記録。《易章句》、《禮記解》、《論語解》、《孟子解》，從其内容看，很可能就是吕大臨三十一歲以前，親炙張載時所作。而張載其學，尊禮貴德，以《易》爲宗，大臨從學張子，必然亦從解《易》入手，而漸漸立説。所以，本書特將《易章句》列於書首，《禮》、《論》、《孟》、《庸》諸《解》編次於後。

爲了詳細説明各部分佚存情況、輯佚出處、版本校勘及内容價值，筆者專爲中華書局一九九三年出版的《藍田吕氏遺著輯校》一書撰寫了長篇前言，今將其中「關於藍田吕氏遺著的輯校」稍作修訂，同歷代關乎藍田吕氏其人其書的主要傳記、佚事、序跋、提要、書評、按語等資料，一併作爲《附録》，置之書末，以備參考。

輯校者　陳俊民

易章句

呂大臨

乾（卦一）

☰ 乾下乾上

乾，元亨利貞。

元，所以本也；亨，所以交也；利，所以成功也；貞，所以爲主也。

初九，潛龍勿用。

九二，見龍在田，利見大人。

九三，君子終日乾乾，夕惕若，厲无咎。

九四，或躍在淵，无咎。

九五，飛龍在天，利見大人。

上九，亢龍有悔。

用九，見群龍无首，吉。

揲蓍三變，歸奇於初，其爲四者：有七則爲少陽，有八則爲少陰，有九則爲老陽，有六則爲老陰。占遇七、八則不變，不變者，觀其彖辭而言吉凶彖即卦辭，遇九、六則變，變者，觀其爻而言吉凶也。爻辭稱九、六，而不稱七、八，蓋變者有占，占必有辭，故繫辭於爻之下以定吉凶也。《乾》、《坤》稱用九、用六者，六爻皆九皆六則俱變，故亦繫之以辭而有吉凶，它卦之所無也。《左傳》蔡墨以《乾》用九爲遇《乾》之《坤》，故知六爻皆變。

《彖》曰：大哉乾元，萬物資始，乃統天。雲行雨施，品物流形。大明終始，六位時成，時乘六龍以御天。乾道變化，各正性命，保合大和，乃利貞。首出庶物，萬國咸寧。

《象》曰：天行健，君子以自强不息。「潛龍勿用」，陽在下也。「見龍在田」，德施普也。「終日乾乾」，反復道也。「或躍在淵」，進无咎也。「飛龍在天」，大人造也。「亢龍有悔」，盈不可久也。「用九」，天德不可爲首也。

《文言》曰：元者，善之長也；亨者，嘉之會也；利者，義之和也；貞者，事之幹也。君子體仁足以長人，嘉會足以合禮，利物足以和義，貞固足以幹事。君子行此四德者，故曰「乾元亨利貞」。

初九曰「潛龍勿用」，何謂也？子曰：龍德而隱者也。不易乎世，不成乎名；遯世无悶，不見是而无悶；樂則行之，憂則違之；確乎其不可拔，潛龍也。

「不易乎世」，與孔子所謂「天下有道，丘不與易也」之「易」同；孟子云「夷子思以易天下」亦然。「不成乎名」，與「博學而无所成名」同。

九二曰「見龍在田，利見大人」，何謂也？子曰：龍德而正中者也。庸言之信，庸行之謹，閑邪存其誠，善世而不伐，德博而化。《易》曰「見龍在田，利見大人」，君德也。

皆乾也。九二之中，君德也；九五之中，天德也。君德使民有所視傚，故曰「見」；天德卓越，積盛而至，不可階而升，故曰「飛」。人倫者，天下之常道，百世所不易，大君所先治也。九二，人道之極而位正中，惟人倫之爲務，故「庸言之信，庸行之謹」；九二成德，所以常久而不敝，在乎閑邪不伐而已。初「潛」，學也；二「見」，用也；三「乾乾」、四「或躍」，離乎人而未至於天也；五絶群離類，位乎天也；上遇則亢，大成若缺則不至於亢，以有悔也。

九三曰「君子終日乾乾，夕惕若，厲无咎」，何謂也？子曰：君子進德修業。忠信，所以進德也；修辭立其誠，所以居業也。知至至之，可與幾也；知終終之，可與存義也。是故居上位而不驕，在下位而不憂，故乾乾因其時而惕，雖危无咎矣。

忠信進德，如有諸己，又知所以充實之也。「修辭立其誠」，正名是事，行其實以稱之也。「所立卓爾」，而欲從之，「知至至之」也，於德有先見之明也；「人不堪其憂，而不改其樂」，「知終終之」也，於分有當安之義也。

九四曰「或躍在淵无咎」，何謂也？子曰：上下无常，非爲邪也；進退无恒，非離群也；君子進德修業，欲及時也，故无咎。

淵者，水回旋者也。水之回旋，其下必深，故淵亦爲深物之隨流者；至於波瀾回旋，則非强有力者莫之能出矣。九四，上不在天，下不在田，中不在人，進而不已，自於危疑之地，「或躍在淵」者也。

九五曰「飛龍在天，利見大人」，何謂也？子曰：同聲相應，同氣相求，水流濕，火就燥，雲從龍，風從虎，聖人作而萬物覩。本乎天者親上，本乎地者親下，則各從其類也。

上九曰「亢龍有悔」，何謂也？子曰：貴而无位，高而无民，賢人在下位而无輔，是以動而有悔也。

「潛龍勿用」，下也。「見龍在田」，時舍也。「終日乾乾」，行事也。「或躍在淵」，自試也。「飛龍在天」，上治也。「亢龍有悔」，窮之災也。「乾元用九」，天下治也。

「潛龍勿用」，陽氣潛藏。「見龍在田」，天下文明。「終日乾乾」，與時偕行。「或躍在淵」，乾道乃革。「飛龍在天」，乃位乎天德。「亢龍有悔」，與時偕極。「乾元用九」，乃見天則。

乾元者，始而亨者也；利貞者，性情也。乾始能以美利利天下，不言所利，大矣哉！大哉乾乎！剛健中正，純粹精也；六爻發揮，旁通情也；時乘六龍，以御天也；雲行雨施，天下平也。

君子以成德爲行，日可見之行也。潛之爲言也，隱而未見，行而未成，是以君子弗用也。

君子學以聚之，問以辯之，寬以居之，仁以行之。《易》曰：「見龍在田，利見大人」，君德也。

九三重剛而不中，上不在天，下不在田，故乾乾因其時而惕，雖危无咎矣。

九四重剛而不中，上不在天，下不在田，中不在人，故或之；或之者，疑之也，故无咎。

夫大人者，與天地合其德，與日月合其明，與四時合其序，與鬼神合其吉凶，先天而天弗違，後天而奉天時。天且弗違，而況於人乎！況於鬼神乎！

亢之爲言也，知進而不知退，知存而不知亡，知得而不知喪。其唯聖人乎！知進退存亡而不失其正者，其唯聖人乎！

坤（卦二）

䷁ 坤下坤上

坤，元亨，利牝馬之貞。君子有攸往，先迷後得主利。西南得朋，東北喪朋，安貞吉。

馬之爲畜，爲人服習乘之以行地者，以柔順也；牝馬不事奔踶，柔順之至也。柔順之弊，必入於邪，苟爲利貞，則吉。

《象》曰：至哉坤元！萬物資生，乃順承天。坤厚載物，德合无疆。含弘光大，品物咸亨。牝馬地類，行地无疆。柔順利貞，君子攸行。先迷失道，後順得常。西南得朋，乃與類行；東北喪朋，乃終有慶。安貞之吉，應地无疆。

乾之體大矣！坤之效乾之法，至乾之大而後已，故乾元曰「大哉」，坤元曰「至哉」。

《象》曰：地勢坤，君子以厚德載物。

初六，履霜堅冰至。《象》曰：「履霜堅冰」，陰始凝也，馴致其道，至堅冰也。

六二，直方大，不習无不利。《象》曰：六二之動，直以方也。「不習无不利」，地道光也。

理義者，人心之所同然，屈而不信，私意害之也；理義者，天下之所共由，畔而去之，无法以閑之也。私意害之，不欽莫大焉；无法以閑之，未有不流於不義也。直則信之而已，方則匡之而已，非有加損於其間，使知不喪其所有，不失其所行而已。二者，克己復禮者也。克己復禮，則天下莫非吾體，此其所以大也。心誠求之，雖不中，不遠矣，此所以「不習无不利」也。六二居《坤》下體，柔順而中，君子存心治身，莫宜於此。

六三，含章可貞，或從王事，无成有終。《象》曰：「含章可貞」，以時發也。「或從王事」，知光大也。

六四，括囊，无咎无譽。《象》曰：「括囊无咎」，慎不害也。

六五，黃裳元吉。《象》曰：「黃裳元吉」，文在中也。

六五充實之至，將至於有光輝，大人之學至矣！

上六，龍戰於野，其血玄黃。《象》曰：「龍戰於野」，其道窮也。

上六陰柔之物，極則變，居上則不利。

用六，利永貞。《象》曰：「用六永貞」，以大終也。

《文言》曰：坤至柔而動也剛，至靜而德方，後得主而有常，含萬物而化光。坤道其順乎，承天而時行！積善之家，必有餘慶；積不善之家，必有餘殃。臣弒其君，子弒其父，非一朝一夕之故，其所由來者漸矣，由辯之不早辯也。《易》曰「履霜堅冰至」，蓋言順也。直其正也，方其義也，君子敬以直內，義以方外，敬義立而德不孤。「直方大，不習无不利」，則不疑其所行也。陰雖有美，含之以從王事，弗敢成也。地道也，妻道也，臣道也。地道无成而代有終也。天地變化，草木蕃；天地閉，賢人隱。《易》曰「括囊无咎无譽」，蓋言謹也。君子黃中通理，正位居體，美在其中，而暢於四支，發於事業，美之至也。陰疑於陽必戰，爲其嫌於无陽也，故稱龍焉；猶未離其類也，故稱血焉。夫玄黄者，天地之雜也，天玄而地黄。

屯（卦三）

震下
坎上

屯，元亨利貞，勿用有攸往，利建侯。

《彖》曰：屯，剛柔始交而難生，動乎險中，大亨貞。雷雨之動滿盈，天造草昧，宜建侯而不寧。

屯者，物始生而未達者也。震欲動而坎難之，抑鬱而未達，非大亨貞不足以濟之。「勿用有攸往」，久之以有待也；「利建侯」，各付其所主也。久之有待，故滿盈也；各付其所主以經綸于草昧，故不寧也。

《象》曰：雲雷屯，君子以經綸。

初九，盤桓，利居貞，利建侯。《象》曰：雖盤桓，志行正也。以貴下賤，大得民也。

六二，屯如邅如，乘馬班如，匪寇婚媾。女子貞不字，十年乃字。《象》曰：六二之難，乘剛也。「十年乃字」，反常也。

《左傳》有「馬班之聲」，則「班」，分别也；「班如」者，别而相遠者也。六二近初而應五，六四應初而近五，皆與近者遠别而求正應，故皆曰「乘馬班如」。上六无應，雖比于五，不可得而親，故亦曰「班如」。

六三，即鹿无虞，惟入于林中，君子幾不如舍，往吝。《象》曰：「即鹿无虞」，以從禽也。君子舍之，往吝窮也。

二四皆有正應，三居其間，遠則无應，近不同志，而倀倀然欲進有所求，「即鹿无虞」者也。「惟入于林中」，終无獲也。父母之心，人皆有之，不待媒妁之言而行者，父母國人皆賤之。惟君子見幾而作，不往以取吝也。

六四，乘馬班如，求婚媾，往吉，无不利。

《象》曰：求而往，明也。

九五，屯其膏，小貞吉，大貞凶。《象》曰：「屯其膏」，施未光也。

上六，乘馬班如，泣血漣如。《象》曰：「泣血漣如」，何可長也！

蒙（卦四）

䷃ 坎下 艮上

蒙，亨。匪我求童蒙，童蒙求我。初筮告，再三瀆，瀆則不告，利貞。

《象》曰：蒙，山下有險，險而止，蒙。「蒙亨」，以亨行時中也。「匪我求童蒙，童蒙求我」，志應也。「初筮告」，以剛中也。「再三瀆，瀆則不告」，瀆蒙也。蒙以養正，聖功也。

蒙者，物有所蔽而未發也。是卦也，主發蒙而言，故曰「蒙亨」，以發爲亨也。發蒙，教者也；蒙，學者也。教者之心所施於學者，皆亨道也。君子之教者五，所謂「以亨行時中」也。「匪我求童蒙，童蒙求我」，有來學，无往教也；「不憤不啟，不悱不發」，彼有來學之誠，乃可授之以教，「志應也」。童蒙之質，德性未喪，特未發耳，由是而養之以正，不流於邪，雖聖人之學，不越於是，故曰「聖功也」。「利貞」者，貞則不失其性也。

《象》曰：山下出泉，蒙；君子以果行育德。

「險而止，蒙」，「山下出泉，蒙」，涵蓄而未發也。

初六，發蒙，利用刑人，用說桎梏，以往吝。

《象》曰：「利用刑人」，以正法也。

初六處蒙之初，前遇陽明，正性不流矣！「利用刑人」，有所斷也；「用說桎梏」，无所拘也。不知自反，而唯克以勝之，術斯以往，吝道也。

九二，包蒙吉，納婦吉，子克家。《象》曰：「子克家」，剛柔接也。

九二以陽居二陰之中，含德而不用，故曰「包蒙」。婦從夫，子從親者也，以順爲正，故「納婦吉」。幹蠱无違，言必稱親，「子克家」者也。

六三，勿用娶女，見金夫，不有躬，无攸利。

《象》曰：「勿用娶女」，行不順也。

六三以陰居陽，不正不中，流於邪者也。舍正，應於上而近比於二，「行不順也」。「金夫」，正也，以不正而見乎正，故「不有躬，无攸利」。若斯之女，勿用娶也。

六四，困蒙吝。《象》曰：困蒙之吝，獨遠實也。

六五，童蒙吉。《象》曰：童蒙之吉，順以巽也。

六五居蒙之時，在上居中，大人不失赤子之心者也。

上九，擊蒙，不利爲寇，利禦寇。《象》曰：利用禦寇，上下順也。

上九以陽居上，群蒙之主，上下順以從之，可以擊蒙者也。蒙而怙，終不可教也，故至於擊。擊蒙之時，明者勝而闇者不勝，寇者在彼，禦之者在我。凡爲寇者，以闇寇明也，彼蒙不發，必來爲寇。「不利爲寇」者，彼闇而物莫之助也。「利禦寇」者，我明而上下順也。

需（卦五）

䷄ 乾下坎上

需，有孚，光亨貞吉，利涉大川。

《彖》曰：需，須也；險在前也。剛健而不陷，其義不困窮矣。「需有孚光亨貞吉」，位乎天位，以正中也。「利涉大川」，往有功也。

需，有所待而進也。乾健欲進而險在前，姑有所待，終必濟也。有所待者，久則孚，孚則光亨，乾之用也。「利涉大川」，剛健乃濟也。❶

《象》曰：雲上於天，需；君子以飲食宴樂。

「雲上於天」，下必得澤。「飲食宴樂」，以歡待下，

❶ 此條底本與四庫本均繫於「需有孚光亨貞吉利涉大川」之下，今依文義改。

上之澤也。

初九，需於郊，利用恒，无咎。《象》曰：「需于郊」，不犯難行也。「利用恒无咎」，未失常也。

九二，需于沙，小有言，終吉。《象》曰：「需于沙」，衍在中也。雖小有言，以吉終也。

九三，需于泥，致寇至。《象》曰：「需于泥」，災在外也。自我致寇，敬慎不敗也。

六四，需于血，出自穴。《象》曰：「需于血」，順以聽也。

九五，需于酒食，貞吉。《象》曰：酒食貞吉，以中正也。

九五陽居至尊中正之位，三陽上進，志同情悦，「需于酒食」，以交歡也。交歡之事，以道相待，非苟悦也。

上六，入于穴，有不速之客三人來，敬之終吉。《象》曰：「不速之客來，敬之終吉。」雖不當位，未大失也。

訟（卦六）

䷅ 坎下乾上

訟，有孚，窒惕，中吉，終凶。利見大人，不利涉大川。

《象》曰：訟，上剛下險，險而健訟。「訟有孚窒惕中吉」，剛來而得中也。「終凶」，訟不可成也。「利見大人」，尚中正也；「不利涉大川」，入于淵也。

訟，兩以曲直争也。險而健，其勢必争，此所以訟也。訟之時，可以理勝，而不可多上。人不得已而訟，求伸則已，此「有孚窒惕」然後可訟，中則吉，終則凶也。「利見大人」，曲直當也。訟，險事也。居訟之時，不求理勝而以力争，是以健涉險，必不濟矣。需險在前，非健不濟。訟不尚力，愈健愈屈。此需所以利涉大川，而訟所以不利，所遭之時異也。「入于淵」，回旋而不得出也。居訟之時，陰爻終吉而陽多不克，不尚力也。

《象》曰：天與水違行，訟；君子以作事謀始。

初六，不永所事，小有言，終吉。《象》曰：「不永所事」，訟不可長也。雖小有言，其辨明也。

九二，不克訟，歸而逋其邑人三百户，无眚。《象》曰：「不克訟」，歸逋竄也。自下訟上，患至掇也。

九二居二陰之間，上无正應，比初則爲四所拒，比三則爲上所拒；剛體不屈，自下訟上，理卒不勝，不如退就窮約，克己自新，亦庶乎无過也。知歸而自反，以居中也。

六三，食舊德，貞厲，終吉。或從王事无成。《象》曰：「食舊德」，從上吉也。

九四，不克訟，復即命渝，安貞吉。《象》曰：「復即命渝」，安貞不失也。

二欲比初，初應在四，固已自辯，九四不諒，猶小有言。初卒明辯九四之訟，所以不克。然四雖以剛致訟，而居陰位，能以理自反者也，故曰「復即命渝安貞吉」也。

九五，訟元吉。《象》曰：「訟元吉」，以中正也。

上九，或錫之鞶帶，終朝三褫之。《象》曰：以訟受服，亦不足敬也。

師（卦七）

䷆ 坎下 坤上

師，貞，丈人吉，无咎。

《象》曰：師，衆也；貞，正也；能以衆正，可以王矣。剛中而應，行險而順，以此毒天下而民從之，吉又何咎矣！

師，帥衆有所治也。丈人，老成之稱也。「鄉人飲酒，杖者出，斯出矣！」「丈」、「杖」同。用杖者，即大人，故古者皆以老者爲丈人也。更事老成，乃可以帥衆治人而吉无咎矣。必曰「丈人」者，以剛中也。用師者，勞役其民而責之以死，毒莫甚焉。其勞乃所以求其佚，其死乃所以保其生也，故雖毒之而民從也。

《象》曰：地中有水，師；君子以容民畜衆。

初六，師出以律，否臧凶。《象》曰：「師出以律」，失律凶也。

初六行師之始，以陰柔居之，失律也。

九二，在師中，吉，无咎。王三錫命。《象》曰：「在師中吉」，承天寵也。「王三錫命」，懷萬邦也。

六三，師或輿尸，凶。《象》曰：「師或輿尸」，大无功也。

六四，師左次，无咎。《象》曰：「左次无咎」，未失常也。

六五，田有禽，利執言，无咎。長子帥師，弟子輿尸，貞凶。《象》曰：「長子帥師」，以中行也；「弟子輿尸」，使不當也。

六五犯而後應，可以奉辭伐罪。體上居中，雖長子之位，然以柔御柔，不足以令其屬，「弟子輿尸」者也。改之則可，守是不變，必凶，故曰「貞凶」。弟子，謂六三、六四也。

上六，大君有命，開國承家，小人勿用。《象》曰：「大君有命」，以正功也。「小人勿用」，必亂邦也。

上六用師之終，賞功之時也；以陰居上，小人有功而被賞者也。小人有功，多與之邑可矣，「開國承家」，不可用也。

比（卦八）

䷇ 坤下 坎上

比，吉，原筮，元永貞，无咎。不寧方來，後夫凶。

《象》曰：比，吉也。比，輔也，下順從也。「原筮元永貞无咎」，以剛中也。「不寧方來」，上下應也。「後夫凶」，其道窮也。

比，有所附合也。「君子周而不比」，比者二人同附，周則與衆合也。比以一陽居中在上，而五陰比之，顯比者也；顯比則周矣！人道主交，故比則吉。原有所究，筮有所占，信不信之情，必不可度。又有元永貞之德，則不入於邪，然後可與人比而无咎也。

《象》曰：地上有水，比；先王以建萬國，親諸侯。

地中有水，則容畜而不散，可以聯什伍而成軍。地上有水，則浸灌旁及，可以交四鄰而修好。

初六，有孚比之，无咎。有孚盈缶，終來有它，吉。《象》曰：比之初六，有它吉也。

初六前遇三陰，莫適比也。莫適比則无所私，无所私則有信而已。以信比之，何往不可，故以「有孚比之，无咎」矣。初位在下，其爲器也小，苟充其所受而不餒，亦足以感物，而助之者自能至矣，況充其大者乎？

六二，比之自內，貞吉。《象》曰：「比之自內」，不自失也。

比之時，主比而不主應。諸爻皆比，二獨應五，守貞性於內而不失者也。

六三，比之匪人。《象》曰：「比之匪人」，不亦傷乎！

六三居二陰之間，所比皆不善也，故曰「匪人」。

六四，外比之，貞吉。《象》曰：外比於賢，以從上也。

六四獨比於五，所比陽也；雖獨有所附，所附者賢。守是不變，亦可以獲吉。

九五，顯比，王用三驅，失前禽。邑人不誡，吉。《象》曰：顯比之吉，位正中也。舍逆取順，失前禽也。「邑人不誡」，上使中也。

九五以一陽爲衆陰之主，從之者吉，背之者凶，顯比者也，如三驅之法，明示以舍逆取順之道也。邑，國中也，天子之有天下，諸侯之有四境，其國中之民，近我者也。顯比之道不間於幽遠，則近者必不誡也。

使，用也，上之所用以中，无遠近之情不合也。

上六，比之无首，凶。《象》曰：「比之无首」，无所終也。

小畜（卦九）

乾下
巽上

小畜，亨。密雲不雨，自我西郊。

《彖》曰：小畜，柔得位而上下應之曰小畜。健而巽，剛中而志行，乃亨。「密雲不雨」，尚往也。「自我西郊」，施未行也。

小畜，大畜，據其所自得也，所得有小大，故謂之「大畜」、「小畜」。柔得位而上下應之，畜之小者也。以剛上而尚賢，畜之大者也。以巽畜健，所畜小也。以止畜健，所畜大也。雲自東而徂西則雨，自西而徂東則不雨。陰生於西，陽生於東，陽往交陰，陰能固之，乃雨；陰往交陽，而陽不應，則何從而雨？故「自我西郊」者，言雲自西而徂東也。

《象》曰：風行天上，小畜；君子以懿文德。

初九，復自道，何其咎，吉。《象》曰：「復自道」，其義吉也。

乾體本上，乃今居下，求復者也。乾雖求復，當畜之時，巽陰固之而求獲乎復，然乾體當復自道也，巽雖固乾，其體則巽。六四以陰居陰，獨爲正應，以斯而復，雖若犯上，其義則吉，無所疑也。

九二，牽復，吉。《象》曰：牽復在中，亦不自失也。

巽雖固乾，而九五陽得尊位，與二同物，二不敢進。牽五求復，居中无邪，又不失乾，當復之義。

九三，輿説輻，夫妻反目。《象》曰：「夫妻反目」，不能正室也。

九三一爻雖比六四，當畜之時，陰爲主，故三陽不得進。上雖巽體，以陽居上，陰之盛者與三合志，畜之愈固。説輻而行，反目不媒者也。

六四，有孚，血去惕出，无咎。《象》曰：「有孚惕出」，上合志也。

九五，有孚攣如，富以其鄰。《象》曰：「有孚攣如」，不獨富也。

九五爲二所牽，二中无邪，乾體當復，不能深距者也。然陽居尊位，全盛之勢可以及鄰；鄰志不同，均富及之，冀爲吾用。鄰爲四與上也。

上九，既雨既處，尚德載，婦貞厲。月幾望，君子征，凶。《象》曰：「既雨既處」，德積載也。「君子征凶」，有所疑也。

履（卦十）

䷉ 兑下乾上

履虎尾，不咥人，亨。

《象》曰：履，柔履剛也。説而應乎乾，是以「履虎尾，不咥人，亨」。剛中正，履帝位而不疚，光明也。

履，踐而行也。兑有所進，居乾之後；六三以一陰進逼於乾，柔履剛者也。履道莫艱於此，此履所以名也。乾，虎也，六三進逼於乾，履虎尾者也。以説應者物莫之傷，故「不咥人亨」也。

《象》曰：上天下澤，履；君子以辯上下，定民志。

初九，素履，往无咎。《象》曰：素履之往，獨行願也。

九二，履道坦坦，幽人貞吉。《象》曰：「幽人貞吉」，中不自亂也。

二體陽居陰，以中自守，履道之所尚也。履斯以進，坦然易行，守斯以處，保乎終吉，隱顯同致，无所不宜也。

六三，眇能視，跛能履。履虎尾，咥人凶。武人爲于大君。《象》曰：「眇能視」，不足以有明也；「跛能履」，不足以與行也。咥人之凶，位不當也。「武人爲于大君」，志剛也。

眇、跛，廢者也。爻皆陽而己獨陰，位且不當，則其用偏廢，雖能視能履，不足任也。位既不當，而以柔履剛，必有咥人之凶也。體陰居陽，不中不正，柔邪而爲暴亂者也，質雖柔而志剛也。

九四，履虎尾，愬愬，終吉。《象》曰：「愬愬終吉」，志行也。

履道尚行，則虎尾不可不履。四以陽居陰，質剛而志柔，懼而獲吉，志行也。

九五，夬履，貞厲。《象》曰：「夬履貞厲」，位正當也。

上九，視履考祥，其旋元吉。《象》曰：元吉在上，大有慶也。

泰（卦十一）

䷊ 乾下 坤上

泰，小往大來，吉亨。

《象》曰：「泰小往大來吉亨」，則是天地交而萬物通也，上下交而其志同也。內陽而外陰，內健而外順，內君子而外小人，君子道長，小人道消也。

《象》曰：天地交，泰；后以財成天地之道，輔相天地之宜，以左右民。

初九，拔茅茹，以其彙，征吉。《象》曰：拔茅征吉，志在外也。

九二，包荒，用馮河，不遐遺，朋亡，得尚于中行。《象》曰：「包荒，得尚于中行」，以光大也。

九二之德，以乾下坤上，中正无頗，此所以得尚乎中行。

九三，无平不陂，无往不復，艱貞无咎。勿恤其孚，于食有福。《象》曰：「无往不復」，天地際也。

六四，翩翩，不富以其鄰，不戒以孚。《象》曰：「翩翩」，「不富」，皆失實也。「不戒以孚」，中心願也。

《小畜》九五「富以其鄰」，鄰志不同，富以勸之也。

《泰》六四「不富以其鄰」，鄰之所願，不待勸也。

六五，帝乙歸妹，以祉元吉。《象》曰：「以祉元吉」，中以行願也。

六五，陰之貴盛者也，位尊，故曰「帝」；體陰，故曰「乙」，乙亦陰之長也。

上六，城復于隍，勿用師。自邑告命，貞吝。《象》曰：「城復于隍」，其命亂也。

「城復于隍」，上陵下替也。「勿用師」，征伐不自上出也。「自邑告命貞吝」，夷於列國，不足以令諸侯也。

否（卦十二）

䷋ 坤下 乾上

否之匪人，不利君子貞，大往小來。

《象》曰：「否之匪人，不利君子貞，大往小來」，則是天地不交而萬物不通也，上下不交而天下无邦也。內陰而外陽，內柔而外剛，內小人而外君子，小人道長，君子道消也。

否，閉塞而不交也。「否之匪人，不利君子貞」，言否閉之世，非其人者惡直醜正，不利乎君子之守正。上下不交，則君臣異體，不可以爲國。

《象》曰：天地不交，否；君子以儉德辟難，不可榮以禄。

初六，拔茅茹，以其彙，貞吉亨。《象》曰：「拔茅貞吉」，志在君也。

否閉之世，上雖不交乎下，下不可以不繫乎上，以柔居下，臣之分也。上下不交，共以聽命，有死靡它，臣之正也。引類守正，以保其身，時雖不泰，其道亨矣！故「天下有道，以道徇身；天下无道，以身徇道」。困而不失其所亨，其亨由是也。

六二，包承，小人吉，大人否，亨。《象》曰：「大人否亨」，不亂群也。

六二上承下包，柔順且中，小人所以自容也。大人居之，迹同而志異，故與小人群而不亂，然秉柔中之德，以道自處，雖否不失其所亨。

六三，包羞。《象》曰：「包羞」，位不當也。

九四，有命无咎，疇離祉。《象》曰「有命无咎」，志行也。

上下不交，命不行矣。九四以陽居陰，雖否之時，獨有下交之志，可以有命於下，下必從之，志行而无咎也。疇，誰也。當否之時，上下既不交，則四與初亦不相應。四有下交之志，于下三陰無所偏繫，孰爲應者，必受其福，故曰「疇離祉」。

九五，休否，大人吉。其亡其亡，繫于苞桑。《象》曰：大人之吉，位正當也。

上下之志雖欲相交，而上下之分不可亂也。故君尊臣卑，禮无與抗，若否道然，乃否之美者也。天尊在上，地卑處下，九五居尊得位，君臣之位正當，在大人則吉，非大人則驕亢者也。君君臣臣，尊卑明辨，所以防微杜漸，安固基本，故曰「其亡，繫于苞桑」也。

上九，傾否，先否後喜。《象》曰：否終則傾，何可長也！

上九高極必顛，故曰「傾否」。否極必通，故「先否後喜」。

同人（卦十三）

離下
乾上

同人于野，亨。利涉大川，利君子貞。

《象》曰：同人，柔得位，得中而應乎乾曰同人。同人曰「同人于野亨，利涉大川」，乾行也。文明以健，中正而應，君子正也。唯君子爲能通天下之志。

同人者，樂與天下共也。同乎人者雖以柔合，應之不以正，則物所不與；濟之不以健，則爲物所遷，二者皆不可與天下共也。故「柔得位，得中而應乎乾曰同人」。「同人于野亨」，應以正，則无所不合理義，人心之所同然者也。「利涉大川」，濟以健也。「君子正」者，理義之心也，斯心也，天下之所同然，故「能通天下之志」。

《象》曰：天與火，同人；君子以類族辨物。

類族辨物，大同而小異也。必有小異，然後有大同，如不容其異，必比同之，則勢有所不行，此墨氏尚同所以不合乎聖人也。惟天與火，雖同乎陽，然其體、用固有異也。同人之時志乎大，則與天下共之；應以正，則合乎理義，然後其道可以大同矣！

初九，同人于門，无咎。《象》曰：出門同人，又誰咎也！

初九居同人之始，體剛而无應，志于大者也。志大則无所不同，誰與爲咎乎！

六二，同人于宗，吝。《象》曰：「同人于宗」，吝道也。

六二獨應，其志狹吝，非同人之公也。

九三，伏戎于莽，升其高陵，三歲不興。《象》曰：「伏戎于莽」，敵剛也。「三歲不興」，安行也。

九四，乘其墉，弗克，攻，吉。《象》曰：「乘其墉」，義弗克也。其吉則困而反則也。

三四不中，與五爭二，以私同人，而有邪心，以力爭而不以義勝者也。三又居下卦之上，剛而不中，驕亢忮賊者也。忮賊之心，將潛以害物，故「伏戎于莽」；驕亢之心，惟自大以淩物，故「升其高陵」。由是以求同人，人莫之與，何可久乎！故雖三歲，卒莫之興也。四雖不中，然以陽居陰，困而知反者也。既與五爭，又與三競，以上攻下，「乘其墉」也。困而知反，卒不克攻，猶愈於三，故保其吉。❶

九五，同人先號咷而後笑，大師克相遇。《象》曰：同人之先，以中直也。大師相遇，言相克也。

上九，同人于郊，无悔。《象》曰：「同人于郊」，志未得也。

大有（卦十四）

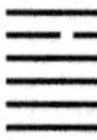
乾下離上

大有，元亨。

❶「吉」下，原有「原缺」二字，依四庫本删。

《彖》曰：大有，柔得尊位，大中而上下應之曰大有。其德剛健而文明，應乎天而時行，是以元亨。

大有，无所不容也。

《象》曰：火在天上，大有；君子以遏惡揚善，順天休命。

初九，无交害，匪咎。艱則无咎。《象》曰：大有初九，无交害也。

大有之時，以剛健居下，物莫之與，故无交害。剛健美德，卒非其咎。處之不易，有所畏難，泰而不驕，可以免咎。

九二，大車以載，有攸往，无咎。《象》曰：「大車以載」，積中不敗也。

九二大有之時，以陽居陰，无所驕亢，以剛居中，无所偏邪，可以任天下之重而行者也。

九三，公用亨于天子，小人弗克。《象》曰：「公用亨于天子」，小人害也。

九三以剛居下卦之上，猶公居卿、大夫、士之上也。居群臣之上而上迫於君，如伊尹、周公之心，乃可以亨于天子。小人居權勢之盛，弗克負荷，必害于其家，凶于其國。

九四，匪其彭，无咎。《象》曰：「匪其彭无咎」，明辨晳也。

彭如「四牡彭彭」之「彭」；彭，盛大也。九四當大有之世，居近至尊，其勢盛大，然以陽居陰，不以盛大；自有明辨之知，獨知事幾之必然，故无咎也。

六五，厥孚交如，威如，吉。《象》曰：「厥孚交如」，信以發志也；威如之吉，易而无備也。

上九，自天祐之，吉无不利。《象》曰：大有上吉，自天祐也。

謙(卦十五)

䷎ 艮下坤上

謙，亨，君子有終。

《彖》曰：謙亨，天道下濟而光明，地道卑而上行。天道虧盈而益謙，地道變盈而流謙，鬼神害盈而福謙，人道惡盈而好謙。謙尊而光，卑而不可踰，君子之終也。

謙，持盈若不足也。艮以陽下坤之陰而有止，所謂「天道下濟而光明」者也；坤以陰而居艮之上，「地道卑而上行」者也。謙道雖至於自下，❶然不可以不執中。尊者之謙，有所止則光。夷王下堂而見諸侯，是太不自尊而无所止，招辱而已，不足光也。卑者之謙，不可爲物之所踰。庶人召之役，則往役可也；召之見，則往見不可也。可召而見，是在卑而可踰也。以謙下人，无有不亨。尊卑之謙，不失乎中，惟君子爲能終之。

《象》曰：地中有山，謙；君子以裒多益寡，稱物平施。

初六，謙謙君子，用涉大川，吉。《象》曰：「謙謙君子」，卑以自牧也。

初六以陰居下，其謙不一，故曰「謙謙君子」。能止於始，而上无偏應，可以涉難而无害。

六二，鳴謙，貞吉。《象》曰：「鳴謙貞吉」，中心得也。

六二以柔居下體之中，謙道之至美，故其聲遠聞，反之中心而无憾，君子之所固守而獲吉也。

九三，勞謙，君子有終，吉。《象》曰：「勞謙君子」，萬民服也。

九三居下體之上，其才剛，其德止。謙，尊而光者也，爲上下五陰之所歸，而安於下體，德有所止，勞而不伐，有功而不德者也。德有止則可以有終，位非中則慮其不克終，故戒之以「有終吉」。

六四，无不利，撝謙。《象》曰：「无不利撝謙」，不違則也。

六四以陰居陰，其體則順，謙之至者也，然居上體之下，卑而不可踰者也。居謙之時，卑不可踰，不至卑柔，不失乎法則之中，故指撝進退，无所不利。

---

❶「至」，四庫本作「主」。

六五，不富以其鄰，利用侵伐，无不利。《象》曰：「利用侵伐」，征不服也。

六五以柔中居尊位，其體又順，不以威武臨天下者也。然至於侵伐者，得道者多助，迫而後動，不得已而後起，故所征皆服也。「造攻自鳴條，朕載自亳」，其迫而不得已可知矣。

上六，鳴謙，利用行師，征邑國。《象》曰：「鳴謙」，志未得也，可用行師，征邑國也。

上六以柔居最上之位，與六二同德，其聲皆可以遠聞。然二居艮體之中，正而得中，中心得；上居坤體之末，至順而無位，可以小有爲，不可以大得志也。

豫（卦十六）

䷏ 坤下震上

豫，利建侯行師。

《象》曰：豫，剛應而志行，順以動，豫。豫順以動，故天地如之，而況「建侯行師」乎！天地以順動，故日月不過而四時不忒；聖人以順動，則刑罰清而民服。豫之時義大矣哉！

豫，安逸无所事；豫，前定也。事前定則安逸无所事，其所以動，必有所不得已，不得已則莫非順也已。

《象》曰：雷出地奮，豫；先王以作樂崇德，殷薦之上帝以配祖考。

初六，鳴豫，凶。《象》曰：「初六鳴豫」，志窮凶也。

初六處豫之初，不知所戒，恃四志，有所矜，其聲宜遠聞者也。恃交於外，有矜大之志，志窮必乖，取凶之道。

六二，介於石，不終日，貞吉。《象》曰：「不終日貞吉」，以中正也。

人道主交，上交下，交盡矣。交不以中正者，必流於諂瀆，其取凶悔必矣，何可以保其安佚而終吉乎？六二以柔順而守中正，知交際之道，易此，則不可先見之，幾不待久而後喻者也。

六三，盱豫，悔，遲有悔。《象》曰：盱豫有悔，位不當也。

六三以陰居陽，迫近九四，位既不當，德亦无常，進退久速，皆未得其所安。以斯求豫，宜有悔也。

九四，由豫，大有得；勿疑，朋盍簪。《象》曰：「由豫，大有得」，志大行也。

六五，貞疾，恒不死。《象》曰：「六五貞疾」，乘剛也；「恒不死」，中未亡也。

九四以一陽爲五陰之主，六五柔居其上，處至尊以臨之，有位號而无勢者也。居安豫之時，有位號而无勢，不可以令天下矣！如人之有疾，常久而不死者，猶有中氣存焉，然不足賴也！

上六，冥豫，成有渝，无咎。《象》曰：冥豫在上，何可長也！

隨（卦十七）

䷐ 震下兌上

隨，元亨利貞，无咎。

《象》曰：隨，剛來而下柔，動而説，隨。大亨貞无咎而天下隨時，隨時之義大矣哉！

隨，有從而无違也。「剛來下柔」者，《隨》自《否》來，《乾》之上九下居《坤》之初六也。以剛下柔，物所以隨我也；物不説則我不動，我所以隨物也。君子不過時而已矣，以道徇身，隨時也；以身徇道，亦隨時也。惟變所適，无往而非義，故曰「隨時之義」。如不合於義，天下靡然成風，亦往隨之以取凶咎，非所謂「隨時之義」也，故必大亨无咎，然後可隨。

《象》曰：澤中有雷，隨；君子以嚮晦入宴息。

雷入于澤，退藏不用，如日之嚮晦，群動皆息，君子不得不隨。

初九，官有渝，貞吉，出門交有功。《象》曰：「官有渝」，從正吉也。「出門交有功」，不失也。

初九凡有所隨，皆以柔順剛也，居隨之始，獨以剛下柔，「官有渝」也。官，守也，所守不流於邪，變而從正，故吉也。上无偏應，又守之以正，无所交而不可，故「出門交有功」也。

六二，係小子，失丈夫。《象》曰：「係小子」，弗兼與也。

六三，係丈夫，失小子。隨有求得，利居貞。《象》曰：「係丈夫」，志舍下也。

九四，隨有獲，貞凶。有孚在道，以明何咎！《象》曰：「隨有獲」，其義凶也。「有孚在道」，明功也。

六二六三，隨彼則失此，能知所擇，則无不得也。六三以柔隨剛，得其所求，故曰「隨有求得」。九四以剛帥柔而從己，以力驅三而使隨，如禽之獲，故曰「隨有獲」。隨陰求於陽，恐入於不正，故「利居貞」。陽帥於陰，以力制物，終必畔之，守此不變，取凶之道。貞者，守而不變之義也。然三亦无應，我以正帥，雖若力制，久則信之，故曰「有孚在道，以明何咎」！

九五，孚于嘉，吉。《象》曰：「孚于嘉吉」，位正中也。

隨之爲義，惟恐不中不正，九五處尊而位正中，至美之德信於物者也。

上六，拘係之，乃從維之，王用亨于西山。《象》曰：「拘係之」，上窮也。

蠱（卦十八）

䷑ 巽下艮上

蠱，元亨，利涉大川。先甲三日，後甲三日。《彖》曰：蠱，剛上而柔下，巽而止，蠱。蠱元亨而天下治也。「利涉大川」，往有事也。「先甲三日，後甲三日」，終則有始，天行也。

蠱，治壞者也。蠱之所治，可治而不可革之事也，故爻辭皆以父母爲言。成卦之義，取巽而止，巽則因故而修之，止則幹蠱而使不壞。治壞者，不喪其本而能通於天下，乃可治也，故「蠱元亨」。甲者令行之始，「先甲三日」，議是令也；「後甲三日」，申是令也。蠱壞之世，一有所治，先之後之，如是之慎，所以俾勿壞也。

《象》曰：山下有風，蠱；君子以振民育德。

「山下有風」，振動草木，使之有成者也。

初六，幹父之蠱，有子，考无咎。厲終吉。《象》曰：「幹父之蠱」，意承考也。

父母之蠱，人子所難治也，幹者以身任其事，不敢避也。過則残忍，不及則不勝其任。以人子之所難，故初則「厲」，二則「不可貞」，三則「小有悔」，然卒以任事爲功，故初「終吉」，三「无咎」，五「用譽」也。初六處蠱之初，始往治之，勝子之任，卒乎有成，乃可无咎。然子治父事，已爲之首厲也，以柔巽成之，終吉也。

九二，幹母之蠱，不可貞。《象》曰：「幹母之蠱」，得中道也。

九二以剛居中，子幹母事者也。執不知變，賊恩之大委而不幹，不孝也；幹而賊恩，亦不孝也。有中道存焉，惟君子能之。

九三，幹父之蠱，小有悔，无大咎。《象》曰：「幹父之蠱」，終无咎也。

九三剛而不中，居下體之上，治事過中者也，故「小有悔」；然體本於《巽》，卒於能任，故「无大咎」。

六四，裕父之蠱，往見，吝。《象》曰：「裕父之蠱」，往未得也。

六四以陰居陰，純柔爲用，其才不足以治蠱壞，姑能寬裕之而已。苟於順從，不勝子職，妾婦之道，无往而得，蓋吝道也。

六五，幹父之蠱，用譽。《象》曰：「幹父用譽」，承以德也。

六四以姑息事其親，六五以德事其親。以姑息事者，苟安於一時，而親卒受其弊，用毁者也。以德事者，柔不失中，全其良貴，起敬起孝，使親不離於令名，「用譽」者也。

上九，不事王侯，高尚其事。《象》曰：「不事王侯」，志可則也。

上九高而无位，以剛居之，遠於事而不屈者也。事君人者，事是君以爲容悦者也；「不事王侯」，則非事君人者。雖非事人，然尊敬其事，不敢慢也，斯人也其事道者與？

臨（卦十九）

䷒ 兑下坤上

臨，元亨利貞，至於八月有凶。

《彖》曰：臨，剛浸而長，説而順，剛中而應。大亨以正，天之道也。「至于八月有凶」，消不久也。

《象》曰：澤上有地，臨；君子以教思无窮，容保民无疆。

地居至下，非臨物者也。澤又卑於地，爲地所臨，臨之義至於地臨澤，盡矣。地廣无窮，故澤能容物而不辭。

初九，咸臨，貞吉。《象》曰：「咸臨貞吉」，志行正也。

九二，咸臨，吉，无不利。《象》曰：「咸臨吉无不利」，未順命也。

六三，甘臨，无攸利。既憂之，无咎。《象》曰：「甘臨」，位不當也。「既憂之」，咎不長也。

六三以陰居陽，下臨二陽，位既不當，又非正應，下剛長上，逼所不賓，而苟説以從之，未見其所以利也。憂剛之長，雖説不邪，庶乎其无咎矣！

六四，至臨，无咎。《象》曰：「至臨无咎」，位當也。

六四居臨之世，不尚以剛。四以陰居陰，以柔臨下，臨道至矣！德位咸當，可以无咎。

六五，知臨，大君之宜，吉。《象》曰：「大君之宜」，行中之謂也。

六五居尊守中，以柔臨下，君佚臣勞，夫何爲哉！知臨之道，大君之所宜也。

上六，敦臨，吉，无咎。《象》曰：敦臨之吉，志在内也。

上六以柔居尊，其體至順。貴而无位，不與下争；剛浸而長，柔不忌剛，以敦厚臨物者也。剛長害柔，吉乃无咎。

觀（卦二十）

䷓ 坤下 巽上

觀，盥而不薦，有孚顒若。

《彖》曰：大觀在上，順而巽，中正以觀天下。「觀盥而不薦，有孚顒若」，下觀而化也。觀天之神道而四時不忒，聖人以神道設教而天下服矣。

觀，以下觀上也。惟至誠可以交神明，然後動而爲天下信。信，心服也。聖人設教於上，天下不心服而化者，未之有也。祭祀之實，以誠敬交乎神明；誠敬之至，莫先乎盥。當是時也，恍惚以與神明交，使人觀之，斯心可以化天下矣！及乎饋薦之入，則其事也其誠不若盥之始也。「有孚顒若」，不言而信也。荀卿云：「祭祀之未入尸也，大昏之未發齊也，喪之未小斂也，一也。」斯得之矣！「天何言哉？四時行焉，百物生焉」。天之神，道也，惟聖人至誠然後可與天通，此所以「設教而天下服」也。❶

《象》曰：風行地上，觀，先王以省方觀民設教。

風行地上，萬物皆得其所以化。物性不一，其化一也。「先王省方觀民設教」，其道如此。

初六，童觀，小人无咎，君子吝。《象》曰：「初六童觀」，小人道也。

六二，闚觀，利女貞。《象》曰：「闚觀女貞」，亦可醜也。

六三，觀我生進退。《象》曰：「觀我生進退」，未失道也。

「觀我生」，自觀也；「觀其生」，觀彼也。六三柔順，居二卦之際，不苟進以比尊，不苟退以遠陽，知反己以自觀，不失進退之道也。

六四，觀國之光，利用賓于王。《象》曰：「觀國之光」，尚賓也。

❶ 此條底本與四庫本均繫於「觀盥而不薦有孚顒若」之下，今依文義改。

六四以柔居陰，處上體之下，比於貴而非王也，故「利用賓于王」。

九五，觀我生，君子无咎。《象》曰：「觀我生」，觀民也。❶

上九，觀其生，君子无咎。《象》曰：「觀其生」，志未平也。

九五以陽居尊中正之位，爲下所觀，觀之盛者也。當觀之盛，我道已行，民之淑慝，莫非我也，由是觀之，斯見我矣。《書》云：「人无於水監，當於民監。」上九陽居尊，處卦之末，有德而无位者也。高而過中，與物少可，下觀九五未合己，故「未平也」。觀民察己，得乎自觀，以免於咎，惟君子能之；以我觀彼反求己，志極高明而道中庸，以免於咎，惟君子能之。

噬嗑（卦二十一）

䷔ 震下 離上

噬嗑，亨，利用獄。

《彖》曰：頤中有物曰噬嗑，噬嗑而亨。剛柔分，動而明，雷電合而章。柔得中而上行，雖不當位，利用獄也。

《象》曰：雷電，噬嗑；先王以明罰勑法。

噬嗑，有所決而後合也。「噬嗑亨」，合乃亨也；「利用獄」，獄必決而後合也。「剛柔分，動而明，雷電合而章」，皆明斷之義。「柔得中而上行」，有恕心存焉。

初九，屨校滅趾，无咎。《象》曰：「屨校滅趾」，不行也。

六二，噬膚滅鼻，无咎。《象》曰：「噬膚滅鼻」，乘剛也。

六三，噬腊肉遇毒，小吝无咎。《象》曰：「遇毒」，位不當也。

九四，噬乾胏，得金矢，利艱貞，吉。《象》

---

❶「也」下，原有「解見上九爻」五字。

曰：「利艱貞吉」，未光也。

六五，噬乾肉，得黄金，貞厲无咎。《象》曰：「貞厲无咎」，得當也。

上九，何校滅耳，凶。《象》曰：「何校滅耳」，聰不明也。

「頤中有物」，四之謂也。三與五爲四所間，皆欲噬而合之，故四爻皆言「噬」。六二噬六三，六三、六五噬九四，九四復噬六三、六五。凡噬遇柔則易，「膚」與「乾胏」是也。遇剛則難，「腊肉」、「乾肉」是也。二下乘剛，噬柔過分至於「滅鼻」，然噬而求合，不失乎中，故「无咎」。六三以陰居陽，位既失當，所以「遇毒」。然物之所間，不可不噬，雖以失當，小吝不進，卒能噬之，故「无咎」。九四，一卦之體，已爲之間，上下二陰，噬之雖易，理苟不直，不能无凶，故鈞金束矢，必得其直，利於艱貞，然後獲吉，不足光也。六五以陰處陽，以柔噬剛，雖正而厲也。居中得直，故「得黄金」；以中噬不中，雖厲而當，故「无咎」也。腊比乾肉，禽獸全體有骨堅焉，其噬也難。五以上噬下，故易；三以下噬上，故難。

賁（卦二十二）

䷕ 離下 艮上

賁，亨，小利有攸往。

賁，致飾以文也。

《象》曰：賁亨，柔來而文剛，故亨。分剛上而文柔，故小利有攸往，天文也，文明以止，人文也。觀乎天文以察時變，觀乎人文以化成天下。

剛柔相錯，自然之文；文明以止，人爲之文。文明不止，則文必勝質，名存實喪，不可以化成天下。

《象》曰：山下有火，賁；君子以明庶政，无敢折獄。

山下有火，可以燭乎細微，而不可以及遠。庶政之目細微不遺，獄情遠而難知也。

初九，賁其趾，舍車而徒。《象》曰：「舍車而徒」，義弗乘也。

居賁之時，以剛居下，其體文明，致飾於其足者也。致飾其足，不可污以不義；不義之車，不若行之潔也。

六二，賁其須。《象》曰：「賁其須」，與上興也。

須以柔附其上，爲上之賁者也。

九三，賁如濡如，永貞吉。《象》曰：永貞之吉，終莫之陵也。

「賁如濡如」，賁之盛也。居文明之極，處二陰之間，交錯成文，至於潤澤，可謂盛矣！上陵下替，文不明也。知文明之盛，別嫌明微等威以辨，守是不變，至於悠久，物莫之陵也。

六四，賁如皤如，白馬翰如，匪寇婚媾。《象》曰：六四當位，疑也。「匪寇婚媾」，終无尤也。

六四以陰居陰，當乎位，質也；以四應初，剛柔相錯，文也。雖與初應，而近比九三，近而不相得，以爲己寇。「賁如」者，欲應初也；「皤如」者，安於當位以辟寇也。有是疑也，故或文或質，然潔白其行以待之，寇卒不可得而犯，則婚媾諧矣！

六五，賁于丘園，束帛戔戔，吝終吉。《象》曰：六五之吉，有喜也。

六五賁飾之時，以處尊位致乎文者也。以柔居中，其體則止，文極知反，能止乎中矣。飾乎丘園，樹藝而已，家給人足，束帛所以戔戔。既知反本則不妄費，能知吝而終吉者也。文多滅質，反飾其本，以止乎中而保吉，故可喜也。

上九，白賁，无咎。《象》曰：「白賁无咎」，上得志也。

上九以陽居上，至白之象也。畫繪之事後素功，極乎藻絢，必尚素功者，衆色淆亂，非白无以別之也。畫繪至於素功，飾之道盡矣，上之志得矣。

剥（卦二十三）

䷖ 坤下 艮上

剝，不利有攸往。

《彖》曰：剝，剝也，柔變剛也。「不利有攸往」，小人長也。順而止之，觀象也。君子尚消息盈虛，天行也。

《象》曰：山附於地，剝；上以厚下安宅。

剝，浸以衰而將落也。山崩則附於地，高者雖下，而其基固矣，君子有取焉。「厚下」、「安宅」，皆所以固基也。

初六，剝牀以足，蔑貞凶。《象》曰：「剝牀以足」，以滅下也。

六二，剝牀以辨，蔑貞凶。《象》曰：「剝牀以辨」，未有與也。

六三，剝之，无咎。《象》曰：「剝之无咎」，失上下也。

六四，剝牀以膚，凶。《象》曰：「剝牀以膚」，切近災也。

六五，貫魚以宮人寵，无不利。《象》曰：「以宮人寵」，終无尤也。

剝之時，小人長而君子消。六五以柔中居尊位，其御小人以柔而不以威者也。道以御之，小人不失其寵，雖曰道長，亦莫能害君子者，御得其道也。

上九，碩果不食，君子得輿，小人剝廬。《象》曰：「君子得輿」，民所載也。「小人剝廬」，終不可用也。

復（卦二十四）

䷗ 震下坤上

復，亨，出入无疾，朋來无咎。反復其道，七日來復，利有攸往。

《彖》曰：復亨，剛反動而以順行，是以「出入无疾，朋來无咎」。「反復其道，七日來復」，天行也；「利有攸往」，剛長也。復其見天地之心乎！

復，極而反其本也。自《姤》至《剥》，陰日長而陽日消，至於《坤》，則无陽而陰極矣！陰極則陽反，故彼長則此消，此盈則彼虚。消長盈虚，終則有始，循環無窮，理之必然者也。復，陽始生之卦也。天地之大德曰生，方陽之消，雖理之必然，然非天地之本心，故至陽始生則反，行天地之本心，故謂之「復」。「復亨」，陽進必亨也。陽消爲入，長爲出，出入皆理之所必然，非所病也。方其未長，群陰朋來不足咎也。所以无疾无咎者，以「反復其道，七日來復」故也。陽自《姤》而始消，剥盡六陽以爲《坤》，然後《復》，故七日也。陽之未長，止可以无疾无咎；至於來復，然後「利有攸往」，以剛長也。方陽之長，生生无窮，此天地之心也。

《象》曰：雷在地中，復；先王以至日閉關，商旅不行，后不省方。

雷在地中，微陽始生，静以養之，待盈而發也。閉關涂止行者，皆以養微陽也。

初九，不遠復，无祇悔，元吉。《象》曰：不遠之復，以修身也。

初九處復之初，而以一陽居衆陰之始，自坤而來，陽消未遠，故曰「不遠復」。

六二，休復，吉。《象》曰：休復之吉，以下仁也。

六二居中而下比於陽，所以爲休。

六三，頻復，厲无咎。《象》曰：頻復之厲，義无咎也。

六三雖陷於衆陰之中，幾不能以自出，然去陽未遠，猶不得已而求復。不得已，故「頻」；陷於衆陰，故「厲」。有志於復，必與衆陰異趣，然不失吾義，故雖危无咎。

六四，中行獨復。《象》曰：「中行獨復」，以從道也。

六五，敦復，无悔。《象》曰：「敦復无悔」，中以自考也。

六五雖遠於陽，而不失乎中，雖未盡美，而敦厚自守，可以无悔。

上六，迷復，凶，有災眚。用行師，終有大敗，以其國君凶，至於十年不克征。《象》曰：迷復之凶，反君道也。

上六居衆陰之上，處復之後，最遠於陽，迷而不反者也。以治身則凶，趣時則有災眚，若用衆君國，其害滋大，其勢難復，非十年之久不能爲也。

无妄（卦二十五）

䷘ 震下乾上

无妄，元亨利貞。其匪正有眚，不利有攸往。《彖》曰：无妄，剛自外來而爲主於内，動而健，剛中而應，大亨以正，天之命也。「其匪正有眚，不利有攸往」，无妄之往何之矣！天命不祐，行矣哉！

无妄，所遇以正命也。「剛自外來而爲主於内，動而健，剛中而應」，是三者无自而爲邪矣，是所謂「无妄」。有无妄之德，必有无妄之福，此大亨以正，所以爲天之命也。若「匪正有眚」，則妄矣！「匪正」，邪也；「有眚」，過也。天作孽爲災，自作孽爲眚，其過由己致也。有妄欲往於无妄，將何之乎？天命不祐，亦己致之，非正命也。

《象》曰：天下雷行，物與无妄；先王以茂對時，育萬物。

天下雷行，萬物發生，皆以誠感，何可妄也！先王對時育物，用此道也。

初九，无妄往吉。《象》曰：无妄之往，得志也。

初九以剛爲主於内，方動之始，不流於邪。理義者，人心之所同然，由是而往，无不得志。

六二，不耕穫，不菑畬，則利有攸往。《象》曰：「不耕穫」，未富也。

无妄之德，剛者得之。六二體柔，下比於初，未能无妄，殆未可以有行也。然動不失中，尚知循理舍下比，未爲私富之計，上應於五，不失中正之求，亦可以有行矣！

六三，无妄之災，或繫之牛，行人之得，邑人之災。《象》曰：行人得牛，邑人災也。

六三體柔，疑於有妄，然當无妄之世，以陰居陽，而上應於陽，非純柔者也。不可以致无妄之福，足以致无妄之災而已。六三上應上九，上九所以寄託於我，不幸爲九四所侵，失上九之寄託，此六三所以獲无妄之災也。如有繫牛以寄託於邑人之家者，不幸爲行人竊取而得，則邑人不得不任其失牛之責。蓋无妄之災出於非意，其狀如此。

九四，可貞，无咎。《象》曰：「可貞无咎」，固有之也。

九四无應，下比六三；三應於上，比之非正。當固有所守，不妄求比，乃可无咎。

九五，无妄之疾，勿藥有喜。《象》曰：无妄之藥，不可試也。

九五下有六二之應，以正合者也。初九雖欲比二，非意見侵，乃无妄之疾，非己致也。二自守中，初莫能犯，卒獲正應，如疾非己致，治之愈亂，不治而自愈矣，雖有治疾之具，不可用也。

上九，无妄行，有眚，无攸利。《象》曰：无妄之行，窮之災也。

上九雖以剛健居无妄之時，然過亢失中，知剛而不知柔者也。行不可過，過則窮，窮則災，物之理也。

大畜（卦二十六）

☶☰ 乾下艮上

大畜，利貞，不家食，吉，利涉大川。

《象》曰：大畜，剛健篤實輝光，日新其德，剛上而尚賢。能止健，大正也。「不家食吉」，養賢也。「利涉大川」，應乎天也。

大畜，據其所自得也。雖以陰畜陽，而一陽在上，尚賢之義也。大有所畜，止乎剛健，惟大正然後利；小有不正，莫能正也。大畜，天祿也，當與賢者共之，「不家食」，不敢私也。❶

《象》曰：天在山中，大畜；君子以多識前言往行，以畜其德。

❶ 此條底本與四庫本均繫於「大畜利貞不家食吉利涉大川」之下，今依文義改。

莫大於天，而在山中，所畜至大者也。君子修身以畜德之要，「好古，敏以求之」，「見賢而思齊」者也。

初九，有厲，利已。《象》曰：「有厲利已」，不犯災也。

九二，輿説輹。《象》曰：「輿説輹」，中无尤也。

「輿説輹」，則車敗不可行也。「輿説輹」，輹，車軸縛也，則不駕而已，車體猶完。九二以剛居中，自全不進，非若《小畜》九三與四力競，至於敗也。

九三，良馬逐，利艱貞。曰閑輿衛，利有攸往。《象》曰：「利有攸往」，上合志也。

九三爲上九所畜，畜極而通天衢，已亨，可以馳逐而无阻，故曰「良馬逐」。然不可以不戒，故「利艱貞」；戒之之道，不可以不豫習，故「曰閑輿衛」。曰，命之也，閑，習也。輿衛習則馬不駭，以是馳逐，宜无不利，而又上志獲通，則无往不合。

六四，童牛之牿，元吉。《象》曰：六四元吉，有喜也。

六五，豶豕之牙，吉。《象》曰：六五之吉，有慶也。

六四、六五皆以柔畜剛，止健者也。牛之剛健在角，豕之剛健在牙。初九居健之始，其健未若童牛，然禁於未發，以牿閑之。及其長也，无所用其健，豈特不暴而已，安於馴柔，可駕而服，故可喜也。九二居健之中，其健已具，若豕之牙漸不可制。六五居尊守中，能以柔道殺其剛暴之氣，若豶豕。然其牙雖剛，莫之能暴，可以養畜而无虞，故有慶也。

上九，何天之衢，亨。《象》曰：「何天之衢」，道大行也。

上九畜極而通，其道大行，无往不亨。言「何天之衢亨」者，猶言「何所爲天道乎？所之皆亨」也。

頤（卦二十七）

䷚ 震下艮上

頤，貞吉。觀頤，自求口實。

《象》曰：「頤貞吉」，養正則吉也。「觀頤」，觀其所養也；「自求口實」，觀其自養也。天地養萬物，聖人養賢以及萬民。頤之時，大矣哉！

頤，盡其所以養也。上止下動，外實内虛，頤之象也。莫非養也，養正則吉，所養、自養皆欲觀其邪正也。觀天地養萬物，則自養得其正；觀聖人養賢以及萬民，則所養得其正也。

《象》曰：山下有雷，頤；君子以慎言語，節飲食。

山下有雷，所震未遠，則慎其所發；陽氣未盈，則節其所養。

初九，舍爾靈龜，觀我朵頤，凶。《象》曰：「觀我朵頤」，亦不足貴也。

六二，顛頤拂經，于丘頤，征凶。《象》曰：六二征凶，行失類也。

六三，拂頤，貞凶。十年勿用，无攸利。《象》曰：「十年勿用」，道大悖也。

六四，顛頤，吉。虎視眈眈，其欲逐逐，无咎。《象》曰：顛頤之吉，上施光也。

六五，拂經，居貞吉。不可涉大川。《象》曰：居貞之吉，順以從上也。

上九，由頤，厲，吉。利涉大川。《象》曰：「由頤厲吉」，大有慶也。

大過（卦二十八）

䷛ 巽下兌上

大過，棟橈，利有攸往，亨。

《象》曰：「大過」，大者過也。「棟橈」，本末弱也。剛過而中，巽而說行，利有攸往，乃亨。大過之時，大矣哉！

大過，非常情之所及也。二剛居二體之中，有二剛以輔之，大者過也；二柔居二體之中，有二柔以輔之，小者過也。本末皆弱，非大過不足以持之，必大有爲而後濟，故「利有攸往乃亨」。剛過而不失其中，可與權也。「巽而説行」，得道者多助也。

《象》曰：澤滅木，大過；君子以獨立不懼，遯世无悶。

木資澤之潤以長茂，澤水之盛至於滅木，大過之象也。君子達命之變，得其所自信，雖大過之世，不與物推移，故能以「不懼」、「无悶」處之。

初六，藉用白茅，无咎。《象》曰：「藉用白茅」，柔在下也。❶

九二，枯楊生稊，老夫得其女妻，无不利。《象》曰：老夫女妻，過以相與也。

初六以柔在下，大過乎慎者也。茅，柔物；藉，在下也。大過之世，老少不得當其耦，陽過於陰，則老陽與少陰耦；陰過於陽，則老陰與少陽耦。初六少陰，女也；上六老陰，老婦也。九二在初六之上，老於初六，故曰「老夫」；九五在上六之下，少於上六，故曰「士夫」，士未娶、女未嫁者也。大過，剛過也，柔過則不濟矣。九二比於初六，剛過乎柔；上六比於九五，柔過乎剛。過則爲老，故枯楊爲老夫老婦。稊，柔物也，「枯楊生稊」，再秀也；華，陽物也，「枯楊生華」，再榮也。九二剛過，故得柔之助，楊之再秀，尚可久也；老夫女妻，未失宜也。上六柔過，九五以少陽配之，剛不足以助之，雖榮易落也；老婦士夫，雖配非耦也。

九三，棟撓，凶。《象》曰：棟撓之凶，不可以有輔也。❷

九四，棟隆，吉。有它，吝。《象》曰：棟隆之吉，不撓乎下也。

九三應上，柔上而剛下，棟撓者也；九四應初，剛上而柔下，棟隆者也。棟，在上之物也，大過主於剛，過柔在乎上，剛不足以輔之，故撓而凶。剛在乎上，雖不撓乎下，然係應在初，其志不弘，猶有它吝。

九五，枯楊生華，老婦得其士夫，无咎无譽。《象》曰：「枯楊生華」，何可久也！老婦士夫，亦可醜也。

上六，過涉滅頂，凶，无咎。《象》曰：過涉之

❶「也」下，原有「解見九二」四字。

❷「也」下，原有「解見九四」四字。

凶，不可咎也。

上六「深則厲，淺則揭」，涉而至於滅頂，過涉者也。以柔居大過之末，過涉而下濟者也。涉雖不濟，義不得已。滅頂取凶，命不可逃。義命合一，非其咎也。

習坎（卦二十九）

䷜ 坎下 坎上

習坎，有孚，維心，亨。行有尚。

《彖》曰：習坎，重險也；水流而不盈，行險而不失其信。「維心亨」，乃以剛中也。「行有尚」，往有功也。天險，不可升也；地險，山川丘陵也。王公設險以守其國，險之時用大矣哉！

習坎，更試乎至難也。八卦：乾，健；坤，順；震，動；艮，止；離，明；坎，險；巽，入；兌，說。惟險非吉德，君子所不取，故於坎也獨以習坎爲名，更試重險，乃君子所有事也。流水之爲物，雖行險，不礙其必下也。君子之爲德，雖行險，不失其必信也。剛陷二陰之間而皆得中心，亨者也。剛中而習險，往必有功也。險非吉德，而王公法天地以設險，其取於險也大矣！

《象》曰：水洊至，習坎；君子以常德行，習教事。

水之走下，繼至而不絕，有習險之義焉。德行教事，非習不成也。

初六，習坎，入于坎窞，凶。《象》曰：習坎入坎，失道凶也。

九二，坎有險，求小得。《象》曰：「求小得」，未出中也。

六三，來之坎坎，險且枕，入于坎窞，勿用。《象》曰：「來之坎坎」，終无功也。

六三險且枕，安於所未安也。

六四，樽酒，簋貳，用缶，納約自牖。終无咎。

《象》曰：「樽酒簋貳」，剛柔際也。

九五，坎不盈，祇既平，无咎。《象》曰：「坎不盈」，中未大也。

上六，係用徽纆，寘于叢棘，三歲不得，凶。《象》曰：上六失道，凶三歲也。

離（卦三十）

䷝ 離下離上

離，利貞，亨。畜牝牛，吉。

《象》曰：離，麗也；日月麗乎天，百穀草木麗乎土，重明以麗乎正，乃化成天下。柔麗乎中正故亨，是以畜牝牛吉也。

離，明而有所麗也。火之爲物，麗於物而後見，故離爲明爲麗。離之二陽，麗於一陰以爲明，陽麗於陰，正也。重麗之明皆麗乎正，其文明，其義正，此所以化成天下也。二柔皆中，故「利貞」；利貞，故「亨」，柔體故也。牛順而畜於人，牝又其柔者，柔而麗於物，故畜之吉。

《象》曰：明兩作，離；大人以繼明照于四方。

初九，履錯然，敬之，无咎。《象》曰：履錯之敬，以辟咎也。

初九始與二比，剛麗乎柔，其履交錯，然剛柔之際，瀆亂生焉。欲辟乎咎，非敬不可；能敬之道，非剛而何？

六二，黃離，元吉。《象》曰：「黃離元吉」，得中道也。

六二二陽來麗，不失乎中，中即本也，故曰「黃離元吉」。

九三，日昃之離，不鼓缶而歌，則大耋之嗟，凶。《象》曰：日昃之離，何可久也！

九三陽過乎中，日昃之象。日昃之時，明始退矣，必至於没而後已。處斯時也，亦姑謀樂以待其終可矣。不及時以自娱，至於耋老，則无及矣，與《詩》云「今我不樂，逝者其耋」同義。

九四，突如其來如，焚如，死如，棄如。《象》曰：「突如其來如」，无所容也。

《離》之四五與《坎》相反。《坎》之四五皆當位，《離》之四五皆不當位。剛柔不當位，則剛必陵柔，下必陵上，不順之勢，物所不容也。離於下體，其明再生，故「突如其來如」。物所不容，不戢自焚，故「焚如，死如，棄如」。六五爲四所陵，不堪其逼，然處尊居中，不失王公之義，物必助之，故吉。

六五，出涕沱若，戚嗟若，吉。《象》曰：六五之吉，離王公也。

上九，王用出征，有嘉折首，獲匪其醜，无咎。《象》曰：「王用出征」，以正邦也。

咸（卦三十一）

䷞ 艮下兑上

咸，亨，利貞，取女吉。

《彖》曰：咸，感也，柔上而剛下，二氣感應以相與，止而説，男下女，是以「亨利貞取女吉」也。天地感而萬物化生，聖人感人心而天下和平，觀其所感，而天地萬物之情可見矣！

《象》曰：山上有澤，咸；君子以虚受人。

咸，以无心感也。咸之所感不一，故咸之義又爲感。天與地相感，故萬物化生；聖人與人心相感，故天下和平。理義者，人心之所同然，感无不應，應无不同，好色好貨，親親長長，以斯心加諸彼，未有不和不平者也。天地萬物形氣雖殊，同生乎一理，觀於所感，則其情亦未嘗不一也。澤居下而山居高，然山能出雲而致雨者，山内虚而澤氣通也。土灰候氣可以知也，故君子居物之上，物情交感者，亦以虚受也。

初六，咸其拇。《象》曰：「咸其拇」，志在外也。

《咸》之六爻皆以身爲之象，下卦象下體，上卦象上體。初六最下而應九四，四以心感而初以足行，然後相應。不曰「足」而曰「拇」者，初以陰居下，静而未行，足雖不行，不害拇之能動，蓋心與四應而迹未應也。

六二，咸其腓，凶，居吉。《象》曰：雖凶居吉，順不害也。

六二柔中，雖居不往，不失乎順。一作：雖柔而居中，不失乎順。

九三，咸其股，執其隨，往吝。《象》曰：「咸其股」，亦不處也；志在隨人，所執下也。

九三剛而不中，居下體之上，力雖不任而无所自執，股之象也。

九四，貞吉，悔亡。憧憧往來，朋從爾思。《象》曰：「貞吉悔亡」，未感害也。「憧憧往來」，未光大也。

居上體之下，當一身之中，以心感者也。雖獨與初應，未能无心周物，然以陽居陰，制之以靜，所感於初者未深，未涉於害，故「貞吉悔亡」也。「憧憧往來，朋從爾思」者，有心於周物而未能无心，猶自思焉。天下何思何慮，將无所不感，斯所以光大矣！

九五，咸其脢，无悔。《象》曰：「咸其脢」，志末也。

上六，咸其輔頰舌。《象》曰：「咸其輔頰舌」，滕口説也。

脢與輔頰舌居心之上，皆末也。脢无情，以无悔，輔頰舌感，不以誠而以言者也。

恒（卦三十二）

䷟ 巽下 震上

恒，亨，无咎，利貞，利有攸往。

《象》曰：恒，久也；刚上而柔下，雷風相與，巽而動，剛柔皆應，恒。「恒亨无咎利貞」，久於其道也，天地之道，恒久而不已也。「利有攸往」，終則有始也。日月得天而能久照，四時變化而能久成，聖人久於其道而天下化成。觀其所恒，而天地萬物之情可見矣！

《象》曰：雷風，恒；君子以立不易方。

恒，居常而可久也。通於衆，處於无過，守正而不變其道，乃可久也。非常之道，可暫而不久者也。若夫遠而天下，久而萬世，无所往而不利，惟常道爲然。雷風雖若非常，其所以相與則恒，觀其所恒，則天地萬物之情亦一。「雷以動之，風以散之」，有天地以來，其用未嘗易；君子所立之方，理義有常，亦萬世所莫能易。

初六，浚恒，貞凶，无攸利。《象》曰：浚恒之凶，始求深也。

初六始求可久之道，當與時消息，而以陰居之，執一不變，涉於刻深，取凶之道。執一廢百，无往而利。

九二，悔亡。《象》曰：「九二悔亡」，能久中也。

九三，不恒其德，或承之羞，貞吝。《象》曰：「不恒其德」，无所容也。

九四，田无禽。《象》曰：久非其位，安得禽也！

九四以陽居陰，不處於位而遠於事者也。君子之於天下，可以仕則仕，可以已則已；不居所當居，不事所可事，以是爲常，卒於无所獲而已。

六五，恒其德，貞，婦人吉，夫子凶。《象》曰：婦人貞吉，從一而終也；夫子制義，從婦凶也。

上六，振恒，凶。《象》曰：振恒在上，大无功也。

上六居恒之終，持守欲固。以柔居上，下應於三；三亦不恒，莫知所守。當震之極，動摇无止，失守无功，凶其宜也。

遯（卦三十三）

䷠ 艮下 乾上

遯，亨，小利貞。

《象》曰：「遯亨」，遯而亨也；剛當位而應，與時行也。「小利貞」，浸而長也。遯之時義大矣哉！

遯，遠於害也。柔浸而長，非貞不立，可以自令，❶不足以求勝，故「小利貞」。

《象》曰：天下有山，遯；君子以遠小人，不惡而嚴。

物居地上，莫高於山，天之至高雖非山比，然山之勢與天並高，天若遠避，遯之象也。君子之遠小人，如天之遠山。「不惡而嚴」，儼然望而畏之，不可犯也。

初六，遯尾，厲，勿用有攸往。《象》曰：遯尾之厲，不往何災也！

六二，執之用黄牛之革，莫之勝説。《象》曰：執用黄牛，固志也。

六二以柔居中，又處乎内，故曰「黄牛」。「執」言持，「革」言堅固也。方遯之時，衆陽皆遯，已不得而從之，以守中行順，堅持其志而不解，知所自信者也。

九三，係遯，有疾厲。畜臣妾，吉。《象》曰：係遯之厲，有疾憊也。「畜臣妾吉」，不可大事也。

九三獨近二陰，爲陰所係，臣妾役於人者也。陰爲我役，則雖近之而无害；爲陰所係，則憊矣！臣妾亦陰類也。

九四，好遯，君子吉，小人否。《象》曰：君子好遯，小人否也。

九五，嘉遯，貞吉。《象》曰：「嘉遯貞吉」，以正志也。

上九，肥遯，无不利。《象》曰：「肥遯无不利」，无所疑也。

大壯（卦三十四）

䷡ 乾下震上

大壯，利貞。

❶「令」，四庫本作「全」。

《象》曰：大壯，大者壯也；剛以動，故壯。「大壯利貞」，大者正也，正大而天地之情可見矣！

大壯，居彊盛之勢也。「大者壯」，體大而勢勝也；「大者正」，體大勢盛而无邪僻也。天地之體大矣，勢勝矣，情正矣！

《象》曰：雷在天上，大壯；君子以非禮弗履。

「雷在天上」，則天下震驚，體大而勢盛也。體所以正心修身，「非禮弗履」，則威嚴行而天下服。

初九，壯于趾，征凶，有孚。《象》曰：「壯于趾」，其孚窮也。

初九居下而壯，勢必犯上，繇是而往，其究必凶。

九二，貞吉。《象》曰：「九二貞吉」，以中也。

九二以陽居陰，以謙居壯者也。又不失其中，居之安矣！

九三，小人用壯，君子用罔，貞厲。羝羊觸藩，羸其角。《象》曰：「小人用壯」，君子罔也。

九三居健之極，以陽居陽。小人恃勢以陵物，故曰「用壯」；君子居勢以自檢，故曰「用罔」。罔謂羅，制其奔軼也。君子居安而畏危，故曰「貞厲」。小人恃勢狠以陵物，物莫之與則反爲所困，故曰「羝羊觸藩，羸其角」。藩謂四也。

九四，貞吉，悔亡。藩決不羸，壯于大輿之輹。《象》曰：「藩決不羸」，尚往也。

九四處三陽之上，居動之始，壯之甚者，而以陽居陰，亦以謙居壯者也。壯宜有悔，由謙故貞吉，貞吉悔乃亡也。上有二陰，不爲藩以阻己也；以剛居動之始，壯輿之輹也。故「藩決不羸」，進无阻也；「壯于大輿之輹」，行无病也，尚往无疑矣！

六五，喪羊于易，无悔。《象》曰：「喪羊于易」，位不當也。

六五羊性壯狠，壯陽之象。四陽至壯而上進，六五之柔不足以制之，雖不當位，而居乎中，能度可否者也。知不可制而不制，藩決不羸，陽得進往，故曰「喪羊于易」。能知可否，不與物競，故无悔也。

上六，羝羊觸藩，不能退，不能遂，无攸利，艱則吉。《象》曰：「不能退，不能遂」，不詳也。「艱則吉」，咎不長也。

壯窮必衰，不可長也。四陽上進，羝羊也；上六居外，藩也。「不能退」，剛長不已也；「不能遂」，上窮也；窮極，其壯不衰不已，故「无攸利」也。六五、上六皆柔，不足以制剛；五以易而喪羊，上以難而獲吉。上處窮極，不敢以柔而自易，抑其壯而不使遂也。

晉（卦三十五）

䷢ 坤下 離上

晉，康侯，用錫馬蕃庶，晝日三接。

《彖》曰：晉，進也。明出地上，順而麗乎大明，柔進而上行，是以「康侯，用錫馬蕃庶，晝日三接」也。

晉，進而之於貴也。「明出地上，順而麗乎大明，柔進而上行」，皆進而之於貴，人臣進受君寵之象也。康，美也，安也，如《記》所謂「康周公，以賜魯也」。「錫馬蕃庶，晝日三接」，君寵之多也。「明出地上」，晝也。歷三陰而至離之明，三接之象也。

《象》曰：明出地上，晉；君子以自昭明德。

初六，晉如摧如，貞吉，罔孚，裕无咎。《象》曰：「晉如摧如」，獨行正也。「裕无咎」，未受命也。

初六明進之始，故「晉如」。以陰居乎至下，未遂其進，故「摧如」。至柔居下，或晉或摧，宜无所立矣。然順而麗明，獨行乎正，故「貞吉」。居物之下，當事之始，物未信也，故「罔孚」。四離正應以順麗明，不獨繫四，裕而不狹，乃无咎也。「未受命」者，所麗在離之全體，未以四應而偏受命也。

六二，晉如愁如，貞吉。受茲介福，于其王母。《象》曰：「受茲介福」，以中正也。

六二「晉如」，進而之明也；「愁如」，上无應也。六五以柔居尊，王母之象也。王母，祖母之稱，婦人之尊也。二、五俱无應，而皆處中正，以中正相感而不以它，故「受茲介福」也。

六三，衆允，悔亡。《象》曰：衆允之志，上行也。

九四，晉如鼫鼠，貞厲。《象》曰：「鼫鼠貞厲」，位不當也。

九四當明進時，以陽居陰，又處四陰之中，下應於初，進退失守如鼫鼠然，位不當者也。守是不變，取危之道。

六五，悔亡，失得勿恤。往吉，无不利。《象》曰：「失得勿恤」，往有慶也。

六五居明之中，二陽所麗，體柔處尊，物之所歸，故「往吉，无不利」也。明進之時而體陰柔，宜若有悔；柔居二陽所麗之間而下无應，宜若恤失得。然二陽所麗，物之所得，故悔亡而失得可勿恤也。

上九，晉其角，維用伐邑，厲吉，无咎，貞吝。《象》曰：「維用伐邑」，道未光也。

上九居明之終，明將窮矣，故「晉其角」。明不足以及遠，可以治其邑而不能及其境內，邑猶伐而後治，則道未光可知矣！明不足故「厲」，伐而後可治故「吉」，乃无咎。然守是不變，狹吝之道也。

明夷(卦三十六)

䷣ 離下 坤上

明夷，利艱貞。

《彖》曰：明入地中，明夷。內文明而外柔順，以蒙大難，文王以之。「利艱貞」，晦其明也。內難而能正其志，箕子以之。

明夷，藏而不顯也。明夷之義，文王、箕子事紂之道也。君子之德，非所尚於明夷，而蒞衆之道不用明焉，於是乎取之。

《象》曰：明入地中，明夷；君子以蒞衆，用晦而明。

初九，明夷于飛，垂其翼。君子于行，三日不食。有攸往，主人有言。《象》曰：「君子于行」，義不食也。

初九明當升而反在下，飛而垂翼之象也。君子，明者也；明夷，不明者也。明與不明，義與不義之分也。不義者之食，義者不受也。明者所爲，不明者不信也。故于行則「三日不食」，有攸往則「主人有言」。

六二，明夷，夷于左股。用拯馬壯，吉。《象》曰：六二之吉，順以則也。

六二以陰柔居中，在二陽之間，不自明而賴物以爲明，不自行而賴物以爲行。順物之則而不自用，晦其明者也，故曰「夷于左股，用拯馬壯，吉」。夷于左股則不能行，用拯斯難，馬壯乃吉也。

九三，明夷于南狩，得其大首，不可疾，貞。《象》曰：南狩之志，乃大得也。

九三居離之極，至明之主也；上六居坤之極，至闇之主也。離，南方之卦，離至南而益明，得其地也，故曰「明夷于南狩」。明夷之世，至明之主得其地，以攻至闇之主，必大有得，故曰「得其大首」。君子之於物，无不愛也，雖有甚惡，閔之而已，正之而已，不可疾也。持不可疾之心以爲正，則君子用兵皆出於不得已也。

六四，入于左腹，獲明夷之心，于出門庭。《象》曰：「入于左腹」，獲心意也。

坤體純柔，至闇者也；六四當明夷之世，以陰居陰，入于至闇之始。在上者亦皆昏闇，然能獲在上者心意，出之于門庭之間者，必以陰柔之資逆探在上之邪心；在上者既闇，不能察而拒之，此所以爲其所得也。

六五，箕子之明夷，利貞。《象》曰：箕子之貞，明不可息也。

六五居二陰至闇之間，不可與明，所以利貞者，知守中以爲正也。此箕子事紂之義乎！

上六，不明，晦。初登于天，後入于地。《象》曰：「初登于天」，照四國也；「後入于地」，失則也。

明當在上而入于地，上六所以失明之則；闇當在下而不用其明，六二所以順以則也。

家人（卦三十七）

䷤ 離下 巽上

家人，利女貞。

《象》曰：家人，女正位乎內，男正位乎外，男女正，天地之大義也。家人有嚴君焉，父母之謂也。父父，子子，兄兄，弟弟，夫夫，婦婦，而家道正，正家而天下定矣！

家人，治內之道也。風能入火，風自火出，則火勢熾矣！言行之化可以正家，化自家出，則家道盛矣！

《象》曰：風自火出，家人；君子以言有物而行有恒。

初九，閑有家，悔亡。《象》曰：「閑有家」，志未變也。

初九以剛居始，閑有家者也。禁之於未然，不傷乎恩，故「悔亡」。

六二，无攸遂，在中饋，貞吉。《象》曰：六二之吉，順以巽也。

九三，家人嗃嗃，悔厲，吉。婦子嘻嘻，終吝。《象》曰：「家人嗃嗃」，未失也；「婦子嘻嘻」，失家節也。

九三以陽居陽，尚剛嚴以治家者也。法不閑於始，恩不得於衆，純以嚴治，家人所以嗃嗃也。嗃嗃者，譴言以聚議也。治家而不免家人議之，悔且厲也；彼雖議我，我未失道，悔厲猶吉也。若過於剛嚴，責善已甚，賊恩之至，皆有離心。「婦子嘻嘻」，失治家之節，終吝道也。嘻嘻，嗟怨之聲也。

六四，富家，大吉。《象》曰：「富家大吉」，順在位也。

六四以陰居於巽下，承乎九五，以順爲正，无非无儀者也。家人之順皆若是，則家道富盛，无所不足，故「大吉」。

九五，王假有家，勿恤，吉。《象》曰：「王假有家」，交相愛也。

九五以剛處尊，居中體巽，以道治其家，上下相親，法行而恩浹，有嚴君之治焉，故曰「王假有家」，得治家之本矣！　末不足憂，故曰「勿恤吉」。

上九，有孚，威如，終吉。《象》曰：威如之吉，反身之謂也。

上九以剛居終，有始有卒，道可繼也。「身不行道，不行於妻子」，反身不嚴，人將安信？　故「有孚威如」，終乃吉也。

睽（卦三十八）

䷥ 兌下離上

睽，小事吉。

《象》曰：睽，火動而上，澤動而下，二女同居，其志不同行。説而麗乎明，柔進而上行，得中而應乎剛，是以小事吉。天地睽而其事同也，男女睽而其志通也，萬物睽而其事類也，睽之時用大矣哉！

睽，趨異而不相合也。物有異而同者，天地、男女是也；有同而異者，「二女同居，其志不同行」是也。異而同者，迹異而心同，孟子曰「或遠或近，或去或不去，君子亦仁而已矣，何必同」，又曰「禹、稷、顏回同道，曾子、子思易地則皆然」是也；同而異者，迹同而心異，孟子曰「有伊尹之志則可，苟无伊尹之志則篡也」，魯人曰「柳下惠固可，吾固不可」是也。

《象》曰：上火下澤，睽；君子以同而異。

初九，悔亡，喪馬，勿逐自復。見惡人，无咎。《象》曰：「見惡人」，以辟咎也。

九二，遇主於巷，无咎。《象》曰：「遇主於巷」，未失道也。

六三，見輿曳，其牛掣，其人天且劓，无初有終。《象》曰：「見輿曳」，位不當也。「无初有終」，遇剛也。

九四，睽孤，遇元夫，交孚，厲，无咎。《象》曰：交孚无咎，志行也。

六五，悔亡，厥宗噬膚，往何咎。《象》曰：「厥宗噬膚」，往有慶也。

上九，睽孤，見豕負塗，載鬼一車，先張之弧，後説之弧，匪寇婚媾，往遇雨則吉。《象》曰：遇雨之吉，群疑亡也。

蹇（卦三十九）

䷦ 艮下坎上

蹇，利西南，不利東北。利見大人，貞吉。《彖》曰：蹇，難也，險在前也。見險而能止，知矣哉！「蹇利西南」，往得中也，「不利東北」，其道窮也，「利見大人」，往有功也，當位「貞吉」，以正邦也。蹇之時用大矣哉！

蹇，方涉於危難也。「利見大人」，謂九五以剛中處尊位也。危難之世，非大人不足以濟之，非當位履正不足以正之。

《象》曰：山上有水，蹇；君子以反身修德。

山上有水，水行不利，不得其地，故蹇也。水行不得其地，猶君子之行不得於人。不得於人，反求諸己而已。故愛人不親反其仁，治人不治反其知，禮人不答反其敬。

初六，往蹇來譽。《象》曰：「往蹇來譽」，宜待也。

六二，王臣蹇蹇，匪躬之故。《象》曰：「王臣蹇蹇」，終无尤也。

九三，往蹇來反。《象》曰：「往蹇來反」，內喜之也。

六四，往蹇來連。《象》曰：「往蹇來連」，當位實也。

六四往則益險，故曰「往蹇」；來則當位，與三、五比連，故曰「來連」。二陽交以下，雖无應，所賴實矣！

九五，大蹇朋來。《象》曰：「大蹇朋來」，以中節也。

上六，往蹇來碩，吉，利見大人。《象》曰：

「往蹇來碩」，志在内也。「利見大人」，以從貴也。

上六往則窮險，來則獲内之應，故曰「往蹇來碩吉」。碩，大也，九三以陽居陽，故大也。「利見大人」，九五比也。

解（卦四十）

䷧ 坎下震上

解，利西南，无所往，其來復，吉。有攸往，夙吉。

《彖》曰：解，險以動，動而免乎險，解。「解利西南」，往得衆也；「其來復吉」，乃得中也；「有攸往夙吉」，往有功也。天地解而雷雨作，雷雨作而百果草木皆甲坼，解之時大矣哉！

解，出乎險難也。當解之時，無濟難之志，守中自居，來復可也；有濟難之志，不夙則失時，險而止蒙，其險在内，心有窒礙，失之止而不知學也。蹇「見險而能止」，其險在外，知不可進而自止也；屯「動乎險中」，險亦在外，動乎險中，求出而未得也；解「險以動，動而免乎險」，已出險外，動而遠之，以免斯難也。

《象》曰：雷雨作，解；君子以赦過宥罪。

初六，无咎。《象》曰：剛柔之際，義无咎也。

初六居解之始，以柔在險下，宜有咎也。然應於九四，比於九二，剛柔相濟，足以解難，義无咎也。

九二，田獲三狐，得黄矢，貞吉。《象》曰：九二貞吉，得中道也。

九二居解之時，處乎險中，剛中而應，可以大獲隱伏，故曰「田獲三狐」。雖大有獲，道不失中，義不失直，守是不變，可以獲吉，故曰「得黄矢，貞吉」。

六三，負且乘，致寇至，貞吝。《象》曰：「負且乘」，亦可醜也。自我致戎，又誰咎也！

六三以陰居陽，柔邪之質乃在下卦之上，小人居君子之位者也。不安於上，求媚於四而負之；不安於下，陵侮於二而乘之，其行可醜，自取於難矣，故曰「負且乘，致寇至」。守是不變，卒歸鄙狹，故曰「貞吝」。

九四，解而拇，朋至斯孚。《象》曰：「解而拇」，未當位也。

九四者解之時，有應在初，初在險下，拇之象。四雖剛陽而不當位，未足解難，然在動始，求免於剛，不專應初，故曰「解而拇」。繫應不私，朋信之矣，故曰「朋至斯孚」。

六五，君子惟有解，吉。有孚於小人。《象》曰：君子有解，小人退也。

上六，公用射隼于高墉之上，獲之，无不利。《象》曰：「公用射隼」，以解悖也。

損（卦四十一）

䷨ 兑下艮上

損，有孚，元吉，无咎，可貞，利有攸往。曷之用？二簋可用享。

《象》曰：損，損下益上，其道上行。損而有孚，元吉，无咎，可貞，利有攸往。「曷之用？二簋可用享」，二簋應有時。損剛益柔有時，損益盈虛，與時偕行。

省約以爲善也。損下益上曰損，損上益下曰益，蓋陰從陽以益之，陽資陰以自益。艮止於上，兑説於下以從艮，損下益上也；雷動於下，巽居於上以入之，損上益下也。説之道上行，巽之動入於下也。凡物之情，則惡損而好益，天之道，則惡盈而好謙。知損之爲益，則物情有孚，天道合矣，故可以「元吉无咎」。時損時益，則損之道不可以爲正，惟「損而有孚」，故乃以「元吉无咎」，當損之時，故曰「可貞」。時損則損，時益則益，苟當其時，无往而不可，故損益皆「利有攸往」。當損之時，將何所用乎？然君子不以微薄廢禮，苟有明信，雖澗溪沼沚之毛，可薦於鬼神，故「二簋可用享」。陰陽消長，往反无常，惟其時而已。損益之氣在上，下則以柔益剛，然剛陽有餘，陰柔不足，則損剛益柔亦有時矣。由是觀之，天地陰陽，屈伸消長，與時偕行，惟變所通，君子取之以損益者也。

《象》曰：山下有澤，損；君子以懲忿窒欲。

山下有澤，則損澤之潤以益於山，山之物盛矣！損情之忿慾以益其德，則德益進矣！

初九，已事遄往，❶无咎，酌損之。《象》曰：「已事遄往」，尚合志也。

初九當損之始而位乎下，時損則損，不可緩也。故以已之事遄往以益上，庶幾合上之志而已，雖損下益上，亦不爲已甚。以失己，故其損也酌之而後行。所以酌者，其剛也。

九二，利貞，征凶，弗損益之。《象》曰：「九二利貞」，中以爲志也。

九二以剛居中，雖當損下以益上，能守中以爲正，不委己以利彼，故曰「利貞，征凶」，蓋以利中爲正，征則凶也。損不失中，雖損弗損，有益之之道焉。上九損終反益，故亦「弗損益之」。

六三，三人行則損一人，一人行則得其友。《象》曰：一人行，三則疑也。

六三與初九、九二，皆在下卦以相比，三人行者也。二爻皆陽，己獨陰，一人行者也。陰陽相耦，其體雖兩，其致一也。二陽與一陰並行，則三疑而不一，必損一陽，然後陰陽各一而可合，故曰「損一人」。三雖獨陰，自與上九應，初二不與焉，故曰「得其友」。

六四，損其疾，使遄有喜，无咎。《象》曰：「損其疾」，亦可喜也。

六四當損之時，以盈爲疾者也。六四以陰居陰，謙柔之至，「損其疾」也。有所損者必有所益，過損則无益，无益則有咎，故必「遄有喜」然後「无咎」。

六五，或益之十朋之龜，弗克違，元吉。《象》曰：六五元吉，自上祐也。

六五當損下益上之時，以柔中居上；二當損上益下之時，以柔中居下，天下之益皆歸焉。古者以龜貝爲貨，十朋之龜，利益多也。天下之益莫之致而至，至斯受之，故「弗克違」。凡損所以爲益，居損獲益，爲得

❶「已」，與「己」「巳」易混，諸家或讀作「己」，或讀作「已」，或讀作「巳」，今據此下呂大臨注文文意，定作「已」，下同。

其元，故曰「元吉」。居獲益則欲長保，故曰永貞之吉。損之六五，元吉。吉者，以柔中在上而獲祐，故曰「自上祐也」。

上九，弗損益之，无咎，貞吉。利有攸往，得臣无家。《象》曰：「弗損益之」，大得志也。

益（卦四十二）

震下
巽上

益，利有攸往，利涉大川。

《彖》曰：益，損上益下，民説无疆。自上下下，其道大光。「利有攸往」，中正有慶。「利涉大川」，木道乃行。益動而巽，日進无疆。天施地生，其益无方。凡益之道，與時偕行。

《象》曰：風雷，益；君子以見善則遷，有過則改。

益，增長以爲利也。風雷振動，萬物變而新之，有遷善改過之義。

初九，利用爲大作，元吉，无咎。《象》曰：「元吉无咎」，下不厚事也。

初九當益之時，損上益下；初九以剛處益之下，居動之始，受上之益，利於大有爲者也。然位卑而任重，不循其本以獲元吉，則未能免咎者也。

六二，或益之十朋之龜，弗克違，永貞吉。王用享于帝，吉。《象》曰：「或益之」，自外來也。

六二義見《損》之六五。然益之六二雖居下卦之中，天下之益歸之，有王者之象焉。莫尊於王而受上之益，則所謂上者帝而已矣。「享于帝吉」，受天之益也。

六三，益之用凶事，无咎。有孚中行，告公用圭。《象》曰：益用凶事，固有之也。

六四，中行告公從，利用爲依遷國。《象》曰：「告公從」，以益志也。

六三居下體之上，不純乎下；六四居上體之下，不純乎上，當益之時，損上益下。三四既不純乎上下，則損益皆不過乎中，故二爻位雖不中，皆曰「中行」。又皆陰柔之質，不能有所大益，不足於王者之事，故皆曰「告公」。所可用利益者一事而已，故六三「益之用凶事无咎」，六四「利用爲依遷國」，靖難求安而已，非過益也。三以陰居陽，可以有爲，故曰「益之用凶事无咎」，以其所益固有以自任也。能固有以自任，少有爲而不過中，行足以信于上而鎮撫其國也，故曰「有孚中行，告公用圭」。寶玉，國之重器，所以鎮撫之也。四以陰居陰，不及三之有爲，无可益者，求安而已，告公而從，其志得矣，非有爲也。傳曰：「我周之東遷，晉、鄭焉依。」凡遷國者，必有依於人而後濟，四不能有爲，可爲遷國之依而已。

九五，有孚惠心，勿問元吉。有孚惠我德。《象》曰：「有孚惠心」，勿問之矣。「惠我德」，大得志也。

上九，莫益之，或擊之，立心勿恒，凶。《象》曰：「莫益之」，偏辭也。「或擊之」，自外來也。

夬（卦四十三）

䷪ 乾下 兌上

夬，揚于王庭，孚號有厲。告自邑，不利即戎，利有攸往。

《象》曰：夬，決也，剛決柔也，健而説，決而和。「揚于王庭」，柔乘五剛也；「孚號有厲」，其危乃光也。「告自邑，不利即戎」，所尚乃窮也；「利有攸往」，剛長乃終也。

《象》曰：澤上於天，夬；君子以施禄及下，居德則忌。

「施禄及下」，可遽決也；進有德以居位，不可遽決也。左右諸大夫、國人皆曰賢，猶察之，見賢而後用之，此「居德則忌」也。忌，謂戒慎也。

初九，壯于前趾，往不勝，爲咎。《象》曰：不勝而往，咎也。

初九以健在下，「壯于前趾」者也。當決之始，畜鋭以待，度不勝不往，乃可以免咎。不能量敵慮勝，徼倖輕進，欲勝柔邪而反長之，茲乃爲咎，不可不慎。

九二，惕號，莫夜有戎，勿恤。《象》曰：「有戎勿恤」，得中道也。

九二決之時，以剛得中，雖與物敵，先知所以備豫之道，不爲窮兵幸勝之計，則寇來不可犯，故曰「惕號，莫夜有戎，勿恤」。

九三，壯于頄，有凶。君子夬夬，獨行遇雨，若濡，有愠，无咎。《象》曰：「君子夬夬」，終无咎也。

九三獨與上六應，上六居上，故曰「頄」。四剛決柔，己獨助之，違衆不祥，是以凶也。惟君子心无私係，亟欲決而不助，故曰「君子夬夬」。然位當其應，雖與四剛同行，獨爲上六之牽援，遠之則怨。如獨行遇雨，雖爲霑污，貽彼之愠怒則有之，卒无咎也。

九四，臀无膚，其行次且，牽羊悔亡，聞言不信。《象》曰：「其行次且」，位不當也。「聞言不信」，聰不明也。

九四剛長決柔之時，以陽居陰，附於柔闇，從剛者之行則不果，聞剛者之言則不信，故「其行次且，聞言不信」也。後爲三陽近迫，則失所處，故曰「臀无膚」；前爲九五之所曳，則不得止，故曰「牽羊」。羊性柔很，可驅而不可牽，四苟從五之所牽，悔猶可亡，然「聞言不信」，則不聽可知。

九五，莧陸夬夬，中行无咎。《象》曰：「中行无咎」，中未光也。

上六，无號，終有凶。《象》曰：无號之凶，終不可長也。

姤（卦四十四）

䷫ 巽下乾上

姤，女壯，勿用取女。

《象》曰：姤，遇也，柔遇剛也。「勿用取女」，不可與長也。天地相遇，品物咸章也；剛遇中正，天下大行也。姤之時義大矣哉！

姤，寡遇衆，弱遇强也。姤一柔而遇五剛，乃一女子而遇五男，一臣而遇五君，壯而不可貞，不可取也。

《象》曰：天下有風，姤，后以施命誥四方。

天下有風，則无不鼓動，施行命誥四方之義。一后之命告四方，亦寡遇衆也。

初六，繫於金柅，貞吉。有攸往，見凶。羸豕孚蹢躅。《象》曰：「繫於金柅」，柔道牽也。

初六以一柔而遇五剛，近者欲比，遠者欲應，能不徇於近比而遠牽於正應，繫之於剛而能止者，則正吉矣。「有攸往，見凶」，舍正之它則凶矣。舍正之它，乃羸豕之孚也；羸豕孚以淫，行信於衆者也。蹢躅，淫躁之狀也。

九二，包有魚，无咎，不利賓。《象》曰：「包有魚」，義不及賓也。

九二與初相比，柔始爲剛而爲二所得，「包有魚」也。初非正應，苟可以自利而已，不可以及賓，蓋近而相比近於義非正也。❶古者遺魚肉皆包苴，包喻二，魚喻初也。魚，陰類也。

九三，臀无膚，其行次且，厲无大咎。《象》曰：「其行次且」，行未牽也。

九三之於初六，後不如二之能比，故「臀无膚」；前不如四之能應，故「其行次且」。雖未牽初以自助，若孤危，然剛而當位，卒无大咎。

九四，包无魚，起凶。《象》曰：无魚之凶，遠民也。

九四以初爲應，初爲己民，二陽間之，遠而不可得。有民而不得其民，如有包无實，以静猶可，作而起之，是以凶也。

九五，以杞包瓜，含章，有隕自天。《象》曰：九五含章，中正也。「有隕自天」，志不舍命也。

九五内守中正以待天命者也，姤之時，柔長而剛

❶ 下「近」字，據文意疑爲衍文。

將消矣。九五以剛陽之質居尊履中，德之美也。不以剛將消而自失，全其美質，如以杞包瓜然。方其未壞，知愛之全之而已，含章之道也。「有隕自天」，非吾力之所能爲，斯可以俟命而无憾也。

上九，姤其角，吝，无咎。《象》曰：「姤其角」，上窮吝也。

上九角居首上，遇道至於角窮矣。窮雖吝狹，不可以及衆，亦庶乎不自失，故「无咎」。

萃（卦四十五）

坤下兑上

萃，亨，王假有廟。利見大人，亨，利貞。用大牲吉，利有攸往。

《彖》曰：萃，聚也，順以説，剛中而應，故聚也。「王假有廟」，致孝享也。「利見大人亨」，聚以正也。「用大牲吉，利有攸往」，順天命也。觀其所聚，而天地萬物之情可見矣！

萃而得其所主也。己之所聚則庶事備，庶事備而後道可通，故曰「萃亨」。天下以大聚，不知其本，則陵慢爭奪之禍生。王者治天下之大聚，所生者有本焉。「順以説」，知所以報其本；「剛中而應」，知所以正其本。親者，類之本，故「王假有廟」，致孝享以報本也；有德有位者治之本，故「利見大人，亨利貞」，立名分以正本也；天者生之本，故「用大牲吉」，順天命以報本也。

《象》曰：澤上於地，萃；君子以除戎器，戒不虞。

澤上於地，則物物蒙潤，旱乾所不能害，有豫備不虞之象。

初六，有孚不終，乃亂乃萃，若號，一握爲笑，勿恤，往无咎。《象》曰：「乃亂乃萃」，其志亂也。

居萃之時，與應者爲聚，初六與九四應，宜其見信而得聚，而六三間之。四之所以交於初者，或信或否，故「有孚不終」；初不得其聚而志亂，則或聚或散，故「乃亂乃萃」。四既不信，初既志亂，或信或否，或聚或散，則或悲或懼，故「若號，一握爲笑」。號，號哭也；「一握爲笑」，握手相懽笑也。正不可奪，久必信之，故「勿恤，往无咎」。

六二，引吉，无咎。孚乃利用禴。《象》曰：「引吉无咎」，中未變也。

六二居純柔之中，不變淳一寡欲，雖與五應，俟引之而後往，若有失時之咎，不失守正之義，故「吉无咎」。當聚之時，不求所聚，所用約矣。如見信於四，雖約亦亨，故「孚乃利用禴」。禴，薄祭也。

六三，萃如嗟如，无攸利。往无咎，小吝。《象》曰：「往无咎」，上巽也。

九四，大吉，无咎。《象》曰：「大吉无咎」，位不當也。

九五，萃有位，无咎。匪孚，元永貞，悔亡。《象》曰：「萃有位」，志未光也。

九五雖以剛居尊，而下之三陰來萃，爲四所有，貴而无民，僅有位號以保无咎而已，未足光也。既不見信於下，物莫之助，若與四争，其悔可必。惟守夫「元永貞」之德，則悔可亡也。

上六，齎咨涕洟，无咎。《象》曰：「齎咨涕洟」，未安上也。

升（卦四十六）

䷭ 巽下坤上

升，元亨，用見大人，勿恤，南征吉。

《象》曰：柔以時升，巽而順，剛中而應，是以大亨。「用見大人勿恤」，有慶也；「南征吉」，志行也。

升，柔而上也。以柔而升，則升不逼上，故「用見大人勿恤」。柔之志不之於陽明之地，則邪僻陰闇无所不至，故「南征吉」。

《象》曰：地中生木，升；君子以順德，積小以高大。

初六，允升大吉。《象》曰：「允升大吉」，上合志也。

初六以柔居下，當升之時，柔進而上。雖處至下，志與三陰同升，衆之所允，无所不利，故曰「允升大吉」。

九二，孚乃利用禴，无咎。《象》曰：九二之孚，有喜也。

九二柔升之時，以剛居中，若不相合。然上應於五，如見信於五，雖納約薦誠，无所不説，故「无咎」。所以信者，剛中而應故也。

九三，升虚邑。《象》曰：「升虚邑」，无所疑也。

九三以陽居陽，將升於上，上體純陰，莫之違拒，如入无人之境，其行无疑，故曰「升虚邑」。

六四，王用亨于岐山，吉，无咎。《象》曰：「王用亨于岐山」，順事也。

六四以太王之事明之，六五以文王之事明之。太王不忍戰其民，遜以避狄，策杖去豳，之岐山之下居焉，而從之者如歸市，因以肇基王迹。柔升之道莫盛於此。蓋六四以陰居陰，其柔至矣，而乃升於上體，順而上進，如太王之事也。文王有君民之大德，有事君之小心，三分天下有其二以服事商，蓋大得天下之心，猶執柔中以事上，不失人臣之貞，而履人君之勢，故曰「貞吉升階」。

六五，貞吉，升階。《象》曰：「貞吉升階」，大得志也。

上六，冥升，利于不息之貞。《象》曰：冥升在上，消不富也。

上六陰極必冥，又窮於上，升而不已者也。至誠不息，如是可也。施之於是，消息盈虚，當與時行；不息則消，安得富乎！

困（卦四十七）

坎下
兑上

困，亨，貞大人吉，无咎，有言不信。

《象》曰：困，剛揜也。險以説，困而不失其所亨，其唯君子乎！「貞大人吉」，以剛中也；「有言不信」，尚口乃窮也。

困，窮而无可爲也。剛居中而爲柔所揜，剛不得伸，故困。「險以説，困而不失其所亨」者，顔子居陋巷不改其樂者也。「貞大人吉以剛中」者，孔子曰「莫我知也！知我者，其天乎」者也。「有言不信」，孔子欲无言者也。

《象》曰：澤无水，困；君子以致命遂志。

澤以潤物爲功，今无水者功將安施，困之象也。推其窮之所由致而不可得，此之謂「致命」。致，窮盡也。知其无可奈何而安之，此之謂「遂志」。遂，不撓也，命雖不遂，其志不撓也。

初六，臀困于株木，入于幽谷，三歲不覿。

《象》曰：「入于幽谷」，幽不明也。

初六以柔居下，雖有正應，爲二所間。「臀困于株木」，繫而坐之，卑柔不得行也；「入於幽谷」，蔽於九二，幽陰不得明也。三歲一閏，天道小變，困者必通，終獲正應；未滿三歲，不可覿也。

九二，困于酒食，朱紱方來，利用亨祀，征凶，无咎。《象》曰：「困于酒食」，中有慶也。

九二、九五，皆揜於柔而无應，然皆剛中以自守，困而不失其所亨者也。九二以陽居陰，困而能謙，爲衆之所致養，故「困于酒食」；爲至尊之所下，故「朱紱方來」。朱者，天子之服；赤者，諸侯之服也。得天人之陰助，故利用享人鬼，祀天神也。居困之時，雖有上下幽明之助，自守則可，不可以有行。困而行，其窮必凶，无所咎也。九五以陽居陽，困而用壯，雖處尊位，不爲下之所服從。迫之以威而未聽，故「劓刖，困于赤紱」，謂諸侯也。剛中守直，久必信之，故「乃徐有説」。人雖未信，天地鑒之，故利祭地祇、祀天神也。

六三，困于石，據于蒺藜，入于其宫，不見其妻，凶。《象》曰：「據于蒺藜」，乘剛也；「入于其宫，不見其妻」，不祥也。

六三以陰居陽，不安於困，處二剛之間，求耦於非其耦，四堅拒而不納，二若芒刺而不可據焉。進退失圖，卒不得其耦，妄動以取禍也，故曰「困于石，據于蒺藜，入于其宫，不見其妻，凶」。

九四，來徐徐，困于金車，吝，有終。《象》曰：「來徐徐」，志在下也，雖不當位，有與也。

九四以陽居陰，知困而貞自守，有所待者也。志在於初，而不與二争，其行不速，故「來徐徐」。四以陽剛爲九五所乘，故曰「金車」。困於貴者所乘而失其正應，吝道也。雖不當位，履謙自守，物必與之，故「有終」。

九五，劓刖，困于赤紱，乃徐有説，利用祭祀。《象》曰：「劓刖」，志未得也；「乃徐有説」，以中直也；「利用祭祀」，受福也。

上六，困于葛藟，于臲卼，曰動悔有悔，征吉。《象》曰：「困于葛藟」，未當也；「動悔有悔」，吉行也。

上六以陰柔居困之極，乘剛无應，所處未當，欲去則繳繞而莫之説，欲居則臲卼而不得安，故曰「困于葛藟，于臲卼」。曰，自謂也。當是時也，自謂動必有悔，雖有悔也，不可苟安而不行，困極必通，行則吉矣，故「曰動悔有悔，征吉」。

井（卦四十八）

䷯ 巽下坎上

井，改邑不改井，无喪无得，往來井井。汔至，亦未繘井，羸其瓶，凶。

《象》曰：巽乎水而上水，井；井，養而不窮也。「改邑不改井」，乃以剛中也；「汔至亦未繘井」，未有功也；「羸其瓶」，是以凶也。

井，出之以濟物也。「无喪无得」，汲之无喪，不汲无得也。「往來井井」，邑有遷改，人有往來，而井不易也。「未繘井」，未説繘也。「羸其瓶」，覆而空也。「巽乎水而上水」，巽，入也；凡汲者，入器於水中，引水而上也。

《象》曰：木上有水，井；君子以勞民勸相。

「木上有水，井」，井以木爲幹，出水於木上也。汲井者共力引之以利物，故有勞民勸相之象也。

初六，井泥不食，舊井无禽。《象》曰：「井泥不食」，下也；「舊井无禽」，時舍也。

初六以柔居下而无應於上，下无渫治，上无汲引，故曰「井泥不食」，即舊井也无禽，則人可知也。

九二，井谷射鮒，甕敝漏。《象》曰：「井谷射鮒」，无與也。

九三，井渫不食，爲我心惻，可用汲。王明並受其福。《象》曰：「井渫不食」，行惻也；求王明，受福也。

六四，井甃，无咎。《象》曰：「井甃无咎」，修井也。

九五，井洌寒泉食。《象》曰：寒泉之食，中正也。

九五剛中居上，井德之盛。井之所貴，潔而寒也，所以食者，水出於上也。中正則无物可污，故全其寒潔以得食也。

上六，井收勿幕，有孚元吉。《象》曰：元吉在上，大成也。

革（卦四十九）

䷰ 離下兌上

革，已日乃孚，元亨，利貞，悔亡。

《彖》曰：革，水火相息，二女同居，其志不相得曰革。「已日乃孚」，革而信之，文明以說，大亨以正。革而當，其悔乃亡。天地革而四時成，湯武革命，順乎天而應乎人。革之時大矣哉！

革，變舊而新之也。陽極生陰，陰極生陽，氣之所以革也。息，生也，水火相即，陰陽之義。二女同居，其志不同，行則所之各異，不可同其歸，故曰睽。二女同居，其志不相得，女子有行，不可終。於此，故曰革。文明則民諭而不疑，說則民服而不違，大亨以正則因時順理，无所不宜。革至於是然後當，當然後悔亡。

《象》曰：澤中有火，革；君子以治曆明時。

初九，鞏用黄牛之革。《象》曰：「鞏用黄牛」，不可以有爲也。

初九當革之初，居下无位，比於六二，上无正應，雖有剛德，不敢自任，惟固結六二以自固，不可有爲，待時而後革也，故「鞏用黄牛之革」。六二居中柔順，故曰「黄牛」；以其堅固，故曰「鞏」。與遯六二同義。

六二，巳日乃革之，征吉，无咎。《象》曰：「巳日革之」，行有嘉也。

六二與九五爲應，以柔變剛，以下變上，用力也難，久而後能革之。然同處於中，水火相濟，行必有嘉，故「吉无咎」。

九三，征凶，貞厲，革言三就，有孚。《象》曰：「革言三就」，又何之矣？

九三居下體之上，自初至三，徧行三爻，革之有漸，革道以成，故曰「革言三就」。「言三就」，言至於三則民信之矣，故「有孚」。道成民信，姑待其革，不可以有行也。然以剛居陽，行猶不已，迫之已甚，民之不從，取凶之道。不知消息之理，雖正危也。

九四，悔亡，有孚，改命吉。《象》曰：改命之吉，信志也。

九四始入上體，其命當改，雖有无應之悔，而「革言三就」之後物情已信，不必私應，故「悔亡有孚」。悔亡有孚，吾志可信，改命无疑矣，故「改命吉」。

九五，大人虎變，未占有孚。《象》曰：「大人虎變」，其文炳也。

上六，君子豹變，小人革面，征凶，居貞吉。《象》曰：「君子豹變」，其文蔚也；「小人革面」，順以從君也。

九五以剛居尊而履中正，革道大成，聖人作而萬物覩者也。「焕乎其有文章」，不待占而後信也。上六與九五，皆革道已成之時變而成文。五以剛得位居中，故爲大人；上以柔无位失中，故爲君子。虎之文修大而有理，豹之文密茂而成斑，蓋大人與天地合其德，其文炳然如火之照而易辨也；君子學以聚之，其文蔚然，如草之暢茂而叢聚也。當革之終，小人猶知革面，則革道亦可以已也。革而不已，變亂紛擾，民无所措其手足矣！正惟静而不變，則因革以時矣，故曰「貞吉无咎」也。

鼎（卦五十）

䷱ 巽下 離上

鼎，元吉亨。

《彖》曰：鼎，象也，以木巽火，亨飪也。聖人亨以享上帝，而大亨以養聖賢。巽而耳目聰明，柔進而上行，得中而應乎剛，是以元亨。

鼎，新民以法度也。木入於火，亨飪之象，鼎所以名卦也。鼎，器也，製器必有法象，故曰「鼎，象也」。鼎之用至乎亨飪，故聖人以「享上帝」、「養聖賢」也。「享上帝」，奉天道以取法象也；「養聖賢」，尊有道、敬有德以取法象也。柔上行而得中，所以能奉天道；應乎剛，所以能尊有道、敬有德。凡鼎之義，皆主於柔，巽順於天人而不自用，此所以能「元吉亨」也。

《象》曰：木上有火，鼎；君子以正位凝命。

「正位凝命」，言所以新民以法度也，皆不自用恭己，正南面而已。

初六，鼎顛趾，利出否。得妾以其子，无咎。

《象》曰：「鼎顛趾」，未悖也。「利出否」，以從貴也。

初六以一陰承二陽，上强下弱者也。上强下弱，其勢必顛，故「鼎顛趾」也。妾，賤者也；子，貴者也。君子以賤者進御不以爲非正者，以其子也；取妾以子不以爲非正者，所謂舍其賤而從其貴，猶鼎顛覆實未以爲悖者，所以出其否。

九二，鼎有實，我仇有疾，不我能即，吉。

《象》曰：「鼎有實」，慎所之也。「我仇有疾」，終无尤也。

九二剛中不虚，有加必盈。五雖正應，居二剛之間，爲其所間，有疾者也。九二不以有應爲盈，乃以彼不能應我爲吉，懼其盈以爲尤也。

九三，鼎耳革，其行塞，雉膏不食，方雨，虧悔終吉。《象》曰：「鼎耳革」，失其義也。

九四，鼎折足，覆公餗，其形渥，凶。《象》曰：「覆公餗」，信如何也！

九四居上體之下，以陽居陰，下應初六，位則近尊，陽剛不足，鼎折足之象也。四以陽居上體，其實宜美，故曰「公餗」。折足覆餗，位高力柔，不勝其任者也。形體沾濡，污辱已甚，出於不度，取凶宜也。

六五，鼎黄耳，金鉉，利貞。《象》曰：「鼎黄耳」，中以爲實也。

上九，鼎玉鉉，大吉，无不利。《象》曰：玉鉉在上，剛柔節也。

震（卦五十一）

䷲ 震下 震上

震，亨，震來虩虩，笑言啞啞，震驚百里，不喪匕鬯。

《象》曰：「震亨，震來虩虩」，恐致福也；「笑言啞啞」，後有則也。「震驚百里」，驚遠而懼邇也，出可以守宗廟社稷，以爲祭主也。

震，恐懼有戒心也。恐懼能戒，則用无不通，故亨。肅敬之心不少懈，則神物祐之，此所以致福。「笑言啞啞」，雖笑不失，則震而後能謹也。震及遠，則近者不待威也。能知所懼，乃可以保宗廟社稷，而祭祀之也。

《象》曰：洊雷，震；君子以恐懼修省。

初九，震來虩虩，後笑言啞啞，吉。《象》曰：「震來虩虩」，恐致福也；「笑言啞啞」，後有則也。

六二，震來厲，億喪貝，躋于九陵，勿逐，七日得。《象》曰：「震來厲」，乘剛也。

六二當震之時，以柔乘剛，震來必危而无應，必大喪其所資億數之多，多故大也。應在六五，所居高險，故曰「躋于九陵」。若反而求之，柔中自守，則必得其所喪，故曰「勿逐，七日得」。七日，陽數之變。陽數之變，則剛者從柔，危者獲安，故曰「七日」。

六三，震蘇蘇，震行无眚。《象》曰：「震蘇蘇」，位不當也。

六三不當其位，處之不安，若除草然，不忘乎戒，則雖震不行，可以无眚矣。蘇，除草也。除草者恐有百蟲之害，故戒。

九四，震遂泥。《象》曰：「震遂泥」，未光也。

九四一陽居四陰之中，爲陰所宗，乃以陽居陰，震懼已甚。泥而不通，自保則可，未足光也。

六五，震往來厲，億无喪有事。《象》曰：「震往來厲」，危行也；其事在中，大无喪也。

六五與六二同爲乘剛而无應，然六二无應在下，故往亦厲；六五居中履尊，故「億无喪有事」。居尊履中，雖以柔居，亦可以有事於天下；有事於天下，則大无所喪矣！

上六，震索索，視矍矍，征凶。震不于其躬，于其鄰，无咎。婚媾有言。《象》曰：「震索索」，中未得也。雖凶无咎，畏鄰戒也。

艮（卦五十二）

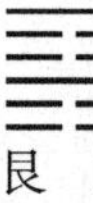

艮下
艮上

艮其背，不獲其身；行其庭，不見其人，无咎。

《象》曰：艮，止也。時止則止，時行則行，動靜不失其時，其道光明。艮其止，止其所也；上下敵應，不相與也，是以「不獲其身，行其庭，不見其人，无咎」也。

艮，止而不相交也。背之於身，五官之用，四體之運動，皆所不與，止其所而與物不相交者也。止道施於背，則一身之運動皆所不與，故曰「艮其背，不獲其身」。止其所而與物不相交，故「行其庭，不見其人」。時止則止，止不失時，所以无咎。時行而止，時止而不止，皆失之固。止而不止其所，則亂而失其所矣。耳司聽，目司視，火之炎，水之潤，各止其用而不可亂也。達於父子、夫婦、長幼、君臣、尊卑、貴賤、親疏之分，各安其所而不亂，此道所以光明也。

《象》曰：兼山，艮；君子以思不出其位。

初六，艮其趾，无咎，利永貞。《象》曰：「艮其趾」，未失正也。

六二，艮其腓，不拯其隨，其心不快。《象》曰：「不拯其隨」，未退聽也。

六二居趾之上，腓之象也。腓之行止，一隨於趾，不可得而專也。二以陰静，欲止其腓，而柔弱隨下，不能止其趾，乃欲止而不得止者也。腓既主隨，當退聽於趾以爲行止，則无患矣。今不能救趾之不止，又不聽趾之行止，此心所以不快，如孟子所謂「既不能令，又不受命」是也。

九三，艮其限，列其夤，厲薰心。《象》曰：「艮其限」，危薰心也。

九三當止之時，陽剛當位，分别名分，嚴不可犯，物情不安，故「危薰心」。

六四，艮其身，无咎。《象》曰：「艮其身」，止諸躬也。

六四以陰居陰，止乎至静，在上體之下，任一身之事，故曰「止諸躬也」。

六五，艮其輔，言有序，悔亡。《象》曰：「艮其輔」，以中正也。

六五柔得尊位，輔之象也。中正无邪，故止其輔而言有序也。

上九，敦艮吉。《象》曰：敦艮之吉，以厚終也。

上九止之時，以剛居上，所守不遷，敦重其所止，以終其事也。

漸（卦五十三）

䷴ 艮下 巽上

漸，女歸吉，利貞。

《象》曰：漸之進也，女歸吉也。進得位，往有功也；進以正，可以正邦也。其位，剛得中也；止而巽，動不窮也。

漸，徐進而不迫也。艮止於下，巽進而上，不可以速，故其進徐也。女子之歸，必待父母之命，媒妁之言，備禮以聘然後行，故以漸進爲吉。君子之難進，亦斯道也。君子以漸進累其功，小人以漸進養其姦，故進以正然後利也。進以正，故累功，可以正邦也。得位得中，故正而有功；止而又巽，无過越亢滿之憂，故其動无窮。

《象》曰：山上有木，漸；君子以居賢德善俗。

山上有木，逮其成林，長養有漸矣。君子之處賢德，使成美材，善風俗，使成美俗，其長養亦有漸也已。

初六，鴻漸于干，小子厲，有言无咎。《象》曰：小子之厲，義无咎也。

漸六爻皆以鴻喻。鴻集於澤，其飛戾天，其進必有漸矣。然漸于干，于磐，于陸，于木，于陵，皆謂所集而止之地，亦有漸也。干，水濱也。磐，水濱之石也。陸，於田之遠乎水者也。初六以陰居下，在水之濱也。方進之始，柔弱无應，又位乎底下，所比所應皆陰柔之質，志不相得，必忌其進，故曰「小子厲有言」。然在止之初，其進以正，人雖咎己，義无咎也。

六二，鴻漸于磐，飲食衎衎，吉。《象》曰：「飲食衎衎」，不素飽也。

六二柔得中，則所居安，故曰「鴻漸于磐」；應乎剛，則所養充，故曰「飲食衎衎」；漸至六二，養道始備，故「不素飽」。

九三，鴻漸于陸，夫征不復，婦孕不育，凶，利禦寇。《象》曰：「夫征不復」，離群醜也；「婦孕不育」，失其道也；「利用禦寇」，順相保也。

九三居下卦之上，地不高而遠乎水，故曰陸。與初六、六二同處艮體，舍之而求巽之六四，既无正應，其行不及。四以近比，其偶不正；不正之偶，既不孕，何由育？夫不夫，婦不婦，凶之道也。同舟而濟，胡越无異心，雖非其正，猶利禦寇，三與四同順而相保也。

六四，鴻漸于木，或得其桷，无咎。《象》曰：

「或得其桷」，順以巽也。

六四居上體之下，高於陸而下於陵，故「漸于木」。漸進之時，以柔居陰，其進愈緩，姑求所安，順以巽焉，不敢擇也，故曰「鴻漸于木，或得其桷，无咎」。鴻非集木之鳥，雖得其桷，非所安也。桷，木枝中平桷者也。

九五，鴻漸于陵，婦三歲不孕，終莫之勝，吉。《象》曰：「終莫之勝吉」，得所願也。

九五進居尊位，其地高矣，故曰「漸于陵」。與六二爲應，而三四間之，故「婦三歲不孕」。中正而應，雖暫爲所間，卒得所願，故「終莫之勝吉」。

上九，鴻漸于陸，其羽可用爲儀，吉。《象》曰：「其羽可用爲儀吉」，不可亂也。

上九居上體之上，然居巽之極，復漸于陸，與下體同進退，雍容其序而不亂者也。「其羽可用爲儀吉」，儀謂可則而象之也。

歸妹（卦五十四）

䷵ 兑下 震上

歸妹，征凶，无攸利。《彖》曰：歸妹，天地之大義也。天地不交而萬物不興，歸妹，人之終始也。説以動，所歸妹也。「征凶」，位不當也；「无攸利」，柔乘剛也。

歸妹，配不敵也。妹，少女之稱，女弟謂之妹，亦少女也。古之諸侯娶女，同姓之國以姪娣媵，即歸妹之義也。姪娣尚幼，則待年於父母之國，其少可知也。女子之色，有時而衰，少者以繼，長者以退，所以待其君子之有始終也。少女之配長男，配雖不敵，説以動也。陰陽皆不當位，則嫡媵之分不明；柔乘剛，則姪娣之寵正於女君，故「征凶，无攸利」也。大臣不以而近臣用事，大賢不足而小賢獲用，皆歸妹之義也。

《象》曰：澤上有雷，歸妹；君子以永終知敝。

雷在澤上，資澤之氣以震動萬物，長男資少女之氣以廣嗣續。君子慮其所終，稽其所敝，故始娶必歸妹也。

初九，歸妹以娣，跛能履，征吉。《象》曰：「歸妹以娣」，以恒也；「跛能履吉」，相承也。

剛柔之象，男剛而女柔，男女均，則長剛而少柔。姪娣，均少女也，娣長而姪少。初九以剛居歸妹之始，先娣而後姪，合常道也，故曰「歸妹以娣」。以少女配長男，其配不敵，然理之所不得不行，如足跛偏任，不得已而行，故曰「跛能履」。以娣承嫡，以姪承娣，長少相承有序，所以成家，故吉。

九二，眇能視，利幽人之貞。《象》曰：「利幽人之貞」，未變常也。

九二一卦之中，獨與六五應，遠而相應，如視也。雖有剛中，居陰處内，不在尊位，故不可與有明，如眇能視也。不可與有明，則不可與有焉，静而守中，不變其常，所以「利幽人之貞」。

六三，歸妹以須，反歸以娣。《象》曰：「歸妹以須」，未當也。

六三未當進，故反歸以須；九四當進而未進，故遲以衍期。六三以陰居陽，位既不當，无退避之意，上无正應，復不得其所欲，反歸待年，以娣而行者也。

九四，歸妹愆期，遲歸有時。《象》曰：愆期之志，有待而行也。

六五，帝乙歸妹，其君之袂，不如其娣之袂良，月幾望，吉。《象》曰：「帝乙歸妹」，不如其娣之袂良也；其位在中，以貴行也。

六五歸妹之時，以柔處尊，少女之至貴者，如天子之女下嫁於諸侯也。天子之女，雖以貴行，以爲女君，則不如其娣，歸妹之時，娣受寵也。袂，所以承君子，言寵之也。「月幾望吉」，陰雖盛而不敢盈，能退下而无疾妬之心，故吉。

上六，女承筐无實，士刲羊无血，无攸利。《象》曰：上六无實，承虚筐也。

豐（卦五十五）

䷶ 離下 震上

豐，亨，王假之，勿憂，宜日中。

《彖》曰：豐，大也，明以動，故豐。「王假之」，尚大也；「勿憂宜日中」，宜照天下也。日中則昃，月盈則食，天地盈虚，與時消息，而況於人乎？況於鬼神乎？

豐，致廣大也。明而不動，則明不大，動則大，大故豐。動而大，无不亨也。大則物无非我，王者之中也。假之者，惟王者能至之也。「日中則昃，月盈則食」，豐之極者，未有不耗，此物之所共憂也。若夫致其廣大，擴而充之，如日之中，則必昃爲己憂，惟以照天下爲吾事，王道之盛者也。

《象》曰：雷電皆至，豐；君子以折獄致刑。

「雷電皆至」，明且震也。「折獄致刑」，明則當理，震則莫敢犯。

初九，遇其配主，雖旬无咎，往有尚。《象》曰：「雖旬无咎」，過旬災也。

初九與九四爲配，陽雖爲无應，然居豐之初，所尚者大。以陽之陽，兩陽合大，卒无咎者，往有尚也。十日謂之旬，旬，盈數也。兩陽合大，得其所尚，雖盈无咎。過盈必溢，故曰「災」也。

六二，豐其蔀，日中見斗，往得疑疾，有孚發若，吉。《象》曰：「有孚發若」，信以發志也。

六二體雖離明，而以陰居陰，故「豐其蔀，日中見斗」；所應亦陰，不足以發，故「往得疑疾」。然履中當位，能信以發志，孚達於外，所蔽者必開，所疑者必釋，卒反其離明之質，故吉。

九三，豐其沛，日中見沫，折其右肱，无咎。《象》曰：「豐其沛」，不可大事也。「折其右肱」，終不可用也。

九三尚大之時，以陽居陽，其明宜廣，而應於上六，一陰蔽之，油然作雲，沛然下雨，日中盛明不免障蔽，比之見斗雖有間矣，然不能不晦，故曰「豐其沛，日中見沫」。言見斗者，如夜之闇，无所照也；見沫者，晝雖晦，猶可作也。猶可作，故可小事，不可大事也。豐大之時，以陽應陰，陰乃在上。吉事尚右，右肱之象。陰闇而小，則右肱偏廢。左體雖完，不便於事，終不可用也。

九四，豐其蔀，日中見斗，遇其夷主，吉。

《象》曰：「豐其蔀」，位不當也；「日中見斗」，幽不明也；「遇其夷主」，吉行也。

九四體雖陽明而居陰，與二同，故亦曰「豐其蔀，日中見斗」。「豐其蔀」，自蔽覆而不見其明，明豐於蔀中而已。不見日而見斗，其幽如夜也。然而初九爲應，皆陽爻也，與我等夷，故曰「主」，豐尚乎大，兩陽合大，其行吉也。

六五，來章，有慶譽，吉。《象》曰：六五之吉，有慶也。

六五豐大之時，以柔居尊，不私其應，不自滿假，與物无私。物不占而來，德不見而章，所以「有慶譽吉」。

上六，豐其屋，蔀其家，闚其户，闃其无人，三歲不覿，凶。《象》曰：「豐其屋」，天際翔也；「闚其户，闃其无人」，自藏也。

旅（卦五十六）

䷷ 艮下 離上

旅，小亨，旅貞吉。

《彖》曰：「旅小亨」，柔得中乎外，而順乎剛，止而麗乎明，是以小亨旅貞吉也，旅之時義大矣哉！

旅，失居而未得也；旅，在外者也。處旅之道，柔而得中，以順乎剛，則知屈以求伸也。「止而麗乎明」，則知所以安而不之於邪闇也，此善處旅者所以得旅之小亨，得旅之貞吉也。

《象》曰：山上有火，旅；君子以明慎用刑，而不留獄。

火非山上之物，山上有火，火寓於山，故爲旅。山上有火，近者蒙其照，遠者觀其明，近者察而遠者服，故「明慎用刑，而不留獄」。心服則情得，獄以其立斷，故「不留」也，「不留」亦旅人之義。

初六，旅瑣瑣，斯其所取災。《象》曰：「旅瑣瑣」，志窮災也。

居旅之時，以柔居下，方在羇旅而不能自振。柔弱卑下，其細已甚，爲物所陵，志窮而災，皆自取也。

六二，旅即次，懷其資，得童僕貞。《象》曰：「得童僕貞」，終无尤也。

六二以柔居中，承剛乘柔，无所不順，旅而即安者也。即次以爲居，懷資以爲用，得童僕之貞，以給使而不畔，羇旅之安，莫甚於此。

九三，旅焚其次，喪其童僕，貞厲。《象》曰：「旅焚其次」，亦以傷矣，以旅與下，其義喪也。

九三居旅之時，以陽居陽，下體之上，初、二二陰皆相與而已。爲之長物之所不與，故焚次、喪童僕，皆危道也。

九四，旅于處，得其資斧，我心不快。《象》曰：「旅于處」，未得位也；「得其資斧」，心未快也。

九四以陽居陰，旅而自降，然不當位，姑可處而已，故曰「旅于處」。而自降物之所與，雖得其資斧，而不得其童僕，躬自樵蘇，雖有資斧，未得所安，故「心未快」。

六五，射雉，一矢亡，終以譽命。《象》曰：「終以譽命」，上逮也。

六五旅之時，以柔居尊，當文明之中，以旅而不能自有，故思射而取之。然柔而无慮，既莫之獲，且亡其矢，斯未得其所欲者也。然不安於尊，上承上九，終得上之譽命，雉有所亡而不恤也。

上九，鳥焚其巢，旅人先笑，後號咷，喪牛于易，凶。《象》曰：以旅在上，其義焚也；「喪牛于易」，終莫之聞也。

上九旅而用剛，居物之上，如鳥巢然。將害之，故「焚其巢」；居物之上，故「先笑」；爲物所害，故「後號咷」。服牛引重，旅之所資，物所不與；「喪牛于易」，而皆莫之告，此其所以凶也。

巽（卦五十七）

䷸ 巽下 巽上

巽，小亨，利有攸往，利見大人。

《象》曰：重巽以申命。剛巽乎中正而志行，柔皆順乎剛，是以「小亨，利有攸往，利見大人」。

巽，有所下而不亢也。柔皆下乎剛，巽也。出命而至申命，物无違者，非上下皆巽不足以能之，故「重巽以申命，剛巽乎中正而志行，柔皆順乎剛」。「小亨」而不可以大亨者，柔道終不可以大也。執巽而行，无往不利，巽乎中正而志行，故「利見大人」。

《象》曰：隨風，巽；君子以申命行事。

風行相隨，所向皆靡，故可以「申命行事」。

初六，進退，利武人之貞。《象》曰：「進退」，志疑也；「利武人之貞」，志治也。

初六居巽之時，以柔居下，爲剛所乘，進則必巽，退則過巽，疑而未決，失其所守。如有志於治，莫若執巽順之志，果敢以任事，故「利武人之貞」。利於武人之貞，所謂果敢以任事也。

九二，巽在牀下，用史巫紛若，吉无咎。《象》曰：紛若之吉，得中也。

九二下體之中，以陽居陰，其巽已甚，故曰「巽在牀下」。以此事人，失之太卑，不能以自立；以此事神，雖史巫紛若，敬不過中，神享之矣，故「用史巫紛若，吉无咎」。

九三，頻巽，吝。《象》曰：頻巽之吝，志窮也。

復之六三，陷衆陰之中，而未遠於陽，不得已而求復，故致於「頻復」。巽之九三，以陽居陽，主於高亢，而爲六四陰柔之所乘，不得已而卑巽，故至於「頻巽」。志窮而巽，勢不得已，吝道也。

六四，悔亡，田獲三品。《象》曰：「田獲三品」，有功也。

六四乘剛宜悔，而以陰居陰，上承九五，能全巽道，非特悔亡，所獲亦多。

九五，貞吉悔亡，无不利，无初有終。先庚三日，後庚三日，吉。《象》曰：九五之吉，位正中也。

上九，巽在牀下，喪其資斧，貞凶。《象》曰：「巽在牀下」，上窮也；「喪其資斧」，正乎？

凶也。

上九處巽之窮，以陽居亢位之地，其巽已甚，與九二同，故「巽在牀下」。窮矣其所養，失其備用，失其利，守是不變，正入於凶，故曰「喪其資斧，正凶」。

兌（卦五十八）

兌下兌上

兌，亨，利貞。

《彖》曰：兌，說也。剛中而柔外，說以利貞，是以順乎天而應乎人。說以先民，民忘其勞；說以犯難，民忘其死。說之大，民勸矣哉！

兌，有所說而不觳也。

《象》曰：麗澤，兌；君子以朋友講習。

澤用麗則相漸潤，「朋友講習」，有相漸潤之益。

初九，和兌，吉。《象》曰：和兌之吉，行未疑也。

初九居兌之初，以剛在下，剛柔不過者也。以此行說，未有疑之者，故吉。

九二，孚兌，吉，悔亡。《象》曰：孚兌之吉，信志也。

六三，來兌，凶。《象》曰：來兌之凶，位不當也。

九四，商兌未寧，介疾有喜。《象》曰：九四之喜，有慶也。

九四商兌，如賈求售。上說乎五，恐不獲乎上，是以「未寧」；能介六三諂邪之疾，故「有喜」。喜則「有慶」，受上寵也。

九五，孚于剝，有厲。《象》曰：「孚于剝」，位正當也。

上六，引兌。《象》曰：「上六引兌」，未光也。

渙（卦五十九）

坎下巽上

渙，亨，王假有廟，利涉大川，利貞。《象》曰：渙亨，剛來而不窮，柔得位乎外而上同。「王假有廟」，王乃在中也；「利涉大川」，乘木有功也。

渙，離其群而散也。渙之爲卦，自否而成；否之九四來居於二，離乾之群，與初六、六三相比，故曰「剛來而不窮」；六二上居於四，離坤之群，上承九五，故曰「柔得位乎外而上同」。剛柔皆離其群，故曰「渙」；離群而上下交，故「亨」。萬物之散，剛得尊位而在中，則人神有主矣，故「王假有廟」。渙則物離，非涉難有功不足以濟，故「利涉大川」。巽在坎上，乘木涉川之象也。

《象》曰：風行水上，渙；先王以享于帝，立廟。

風行水上，波瀾必作，振蕩離散，不寧之時。王者求以合其散，莫若反其本。「享帝立廟」，所以明天人之本也。

初六，用拯馬壯，吉。《象》曰：初六之吉，順也。

初六居渙之初，以柔在下，力弱難濟，用拯斯難，馬壯乃吉。乘車者馬在前，前遇九二之剛，故曰「馬壯」，與明夷六二同義。柔能乘剛，其體順也。

九二，渙奔其机，悔亡。《象》曰：「渙奔其机」，得願也。

九二机可憑依以爲安，物之在下而靜止者也。二乘初六，柔靜在下，机之象也。俱无正應，近而相得，渙散之時，得所憑依，獲所願也。

六三，渙其躬，无悔。《象》曰：「渙其躬」，志在外也。

六三獨應上九，挺身出群，雖未離險，志已在外，故得无悔。

六四，渙其群，元吉。渙有丘，匪夷所思。《象》曰：「渙其群元吉」，光大也。

六四自否六二，上居於四，離陰之群，上比於陽，「出幽谷而遷喬木」者也。知反其本，故「元吉」。丘處乎高，謂九五也。散而升高，雖進於光大，然自下而上，疑非所安，心不得平，故「匪夷所思」。

九五，渙汗其大號，渙王居，无咎。《象》曰：「王居无咎」，正位也。

九五剛得位，尊而在中，爲涣之主者也。涣道既行，散上下之否而陰陽交，物情大通，涣然浹洽，發號出令而民悦服，故曰「涣汗其大號」。天之陰陽交則雨，人之陰陽交則汗也。「涣王居无咎」，正位居中而爲之主也。

上九，涣其血，去逖出，无咎。《象》曰：「涣其血」，遠害也。

上九雖與三應，而遠處物外，陰陽之所不争，名位之所不累，全身遠害，得散之義，故「血去逖出，无咎」。

節（卦六十）

䷻ 兑下坎上

節，亨，苦節不可貞。

《象》曰：節亨，剛柔分而剛得中。「苦節不可貞」，其道窮也。説以行險，當位以節，中正以通。天地節而四時成，節以制度，不傷財，不害民。

節，有所制而不過也。節有制度，節其已甚，則亨。其道大觳，不可以繼，所謂「苦節不可貞」，言不可守之以爲正也。

《象》曰：澤上有水，節；君子以制數度，議德行。

澤上有水，水過必溢，節之不可過也。以節議制度，則名分不可亂；以節議德行，則賢能大小稱其任。

初九，不出户庭，无咎。《象》曰：「不出户庭」，知通塞也。

九以剛居節之初，宜立法以制節。人之有欲，爲上之所制，節其始，多不説。君子知通塞之有時，與夫人情難與慮始，故立法之初，慎密不出，則不爲異論之所近矣，故曰「不出户庭，无咎」。

九二，不出門庭，凶。《象》曰：「不出門庭凶」，失時極也。

九二以剛居中，法成中節，可以出矣，而以陽居陰，持慎密之意，失時不行，治道將廢，故曰「不出門庭凶」。户，謂房室之户；「户庭」，内寢之庭，庭之不出乎内也。門，大門也；「門庭」，外寢之庭，自外寢達於大門之外，及諸人也。

六三，不節若則嗟若，无咎。《象》曰：不節之嗟，又誰咎也？

六四，安節，亨。《象》曰：安節之亨，承上道也。

九五，甘節，吉，往有尚。《象》曰：甘節之吉，居位中也。

上六，苦節，貞凶，悔亡。《象》曰：「苦節貞凶」，其道窮也。

上六陰過乎中，居節之極，陽盈陰虛，其節已甚，「苦節」者也。用過乎節，物所不堪，守是不變，物窮必乖，故曰「貞凶」。禮奢寧儉，未害乎義，故可以「悔亡」。

中孚（卦六十一）

䷼ 兑下巽上

中孚，豚魚，吉。利涉大川，利貞。

《象》曰：中孚，柔在内而剛得中，説而巽，孚乃化邦也。「豚魚吉」，信及豚魚也；「利涉大川」，乘木舟虛也。中孚以利貞，乃應乎天也。

中孚，信由中而達外也。「乘木舟虛」者，巽體而柔在内也。

《象》曰：澤上有風，中孚；君子以議獄緩死。

澤中氣散而爲風，「澤上有風」，澤氣達其外者也。「中心憯怛」，則愛人之仁達之於外，則聽訟而求生。

初九，虞吉，有他不燕。《象》曰：「初九虞吉」，志未變也。

初九中孚之初，剛而有應，慮未孚於所應，且防而不安於宅，志一不變者也，故曰「虞吉，有它不燕」。虞，如「虞行」，防守也；燕，安也。

九二，鶴鳴在陰，其子和之。我有好爵，吾與爾靡之。《象》曰：「其子和之」，中心願也。

九二中孚之時，以剛居中而无私應，至誠虛心，樂善者也。以陽居陰，又處二陰之下，慎獨爲善，不愧屋漏也。至誠慎獨，則凡同氣類者雖遠必應，故「鶴鳴在陰，其子和之」。至誠好善，則樂與賢者共之，故「我有好爵，吾與爾靡之」。

六三，得敵，或鼓或罷，或泣或歌。《象》曰：「或鼓或罷」，位不當也。

六三以陰居陽，雖與上九應，而比於六四，近不相得，所以得敵。以柔處下，既不能勝，故「或鼓或罷」；位既不當，又不安常，故「或泣或歌」。

六四，月幾望，馬匹亡，无咎。《象》曰：「馬匹亡」，絶類上也。

六四以陰居陰，陰之盛者，居巽之下，不敢盈也，故曰「月幾望」。與三皆陰匹也，棄其類匹，上乘九五，❶故曰「馬匹亡」。能體柔巽，舍不肖而尚賢，故「无咎」。

九五，有孚攣如，无咎。《象》曰：「有孚攣如」，位正當也。

九五剛中居尊，信結於下，故曰「有孚攣如，无咎」。

上九，翰音登于天，貞凶。《象》曰：「翰音登于天」，何可長也！

上九以陽居上，其聲遠聞而實不稱，以是爲正，勢不可長，是以凶也。翰者，飛而鳴也；飛而鳴者，雖遠聞，其聲虛也，況登于天乎！

小過（卦六十二）

䷽ 艮下 震上

小過，亨，利貞。可小事，不可大事。飛鳥遺之音，不宜上，宜下，大吉。

《象》曰：小過，小者過而亨也。過以利貞，與時行也。柔得中，是以小事吉也；剛失位而不中，是以不可大事也。有飛鳥之象焉，「飛鳥遺之音，不宜上，宜下，大吉」，上逆而

❶「乘」，據文意疑作「承」。王弼注、孔穎達疏解此爻云「以承於五」、「上承於五」，可證。

下順也。

小過，過於小事者也。二柔居二體之中，有二柔以輔之，小者過也。君子之過，皆以濟其不及，然後可以會於中。大過以濟其大不及，小過以濟其小不及者，濟所以亨也。時過則過，以過爲正，故「利貞」。飛鳥張翼於外以舉其身，則外虚而内實矣。小過二陽居中，四陰在外以翼之，陽實陰虚，故有飛鳥之象焉。凡事之過，則聲遠聞而實不稱，如「飛鳥遺之音」也。飛鳥不宜上，宜下，上窮而下有止也。過慢過奢則凶，「不宜上」也；過恭過儉則吉，「宜下」也。上偪下則可，下僭上則不可也。

《象》曰：山上有雷，小過；君子以行過乎恭，喪過乎哀，用過乎儉。

山上有雷，未升於天，震動一山則有餘，震動天下則不足，此小者過也，「過猶不及」。君子不取於三者，許其過者，可過於厚，不可過於薄。

初六，飛鳥以凶。《象》曰：「飛鳥以凶」，不可如何也。

六二，過其祖，遇其妣，不及其君，遇其臣，无咎。《象》曰：「不及其君」，臣不可過也。

六二過於初而處於内，故曰「過其祖，遇其妣」；不進於上而安於下，故曰「不及其君，遇其臣」。祖在初、妣處内，君居上、臣居下也；以陰居陰，妣也，臣也。行有加於初而得之於内，禮知有所尊而安於下，所以「无咎」。

九三，弗過防之，從或戕之，凶。《象》曰：「從或戕之」，凶如何也！

九四，无咎，弗過遇之，往厲必戒，勿用永貞。《象》曰：「弗過遇之」，位不當也；「往厲必戒」，終不可長也。

小過之時，柔過而剛不及，九三、九四所以皆「弗過」。九三以陽當位，陰之所疾，陽德不競，不能勝陰，雖防之至，不免受戕之凶。九四陽不當位，不與陰爭，故「无咎，弗過遇之」。陽不過陰，勢不可長，終必危矣，故「往厲必戒」；始遇終危，安可長守以爲正？故「勿用永貞」。

六五，密雲不雨，自我西郊。公弋取彼在穴。

《象》曰：「密雲不雨」，已上也。

小畜一陰不足以固三陽，陽尚往而莫之畜；小過二陽在內，四陰足以固之，陰上於陽爲已甚，而陽不足，故皆足以致密雲而不雨也。六五得位，陰之盛者，且在二陽之上，故應斯象。「自我西郊」，陰生於西，陰盛陽弱而不交也。四，公位也。九四比於六五，不交於五而下應於初，故曰「公弋取彼在穴」。穴，幽陰在下，謂初也。弋射飛鳥而反取在穴，不交於五而應於二也。

上六，弗遇過之，飛鳥離之，凶，是謂災眚。

《象》曰：「弗遇過之」，已亢也。

上六陰過而極，至於已亢，鳥飛不下，離於網羅之象，故曰「弗遇過之，飛鳥離之，凶」。非獨天災，亦有己過，故曰「有災眚」。

既濟（卦六十三）

䷾ 離下坎上

既濟，亨小，利貞，初吉終亂。

《彖》曰：「既濟亨」，小者亨也。「利貞」，剛柔正而位當也。「初吉」，柔得中也；終止則亂，其道窮也。

既濟，成功無所事也。「終止則亂」，恃濟而不爲，則事弛而日入於敝，所以亂也。

《象》曰：水在火上，既濟；君子以思患而豫防之。

初九，曳其輪，濡其尾，无咎。《象》曰：「曳其輪」，義无咎也。

六二，婦喪其茀，勿逐，七日得。《象》曰：「七日得」，以中道也。

九三，高宗伐鬼方，三年克之，小人勿用。

《象》曰：「三年克之」，憊也。

九三既濟之時，以陽當位，備文明之德，宜伐闇者也。鬼方，幽闇之國；高宗，有九三之德者也。居斯時也，必如高宗，然後可以伐鬼方；猶至三年，憊而後克之，是雖以明伐闇，不可易也。「小人勿用」，必亂邦也。

六四，繻有衣袽，終日戒。《象》曰：「終日戒」，有所疑也。

六二、六四，皆處二陽之間，皆有正應，不私近比，近不相得，交來侵之。二以居中履正，不以喪茀易其志，卒得其所喪。四居多懼之地，備衣袽以防舟之漏，終日戒而不敢弛。二不以已侵而改其操，四疑其將侵而謹其備也。

九五，東鄰殺牛，不如西鄰之禴祭，實受其福。《象》曰：「東鄰殺牛」，不如西鄰之時也。「實受其福」，吉大來也。

九五剛中居尊，既濟之主也。保既濟者，不恃其全盛，而恃其克誠。物備而誠不至，不如誠至而物不備，故誠信可以感鬼神，而不能保其邦家者，未之有也。

上六，濡其首，厲。《象》曰：「濡其首厲」，何可久也！

未濟（卦六十四）

☲☵ 坎下離上

未濟，亨，小狐汔濟，濡其尾，无攸利。

《象》曰：「未濟亨」，柔得中也。「小狐汔濟」，未出中也。「濡其尾，无攸利」，不續終也。雖不當位，剛柔應也。

未濟，有爲而未有功也。

《象》曰：火在水上，未濟；君子以慎辨物居方。

火炎上而水潤下，上下各當其所者也。

初六，濡其尾，吝。《象》曰：「濡其尾」，亦不知極也。

初六未濟之始，以柔居險之下，不可以有進也，然上應於四，不量其力，陷溺於難，不能以自濟，故「濡其尾」。不可進而進，宜有悔，而曰吝者，私於其應，不能忘懷，以蹈濡尾之難，終吝道也。

九二，曳其輪，貞吉。《象》曰：九二貞吉，中以行正也。

九二剛中而應，志在出險，雖曳輪於險中，猶行之不止，中以行正，其難必濟，故曰「貞吉」。濡尾曳輪，在既濟則爲始濟之象，在未濟則爲涉難已深之象，故其義不同。

六三，未濟，征凶，利涉大川。《象》曰：「未濟征凶」，位不當也。

六三陰不當位，不中不正，執此以行，非止未濟，取凶必矣。居二剛之間，所比者正。當是時也，以不正進則凶，比於正而濟乎難則利。

九四，貞吉，悔亡。震用伐鬼方，三年有賞于大國。《象》曰：「貞吉悔亡」，志行也。

九四與既濟九三皆離之體，有文明之德，利伐幽闇，故皆曰「伐鬼方」。既濟九三陽剛當位，故曰「高宗」。斯爻以陽居陰，剛德不盛，故必「貞吉悔亡」，然後可以行其志。「震用伐」者，先之以威也。不曰「克之」而曰「有賞於大國」者，既濟九三强剛之質，尚力以取勝，斯爻不純以武，修文德以服之，不戰而服，故不曰「克之」而曰「有賞」也。

六五，貞吉无悔，君子之光，有孚，吉。《象》曰：「君子之光」，其暉吉也。

六五離明之體，居中履中，光之盛者。然柔而不强，或流於不正，故「貞吉」然後「无悔」，然後全其君子之光。光達於外而有暉，則離德充矣，故曰「有孚吉」。凡言「悔亡」者，已有悔而今使之亡也；「无悔」，未有悔而不使之有悔也。

上九，有孚于飲酒，无咎。濡其首，有孚失是。《象》曰：飲酒濡首，亦不知節也。

上九以剛居未濟之終，濟未濟者也。既濟則无所事而佚樂矣！无事，佚樂之志形於外，可以飲酒而无咎，故曰「有孚於飲酒，无咎」。无事，佚樂之志形於外，飲酒可也。不知其節，至於濡首，則有孚之過也，故曰「濡其首，有孚失是」。

繫辭上

天尊地卑，乾坤定矣；卑高以陳，貴賤位

矣；動静有常，剛柔斷矣；方以類聚，物以群分，吉凶生矣。在天成象，在地成形，變化見矣。是故剛柔相摩，八卦相盪，鼓之以雷霆，潤之以風雨，日月運行，一寒一暑。乾道成男，坤道成女。乾知大始，坤作成物；乾以易知，坤以簡能；易則易知，簡則易從；易知則有親，易從則有功；有親則可久，有功則可大；可久則賢人之德，可大則賢人之業。易簡而天下之理得矣，天下之理得而成位乎其中矣。

知與能，聖人皆有所本。盡知，盡其大而不盡其細，盡其可及而不盡於所不可及，皆不害其爲盡也。坦然可見者，本也，本非健不立，故君子體乾以易知；順而可行者，理也，理非順不可，故君子體坤以簡能。簡如「簡册」之「簡」。順而有理，所知者立天下之大本，雖有不知，不足憾也；所能者順天下之衆理，雖有不能，未足咎也。其知其能，體天地之簡易而已。易則易知，道亦不遠，故曰「有親」。親，近也。簡則其功易成，所成近道，則可以進德而不息；所能有功，則可以廣業而不廢。❶

聖人設卦觀象，繫辭焉而明吉凶，剛柔相推而生變化。是故吉凶者，失得之象也；悔吝者，憂虞之象也；變化者，進退之象也；剛柔者，晝夜之象也；六爻之動，三極之道也。是故君子所居而安者，《易》之序也；所樂而玩者，爻之辭也。是故君子居則觀其象而玩其辭，動則觀其變而玩其占。是以自天祐之，吉无不利。彖者，言乎象者也；爻者，言乎變者也；吉凶者，言乎其失得也；悔吝者，言乎其小疵也；无咎者，善補過也。是故列貴賤者存乎位，齊小大者存乎卦，辨吉凶者存乎辭，憂悔吝者存乎介，震无咎者存乎悔。是故卦有小大，辭有險易。辭也者，

❶「廢」，《精義》校注云：一作「喪」。

各指其所之。《易》與天地準，故能彌綸天地之道。仰以觀於天文，俯以察於地理，是故知幽明之故；原始反終，故知死生之説。精氣爲物，游魂爲變，是故知鬼神之情狀。與天地相似，故不違；知周乎萬物而道濟天下，故不過；旁行而不流，樂天知命，故不憂；安土敦乎仁，故能愛。範圍天地之化而不過，曲成萬物而不遺，通乎晝夜之道而知，故神无方而易无體。一陰一陽之謂道，繼之者善也，成之者性也。仁者見之謂之仁，知者見之謂之知，百姓日用而不知，故君子之道鮮矣。

「成之者性」，指吾分而言，曾有不相似者乎？凡動物无不有是性，由蔽固之開塞，故有人獸之別；由蔽固之厚薄，故有賢愚之別。塞者牢不可開，厚者開而蔽之也難，薄者開之也易。開者達於天道，與聖人一。天地合德，日月合明，然後无方體；无方體，然後能无我。

「樂天」，隨所遇而安，不累於物也。

不通晝夜，未足以樂天。

「範圍天地之化而不過」，過則溺於空，淪於静，既不能窮其神，又不能知夫化矣。

顯諸仁，藏諸用，鼓萬物而不與聖人同憂。盛德大業，至矣哉！富有之謂大業，日新之謂盛德，生生之謂易，成象之謂乾，效法之謂坤，極數知來之謂占，通變之謂事，陰陽不測之謂神。夫《易》，廣矣，大矣！以言乎遠則不禦，以言乎邇則静而正，以言乎天地之間則備矣。夫乾，其静也專，其動也直，是以大生焉。夫坤，其静也翕，其動也闢，是以廣生焉。廣大配天地，變通配四時，陰陽之義配日月，易簡之善配至德。

陽之爲德，其動也直；寒暑之變，隨吾進退而已，故自行一周而歲成。陰之爲物，從陽者也；陽之所次，陰亦至焉。故日行一次而月一會，所以化育萬物而不已者也。日行緩，无所屈也；月行速，急於從陽也。

子曰：「《易》，其至矣乎！夫《易》，聖人所以崇德而廣業也。知崇禮卑，崇效天，卑法地，天地設位而易行乎其中矣。成性存存，道義之門。」

知崇禮卑，至于成性，則道義皆從此出矣。❶

大衍之數五十，其用四十有九。分而爲二以象兩，掛一以象三，揲之以四以象四時，歸奇於扐以象閏，五歲再閏，故再扐而後掛。天數五，地數五，五位相得而各有合。天數二十有五，地數三十，凡天地之數五十有五，此所以成變化而行鬼神也。乾之策二百一十有六，坤之策百四十有四，凡三百有六十，當期之日。二篇之策萬有一千五百二十，當萬物之數也。是故四營而成易，十有八變而成卦，八卦而小成。引而伸之，觸類而長之，天下之能事畢矣。顯道神德行，是故可與酬酢，可與祐神矣。

閏者，歸餘於終，自然之數，不得不爾。苟不置閏，故寒暑必差爾，必大成於三而變於五也。易之揲蓍，取法閏之歸餘，非閏取法於揲蓍也。

天叁地兩，叁天兩地而倚數。

叁伍以變，錯綜其數，不獨以五，亦有叁焉，有兩焉。「天數二十有五」，五其五也；「地數三十」，六其五也。「地數五」，故又兩之爲三十。叁天兩地以爲五，小衍之爲十，兩其五也。大衍之爲五十，十其五也。易之數皆類此。

子曰：「知變化之道者，其知神之所爲乎！《易》有聖人之道四焉：以言者尚其辭，以動者尚其變，以制器者尚其象，以卜筮者尚其占。」是以君子將有爲也，將有行也，問焉而

❶ 此條依《精義》校注，係引吕大臨《中庸解》。

以言，其受命也如嚮，无有遠近幽深，遂知來物，非天下之至精，其孰能與於此！參伍以變，錯綜其數，通其變，遂成天地之文；極其數，遂定天下之象；非天下之至變，其孰能與於此！《易》无思也，无爲也，寂然不動，感而遂通天下之故，非天下之至神，其孰能與於此！夫《易》，聖人之所以極深而研幾也。唯深也，故能通天下之志；唯幾也，故能成天下之務；唯神也，故不疾而速，不行而至。子曰「《易》有聖人之道四焉」者，此之謂也。

寂爲感體，感爲寂用，妙於應物。非寂則不周，虛寂而方无機則難感。寂然之中，天機常動；應感之際，本原常静。洪鍾在簴，叩與不叩，鳴未嘗已；寶鑑在手，照與不照，明未嘗息。

人莫不知理義之當然，无過无不及之謂中，未及乎所以中也。喜怒哀樂未發之前，反求吾心，果便爲乎？《易大傳》曰：「寂然不動，感而遂通天下之故。」子絶四：毋意、毋必、毋固、毋我。孟子曰：「大人者，不失赤子之心。」此言何謂也？回也其庶乎，屢空，然後可以見乎中。而空非中也，必有事焉。喜怒哀樂未發，无私，以小智撓乎其間，乃所謂空；由空然後見乎中，實則不見也。❶

天一，地二，天三，地四，天五，地六，天七，地八，天九，地十。子曰：「夫《易》，何爲者也？夫《易》，開物成務，冒天下之道，如斯而已者也。」是故聖人以通天下之志，以定天下之業，以斷天下之疑。是故蓍之德圓而神，卦之德方以知，六爻之義易以貢。聖人以此洗心，退藏於密，吉凶與民同患。神以知來，知以藏往。古之聰明叡知神武而不殺者夫！是以明於天之道，而察於民之故，是興神物，以前民用。聖人以此齋戒以神明其德夫！是故闔户謂之坤，闢户謂之乾，一闔

❶ 此條依《精義》校注，係引吕大臨《中庸解》。

一闢謂之變，往來不窮謂之通。見乃謂之象，形乃謂之器，制而用之謂之法，利用出入，民咸用之謂之神。

洗心、退藏，欲見二者在吾分中如何注措。

神武不殺，神武之理何入而不可，何必止據蓍龜而言。今曰欲明者，止爲武之爲義，主乎殺；不殺之武，情狀如何？

大氣本一，所以爲陰陽者，闔闢而已。開闔二機，无時止息，則陰陽二氣安得而離？❶ 陽極則陰生，陰勝則陽復，消長淩奪，无俄頃之間，此天道所以運行而不息。入於地道，則爲剛柔；入於人道，則爲仁義；才雖三而道則一，體雖兩而用則一。

大氣本一，所以爲陰陽者，闔闢而已。氣闢則温燠發生，闔則收斂肅殺但。❷ 一體二用，不可以二物分之。分之二用物，則闔闢之機露則布，生生之用息矣！

繫辭下

八卦成列，象在其中矣；因而重之，爻在其中矣；剛柔相推，變在其中矣；繫辭焉而命之，動在其中矣。吉凶悔吝者，生乎動者也；剛柔者，立本者也；變通者，趨時者也；吉凶者，貞勝者也；天地之道，貞觀者也；日月之道，貞明者也；天下之動，貞夫一者也。夫乾確然，示人易矣；夫坤隤然，示人簡矣。爻也者，效此者也；象也者，像此者也。爻象動乎内，吉凶見乎外，功業見乎變，聖人之情見乎辭。天地之大德曰生，聖人之大寶曰位，何以守位曰仁，何以聚人曰財，理財正辭，禁民爲非曰義。

天下同歸而殊塗，一致而百慮。

「天下之動，貞夫一也」，故天下通一氣，萬物通一

❶「離」，《精義》校注云：一作「雜」。

❷「但」字，於義難通，屬上屬下亦難決，或有訛誤，無從確考。

理，出於天道之自然，人謀不與焉。❶

利與人同者，非以利爲利，以義爲利也。「何以守位曰仁，何以聚人曰財」，故所以得國者，以得衆也；以得衆者，以有德也。有德者利與人同，以義爲利，不以利爲利也。故以財聚人，非仁何以得之？

古者包犧氏之王天下也，仰則觀象於天，俯則觀法於地，觀鳥獸之文，與地之宜，近取諸身，遠取諸物，於是始畫八卦，以通神明之德，以類萬物之情。作結繩而爲網罟，以佃以漁，蓋取諸離。包犧氏没，神農氏作，斲木爲耜，揉木爲耒，耒耨之利以教天下，蓋取諸益。日中爲市，致天下之民，聚天下之貨，交易而退，各得其所，蓋取諸噬嗑。神農氏没，黄帝、堯、舜氏作，通其變，使民不倦，神而化之，使民宜之。易，窮則變，變則通，通則久，是以自天祐之，吉无不利。黄帝、堯、舜垂衣裳而天下治，蓋取諸乾、坤。刳木爲舟，剡木爲楫，舟楫之利，以濟不通，致遠以利天下，蓋取諸涣。服牛乘馬，引重致遠，以利天下，蓋取諸隨。重門擊柝以待暴客，蓋取諸豫。斷木爲杵，掘地爲臼，臼杵之利，萬民以濟，蓋取諸小過。弦木爲弧，剡木爲矢，弧矢之利，以威天下，蓋取諸睽。上古穴居而野處，後世聖人易之以宫室，上棟下宇，以待風雨，蓋取諸大壯。古之葬者，厚衣之以薪，葬之中野，不封不樹，喪期无數，後世聖人易之以棺椁，蓋取諸大過。上古結繩而治，後世聖人易之以書契，百官以治，萬民以察，蓋取諸夬。是故易者，象也；象也者，像也；彖者，材也；爻也者，效天下之動者也。是故吉凶生而悔吝著也。陽卦多陰，陰卦多陽，其故何也？陽卦奇，陰卦耦，其德行何也？陽

❶ 此條依《精義》校注，係引吕大臨《大學解》。

一君而二民，君子之道也；陰二君而一民，小人之道也。《易》曰：「憧憧往來，朋從爾思。」子曰：天下何思何慮！天下同歸而殊塗，一致而百慮，天下何思何慮！日往則月來，月往則日來，日月相推而明生焉；寒往則暑來，暑往則寒來，寒暑相推而歲成焉；往者屈也，來者信也，屈信相感而利生焉。尺蠖之屈，以求信也；龍蛇之蟄，以存身也；精義入神，以致用也；利用安身，以崇德也。過此以往，未之或知也。窮神知化，德之盛也。

「窮神知化」與「知天命」之「知」，非苟知而已，與聞斯道也。其於化與天命，猶大臣與聞朝政。

陰受與陽而成體，陽資於陰而發光。故月得日之陽，然後能成受光之魄，日得月之陰，然後能成發光之質。及合朔望，精魄乃交，故光爲之蝕，故曰「日月相推而明生焉」。水不自潤，火烝而成潤；火不自光，益薪而有光，其是之謂歟？

所謂「精義入神以致用」，則「精義」者，誠諒之謂也。❶

説卦

昔者聖人之作《易》也，幽贊於神明而生蓍，參天兩地而倚數，觀變於陰陽而立卦，發揮於剛柔而生爻，和順於道德而理於義，窮理盡性以至於命。

「天叁地兩」，「叁天兩地而倚數」，《易》之取數皆此類。

理、性與命，所言三者之狀，猶各言之，未見較然一體之實，欲近取譬，庶可共言所見。

窮理盡性，性盡至命。理窮无有不盡性者，所謂未善，但未化；所云入性之始，非盡性而何？正猶驟居富貴之人，富貴已歸，尚未安爾。不已之説，恐未盡至命之義，更願求之。

❶ 此條依《精義》校注，係引吕大臨《中庸解》。

昔者聖人之作《易》也，將以順性命之理。是以立天之道，曰陰與陽；立地之道，曰柔與剛；立人之道，曰仁與義。兼三才而兩之，故《易》六畫而成卦；分陰分陽，迭用柔剛，故《易》六位而成章。

奇爲陽，耦爲陰，初見何義？爻必以三見何？體蓋奇見，所合耦見，所分三者之中，必有物焉。此爻所以三也，三才之道於是乎生。

天地定位，山澤通氣，雷風相薄，水火不相射，八卦相錯。數往者順，知來者逆，是故《易》，逆數也。

逆數者原其始，順數者要其終；要其終者本於數，往安已過之，逆知其終也。盛衰生息，皆有常數而已；原始者，可以知來、知未來之事，其始也，皆出於造化生生之所以然而已。造化之所以然，乃《易》之本也，故曰「《易》，逆數也」。

神也者，妙萬物而爲言者也。

指所以妙萬物者，故謂之「神」，神固難言也。

禮記解

曲禮上第一

吕大臨

曲禮，禮之細也。《禮》云：「經禮三百，曲禮三千，其致一也。」《中庸》云：「禮儀三百，威儀三千，待其人然後行。」然則曲禮者，威儀之謂，皆禮之細也。布帛之有經，一成而不可變者也，故經禮象之。經禮三百，蓋若祭祀、朝聘、饗燕、冠昏、鄉射、喪紀之禮，其節文之不可變者，有三百也。布帛之有緯，其文曲折有變，而不可常者也，故曲禮象之。曲禮三千，蓋小大尊卑，親疏長幼，並行兼舉，屈伸損益之不可常者，有三千也。今之所傳《儀禮》者，經禮也。其篇末稱「記」者，記禮之變節，則曲禮也。漢興，高堂生傳《禮》十七篇，今《儀禮》是也。戴聖傳《禮》四十九篇，今《禮記》是也。《禮記》所載，皆孔子門人所傳授之書，雜收於遺編斷簡者，皆經禮之變節也。特以此篇名「曲禮」者，蓋他篇稍各以類相從，此篇雜記諸禮曲折之文者也。

曲禮曰：毋不敬，儼若思，安定辭，安民哉！

自天子至於庶人，壹是以脩身爲本。欲脩其身先正其心者，敬之謂也，脩身者，正言貌以禮者也。故「毋不敬」者，正其心也；「儼若思」者，正其貌也；「安定辭」者，正其言也。三者正矣，則無所往而非正，此脩己以安百姓也。故天下至大，取之脩身而無不足，故曰「安民哉」。此禮之本，故於記之首章言之。

敖不可長，欲不可從，志不可滿，樂不可極。

敖者，人之所自恃也，長之則慢物，一命而吕旅，❶再命而車上舞，三命而名諸父，長傲者也。欲者，人之所不能無也，從之長則喪己而滅天理，好惡無節於內，從欲者也。志者，務存於遠大，故不可滿也。齊桓公葵丘之會，振而矜之，叛者九國，其滿可知矣。致樂以治心，則君子未嘗不欲樂也，亦使樂而不流，感動人之善心而已。姦聲以濫，溺而不止，此極樂者也。

❶「旅」，清麓本作「鉅」。

四者，皆人情之所不免，過則害也。

賢者狎而敬之，畏而愛之。愛而知其惡，憎而知其善。積而能散，安安而能遷。

君子之於賢者，狎之，非徒愛也，以其道可尊，故敬之；畏之，非徒敬也，以其德可慕，故愛之。狎而敬之，交可久也；畏而愛之，情可親也。君子之於衆人，則有私愛也，不敢蔽其惡；有私惡也，不敢掩其善。臧伯曰：「孟孫之惡我，藥石也，季孫之愛我，疾疢也，美疢不如惡石。」此知其善惡者也。積者不能散，懷於聚也；安安者不能遷，懷於居也。貨惡其棄於地，不必藏於己也。孟子曰：「王如好貨，與百姓同之。」此能散者也。「士而懷居，不足以爲士矣」。孔子去齊，接淅而行，去魯，曰：「遲遲吾行也。」當可去也，雖父母之國去之，況於他乎！此能遷者。

臨財毋苟得，臨難毋苟免。很毋求勝，分毋求多。疑事毋質，直而勿有。

趨利避害，人之情也，雖君子亦然，特主於義而不苟也。義可得則受，義不可得則不受，則得不得有義矣；義可免則免，義不可免則不免，則免不免有義矣。君子所趨，惟義而已，何利害之擇哉？很者，與人爭者也，君子無所爭，犯而不校而已，故不求勝也。分者，與人共者也，如勞佚憂樂，方與人共，而獨求多焉，是自私也。道途不爭險易之利，冬夏不爭陰陽之和，故不求多也。多聞闕疑，孔子之所許也，疑而質之，自欺也。信以傳信，疑以傳疑，則寡尤矣。可疑而不疑，則道不信；可直而不直，則道不見。我且直之，又曰：「予豈好辨哉？予不得已也。」然則直者，直吾道而已，吾何與乎？故終日與人辯而不自有也。理義者，人心之所同然，君子之於天下，唯義理所在而已。

若夫坐如尸，立如齊。禮從宜，使從俗。

禮者，敬而已矣，敬者，禮之常也。「禮時爲大」，時者，禮之變也。「坐如尸，立如齊」，盡其敬也。「禮從宜，使從俗」，適其時也。體常盡變，則禮達之天下，周還而無窮也。「若夫」者，發語之端，蓋舉禮之大旨而言之也。莊氏云「尸居而龍見」，居即坐也，推是意也，則坐容莊可知矣。齊者，專致其精明之德，必見其所祭者，則立容端可知矣。禮有不可行者，必變而從宜，如老者不以筋力爲禮，貧者不以貨財爲禮之類，使於他邦，必從其俗，故有入境而問禁，入國而問俗之禮。

夫禮者，所以定親疏，決嫌疑，別同異，明是非也。

伯母叔母疏衰，踊不絶地；姑姊妹之大功，踊絶於地；爲祖父母，齊衰期；爲曾祖父母，齊衰三月，此所以定親疏也。嫂叔不通問，嫂叔無服；君沐粱，大夫沐稷，士沐粱；燕不以公卿爲賓，以大夫爲賓，此所以決嫌疑也。己之子與兄弟之子異矣，引而進之，同服齊衰期；天子至於庶人，其貴賤異矣，而父母之喪，齊疏之服，饘粥之食，無貴賤一也；大夫爲世父母、叔父母、衆子、昆弟、昆弟之子，降服大功，尊同則不降，此所以別同異也。禮之所尊，尊其義也。其文是也，其義非也，君子不行也；其義是也，其文非也，君子行也，故「麻冕，禮也；今也純，儉。吾從衆」。男女不授受，禮也；嫂溺則援之以手，此所以明是非也。

禮不妄説人，不辭費。禮不踰節，不侵侮，不好狎。

妄説人者，説之不以道也；辭費者，情不直也。踰節，則長幼貴賤親疏亂矣，啟侵之道也；好狎，則親暱慢易之心生矣，啟侮之道也。儉者，自約而不侵人；恭者，自下而不侮人。故君子之恭儉，不侵侮於人，人無侵侮之者，所謂我不欲人之加諸我，予亦欲無加諸人也。三者不除，則行不脩。

脩身踐言，謂之善行。行脩言道，禮之質也。

君子之善行，以脩身踐言爲之本。其行禮也，以行脩言道爲之本。以是爲質，則所見於外者皆文也。

禮聞取於人，不聞取人。禮聞來學，不聞往教。

「禮聞取於人，不聞取人」，學者之道也；「禮聞來學，不聞往教」，教者之道也。取，猶致也。致於人者，我爲人所致而教之，在教者言之，則「來學」者也；取人者，我致人以教己，在教者言之，則「往教」者也。猶言「勞心者治人」，乃我治其人，「勞力者治於人」，乃我爲人所治也。師嚴然後道尊，道尊然後民知敬學。致人以教己，非誠有志於學也，學而非誠，則教亦無益，此其所以不可也。古者友不可以有挾也，況於師乎？雖天子不召師，況於學者乎？

道德仁義，非禮不成；教訓正俗，非禮不

備；分争辨訟，非禮不決；君臣上下，父子兄弟，非禮不定；

「道德仁義」，所以成己也；「教訓正俗」，所以成人也；「分争辨訟」，所以決疑事也；「君臣上下，父子兄弟」，所以正大倫也，皆有待於禮者也。兼天下而體之之謂「仁」，理之所當然之謂「義」，由仁義而之焉之謂「道」，有仁義於己之謂「德」，節文乎仁義之謂「禮」。仁、義、道、德，皆其性之所固有，本於是而行之，雖不中不遠矣。然無節無文，則過與不及害之，以至於道之不明且不行，此所以「非禮不成」也。先王制禮，教民之中而已，教不本於禮，則設之不當，設之不當，則所以教者不備矣。教訓正俗，其義皆教也。立教之謂「教」，訓説理義之謂「訓」，皆所以正俗之不正，故曰「非禮不備」也。理有可否則争，情有曲直則訟，惟禮爲能決之。蓋分争者，合於禮則可，不合於禮則不可；辨訟者，有禮則直，無禮則不直，故曰「非禮不決」。君臣上下，父子兄弟，人之大倫，由禮而後定也，故冠昏，喪祭，射鄉，朝聘，所以明者人倫而已，故曰「非禮不定」。

宦學事師，非禮不親；班朝治軍，涖官行法，非禮威嚴不行；禱祠祭祀，供給鬼神，非禮不誠不莊。

「宦學事師」，學者之事也；「班朝治軍，涖官行法」，仕者之事也；「禱祠祭祀，供給鬼神」，交神明之事也，皆有待於禮者也。宦，家臣也。《雜記》云：「宦於大夫者之爲之服也。」蓋仕爲家臣，而未升諸公，蓋亦學爲仕者也。故宦者，學爲仕之稱也；學者，學道藝者也。二者之學皆有師，師弟子之分不正，則學之意不誠，學之意不誠，則師弟子之情不親，而教不行，故曰「非禮不親」。班朝者，正朝位也；治軍者，齊軍政也；涖官行法者，臨官府以行法令也。三者，皆仕者所以治衆也。禮明乎尊卑上下之别，則分無不守，令無不從，此所以「非禮威嚴不行」也。禱祠祭祀，則郊社宗廟之常祀也，内則盡志，外則盡物，所以供給鬼神，鬼神無常享，享於克誠，禮者敬而已，無敬則不誠，故曰「非禮不誠不莊」。

是以君子恭敬、撙節、退讓以明禮。

禮者，敬而已矣，君子恭敬，所以明禮之實也；

禮，節文乎仁義者也，君子撙節，所以明禮之文也；辭遜之心，禮之端也，君子退遜，所以明禮之用也。

鸚鵡能言，不離飛鳥；猩猩能言，不離禽獸。今人而無禮，雖能言，不亦禽獸之心乎！夫唯禽獸無禮，故父子聚麀。是故聖人作，爲禮以教人，使人以有禮，知自别於禽獸。

人之血氣、嗜慾、視聽、食息，與禽獸異者幾希，特禽獸之言，與人異耳，然猩猩、鸚鵡亦或能之。是則所以貴於萬物者，蓋有理義存焉，聖人因理義之同然，而制爲之禮，然後父子有親，君臣有義，男女有别，人道所以立，而與天地參也。縱恣怠敖，滅天理而窮人欲，將與馬牛犬彘之無辨，是果於自棄，而不欲齒於人類者乎？

太上貴德，其次務施報。禮尚往來，往而不來，非禮也；來而不往，亦非禮也。

太上者，大道之行、天下爲公之時也。其治也，文不勝質，務存其實，直情徑行，無所事於禮，故禮有不答，而人不非也。後聖有作，通其變，使民不倦，由是交際之道興焉。

人有禮則安，無禮則危。故曰：禮者，不可不學也。夫禮者，自卑而尊人，雖負販者，必有尊也，而況富貴乎！富貴而知好禮，則不驕不淫；貧賤而知好禮，則志不懾。

人生於天地之間，其强足以陵弱，其衆足以暴寡，然其群而不亂，或守死而不變者，畏禮而不敢犯也。人君居百姓之上，惟所令而莫之違者，恃禮以爲治也。一人有禮，衆思敬之，有不安乎？一人無禮，衆思伐之，有不危乎？此所以繫人之安危而不可不學者。富貴者，人之所共敬者也；貧賤者，人之所共慢者也；禮者自卑而尊人，雖負販之至賤，猶不敢慢而必有所尊，況人之所共敬者乎？古之君子，不侮鰥寡，不畏强禦，苟無禮以節於内，則外物之輕重，足以移其常心矣。故富貴者，知其所當敬，則不驕不淫；貧賤者，知其所自敬，則志不懾。

人生十年曰幼，學；二十曰弱，冠；三十曰壯，有室；四十曰强，而仕；五十曰艾，服官政；六十曰耆，指使；七十曰老，而傳；八

十、九十曰耄；七年曰悼。悼與耄，雖有罪，不加刑焉。百年曰期，頤。

此章備舉自幼至老，每十年一變之節也。未十年，非不學也，能食教以右手，能言教以唯俞。六年，教數與方名；七年，教之男女之別；八年，教之長幼之序；九年，教之數日，然未就外傅，但因事而教之，未足以名之學；至十年，可以從弟子之職，出就外傅，乃所謂學也。二十始成人，則可以勝衣冠，故命之以冠，既冠始學禮，猶以其弱而未可用也，故博學不教，內而不出。三十曰壯，血氣定矣，故可以有室。孟子曰「丈夫生而願爲之有室，女子生而願爲之有家」，故室家者，夫婦之稱也。其壯雖可以給政役，其材猶未足以備任用，故博學無方，孫友視志而已。四十曰强，强則材成矣。材成者，志慮定則謀事審，氣力完則任事果，始可爲士以事人也。其謀事審矣，故可以出謀發慮；其任事果矣，故道合則服從，不可則退。至五十，養於其心者已熟，閱於義理者已多，可謂成德更事之人矣，故可以命爲大夫也。古者四十始命之仕，五十始命之服官政。仕者，爲士以事人，治官府之小事者也；服官政者，爲大夫以長人，與聞邦國之大事者也。材可用則使之仕，德成則命爲大夫，非無蚤成夙知之才也，蓋養天下之才，至於成就而後用，則收功博，如不待其成而用之，所謂賊夫人之子以政學者也，害莫大焉。六十曰耆，耆者，稽久之稱，《詩》云「耆定爾功」，又曰「上帝耆之」，稽久則將入於老，故六十稱耆。筋力既衰，不足以任勞事，可以使人，而不可以使於人也。故六十不與服戎，不可以從司馬之政也；不親學，不可以執弟子之職也。七十則筋力倦矣，聰明衰矣，外則致王事於君，內則傳家事於子，不可與事者也。耄者老而知已衰，悼者幼而知未及，二者雖有罪，而情不出於故，故不加刑焉。百年者，飲食、居處、動作，無所不待於養。

大夫七十而致事，若不得謝，則必賜之几杖，行役以婦人，適四方，乘安車。自稱曰「老夫」，於其國則稱名；越國而問焉，必告之以其制。

致事者，致其所爲臣之事於其君也。有以道去其君而致事者，孟子致爲臣而歸是也；有以喪而致事者，如閔子要經而服事，已而曰：「古之道，不即人心，退而致仕」是也；有以老而致事者，大夫七十而致仕是也。致事者，退而家居，士相見禮，所謂「宅者，在邦則曰市井之臣，在野則曰草茅之臣」是也。君子難進而易退，故七十而致事，賢君優老而尚賢，則有不得謝者矣；既不許其去，則不責筋力以爲禮也。賜之几杖，則雖在君前亦授之，《詩》云「肆筵設席，授几有緝御」是也；雖見君亦杖，《祭義》云「七十杖於朝，君問則席」是也。「老夫」，長老者之稱也。衛石碏告陳曰「老夫耄矣，無能爲也」，與他國士大夫言也；晉荀罃謂荀偃、士匄曰「牽率老夫，❶以至於此」，與己國士大夫言也。大夫老不得謝，與他國士大夫言，則稱「老夫」，所以優之也；與己國士大夫言，則稱名，父母之邦，不敢以尊老自居也。石碏、荀罃，雖皆列國之大夫，未知其老而得謝與否也；若皆不得謝者，則碏可稱而罃不當稱也。《玉藻》云：「上大夫曰下臣，❷下大夫自名。」此時君之稱，❸非此比也。《詩》曰：「雖無老成人，尚有典刑。」老成人者，多識乎國之故事，而典刑之所由出也。越國而問，則舉國之故事以對之，所謂謀於黃髮，則罔所愆。

謀於長者，必操几杖以從之。長者問，不辭讓而對，非禮也。

二者，皆敬長之義也。坐有几，所以憑之也；行有杖，所以策之也，皆優老之具也。「操几杖以從之」，敬之至也。問者，皆以不能問能，以寡問多，則少當問長者也。今長者反問之，不辭讓而對，則敬不足也。孔子問曾子，曾子曰：「參不敏，何足以知之。」公西赤曰：「非曰能之，願學焉。」是皆辭讓之言。

凡爲人子之禮，冬温而夏清，昏定而晨省，在醜夷不争。

温清定省，所以養體也。醜夷不争，所以養志也。一歲則有冬夏寒暑之適，一日則有晨昏興寢之適，人子不可不知也。《内則》：「父母將衽，長者奉席請何趾，少者執牀與坐。」昏定之事也。子事父母，雞鳴適

❶「率」，四庫本及《十三經注疏》本《左傳》作「帥」。阮校：「案：『帥』、『率』字通。」

❷「上」，原脱，依四庫本及《十三經注疏》本《禮記》補。

❸「時」，四庫本作「對」。

父母之所，下氣怡聲，問衣燠寒；男女未冠笄，及命士以上，父子異宫，則昧爽而朝；文王之爲世子，雞初鳴衣服，至於寢門外，問安否何如，此晨省之事也。「醜夷」，同等之稱也。事親者，居上不驕，爲下不亂，在醜不争。三者不除，雖日用三牲之養，猶爲不孝也。《孝經》引三者，此獨云「在醜夷不争」者，上下驕亂之禍爲少，而醜夷之争多也。孝子一出言舉足，不敢忘父母，苟好勇鬬狠，以危父母，一朝之忿，忘其身以及其親，則所以養親者，果安在哉？

夫爲人子者，三賜不及車馬。

三賜有車馬，君之所以寵臣也；三賜不及車馬，子之所以敬親也。受位，則有車馬之賜矣；受位而不及車馬者，位在朝廷，而車馬入於私門也。《坊記》云：「父母在，❶饋獻不及車馬。」蓋車馬，家之重器也。親之所無，子不敢以受於人；親之所有，子不敢以予於人。辟親而不敢加，奉親而不敢專，其義一也。事宗子者，不以富貴入宗子之家，雖衆車徒舍於外，以寡約入。事宗子猶舍衆車徒於外，則事親者，車馬之盛，宜在所不受也。黨正以飲酒正齒位，一命齒於鄉里，再命齒於父族，三命不齒。庶子之正於公族，雖有三命，不踰父兄。其所以敬於族人之長者猶如是，況於父母乎？能知此，則事親之意誠矣。

故州閭鄉黨稱其孝也，兄弟親戚稱其慈也，僚友稱其弟也，執友稱其仁也，交遊稱其信也。

五者之稱不同，各以其所見言之也。州閭鄉黨，觀其行者也，見其所以敬親，故稱其孝；兄弟親戚，責其恩者也，順於父母者，親親之愛必隆，故稱其慈；僚友見其有所讓者也，有遜弟之心，故稱其弟；執友者，友其德，德莫盛於孝，孝者仁之本，故稱其仁；交遊主於信，知其誠心於孝也，故稱其信。

見父之執，不謂之進不敢進，不謂之退不敢退，不問不敢對，此孝子之行也。

父之執友，其見也，進退問答，不敢專焉，敬之至也。見父之執，猶極其敬，況於父乎！

夫爲人子者，出必告，反必面，所遊必有常，

❶「在」，原誤作「存」，依《十三經注疏》本《禮記》改。

所習必有業，恒言不稱老。

「出必告，反必面」，受命於親，而不敢專也。「所遊必有常，所習必有業」，體親之愛，而不敢遺其憂也。「恒言不稱老」，極子之慕，而不忍忘也。「父母在，而不敢有其身」，如之何聞斯行諸，出入而無所受命，是遺親也。親之愛子至矣，所遊必欲其安，所習必欲其正，苟輕身而不自愛，則非所以養其志也。君子之事親，親雖老而不失乎孺子慕者，愛親之至也。孟子曰：「五十而慕，予於大舜見之矣。」❶故髧彼兩髦，爲孺子之飾，親見，❷然後説之。苟常言而稱老，則忘親而非慕也。

年長以倍，則父事之；十年以長，則兄事之；五年以長，則肩隨之。群居五人，則長者必異席。

貴老，爲其近於親也。敬長，爲其近於兄也。自二十而視四十，則與吾父之年相若，此所以父事也；長吾十年，則與吾兄之年相若，此所以兄事也；長吾五年，則與吾年相若，此所以肩隨之也，皆敬長之道也。闕黨童子，與先生並行，孔子知其欲速成；疾行先長者，孟子知其爲不弟，皆不知敬長之義而已。

爲人子者，居不主奧，坐不中席，行不中道，立不中門，食饗不爲概，祭祀不爲尸。

子之事親，非惟親之命，弗敢專也。「居不主奧，坐不中席，行不中道，立不中門」，不敢專其位也；「食饗不爲概」，不敢專其財也；「祭祀不爲尸」，不敢專其身也。

聽於無聲，視於無形，不登高，不臨深，不苟訾，不苟笑。

視聽於無形無聲，則誠於事親，專心致意可知也。❸身也者，親之枝也，履不安以危之，是危親也；行不善以辱之，是辱親也。登高臨深，危道也。苟訾近於讒，苟笑近於諂，是辱道也。

孝子不服闇，不登危，懼辱親也。父母存，不許友以死。不有私財。

❶「予」，原作「吾」，依四庫本及《十三經注疏》本《孟子》改。
❷「見」，原缺，依四庫本補。
❸「意」，四庫本作「志」。

服闇者，爲穿窬之行，欺人所不見也。登高者，行險以僥倖也。孝子之心，將爲不善，思貽父母羞辱，必不果。服闇登危，是忘親也；非特忘之，不令之名且將加之，是辱親也。「不許友以死」者，不敢受其託也。如朋友死，無所歸，曰「於我殯」，有父母在，則不可許矣。先儒謂：「許報仇，雖父母没，亦不可也。」患難相死，兄弟之道也。《詩》云：「鶺鴒在原，兄弟急難。每有良朋，況也永歎。」又曰：「兄弟鬩于墻，外禦其侮。每有良朋，烝也無戎。」朋友以道義相成，患難之事無相及，故曰「無戎」也。戰國游俠，以氣相許，結私交，報仇怨，流俗高之。此先王之所必誅，君子謂之不義者也。

爲人子者，父母存，冠衣不純素。孤子當室，冠衣不純采。

人子之服，必盡乎孺子之飾者，所以悦其親也。故髦彼兩髦，飾其首也；衣純以繢以青，飾其身也。冠衣純以素，孤子之服，非所以事親也。《深衣》云「孤子衣純以素」，此云「孤子當室，冠衣不純采」者。少而無父者，雖人之窮，然既除喪矣，冠衣猶不改素，則無窮也。先王制禮，行道之人皆不忍也，豈可獨遂其無窮之情哉？故惟當室者行之，非當室者不然也。《深衣》之言略矣。

幼子常視毋誑。童子不衣裘、裳，立必正方，不傾聽。

《書》曰「茲乃不義，習與性成」，則不義非性矣。然以不義成性，則習有以移之，故習不可不慎也。古之教子者，其始生也，擇諸母之慈良恭敬，慎而寡言者，使爲子師，其次爲慈母，其次爲保母，教之之慎如此，況可示之誑乎？裘裳與冠，皆成人之服，未成人者，服亦有所未備也。立必正方所向之方，或東向西向，或南向北向，不使之偏有所向也。《士相見禮》云：「凡燕見於君，必辨君之南面。若不得，則正方，不疑君。」❶疑君者，謂斜嚮之，不正方也。不傾聽者，頭容直。

長者與之提攜，則兩手奉長者之手。負劒，

❶「則正方不疑君」，原誤作「正方疑君」，「則」、「不」二字依《十三經注疏》本《儀禮》補。

辟咡詔之，則掩口而對。

「長者與之提攜，則兩手奉長者之手」，以長者之意，不可以不承也。「負劍，辟咡詔之，則掩口而對」，以氣之逼人，人或惡之也。古之佩劍者，挾之於旁，「負劍」即佩劍也。童子之幼者，長者或旁挾之，如負劍然，故謂之「負劍」也。

從於先生，不越路而與人言。遭先生於道，趨而進，正立拱手。先生與之言則對，不與之言則趨而退。

先生，則他人稱之。長者，則無嫌於自稱。樂正子曰「先生何爲出此言也」，孟子曰「舍館定，然後求見長者乎」是也。弟子之於師，聽教聽役而已。故正立拱手以待也，「與之言則對，不與之言則趨而退」，進退應答不敢專也。

從長者而上丘陵，則必鄉長者所視。登城不指，城上不呼。

將適舍，求毋固；將上堂，聲必揚。户外有二屨，言聞則入，言不聞則不入。將入户，視必下。入户奉扃，視瞻毋回。户開亦開，户闔亦闔。有後入者，闔而勿遂。毋踐屨，毋踖席，摳衣趨隅，必慎唯諾。

事先生長者之禮，進退不敢必也。「將適舍」，將退也；「將上堂」，將進也。雖將退也，先生長者未之許，則退無固也；雖將進也，揚聲而警之，不欲掩人之私也。户外有二屨，則並户內一屨爲三人矣。以户內有三人，故乃可入，猶以言聞不聞爲入不入之節。若户內有二人，則不可入，所謂「離坐離立，毋往參焉」者也。❶毋踐屨踖席，敬其物，所以敬其人也。摳衣趨隅，必慎唯諾，不敢爲賓，聽役於先生長者。唯，所以應也；諾，所以許也。

大夫士出入君門，由闑右，不踐閾。凡與客入者，每門讓於客。客至於寢門，則主人請入爲席，然後出迎客，客固辭，主人肅客而入。主人入門而右，客入門而左。

❶「毋」，原作「無」，依四庫本及《十三經注疏》本《禮記》改。

禮之於賓主，無不答也。及門而遜入，及階而遜登，乃主人答客也，主遜而客辭也。客若降等，則就主人之階，主人固辭，然後客復就西階，乃客答主人也，客遜而主辭也。一入門，一登階，賓主更爲辭遜，而不以爲煩，此禮之所以養人之深也。每門遜於客者，門不一也，有大門，有寢門。若行禮於廟，則有廟門，敵者則迎於大門之外。士冠、士昏、聘禮、賓射、鄉飲，❶皆行於廟，主人迎賓于外門外是也。敵以下則迎於大門之内，《聘禮》「公皮弁，迎賓于大門内」是也。肅客，謂俯手以揖之。《周官·大祝》「九拜」，所謂肅拜也。《春秋傳》曰「敢肅使者」是也。

主人與客讓登，主人先登，客從之，拾級聚足，連步以上。上於東階，則先右足；上於西階，則先左足。

拾，更也。射者拾發，投壺者拾投，哭踊者拾踊，皆更爲之也。拾級者，左右足更上也。上階以相鄉爲敬。

帷薄之外不趨，堂上不趨，執玉不趨。堂上接武，堂下布武。室中不翔，並坐不横肱。授立不跪，授坐不立。

凡見尊者，以疾行爲敬。然有不必趨者，帷薄之外，非尊者所見，可以紓其敬也。有不可趨者，堂上地迫，不足以容步，執玉之重，或虞於失墜也。

凡爲長者糞之禮，必加帚於箕上，以袂拘而退。其塵不及長者，以箕自鄉而扱之。

糞除布席，役之至褻者也，然古之童子未冠，爲長者役，而其心安焉。蓋古教養之道，必本諸孝悌，入則事親，出則事長。事親孝也，事長悌也。孝悌之心，雖生於惻隱恭敬之端，孝悌之行，常在於灑埽應對、執事趨走之際。蓋人之有血氣者，未有安於事人者也，今使知長者之可敬，甘爲僕御之役而不辭，是所以存其良心，折其傲慢之氣，然後可與進於德矣。加帚箕上，執之以從事也。以袂拘而退，其塵不及長者，雖糞除之際，不敢忘敬也。「以箕自向而扱之」，扱，謂箕扱於糞中以糞也，讀如「尸扱以柶祭羊鉶」之「扱」，謂箕扱於糞，如柶扱於鉶也。註以「扱」爲「吸」，恐未然。

❶「飲」，原脱，依四庫本補。

奉席如橋衡。請席何鄉，請衽何趾。席，南鄉北鄉，以西方爲上；東鄉西鄉，以南方爲上。

席，坐席也。布坐席必問何所向，布臥席必問何所趾，唯長者命也。南向、東向，皆坐在陰，則上右：南向者以西爲右，東向者以南爲右也。北向、西向者，皆坐在陽，則上左：北向者以西爲左，西向者以南爲左也。

若非飲食之客，則布席，席間函丈。主人跪正席，客跪撫席而辭。客徹重席，主人固辭，客踐席，乃坐。

主人敬客，故跪正席；客敬主人，則徹重席。主敬客，則客辭；客敬主，則主辭，賓主之禮所以答也。一辭而許，曰「禮辭」，《禮》云「賓禮辭許」是也；再辭，曰「固辭」。此賓主辭讓之節也。

主人不問，客不先舉。將即席，容毋怍。兩手摳衣，去齊尺，衣毋撥，足毋蹶。

怍者，愧赧不安之貌，愧赧不安，失之野也。齊，深衣齊也，深衣下齊如權衡；衣毋撥者，收斂之，不使旁有觸也。足無蹶，不忽遽，使之蹪也。三者，謂行容也。摳衣、毋撥，皆裳，而言衣者，蓋統而言，雖裳亦衣也。

先生書策琴瑟在前，坐而遷之，戒勿越。虚坐盡後，食坐盡前。坐必安，執爾顔。長者不及，毋儳言。正爾容，聽必恭。毋勦說，毋雷同。必則古昔，稱先王。

書策琴瑟之爲物，先生之所常御也，物猶加敬，人可知也。虚坐盡前，則若飲食然，故盡後以示之。「坐必安，執爾顔」，侍坐於先生，不敢懈也。儳言者，乘人之所未及而言之也。事長者必思所以下之，乘其不及而儳言，是欲勝，故不爲也。「正爾容，聽必恭」，敬長者之教，而不敢慢也。竊人之財，猶謂之盜，勦取他人之說以爲己有，私也；不以心之然不然，志在隨人而雷同之，亦私也。上焉者，雖善無徵，無徵弗信，弗信民弗從。「必則古昔，稱先王」，則求其有徵，而使民信也。民未信也，吾雖自信，亦不可行也。

侍坐於先生，先生問焉，終則對，請業則起，請益則起；父召無諾，先生召無諾，唯而起。

此章言弟子敬師之道。問未終而對，不敬其所問也。業，謂所學於先生者，如詩書禮樂之類是也。益，謂所問未明，或欲卒學，或欲少進也。有所請必起，敬業也；敬業所以敬師，敬師所以敬道也。故請業、請益，皆不可不起也。弟子之事師，猶子事父，父召無諾，則先生召亦無諾。諾者，許而未行也。「唯而起」，聞召即往也。《玉藻》云：「父命呼，唯而不諾，手執業則投之，食在口則吐之。」

侍坐於所尊敬，毋餘席。見同等不起，燭至起，食至起，上客起。燭不見跋。尊客之前不叱狗。讓食不唾。

所尊敬，謂天下達尊，有爵、有德、有齒者也。侍坐無餘席，欲近尊者，以聽教也。燭者，童子之所執，燭盡則更之，不以所殘之本以示人，使客不敢安也。狗於尊客之前不敢叱者，嫌于客也。二者皆弟子之職，故於侍坐者及之。讓食之際不敢唾者，嫌若訾主人食，亦不敬也。

侍坐於君子，君子欠伸，撰杖屨，視日蚤莫，侍坐者請出矣。侍坐於君子，君子問更端，則起而對。侍坐於君子，若有告者曰「少間，願有復也」，則左右屏而待。

賢者謂之君子，不肖者謂之小人，天下之達稱也。古之貴者皆賢，賤者皆不肖，故貴者亦稱君子，賤者亦稱小人。後世貴者未必賢而猶稱君子者，蓋曰居是位者，不可以非君子之行也。如《論語》：「君子之德風，小人之德草」；「君子學道則愛人，小人學道則易使」。《孟子》云：「無君子莫治野人，無野人莫養君子。」此皆以貴賤稱之也。此篇多稱「先生」，稱「長者」，稱「君子」，蓋天下有達尊三：先生，兼德齒而言也；長者，止謂有齒者；君子，止謂有爵者也。君子示以倦，則請出，不敢勤君子也。「君子問更端，則起而對」，因事有所變而起其敬也。人俟間而有復，則屏而待，不敢干其私也。間，謂間隙也，俟事之間隙而言之。《聘禮》「賓曰俟間」，亦此意也。舊音曰「閑」，間則「閑」矣，然不若間之爲勝。

毋側聽，毋噭應，毋淫視，毋怠荒。遊毋倨，立毋跛，坐毋箕，寢毋伏。斂髮毋髢，冠毋免，勞毋袒，暑毋褰裳。

侍於君子，視聽言動，無所不在於敬。頭容欲直，故「毋側聽」；聲容欲靜，故「毋噭應」；目容欲端，故「毋淫視」；氣容欲肅，故「毋怠荒」；足容欲重，故「遊毋倨」；立如齊，故「毋跛」；坐如尸，故「毋箕」；正其衣冠，故「斂髮毋髢，冠毋免，勞毋袒，暑毋褰裳」。

侍坐於長者，屨不上於堂，解屨不敢當階。就屨，跪而舉之，屏於側。鄉長者而屨，跪而遷屨，俯而納屨。

屨云解者，屨有繫也。《士禮》「夏葛屨，冬白屨，組綦繫於踵」，言有繫也。「就屨」，既退復著屨也。

男女不雜坐，不同椸枷，不同巾櫛，不親授。嫂叔不通問，諸母不漱裳。外言不入於梱，内言不出於梱。女子許嫁，纓；非有大故，不入其門。姑、姊、妹、女子子，已嫁而反，兄弟弗與同席而坐，弗與同器而食。

人之所以異於禽獸者，以有別也，有別者先於男女，天地之義，人倫之始。《内則》曰：「禮始於謹夫婦，爲宮室，辨内外，男子居外，婦人居内，深宮固門，閽寺守之，男不入，女不出。」所以別於居處者至矣。「非祭非喪，不相授器。其相受，則女受以篚；其無篚，則皆坐奠之而後取之」；不雜坐，「不通乞假，内言不出，外言不入」，所以別於往來者至矣。「道路，男子由右，婦人由左」；「女子出門，必擁蔽其面，夜行以燭，無燭則止」；「御婦人，則進左手」，所以別於出入者至矣。「外内不共井，不共湢浴，不通寢席，不通衣裳」，「不同椸枷，不同巾櫛」，「不敢縣於夫之楎椸，不敢藏於夫之篋笥」，所以別於服御器用者至矣。「姑、姊、妹、女子子」，天屬也，許嫁，則非有大故，不入其門；已嫁而反，則不與同席而坐，同器而食。嫂與諸母，同宮之親也，嫂叔則不通問，諸母則不漱裳。妻之母，婚姻之近屬也，壻見主婦，闔扉立于其内，壻立于門外，東面，主婦一拜，壻答再拜，主婦又拜，壻出，所以別於宗族婚姻者至矣。「男女非有行媒，不相知名；非受幣，不交不親；必日月以告君，齊戒以告鬼神，爲酒食以召鄉黨僚友；取妻不取同姓，故買妾不知其姓則卜之；寡婦之子，非有見焉，則弗與爲友」，所以厚別於交際者至矣。「男女不雜坐」，經雖無文，然喪祭之禮，男女之位異矣。男子在堂，則女子在房；男子在堂下，則女子在堂上；男子在東方，則女子在西方。坐亦當然。

父子不同席。男女非有行媒，不相知名；非受幣，不交不親。故日月以告君，齊戒以告鬼神，爲酒食以召鄉黨僚友，以厚其別也。取妻不取同姓，故買妾不知其姓則卜之。寡婦之子，非有見焉，弗與爲友。

父子不同席者，此承上文「姑姊妹女子子已嫁」而言也。父子之間，雖男子猶不同席，況女子子已嫁而反者乎？故因而言之。

賀取妻者曰：某子使某，聞子有客，使某羞。

《郊特牲》云：「昏禮不賀，人之序也。」賀者，以物遺人而有所慶也。昏禮，嘉禮也。然著代以爲先祖後，人子之所不得已，故不用樂，即不賀也。雖曰「不賀」，然爲酒食以召鄉黨僚友，則問遺不可廢也，故其辭曰「聞子有客，使某羞。」舍曰昏禮，而謂之有客，則所以羞者，佐其共具之費，以待鄉黨僚友而已，非賀也。世之不知禮者，以其所以問遺者，猶以慶賀名之，君子雖不曰賀，而問遺猶行，故作記者因俗之名稱賀也。

貧者不以貨財爲禮，老者不以筋力爲禮。

君子之於禮，不責人之所不能備，「貧者不以貨財爲禮」是也，不責人之所不能行，「老者不以筋力爲禮」是也。禮者，敬而已矣。心苟在敬，財力之不足，非禮之訾也。潢汙行潦，可薦於鬼神，瓠葉兔首，不以微薄廢禮，此不以貨財者也。五十杖於家，至一坐再至，此不以筋力者也。又有法之所不得爲者，有疾而不能行者，臨難而不得已者，土地之所不有者，君子亦不責也。王子爲其母請數月之喪，雖加一日，愈於已也。季子、儲子，皆以幣交，他日孟子見季子而不見儲子，以「季子不得之鄒，儲子得之平陸」故也。如季子王子者，法之所不得爲者也。喪禮禿者不髽，傴者不袒，跛者不踊，此有疾而不能行者也。男女不授受，嫂溺則援之以手；君子正其衣冠，同室有鬭，則被髮纓冠而救之，此臨難而不得已也。居山者不以魚鼈爲禮，居川者不以鹿豕爲禮，此土地之所不有也。凡此，皆禮之變也。行禮而知變，所謂非禮之禮也。

名子者，不以國，不以日月，不以隱疾，不以山川。

古者生子三月，妻以子見，而父名之。名者，識之以是物，苟別而已。殷人以前，質不諱名，至周人以諱事神，名終將諱之，故名子者，必有所辟，以其終將諱也。國，若晉宋之屬，天子之所封也。日月，若甲子之屬，天下之達稱也。隱疾者，人之所難言也。山川者，國之望也。名之必可言也，所難言者，不可傳於人，故「不以隱疾」也。名之必將諱之，諱之必將改之，改天子之所封，則不敬上，故「不以國」。改天下之達稱，則不同乎俗，故「不以日月」。改國之望，則不敬鬼神，故「不以山川」。春秋之時，名子之禮廢，犯此四禁，而莫之恤也。

男女異長。男子二十冠而字，父前子名，君前臣名。女子許嫁，笄而字。

事父者，家無二尊，雖母不敢以抗之，故無長幼，皆名，不敢致私敬於其長也。事君者，國無二尊，雖父不敢以抗之，故無貴賤尊卑，皆名，不敢致私敬於其所尊貴也。

凡進食之禮，左殽右胾，食居人之左，羹居人之右；膾炙處外，醯醬處內；葱渫處末，酒漿處右；以脯脩置者，左朐右末。

據此章所陳饌與辭遜之節，雖與《公食大夫禮》少有不同，其大略無甚異，恐此即大夫士與賓客禮食之節也。公食大夫禮：三牲之俎在左，庶羞之豆在右；俎實皆殽，殽，骨體也；羞豆有胾，胾，切肉也，此則「左殽右胾」矣。公食大夫禮：庶羞之豆，有膾有炙，設于稻南簋西，則處外矣；公設醯醬于席前，則處內矣，此其所同也。公食大夫禮：設黍稷六簋于俎西，設鉶四于豆西、俎豆南，則鉶簋同列矣。簋實，食也；鉶實，羹也，無左右之別也。公食大夫禮：飲酒實于觶，設于豆東，漿飲設于稻西，豆東則左，❶稻西則右，是左酒右漿，不俱在右，又無葱渫脯脩之品，此其所異也。鄉飲酒之禮，以飲爲主，故先酌酒以行獻酢；食禮以食爲主，故卒食設酒以酳之，不獻也，左右內外之設，皆便乎食，因以寓陰陽之義也。《左氏傳》「粢食不

❶「豆」，原誤作「稻」，依清麓本改。

鑿」，《玉藻》云「稷食菜羹」，皆飯也。醯醬，食之主也。公食大夫禮：賓將食，宰夫自東房授醯醬，公設之，卒食，賓取粱與醬，興以降，貴食之主也。膾炙，庶羞也。庶羞非正食，加饌而已。爲主者在内，加者在外，此所以分内外也。葱渫亦加品，與膾炙同物，故處末，末與外皆陽也；酒漿與羹同物，故處右，右陰也；若兩有酒漿，則左酒右漿，酒陽漿陰也。脯脩皆有朐。

客若降等，執食興辭，主人興辭於客，然後客坐。主人延客祭：祭食，祭所先進。殽之序，徧祭之。三飯，主人延客食胾，然後辯殽；主人未辯，客不虚口。

降等，謂大夫於卿、士於大夫也，但執食興辭，而不下堂。大夫於君，其辭也，必下堂，君辭而後升。公食大夫禮：「賓左擁簠粱，右執湆以降。公辭賓，坐奠于階西，對。坐取之，升。反奠于其所」是也。君子戒慎乎其所不睹，恐懼乎其所不聞，所以敬乎神明者，未嘗斯須忘也。神無方不在，則未嘗有所間也，故飲食必祭。所以祭者，莫適祭也，祭其神也。莫適祭，則吾之敬心，無時而不存也。延客祭者，客卑於主人，客不敢先，必延之而後祭也。孔子曰「吾食於少施氏而飽，吾祭，作而辭曰，疏食不足以祭」是也。主人所先進者，則先祭之；後進者，則後祭之，亦所以敬主人也。「殽」謂骨體，如特牲少牢，尸飯、舉幹、舉骼、舉肩，皆振祭，是謂「徧祭」也。既食胾，則徧食之，所謂「辯殽」也。徧食，如尸嚌之是也。先儒以此殽爲膾炙，膾炙，禮謂之庶羞，非殽也。所謂「徧祭」者，謂徧舉骨體而祭也。胾，加豆也。客既三飯，主人延客食加，所以盡其勤也。主人未辯，客不虚口，亦謂降等之客，必俟主人徧食殽胾，乃敢卒食而酳，蓋有所待也。

侍食於長者，主人親饋，則拜而食；主人不親饋，則不拜而食。

凡稱侍者，少賤之於長者，毋敢視賓客也。若執弟子職而侍之，侍飲、侍食、侍坐皆然，以賓主之義不全，故無執食興辭之節也。若長者加禮，略申賓主之敬而親饋之，則拜之而已，若不親饋，則主人之敬不足，亦不必拜也。

共食不飽，共飯不澤手。毋摶飯，毋放飯，毋流歠，毋咤食，毋齧骨，毋反魚肉，毋投與狗骨，毋固獲，毋揚飯，飯黍毋以箸，毋嚃羹，毋絮羹，毋刺齒，毋歠醢。客絮羹，主人辭不能亨；客歠醢，主人辭以窶。濡肉齒決，乾肉不齒決，毋嘬炙。

共食者，所食非一品也。共飯者，止飯而已。凡與人共者，必先人而後己，厚人而薄己，則不爭矣。共食而求飽，非讓道也。古之飯者以手，與人共飯，摩手而有澤，人將惡之而難言也。食言放，羹言流，皆貪肆飲食而無容也。孟子曰：「放飯流歠，而問無齒決。」決之失小，而流放之過大也。「毋咤食」，當食叱咤，惡無容也。「毋投與狗骨」，惡以人食而食畜也。❶「毋固獲」，惡必得也。「毋揚飯」，惡欲速也。「毋飯黍以箸」，惡用非其宜也。「毋刺齒」，取齒間之餘也。「毋絮羹」，絮，讀如「漂絮」之「絮」。玩之而不食，必調飪失其節，故「主人辭不能亨」也。醢之味厚，非可歠而歠之，則味薄可知，故「主人辭以窶」。

卒食，客自前跪，徹飯齊，以授相者。主人興辭於客，然後客坐。

「主人興辭於客，然後客坐」，此與「客降等執食興辭」之義同。敵者則不親徹也。凡此容止之節，疑若繁縟而難行。然大人成德，動容周旋中禮，則於斯也，不待學而自中。若夫學者，將學於禮，必先從事於節文之間，安於是而不憚煩，則其德爲庶幾矣，茲禮文之所以不可簡也。

侍飲於長者，酒進則起，拜受於尊所。長者辭，少者反席而飲，長者舉未釂，少者不敢飲。

侍飲之義，❷與侍食同。因燕閒而飲食，非賓主之正禮也。古之飲酒，貴賤長少，無不及也。鄉飲酒之禮，堂下之賓，樂工及笙，無不與獻。特牲饋食禮，賓兄弟弟子，公有司私臣，無不私獻。❸其獻也，皆主人親酌授之，此侍飲者，亦長者親酌授之，故所以有拜受于尊所之節也。惟燕禮以宰夫爲獻主，故君不親酌也。「長者舉未釂，少者不敢飲」，猶《燕禮》「受賜爵

❶「畜」，四庫本作「獸」。
❷「義」，四庫本作「禮」。
❸「私」，四庫本作「與」。

者，以爵就席坐，公卒爵，然後飲」也。然《士相見禮》及《玉藻》，與《燕禮》異者；恐「侍飲於長者」，偶與《燕禮》同，而與侍飲於君異也。

長者賜，少者賤者不敢辭。

辭遜之節，行於賓主之際而已。體不敵，則毋敢視賓客。所謂「不敢辭」者，義所可受，不敢以辭之也。有一辭，有再辭，有三辭，各稱其事也。孟子曰：「尊者賜之，曰『其所取之者，義乎，不義乎』，以是爲不恭，故弗却。」若夫義不當受，雖尊者之賜亦辭，如子思辭魯繆公之鼎肉，孟子辭齊之兼金百鎰是也。

賜果於君前，其有核者懷其核。御食於君，君賜餘，器之溉者不寫，其餘皆寫。

二者皆廣敬也。果核當棄，重君賜，故懷之而不棄也。御食，侍食也，如《内則》「父没母存，冢子御食」是也。

餕餘不祭，父不祭子，夫不祭妻。

餕者，食餘之名。尸謖，君與卿四人餕；君起，大夫六人餕，食祭之餘也。父母在，朝夕常食，子婦佐餕，食人之餘也。皮弁以旦視朝，❶遂以食，日中而餕，莫食朝之餘也。祭食者，祭其所未嘗食者，以示敬也。餕者，食之餘，祭之則不敬，故不祭也。雖然，所以不祭者，唯父之於子，夫之於妻而已。若尊者，則餕餘亦祭也，如《特牲饋食》「餕者，祭舉祭鉶」是也。子與妻有餕，致於父與夫者，蓋祭祀之餘也。祭祀有子與妻尸之，而已不與者，故有餕以致之也。齊陳乞曰：「常之母，有魚菽之祭，願諸大夫之餕我也。」此妻之祭而夫食其餕也。晉驪姬謂太子申生曰：「君夢齊姜，必速祭之。」太子祭于曲沃，歸胙于公。此子之祭而父食其餕也。

御同於長者，雖貳不辭，偶坐不辭。

「御同於長者」，侍於長者也。「偶坐」者，因彼有賓也。辭遜，行之美者也。辭其所當辭，然後成其美也。如不有其義，不當其物，則其美者，適所以爲病歟！

羹之有菜者用梜，其無菜者不用梜。

事之細者，猶各求其所宜，則先王之謹於禮可

❶「旦」，原作「日」，依四庫本改。

知矣。

爲天子削瓜者副之，巾以絺；爲國君者華之，巾以綌；爲大夫累之，士疐之，庶人齕之。

削瓜有等，亦以辨上下也。自大夫以上皆削，故曰「爲天子」、「爲國君」、「爲大夫」；自士以下不削，故曰「士疐之，庶人齕之」。「累之」，如「裸裎」之「裸」也。

父母有疾，冠者不櫛，行不翔，言不惰，琴瑟不御，食肉不至變味，飲酒不至變貌，笑不至矧，怒不至詈。疾止復故。

孝子之事親也，病則致其憂，憂在乎心，故言動不得如其故也。「冠者不櫛」，不暇禮也。志不惰者，其回也歟！此言「言不惰」者，蓋不在乎此，而及於他，言之惰也。惰，懈也，懈則忘之矣。父母有疾，心未嘗忘乎疾，故雖言也，不在乎他。顔子學於仲尼，聽其言也，唯恐失之，亦不在乎他，此所以皆「言不惰」也。矧，見齒也。詈，惡聲也。笑怒之變，至於此，亦忘乎其親者也。

有憂者側席而坐，有喪者專席而坐。

側席，坐不安也。專席，不與人共坐也。有憂者行不能正履，則坐不能安席可知矣。有喪者致於哀慕，心不二事，則不與人共處可知矣。居倚廬，非喪事不言，既練居堊室，不與人居，皆「專席」之義也。先儒以「側」爲「特」，以「專」爲「單」，既無所據，而以「側」爲「特」，如《禮》所謂「側降」、「側受」之類，所訓雖可，然與「專席」無別，則不可以「特」訓「側」也。

水潦降，不獻魚鼈，獻鳥者佛其首，畜鳥者則勿佛也。獻車馬者執策綏，獻甲者執胄，獻杖者執末，獻民虜者操右袂，獻粟者執右契，獻米者操量鼓，獻孰食者操醬齊，獻田宅者操書致。

獻遺授受之節文，其別有獻、有遺、有進、有效、有執、有授、有問。獻車馬、獻甲、獻粟、獻米、獻食、獻田宅，此六者不可手執，則執一物以表其獻。《少儀》云：「車則説綏，執以將命，甲若有以前之，❶則袒櫜奉胄。」粟者，穀之緫名，黍稷稻粱之屬，未爲米者也。古

❶「有」，原誤作「無」，依《十三經注疏》本《禮記》改。

者以契爲信，居者執左契，出者執右契，蓋予人粟者，執左契以待之。左契者，無所事以待有所事，此老氏所謂「聖人執左契」是也。取人粟者，執右契以合之，此獻粟者所以執右契以表之也。醬齊者，主人親設，客親徹，食之主也。孰食之與醬齊，各有所宜，所謂不得其醬不食。民虜，❶二者可執而獻之，故不以物表之也。杖之末居地，有坌汙，故自執之，且便於受獻者之執也。

凡遺人弓者，張弓尚筋，弛弓尚角，右手執簫，左手承弣，尊卑垂帨。若主人拜，則客還辟辟拜，主人自受，由客之左，接下承弣，鄉與客並，然後受。

凡以物相饋，下之於上曰獻，上之於下曰賜，敵者曰遺，遺人弓而不曰獻，蓋敵者也。張則弓之體來，筋外而角内，故「尚筋」；弛則弓之體往，角外而筋内，故「尚角」；或張或弛者，弓體定則張之，未定則弛之也。「右手執簫，左手承弣」者，受者便於執也，《少儀》云「弓則以左手屈韣執弣」。授受之儀，尊卑皆稍磬折，故皆垂帨也。「由客之左」，吉事尚右，以尊賓也。「接下承弣」，敬受之也。「鄉與客並，然後受」者，敵相遺，皆南鄉。

進劍者左首，進戈者前其鐏，後其刃，進矛戟者前其鐓，進几杖者拂之。效馬效羊者右牽之，效犬者左牽之，執禽者左首。飾羔鴈者以繢，受珠玉者以掬，受弓劍者以袂，飲玉爵者弗揮。凡以弓劍、苞苴、簞笥問人者，操以受命，如使之容。

進者，以物共尊者之用，非獻也。效者，致之尊者之前，使之見，非進也。劍也，戈也，矛戟也，三者皆兵也。進兵者後其刃，敬也，《少儀》曰「凡有刺刃者，以授人則辟刃」是也。拂之者，去塵以進之，敬也，《少牢饋食》「主人左手縮之，以右袂推拂几三，❷二手横執几，❸進授尸於筵前」，此進几之儀。羊馬，豢畜之獸，

❶「民」上，四庫本有「杖與」兩字。

❷「推」，原誤作「進」，依《十三經注疏》本《儀禮》改。

❸「二」，原誤作「右」，依四庫本及《十三經注疏》本《儀禮》改。

馴而易制，故「右牽之」，便也。《少儀》「牛則執紖，馬則執靮，皆右之」。犬雖豢畜，然吠非其主，或有噬人之患，故左牽而以右手制之，如臣虜之比也，《少儀》云「犬則執緤」。「執禽者左首」，❶謂摯也。禽摯，若卿執羔、大夫執鴈、士執雉、庶人執鶩、工商執雞是也。《士相見禮》云：「摯，冬用雉，夏用腒，左頭奉之。」飾羔鴈以繢者，以繢飾其布也。弓劒藉之以袂，文也，弓劒比於珠玉，不慮其失墜，故得盡其文也。玉器宜謹，故「弗揮」。《聘禮》曰：「小聘曰問。」問者，久不相見，使人問安否，以講好也，義如諸侯之相聘，禮則殺之也。《詩》云「知子之順之，❷雜佩以問之」，如弓劒、苞苴、簞笥，皆可以問人者也。弓劒，玩好也。苞苴，魚肉果實也。《書》曰「厥包橘柚」，《易》曰「包有魚」，《詩》曰「野有死麕，白茅包之」是也。簞，《論語》「一簞食」是也。笥以盛衣裳，《書》曰「惟衣裳在笥」是也。所以使問者操是物以受命於尊者，如使臣受命於君之容，所以敬命也。

凡爲君使者，已受命，君言不宿於家，君言至，則主人出拜君言之辱；使者歸，則必拜送于門外。若使人於君所，則必朝服而命之；使者反，則必下堂而受命。

人臣之義，莫大乎敬君，敬君莫大乎敬命，受君命不宿於家，不敢留也。君言至，則出拜；使者反，下堂而受命，不敢不聽也。二者皆敬之至也。

博聞强識而讓，敦善行而不怠，謂之君子。君子不盡人之歡，不竭人之忠，以全交也。

歡，謂好於我也；忠，謂盡心於我也。好於我者，望之不深，則不至於倦而難繼也，「酬酒不舉三爵，油油而退」是也。盡力於我者，❸不要其必致，則不至於不能勉而難繼也，《詩》云「每有良朋，烝也無戎」是也。

《禮》曰：「君子抱孫不抱子。」此言孫可以爲王父尸，子不可以爲父尸。爲君尸者，大夫士見之，則下之；君知所以爲尸者，則自下之。尸必式，乘必以几。齊者不樂不弔。

---

❶「首」，原誤作「手」，依正文及四庫本改。

❷「知」，原誤作「之」，依《十三經注疏》本《毛詩》改。

❸「力」，四庫本作「心」。

求神必以其類，升其堂也，入其室也，其形不可見也，其聲不可聞也。亨孰羶薌而薦之，莫知其來享也，此孝子之心所以必立尸也。主人之事尸，以子事父也，然獻酢拜跪，禮無不答，猶賓之也。父母而賓客之，自殯于西階始，此事人事鬼之所以異也。尸必筮之，求於神而不敢專也。《特牲禮》：「前期三日筮尸」，《少牢禮》：「前宿一日筮尸」也。几者，尊者之所馮，以養安也，故尸之乘車用之。古之有敬事者必齊，齊者，專致其精明之德，恍惚以與神明交者也。樂則散，哀則動，皆有害於齊也，故「不樂不弔」，全其所以齊之志也。

居喪之禮，毀瘠不形，視聽不衰，升降不由阼階，出入不當門隧。居喪之禮，頭有創則沐，身有瘍則浴，有疾則飲酒食肉，疾止復初。不勝喪，乃比於不慈不孝。五十不致毀，六十不毀，七十唯衰麻在身，飲酒食肉，處於內。

《記》曰：「毀不危身，爲無後也。」又曰：「言而後事行者，杖而起；身自執事者，面垢而已。」君子執親之喪，其哀慕之至，如不欲生，齊疏之服，饘粥之食，居倚廬，寢苫枕塊，所以致毀者，僅至於不死而已。然先王制禮，毀不滅性，教民無以死傷生，毀瘠形，視聽衰，幾於滅性矣，非特然也。送死之大事，且將廢而莫之行，則罪莫大焉，此君子所以不敢過也。君子之居喪，三年無改於父之道，若父存焉爾；升降不由阼階，出入不當門隧，執人子之禮而未忍廢也。士喪禮：既啟柩遷于祖，主人從，升自西階；既葬，反哭入，升自西階。此「不由阼階」之節也。雖天子諸侯，在喪稱子，亦此義也。居喪之禮，非虞祔練祥無沐浴，然頭有創、身有瘍必爲之沐浴者，有疾不可以致毀也。父母之喪，既殯食粥，朝一溢米，暮一溢米。齊衰之喪，疏食水飲，不食菜果。大功之喪，不飲醯醬；小功緦麻，不飲醴酒，然「有疾則飲酒食肉」者，毀不可滅性也。二者皆以權制者也。身者，親之枝也。體親之愛，則不可以過毀。不勝喪而死，雖志在慕親，而至於滅性而絕後，徇輕而忘重，謂之「不孝」可也。汎言居喪，而不獨父母，此所以兼言「不慈」也。老者居喪，與有疾者同，蓋亦以權制者也。蓋養老之政，自五十始，血氣既衰，養道所以不可闕，居喪有不能任，故爲之節也。致毁之食，饘粥也；不毁之食，疏食水飲也。衣服居處，哭泣之節稱之，不致毁則食食而不食粥矣，不毁則食不疏而有醯醬矣。七十之制，所變者衰麻之服，餘無變也。

生與來日，死與往日。

如三日成服杖，生者之事也，其三日也，自死之明日數之，故曰「生與來日」。如三日而殯，死者之事也，其三日也，自死之日數之，故曰「死與往日」。《喪大記》云「大夫之喪，三日之朝，既殯，主人主婦室老皆杖」，則生死皆以死之明日數之，與士異矣。士位卑禄寡，不若大夫死事畢而後治生事，故成服杖，後於殯一日，然以來日往日數之，皆可以名三日也。

弔喪弗能賻，不問其所費；問疾弗能遺，不問其所欲；見人弗能館，不問其所舍。賜人者不曰「來取」，與人者不問其所欲。

君子於其言，無所苟而已。所問不由於誠，不如勿問之矣。賜人者使之來取，人之所難取也；與人者問所欲，人之所難言也；賜之而難取，問之而難言，非所以惠人之道也。

適墓不登壟，助葬必執紼，臨喪不笑，揖人必違其位，望柩不歌，入臨不翔，當食不歎。鄰有喪，舂不相，里有殯，不巷歌。適墓不歌，哭日不歌。送喪不由徑，送葬不辟塗潦。臨喪則必有哀色，執紼不笑，臨樂不歎，介冑則有不可犯之色，故君子戒慎，不失色於人。

壟，非所登也。助葬執紼，必有事也，弔於葬者，必執引，若從柩及壙，皆執紼，諸侯之禮曰「寡君有宗廟之事，使一介老某相執紼」，則助葬者雖諸侯亦執紼也。臨喪，非笑所也；「望柩不歌」，如「臨喪不笑」也。無服之喪，至誠惻怛，當與天下同之，況鄰里乎！相者，舂人歌以助舂也。「適墓不歌」，如「望柩不歌」也。「送喪不由徑」，不欲速也；「不辟塗潦」，不擇地也；哀在乎此，則忘乎彼也。「執紼不笑」，猶「臨喪不笑」也。「當食不歎」，猶「臨樂不歎」也。臨喪則必有哀色，介冑則有不可犯之色，色必稱其服，情必稱其色，内外相顧，所謂「不失色於人」也。

國君撫式，大夫下之；大夫撫式，士下之。

下之敬，重於式，所敬皆降一等也。

禮不下庶人，刑不上大夫。刑人不在君側。

庶人，愚且賤者也，不可以待君子之事責之；大夫，賢且貴者也，不可以待小人之法辱之。故古之制禮，皆自士始，庶人則略而已。大夫有罪，非不刑也，八議所不赦，則刑于隱者。《周官·掌囚》所謂「凡有爵者，與王之同族，奉而適甸師氏，以待刑殺」是也。古之刑者皆遠之，墨者使守門，劓者使守關，❶刖者使守囿，髡者使守積。刑人而在君側，輕身之道也。

兵車不式，武車綏旌，德車結旌。

綏，上車繩也。御者升車，正立執綏，則垂曳於下也。綏旌者，其旒垂曳如車之綏也；結旌者，斂旒於杠。發揚者，武之事也，故旌之垂曳象之；斂藏者，德之事也，故旌之收結象之。

史載筆，士載言。前有水，則載青旌；前有塵埃，則載鳴鳶；前有車騎，則載飛鴻；前有士師，則載虎皮；前有摯獸，則載貔貅。

史，國史，掌爲辭命者也。士，史之有司也。國史撰述，故載筆以書其辭命也；有司藏書，故載言以備其討論也：二者，皆以職從君者也。師行號令，非可以言傳也，使衆易聞者，莫如金鼓，使衆易見，莫如旗物，❷師行之前，必遠爲斥堠，以備不虞。故爲物色旌旗之上，舉而示衆，使爲之戒。自「青旌」而下，皆以物色之類表其事也。木色青，水之所生也，故有水則以青旌象之。

行：前朱鳥而後玄武，左青龍而右白虎，招摇在上，急繕其怒。進退有度，左右有局，各司其局。

青龍在左，左，東方也，壽星大火析木之分主之；白虎在右，右，西方也，降婁大梁實沈之分主之；朱鳥在前，前，南方也，鶉首鶉火鶉尾之分主之；玄武在後，後，北方也，星紀玄枵娵訾之分主之。以是四物，畫之於旗，立於軍之左右前後，以象天體之周旋也。《周官》「司常掌九旗之物名」；❸所謂「交龍爲旂」者，

❶「劓者使守」四字，原缺，依四庫本補。
❷「旗物」，四庫本作「旌旗」。
❸「常」，原誤作「旗」，依四庫本及《十三經注疏》本《周禮》改。

象青龍也；「熊虎爲旗」，象白虎也；「鳥隼爲旟」，象朱雀也；「龜蛇爲旐」，象玄武也。四方之旗，九旗之遺象也，置招搖於旌首，以象斗之回旋，旗之所指，則伐之，如天之怒也。急，迫之也；繕，脩也。言作而致其怒也。各司其局，離局姦也。

父之讎，弗與共戴天；兄弟之讎，不反兵；交遊之讎，不同國。

殺人者死，古今之達刑也。❶殺之而義，則殺之者無罪，故令勿讎，讎之則死，調人之職是也；殺之而不義，則殺之者當死，宜告于有司而殺之，士師之職是也：二者皆無事乎復讎也。然復讎之文，雜見於經傳之間，考其所以得復者，必其讎人之勢甚盛，緩之則不能執，故遇之則殺之，不暇告於有司也。亦有法之所已赦，或罪不麗於法，有司莫得而辟者，仁人孝子不得已而行，王法亦不得不從而許也。然調人猶和之而使辟，弗辟然後執之，不失法之信，且申仁人孝子之義，父之讎報之之意，誓不與讎俱生，此所以弗共戴天也。寢苦不仕，以喪禮處也。手不舍兵，雖寢不忘，故枕戈也；雖市朝不辟，故不反兵而鬭也。居兄弟之讎，則殺於父矣；仕而不共國，則猶可以仕也。銜君命而使，雖遇之弗鬭，猶有所辟也。所與居父讎同者，不反兵而已；居從父兄弟之讎，則又殺於兄弟矣；不爲魁，主人能，則執兵而陪其後。主人者，其子也，從主人而殺之，不爲戎首也。復讎輕重之義，不越是三等而已，此皆天屬之讎。若以義推，則君之讎眂父，師長之讎眂兄弟，主友之讎眂從父兄弟也。主者，大夫之臣稱其君也；友者，吾同志也。此篇所稱「交遊之讎」，蓋友也；言交遊而不言從父兄弟，亦互文也。

四郊多壘，此卿大夫之辱也。地廣大，荒而不治，此亦士之辱也。

立乎人之本朝者，卿大夫也，大夫則謀人之國矣。有常職以食於上者，士也，士則任人之事矣。謀人之國，國危則任其責；仕人之事，事不治則任其責。

臨祭不惰。祭服敝則焚之，祭器敝則埋之，龜筴敝則埋之，牲死則埋之。凡祭於公者，必自徹其俎。

❶「達」，四庫本作「通」。

祭服者，服以事鬼神，人之所御也；牲器龜筴，鬼神之物，非人之所用也。人之所御，則焚之，焚之陽也；鬼神之所用，則埋之，埋之則陰也。君祭，而臣與執事毋敢視賓客，故自徹其俎以出。

卒哭乃諱。禮不諱嫌名，二名不偏諱。逮事父母，則諱王父母；不逮事父母，則不諱王父母。

父之所諱，子亦諱之。《雜記》曰「王父母、兄弟、世父、叔父、姑姊妹與父同諱」是也。

君所無私諱，大夫之所有公諱。詩書不諱，臨文不諱。廟中不諱。夫人之諱，雖質君之前，臣不諱也。婦諱不出門。大功、小功不諱。入竟而問禁，入國而問俗，入門而問諱。

「君所無私諱」、「廟中不諱」，謂君前臣名，父前子名也。「大夫之所有公諱」、「廟中」，下則諱上，其義同也。《玉藻》云：「於大夫所，有公諱，無私諱。」此所謂私諱，大夫之私諱也，不辟之，嫌於君。「君所無私諱」者，謂己之私諱也，有所尊也，不得伸私恩也。教學必以詩書，有所諱，則學者終將惑也。文字所以示於衆，有所諱，則失事之實，必有害也。「夫人之諱」與「婦諱不出門」同。「大功小功不諱」者，恩輕也。禁，若孟子言「問國之大禁，然後敢入」是也。問俗謂其國之禮俗，有與他國不同者也。問諱，賓爲主人諱也，私諱不出門，門之内雖賓亦得諱之，所以敬主人也。

外事以剛日，内事以柔日。凡卜筮日，旬之外曰「遠某日」，旬之内曰「近某日」，喪事先遠日，吉事先近日。

卜筮者，先王所以求之鬼神之道也。先儒云：「天子之用卜筮，大事先筮而後卜」，筮人之説是也，次事唯卜不筮，《表記》「天子無筮」，謂征伐出師，若巡狩，是天子出行，皆用卜無筮是也；小事無卜唯筮，筮人九筮是也。其説然矣。唯「天子無筮」指爲次事，而無所據，恐此非周人之禮也。凡事有二則疑，人謀不能決，必求之鬼神，此所以問卜筮也。然有疑而莫適從者，如立君，或曰某可立，或曰某不可立，其位均也，其親均也，其賢均也；戰者，或曰可戰，或曰不可戰，其義均也，其利均也。如此，則一聽於神，以定其吉凶也。有疑而不敢專者，如建都邑，地利便矣，人居便矣，擇而居之可矣；如時日者，祭必用是時，葬必用是月，諏而用之可矣。然即其中以求之神，蓋有所尊也。

曰：「爲日，假爾泰龜有常，假爾泰筮有常。」卜筮不過三，卜筮不相襲。龜爲卜，筴爲筮，卜筮者，先聖王之所以使民信時日、敬鬼神，畏法令也，所以使民決嫌疑，定猶與也。故曰：「疑而筮之，則弗非也；日而行事，則必踐之。」

命龜者，《周官》大卜主之。命筮，人君未聞，必筮人主之。大夫則筮史命之，少牢禮是也。大夫之於卜，三命之，涖卜以主人所卜命卜史，如《士喪禮》：「宗人受卜人龜，示高，涖卜受視，反之，宗人還，少退受命，命曰：哀子某，來日某卜葬其父某甫，考降，無有近悔，許諾，不述命。還即席，西面坐，命龜，興，授卜人龜。」蓋士禮略，故不述命。若大夫，則涖卜以主人之命命宗人，宗人述涖卜之命，即席坐，又命龜曰：「假爾泰龜有常。」是所謂三命之。士卜不述命，則二命之士也。❶大夫於筮，則二命之，《少牢饋食禮》「史受命于主人，主人曰：孝孫某，來日丁亥，用薦歲事云云。史曰諾，西面遂述命曰：假爾泰筮有常，孝孫某來日丁亥云云」是也。士筮則一命之，《特牲禮》云「宰自主人之左贊命，筮者許諾，即席坐筮」是也。言「泰龜」、「泰筮」，尊而大之也。「有常」，言吉凶不僭也。「卜筮不過三」者，當謂卜筮日與地之類，如喪祭舉三旬之日，或先遠，或先近，卜之筮之。如建都邑，《洛誥》曰：「我卜河朔黎水，我乃卜澗水東、瀍水西，惟洛食。我又卜瀍水東，亦惟洛食」是也。如卜筮事，則有從有逆，不可再三，《易》曰「初筮告，再三瀆」是也。「卜筮不相襲」者，凡常事，卜不吉則不筮，筮不吉則不卜也。若大事，則先筮而後卜，《洪範》：「汝則有大疑，謀及乃心，謀及卿士，謀及庶民，謀及卜筮。」故有「龜從、筮從」，或「龜從、筮逆」，是龜筮並用也。晉卜納襄王，得黃帝戰于阪泉之兆，又筮之，則遇《大有》之《睽》，亦龜筮並用也。故知不相襲者，非大事也。「龜爲卜，筴爲筮」，《周官》龜人掌取龜攻龜，入于龜室，釁之以待用。凡卜，龜人奉龜以往，大卜涖卜眂高命龜，

❶「士」，四庫本作「是」。

筮氏以明火爇燋，遂歙其焌契，以授卜師；卜師揚火作龜，致其墨，以示卜人；卜人占之，其占視其兆，太卜掌三兆之法，其經兆之體，皆百有二十，其頌皆千有二百。此「龜爲卜」也。筴，蓍也。古者以蓍爲筴而揲卦，其用四十有九，分而爲二，掛一而揲之以四，歸奇於扐，是爲一變；再扐掛，又爲一變；三變成爻，以四揲之數七八九六，以辨陰陽老少，十有八變而成卦。凡筮，筮人布席，左執筴，右抽上韇兼執之，受命于主人，主人授之，筮人許諾，擊筮，述命，立筮；卦者坐卦以木，卒筮，書卦于木，示主人，乃退占。❶士所以異者，不述命坐筮而已。其占視其卦，太卜掌三易之法，其經卦皆八，其別皆六十有四。此「筴爲筮」也。「信時日」者，祭祀喪葬之日，既卜筮而用之，不敢改也。「敬鬼神」者，人謀非不定，而猶求於鬼神，知有所尊而不敢必也。「畏法令」者，人君法令有疑者，決之卜筮，則人君且不敢專，況下民也乎？「嫌疑」者，物有二而相似也。「猶與」者，事有二而不決也。如建都邑，某地可都，某地亦可都，此「嫌疑」也，故卜筮以決之。如卜戰，或曰可戰，或曰不可戰，此「猶與」也，故卜筮以定之。此先聖王所以神道設教也。問焉而以言，其受命也如響，惟精誠可以致之，既曰卜筮矣，則惟卜筮之爲聽，不可二也。有疑而筮，既筮而不信，諏日而卜，既卜而弗踐，是爲不誠。不誠之人，不能得之人，況可得之鬼神乎？踐，踐履而用是日，恐不必改爲善。

君車將駕，則僕執策立於馬前；已駕，僕展軨效駕。奮衣由右上，取貳綏跪乘。執策分轡驅之，五步而立。君出就車，則僕并轡授綏，左右攘辟。車驅而騶，至于大門，君撫僕之手，而顧命車右就車。門閭、溝渠必步。

此章言僕御君車之法也。僕御君車，其節有五：將駕，執策立於馬前一也；已駕，展軨效駕二也；先上車，執策分轡驅之五步三也；君出就車，并轡授綏四也；車至大門，君撫僕手，顧命車右就車五也。策者所以驅馬，僕之所從事也。君車將駕，僕執策立於馬前，臨而視之，則駕者無敢不謹也。轄，車之所賴以行也。既展軨，乃敢白君，故曰「效駕」。僕在右，君位在左，升由右便也。「門閭、溝渠必步」，防有竊發之變，

❶「乃退」，原作「及」，依四庫本改。

傾覆之虞也。

客車不入大門，婦人不立乘，犬馬不上於堂。

「客車不入大門」，敬主人也。「婦人不立乘」，從安也。「犬馬不上於堂」，賤畜也。三者或敬或安，或有所賤，各從其宜也。

故君子式黃髮，下卿位；入國不馳，入里必式。

車之所過，則門外之朝位也，卿立於位以俟君，君過之則下，非虛位也。人君而敬臣之虛位，爲已過矣。「入國不馳」，馳則人不得而辟也。「入里必式」，先人之居在焉也。

祥車曠左。乘君之乘車，不敢曠左，左必式。

王者五輅，君乘其一，餘四輅皆臣下乘之，故有乘車也。

國君下齊牛，式宗廟；大夫士下公門，式路馬。乘路馬，必朝服，載鞭策，不敢授綏，左必式。步路馬，必中道。以足蹙路馬芻，有誅；齒路馬，有誅。

「國君下齊牛，式宗廟」，齊牛，以卜之牲，所用於宗廟，見則下之，過宗廟之門則式之，以牲於神近，而門於神遠，故敬門殺於牲也。路馬，非齊牛之比，故敬馬殺於門也。云「國君下齊牛，式宗廟」，❶以對「大夫士下公門，式路馬」，事各有所當。「步路馬，必中道」，步，習也。中道，君所行也。誅，責也。孔子曰「於予與何誅」，《傳》曰「反，誅屨於徒人費」，皆責也。

曲禮下第二

凡奉者當心，提者當帶。

奉者，承之以二手也；提者，挈之以一手也。

凡執主器，執輕如不克。執主器，操幣、圭、璧，則尚左手，行不舉足，車輪曳踵。立則磬折垂佩。主佩倚則臣佩垂，主佩垂則臣佩委。

❶「下齊牛式宗廟」，原誤作「下宗廟式齊牛」，依正文及四庫本改。

「尚左手」者，人手利於用右，不利於用左，以利用者在下，防失墜也。「不舉足」，如車輪之曳地，則行步之慎也。「立則磬折垂佩。主佩倚則臣佩垂，主佩垂則臣佩委」，謂君臣授受之節也，如前所謂尊卑垂帨也。凡授受者，尊卑皆磬折，故垂佩也；然臣當加恭於君，故有佩倚、佩垂、佩委之差也。必俟主佩垂，❶然後臣佩委，猶授立不跪，授坐不立，亦各從其所宜也。

執玉，其有藉者則裼，無藉者則襲。

《聘禮》：「上介不襲，執圭屈繅授賓，❷賓襲執圭。公襲受圭，授宰玉，裼降立。賓裼奉束帛加璧享。」當上介授賓，固以「屈繅」矣，而云「上介不襲」。及賓以「束帛加璧享」，則無繅藉矣，乃云「賓裼」。則以垂藻、屈藻爲「有藉」、「無藉」，固不可行矣。竊意玉雖以藻爲藉，此云「有藉」、「無藉」者，必以所加爲言，如束帛之類，謂之藉也。始致君命，圭璋特達，是無藉也，故賓與公皆襲；既享束帛加璧，是有藉也，故賓裼。如此，則義理可推。

國君不名卿老、世婦，大夫不名世臣、姪、娣，士不名家相、長妾。

君之使臣，臣之事君，尊卑之勢雖殊，其所以相敬之道一也，故曰「君使臣以禮，臣事君以忠」。古者幼名，男子冠而字，女子笄而字，所以別長幼也。君之於臣妾，雖冠笄亦名，惟臣妾之長者不名，所以別貴賤也。卿老、世臣、❸家相，皆其貴臣也，世婦、姪娣、長妾，皆其貴妾也，均臣妾也，特異其貴者，蓋以禮敬之，不敢慢也。諸侯之臣，上大夫卿、下大夫、上士、中士、下士凡五等，「卿老」者，即上大夫卿也。自天子至於士，其臣之貴者，皆稱「老」，《記》曰：「五官之長曰伯，其擯於天子也，曰天子之吏；❹自稱於諸侯，曰天子之老；列國之大夫使於諸侯，自稱曰寡君之老。」又諸侯使卿弔于他國，辭曰「一介老某相執綍」。此天子諸

❶「垂」，原誤作「倚」，依清麓本改。

❷「執圭」，原脱；「繅」，原作「藻」，依四庫本及《十三經注疏》本《儀禮》補改。

❸「世臣」，原缺，依四庫本補。

❹「五官之長曰伯其擯於天子也曰」十三字，原缺，依清麓本補。

侯之臣稱老者也。魯臧氏老，將如晉問，此大夫之臣稱老者也。《士昏禮》「納采，主人降，授老鴈」，此士之臣稱老者也。孟莊子不改父之臣與父之政，則大夫有世臣也。謂吾姑者，謂之姪。姪者，妻之昆弟之子也；娣，其妹也，皆大夫之貴妾也。

君大夫之子，不敢自稱曰「余小子」，大夫士之子，不敢自稱曰「嗣子某」，不敢與世子同名。

「君大夫」之稱，未之聞也。先儒云「天子大夫，有土地者」，其説雖不經見，然考之此章立文之意，義當然也。蓋言「君大夫之子，不敢自稱曰『余小子』」，辟嗣天子之稱也，辟嗣天子者，必天子大夫也。又言「大夫士之子，不敢自稱曰『嗣子某』」，辟嗣諸侯之稱也，辟嗣諸侯，必諸侯之士大夫也。謂之「大夫」者，食采於畿内，爵則諸侯，位則大夫也。謂之「君大夫之子」者，嗣爲天子之大夫也。「大夫士之子」者，嗣爲諸侯之大夫士也。《記》云「天子未除喪，曰予小子」，考之《詩》《書》，《閔予小子》，嗣王朝於廟之詩也；「以予小子揚文武烈」，《洛誥》之文，在成王營成周之時也；「今予小子祇勤于德」，《周官》之文，在成王滅淮夷之後也：皆非未除喪之稱。然後章所云，❶恐非自稱之文，當止曰「小子」可也。

君使士射，不能，則辭以疾，言曰：「某有負薪之憂。」

男子生，桑弧蓬矢，以射天地四方。言射者，男子之所有事也，不能射，則幾於非男子也，故不能射者，男子恥之。士雖不能射，可以疾辭，而不可以不能辭也。孟仲子曰：❷「有采薪之憂，不能造朝。」采薪，猶負薪也。

侍於君子，不顧望而對，非禮也。

不顧望而對，則如怵人之先己，若有所争然。

君子行禮，不求變俗。祭祀之禮，居喪之服，哭泣之位，皆如其國之故，謹脩其法而審行之。

孔子去魯曰：「遲遲吾行也，去父母國之道也。」

---

❶「後」，四庫本作「此」。

❷「仲」，原誤作「敬」，今據四庫本改。

子路去魯，謂顔淵曰：「何以贈我？」曰：「去國，則哭于墓而後行。」古之君子，重去父母之國如此，則其去也，豈得已哉？ 道合則從，不可則去，君臣之義也。故以道去其君者，君所以待之者，三有禮焉。 故臣爲舊君反服，而君未之絶也。 樂，樂其所自生，禮不忘其本，吾於父母之國，夫豈不懷？ 況以道去君，君待之有禮，則舍故從新，仁人君子有所不忍，此行禮所以不求變俗也。 俗者，吾父母之國俗也，雖去而之他國，至於祭祀之禮，居喪之服，哭泣之位，皆如其舊。 謹脩審行而不輕改者，不忍忘吾父母之國。

去國三世，爵禄有列於朝，出入有詔於國。若兄弟宗族猶存，則反告於宗後。 去國三世，爵禄無列於朝，出入無詔於國。 唯興之日，從新國之法。

以道去君，君未之絶，雖三世之久，爵禄猶有列於朝者，謂君爲之立後，以承先祀而食其田禄。 出入猶有詔於國者，如去魯之齊，又之晉，復歸於魯，❶君既未之絶，則出入他國，猶反告於舊君也。 如是者，若其兄弟宗族猶存，則必有宗子，冠取妻必告，死必赴，不忘親也。 如去國三世，收其田里，掃其宗廟，舊君與己，出入不相聞也，則去吾父母之國，其日遠，在吾君臣之際，其恩絶，可以變舊國之俗，從新國之法矣。 然猶俟起爲卿大夫，然後從新者，厚之至也。

君子已孤不更名，已孤暴貴，不爲父作謚。

「已孤不更名」，有所不忍也。 「已孤暴貴，不爲父作謚」，有所不敢也。 不忍，愛也；不敢，敬也：愛敬盡於事親而已。 古者子生三月，妻以子見，而父名之，斯名也，父之所命也。 親存而有所稟命，猶可更也，已孤更之，輕廢父命，孝子之所不忍也。 父爲士，子爲天子諸侯，則祭以天子諸侯，其尸服以士服，是可以己之禄養其親，不敢以己之爵加其親也。 父之爵法不當謚，❷而己之爵當謚，以己當謚而作其父謚，是以己爵加其父，欲尊其親而反卑之，非所以敬親也。 然則周之追王大王、王季何也？ 當周之興，王迹基於大王、王季、文王，世世脩德，至武王而有天下，武王、周公追述其功，義起斯禮，非後世追王之比也。

❶「魯」，原誤作「齊」，依四庫本改。

❷「法」，四庫本作「卑」。

居喪，未葬讀喪禮，既葬讀祭禮，喪復常，讀樂章。居喪不言樂，祭祀不言凶，公庭不言婦女。

學必於其時，言必於其所。居喪者，自大功以上廢業，則哀不志於學矣。然送死之大事，莫詳於喪禮，必誠必信，勿之有悔，則未葬不可不知也。事死之經，莫詳於祭禮，所以追養致孝，則既葬不可不知也。讀是書也，非肄業也，當是時不知是事，不以禮事其親也。「喪復常」者，既禫踰月，即吉也，居喪不言樂，至此始可以讀樂章也。古者吉凶之事不相干也，哀樂之情不可以貳也，貳則不誠，不足以奉大事。故喪，凶事也，不言樂；祭，吉事也，不言凶。如臨喪不笑，臨樂不歎之比，皆非其所也。肅敬者，公庭之事也；燕褻者，私庭之事也。婦人私褻之事，不可以言於公庭。

龜筴、几杖、席蓋、重素、袗絺綌，不入公門；苞屨、扱衽、厭冠，不入公門；書方、衰、凶器，不以告，不入公門。

几，所以凴；杖，所以扶；席，所以坐；蓋，所以禦日與雨；袗絺綌，所以袪袢暑，皆燕安之具。入公門而用之，近不恭也。孔子表而出之，表，謂加上服以蔽之，單則褻也。孔子雖不入公門，亦表而出入，❶則與衆加恭也。吉冠有纚有梁，而喪冠無之，故厭然也。君子不奪人之喪，雖入公門無所辟也。臣子之義，嫌於不祥，故舉其重而辟之。士所以入公門，説齊衰也。言脱齊衰，則大功以下不脱也；大功以下雖不脱衰，而厭冠必脱也，齊衰者，冠、衰、屨，皆脱也，斬衰固脱矣。其未成服者，雖扱衽亦不入，皆嫌於不祥也。衰，五服之衰也。書方、衰、凶器，三者皆爲臣妾有死於宮者，君亦許之殯而成喪，然必告君乃得入也。爲君使而死，公館復，私館不復。公館者，公宮與公所爲也。❷明死於公宮者，得成喪也。

君子將營宮室，宗廟爲先，廄庫爲次，居室爲後。凡家造，祭器爲先，犧賦爲次，養器爲後。無田祿者，不設祭器；有田祿者，先爲祭服。君子雖貧，不粥祭器；雖寒，不衣祭

❶「入」，四庫本作「之」。

❷「爲」，四庫本作「異」。

服；爲宮室，不斬於丘木。

君子之行，莫先於敬鬼神，誠不欺於鬼神，則於天下也何有？故言禮者，必以祭祀爲先；營宮室者，必以宗廟爲先；造器者，必以祭器爲先；有田禄者，先爲祭服，示有尊也。言營宮室，雖大夫有宗廟皆然，非獨諸侯也；言家造者，雖士有田禄者皆然，非獨大夫也。宗廟祭器，事吾先也；廏庫犧賦，待吾衆也；居室養器，奉吾私也，此先後之序也。廏以養牛馬犧牲，庫以藏兵也。犧賦，亦謂其器也。犧牲之器，如牢互盆簝之屬也。賦，兵賦也，其器如弓矢、旗物、戈劒之屬也。孟子曰：「惟士無田，則亦不祭」，牲殺器皿衣服皆不備故也。不祭，則薦而已，與庶人同，故不設祭器也。有田禄，則牲殺、器皿、衣服，皆不可不備。祭器所以事其先，粥之則無以祭，無以祭，則不仁也；祭服所以接鬼神，衣之則褻，褻則不敬也；丘木所以庇其宅兆，爲宮室而斬之，是慢其先而濟吾私也，是亦不敬也。

大夫士去國，踰竟，爲壇位，鄉國而哭，素衣、素裳、素冠，徹緣，鞮屨，素簚，乘髦馬，不蚤鬋，不祭食，不説人以無罪，婦人不當御，三月而復服。

大夫士去國，喪其位也，大夫士喪位，猶諸侯之失國家，去其墳墓，掃其宗廟，❶無禄以祭，故必以喪禮處也。爲壇而哭，衣冠裳以素，輿馬不飾，食不祭，内不御，心喪之禮也。禮，庶民爲國君，齊衰三月。寄公爲所寓，士仕焉而已者，大夫以道去而猶未絶者，皆服齊衰三月，言與民同也。今去其君，雖非喪也，然重絶君臣之義，故以心喪自處，而期以三月，故曰「三月而復服」也。鞮屨，革屨也。《周官》鞮屨氏，❷蓋蠻夷之服也。革去毛而未爲韋，非吉屨也。孔子去魯，以微罪行，樂毅云「忠臣去國，不潔其名」，以己無罪而説於人，則君有罪矣，君子不忍爲者，厚之至也。

大夫士見於國君，君若勞之，則還辟再拜稽首；君若迎拜，則還辟不敢答拜。

還辟再拜稽首，以君臣之禮見他國之君也。迎拜則還辟，他國之君以賓主之禮接己，而已不敢亢也。

❶「掃」，四庫本作「拼」。
❷「屨」，《十三經注疏》本《周禮》作「鞻」。

大夫士相見，雖貴賤不敵，主人敬客，則先拜客；客敬主人，則先拜主人。

尊賢之義，貴賤之勢，有不得奪之也。

凡非弔喪，非見國君，無不答拜者。大夫見於國君，國君拜其辱；士見於大夫，大夫拜其辱；同國始相見，主人拜其辱。君於士，不答拜也；非其臣則答拜之。大夫於其臣，雖賤，必答拜之。男女相答拜也。

弔喪者，主人拜賓，賓不答。《少儀》曰：「適有喪者曰比，童子曰聽事，適公卿之喪，曰聽役於司徒。」諸侯使人相弔，辭云「寡君有宗廟之事，不得承事」，則凡弔者，非以賓客來，獨主拜賓之辱而已，賓不可申其敬也。

國君春田不圍澤，大夫不掩群，士不取麛卵。

古之田獵獻禽，以供祭祀之用，且因農隙以講事也。豺祭獸然後田獵，則田必在秋冬矣，然《周官》有「四時之田」，《王制》云「天子諸侯無事，則歲三田」，此亦云「春田」，則春雖亦有田，而非田獵之政，因時講事而已，故不尚多獲，而暴天物也。言「春田」而不言「夏田」，夏不田也，故言「三田」，異於《周官》也。

歲凶，年穀不登，君膳不祭肺，馬不食穀，馳道不除，祭事不縣；大夫不食粱，士飲酒不樂。

仁者，以天下爲一身者也，疾痛疴癢，所以感吾惛怛怵惕之心，非有知力與乎其間也。以天下爲一身者，一民一物，莫非吾體，故舉天下所以同吾愛也；故歲凶，年穀不登，民有饑色，國君大夫士均與其憂。君非不能玉食，大夫士非無田禄，仁人之心，與民同之，雖食不能飽也。馬不食穀，則芻秣而已，公明儀曰：「庖有肥肉，廄有肥馬，民有饑色，野有餓莩，此率獸而食人也。」奪人食而食馬與牲，仁人所不爲也。凡此，皆與民同憂，自貶之道也。及乎有九年之蓄，雖凶旱水溢，民無菜色，然後天子食，日舉以樂，則與之同其憂者，無不同其樂也。

君無故玉不去身，大夫無故不徹縣，士無故不徹琴瑟。

君子致禮以治躬，致樂以治心，養其血氣，志慮無所不在於和，使放心邪氣不得接焉，此樂所以無故而不得舍也。災患喪病，方在所憂，故不可參以樂。古之君子必佩玉，右徵角，左宮羽，趨以《采薺》，行以《肆夏》，故不去身，非特爲飾，亦有玉聲鏘鳴，中於五音，近於樂也。

士有獻於國君，他日，君問之曰：「安取彼？」再拜稽首而后對。大夫私行出疆，必請；反必有獻。士私行出疆，必請；反必告。君勞之則拜，問其行，拜而后對。

君之於臣，雖名位有等，而所以上下相交，不問於貴賤，故雖士亦有獻於君焉。皆所以達臣子共養君親之誠心，❶而不可却也。

國君去其國，止之曰：「奈何去社稷也！」大夫曰：「奈何去宗廟也！」士曰：「奈何去墳墓也！」國君死社稷，大夫死衆，士死制。

臣民各止其君使勿去，忠厚之至也。以社稷宗廟墳墓爲言者，皆指其所本也，先王之建國，必爲之置社稷，使其君守之，爲土地人民之主，此有國者所以以社稷爲言也。大夫之有宗廟，士之保其丘墓，義亦猶是。大夫士則有以道去其君，諸侯有國，受之於天子，有死而無去也。然此去者，國滅君死，正也；苟社稷無隕，先君有後，則雖有不安其國，致位而去，特一身去就而已。是亦有可去之義，禮所以有寓公也，人臣受命於君，有死無二而已。君之有社稷，受命於天子者也；大夫之衆，士之制，受命於其君者也，故人臣敬君，莫先於敬命，棄命不死，不敬莫大焉。

君天下曰「天子」；朝諸侯，分職、授政、任功，曰「予一人」；踐阼，臨祭祀，內事曰「孝王某」，外事曰「嗣王某」；臨諸侯，畛於鬼神，曰「有天王某甫」。

名者，人治之大，不可以不正也。君子之有是名，必有是事，非守空名以示人也。一人之身，而名有異者，內外尊卑，人神死生之際，不可以無別也。此章所記，皆天子之名，其所以別者，以此也。「君天下，曰天子」，言「天下」者，外薄四海，兼夷狄之稱也。古者於

❶「共」，清麓本作「孝」。

中國稱「天王」，於夷狄稱「天子」，夷狄者，聲教之所不及，非王法所能治，故不稱「天王」，而稱「天子」，言天無所不覆也。天子者，繼天而王者也。稱於夷狄，則曰「天子」，天子，外辭也；稱於諸侯及臣下，則曰「予一人」，内辭也。予一人，猶言孤與寡人也，不敢以勢位驕人，自比一人而已。《書》所稱「予一人」，大抵告諸侯之言。分職、授政、任功，則凡所以命諸侯、命諸臣者，莫不然也。鬼神之在諸侯竟内者，天子不親祀也，曰「有天王某甫」，有司不敢名君，而告神又不可以無字也。「畛於鬼神」者，接於鬼神也。畛，❶猶畦畛之相接然，與「交際」之「際」同義也。

崩，曰「天王崩」；復，曰「天子復」矣。告喪，曰「天王登假」。措之廟，立之主，曰「帝」。

書崩及告喪，皆曰「天王」，書史策告臣民之詞也。復曰「天子」，告天之詞也。假，至也，猶《易》所謂「王假有廟」，《詩》所謂「來假來饗」，《莊子》亦云「登假於道」是也。體魄則降，知氣在上，❷《詩》云「三后在天」，《書》曰「殷先哲王在天」，言其精神升至於天。臣子不忍斥言，故婉其詞也，先儒以假爲「遐」音，恐未然也。「措之廟，立之主，曰帝」者，祔於廟之詞也。周人卒哭而祔，殷人練而祔，蓋祔而作主。始入於廟曰「帝」者，同於天神，生事畢而鬼事始也，鬼神莫尊於帝，以「帝」名之，言其德足以配天也。然考之《禮經》，未見有以「帝」名者，惟《易》稱「帝乙」，亦不知其何帝，獨司馬遷《史記》載夏殷之王，皆以「帝」名，疑殷人祔廟稱「帝」，遷據《世本》而言，當有所考。至周有謚，始不名「帝」。

天子未除喪，曰「予小子」。生名之，死亦名之。

天子未除喪而没，則其祔也不曰「帝」而曰「小子」，如晉有「小子侯」之類，蓋在喪當稱子故也。《春秋》書王子猛卒，不言「小子」者，臣下之稱，與史策之詞異也。此云「予小子」者，「予」衍文也。《詩》《書》所載「予小子」之稱，不必未除喪之稱。此又承措廟立主曰帝之文言之也，則非自稱之詞，故知無「予」字也。

---

❶「畛」，原缺，依四庫本補。

❷「知」，四庫本作「魂」。

生死皆名之曰「小子王」，不稱帝，不立謚，未成爲君也。

天子有后，有夫人，有世婦，有嬪，有妻，有妾。

后以配天子，夫人視三公，其名與諸侯之妃同。世婦視大夫，其名與大夫妻同。九嬪於《昏義》視九卿，位在世婦上，此在世婦下者，異代之制也。妻即《昏義》所謂「御妻」，視元士，名與士之妻同。妾則《昏義》所無，蓋其賤者，以視庶人。

天子建天官，先六大，曰大宰、大宗、大史、大祝、大士、大卜，典司六典。天子之五官，曰司徒、司馬、司空、司士、司寇，典司五衆。天子之六府，曰司土、司木、司水、司草、司器、司貨，典司六職。天子之六工，曰土工、金工、石工、木工、獸工、草工，典制六材。五官致貢曰「享」。

殷人尊神，率民以事神，先鬼而後禮。大宗以下，皆事鬼神、奉天時之官，故總謂之「天官」。太宰者，佐王代天工以治者也；大宗，掌事鬼神者也；大史，掌正歲年及頒朔，則奉天時者也；大祝，所以接神者也；士者，即周司巫，巫所以降神者也；大卜，主問龜，所以求神者也。六者，皆天事也，人事也，人事可變，天事不可變者也。《周官》司士，則夏官之屬，此別出司士爲一官者。司士掌群臣之版，及卿大夫庶子之數，❶則所統有衆，與司馬、司徒、司空、司寇略等矣，所以並立爲五官也。司徒之衆，則六鄉六遂是也；司馬之衆，六軍是也；司空之衆，百工是也；司寇之衆，士師司隸之屬是也，故曰「典司五衆」。六府者，主藏之官，斂藏六者之入，以待國用者也。農以耕事貢九穀，則司土受之；山虞以山事貢木材，則司木受之；澤虞以澤事貢水物，則司水受之；圃以樹事貢薪芻疏材，則司草受之；工以飭材事貢器物，則司器受之；商以市事貢貨財，則司貨受之。《周官》司土，則廩人、倉人之職；司木，則山虞、林衡之職；司水，則澤虞、川衡之職；司草，則委人之職；司器、司貨，則玉府、內府之職。所入者，乃農、圃、虞、衡、工、商之民所貢，故曰

❶「夫」下，四庫本有「士」字。

「典司六職」。六工者，飭材爲器，以待國用者也；草工，❶以萑葦莞蒲菅蒯之類爲器用者。六工所治之材，各有不同，故曰「典制六材」。歲終，則司徒以下五官，各致其功，以獻於王，故謂之「享」，王得以行其誅賞。大宰不貢者，《周官》大宰詔王廢置，則殷制亦然也。

五官之長曰「伯」，是職方，其擯於天子也，曰「天子之吏」。天子同姓，謂之「伯父」；異姓，謂之「伯舅」。自稱於諸侯，曰「天子之老」，於外曰「公」，於其國曰「君」。

唐虞建官，内有百揆四岳，外有州牧侯伯。蓋治天下有二道，總治於内者，有百官府；分治於外者，有諸侯。故聽百官府之治者，謂之「百揆」；考諸侯之治者，謂之「四岳」。四岳雖主治諸侯，而亦處於内，天子巡狩，「諸侯各朝於方岳，大明黜陟」，非巡狩之歲，則四岳考事而已。《王制》所謂八州、八伯，即唐虞之州牧也，雖周亦謂之「牧」，《大宰》所謂「建其牧」，《周官》所謂「六卿分職，以倡九牧」是也。八伯各以其屬，屬於天子之老，二人分天下以爲左右，謂之「二伯」，二伯，即唐虞之四岳也。《王制》者，雜夏殷周之禮，故與唐虞及周小異也。此云「五官之長曰伯」，是職方者，乃殷人之制，即四岳二伯之任也。周以三公爲二伯，《公羊傳》曰：「自陝以東，周公主之；自陝以西，召公主之，一相處乎内。」《樂記》云：「五成而分，周公左，召公右。」此所謂「五官之長」，亦三公也，五官，即六卿也。《周官》立三公三孤于六卿之上，即「五官之長」也。伯仲叔季，伯爲之長，則凡稱「伯」者，皆長也。二伯者，天下諸侯之長也，職方者，如周公左，召公右，各主治其方也。九州之長，即八伯兼王畿而言，故謂之九也。《玉藻》：伯自稱曰「力臣」，❷自卑之稱也。擯者傳命曰「天子之吏」，吏，治事之稱，各有所當也。父者，同姓之尊稱，故父之昆弟，皆謂之父。舅者，異姓之尊稱，故母之昆弟，與男子謂妻之父，女子謂夫之父，皆謂之舅。天子謂二伯之同姓者爲伯父，異姓者爲伯舅。❸天子之三公，自稱於諸侯，曰「天子之

❶「草工」，原作「蓋」，依四庫本改。
❷「自」，原作「其」，依四庫本改。
❸「者」，原作「名」，依四庫本改。

老」；諸侯之卿，自稱於異邦，曰「寡君之老」；大夫士家臣之貴者，亦曰「老」。老，亦長也。

九州之長，入天子之國曰「牧」。天子同姓，謂之「叔父」，異姓謂之「叔舅」，於外曰「侯」，於其國曰「君」。

牧者，九州諸侯之長也，各有所封之國。所謂「其國」者，所封之國也；「於外」者，非所封之國，而在其州之内也。曰「公」曰「侯」者，以爵稱，臣民之辭也。曰「君」者，以所事稱。父與舅，以姓同異而別也。伯與叔，以位尊卑而別也。必謂之父與舅，尊之親之之辭也。《覲禮》曰：「同姓大國，則曰『伯父』，其異姓，則曰『伯舅』。同姓小邦，則曰『叔父』，其異姓，則曰『叔舅』。」則天子所以待天下諸侯，大國之禮視三公，小邦之禮視九牧。

其在東夷、北狄、西戎、南蠻，雖大曰「子」，於内自稱曰「不穀」，於外自稱曰「王老」。

九州之外，即四夷也，選諸侯而統之，如九牧之比。謂之「子」，所以別於中國也；「不穀」，猶言不肖也；不稱「寡人」，辟中國諸侯也。「於外」者，非其國，而在所統四夷之中，自稱曰「王老」，猶言天子之老也。嫌其遠於王化，故以王明之，猶言四夷來王。荒服者，王也。

庶方小侯，入天子之國曰「某人」，於外曰「子」，自稱曰「孤」。

自稱曰「孤」，又下於「王老」也。春秋楚子稱「不穀」，從其稱也；齊桓公對楚屈完稱「不穀」，以自卑之辭答楚也。魯弔宋災，宋閔公稱「孤」，《傳》云「列國有凶，稱孤，禮也」，亦自貶之稱也。

天子當依而立，諸侯北面而見天子，曰「覲」；天子當宁而立，諸公東面，諸侯西面，曰「朝」。

自此至「曰盟」，言朝、覲、會、同、聘、問、盟、誓之所以名也。古者謂相見曰「朝」，相問曰「聘」。臣見於君，子見於親，賤見於貴，皆謂之「朝」，以朝暮別之，則朝見曰「朝」，暮見曰「夕」；以春秋別之，則春見曰「朝」，秋見曰「覲」。然考之《舜典》「二月，東巡守，肆覲東后」，則春亦曰「覲」，蓋「朝」「覲」互名，至周始以春秋別之。又有夏宗冬遇，以備四時之朝，又曰：「春朝以圖天下之事，秋覲以比邦國之功，夏宗以陳天下之謨，冬遇以協諸侯之慮。」則四者非獨時異，事亦異矣。此章天子之立，有「當依」、「當宁」之別，其朝位，有「諸侯北面」及「諸公東面」、「諸侯西面」之別，則朝覲之禮，非獨事異，儀亦異矣。

諸侯未及期相見曰「遇」，相見於郤地曰「會」，諸侯使大夫問於諸侯曰「聘」。約信曰「誓」，涖牲曰「盟」。

會、遇、聘、問、誓、盟，皆諸侯之禮也。古者諸侯無事則相朝，不相朝則相會，不相會則聘，有大事則天子方伯誓之，皆所以講信修睦，以交四鄰者也。盟詛之事，其起於衰世乎？先王之治諸侯，命方伯連帥以統制之，同志協慮，以勤王事，有不帥者，則奉王命以討之，雖有盟詛，且將安用？及王政不行，大不字小，小不事大，天下解弛，不相維持，伯者於是假仁義之事，帥諸侯以事天子，約不深則情不齊，於是盟詛興焉。政雖不自天子出，猶有至公同好之情，故葵丘之盟，足以合天下，諸侯猶無異心。五伯既衰，則結私黨，執私仇，心不同而要之於神，雖盟不信，此大亂之道也。《周官》雖有司盟之官，疑非治世之事也。諸侯惡其害己而去其籍，非特去也，附益者有焉，此《詩》所以非屢盟，《春秋》之書盟，所以多譏也。時有緩遽，則儀有詳略，故會禮詳而遇禮略也。問有大小，則文有隆殺，故「諸侯使大夫問於諸侯曰聘」，小聘曰「問」也。誓有輕重，則約有淺深，故誓，約之淺，盟，約之深也。期而相見曰「會」，日有期，地有所也。「郤地」者，竟上之地也，其時緩，則禮宜詳也。不期而相見曰「遇」，如邂逅適相遇然，日無期，地無所，其時遽，則禮宜略也。《公羊傳》：齊景公之唁魯昭公，「以人爲菑，以幦爲席，以鞍爲几，以遇禮相見」。遇禮非皆然也，其略有如此者。久無事曰「聘」，聘，大禮也。小聘曰「問」，禮有殺也。「約信曰誓」，古者舉大事以齊衆，皆有誓，舜征有苗，禹誓于師；啟伐有扈，以誓于師；《湯誓》、《泰誓》、《費誓》、《秦誓》，皆有書；《周官》則祭祀師役，莫不誓也。

諸侯見天子，曰「臣某侯某」。其與民言，自稱曰「寡人」。

前章「君天下」以下，言天子之異稱也，此章言諸侯之異稱也。「臣某侯某」，如言曰「臣齊侯小白」、「臣晉侯重耳」也。「臣」者，君前之稱；「某侯某」者，所以自别也。「寡人」，猶天子稱「予一人」，庶方小侯稱「孤」也。古者兩君相見，及與臣下言，皆自稱曰「寡人」，此止云「與民言」，舉其略也。

其在凶服，曰「適子孤」。臨祭祀，内事曰「孝子某侯某」，外事曰「曾孫某侯某」。

言「適子」，明其嗣也；言「孤」，明其在喪也。「曾孫」，猶言嗣也。天子繼天而王，故於郊祀百神稱「嗣」，諸侯不敢言繼，推而祖之，故稱「曾孫」。晉平公伐齊，禱河曰「曾臣彪將帥諸侯以討焉」，蓋「曾臣」猶陪臣也，天子臣於天地百神，諸侯復臣於天子，故稱「曾臣」，與稱「曾孫」之義一也。

死曰「薨」，復曰「某甫復」矣。既葬，見天子曰「類見」，言謚曰「類」。

赴於諸侯，則曰「寡君不禄」，謙詞。「某甫」，字也，稱字，與卿大夫士異矣。臣不名君也，不稱爵，與天子異矣，有所降也。「類」之名未之聞也，先儒謂「類」，猶象也。使大夫行，象聘問之禮。以「類」爲「象」，其義未安。而君薨，世子聽於冢宰，安有遽見天子之禮？請謚於君，亦何象之有？求之未得，闕疑可也。

諸侯使人使於諸侯，使者自稱曰「寡君之老」。

三公自稱於諸侯，曰「天子之老」；諸侯之卿自稱於諸侯，曰「寡君之老」；士大夫家宰亦曰「老」。老，長稱也。自稱「天子之老」、「寡君之老」，比於家臣之長，亦謙詞也。

天子穆穆，諸侯皇皇，大夫濟濟，士蹌蹌，庶人僬僬。

廟中之位，南鄉明，故曰「昭」，北鄉幽，故曰「穆」，則「穆穆」者，有雍容深厚之貌；孔子曰「濟濟者，容也，遠也」，則「濟濟」者，有修飾齊一之貌；《書》曰「笙鏞以間，鳥獸蹌蹌」，則「蹌蹌」者，有翔舉舒揚之貌；庶人見乎君，不爲容，進退趨走，「僬僬」雖無所考，大抵趨走促數，不爲容止之貌也：五者，皆言其容止之狀也。尊者之容重，卑者之容輕，尊者之容舒，卑者之容遽，其勢然也。濟濟之齊一，不如皇皇之莊盛，皇皇之莊盛，不如穆穆之深厚，則知尊者重且舒也。濟濟之修飾，不如蹌蹌之舒揚，蹌蹌之舒揚，不爲僬僬之促數，則知卑者輕且遽也。

天子之妃曰「后」，諸侯曰「夫人」，大夫曰「孺人」，士曰「婦人」，庶人曰「妻」。

天子之妃所以稱「后」者，有繼後之辭，合二姓之好，以繼先聖之後，以爲天地社稷宗廟之主，則有繼者也。夫者，帥人之稱也，男子謂之「丈夫」，士之貴者命爲「大夫」，稱之曰「夫子」，則夫人者，亦帥其嬪婦以事君，故諸侯之妃曰「夫人」。若邦人稱之，則曰「君夫人」，言君之夫人也。「大夫曰孺人，士曰婦人」，《喪大記》卿之妻曰「内子」，《春秋傳》趙盾以叔隗爲内子是也。大夫妻曰「世婦」，士則止曰「士之妻」而已，未聞有「孺人」、「婦人」之稱，況婦人者，已嫁之達稱，非特士妻之名。或古有之，考之於經傳，未之有也。「庶人曰妻」，妻者，貴賤同稱，貴者尚文，故其名異，賤者尚質，無所改也。

公、侯有夫人，有世婦，有妻，有妾。夫人自稱於天子曰「老婦」，自稱於諸侯曰「寡小君」，自稱於其君曰「小童」，自世婦以下自稱曰「婢子」。子於父母，則自名也。

諸侯自夫人以下，如天子之制，而無嬪，有所殺也。「自稱於天子曰老婦」，婦，事舅姑者也，諸侯事天子，猶子事父，則夫人必稱「婦」也。「寡小君」者，臣下稱諸異邦之辭，猶稱其君爲「寡君」也。「小童」之稱，不見於經傳。秦夫人告秦伯曰「晉君朝以入，則婢子夕以死」，雖夫人亦稱「婢子」，自貶而就下也。子之名父母所命，敬親之命，不敢有他稱也。

列國之大夫，入天子之國曰「某士」，自稱曰「陪臣某」，於外曰「子」，於其國曰「寡君之老」。使者自稱曰「某」。

此言諸侯大夫之異稱也。曰「某士」，某者，國名也。自稱曰「陪臣」，如管仲平戎於王云「陪臣敢辭」是也。言「於外」者，以別天子之國，與其家邑也。古者大夫之家臣稱其君曰「主」，則於外者非家邑也。臣子於異邦，稱其君曰「寡君」，故大夫自稱於異邦，曰「寡君之老」。此云「於其國」者，蒙「於外」之辭，亦謂異邦也。

天子不言出，諸侯不生名，君子不親惡。諸侯失地，名；滅同姓，名。

古之賢者、貴者，皆謂之君子，蓋曰「居是位，不可以無是德也」。故天子者，必有君天下之德；諸侯者，必有君一國之德；卿大夫，必有輔世長民之德，然後可以當君子之名，處崇高之位無愧。一國之外，政不能令，德不能加，則雖天子，與列國無辨矣。列國之君去其國，而處非其國，皆謂之「出」，天子則不然，尺地莫非其有，一民莫非其臣，天子無外，安得而言「出」？然而言「出」者，德不足以君天下，而位號存焉爾。居君子之位，無君子之德，而唯惡是親，則與小人無辨矣。天下之達尊者，皆敬之而不名，故或稱爵，或稱字，貴之也；非此族則名之，賤之也。故古之諸侯不生名，惟死而告終，然後名之，然有生名者，德不足以名君子而位號存焉爾。故「天子不言出，諸侯不生名」，皆謂君子不親惡故也，二者《春秋》之書法也。失國家而奔，無以異於匹夫也；兄弟之國而滅之，其惡無以異於無知之小人也，故「失地名，滅同姓名」，皆以小人待之也。

爲人臣之禮，不顯諫，三諫而不聽，則逃之。子之事親也，三諫而不聽，則號泣而隨之。

人之大倫有二，内則父子，外則君臣，其義一也。雖然，父子，天合也，天合者不可解於心，身有隕而恩無絶也。君臣，義合也，其合也與父子同，其不合也則去之，與父子異也。事君者無愛君之心，則不忠；仕而不事道，則不恭。顯諫，非愛君也；三諫不聽而不去，非事道也。事親者愛親之心亦然，三諫不聽，起敬起孝，悦則復諫，與其得罪於鄉黨州閭，寧熟諫，故「號泣而隨之」，至於撻之流血，不敢疾怨，以恩無可絶之道，此事親、事君之所以異也。

君有疾飲藥，臣先嘗之；親有疾飲藥，子先嘗之。醫不三世，不服其藥。

孔子所慎：齊、戰、疾。疾者，危事也，危而不謹，取禍之道也，況君親之疾乎？藥弗瞑眩，厥疾弗瘳，則攻疾之藥，未嘗無毒，好惡或失其性，齊量或失其宜，寒熱補瀉或反其用，小則益甚，❶甚則至於喪身，

❶「甚」，四庫本作「病」。

爲人臣子者，不嘗試而用之，不忠不孝莫大焉。此許世子止以不嘗藥之過，所以被弑君之名也。醫至三世，治人多矣，用物熟矣，功已試而無疑，然後服之，亦謹疾之道也。

儗人必於其倫。

儗人者，必以其德相似也，不相似，則非倫矣。孟子稱堯舜性之也，湯武身之也。又曰「禹、稷、顏回易地則皆然，曾子、子思易地則皆然」，儗之得其倫也。

問天子之年，對曰：「聞之，始服衣若干尺矣。」問國君之年，長，曰「能從宗廟、社稷之事矣」；幼，曰「未能從宗廟、社稷之事也」。問大夫之子，長，曰「能御矣」；幼，曰「未能御也」。問士之子，長，曰「能典謁矣」；幼，曰「未能典謁也」。問庶人之子，長，曰「能負薪矣」；幼，曰「未能負薪也」。

言衣之長短，則知其年少長也。「若干」者，數未定之辭也，古有是語，如射數射筭曰「若干純」之類，❶其義未之聞也。宗廟社稷，言祭祀軍旅之政，有可未可，則長幼可知也。對大夫、士、庶人子之年，則言之，文也。《少儀》：「問國君之子，長則曰：能從社稷之事。」能執干戈以衛社稷，則成人以上也；「幼則曰：❷能御、未能御。」能御，則成童以上；未能御，則未成童也。此章則以「能御、未能御」爲大夫之子長幼，蓋射御之學，無貴賤之異也。《少儀》：「問大夫之子長幼，長則曰：能從樂人之事；幼則曰：能正、未能正於樂人。」蓋男子十三，學樂誦詩。舞《勺》，成童舞《象》。謂十三以上，是能正於樂人，未十三則未能也。二十舞《大夏》，則樂人之事備，故曰「能從樂人之事」也。此章言御不言樂者，樂舞射御，皆在所學，以國君之子言御，故《少儀》於「大夫之子」言樂人之事，文互見也。士有隷子弟，則士之子將命典謁其職也。

問國君之富，數地以對，山澤之所出。問大夫之富，曰「有宰食力，祭器衣服不假」。問士之富，以車數對。問庶人之富，數畜以對。

❶ 上「射」字，四庫本無。

❷ 「曰」，原缺，依《十三經注疏》本《禮記》並參清麓本補。

問尊者之年，則以微辭對；問尊者之富，則以盡辭對，蓋無所嫌也。國君之富，不勝言也，舉其要者以對之，因數地與山澤之所出也。「數地」，如百里至五十里，言食税之多寡也。「山澤之所出」，言物産之所宜也。國君，有國者也，故以數地山澤言之；大夫，有家者也，故以官事衣服器皿言之。庶人受田皆百畝，貧富均矣，惟畜養之多寡，則繫人之勤惰，故雞豚狗彘之畜，以供老者之食，此庶人之富也。

天子祭天地，祭四方，祭山川，祭五祀，歲徧。諸侯方祀，祭山川，祭五祀，歲徧。大夫祭五祀，歲徧。士祭其先。

此章泛論祭祀之法。天子繼天而王，君天下而有之，冬日至祀天，夏日至祭地，四時各祭其方以迎氣，又各望祭其方之山川及五祀，此所謂「歲徧」也。天子有天下，故得祭天地、四方、山川、五祀，言無所不及也。諸侯有國，國必有方，祭其所居之方而已；非所居之方，及山川不在其竟内者，皆不得祭，故曰「方祀祭山川，祭五祀」，言有及有不及也。大夫有家，不與山川之祀，所得祭者五祀而已。士不得立家，故五祀之祀，亦不得行。然自天子達於庶人，皆得祭其先，先者，吾身之所自出也。天子至於大夫，皆言祭百神，❶而不及其先，唯於士言者，舉輕以明重，且言士有不得祭者也。《祭法》：天子立七祀，加以司命、泰厲；諸侯五祀，有司命、公厲，而無户、竈；大夫三祀，有族厲，而無中霤、户、竈；士二祀，則門、行而已。是法也，考之於經皆不合，《曾子問》「天子未殯，五祀之祭不行」，《士喪禮》「禱于五祀」，則自天子至於士，皆祭五祀。蓋一宫之中，雖有大小之差，而五者無不具，《祭法》加以司命、厲，與户、竈、門、行、中霤，謂之「七祀」，而言涉怪妄不經，至於廟制所稱，亦不與諸經合。竊意三代之末，嘗議是法，著之書而未行也。士不祭五祀，而《喪禮》言「禱于五祀」者，蓋有不得祭而得禱者歟！

凡祭，有其廢之，莫敢舉也；有其舉之，莫敢廢也。非其所祭而祭之，名曰「淫祀」，淫祀無福。

廢之莫敢舉，如已毀之宗廟，已變置之社稷，不可

❶「皆」，原脱，依清麓本補。

復祀也；舉之莫敢廢，如已修之壇墠而輒毁，已正之昭穆而輒變也。非其所祭而祭之，如法不得祭，與不當祭而祭之者也。魯立武宮、立煬宮，舉其廢也；躋僖公，廢其舉也。❶ 魯之郊禘，與祀文王、祀爰居，祭非其所祭也。淫，過也；以過事神，神弗享也，故無福。福者，百順之名也。

支子不祭，祭必告于宗子。

古者有大宗，有小宗，別子爲祖，繼別爲宗。百世不遷者，大宗也；繼禰、繼祖、繼曾祖、繼高祖，五世則遷者，小宗也。宗子上繼於祖禰，❷族人兄弟皆宗之，其所以主祭祀，治宗事，如有國有家之重，冠娶妻必告，死必赴，況於祭乎？所宗乎宗子者，皆支子也。支子不敢祭也，如諸侯不敢祖天子，大夫不敢祖諸侯，尊者之祭，非卑者所敢尸也。故宗子爲士，庶子爲大夫，以上牲祭於宗子之家，祝曰「孝子某爲介子某，薦其常事」，則支子雖貴，可以用其禄，而不敢專其事也。宗子去在他國，則支子攝主以祭，其禮有殺焉，不厭祭、不旅、不假之類是也。其辭曰「孝子某使介子某，報其常事」，此所謂「必告于宗子」，言告而後敢行事也。

宗子既祭其祖禰，則支子不得別祭，所以嚴宗廟，合族屬，故曰「庶子不祭祖與禰」，明其宗也。若已爲宗子，而弟有子，其子欲祭其父，必從祖祔食祭於宗子之家乎？將就其宮而祭，使其子自主之乎？從祖祔食祭於宗子之家，止謂「殤與無後」，見《曾子問》及《小記》。蓋「殤與無後」，必宗子主之，則是子有不得事其父矣。《傳》曰：「子不私其父，則不成爲子。」故兄弟生而異宮，所以盡子之私養。及其没也，反不得主其祭，於義可乎？蓋異宮者，必祭於其宮，使其子主祭；其祭也，必告于宗子而後行，不得而專，亦所以明其宗也。宗子有祭，必先與焉，卒祭而後祭其父，故曰「支子不祭，祭必告于宗子」，又曰「終事而後敢私祭」。若非異宮，則禮有所不得申；禮不得申，則雖祔食于祖廟，亦可以安，所謂不得已焉者也。❸

凡祭宗廟之禮，牛曰「一元大武」，豕曰「剛鬣」，豚曰「腯肥」，羊曰「柔毛」，雞曰「翰音」，

❶「廢其舉」，原作「舉其廢」，依四庫本改。

❷「宗子」，原缺，依四庫本補。

❸「宗子既祭」至「已焉者也」一段文字，清麓本缺。

犬曰「羹獻」，雉曰「疏趾」，兔曰「明視」，脯曰「尹祭」，槀魚曰「商祭」，鮮魚曰「脡祭」，水曰「清滌」，酒曰「清酌」，黍曰「薌合」，粱曰「薌萁」，稷曰「明粢」，稻曰「嘉蔬」，韭曰「豐本」，鹽曰「鹹鹺」，玉曰「嘉玉」，幣曰「量幣」。

祭宗廟之禮，内則盡志，外則盡物。所謂盡物者，盡其物之至美以薦之，然後可以不歉於心，鬼神其來享也，故祝辭皆舉其美而言，言於物不敢不盡也。禽獸之獻，以肥腯爲美；魚腊鮮槀，以得宜爲美；水與酒，以潔清爲美；黍稷稻粱，以馨香明潔爲美；韭以苗之盛爲美；鹽以味之厚爲美；玉以不瑕爲美；幣以可制爲美。察豕與羊，視其鬣與毛；豚未成豕難察其鬣，故直謂之「腯肥」也；犬下牲，可也以爲羹而獻，則犬之肥也。凡煮肉皆謂之「羹」，《特牲禮》云「羹飪」，潁考叔食舍肉，曰「臣有母，未嘗君之羹」是也。八者皆以腯肥爲美也。魚腊脯修，雖微而必祭，庶羞雖美而不祭，故脯與槀魚、鮮魚三者，皆謂之「祭」，舉其盛也。脯謂之「尹」，亦謂之「修」，修，有所正也。酒醴皆有清有糟，糟，未泲者也；既泲爲清，酒之精者也，故謂之「清酌」。黍，稷食之正也；稻粟雖美，加食而已，非其正也。《書》曰「黍稷非馨，明德惟馨」，如黍稷之有馨香也。黍可以爲酒，熟之則黏聚而不散，可摶而食之，故曰「薌合」，既香既合，則黍之美者也。萁，其也，有所別也。粱之薌與黍同，其實與黍異，又爲加食，故曰「薌萁」，粱，五穀之長也。祭祀之飯，謂之「粢盛」，明者，精鑿之稱也，故曰「明粢」。草去則苗疏，地美則本豐，苗疏則實必美，故稻曰「嘉蔬」。本豐則萌必盛，故韭曰「豐本」。

天子死曰「崩」，諸侯曰「薨」，大夫曰「卒」，士曰「不禄」，庶人曰「死」。在牀曰「尸」，在棺曰「柩」。

尊卑之死，其名不可以無別，敬之至也。天子居崇高之位，如山如陵然，故曰「崩」，《詩》云「山冢卒崩」，卒，終也。君子曰「終」，「終」者，全而歸之之義也。大夫，君子也，故曰「卒」。「不禄」，傷其不幸之辭也。至庶人則窮矣，不可有異名，曰「死」。自諸侯至於士，皆其臣民之稱也，若諸侯之薨，訃於他國，則曰「寡君不禄」，自卑之辭也。書於他國之史，則曰「某侯某卒」，内外異辭也。大夫死，赴於同國、他國之大夫士，皆曰「不禄」，訃於其君及他國之君、同國之大夫士，皆曰「死」，亦尊卑内外異辭也。尸者，未大斂；柩者，已大斂之稱也。故喪禮未殯奠于尸，已殯奠于柩，書銘亦曰「某之柩」，所以別也。

死寇曰「兵」。

兵者，死寇於難之稱也。❶有兵死而可褒者，如童汪踦能執干戈以衛社稷，孔子欲勿殤，勇於死難者也。有兵死而可貶者，如《冢人》凡「死於兵者，不入兆域」，戰陣無勇者也。

祭王父曰「皇祖考」，王母曰「皇祖妣」；父曰「皇考」，母曰「皇妣」；夫曰「皇辟」。

宗廟祭祀，尊而神之，有君道焉，故皆曰「皇」也。君亦曰「辟」，則臣之所取法也。

壽考曰「卒」，短折曰「不禄」。

「壽考曰卒，短折曰不禄」，與「大夫曰卒，士曰不禄」之文異者，彼論其爵，此論其德也。

天子視，不上於袷，不下於帶。國君綏視，大夫衡視，士視五步。凡視，上於面則敖，下於帶則憂，傾則姦。

禮之所先貴乎別也，不當別而別則文勝質，文勝質則史；當別而不別則質勝文，質勝文則野。故尊卑無等，親疏長幼無差，視聽言動不中於節，雖心在於敬而直情徑行，野人戎狄之道，君子不爲也。此視人之法，自天子至於士，所以異也。執器有上衡平衡，蓋奉者主於當心，故以當心爲衡；視者主於視面，故以視面爲衡。執器以高爲敬，故卑者彌下；視以下爲敬，故尊者彌下，義各有所當也。《士相見禮》：「凡與大人言，始視面，中視袍，卒視面，無改。」此衡視也。大人，即大夫。若父則遊目，毋上於面，毋下於帶，事親主愛，察其色，不純以敬，故異於君也。上於面者，其氣驕，知其不能以下人矣；下於帶者，其神奪，知其憂在乎心矣；視流則容側，必有不正之心存於胸中矣，此君子之所以謹也。

君命，大夫與士肆，在官言官，在府言府，在庫言庫，在朝言朝。

❶「寇於」，四庫本互乙。

先時豫慮，思不出其位，皆所以虔君命也。肆，謂討論、修飾、潤色之也。居是位也，不敢以侵他事；治是事也，不敢以有他慮，此所以志無所分，政無不舉也。

朝言不及犬馬。輟朝而顧，不有異事，必有異慮。故輟朝而顧，君子謂之固。在朝言禮，問禮，對以禮。

在朝而言犬馬，慢也，敬不在君也；輟朝而他顧，亦敬不在君也，有異心存焉。非所治者，皆「異事」也；非所謀者，皆「異慮」也。二者，非姦則野也，故「君子謂之固」。固，野陋也，君子不逆人以姦也。

大饗不問卜，不饒富。

大饗，冬日至祀天，夏日至祭地也。因天時陰陽之至，❶日月素定，故「不問卜」；至敬不壇，掃地而祭，牲用犢，酌用陶匏，席用藁秸，視天下之物，無以稱其德，以少爲貴焉，故「不饒富」。《記》云「饗帝于郊」，又曰「聖人爲能饗帝」，則祀天亦可稱「饗」。均祀天地，冬夏之日至爲大，故曰「大饗」。若他饗，則問卜，如「啟蟄而郊，郊用辛」之類，及《大宰》「祀五帝，帥執事而卜日」是也。鄭氏謂「大饗者，祀五帝於明堂」，以總饗五帝，不知主何而卜，故曰「莫適卜也」。然季秋大饗，既無素定之日，如冬夏至之比，又不問卜，必以人謀而用之，是以私褻事上帝，不敬莫大焉，其説固不可取矣。「郊血大饗腥」，或爲季秋大饗可也，然不可一例求之。蓋《禮記》之文，本非一書，雜收而得之，言各有所當也。

凡摯，天子鬯，諸侯圭，卿羔，大夫鴈，士雉，庶人之摯匹，童子委摯而退。野外軍中無摯，以纓、拾、矢可也。婦人之摯，椇、榛、脯、修、棗、栗。

古者以禽爲摯，摯者，執之以見其所尊敬之物也。人道之大，貴賤、長少、賢不肖之分，不可亂也，賤當事貴，少當事長，不肖當事賢。事之必有養，摯用禽者，所以致其養。故膳夫之職，以摯見者，受而膳之。《司士》「掌擯士者，膳其摯」也。孤執皮帛，諸侯執圭璧，孤與諸侯，臣之貴者，摯亦以禽，則偪於下矣。皮帛可制以爲衣裘，圭璧則寶貨，因以比德焉，所以異於諸臣而爲之等也。天子唯告於鬼神，用鬯以爲摯，《詩》云

❶「時」，四庫本作「地」。

「秬鬯一卣，告于文人」是也。《宗伯》「以玉作六瑞，以等邦國」，《虞書》「輯五瑞」，此諸侯之摯，獨云用圭者，言其略也。圭璧既受必反之，貴德而賤貨也，《書》云「頒瑞于群后」是也。《宗伯》「以禽作六摯，以等諸臣」，《虞書》亦云「三帛、二生、一死贄」，此孤、卿、士、大夫、庶人之摯也。羔、鴈、雉、鶩，雖皆可膳之物，然先王因之以寓其義也。羔羊群而不黨，故卿執之，「委蛇委蛇，退食自公」，羔羊之義也。鴈飛翔有列，往來有時，故大夫執之，陳力就列，道合則從，不可則去，鴈之義也。羔鴈以生者，卿大夫以道去就，不若士死以服事也。士執雉者，耿介不回，以死服事者也。

納女於天子，曰「備百姓」；於國君，曰「備酒漿」；於大夫，曰「備埽灑」。

納女之辭，女氏昏辭也。不敢以伉儷自期，願備妾媵之數而已，自卑之義也。古者因生以賜姓，如姬、姜、嬴、妘、姞之類，似皆因其母之號以賜之姓，亦以子謂之子姓。凡賜姓者，皆天子之別子，其族貴盛，《堯典》所謂「平章百姓」，《郊特牲》云「大廟之命戒百姓」是也，皆所以廣繼嗣。此納女於天子，所以謂之「備百姓」也。《周官》「酒人」、「漿人」之屬，有女酒三十人，女漿十有五人。吕公納女於高祖曰：「臣有息女，願爲箕箒妾。」古之遺語也。

檀弓上第三

練：練衣黄裏、縓緣，葛要絰，繩屨無絇，角瑱，鹿裘衡、長、袪。袪，裼之可也。

斬、疏、繐、大功、小功、緦、錫，皆曰「衰」，喪正服也。練、麻，皆曰「衣」，喪變服也。至親以期斷，加隆而三年，故加隆之服者，正服當除，有所不忍，故爲之變服，以至於再期也。首絰除矣，七升之冠，六升之衰，皆易而練矣，屨易而繩矣，所不變者，要絰與杖而已。蓋天地已易，四時已變，衰亦不可無節，故從而多變也。如宰予、齊宣王，皆欲短喪，蓋疑於此。斬衰之冠，鍛而勿灰，錫則緦而加灰，錫則事布而不事縷，服雖輕而哀在內。竊意，練衣之升，當如功衰；加灰事布，當如錫；有縁與裏，當如衣。衰則無縁與裏，故比功衰則輕，功衰卒哭所受。比麻衣則重。大祥，麻衣；麻衣，吉服也。情文之殺，義當然也。諸侯之喪慈母，公子爲其母皆無服，使不可純凶而占筮，❶除喪不當受弔，昔之人皆變用練冠以從事，則練冠者，非正服明矣。唯鄭氏功衰爲既練之服，功衰自是卒哭所受，六升之服。正服大功七升，則六升成布，所可爲功，不可指爲練服。❷

檀弓下第四

卒哭曰「成事」。是日也，以吉祭易喪祭，明日祔于祖父。其變而之吉祭也，比至於祔，必於是日也接，不忍一日末有所歸也。殷練而祔，周卒哭而祔。孔子善殷。

禮之祔祭，各以昭穆之班，祔于其祖，主人未除喪，主未遷于新廟，故以其主附藏于祖廟，有祭即而祭之。既除喪，而後主遷于新廟，故謂之「祔」。《左氏傳》云：「君薨，祔而作主，特祀于主，烝嘗禘于廟。」周人未葬，奠于殯，虞則立尸，有几筵，卒哭而祔，祔始作主；既祔之祭，有練、有祥、有禫，皆特祀其主于祔之廟，至除喪，然後主遷新廟，以時而烝嘗禘焉。不立主者，其祔亦然。《士虞禮》及《雜記》所載祔祭，皆是殷人練而祔，則未練以前，猶祭于寢，有未忍遽改之心，此孔子所以善殷。

王制第五

喪三年不祭，唯祭天地社稷，爲越紼而行事。喪用三年之仂。喪祭，用不足曰「暴」，有餘曰「浩」。祭，豐年不奢，凶年不儉。國無九年之蓄曰「不足」，無六年之蓄曰「急」，無三年之蓄曰「國非其國也」。三年耕，必有一年之食；九年耕，必有三年之食。以三十年之通，雖有凶旱水溢，民無菜色，然後天子食，日舉以樂。

❶「使」，原作「史」，依四庫本及文義改。
❷「指」，四庫本作「皆」。

人事之重，莫甚於哀死，故有喪者之毁，如不欲生。大功之喪，業猶可廢，喪不貳事。如此，則祭雖至重，亦有所不可行。蓋祭而誠至則忘哀，祭而誠不至，不如不祭之爲愈也。後世哀死，不如古人之隆，故多疑於此。

曾子問第七

曾子問曰：「並有喪，如之何？何先何後？」孔子曰：「葬，先輕而後重；其奠也，先重而後輕，禮也。自啟及葬不奠，行葬不哀次，反葬奠，而後辭於殯，遂脩葬事。其虞也，先重而後輕，禮也。」

古之並有喪，各行葬虞之禮，不相合，所以致其哀。所謂「葬先輕後重」，直謂自家遣而行之，既葬，然後再舉後喪耳。今必不能然，則在量宜處之，或以先喪前期而葬，亦可行之次序，自當尊卑有序，世俗之議，無義不可取。

曾子問曰：「下殤土周葬于園，遂輿機而往，塗邇故也。今墓遠，則其葬也，如之何？」孔子曰：「吾聞諸老聃曰，昔者史佚有子而死，下殤也，墓遠。召公謂之曰：『何以不棺斂於宮中？』史佚曰：『吾敢乎哉？』召公言於周公，周公曰：『豈不可？』史佚行之。下殤用棺衣棺，自史佚始也。」

園蓋在郭內，藝植桑麻蔬果之地。《周官》所謂「園廛二十而一」，莊子引顏子之言：回有郭內之田，足以供祭麻。❶此乃園地。古者葬殤之禮極略，故無棺在園，以其地近，故輿機而葬。及史佚欲葬其殤於墓，既遠，不可輿機，遂用棺衣，此禮所由失。今日之事，若用禮，則當如古，或勢不能用，則非所敢聞。以禮許人，蓋古人之所戒。

郊特牲第十一

萬物本乎天，人本乎祖，此所以配上帝也。

❶「祭」，四庫本作「桑」，《莊子·讓王》作「絲」。

郊之祭也，大報本反始也。

祀天，禮之至敬者也，物無以稱其德，故禮簡誠至，則事天之禮盛矣。然人道有所未盡，故從其祖配之。所謂配者，當於祀天禮成之後，❶迎祖尸而已以人鬼之禮祭之。必配祭者，盡人道之至愛。凡言配天及郊祀之有尸者，義當如此。

詔祝於室，坐尸於堂，用牲於庭，升首於室。直祭祝于主，索祭祝于祊。不知神之所在，於彼乎，於此乎？或諸遠人乎？祭于祊，尚曰「求諸遠者與」！

不知神之所往，故尚氣、尚聲、尚臭，以求於天地陰陽之間；不知神之所在，故於庭、於室、於堂、於祊以求之；不知神之所依，故有主、有几、有尸、有幣以主之；不知神之所饗，故肆爓、腥、熟，三牲、魚、腊、水草，備物以祀之矣。

喪服小記第十五

斬衰：括髮以麻。爲母，括髮以麻，免而以布。箭笄終喪三年。齊衰：惡笄以終喪。

免以布爲卷幘，以約四垂短髮，而露其髻，於《冠禮》謂之「闕項」。冠者必先著此闕項，而後加冠。故古者有罪，免冠而闕項存，因謂之免。音「免」，以其與「冕弁」之「冕」其音相亂，故改音「問」。

大傳第十六

別子爲祖，繼別爲宗，繼禰者爲小宗。有百世不遷之宗，有五世則遷之宗。百世不遷者，別子之後也。宗其繼別子之所自出者，百世不遷者也。宗其繼高祖者，五世則遷者也。尊祖故敬宗，敬宗，尊祖之義也。有小宗而無大宗者，有大宗而無小宗者，有無宗亦莫之宗者，公子是也。

國君之適長爲世子，繼先君之正統；自母弟而

❶「祀」，原作「事」，依四庫本改。

下，皆不得宗，次適爲別子。別子既不得禰先君，則不可宗嗣君，又不可無所統屬，故爲先君一族大宗之祖。其生也，適庶兄弟皆宗之；別子之母弟雖適子，與群公子同，不得謂之別子。其死也，子孫世世繼之，爲先君一族之大宗，凡先君所出之子孫皆宗之，雖百世不遷，無後則族人以支子繼之。此謂「別子爲祖，繼別爲宗」。群公子雖宗別子，而自爲五世小宗之祖，死則其子其孫爲繼禰、繼祖之小宗，至五世以上，則上遷其祖，下易其宗，無子孫則絶。此謂「繼禰者爲小宗」。每一君有一大宗，世世統其君之子孫，故曰：「宗其繼別子之所自出者，百世不遷者也。」別子所自出，謂別子所出之先君。如魯季友，乃桓公之別子所自出，即桓公大宗者，乃桓公一族之大宗。公子之公爲其士大夫之庶者，宗其士大夫之適者，則別子爲先君大宗之祖，群公子皆宗之，是謂「有大宗而無小宗」。若君無次適可立爲別子，止有庶公子數人，則不可無宗以統，當立庶長一人爲小宗，使諸弟皆宗之，是謂「有小宗而無大宗」。若庶長死，國君復追立庶長爲別子，以爲先君一族大宗之祖，而以其子繼之，此雖不經見，然以義求之，則一君之大宗，不可以絶後也。若君之正嫡外止有一公子，既不可宗君，又無昆弟宗己，是謂「無宗亦莫之宗」。然此公子亦爲其先君一族大宗之祖，没則百世相繼，先君之子孫皆宗之，如大宗法。國君主先君之祀，上可及先君之大祖，而下爲先君子孫之宗，故曰「尊者尊統上」；別子爲先君百世大宗之祖，而不敢禰先君，故曰「卑者尊統下」；大宗者，所以統先君之子孫，非統別子之子孫，故曰「大宗，尊之統也」，又曰「繼別子之所自出」。（《宗子議》）❶

宗子法久不行，今雖士大夫，亦無收族之法，欲約小宗之法，且許士大夫家行之。其異宫同財，有餘則歸，不足則取，及昏冠喪祭必告，皆酌今可行。仍以古法，詳立條制，使之遵行，以爲睦宗之道，亦無所害於今法，可以漸消析居爭競之醜，所補當不細矣。（《雜議》）

古之典禮者，皆以「宗」名之，故伯夷作「秩宗」，《周官》有「宗伯」，下及乎都、家，皆有「宗人」。宗者，廟也。禮始於親，親之法非廟不統，所以別姓收族，無一不出於祖廟，不主乎宗祖。故天子之元子，爲天子

❶ 此章解所引《宗子議》、《雜議》、《策問》，疑爲呂大臨佚文，原單獨成篇，或收入《玉溪集》中，後俱散失，惟衛湜《集説》保存了此殘篇。

之大宗，以繼其太祖，而別子爲諸侯，諸侯不敢祖天子，而自爲一國之大祖；故諸侯之元子，亦爲諸侯之大宗，而繼其太祖，而別子爲大夫，大夫亦不敢祖諸侯，而自立家爲別子之祖；繼別者爲宗，亦謂之大宗，所以別小宗而百世不遷者也，小宗有四五世則遷者也。故繼高祖之宗，得祀高祖，凡族兄弟皆宗之，族兄弟同出於高祖，故高祖與族兄弟之服皆三月。至於繼祖、繼曾祖、繼禰所祀所宗，莫不倣此。故其所繼者，皆謂之宗子，以主家政而宗之者，皆聽命焉。諸侯大夫之大宗，久廢不講，唯小宗若可行於今，然士大夫廟制世數之等，與宗子族食之差，其詳可得聞歟！至宗子必以世適，有才不才，間有所廢置，變之則宗法壞，不變則家政不行。❶ 支子不祭，必告於宗子。古者仕不出鄉，則支子常得與祭於宗，以今之仕者出處之不常，將有終身不與者可乎？至於尊祖奉宗之心，或奪於貴富，同財歸資之法，或廢於私藏，嚴之則賊恩，寬之則弛法。如庶民之無知，雖父兄猶有不聽，何有於宗子乎？將使家政脩，宗法舉，嚴祭饗，謹冠昏，貨財不私，法度如一，其親親之道，至於祖遷宗易而後已，亦有道乎？（《策問》）

樂記第十九

子夏對曰：「今夫古樂，進旅退旅，和正以廣，弦匏笙簧，會守拊鼓。始奏以文，復亂以武。治亂以相，訊疾以雅。君子於是語，於是道古，修身及家，平均天下。此古樂之發也。」

「訊疾以雅」，擊雅以任舞者之進也。「治亂以相」，拊相以治舞者之亂也。舞者之進，以象發揚蹈厲，不可得而緩也。其舞既急，行列不能無亂，故武亂，皆坐拊相以節之，使正其行列，復不可得而急也。故訊疾爲太公之志，志於伐商而不可失；治亂爲周召之事，歸馬散牛，不復用兵，教之以禮樂者也。

雜記上第二十

有父母之喪尚功衰，而附兄弟之殤，則練冠，

❶ 兩「變」字，四庫本均作「辨」。

附於殤。稱陽童某甫，不名，神也。

上言「有三年之練冠，則以大功之麻易之，唯杖屨不易」。此謂三年既練，遭大功之喪，當易練冠練衣，而服大功之衰；又加首絰，以麻易葛帶；所不易者，杖屨而已。然此三年者，統言父母君長子，及爲人後、及適孫爲祖之類，若父母之喪既練，而祔兄弟之殤，則杖屨與練冠俱不易。此一節，於三年練冠中，特爲父母立例，蓋大功之衰，有重於三年之練冠，故所不易者，唯有杖屨。兄弟之殤，雖亦大功，然既殤且祔，宜輕於父母之練，故比之三年所不易者，又有練冠也。功衰者，卒哭所受六升之服也；至練，則以功衰之布練而爲衣，故猶曰「功衰」。此不曰「練」而曰「功衰」者，爲下「練冠」立文也。言「尚」者，明受功衰之日已遠，故知爲練服也。若哭兄弟之殤，則必易練冠，蓋殤之喪，雖無卒哭之稅，至于祔，宜有殺矣。

雜記下第二十一

既葬，大功弔，哭而退，不聽事焉。期之喪未葬，弔於鄉人，哭而退，不聽事焉。功衰弔，待事，不執事。小功、緦，執事，不與於禮。

「功衰事」下脱一「不」字。❶此謂卒哭之受服。

喪食雖惡，必充饑。饑而廢事，非禮也；飽而忘哀，亦非禮也。視不明，聽不聰，行不正，不知哀，君子病之。故有疾飲酒食肉，五十不致毁，六十不毁，七十飲酒食肉，皆爲疑死。有服，人召之食，不往。大功以下，既葬適人，人食之，其黨也食之，非其黨弗食也。功衰，食菜果，飲水漿，無鹽酪。不能食食，鹽酪可也。孔子曰：「身有瘍則浴，首有創則沐，病則飲酒食肉。毁瘠爲病，君子弗爲也；毁而死，君子謂之無子。」

功衰，亦卒哭之受服，《閒傳》：「父母之喪，既虞卒哭，疏食水飲，不食菜果。」與此文正合。疏食水飲，其飲不加鹽酪，故曰「飲水漿，無鹽酪」也。「不能食

❶ 按，此爲吕大臨校《雜記》之語，其所據本今已不得見。

食，鹽酪可也」者，❶《喪大記》：「不能食粥，羹之以菜可也。」蓋人有所不能，亦不可勉也。

子貢觀於蜡，孔子曰：「賜也，樂乎？」對曰：「一國之人皆若狂，賜未知其樂也。」子曰：「百日之蜡，一日之澤，非爾所知也。張而不弛，文武弗能也；弛而不張，文武弗爲也；一張一弛，文武之道也。」

蜡，索祭也。歲十二月，歲將終矣，百物成矣，凡物之神，苟有功於人，無不舉而祭之。故司嗇也、百種也、農也、郵表畷也、貓也、虎也、坊也、水也，謂之八蜡，祭之道至于蜡，則報之禮備矣，故曰仁之至、義之盡也。自秋成至于十二月有百日，在百日中，索是鬼神，以脩蜡禮，故曰「百日之蜡」。至于十二月乃祭，祭而遂息田夫，故曰「一日之澤」。一方不成，則蜡不行於其方，謹愛民財而不可費也。順成之方，蜡祭乃行，必使不成之方移民而就粟也。

喪大記第二十二

小斂：主人即位于户内，主婦東面，乃斂。卒斂，主人馮之踊，主婦亦如之。主人袒，説髦，括髮以麻，婦人髽，帶麻于房中。

婦人不俟男子襲絰，亦先帶麻者，以其無絞帶，布帶且質略少變，故因髽而襲絰也。

祭法第二十三

祭法：有虞氏禘黄帝而郊嚳，祖顓頊而宗堯；夏后氏亦禘黄帝而郊鯀，祖顓頊而宗禹；殷人禘嚳而郊冥，祖契而宗湯；周人禘嚳而郊稷，祖文王而宗武王。

天子宗廟之祭，自殷以前，常祭有四，春礿、夏禘、秋嘗、冬烝是也；非常之祭有四，禘、祫、郊、宗是也。祫對犆之名，無別祭，因時祭而舉之，故有犆礿、祫禘、祫烝。春祭物薄，故不祫。犆，犆祭一廟也，春祭物薄，不足合食，故特祭之。祫，合也，合群廟之主，而祭於祖也。禘，諦也。自義率祖，順而祭之至於禰，先尊

❶「酪」，原脱，依正文及四庫本補。

後卑，審諦昭穆，同時異日，各行其祭也。常禘則止及大祖，時禘，禘大祖。大禘則及其始祖所自出之帝，以其大祖配之。如周稷出於嚳，嚳即始祖之所自出之帝，四代皆然。故禘從帝，亦本此義。始祖，稷也；大祖，文王也。二禘之祭皆在夏，有大禘則無常禘，常禘歲行，大禘則五歲一行。《傳》謂「三年一祫，五年一禘」。祫禘者，若常禘，則合于大祖；大禘，則合于始祖。不失追享之義，而合食之郊者，推其祖之功德，可以配天者，祀天於郊，以所配者配之，故曰「郊」。宗者，以其功德可宗，祀帝於明堂，則以其宗配之。禘郊祖宗，雖皆祀其先，然必推其先世之有功德者，非此不在祀典。故瞽、鯀皆有惡德，虞不郊瞽，而夏郊鯀，鯀有以死勤事之功也。至周則以礿爲夏祭，而立祠以爲春祭，別出禘爲大祭，又有肆獻裸饋食之享。肆獻裸，饗禮也，行於禘祭；饋食，食禮也，行於嘗祭。《郊特牲》：饗禘有樂，而食嘗無樂。凡非常之祀，用饗禮、食禮者，皆取於此。故周人禘、祫間行於四時，《周官·司尊彝》云：「四時之間祀，追享、朝享。」追享，禘也，禘其祖之所出，如追享先世之義。朝享，祫也，合食有群主，朝於大祖之義。饗、食互用於非常，非常之祭，或饗或食。禘郊祖宗廟亦不變。然周公推嚴配之禮，以事天之禮事其先，故以后稷配天；而郊之祀，不祀天而祀稷，以文王配帝；而明堂之祀，不祀帝而祀文王者，❶周公時宗文王而已。及其後世，乃祖文而宗武，故《孝經》與《祭法》異。

孔子閒居第二十九

孔子閒居，子夏侍。子夏曰：「敢問《詩》云『凱弟君子，民之父母』，何如斯可謂民之父母矣？」孔子曰：「夫民之父母乎！必達於禮樂之原，以致五至，而行三無，以橫於天下。四方有敗，必先知之。此之謂民之父母矣。」

禮樂之原，在於一心，致五至，行三無，以橫於天下，乃一心之用也。人心其神矣乎？四方有敗，必先知之，所以爲神也，君子之樂而易者，蓋以此也，是故

❶「帝」，四庫本作「稷」。

能爲民父母也。

子夏曰：「民之父母，既得而聞之矣，敢問何謂五至？」孔子曰：「志之所至，詩亦至焉；詩之所至，禮亦至焉。禮之所至，樂亦至焉；樂之所至，哀亦至焉，哀樂相生。是故正明目而視之，不可得而見也；傾耳而聽之，不可得而聞也，志氣塞乎天地。此之謂五至。」

達於禮樂之原，以致「五至」而行「三無」，則此兩者，皆出於禮樂。故「五至」有曰：「詩之所至，禮亦至焉；禮之所至，樂亦至焉。」「三無」有曰：「無聲之樂，無體之禮也。」志者，心之所之也。心不之道，將何之矣？詩以道志者也，故曰「志之所至，詩亦至焉」。興於詩，則必至於禮，故曰「詩之所至，禮亦至焉」。立於禮，則必成於樂，故曰「禮之所至，樂亦至焉」。樂者，樂也。樂極則悲來，故曰「樂之所至，哀亦至焉」，哀樂相生者也。始乎志，猶十歲曰「幼學」也；終乎哀，猶百年曰「期頤」也。此五者，視之不見，聽之不聞，而其志氣塞乎天地，可謂至矣。非達於禮樂者，不足以及此也。聽欲傾耳，視欲正目，「明」字衍也。

子夏曰：「五至既得而聞之矣，敢問何謂三無？」孔子曰：「無聲之樂，無體之禮，無服之喪，此之謂三無。」子夏曰：「三無既得略而聞之矣，敢問何詩近之？」孔子曰：「『夙夜其命宥密』，無聲之樂也。『威儀逮逮，不可選也』，無體之禮也。『凡民有喪，匍匐救之』，無服之喪也。」

先儒謂此三者，皆行之在心，外無形狀，故稱「無」也。蓋樂必有聲，其無聲者，非樂之器，乃樂之道也；禮必有體，其無體者，非禮之文，乃禮之本也；喪必有服，其無服者，非喪之事，乃喪之理也，則此三者，行之在心，外無形狀可知也。無聲之樂，和之至者也；無體之禮，敬之至者也；無服之喪，哀之至者也。子夏雖聞此言，而未深通，以詩人之道，長於人情，故問「何詩近之」，蓋欲通其倫類也。「夙夜基命宥密」，命者，君之所出以施于臣民也。基者，謀始也。宥者，廣容也。密者，精察也。文武之王，基命有密，夙夜不息，樂之者也，此近於無聲之樂也。「威儀逮逮，不可選也」，「逮」本作「棣」，言其威儀，富而閑習，如棣之華萼，光輝相逮，不可選擇，皆盡善也。此於五禮，初無定體，是謂「無體之禮也」。「凡民有喪，匍匐救之」，其於喪者，初無正服，是之謂「無服之喪也」。

子夏曰：「言則大矣，美矣，盛矣，言盡於此而已乎？」孔子曰：「何爲其然也？君子之服之也，猶有五起焉。」子夏曰：「何如？」孔子曰：「無聲之樂，氣志不違；無體之禮，威儀遲遲；無服之喪，內恕孔悲。無聲之樂，氣志既得；無體之禮，威儀翼翼；無服之喪，施及四國。無聲之樂，氣志既從；無體之禮，上下和同；無服之喪，以畜萬邦。無聲之樂，日聞四方；無體之禮，日就月將；無服之喪，純德孔明。無聲之樂，氣志既起；無體之禮，施及四海；無服之喪，施于孫子。」

子曰：「起予者商也，始可與言詩已矣。」謂能起其意也。君子服習，近於「三無」之詩，能起其意者，猶有「五」焉，則所言固未盡也。無聲之樂，在於氣志；無體之禮，在於威儀。氣志與物不違，則固樂矣；於理既得，則尤樂矣；於道既合，則愈樂矣；然則雖曰「無聲」，日聞四方矣；是故天下樂之，氣志既起也。威儀和而緩，則無急迫之態矣；敬而肅，則無怠慢之容矣；上下同和，則無乖異之變矣；然則雖曰「無體」，而小者日就，大者月將矣；是故一人行之，施及四海也。若夫無服之喪，本由內恕孔悲，則視人之喪猶己之喪也。既推是心，施及四國，必由是道，以畜萬邦，厥今純德孔明，其後施于孫子，此仁之至也。氣志既充，威儀既備，而篤於仁，然後三無、五起之義可得而盡矣。

子夏曰：「三王之德，參於天地，敢問何如斯可謂參於天地矣？」孔子曰：「奉三無私以勞天下。」子夏曰：「敢問何謂三無私？」孔子曰：「天無私覆，地無私載，日月無私照，奉斯三者以勞天下，此之謂三無私。其在

《詩》曰：『帝命不違，至于湯齊。湯降不遲，聖敬日躋。昭假遲遲，上帝是祇，帝命式于九圍。』是湯之德也。

德可爲民父母，固已至矣，又進而大之，則參於天地，其道要在無私而已矣。「天無私覆，地無私載，日月無私照，奉斯三者以勞天下」，則是其德與天地參矣，是故王道莫大於無私也。先儒讀「至于湯齊」爲「躋」，《詩》本如字，又讀「聖敬日躋」爲「齊」，《詩》本作「躋」，當以本文爲正。帝之命殷，不相違戾；以至于湯，而皆齊一，湯之屈己下士，敏疾不遲。故其聖敬日以升進，然其昭顯假至于天，未嘗汲汲然，凡以致天命而已。是故天命用事于九圍也，湯之德如此，所以能參於天地也。

天有四時，春夏秋冬，風雨霜露，無非教也。地載神氣，神氣風霆，風霆流形，庶物露生，無非教也。

此衍「神氣風霆」四字。蓋天有四時，運行於上，地載神氣，動作於下。「春夏秋冬，風雨霜露」，所以釋「天有四時」也；「風霆流形，庶物露生」，所以釋「地載神氣」也，衍此四字可知也。春秋執生殺之機，冬夏極陰陽之用，風雨霜露，施于庶物者，皆可取法，無非教也。風之動蕩，霆之震耀，流形于下，化育庶物，使皆呈露發生者，亦可取法，無非教也。然「風霆」猶「風雨」，皆神氣也，降於天，載於地，以成化育者也。獨於地言之，則以流形而可見也。

清明在躬，氣志如神。耆欲將至，有開必先。天降時雨，山川出雲。其在《詩》曰：『嵩高惟嶽，峻極于天。惟嶽降神，生甫及申。惟申及甫，惟周之翰。四國于蕃，四方于宣。』此文武之德也。

清而明者，天之德也，以天德在躬，故氣志如神。孟子曰：「中天下而立，定四海之民，君子樂之。」所謂「耆欲將至」，則有開於興王，必先以生賢。有開於興王，譬猶「天降時雨」也；必先以生賢，譬猶「山川出雲」也。「崧高」者，生賢之詩也。宣王，中興之王也，申甫，間生之賢也，故能爲周翰以蕃于四國，宣于四方也。文武之德如此，無詩以言之，故取類以明義也。

三代之王也，必先其令聞。《詩》云『明明天子，令聞不已』，三代之德也。『弛其文德，協此四國』，大王之德也。」子夏蹶然而起，負墻而立，曰：「弟子敢不承乎？」

奉三無私，以勞天下，而得賢佐，則必有令聞矣。先以令聞慰服人心，然後可以興王業，故三代之王，必皆先之也。《江漢》之詩曰：「明明天子，令聞不已。矢其文德，洽此四國。」以「矢」爲「弛」，以「洽」爲「協」，聲之誤也。❶ 此亦宣王之詩，而謂「明明天子，令聞不已」爲三代之德，「矢其文德，洽此四國」，爲大王之德，皆取類言之也。此篇始論爲民父母之道，終論參於天地之德，致「五至」、行「三無」者，爲民父母之道也；奉三無私，以勞天下者，參於天地之德也。然王者必得賢佐，有令聞，然後可以施爲，故以《崧高》、《江漢》之詩申言之也。

中庸第三十一

《中庸》之書，聖門學者盡心以知性，躬行以盡性，始卒不越乎此書。孔子傳之曾子，曾子傳之子思，子思述所授之言，以著于篇，故此書所論，皆聖人之緒言，入德之大要也。

聖人之德，中庸而已。中則過與不及皆非道，庸則父子、兄弟、夫婦、君臣、朋友之常道，欲造次顛沛久而不違於仁，豈尚一節一行之詭激者哉！

《中庸》之書，學者所以進德之要，本末具備矣。既以淺陋之學爲諸君道之，抑又有所以告諸君者。孔子曰：「古之學者爲己，今之學者爲人。」爲己者，心存乎德行，而無意乎功名；爲人者，心存乎功名，而未及乎德行。若後世學者，有未及乎爲人而濟其私欲者，今學聖人之道而先以私欲害之，則語之而不入，導之而不行，教之者亦何望哉？聖人立教以示後世，未嘗使學者如是也；朝廷建學設科以取天下之士，亦未嘗使學者如是也，學者亦何必捨此而趨彼哉？聖人之學，不使人過，不使人不及，立喜怒哀樂未發之中以爲之本，使學者擇善而固執之，其學固有序矣。學者蓋亦用心於此乎？用心於此，則義理必明，德行必修，

❶「誤」，四庫本作「轉」。

師友必稱，州里必譽；❶仰而於上古，❷可以不負聖人之傳；俯達於當今，可以不負朝廷之教養。世之有道君子，樂得而親之；王公大人，樂聞而取之。與夫自輕其身，涉獵無本，徼幸一旦之利者，果何如哉？諸君有意乎，則今日所講，有望焉；無意乎，則不肖今日自爲譊譊無益，不幾乎侮聖言乎？諸君其亦念之哉！

天命之謂性，率性之謂道，脩道之謂教。

此章先明性、道、教之所以名。性與天道一也，天道降而在人，故謂之性。性者，生生之所固有也。循是而言之焉，莫非道也。道之在人，有時與位之不同，必欲爲法於後世，不可不脩。❸

「天命之謂性」，即所謂中；「脩道之謂教」，即所謂庸。中者，道之所自出；庸者，由道而後立。蓋中者，天道也、天德也，降而在人，人稟而受之，是之謂性。《書》曰：「惟皇上帝，降衷于下民。」《傳》曰：「民受天地之中以生。」此人性所以必善，故曰「天命之謂性」。性與天道，本無有異，但人雖受天地之中以生，而梏於蕞然之形體，常有私意小知，撓乎其間，故與天地不相似，所發遂至於出入不齊，而不中節，如使所得於天者不喪，則何患不中節乎？故良心所發，莫非道也。在我者，惻隱、羞惡、辭讓、是非，皆道也；在彼者，君臣、父子、夫婦、昆弟、朋友之交，亦道也。在物之分，則有彼我之殊；在性之分，則合乎内外，一體而已；是皆人心所同然，乃吾性之所固有。隨喜怒哀樂之所發，則愛必有等差，敬必有節文；所感重者，其應也亦重；所感輕者，其應也亦輕。自斬至緦，喪服異等，而九族之情無所憾；自王公至皂隸，儀章異制，而上下之分莫敢争，非出於性之所有，安能致是乎？故曰「率性之謂道」。循性而行，無物撓之，雖無不中節，然人稟於天者，不能無厚薄昏明，則應於物者，亦不能無小過小不及，故「喜斯陶，陶斯咏，咏斯猶，猶斯舞，舞斯慍，慍斯戚，戚斯歎，歎斯辟，辟斯踊矣。品節斯，

❶「譽」，四庫本作「舉」。

❷「而」，四庫本作「企」。

❸「不可不脩」以下，朱氏《中庸輯略》未收，衛湜《集説》云：「凡朱氏《輯略》所不取者，據石氏本增入。」以下同此例。特删去原本「一本云」或「又曰」，而另起一段，以示衛氏此例。

斯之謂禮」。閔子除喪而見孔子，予之琴而彈之，切切而哀，曰：「先王制禮，不敢過也。」子夏除喪而見孔子，予之琴而彈之，侃侃而樂，曰：「先王制禮，不敢不及也。」故心誠求之，雖不中不遠矣。然將達之天下，傳之後世，慮其所終，稽其所敝，則其小過小不及者，不可以不脩。此先王所以制禮，故曰「脩道之謂教」。

道也者，不可須臾離也，可離非道也。是故君子戒慎乎其所不睹，恐懼乎其所不聞。莫見乎隱，莫顯乎微，故君子慎其獨也。

此章明道之要，不可不誠。道之在我，猶飲食居處之不可去，可去皆外物也。誠以爲己，故不欺其心。人心至靈，一萌于思，善與不善，莫不知之。他人雖明，有所不與也。故慎其獨者，知爲己而已。

道之爲言，猶道路也，凡可行而無不達，皆可謂之「道」也。成象之謂「乾」，效法之謂「坤」，天立是理，地以效之，況於人乎？故人效法於天，不越順性命之理而已。率性之謂道，則四端之在我者，人倫之在彼者，皆吾性命之理受乎天地之中，所以立人之道，「不可須臾離也」。絶類離倫，無意乎君臣父子者，過而離乎此者也；賊恩害義，不知有君臣父子者，不及而離乎此者也；雖過不及有差，而皆不可以行於世，故曰「可離非道也」。非道者，非天地之中而已，非天地之中而自謂有道，惑也。

所謂中者，性與天道也。謂之有物，則不得於言；謂之無物，則必有事焉。不得於言者，視之不見，聽之不聞，無聲形接乎耳目而可以道也；必有事焉者，莫見乎隱，莫顯乎微，體物而不可遺者也。古之君子，立則見其參於前，在輿則見其倚於衡，是何所見乎？洋洋如在其上，如在其左右，是果何物乎？學者見乎此，則庶乎能擇中庸而執之，隱微之間，不可求之於耳目，不可道之於言語，然有所謂昭昭而不可欺，感之而能應者，正惟虛心以求之，則庶乎見之，故曰「莫見乎隱，莫顯乎微」。然所以慎其獨者，苟不見乎此，則何戒慎恐懼之有哉？此誠之不可揜也。

喜怒哀樂之未發，謂之中；發而皆中節，謂之和。中也者，天下之大本也；和也者，天下之達道也。致中和，天地位焉，萬物育焉。

此章明命中和，及言其效。情之未發，乃其本心，元無過與不及，所謂「物皆然，心爲甚」，所取準則以爲中者，本心而已。由是而出，無有不合，故謂之和。非中不立，非和不行，所出所由，未嘗離此大本根也。達道，衆所出入之道。極吾中以盡天地之中，極吾和以盡天地之和，天地以此立，化育亦以此行。

人莫不知理義當，無過不及之謂中，未及乎所以中也，喜怒哀樂未發之前，反求吾心，果何爲乎？《易》曰：「寂然不動，感而遂通天下之故。」《語》曰：「子絶四：毋意，毋必，毋固，毋我。」《孟子》曰：「大人者，不失赤子之心。」此言皆何謂也？「回也其庶乎，屢空」，唯空然後可以見乎中，空非中也，必有事焉。喜怒哀樂之未發，無私意小知撓乎其間，乃所謂空，由空然後見乎中，實則不見也。若子貢聚見聞之多，其心已實如貨殖焉，所蓄有數，所應有期，雖曰富有，亦有時而窮，故「億則屢中」，而未皆中也。「權，然後知輕重；度，然後知長短。物皆然，心爲甚」，則心之度物，甚於權度之審，其應物當無毫髮之差。然人應物，不中節者常多，其故何也？由不得中而執之，有私意小知撓乎其間。故理義不當，或過或不及，猶權度之法不精，則稱量百物，不能無銖兩分寸之差也。此所謂性命之理，出於天道之自然，非人私知所能爲也。故推而放諸四海而準，前聖後聖，若合符節，故曰「喜怒哀樂之未發，謂之中」。昔者堯之授舜曰：「天之曆數在爾躬，允執其中。」舜亦以命禹曰：「人心惟危，道心惟微；惟精惟一，允執厥中。」雖聖人以天下授人，所命者不越乎此，豈非中之難執難見乎？豈非道義之所從出乎？後世稱善治天下者，無出乎堯舜禹，豈非執中而用之，無所不中節乎？無過無不及，民有不和、世有不治者乎？聖人之治天下，猶不越乎執中，則治身之要，舍是可乎？故苟得中而執之，則從欲以治，四方風動，精義入神，利用出入可也，故曰「中者，天下之大本」。自中而發，無不中節，莫非順性命之理而已，莫非庸言庸行而已。人心之所同然，人道之所共行，不越乎合君臣、父子、昆弟、夫婦、朋友之交而已，故曰「和者，天下之達道」。致中和者，至誠盡性之謂。故與天地合德而通乎神明者，致中者也；察乎人倫，明乎庶物，體信以達順者，致和者也。唯至誠，爲能盡其性；能盡其性，則能盡人之性；能盡人之性，則能盡物之性；能盡物之性，則可以贊天地之化育，可以與天地參矣。人者與天地並立而爲三，盡人之性，則人道立；人道立，則經綸天下之大經，而天尊地卑，上下定矣。人道不立，則經不正；經不正，則顛倒逆施，天地安得而位諸？盡物之性，則昆蟲草木，與吾同生者也。不合圍，不揜群，至于不麛不卵，不殺胎，不覆巢，此雖贊天地之化育，猶政事之所及，而至誠上達，與天地同流，化育萬物者，乃聖人致中和之效也。

仲尼曰：「君子中庸，小人反中庸。君子之中庸也，君子而時中；小人之中庸也，小人而無忌憚也。」

此章言中庸之用。時中，當其可而已，猶冬飲湯、夏飲水之謂。無忌憚，以無所取則也。不中不常，妄行而已。

君子蹈乎中庸，小人反乎中庸者也。「君子之中庸也」，有君子之心，又達乎時中；「小人之中庸也」，有小人之心，反乎中庸，無所忌憚，而自謂之時中也。時中者，當其可之謂也。時止則止，時行則行，當其可也；可以仕則仕，可以止則止，可以速則速，可以久則久，當其可也；曾子、子思，易地則皆然，禹、稷、顔回同道，當其可也；舜不告而娶，周公殺管、蔡，孔子以微罪行，當其可也。小人見君子之時中，惟變所適，而不知當其可，而欲肆其姦心，濟其私欲，或言不必信，行不必果，則曰「惟義所在而已」，然實未嘗知義之所在。有臨喪而歌，人或非之，則曰「是惡知禮意」，然實未嘗知乎禮意，猖狂妄行，不謹先王之法，以欺惑流俗，此小人之亂德，先王之所以必誅，而不以聽者也。

執中無權，雖君子之所惡，苟無忌憚，則不若無權之爲愈。

子曰：「中庸其至矣乎！民鮮能久矣！」

人莫不能中庸，鮮能久而已。久則爲賢人，不息則爲聖人。

中庸者，天下之所共知，天下之所共行，猶寒而衣、飢而食、渴而飲，不可須臾離也。衆人之情，厭常而喜新，質薄而氣弱，雖知不可離，而亦不能久也。唯君子之學，自明而誠，明而未至乎誠，雖心悦而不去。然知不可不思，行不可不勉，在思勉之分，而氣不能無衰，志不能無懈，故有「日月至焉」者，有「三月不違」者，皆德之不可久者。若至乎誠，則不思不勉，至於常久而不息，非聖人其孰能之？

子曰：「道之不行也，我知之矣，知者過之，愚者不及也；道之不明也，我知之矣，賢者過之，不肖者不及也。人莫不飲食也，鮮能知味也。」子曰：「道其不行矣夫！」

諸子百家，異端殊技，其設心非欲義理之不當，然卒不可以入堯舜之道者，所知有過不及之害也。疏明曠達，以中爲不足守，出於天地範圍之中，淪於虚無寂寞之境，窮高極深，要之無所用於世，此過之之害也；蔽蒙固滯，不知所以爲中，泥於形名度數之末節，徇於耳目聞見之所及，不能體天地之化，達君子之時中，此不及之害也；二者所知，一過一不及，天下欲蹈乎中庸而無所歸，此道之所以不行也。賢者常處其厚，不肖者常處其薄。曾子執親之喪，水漿不入口者七日，高柴泣血三年，未嘗見齒，雖本於厚，而滅性傷生，無義以節之也；宰予以三年之喪爲已久，食稻衣錦而自以爲安，墨子之治喪也，以薄爲其道，既本於薄，及徇生逐末，不免於恩以厚之也；二者所行，一過一不及，天下欲擇乎中庸而不得，此道之所以不明也。知之不中，習矣而不察者也；行之不中，行矣而不著者也，是知飲食而不知味者也。

此章言失中之害。必知其所以然，然後道行；必可常行，然後道明。知之過，無徵而不適用；不及，則卑陋不足爲，是取不行之道也。行之過，不與衆共；不及，則無以異於衆，是不明之因也。行之不著，習矣不察，是皆飲食而不知味者。如此而望道之行，難矣夫！

子曰：「舜其大知也與！舜好問而好察邇言，隱惡而揚善，執其兩端，用其中於民，其斯以爲舜乎！」

舜之知所以爲大者，樂取諸人以爲善而已。好問而好察邇言，隱惡而揚善，皆樂取諸人者也。兩端，過與不及也。執其兩端，乃所以用其時中，猶持權衡而稱物輕重，皆得其平。故舜之所以爲舜，取諸人，用諸民，皆以能執兩端不失中也。

好問，則無知愚，無賢不肖，無貴賤，無長幼，皆在所問；好察邇言者，流俗之諺，野人之語，皆在所察。廣問，合乎衆議者也；邇言，出於無心者也。雖未盡合於理義，而理義存焉，其惡者隱而不取，其善者舉而從之，此與人同之道也。

子曰：「人皆曰予知，驅而納諸罟擭陷阱之中，而莫之知辟也。人皆曰予知，擇乎中庸而不能期月守也。」

子曰：「回之爲人也，擇乎中庸，得一善，則拳拳服膺而弗失之矣。」

自「人皆曰予知」以下。中庸之可守，人莫不知之，鮮能蹈之，烏在其爲知也歟？唯顔子知擇中庸而能守之，此所以爲顔子也。衆人之不能期月守，聞見之知，非心知也。顔子服膺而弗失，心知而已，此所以與衆人異。

擇乎中庸，可守而不能久，知及而仁不能守之者也。知及之，仁不能守之，自謂之知，安在其爲知也歟？雖得之，必失之。故君子之學，自明而誠，明則能擇，誠則能守，能擇知也，能守仁也，如顔子者，可謂能擇而能守也。高明不可窮，博厚不可極，則中道不可識，故「仰之彌高，鑽之彌堅；瞻之在前，忽焉在後」。❶察其志也，非見聖人之卓，不足謂之中，隨其所至，盡其所得，據而守之，則拳拳服膺而不敢失。勉而進之，則既竭吾才而不敢緩，此所以恍惚前後，而不可爲像，求見聖人之止，欲罷而不能也。一宫之中，則庭爲之中矣；指宫而求之一國，則宫或非其中；指國而求之九州，則國或非其中。故極其大則中可求，止其中則大可有，此顔子之志乎！

子曰：「天下國家可均也，爵禄可辭也，白刃可蹈也，中庸不可能也。」

此章言中庸之難也。均之爲言，平治也。《周官》冢宰「均邦國」，平治之謂也。平治乎天下國家，知者之所能也；讓千乘之國，辭萬鍾之禄，廉者之所能也；犯難致命，死而無悔，勇者之所能也。三者，世之所難也，然有志者，率皆能之。中庸者，世之所謂易也，然非聖人，其孰能之？唯其以爲易，故以爲不足學而不察，以爲不足行而不守，此道之所以不行也。

子路問强。子曰：「南方之强與？北方之强與？抑而强與？寬柔以教，不報無道，南方之强也，君子居之。衽金革，死而不厭，

❶「焉」，原作「然」，依四庫本改。

北方之强也，而强者居之。故君子和而不流，强哉矯！中立而不倚，强哉矯！國有道，不變塞焉，强哉矯！國無道，至死不變，强哉矯！」

此章言强之中也。南方之强，不及乎强者也；北方之强，過乎强者也；而强者，汝之所當强者也。南方，中國；北方，狄也。以北對南，故中國所以言南方也。南方雖不及强，然犯而不校，未害爲君子。北方則過於强，尚力用强，故止爲强者而已，未及君子之中也。得君子之中，乃汝之所當强也。柔而立，寬而栗，故能「和而不流」；剛而寡欲，故能「中立而不倚」；富貴不能淫，故「國有道，不變塞焉」；貧賤不能移，威武不能屈，故「國無道，至死不變」。是皆以己之强力矯其偏，以就中者也。夫矯之爲言，猶揉木也。木之性能曲能直，將使成材而爲器，故曲者直者，皆在所矯，故皆曰「强哉矯」。不羞汙君，不辭小官，與鄉人處，由由然不忍去，雖袒裼裸裎於我側，爾焉能浼我哉！其和而不流者歟！非其君不事、非其民不使，與夫獨立不懼、遯世無悶者，其中立而不倚者歟！塞，未達也。君子達不離道，故當天下有道，其身必達，不變未達之所守，所謂「不變塞焉」者也。

子曰：「素隱行怪，後世有述焉，吾弗爲之矣。君子遵道而行，半塗而廢，吾弗能已矣。君子依乎中庸，遯世不見知而不悔，唯聖者能之。」

此章論行之所以求乎中也。「素隱行怪」，未當行而行之，行之過者也。「半塗而廢」，當行而不行，行之不及者也。素，讀如「傃鄉」之「傃」，猶「傃其位」之「素」也。君子之學，方鄉乎隱，則隱而未見，行而未成，「潛龍」所以「勿用」也。然其志嘐嘐然曰：「古之人！古之人！」夷考其行而不掩，則怪者也。君子之學，方遵道而行，不勉則不中，不思則不得，進德修業，所以欲及時也。然莫之禦而不爲，力非不足而畫焉，則自已者也。怪者，君子之所不爲也；已者，君子之所不能也。不爲其所太過，不已其所不及，此所以「依乎中庸」，自信而不悔也。依，與違對者也。依於仁，則不違於仁；依乎中庸，則不可須臾離也。聖人擇天下之善，知天下之本，不出乎中庸，反之於心而悦，行之於己而安，考之於理而不謬，合之先王而不違，措之天下國家而可行，則將自信而不疑，獨立而不懼，舉世非之而不悔，非知道之至，烏能及是哉？

君子之道費而隱。夫婦之愚，可以與知焉，及其至也，雖聖人亦有所不知焉；夫婦之不肖，可以能行焉，及其至也，雖聖人亦有所不能焉。天地之大也，人猶有所憾。故君子語大，天下莫能載焉；語小，天下莫能破焉。《詩》云：「鳶飛戾天，魚躍于淵。」言其上下察也。君子之道，造端乎夫婦；及其至也，察乎天地。

此已上論中，此已下論庸。此章言常道之終始。費，用之廣也。隱，微密也。費則常道，隱則至道。唯能盡常道，乃所以爲至道。天地之大，亦有所不能，故人猶有憾，況聖人乎？天地之大猶有憾，語大者也。有憾於天地，則大於天地矣，此所以「天下莫能載」。愚不肖之夫婦所常行，語小者也。愚不肖所常行，雖聖人亦有不可廢，此所謂「天下莫能破」。上至乎天地所不能，下至於愚不肖之所能，則至道備矣。自夫婦之能，至察乎天地，則常道盡矣。

庸者，常道也。費，用也；隱，不用也。用者顯著而易知，不用者微密而難知。易知者易能，難知者難能。蓋易知易能者，常道也；難知難能者，至道也。音者，瞽矇之所及知；味者，饔人之所及知；及其至也，雖聖人之知，而知音知味，不如師曠、易牙之精。故堯舜之知，不偏愛物，❶孔子自謂不如老農老圃，此「聖人亦有所不知」者也。見孺子將入井，人皆有怵惕惻隱之心，呼蹴而與之，行道之人皆所不屑；及其至也，充不忍人之心，充無受爾汝之實，則博施濟衆，堯舜其猶病諸，君子之道四，孔子自謂「未能」，此「聖人亦有所不能」者也。聖人亦有所不知，語小者也。知音知味，爲農爲圃，雖小道也，專心致意，亦能貫乎至理，造於精微，周天下之用而不可闕，此「天下所莫能破」也。聖人亦有所不能，語大者也。天地之大，人猶有所憾，則道固大於天地矣。聖人盡道，財成輔相，以贊天地之化育，合乎天地人而無間，此「天下所莫能

❶「不偏愛物」，清麓本作「而不偏物」。

載」也。鳶飛於上，魚躍於下，上下察之至者也。愚不肖之夫婦，可以與知，可以能行，則常道盡矣，此所以謂「造端乎夫婦」者也。孝弟之至，通乎神明，光乎四海，無所不通，則至道成矣，此所謂「及其至也，察乎天地」者也。

子曰：「道不遠人。人之爲道而遠人，不可以爲道。《詩》云：『伐柯伐柯，其則不遠。』執柯以伐柯，睨而視之，猶以爲遠。故君子以人治人，改而止。忠恕違道不遠，施諸己而不願，亦勿施於人。君子之道四，丘未能一焉：所求乎子以事父，未能也；所求乎臣以事君，未能也；所求乎弟以事兄，未能也；所求乎朋友先施之，未能也。庸德之行，庸言之謹，有所不足，不敢不勉，有餘不敢盡；言顧行，行顧言，君子胡不慥慥爾！」

此章言治己治人之常道也。苟非其人，道不虛行。人能弘道，非道弘人。故道雖本於天，行之者在人而已。妙道精義，常存乎君臣、父子、夫婦、朋友之間，不離乎交際、酬酢、應對之末，皆人心之所同然，未有不出於天者也。若絶乎人倫，外乎世務，窮其所不可知，議其所不可及，則有天人之分、内外之别，非所謂大而無外，一以貫之，安在其爲道也歟？柯，斧之柄也，而求柯於木，其尺度之則，固不遠矣。然柯猶在外，睨而視之，始得其則。若夫治己治人之道，於己取之，不必睨視之勞，而自得於此矣。故君子推是心也，其治衆人也，以衆人之道而已，以衆人之所及知責其所知，以衆人之所能責其所行，改而後止，不厚望也。其愛人也，以忠恕而已。忠者，誠有是心，而不自欺；恕者，推待己之心以及人者也。忠恕不可謂之道，而道非忠恕不行，此所以言「違道不遠」，孔子謂「吾道一以貫之」者也。其治己也，以求乎人者反於吾身。事父、事君、事兄、先施之朋友，皆衆人之所能盡，人倫之至，通乎神明，光于四海。有性焉，君子不謂之命，則雖聖人亦自謂「未能」，此舜所以盡事親之道，必至瞽瞍底豫者也。故君子責己、責人、愛人，有三術焉：以責人之心責己，則盡道，所謂「君子之道四，丘未能一焉」者也；以愛己之心愛人，則盡仁，所謂「施諸己而不願，亦勿施於人」者也；以衆人望人，則易從，所謂

「以人治人，改而止」者也。庸者，常道也。事父孝，事君忠，事兄弟，交朋友信，庸德也，必行而已；有問有答，有唱有和，不越乎此者，庸言也，無易而已。不足而不勉，則德有止而不進；有餘而盡之，則道難繼而不行。無是行也，不敢苟言以自欺，故「言顧行」；有是言也，不敢不行而自棄，故「行顧言」；言行相顧，知造乎誠實以自信，此君子所以慥慥，造乎誠實之謂也。

君子素其位而行，不願乎其外。素富貴，行乎富貴；素貧賤，行乎貧賤；素夷狄，行乎夷狄；素患難，行乎患難；君子無入而不自得焉。在上位不陵下，在下位不援上，正己而不求於人則無怨。上不怨天，下不尤人。故君子居易以俟命，小人行險以徼幸。子曰：「射有似乎君子，失諸正鵠，反求諸其身。」

達則兼善天下，得志則澤加於民，「素富貴，行乎富貴」者也，不驕不淫不足以道之也。窮則獨善其身，不得志則修身見於世，「素貧賤，行乎貧賤」者也，不諂不懾不足以道之也。言忠信，行篤敬，雖蠻貊之邦，行矣，「素夷狄，行乎夷狄」者也。文王內文明而外柔順，以蒙大難，箕子內難而能正其志，「素患難，行乎患難」者也。愛人不親反其仁，治人不治反其智，此在上位，所以不陵下也。彼以其富，我以吾仁，彼以其爵，我以吾義，吾何慊乎哉？此在下位，所以不援上也。陵下不從，則罪其下；援上不得，則非其上，是所謂「尤人」者也。庸德之行，庸言之謹，「居易」者也。國有道，不變塞焉；國無道，至死不變，心逸日休。行其所無事，如子從父命，無所往而不受，「俟命」者也。若夫行險以徼一旦之幸，得之則貪爲己力，不得則不能反躬，是所謂「怨天」者也。故君子正己而不求於人，如射而已，射之不中，由吾巧之不至也。故失諸正鵠者，未有不反求諸身，則德之不進，豈吾憂哉？

君子之道，譬如行遠必自邇，譬如登高必自卑。《詩》曰：「妻子好合，如鼓瑟琴；兄弟既翕，和樂且耽；宜爾室家，樂爾妻帑。」子曰：「父母其順矣乎！」

不得乎親，不可以爲人；不順乎親，不可以爲子。

故君子之道，莫大乎孝，孝之本，莫大乎順父母。故仁人孝子欲順親，必先乎妻子不失其好，兄弟不失其和，室家宜之，妻帑樂之，致家道成，然後可以養父母之志而無違也。「行遠」、「登高」者，謂孝莫大於順其親者也；❶「自邇」、「自卑」者，謂本乎妻子兄弟者也。故身不行道，不行於妻子。文王刑於寡妻，至於兄弟，則治家之道必自妻子始。

子曰：「鬼神之爲德，其盛矣乎！視之而弗見，聽之而弗聞，體物而不可遺。使天下之人齊明盛服，以承祭祀。洋洋乎！如在其上，如在其左右。《詩》曰：『神之格思，不可度思！矧可射思！』夫微之顯，誠之不可揜如此夫。」

此章論誠之本。唯誠所以能中庸。神以知來，知以藏往。往者屈也，來者伸也。所屈者不亡，所伸者無息。雖無形聲可求，而物物皆體。弗聞弗見，可謂「微」矣。然體物弗遺，此之謂「顯」。不亡不息，可謂「誠」矣。因感必見，此之謂「不可揜」。

鬼神者無形，故視之不見；無聲，故聽之不聞。然萬物之生，莫不有氣，氣也者，神之盛也；莫不有魄，魄也者，鬼之盛也，故人亦鬼神之會爾。此體物而不可遺者也。鬼神者，周流天地之間，無所不在，雖寂然不動，而有感必通，通雖無形無聲，而有所謂昭昭不可欺者，故「如在其上，如在其左右」也。弗見弗聞，可謂「微」矣；然體物而不可遺，此之謂「顯」，周流天地之間，昭昭而不可欺，可謂「誠」矣；然因感而必通，此之謂「不可揜」。

鬼神者，二氣之往來爾。物感雖微，無不通於二氣。故人有是心，雖自謂隱微，心未嘗不動；動則固已感於氣矣，鬼神安有不見乎？其心之動，又必見於聲色舉動之間，人乘間以知之，則感之著者也。

子曰：「舜其大孝也與！德爲聖人，尊爲天子，富有四海之內。宗廟饗之，子孫保之。故大德必得其位，必得其祿，必得其名，必得其壽。故天之生物，必因其材而篤焉。故栽者培之，傾者覆之。《詩》曰：『嘉樂君子，憲

❶「謂」，原作「諸」，依四庫本與上下文義改。

憲令德！宜民宜人，受禄于天；保佑命之，自天申之！』故大德者必受命。」

中庸之行，孝弟而已。如舜之德位皆極，流澤之遠，始可盡孝。故禄位名壽之皆得，非大德其孰能致之？

天命之所屬，莫踰於大德，至於禄位名壽之皆極，則人事至矣，天命申矣。行父母之遺體，敢不敬乎？則敬親之至，莫如「德爲聖人，尊爲天子」之大也。以天下養，養之至也，則養親之至，莫如「富有四海之内」之盛也。積厚者流澤廣，積薄者流澤狹，則繼親之至，莫如「宗廟饗之，子孫保之」之久也。舜之德大矣！故尊爲天子，所謂「必得其位」；富有四海之内，所謂「必得其禄」；德爲聖人，所謂「必得其名」；宗廟饗之，子孫保之，則福禄之盛，享壽考而無疑也，所謂「必得其壽」。天之於萬物，其所以爲吉凶之報，莫非因其所自取也。植之固者，如雨露之養，則其末必盛茂；植之不固者，震風淩雨，則其本先撥；至於人事，則得道者多助，失道者寡助，是皆「因其材而篤焉，栽者培之，傾者覆之」也。古之君子既有憲憲之令德，而又有宜民宜人之大功，此宜受天禄矣。故天保佑之，申之以受天命，此大德所以必受命，是亦「栽者培之」之義與！

命雖不易，唯至誠不息，亦足以移之。此大德所以必受命，君子所以有性焉，不謂命也。

子曰：「無憂者其唯文王乎！以王季爲父，以武王爲子，父作之，子述之。武王纘大王、王季、文王之緒，壹戎衣而有天下，身不失天下之顯名。尊爲天子，富有四海之内。宗廟饗之，子孫保之。武王末受命，周公成文武之德，追王大王、王季，上祀先公以天子之禮。斯禮也，達乎諸侯大夫，及士庶人。父爲大夫，子爲士，葬以大夫，祭以士。父爲士，子爲大夫，葬以士，祭以大夫。期之喪達乎大夫，三年之喪達乎天子，父母之喪無貴賤一也。」

追王之禮，古所無有，其出於周公乎！大王避狄去邠，之岐山之下而居，從之者如歸市，則王業始基之矣。王季成大王之業，至文王受命作周，故武王「壹戎衣而有天下」，「纘大王、王季、文王之緒」而已。故追王大王、王季、文王者，明王業之所基也。《武成》曰：「大王肇基王迹，王季其勤王家。我文考文王，克成厥勳，誕膺天命，以撫方夏，大邦畏其力，小邦懷其德。惟九年，大統未集，予小子其承厥志。」此追王之意與追王之禮，文王之志也，武王承之；武王之業也，周公成之。武王末年，始受天命，於是禮也，蓋有所未暇，此周公所以兼言「成文武之德」也。推是心也，故上祀先公亦以天子之禮，而下達乎諸侯、大夫，及士、庶人。蓋先公祖紺以上，追王所不及。如達其意於大王、王季，豈無是意哉？故「上祀先公以天子之禮」，所以達追王之意於其上也。葬，從死者；祭，從生者，則自諸侯達乎大夫、士、庶人，亦豈無是意哉？故「父爲大夫，子爲士，葬以大夫，祭以士。父爲士，子爲大夫，葬以士，祭以大夫」。葬之從死者之爵，祭之用生者之禄，上下一也，所以達追王之意於其下也。「期之喪達乎大夫」者，期之喪有二：有正統之期，爲祖父母是也；有旁親之期，爲世父母、叔父母、衆子、昆弟、昆弟之子是也。正統之期，雖天子諸侯莫敢降；旁親之期，天子諸侯絶服，而大夫降，所謂尊不同，故或絶或降也。大夫雖降，猶服大功，不如天子諸侯之絶服，故曰「期之喪達乎大夫」也。如旁親之期，亦爲大夫，則大夫亦不降，所謂尊同，則服其親之服也。諸侯雖絶服旁親，尊同亦不降。所不臣者猶服之，如始封之君，不臣諸父昆弟，封君之子，不臣諸父而臣昆弟是也。「三年之喪，達乎天子」者，三年之喪，爲父爲母，適孫爲祖，爲長子，爲妻而已，天子達乎庶人一也。父在爲母及妻，雖服期，然本爲三年之喪，但爲父爲夫而屈者也。故與齊衰期之餘喪異者有三：服而加杖一也；十一月而練，十三月而祥，十五月而禫二也；夫必三年而後娶三也。父母之喪，則齊疏之服，饘粥之食，自天子達於庶人，蓋子之事親，所以自致其誠，不可以尊卑變也。

子曰：「武王、周公，其達孝矣乎！夫孝者，善繼人之志，善述人之事者也。春秋脩其祖廟，陳其宗器，設其裳衣，薦其時食。宗廟之禮，所以序昭穆也；序爵，所以辨貴賤也；序事，所以辨賢也；旅酬下爲上，所以逮賤也；燕毛，所以序齒也。踐其位，行其禮，奏其樂，敬其所尊，愛其所親，事死如事生，事亡如事存，孝之至也。郊社之禮，所以祀上帝也，宗廟之禮，所以祀乎其先也。明乎郊社之禮、禘嘗之義，治國其如示諸掌乎！」

此章言達孝所以爲中庸。武王、周公所以稱「達孝」者，能成文王事親之孝而已。故「脩其祖廟，陳其宗器，設其裳衣，薦其時食」者，善繼文王事親之志也；序爵、序事、旅酬、燕毛者，善述文王事親之事也。踐文王之位，行文王之禮，奏文王之樂，敬文王之所尊，愛文王之所親。其所以事文王者如生如存，如繼志述事，上達乎祖，此之謂「達孝」者歟！祖廟者，先王先公之廟祧也。宗器者，國之玉鎮大寶器，天府所掌者也。若有大祭，則出而陳之以華國，如《書》所謂「赤刀大訓、弘璧琬琰、大玉夷玉、天球河圖」之類是也。裳衣者，守祧所掌，先王先公之遺衣服，祭祀則各以其服授尸是也。時食者，四時之物，如籩豆之薦、四時之和氣是也。宗廟之禮，所以序昭穆，別人倫也，親親之義也。父爲昭，子爲穆，父親也，親者邇，則不可不別也；祖爲昭，孫亦爲昭，祖爲穆，孫亦爲穆，祖尊也，尊者遠，則不嫌於無別也。故孫可以爲王父尸，子不可以爲父尸，此昭穆之別於尸者也。喪禮：卒哭而祔，男祔于皇祖考，女祔于皇祖妣，婦祔于皇祖姑。《喪服小記》：「士大夫不得祔于諸侯，祔于諸祖父之爲士大夫者，亡則中一以上而祔，祔必以其昭穆。」此昭穆之別於祔者也。有事於大廟，子姓兄弟亦以昭穆別之，群昭群穆，不失其倫。凡賜爵，昭與昭齒，穆與穆齒，此昭穆之別於宗者也。序爵者，序諸侯諸臣與祭者之貴賤也，貴貴之義也。《詩》曰「相維辟公，天子穆穆」，此諸侯之助祭者也。序事者，別賢與能而授之事也，尊賢之義也。孰可以爲宗而詔相，孰可以爲祝而祝嘏，孰可以贊祼獻，孰可以執籩豆，至于執爵沃盥，莫不辨其賢能之大小而序之也。旅酬下爲上者，使賤者亦得申其敬也，下下之義也。若《特牲饋食禮》「賓弟子兄弟弟子，各舉觶於其長」，以行旅酬也。燕毛者，既祭而燕，則尚齒也，長長之義也。毛，髮色也，以髮色別長少而爲之序也。祭則貴貴，貴貴則尚爵；燕則親親，親親則尚齒，其義一也。天下之大經，親親長長，貴貴尊賢而已。人君之至恩，下下而已。一祭之間，大經以正，至恩以宣，天下之事盡矣。郊社之禮，所以事上帝；宗廟之禮，所以祀乎其先。事上帝者，所以立天下之大本，道之所由出也；祀乎其先者，❶所以正天下之大經，仁義之所由始也。故壇廟之別，牲幣之殊，升降祼獻之節，俎豆奇耦之數，酒醴厚薄之齊，燎瘞腥腍，小大多寡，莫不有義。一餕之均，則四簋黍見其脩於廟中；一肦肉之均，則羔豚而祭，百官皆足。非特是也，知鬼神爲可敬，則鬼神無不在，洋洋乎如在其左右；雖隱微之間，恐懼戒慎而不敢欺，則所以養其誠心至矣。蓋以不如是，則不足以立身，身且不立，烏能治國家哉？故曰「明乎郊社之禮、禘嘗之義，治國其如示諸掌乎」，此之謂也。

哀公問政。子曰：「文武之政，布在方策。其人存，則其政舉；其人亡，則其政息。人道敏政，地道敏樹。夫政也者，蒲盧也。故爲政在人，取人以身，修身以道，修道以仁。仁者人也，親親爲大；義者宜也，尊賢爲大；親親之殺，尊賢之等，禮所生也。在下位不獲乎上，民不可得而治矣！故君子不可以不修身，思修身，不可以不事親；思事親，不可以不知人；思知人，不可以不知天。」

所謂文武之政者，以此道施之於爲政而已。有文武之心，然後能行文武之政；無文武之心，則徒法不能以自行也。故曰「其人存，則其政舉；其人亡，則其政息」。敏，速也。得於性之所宜，則其成也速。木之所以植，土性之所宜也，政之所以行，人性之所宜也。庸者人道也，政不離於人道，則民之從之也敏；植木於地，則木之生也敏。故曰「人道敏政，地道敏樹」。政者，所以變化其不爲人者，使之爲人而已。如蒲盧化其非己者，使之如己而已。爲政之要，主乎治人而已，故曰「爲政在人」。人道不遠，取諸其身而已，故曰「取人以身」。親其親，長其長，而天下平，取諸身也；施諸己而不願，亦勿施於人，取諸身也。道者，人倫之謂也。非明此人倫，不足以反其身而萬物之備也，故

❶「者」，原缺，依清麓本補。

曰「修身以道」。非有惻怛之誠心，盡至公之全體，不足以修人倫而極其至也，故曰「修道以仁」。夫人立乎天地之中，其道與天地並立而爲三者也。其所以異者，天以陰陽，地以柔剛，人以仁義而已。所謂道者，合天地人而言之；所謂仁者，合天地之中所謂人者而言之，非梏乎有我之私也。故非有惻怛之誠心，盡至公之全體，不可謂之仁也。親親而仁民，仁民而愛物，愛雖無間而有等差，則親親大矣。所大者，行仁之本也，故曰「仁者人也，親親爲大」。行仁之道，時措之宜，則有義也；天下所宜爲者，莫非義也，而尊賢大矣；知尊賢之爲大而先之，是亦義也，故曰「義者宜也，尊賢爲大」。親親之中，父子，首足也；夫妻，判合也；昆弟，四體也，其情不能無殺也。尊賢之中，有師也，有友也，有事我者也，其待之不能無等也。因是等殺之別，節文所由生，禮之謂也，故曰「親親之殺，尊賢之等，禮所生也」。君子修身，庸行而已。事親者，庸行之本也，不察乎人倫，則不足以盡事親之道，故人倫者，天下之大經，人心之所同然者也。人心之所同然，則百世以俟聖人而不惑矣，知人者也；人心之所同然者，天地之經也，順天地之經而不違，則質諸鬼神而無疑矣，知天者也。

天下之達道五，所以行之者三：曰君臣也，父子也，夫婦也，昆弟也，朋友之交也：五者天下之達道也。知、仁、勇三者，天下之達德也，所以行之者一也。或生而知之，或學而知之，或困而知之，及其知之一也；或安而行之，或利而行之，或勉强而行之，及其成功一也。子曰：「好學近乎知，力行近乎仁，知恥近乎勇。知斯三者，則知所以修身；知所以修身，則知所以治人；知所以治人，則知所以治天下國家矣。」

天下古今之所共，謂之達。所謂達道者，天下古今之所共行。所謂達德者，天下古今之所共有。雖有共行之道，必知之體之勉之，然後可行；雖知之體之勉之，不一於誠，則有時而息。求之有三，知之則一；行之有三，成功則一。所入之塗，則不能不異；所至之域，則不可不同。故君子論其所至，則生知與困知、安行與勉行，未有異也。既未有異，是乃所以爲中庸。

若乃企生知安行之資爲不可幾及，輕困學勉行爲不能有成，此道之所以不明不行，中庸之所以難久也。愚者自是而不求，自私者徇人欲而忘反，懦者甘爲人下而不辭，有是三者，欲身之修，未之有也。故好學非知，然足以破愚；力行非仁，然足以忘私；知恥非勇，然足以起懦。知是三者，未有不能修身者也。天下之理一而已，小以成小，大以成大，無異事也。舉斯心以加諸彼，遠而推之四海而準，久而推之萬世而準。故一身修，而知所以治人；知所以治人，而所以治天下國家，皆出乎此也。此者何？中庸而已。

性一也，流行之分，有剛柔、昏明者，非性也。有三人焉，皆有目以别乎衆色，一居乎密室，一居乎帷箔之下，一居乎廣廷之中，三人所見昏明各異，豈目不同乎，隨其所居，蔽有厚薄爾。凡學者，所以解蔽去惑，故生知、學知、困知，及其知之一也，安得不貴於學乎？

凡爲天下國家有九經，曰：修身也，尊賢也，親親也，敬大臣也，體群臣也，子庶民也，來百工也，柔遠人也，懷諸侯也。修身則道立，尊賢則不惑，親親則諸父昆弟不怨，敬大臣則不眩，體群臣則士之報禮重，子庶民則百姓勸，來百工則財用足，柔遠人則四方歸之，懷諸侯則天下畏之。齊明盛服，非禮不動，所以修身也；去讒遠色，賤貨而貴德，所以勸賢也；尊其位，重其禄，同其好惡，所以勸親親也；官盛任使，所以勸大臣也；忠信重禄，所以勸士也；時使薄斂，所以勸百姓也；日省月試，既廩稱事，所以勸百工也；送往迎來，嘉善而矜不能，所以柔遠人也；繼絶世，舉廢國，治亂持危，朝聘以時，厚往而薄來，所以懷諸侯也。凡爲天下國家有九經，所以行之者一也。

經者，百世所不變也。九經之用，皆本於德懷，無一物不在所撫，而刑有不與焉。修身，九經之本。必親師友，然後修身之道進，故次之以尊賢。道之所進，莫先於家，故次之以親親。由親親以及朝廷，故敬大臣，體群臣。由朝廷以及其國，故子庶民，來百工。由其國以及天下，故柔遠人，懷諸侯。此九經之序。視群臣猶吾四體，視庶民猶吾子，此視臣視民之别。自天子至於庶人，一是皆以修身爲本。我之於道也，知崇則無不知，知有諸己矣；禮卑則無不敬，能有諸己矣。故貌足畏也，色足憚也，言足信也。顛沛造次，一於禮而不違，則富貴所不能淫，貧賤所不能移，威武所不能屈，所謂强立而不反者也。故曰：「修身則道立。」又曰：「齊明盛服，非禮不動，所以修身也。」禮義由賢者出，知賢爲可尊，則學日進而知益明。然讒、色、貨之害，皆足以奪夫正，唯知之審，信之篤，迎之致敬以有禮，則患賢者不至，未之有也。故曰：「尊賢則不惑。」又曰：「去讒遠色，賤貨而貴德，所以勸賢也。」尊之欲其貴，愛之欲其富；所好則與同其樂，所惡則與同其憂，此諸父昆弟所以相勸而親。故曰：「親親則諸父昆弟不怨。」又曰：「尊其位，重其禄，同其好惡，所以勸親親也。」大臣不可不敬，是民之表也，非其人，黜之可也。任之則信之，信之則敬之。故諫行言聽，膏澤下於民，既任之矣，又使小臣間之，諫必不行，言必不聽，而怨乎不以，内適足以自眩，外不足以圖治矣。託之以大任，則小事有所不必親，必使慎簡乃僚，惟所任使，則大臣勸於事君矣。故曰：「敬大臣則不眩。」又曰：「官盛任使，所以勸大臣也。」君視臣如手足，則臣視君如腹心，所報可知矣。待之以忠信，養之以重禄，此士所以願立乎其朝矣。故曰：「體群臣，則士之報禮重。」又曰：「忠信重禄，所以勸士也。」愛之如子，則凡可以安之者，無不爲也。使之所以佚之，取之所以治之，雖勞而不怨，此農所以願耕於其野矣。故曰：「子庶民，則百姓勸。」又曰：「時使薄斂，所以勸百姓也。」不通功易事，以羨補不足，則男不得專事於農，女不得專事於桑，且將爲陶冶，爲梓匠，爲釜甑以食，爲宫室以居，爲耒耜錢鎛以耕耨，欲其穀不可勝食，材木不可勝用，得乎？故曰：百工之事，國家之所不可無也，雖曰「末技」，所以佐其本業者，得以盡力，此財用所以足也。所以來之者，亦能辨其苦良，❶而制其食，則工知勸矣。如稾人春獻素，秋獻成，書其等以饗工，乘其事，試其弓弩，以下上其食而誅賞，此所謂「日省月試，既廩稱事」者也。然則「來百工」而不

❶「苦」，四庫本作「楛」。

來商賈者，蓋百工之所須，皆商賈之所致也；百工來則商賈自通，有不必道也。遠人惟可以柔道御之，遠者不柔，則邇者不可能，故聖人貴乎柔遠，送往迎來，嘉善而矜不能，皆以柔遠也。柔遠能邇，此四方所以歸也。繼絶世者，無後者爲之立後也；舉廢國者，已滅者復之也；治亂者，以道正之也；持危者，以力助之也。朝聘以時，所以繼好也。厚往而薄來，燕賜多而納貢寡也。凡此，皆所以懷諸侯也。懷其德，則畏其力矣。九經雖曰治天下之常道，無誠以行之，則道爲虛矣。雖終日從事而功不立也，人不信也，此不誠所以無物也。故曰：「凡爲天下國家有九經，所以行之者一也。」一即誠也。

凡事豫則立，不豫則廢。言前定則不跲，事前定則不困，行前定則不疚，道前定則不窮。

豫，素定也。素定者，先事而勞，事至而佚，既佚則且無所事其憂；不素定者，先事而佚，事至而憂，而亦無所及於事。寇將至則爲干櫓，水將至則爲隄防，其爲不亡者幸也。故素定者，事皆有成，言有成説，事有成業，行有成德，道有成理，用而不括，動而有功。所謂精義入神以致用，則精義者，豫之謂也。能定然後能應，能定者，豫之謂也。擬之而後言，議之而後動，擬議以成其變化，則擬議者，豫之謂也。致用也，能應也，成變化也，此所以無跲、困、疚、窮之患也。言有成説，則使於四方，不憂乎不能專對也；事有成業，則千乘之國，攝乎大國之間，加之以師旅，因之以饑饉，不憂乎不能治也；行有成德，則富貴不憂乎能淫，貧賤不憂乎能移，威武不憂乎能屈也；道有成理，則徵諸庶民，考諸三王，質諸鬼神，百世以俟聖人，不憂其不合也。

在下位不獲乎上，民不可得而治矣；獲乎上有道：不信乎朋友，不獲乎上矣；信乎朋友有道：不順乎親，不信乎朋友矣；順乎親有道：反諸身不誠，不順乎親矣；誠身有道：不明乎善，不誠乎身矣。

不得乎親，不可以爲人；不順乎親，不可以爲子，則人之所以信於朋友者，豈聲音笑貌爲哉？內誠盡乎父母，內行乎於家人，則朋友者，不期信而信之矣。故曰：「不順乎親，不信乎朋友矣。」獲乎上者，有善而見信，有功而見知，所施於民者，莫非善也；不獲乎上者，德進而見忌，功高而見疑，身且不保，尚何民之可治哉？故曰：「不獲乎上，民不可得而治矣。」

誠者，天之道也；誠之者，人之道也。誠者不勉而中，不思而得，從容中道，聖人也。誠之者，擇善而固執之者也。博學之，審問之，慎思之，明辨之，篤行之。有弗學，學之弗能弗措也；有弗問，問之弗知弗措也；有弗思，思之弗得弗措也；有弗辨，辨之弗明弗措也；有弗行，行之弗篤弗措也；人一能之己百之，人十能之己千之。果能此道矣，雖愚必明，雖柔必强。

誠者，理之實然，致一而不易者也。天下萬古，人心物理，皆所同然，有一無二，雖前聖後聖，若合符節，是乃所謂誠，誠即天道也。天道自然，無勉無思，其中其得，自然而已。聖人誠一於天，天即聖人，聖人即天。由仁義行，何思勉之有？故從容中道而不迫。誠之者，以人求天者也，思誠而復之，故明有未究，於善必擇，誠有未至，所執必固。善不擇，道不精；執不固，德將去。學問思辨，所以求之也；行，所以至之也。求之至，非人一己百，人十己千，不足以化氣質。

誠者，理之實，致一而不可易者也。大而天下，遠而萬古，求之人情，參之物理，皆所同然，有一無二，雖前聖後聖，若合符節，理本如是，非人私知之所能爲，此之謂誠，誠即天道也。天道自然，何勉何思，莫非性命之理而已。故「誠者，天之道」，性之者也；「誠之者，人之道」，反之者也。聖人之於天道，性之者也；賢者之於天道，反之者也。性之者，成性與天無間者也，❶天即聖人，聖人即天，縱心所欲，由仁義行也；出於自然，從容不迫，不待乎思勉而後中也。反之者，求復乎性而未至，雖誠而猶雜之僞，雖行而未能無息，則善不可不思而擇，德不可不勉而執，不如是，猶不足以至乎誠。故學問思辨，皆所以求之也；行，所以至之也。君子將以造其約，則不可不學；學而不能無疑，則不可不問；未至於精而通之，則不可不思；欲知是非邪正之別，本末先後之序，則不可不辨；欲至乎道，欲成乎德，則不可不行。學以聚之，聚不博則約不可

❶「者」，原脱，依清麓本補。

得，博學而詳説之，將以反説約也。爲學之道，造約爲功，約即誠也。不能至是，則多聞多見，徒足以飾口耳而已，語誠則未也。故曰：「有弗學，學之弗能弗措也。」學者不欲進則已，欲進則不可以有成心；有成心，則不可與進乎道矣。故成心存，則自處以不疑；成心亡，然後知所疑矣。小疑必小進，大疑必大進，蓋疑，不安於故而進於新者也。顔淵學爲孔子而未得者也，故疑之，「仰之彌高，鑽之彌堅；瞻之在前，忽焉在後」，皆疑辭也。孟子學爲舜而未得也，故疑之，「舜爲法於天下，可傳於後世，我猶未免爲鄉人」，亦疑辭也。所謂疑者，患乎未知也，如問之審，審而知，則進孰禦焉？故曰：「有弗問，問之弗知弗措也。」學也問也，求之外者也；聞也見也，得之外者也；不致吾思以反諸身，則學問聞見，非吾事也。故知所以爲性，知所以爲命，反之於我何物也；知所以名仁，知所以名義，反之於我何事也。故曰：思則得之，不思則弗得也。慎其所以思，必至於得而後已，則學問聞見，皆非外鑠，是乃所謂誠也。故曰：「有弗思，思之弗得弗措也。」理有宜不宜，時有可不可，道雖美矣，膠於理則亂；誠雖至矣，失其時則乖，不可不辨也。辨之者，不別則不見，不講則不明，非精義入神，不足以致用。故曰：「有弗辨，辨之弗明弗措也。」四者，致知之道，而未及乎行也。學而行之，則由是以至於誠，無疑矣。知崇者，所以致吾知也；禮卑者，所以篤吾行也。學之博者，莫若知之之要；知之要者，不若行之之實也。行之之實，猶目之視、耳之聽，不言而喻也，如日月之運行，不可得而已也。篤之猶有勉也，篤之至於誠，則不勉矣。行之弗篤，猶未誠也。故曰：「有弗行，行之弗篤弗措也。」「人一能之己百之，人十能之己千之」者，君子所貴乎學者，爲能變化氣質而已。德勝氣質，則柔者可進於强，愚者可進於明；不能勝氣質，則雖有志於善，而柔不能立，愚不能明。蓋均善而無惡者，性也，人所同也；昏明强弱之禀不齊者，才也，人所異也。誠之者，反其同而變其異也。思誠而求復，所以反其同也；人一己百，人十己千，所以變其異也。孟子曰：「居移氣，養移體。」況學問之益乎？故學至於尚志，以天下之士爲未足，則尚論古之人，雖質之柔，而不立者寡矣；學至於致知格物，則天下之理斯得，雖質之愚，而不明者寡矣。夫愚柔之質，質之不美者也。以不美之質，求變而美，非百倍其功，不足以致之。今以鹵莽滅裂之學，或作或輟，以求變不美之質，及不能變，則曰「天質不美，非學所能變」，是果於自棄，其爲不仁之甚矣。

自誠明，謂之性；自明誠，謂之教。誠則明矣，明則誠矣。

自誠明，性之者也；自明誠，反之者也。性之者，自成德而言，聖人之所性也；反之者，自志學而言，聖人之教也。

謂之性者，生之所固有以得之。謂之教者，由學以復之。成德者，至於實然不易之地，理義皆由此出也。天下之理，如目睹耳聞，不慮而知，不言而喻，此之謂「誠則明」。志學者，致知以窮天下之理，則天下之理皆得，卒亦至於實然不易之地，至簡至易，行其所無事，此之謂「明則誠」。

唯天下至誠，爲能盡其性；能盡其性，則能盡人之性；能盡人之性，則能盡物之性；能盡物之性，則可以贊天地之化育；可以贊天地之化育，則可以與天地參矣。

至於實理之極，則吾生之所固有者，不越乎是。

吾生所有，既一於理，則理之所有，皆吾性也。人受天地之中，其生也，具有天地之德，柔强昏明之質雖異，其心之所然者皆同。特蔽有淺深，故別而爲昏明；稟有多寡，故分而爲强柔。至於理之所同然，雖聖愚有所不異。盡己之性，則天下之性皆然，故能盡人之性。蔽有淺深，故爲昏明；蔽有開塞，故爲人物。稟有多寡，故爲强柔；稟有偏正，故爲人物。故物之性與人異者幾希，唯塞而不開，故知不若人之明；偏而不正，故才不若人之美。然人有近物之性者，物有近人之性者，亦係乎此。於人之性，開塞偏正，無所不盡，則物之性，未有不能盡也。人也，物也，莫不盡其性，則天地之化幾矣。故行其所無事，順以養之而已，是所謂贊天地之化育者也。如堯命羲和，欽若昊天，至于民之析因夷隩，鳥獸之孳尾希革毛毨氄毛，無不與知，則所贊可知矣。天地之化育，猶有所不及，必人贊之而後備，則天地非人不立，故人與天地並立爲三才，此之謂「與天地參」。

其次致曲，曲能有誠，誠則形，形則著，著則明，明則動，動則變，變則化，唯天下至誠爲

能化。

至誠者，與天地參，則無間矣。致曲者，人之稟受存焉，未能與天地相似者也。人具有天地之德，自當致乎中和，然稟受之殊，雖聖賢不能免乎偏曲，清者偏於清，和者偏於和，皆以所偏爲之道。不自知其偏，如致力於所偏，用心不貳，亦能即所偏而成德。故致力於所偏，則致曲者也。用心不二，則曲能有誠者也。能即所偏而成德，如伯夷致清，爲聖人之清；柳下惠致和，爲聖人之和，此「誠則形」者也。德有定體，則隨其所就，文節著明，故曰「形則著」。一曲之德，致文成章，則無以加矣；無以加，則必能知類通達，餘善兼照，曲之果爲曲也，故曰「著則明」。幾者，動之微也。知至而不能至之，則不可與幾矣。故知至，則舍其曲而趨其至，未有不動而徙義者也，故曰「明則動」。君子豹變，其文蔚也；大人虎變，其文炳也。有心乎動，動而不息，雖文有小大之差，然未有不變者也，故曰「動則變」。變者，復之初。復於故，則一於理，圓神無滯，不知其所以然，與至誠者同之，故曰「變則化，惟天下至誠爲能化」。

變者如病始愈，以愈爲樂；如迷始悟，以悟爲得。及其久，則愈者安然無憂，不知所以爲樂，悟者沛然自如，不知所以爲得，故能純一不雜，混混一體，無形色可求，無物我可對，然後可以謂之化。

至誠之道，可以前知。國家將興，必有禎祥；國家將亡，必有妖孽；見乎蓍龜，動乎四體。禍福將至：善，必先知之；不善，必先知之。故至誠如神。

誠一於理，無所間雜，則天地人物，古今後世，融徹洞達，一體而已。興亡之兆，猶心之有思慮，如有萌焉，無不前知。蓋有方所，則有彼此先後之別。既無方所，彼則我也，先即後也，未嘗分別隔礙，自然達乎神明，非特前知而已。

至誠與天地同德，與天地同德，則其氣化運行，與天地同流矣。興亡之兆，禍福之來，感於吾心，動於吾氣，如有萌焉，無不前知。況乎誠心之至，求乎蓍龜而蓍龜告，察乎四體而四體應，所謂莫見乎隱，莫顯乎微者也。此至誠所以達神明而無間，故曰「至誠如神」。動乎四體，如《傳》所謂威儀之則，以定命者也。

誠者自成也，而道自道也。誠者物之終始，

不誠無物。是故君子誠之爲貴。誠者非自誠己而已也，所以成物也。成己，仁也；成物，知也。性之德也，合外内之道也，故時措之宜也。

誠不爲己，則誠爲外物；道不自道，則其道虚行。既曰誠矣，苟不自成就，如何致力？既曰道矣，非己所自行，誰與行乎？實有是理，乃有是物。有所從來，有以致之，物之始也；有所從亡，有以喪之，物之終也。皆無是理，雖有物象接於耳目，耳目猶不可信，謂之非物可也。天大無外，造化發育，皆在其間，自無内外。人有是形，而爲形所汩，故有内外生焉。惟生内外之别，故與天地不相似。若性命之德，自合乎内外，故具仁與智，無己無物，誠一以貫之，合天德而施化育，故能時措之宜也。

理義者，人心之所同然者也。吾信乎此，則吾德實矣，故曰「誠者自成也」；吾用於此，則吾道行矣，故曰「道自道也」。夫誠者，實而已矣。實有是理，故實有是物；實有是物，故實有是用；實有是用，❶故實有是心；實有是心，故實有是事。是皆原始要終而言也。箕不可以簸揚，則箕非箕矣。斗不可以挹酒漿，則斗非斗矣。種禾於此，則禾之實可收也。種麥於此，則麥之實可收也。如未嘗種而望其收，雖荑稗且不可得，況禾麥乎？所謂「誠者物之終始，不誠無物」也。故君子必明乎善，知至則意誠矣。既有惻怛之誠意，乃能竭不倦之强力；竭不倦之强力，然後有可見之成功。苟不如是，雖博聞多見，舉歸於虚而已。是誠之所以爲貴也。誠雖自成也，道雖自道也，非有我之得私也，與天下同之而已。故思成己，必思所以成物，是所謂仁知之具也。性之所固有，合内外而無間者也。夫天大無外，造化發育，皆在其間，自無内外之别。人有是形，而爲形所梏，故有内外生焉。内外一生，則物自物，己自己，與天地不相似矣。反乎性之德，則安有物我之異，内外之别哉？故具仁與知，無己無物，誠一以貫之，合天德而施化育，故能時措之宜也。

子貢曰：「學不厭，知也；教不倦，仁也。」學不厭所以成己，此則成己爲仁；教不倦所以成物，此則成

❶「用」，底本與清麓本皆誤作「理」，依上下文義改。

物爲知，何也？夫盡性之德，合内外之道以成己，則仁之體也。推是以成物，則知之事也，自成德而言也。學不厭，所以致吾知；教不倦，所以廣吾愛，自入德而言也。此子思子貢之言所以異也。

故至誠無息。不息則久，久則徵，徵則悠遠，悠遠則博厚，博厚則高明。博厚，所以載物也；高明，所以覆物也；悠久，所以成物也。博厚配地，高明配天，悠久無疆。如此者，不見而章，不動而變，無爲而成。天地之道，可一言而盡也：其爲物不貳，則其生物不測。天地之道：博也，厚也，高也，明也，悠也，久也。今夫天，斯昭昭之多，及其無窮也，日月星辰繫焉，萬物覆焉。今夫地，一撮土之多，及其廣厚，載華嶽而不重，振河海而不洩，萬物載焉。今夫山，一卷石之多，及其廣大，草木生之，禽獸居之，寶藏興焉。今夫水，一勺之多，及其不測，黿鼉、蛟龍、魚鼈生焉，貨財殖焉。《詩》曰：「維天之命，於穆不已！」蓋曰天之所以爲天也。「於乎不顯！文王之德之純！」蓋曰文王之所以爲文也，純亦不已。

實理不貳，則其體無雜；其體不雜，則其行無間。故「至誠無息」，非使之也，機自動耳。乃乾坤之所以闔闢，萬物之所以生育，亘萬古無窮者也。如使之則非實，非實則有時而息矣。久者，日新無敝之謂也。徵，驗也。悠，遠長也。天地運行而不息，故四時變化而無敝；日月相從而不已，故晦朔生明而無敝，此之謂「不息則久」。四時變化而無敝，故有生生之驗；晦朔生明而無敝，故有照臨之驗，此之謂「久則徵」。生生也，照臨也，苟日新而有徵，則可以繼繼其長，至於無窮矣，此之謂「徵則悠遠」。悠遠無窮者，其積必多，博者能積衆狹，厚者能積衆薄，此之謂「悠遠則博厚」。有如是廣博，則其勢不得不高；有如是深厚，則其精不得不明，此之謂「博厚則高明」。博厚，則無物不能任也；高明，則無物不能冒也；悠久，則無時不能養也。所謂配地、配天、無疆者，以形而上者難明，故以形而下者明之也。配之爲義，非比類之謂也。天道至著，常以示人，故萬象紛錯，終古不變。蓋已成而明者也，故曰「不見而章」。一闔一闢，天機自然，無作無息，以生萬變，蓋神而化之者也，故曰「不動而變」。至誠不息，日新無窮，萬物之成，積日之養而已，蓋爲物不貳者也，故曰「無爲而成」。所以載物、覆物、成物者，其能也；所以章、所以變、所以成者，其功也。能非力之所任，功非用而後有，其勢自然，不得不爾，是皆至誠不貳而已，此「天地之道」，所以「一言而盡也」。天地所以生物不測者，至誠不貳者也；天地所以成者，積之無疆者也。如使天地爲物而貳，則其行有息，其積有限，昭昭撮土之微，將下同乎衆物，又焉有載物、覆物、成物之功哉？雖天之大，昭昭之多而已；雖地之廣，撮土之多而已。山之一拳，❶水之一勺，亦猶是矣。其所以高明博厚、神明不測者，積之之多而已。今夫人之有良心也，莫非受天地之中，是爲可欲之善。不充之，則不能與天地相似而至乎大；大而不化，則不能不勉不思，與天地合德而至於聖。然所以至於聖者，充其良心，德性仁孰而後爾也。故曰過此以往，未之或知也；窮神知化，德之盛也。如指人之良心，而責之與天地合德，猶指撮土而求其載華嶽、振河海之力，指一勺而求其生蛟龍、殖貨財之功，是亦不思之甚也。天之所以爲天，不已其命而已。聖人之所以爲聖，不已其德而已。其爲天人德命則異，其所以不已則一。故聖人之道，可以配天者，如此而已。

大哉聖人之道！洋洋乎！發育萬物，峻極于天。優優大哉！禮儀三百，威儀三千。待其人而後行。故曰苟不至德，至道不凝焉。故君子尊德性而道問學，致廣大而盡精微，極高明而道中庸。温故而知新，敦厚以崇禮。是故居上不驕，爲下不倍，國有道其言足以興，國無道其默足以容。《詩》曰「既明且哲，以保其身」，其此之謂與！

禮儀、威儀，道也。所以行之者，德也。小德可以任小道，❷至德可以守至道。故道不虛行，必待人而

❶「拳」，四庫本作「卷」。
❷「小道」，《二程全書》本《中庸解》作「大道」。

後行；故必有人而行，然後可名之道也。

道之在我者，德性而已，不先貴乎此，則所謂問學者，不免乎口耳爲人之事而已。道之全體者，廣大而已，不先充乎此，則所謂精微者，或偏或隘矣。道之上達者，高明而已，不先止乎此，則所謂中庸者，同汙合俗矣。温故知新，將以進吾知也；敦厚崇禮，將以實吾行也。知崇禮卑，至於成性，則道義皆從此出矣。居上而驕，知上而不知下者也；爲下而倍，知下而不知上者也。國有道，不知言之足興，知藏而不知行者也。國無道，不知默之足容，知行而不知藏者也。是皆一偏之行，不蹈乎時中。惟明哲之人，知上知下，知行知藏，此所以卒保其身者也。

子曰：「愚而好自用，賤而好自專，生乎今之世，反古之道。如此者，烖及其身者也。」非天子，不議禮，不制度，不考文。今天下車同軌，書同文，行同倫。雖有其位，苟無其德，不敢作禮樂焉；雖有其德，苟無其位，亦不敢作禮樂焉。子曰：「吾説夏禮，杞不足徵也；吾學殷禮，有宋存焉；吾學周禮，今用之，吾從周。」

無德爲愚，無位爲賤。有位無德，而作禮樂，所謂「愚而好自用」。有德無位，而作禮樂，所謂「賤而好自專」。生周之世，而從夏、殷之禮，所謂「居今之世，反古之道」。三者有一焉，取烖之道也。故王天下，有三重焉：議禮所以制行，故行必同倫；制度所以爲法，故車必同軌；考文所以合俗，故書必同文。唯王天下者行之，諸侯有所不與也。故國無異政，家不殊俗，蓋有以一之也。如此則寡過矣。

王天下有三重焉，其寡過矣乎！上焉者雖善無徵，無徵不信，不信民弗從；下焉者雖善不尊，不尊不信，不信民弗從。故君子之道：本諸身，徵諸庶民，考諸三王而不謬，建諸天地而不悖，質諸鬼神而無疑，百世以俟聖人而不惑。質諸鬼神而無疑，知天也；百世以俟聖人而不惑，知人也。是故君子動而世爲天下道，行而世爲天下法，言而世爲天下則。遠之則有望，近之則不厭。《詩》曰：「在彼無惡，在此無射。庶幾夙夜，以永終譽！」君子未有不如此而蚤有譽於天下者也。

徵，謂驗於民。尊，謂稽於古。上焉者，謂上達之事，如性命道德之本，不驗之於民之行事，則徒言而近於荒唐；下焉者，謂下達之事，如形名度數之末，❶隨時變易，無所稽考，則臆見而出於穿鑿。二者皆無以取信於民，是以民無所適從。故君子之道必無所不合而後已，有所不合，僞也，非誠也。故於身、於民、於古、於天地、於鬼神、於後世，無不合，是所謂誠也，非僞也，物我、古今、天人之所同然者也。如是，則其動也，行也，言也，不爲天下之法則者，未之有也。此天下所以有望不厭，而早有譽於天下者也。「三重」說，見前章。

仲尼祖述堯舜，憲章文武；上律天時，下襲水土。辟如天地之無不持載，無不覆幬，辟如四時之錯行，如日月之代明。萬物並育而不相害，道並行而不相悖，小德川流，大德敦化，此天地之所以爲大也。

此言仲尼辟夫天地之大也。其博厚，足以任天下；其高明，足以冒天下；其化循環而無窮，達消息之理也；其用照鑒而不已，達晝夜之道也。尊賢容衆，嘉善而矜不能，並育而不相害之理也；貴貴尊賢，賞功罰罪，各當其理，並行不相悖之義也。禮儀三百，威儀三千，此小德之所以川流；洋洋乎發育萬物，峻極於天，此大德所以敦化也。

祖述者，推本其意。憲章者，循守其法。川流者，如百川派別。敦化者，如天地一氣。

五行之氣，紛錯於太虛之中，並行而不相悖也。然一物之感，無不具有五行之氣，特多寡不常爾。一人之身，亦無不具有五行之德，故百理差殊，亦並行而不相悖。

唯天下至聖，爲能聰明睿知，足以有臨也；寬裕温柔，足以有容也；發强剛毅，足以有

❶「形」，四庫本作「刑」。

執也；齊莊中正，足以有敬也；文理密察，足以有別也。溥博淵泉，而時出之。溥博如天，淵泉如淵。見而民莫不敬，言而民莫不信，行而民莫不説。是以聲名洋溢乎中國，施及蠻貊，舟車所至，人力所通，天之所覆，地之所載，日月所照，霜露所隊，凡有血氣者，莫不尊親，故曰配天。

此章言聖人成德之用，其效如此。「聰明睿知，足以有臨」者，天之高明也。「寬裕温柔，足以有容」者，地之博厚也。「發强剛毅，齊莊中正」者，乾坤之健順也。「文理密察」者，天地之經緯也。聖人成德，固萬物皆備，❶應於物而無窮矣。然其所以爲聖，則停蓄充盛，與天地同流，而無間者也。至大如天，至深如淵，時而出之，如四時之運用，萬物之生育。所見於外，人莫不敬，信而説服。至於血氣之類，莫不尊親，非有天德，孰能配之？

唯天下至誠，爲能經綸天下之大經，立天下之大本，知天地之化育。夫焉有所倚？肫肫其仁！淵淵其淵！浩浩其天！苟不固聰明聖知達天德者，其孰能知之？

「唯天下至聖」一章，論天德，唯聖人可以配之。「唯天下至誠」一章，論天道，唯聖人爲能知之。大經，天理也，所謂庸也。大本，天心也，所謂中也。化育，天用也，所謂化也。反而求之，理之所固有而不可易者，是爲庸，親親、長長、貴貴、尊賢是已，謂其所固有之義，廣充於天下，則經綸至矣。理之所自出而不可易者，是爲中，赤子之心是已，尊其所自出而不喪，則其立至矣。理之所不得已者，是爲化，氣機開闔是已，窮理盡性，同其所不得已之機，則知之至矣。知者，與「聞一以知十」、「窮神知化」、「樂天知命」之「知」同，所謂「與天地參」者也，至誠而至乎此，則天道備矣，天德全矣。夫天之所以無不覆者，不越不倚於物而已。有倚於物，則其覆物也有數矣。由不倚，然後渾然至於純全，故曰「肫肫其仁」。肫肫，純全之義也。至於純全，則深幽而難測，故曰「淵淵其淵」。純全而深幽，其

❶「固」，《二程全書》本《中庸解》作「非」。

體大矣，不至于天則不已，故曰「浩浩其天」。浩浩如江海之浸，上下與天地同流者，非至誠而達天德，孰能知之？

君子反經而已矣，經正則庶民興。所謂經者，百世不易之常道。大經者，親親、長長、貴貴、尊賢而已。正經之道：必如舜盡事親之道，而瞽瞍厎豫，然後親親之經正；必如王者父事三老，兄事五更，然後長長之經正；必如國君臣諸父兄弟，大夫降其兄弟之服，然後貴貴之經正；必如堯饗舜迭爲賓主，湯於伊尹學焉而後臣之，然後尊賢之經正。

《詩》曰「衣錦尚絅」，惡其文之著也。故君子之道，闇然而日章；小人之道，的然而日亡。君子之道：淡而不厭，簡而文，温而理，知遠之近，知風之自，知微之顯，可與入德矣。《詩》曰：「潛雖伏矣，亦孔之昭！」故君子内省不疚，無惡於志。君子之所不可及者，其唯人之所不見乎。《詩》云：「相在爾室，尚不愧于屋漏。」故君子不動而敬，不言而信。《詩》曰：「奏假無言，時靡有争。」是故君子不賞而民勸，不怒而民威於鈇鉞。《詩》曰：「不顯惟德！百辟其刑之。」是故君子篤恭而天下平。《詩》云：「予懷明德，不大聲以色。」子曰：「聲色之於以化民，末也。」《詩》曰「德輶如毛」，毛猶有倫。「上天之載，無聲無臭」，至矣！

自此至篇終，言得成反本，自内省至於不動而敬，不言而信，自不動不言至於不大聲以色，自不大聲色至於無聲無臭。聲臭微矣，有物而不可見，猶曰無之，則誠一於天可知。闇然而日章，中有本也；的然而日亡，暴於外而無實以繼之也。故君子貴乎反本。君子之道，深厚悠遠而有本，故淡而不厭，簡而文，温而理，本我心之所固有也。習矣而不察，日用而不知，非失之也，不自知其在我爾。故君子之學，將以求其本心之微，非聲色臭味之得，此不可得而致力焉。唯循本以趨之，是乃入德之要。推末流之大小，則至於本原之淺深，其知遠之近歟！以見聞之廣，動作之利，推所從來，莫非心之所出，其知風之自歟！心之精微，至隱至妙，無聲無臭，然其理明達暴著，若懸日月，其知微之顯歟！凡德之本，不越是矣。知此，則入德其幾矣。

自此至篇終，凡七引《詩》，皆言德成反本，以盡中庸之道，所謂固聰明聖知達天德者，必由是入也。推「衣錦尚絅」之心，則所以爲己者，遯世不見知而不悔矣。「闇然日章」，爲己而中有本者也；「的然日亡」，爲人而無實以繼之者也。故君子之道，深厚悠遠而有本，所以「淡而不厭，簡而文，温而理」，此入德之質也。❶君子之學，視所至而得其所起，循其末而見其所本，即其著而明其至微，故「知遠之近，知風之自，知微之顯」，此入德之門也。舜爲法於天下，我未免爲鄉人，欲求爲舜，則不越孝弟而已。又求其所以行之，則徐行後長者，固足謂之弟矣，其「知遠之近」歟！墨子兼愛，楊子爲我，其始未有害也，其風之末，則至於無君無父而近於禽獸；伯夷之不屑就，以爲清；柳下惠之不屑去，以爲和，其風之末，不免乎隘與！不恭，君子不由，則其端不可不慎也。故曰「差之毫釐，繆以千里」，其「知風之自」歟！鬼神之爲德，視之不見，聽之不聞，然有所謂「莫見乎隱，莫顯乎微，洋洋如在其上，如在其左右」者，其「知微之顯」歟！三者，皆出乎心術而已。本心，我之所固有者也。小人習矣而不察，日用而不知其在我者爾。君子之學，求其本心者也。本心之微，非聲色臭味之比，不可得而致力焉。唯循本以趨之，是乃入德之要也。推「潛雖伏矣，亦孔之昭」之説，蓋所以養其「衣錦尚絅」之意而已。衣錦尚絅，爲己者也。爲己者，吾心誠然乎此而已，豈繫人之見與不見乎？唯内省不疚，無惡於吾志斯可矣。「相在爾室，不愧于屋漏」者，非特無惡於吾志，又將達乎神明而無慊者也。達乎神明而無慊，則其德有孚矣，此所以不動而民敬，不言而民信也。「奏假無言，時靡有争」者，則德之有孚，非特使民敬信於我，而我之德可使民勸而民威。蓋德之孚者，養人於義理之中，知善爲可慕而遷之，知不善爲可恥而遠之，豈特賞之怒之而後然哉？❷「不顯惟德，百辟其刑之」者，蓋要其所以不動而敬，不言而信，不賞而勸，不怒而威，豈有

❶「質」，四庫本作「漸」。

❷「特」，四庫本作「待」。

他哉？在德而已。君子之善與人同，合内外之道，則爲德非特成己，將以成物，故君子言貨色之欲，親長之私，必達於天下而後已，豈非「篤恭而天下平」者哉？「予懷明德，不大聲以色」者，又明德之化民，不在乎聲音笑貌之間，莫非至誠乎達而已。「德輶如毛」者，言人之所以不爲德者，以德爲重而難舉也。如童而知愛其親，長而知敬其兄，此不肖之夫婦之所能行，其輕而易舉也。如此而已，何憚不爲哉？雖然，謂之德者，猶誠之者也，未至乎誠也。若至乎誠，則與天爲一。所謂德者，乃理之所必然，如春生夏長，日往月來之比，無意無我，非勉非思，渾然不可得而名者也。聲臭之於形微矣，有物而不可見，猶曰無之，則上天之事可知矣。《中庸》之書，其始也言「天命之謂性」，其卒也言「上天之載，無聲無臭，至矣」，蓋言此道出於天。不及於天，則爲未至，如乾之德曰「大哉」，坤之德曰「至哉」，至者，至乾之大而後已也。其篇之中，言君子動而世爲天下道，行而世爲天下法，言而世爲天下則。及言「天下至聖」，則曰：「見而民莫不敬，言而民莫不信，行而民莫不説。」及其終，則曰：「君子不動而敬，不言而信。」又曰：「不賞而民勸，不怒而民威於鈇鉞。」動也，言也，行也，世以爲法則，猶在法度之間也。莫不敬，莫不信，莫不説，則忘乎法度，而猶有言動之迹存焉。至乎不動而敬，不言而信，不賞而勸，不怒而威，則德乎於人，而忘乎言動矣，然猶有德之聲色存焉。至于不大聲色，然後可以入乎無聲無臭，而誠一於天，此《中庸》之終也。

表記第三十二

《禮記》名篇，亦多取篇中字爲目，如《檀弓》、《玉藻》、《緇衣》之類。此篇論仁爲多，而篇中有云「仁者天下之表」，恐取此義以名篇。

子言之：「歸乎！君子隱而顯，不矜而莊，不厲而威，不言而信。」

自此至「瀆則不告」一章，大指言敬而已。「歸乎」者，孔子歷聘諸侯，諸侯莫能用，知道之不行，將歸老於魯之言，如在陳則曰「歸與歸與」者也。隱而顯者，潛雖伏矣，亦孔之昭者也。不矜而莊者，予懷明德，不大聲以色者也。不厲而威者，德威惟畏者也。不言而信者，四時行焉，百物生焉者也。聖人之於天下，豈恝然無心哉？博施濟衆，雖堯舜不能無病，況孔子不得其時者乎？故其始也，曰：「如有用我者，吾其爲東周乎！」又曰：「天下有道，丘不與易也。」及其終也，知天意所在，而廢興有命，乃曰：「鳳鳥不至，河不出圖，吾已矣夫！」又曰：「甚矣，吾衰也！久矣，吾不復夢見周公。」然後浩然有歸志矣。蓋聖人之德，要其歸也，天而已矣。默而成之，不言而信，存乎德行，不識不知，尚何矜厲之有哉？故曰「天何言哉」，又曰「天則不言而信，神則不怒而威」，其是之謂乎！

子曰：「君子不失足於人，不失色於人，不失口於人。是故君子貌足畏也，色足憚也，言足信也。」《甫刑》云：「敬、忌而罔有擇言在躬。」

修身之要有三：貌也，色也，言也。曾子告孟敬子，君子所貴乎道者三：動容貌，出辭氣，正顏色而已。《冠義》曰：「禮義之始，在於正容體，齊顏色，順辭令。」若巧言令色足恭，則反是者也。所謂足者，舉動是也。舉動即貌也，主於足，故言足也。色者，顏色見於面目者也。口者，言辭是也。修此三者，敬而已矣。不敬則失之，故貌敬則足畏也，色敬則足憚也，言敬則足信也。

子曰：「裼、襲之不相因也，欲民之毋相瀆也。」子曰：「祭極敬，不繼之以樂；朝極辨，不繼之以倦。」

禮者，節文而已。節文不明，慢瀆所由生也。衣裘之間，以襲裼爲之節文，故凡服裘者，必有衣以裼之。裘，褻服也。不可以敬事，故有衣以覆之也。不袒則謂之襲，襲，充美也；袒謂之裼，裼，見美也，謂裘之文飾也。不文飾也不裼，故犬羊之裘不襲也。不相因者，或以裼爲敬，或以襲爲敬也。禮盛者不文，則以襲爲敬，如大裘不裼及尸襲、聘禮賓襲執圭，弔則襲是也。禮不盛者尚文，故以裼爲敬，如君在則裼，無事則裼，受饗之時，「賓裼奉束帛加璧」是也。極敬者，誠意至也。極辨者，節文明也。祭者竭吾誠意以求乎神，猶恐未盡也，故齊三日，必見其所祭者。立而詘，進而愉，退立如受命，已徹而退，敬齊之色不絕於面，如是，則然後可以饗親。苟至於樂，則敬弛，弛則忘之矣。

朝廷之禮，所以别嫌明微，正名分以尊君者也，故有外朝内朝之政。左右九棘，面三槐，左嘉石，右肺石，以别公、卿、大夫、諸侯及群士、群吏之位，以致民而詢焉，及辨貴賤之等，敍群吏之治。其儀也，有不歷位而相與言也，不踰階而相揖也，如此，然後君臣之分明，邦國之政行。苟至於倦，則入於苟簡；入於苟簡而欲求治者，未之有也。

子曰：「君子慎以辟禍，篤以不揜，恭以遠恥。」子曰：「君子莊敬日强，安肆日偷。君子不以一日使其躬儳焉如不終日。」子曰：「齊戒以事鬼神，擇日月以見君，恐民之不敬也。」子曰：「狎侮死焉，而不畏也。」

慎、篤、恭三者，皆行之敬也。慎其行則寡過，況於禍乎？暴虎馮河，死而無悔者，不慎而取禍者也。篤其行則誠著，何事於揜乎？閒居爲不善，無所不至，及見君子，則揜其不善而著其善，不篤而好揜者也。恭其行則人敬，則何事於恥乎？侮人者人亦侮之，不恭而近恥者也。莊敬者，人所難持，非勉强日進，則身不能以自立。安肆，人所易縱，唯苟且日忘，則欲不能以自制。蓋莊敬主於禮，安肆主於欲，偷之爲言苟且也。如衛公子荆善居室，始有，曰「苟合矣」；少有，曰「苟完矣」；富有，曰「苟美矣」，此之謂「安肆日偷」。或以謂莊敬則日能自强，安肆則日入偷惰，然非君子之事，義不可行。由是二者，故德義可尊，進退可度，不至於陵節犯分，如不能容其身也。儳，讀如「毋儳言」之「儳」，陵節犯分之謂也。七日戒，三日齊，竭誠盡慎以事鬼神，民猶以不見不聞爲可欺也。事君盡禮，擇日月以見君，民猶有不敬其上者，故君子之使民敬，必先斯二者，人之所以狎侮者，以其不足畏也。至於死猶不知者，有所恃而無所忌，猶狎於水而溺於水也。狃於不足畏，卒至於可畏，可不慎乎？

子曰：「無辭不相接也，無禮不相見也，欲民之毋相褻也。」《易》曰：「初筮告，再三瀆，瀆則不告。」

辭者，相接之言，如公與客宴，曰「寡人有不腆之酒，以請吾子之與寡人須臾焉，使某也以請」之類是也。禮者，相見之摯，如羔、鴈、雉、鶩之類也。必以辭，必以禮者，交際不可苟也。苟則褻，褻則不敬，此交所以易疏也。筮之道，貴於初筮，而不敢再三，至敬而不褻者也。鬼神且將告之，況於人乎？賓主慎於交際，不敢苟且，亦敬人之道也。事君數，斯辱矣；朋友數，斯疏矣。此之謂乎？

子言之：「仁者，天下之表也；義者，天下之制也；報者，天下之利也。」子曰：「以德報德，則民有所勸；以怨報怨，則民有所懲。」《詩》曰：「無言不讎，無德不報。」《太甲》曰：「民非后，無能胥以寧；后非民，無以辟四方。」子曰：「以德報怨，則寬身之仁也；以怨報德，則刑戮之民也。」

此一章泛論仁義。仁義者，人性之所固有，賢不肖之所同也，然私欲勝之，能勿喪者寡矣。故聖人之教，立仁以表之，使天下知所向，而於行得所勉；立義以制之，使天下知所取，而於事得所處。報者，德怨往來，人情所不能無，使之交際，且有勸懲，則利用出入，民咸用之矣。故曰：仁者天下之表，義者天下之制，報者天下之利。天下有道，所謂德怨之報者，皆出天下之公而已。有德於民者，民欲報之以官；有功於民者，民欲報之以賞；因民所欲官之賞之，所謂以德報德，民知所勸矣。傷人者，民欲報之以刑；賊人者，民欲報之以殺；因民所欲刑之殺之，所謂以怨報怨，民知所懲矣。若夫民之私德，豈無相報哉？唯不可使懷私恩者廢公議，復私讎者亂國法而已。《詩》曰「無言不讎，無德不報」，則言與德無有不報也。《太甲》曰「民非后，無能胥以寧；后非民，無以辟四方」，則上與下亦有相報也。以德報怨，雖過乎寬而本於厚，未害其爲仁也；以怨報德，則反易天常，天下之亂民，法所當誅者也。君子欲蹈乎中庸，則莫如孔子所謂以直報怨，以德報德也。以直報怨，視如國人而已。彼賢當進，吾不敢以怨而蔽之；彼罪當刑，吾不敢避怨而宥之。懷怨而重之，是亦愛而知其惡，憎而知其善之義。

子曰：「無欲而好仁者，無畏而惡不仁者，天下一人而已矣。是故君子議道自己，而置法以民。」子曰：「仁有三，與仁同功而異情。與仁同功，其仁未可知也；與仁同過，然後其仁可知也。仁者安仁，知者利仁，畏罪者强仁。」

無欲而好仁，無畏而惡不仁，所謂性之者也，安仁者也，天下一人而已。夫子自道也，與下所謂「中心安仁者，天下一人而已」其義同也，則非聖人不足以性仁。苟志於仁矣，無惡也，則衆人皆可以爲仁。以聖人之所性而議道，則道無不盡；以衆人之可爲而制法，則法無不行。雖然法非貶乎道者也，君臣父子，倫類形名之間，性命之理具焉；雖有未能上達，猶庶幾乎弗畔，此衆人之所能及也。仁者安仁，無欲而好仁，無畏而惡不仁者也；知者利仁，有欲而好仁者也；畏罪者强仁，有畏而惡不仁者也。三者之功歸於仁，而其情則異。此堯舜性之，湯武身之，五霸假之，所以異也。功者，人所貪也，假之者有之。故齊桓公九合諸侯，一匡天下；湯武之舉，不過乎是，而其情則不同，故其仁未可知也。過者，人所避也，有不幸而致焉。故周公使管叔監殷，管叔以殷畔，過於愛兄而已；孔子對陳司敗問昭公知禮，過於諱君而已。皆出乎情而無僞，故其仁可知。

仁者右也，道者左也；仁者人也，道者義也。厚於仁者薄於義，親而不尊；厚於義者薄於仁，尊而不親。道有至，義有考，至道以王，義道以霸，考道以爲無失。

右者，人所有事；左者，居於不用之地，而助右之所不及也。仁者，人之體也，將有爲也，將有行也，非仁不可也，故曰「仁者右也」，又曰「仁者人也」。道者，天之理也。仁至於不可行，不可不節，則理有所不得已，以助人之所不及者義也，故曰「道者左也」，又曰「道者義也」。仁莫隆於父子，父子之道，親親也；義莫重於君臣，君臣之道，尊尊也。厚於此則薄於彼，厚於彼則薄於此，唯知其所以爲左右，則尊尊親親並行而不相悖，無厚薄之間矣。「道有至，義有考」，先儒云「當言道有至，有義，有考」，脱一「有」字，其義爲然。「至道」者，至於道之極，不可以有加也，所謂「所過者化，所存者神」，上下與天地同流者也，故曰「至道以王」。「義道」者，揆道而裁之者也，所謂制節謹度，是可以有國而長諸侯者也，故曰「義道以霸」。「考道」

者，必稽古昔，❶稱先王，❷所謂「非法不言，非道不行」，雖未達道，不能以義起，亦庶幾乎不失道矣。

子言之：「仁有數，義有長短小大。中心憯怛，愛人之仁也。率法而强之，資仁者也。《詩》云：『豐水有芑，武王豈不仕？詒厥孫謀，以燕翼子。武王烝哉！』數世之仁也。《國風》曰：『我今不閱，皇恤我後。』終身之仁也。」

此章言仁之難成，唯君子勉之，有道則不難成。仁有數者，仁爲器重，爲道遠，隨其所舉之多寡，所至之遠近，皆可以謂之仁。故管仲之功，微子之去，箕子之囚，比干之死，皆得仁之名。語仁之盡，則堯舜其猶病諸，此仁所以取數之多也。「中心憯怛」，仁發於性者也；「率法而强之」，外鑠於仁者也。發於性者，誠心感動，無待於外鑠也。外鑠者，循仁之迹而勉焉者也。以其誠心愛人，故曰「愛人之仁」；以其有取於外，故曰「資仁」，此所發淺深之數也。「數世之仁」，「終身之仁」，此所施遠近之數也，故曰「仁有數」。「義有長短小大」者，義無定體，唯其所宜而已，宜長則長，宜短則短，宜大則大，宜小則小。如孔子可以仕則仕，可以止則止，可以久則久，可以速則速；禮有以高爲貴者，有以下爲貴者，有以大爲貴者，有以小爲貴者之類是也，故曰「義有長短小大」。此章論仁而及義者，蓋仁之數，是亦義也。

子曰：「仁之爲器重，其爲道遠，舉者莫能勝也，行者莫能致也。取數多者，仁也。夫勉於仁者，不亦難乎！是故君子以義度人，則難爲人；以人望人，則能者可知已矣。❸子曰：『中心安仁者，天下一人而已矣。』《大雅》曰：『德輶如毛，民鮮克舉之。我儀圖之，惟仲山甫舉之，愛莫助之。』」

舉莫能勝，行莫能致，勉之者之爲難也。「以義度人」者，盡義以度人者也。「以人望人」者，舉今之人相

❶「昔」，原誤作「者」，依四庫本改。

❷「王」，原誤作「生」，依四庫本改。

❸「能」，《禮記集説》各本同，然今通行本《禮記》作「賢」，此下呂大臨注文亦引作「賢」，則其所據本當作「賢」。

望也。盡義以求人，非聖人不足以當之，故「難爲人」。舉今之人相望，則大賢愈於小賢，小賢愈於不賢，故賢者可知已矣。此亦以數而言仁也，君子之自待，必全盡而後已。「中心安仁者，天下一人而已」，聖人之任也。雖未至焉，不敢不勉，不以世莫之助而不爲，故曰「惟仲山甫舉之」。

有己則喪其爲仁矣，天下非吾體；忘己則反得吾仁，天下爲一人。故克己復禮，昔之所喪，今復得之，非天下歸仁者歟？安仁者，以天下爲一人而已。

《小雅》曰：『高山仰止，景行行止。』」子曰：「《詩》之好仁如此。鄉道而行，中道而廢，忘身之老也。不知年數之不足也，俛焉日有孳孳，斃而后已。」子曰：「仁之難成久矣。人人失其所好，故仁者之過易辭也。」

不以高矣美矣爲不可跂及而不勉，故曰「高山仰止，景行行止」，此所以「不知年數之不足，俛焉日孳孳，斃而後已」。「鄉道而行，中道而廢」，謂力不足者非不爲也。力極罷頓，不能復行，則止也，此皆自待全盡之謂也。君子之待人，以人望人而已，心誠鄉仁，人莫不取之，又爲之勸勉愧恥，鑠之於外以移之，此仁之所以不難成也。仁者之心公，衆人之心私；公則所好者兼容博愛，私則所好者克伐怨欲，此「人人失其所好」者也。心誠鄉仁，雖有過差，其情則善，不待辭而辨矣，故曰「仁者之過易辭」。

子曰：「恭近禮，儉近仁，信近情，敬讓以行，此雖有過，其不甚矣。夫恭寡過，情可信，儉易容也。以此失之者，不亦鮮乎！《詩》云：『温温恭人，惟德之基。』」

恭、儉、信，未足以爲仁，而仁者之資也。恭則不侮，得禮之意，近乎禮矣；儉則不奪，得仁之意，近乎仁矣；言語必信，存心正行，近乎情矣。三者之行，不私於己，又以敬讓行之，鄉乎仁矣。雖有過差，其情則善，故「不甚矣」。蓋不侮人，則人亦不侮，其過寡矣。近乎情，則不志於欺，斯可信矣。不奪仁則知足，斯易容矣。如是而失之者鮮矣，可與進於德矣。故曰「温温恭人，惟德之基」，雖未成德，斯德之基矣！

子曰：「仁之難成久矣，唯君子能之。是故君子不以其所能者病人，不以人之所不能者愧人。是故聖人之制行也，不制以己，使民有所勸勉愧恥，以行其言，禮以節之，信以結之，容貌以文之，衣服以移之，朋友以極之，欲民之有壹也。《小雅》曰：『不愧于人，不畏于天。』

人失其所好，此仁所以難成。君子責人以恕，而成人有道，則仁不難成矣，故曰「唯君子能之」。君子固賢於衆人矣，君子之所能，衆人必有不能者矣。使衆人傚己之所能，則病矣；使衆人自彰其不能，則愧矣。故聖人制行以立教，必與天下共之，以天下之所能行者爲之法，所以爲達道也。曾子執親之喪，水漿不入口者七日，此曾子之所能也。水漿不入口者三日，此衆人之所能也。故喪以三日爲節，則不取乎七日，此所謂「不制以己」也。唯不制乎己，故民知跂乎此而有所勸勉，知不及乎此而有所愧恥，則於此仁也，知所向矣。非特此也，凡可以外鑠者，無不用也：制禮以節其行，而使之齊；立信以結其志，而使之固。其容貌，必稱其志；其衣服，必稱其容。衣服如是之備，則容貌必移而稱其衣；容貌如是之文，中心必有其實。朋友者，切磋相成，至於極而後已，則一道德以同俗矣。蓋修其外則知愧于人，修其内則知畏于天，故曰「不愧于人，不畏于天」。

是故君子服其服，則文以君子之容；有其容，則文以君子之辭；遂其辭，則實以君子之德。是故君子恥服其服而無其容，恥有其容而無其辭，恥有其辭而無其德，恥有其德而無其行。是故君子衰絰則有哀色，端冕則有敬色，甲冑則有不可辱之色。《詩》云：『惟鵜在梁，不濡其翼。彼記之子，不稱其服。』

此皆修其外以移其内，率法而强之者也。及其成也，知畏於天，則與「中心憯怛」者一也。鵜鶘善居汙澤之中，捕魚以爲食者也，不濡其翼，則不得食。梁者，魚梁也，人之所以捕魚者也。鵜之求食，不之澤而之梁，無濡翼之勞，坐得其食，如人之無德無功而受顯服者也。故服之不稱其德，異乎鵜者，未之有也。

子言之：「君子之所謂義者，貴賤皆有事於

天下。天子親耕，粢盛秬鬯，以事上帝，故諸侯勤以輔事於天子。」

自此至「自謂便人」一章，言君子之義。以仁禮事上，以仁禮使下，事上者不可以不事事，使下者不可以不自治，故「貴賤皆有事於天下」。親耕，粢盛秬鬯，以事上帝，雖天子必有事焉，況於諸侯乎？所謂義者不可以不事事故也。名之浮於行則失實，失實者身且不信，何以使民？故先王制行以謚死，尊死者之名而易之，雖身兼數善，猶取一善而名之，如文王非無武，武王非無文，止取其一以爲謚，唯恐名浮於行，以欺於民，此使下不可以不自治者也。仁者忘己，以與天下共者也。其事上也，雖有庇民之大德，不敢有君民之心，故「不自尚其事，不自尊其身」，小心而畏義，求以事君而已，此忘己而事上者也；其使下也，雖有庇民之大德，亦不敢以君道自有，故「不自大其事，不自尚其功」，以求下賢而已，此忘己而使下者也。有大德者易於忘己而使下，難於忘己而事上，非舜、禹、文王、周公，不足以當之，故曰「仁之厚也」。役用也，恭者不侮，儉者不奪，忘己而與天下共者也。推是心也，求以用仁，其近之矣。信者不欺，讓者不争，篤實而卑遜，非先王之德行而不行也。推是心也，求以用禮，其無過矣。君子之事上也，以仁與禮；其使下也，亦以仁與禮而已。「不自尚其事，不自尊其身，儉於位而寡於欲」者，儉也，有信存焉。「讓於賢，卑己而尊人，小心而畏義，求以事君」者，讓也，有恭存焉。故以仁禮事其上者，主於儉與讓，而信恭存焉。「不自大其事，不自尚其功，以求處情」者，信也，有儉存焉。「過行弗率，以求處厚，彰人之善，而美人之功，以求下賢」者，恭也，有讓存焉。故以仁禮使其下者，主於信與恭，而儉讓存焉。故恭儉以求役仁，信讓以求役禮，交相爲用，而不可亂也。以此事上，受天之命矣；以此使下，民之攸歸矣。天命難諶者也，得不得猶不敢知而聽之，又不敢以是而易其志，則又仁之厚矣。民情易見者也，民所以敬尊於我，有可致之道故也。此使下之報，所以異於事上之報，天人之勢不同也。以仁禮事上，莫如舜、禹、文王、周公；以仁禮使下，莫如后稷。舜之事堯，禹之事舜，皆將以天下而授之。而舜慎徽五典，納于百揆，賓于四門，納于大麓；禹思日孜孜，啟呱呱，予弗子，惟荒度土功，皆虔修臣職，不敢懈也。

文王三分天下有其二，猶服事殷；周公攝政七年，而復子明辟。四聖人者，皆有君民之大德，有事君之小心，得乎仁禮之至者也。小心，柔道也。以柔道事上，鮮不獲福，猶葛藟之施於條枚，以柔而附上，上無有不受也。后稷之教民稼穡，無此疆爾界，天下之利，萬世之功也，其爲烈也，非一手一足之所能及也，然猶不自以爲功，自謂便習是事之人而已。利及天下後世，仁也；唯欲行之浮於名，禮也，與夫「有君民之大德，有事君之小心」者，易地皆然。此使下得乎仁禮之至者也。

子曰：「下之事上也，雖有庇民之大德，不敢有君民之心，仁之厚也。是故君子恭儉以求役仁，信讓以求役禮，不自尚其事，不自尊其身，儉於位而寡於欲，讓於賢，卑己而尊人，小心而畏義，求以事君，得之自是，不得自是，以聽天命。《詩》曰：『莫莫葛藟，施于條枚。豈弟君子，求福不回。』其舜、禹、文王、周公之謂與？有君民之大德，有事君之小心。《詩》云：『惟此文王，小心翼翼。昭事上帝，聿懷多福。厥德不回，以受方國。』」

説見前。

子曰：「先王謚以尊名，節以壹惠，恥名之浮於行也。是故君子不自大其事，不自尚其功，以求處情；過行弗率，以求處厚；彰人之善，而美人之功，以求下賢。是故君子雖自卑，而民敬尊之。」

説見前。

子曰：「后稷，天下之爲烈也。豈一手一足哉，唯欲行之浮於名也，故自謂便人。」

説見前。

子言之：「君子之所謂仁者，其難乎！詩曰『凱弟君子，民之父母』，凱以强教之，弟以説安之，樂而毋荒，有禮而親，威莊而安，孝慈而敬，使民有父之尊，有母之親。如此而後可以爲民父母矣，非至德其孰能如此乎？」

此章言君子之仁，兼乎尊親，然後可以爲民父母，因歷言四代之道。《詩》云「凱弟君子，民之父母」，先儒訓「凱」爲「樂」、「弟」爲「易」，此云「凱以强教之，弟以説安之」，宜若有異。然求他經之言「凱」者，《詩》有「凱風」，《周官・司樂》「王師大獻，則令奏凱樂」，《左氏春秋傳》言「高陽氏有才子八人，謂之八愷」，參求義訓，可以爲和樂，和樂之中，又有强盛之狀。凱風，南風鼓動長養之風也。凱樂，戰勝之樂也。八愷謂之才子，則性和而有才者也。皆有盛强之意，故「愷」亦可以訓「强」矣。弟有「兄弟」之弟，有「孝悌」之弟，皆順也。順則易，有説下之道，故訓爲「悦」也。强教之者，以道驅之，如佚道使民，雖勞不怨者也。説安之者，得其心之謂也。説以使民，民忘其勞，説以犯難，民忘其死者也。樂，説安也。毋荒，則有教矣。有禮，强教也，親則説矣。威莊，强教也，安則説矣。孝慈，説也，敬則有教矣。强教則父之尊存焉，説安則母之親存焉，天下之民莫不尊親，此之謂至德可以爲民之父母。

今父之親子也，親賢而下無能；母之親子也，賢則親之，無能則憐之。母親而不尊，父尊而不親。水之於民也，親而不尊，火尊而不親。土之於民也，親而不尊，天尊而不親。命之於民也，親而不尊，鬼尊而不親。

尊親之義，自父母而推之。父與母也，火與水也，天與地也，鬼與人也，尊而不親，親而不尊。當其强教也，則不純以恩，故賢則親之，無能則下之；當其説安也，則有收而無絶，故賢則尊之，無能則憐之，此父母親尊之異也。水者，民狎而翫之；火者，民望而畏之，此水火尊親之異也。地，載我者也，然近人，人可得而覆；❶天者，覆我者也，然遠人，人不可階而升，此天地尊親之異也。君之命，見於事也，近人而可行也；鬼之道，存諸理也，遠人而不可形也，此人與鬼尊親之異也。

子曰：「夏道尊命，事鬼敬神而遠之，近人而忠焉。先禄而後威，先賞而後罰，親而不尊。其民之敝，惷而愚，喬而野，朴而不文。殷人

❶「覆」，四庫本作「載」。

尊神，率民以事神，先鬼而後禮，先罰而後賞，尊而不親。其民之敝，蕩而不静，勝而無恥。周人尊禮尚施，事鬼敬神而遠之，近人而忠焉。其賞罰用爵列，親而不尊。其民之敝，利而巧，文而不慚，賊而蔽。」

夏周尚親而不尊，故遠神而近人。殷人尚尊而不親，故先鬼而後禮。凡尊之道，鬼也，神也，威也，罰也；凡親之道，人也，命也，禮也，禄也，賞也，施也。所尊所先者，其尚者也；所遠所後者，其不尚者也。夏道尊命，先禄先賞，近人而忠，尚親者也；事鬼敬神而遠之，後威後罰，不尚尊者也。殷人尊神，率民以事神，先鬼先罰，尚尊者也；後禮後賞，不尚親者也。周人尊禮尚施，賞罰用爵列，近人而忠，尚親者也；事鬼敬神而遠之，不尚尊者也。夏尚忠，忠者奉上，故尊命。殷尚質，質者不欺，故尊神。周尚文，文者多儀，故尊禮。遠鬼神而近人者，謂外宗廟而内朝廷，脩烝嘗而略盟詛也。先鬼而後禮者，謂外朝廷而内宗廟，先盟詛而後祭享也。賞罰用爵列者，如刑不上大夫，禮不下庶人，賜君子小人不同日，命夫命婦，不躬坐獄訟之類。雖主於文，亦人情之近厚者，所以親而不尊也。先王之政，苟無道以救之，其末也，不能無敝，如清之末至於隘，和之末至於不恭也。忠之政，使民近人而已，不求其所不能知，勸於爲善而已，不責其所不能爲。及其末也，人不知進於學，故守其顓蒙；不困於刑罰，故不爲詐諼。其民則惷而愚，其風則喬而野，其事則朴而不文也。喬，高大也，如「厥木爲喬」之喬，妄自高大而無文，乃惷愚之風也，不必音爲「驕」也。忠之敝至於愚而野，故殷人尊神而救之，民知敬於鬼神，則莫非誠也，誠則質矣。❶尊神者，使知敬於幽；先罰者，使知敬於明而已。及其末也，求神於虚無不可知之域，則茫然不知其所安；畏威於無所措手足之地，則不知禮義之可貴。故其民蕩而不静，其俗勝而無恥也。質之敝尚鬼而遠人，至於勝而無恥，故周人尊禮以救之。禮，人文也，人文之著，則上下有等，親疏有辨。及其末也，溺於文而不求其實，徇於末而不返其本。故其事則「利而巧」，近人故苟利，尚文故巧也；其俗則「文而不慙」，文勝質而不知義也；其民則

❶「矣」，四庫本作「美」。

「賊而敝」，不反其本，故賊於其末，不求其實，故敝於虚文也。此三代之本末可知矣。

子曰：「夏道未瀆辭，不求備，不大望於民，民未厭其親。殷人未瀆禮，而求備於民。周人强民，未瀆神，而賞爵刑罰窮矣。」

夏道尚忠，忠者以行，而不以言，故曰「未瀆辭」。忠之俗衰，行雖修，猶不足以使人信，故殷人始瀆辭矣。瀆者，如再三告之謂，如《盤庚》三篇是也。然殷人尚質，雖辭之瀆，而尚未以繁縟之文治之，故曰「未瀆禮」。質之俗衰，辭雖瀆，亦未足以取信於民，故周人始瀆於禮矣。分致其辨，文致其詳，欲驅而之善，而責人也嚴，大要教人以敬而已。故禮先於祭祀，至敬而不祈，則强民未瀆神可知矣。至周之末，則信詛盟，事祈禱，其瀆神可知矣。不求備者，不責人之善，故政令簡；不大望者，不竭人之忠，故貢賦輕。此民所以易從，而未厭其親。夏道所以「未瀆辭」者，此也。責人之信已，必從而後已，此殷人所以求備於民也。周人强民，驅之於善，從之有爵賞，不從有刑罰，故爵賞刑罰窮矣。

子曰：「虞夏之道，寡怨於民。殷周之道，不勝其敝。」子曰：「虞夏之質，殷周之文，至矣！虞夏之文，不勝其質；殷周之質，不勝其文。」

虞夏之道質，質者，責人也略，故「寡怨於民」。殷周之道文，文者，責人也詳，民之不從，則窮刑賞以驅之，故「不勝其敝」。虞夏質之至者也，故文不勝其質；殷周文之至者也，故質不勝其文。至者，無以加也。後世王者，欲尚質者，無以加虞夏之質；欲尚文者，無以加殷周之文矣。三代所尚，非苟爲異，亦各因時救敝而已。繼周者未有以救之，楊、墨、韓、莊所以肆行於戰國也。

子言之曰：「後世雖有作者，虞帝弗可及也已矣。君天下，生無私，死不厚其子，子民如父母，有憯怛之愛，有忠利之教，親而尊，安而敬，威而愛，富而有禮，惠而能散。其君子尊仁畏義，恥費輕實，忠而不犯，義而順，文而静，寬而有辨。《甫刑》曰『德威惟畏，德明惟明』，非虞帝其孰能如此乎？」

此章言三代之治，其久必敝，唯虞帝爲不可及，蓋用中於民，而主於德爾。「唯天爲大，唯堯則之。蕩蕩乎！民無能名」，若舜則事堯者也。所以治民之道，可得而言，故後之言治者，所以稱舜而不及堯也。然則舜之治乃堯之治，堯不自治而已，故曰「後世雖有作者，虞帝弗可及也已」。「大道之行也，天下爲公。人不獨親其親，不獨子其子」，財不必藏於己，力不必爲己，公之至也。故不厚其子，而人無間言，天下莫能爭，俗薄道衰，禹湯文武不得盡其願欲，此孔子所以深歎以虞帝爲不可及者也。三代之道，或親而不尊，或尊而不親，不免流於一偏，故其終不能無敝。若虞帝則子民如父母，有母之親，故有憯怛之愛；有父之尊，故有忠利之教。所謂「憯怛之愛」，猶慈母之爱，非責報於其子也，非要譽於他人也，發於誠心，不知其他而已。所謂「忠利之教」者，如飽食煖衣，逸居而無教，則近於禽獸，聖人有憂之，使契爲司徒，教以人倫，如窮而變，變而通，作爲衣裳、舟楫、臼杵、弧矢、宫室、棺椁、書契，所以使天下利用而不倦，是皆有教民以義善之誠，無所不利之功者也。安而敬，威而愛，愛則能安，教則知敬；親則愛，尊則威也。「富而有禮」者，節於物者也；「惠而能散」者，周於物者也。節於物，義也；周於物，仁也。尊而有教，義也；親而有愛，仁也。此君子所以尊仁畏義也。所謂君子，貴者也，賢者也。有道之世，唯賢者得在高位，所謂小德役大德，小賢役大賢，故謂之君子也。富而有禮，故恥费，恐用之不以道也；惠而能散，故輕實，蓋不必藏於己也。實之爲言，財貨之謂也。費，則費用其財而已。愛之至則必忠，忠至於犯則不敬，敬之至則有義。一以義斷，或入於不順，則不愛。敬主於別，別則文，文煩則不静。愛主於恩，恩則寬，寬而踰則無辨。故「忠而不犯，義而順，文而静，寬而有辨」，皆尊仁畏義，親而尊之之道也。行此道而天下敬之，則德威也；行此道而天下愛之，則德明也。故尊親之道，一主於德，並行而不廢，則天下莫不尊親矣。故《甫刑》曰：「德威惟畏，德明惟明。」非虞舜之盛德，孰能至於此乎？

子言之：「事君先資其言，拜自獻其身，以成其信。是故君有責於其臣，臣有死於其言。故其受禄不誣，其受罪益寡。」子曰：「事君，大言入則望大利，小言入則望小利。故君子不以小言受大禄，不以大言受小禄。《易》曰：『不家食吉。』」

此言事君之道。其始見也，必知君之所以見任之意，如伊尹事湯，知湯以伐夏救民爲己任，此先資於湯之言也。曰：「吾豈若使是君爲堯舜之君，使是民爲堯舜之民，思天下之民，匹夫匹婦，有不被堯舜之澤者，若己推而内之溝中。」此拜自獻其身於湯之事也。如傅説之事高宗，高宗命之曰：「若金，用汝作礪。若濟巨川，用汝作舟楫。若歲大旱，用汝作霖雨。俾率先王，迪我高后，以康兆民。」又曰：「罔俾阿衡，專美有商。」此先資於高宗之言也。説復於王曰：「木從繩則正，后從諫則聖。后克聖，臣不命其承，敢不祇若王之休命？」又拜稽首曰：「敢對揚天子之休命。」此拜自獻其身以成其信者，所謂策名委質，貳乃辟也；所謂君能制命爲義，臣能承命爲信，義無二信，信無二命者也。君是以責臣之任，臣是以死君之命，自任以重，則受禄不誣；有死無二，則受罪益寡矣。昔晉荀息受責於晉獻公，以立奚齊卓子，告於獻公曰：「使死者復生，生者無愧。」及里克殺奚齊卓子，荀息死之，可謂死於其言矣。荀息之事，雖於義未之盡，然臣之死命，必如荀息，而後可以言信矣。大言入則望大利，小言入則望小利。大言，則所言者大也；小言，則所言者小也。利及天下，澤及萬世，大利也；進一介之善，治一官之事，小利也。諫行言聽，利斯從之矣，先儒謂利，禄賞也。人臣之事君，大言小言，各效其忠而已，如言之入而遂望其禄賞，則懷二心以事上，主於爲利而已，小人之道，非所以事君也。所謂「不以小言受大禄，不以大言受小禄」，此君之所以報臣者，非臣之所以望君也，受之以義，亦稱其大小而已。小言而大禄，則報踰其分；大言而小禄，則君不我知，亦不可受也，非其義而已。《易》曰「不家食吉」，此《大畜》之《彖》辭也。君之所以大畜者，將以禄天下之賢，賢有小大，則禄有多寡，一有不稱，則好惡之私繫焉。人君而存好惡之私，則猶家食而已，非所以爲天下公也，故曰：「不家食吉，養賢也。」

子曰：「事君不下達，不尚辭，非其人弗自。《小雅》曰：『靖共爾位，正直是與。神之聽之，式穀以女。』」子曰：「事君遠而諫則讇也，近而不諫則尸利也。」子曰：「邇臣守和，宰正百官，大臣慮四方。」子曰：「事君欲諫不欲陳。《詩》云：『心乎愛矣！瑕不謂矣！中心藏之，何日忘之？』」

以下達之事事其君，則賊其君者也；尚辭而實不稱，則欺其君者也；非其人而自達之，枉己以事君者也。傳曰：「君子上達，小人下達。」上達者，進乎高明，如伊尹恥其君不及堯舜，孟子非堯舜之道不敢陳於王前者也。下達者，趨乎汙下，如孟子言謂「吾君不能謂之賊」者也，又曰「逢君之惡其罪大」者也。自者，所由以爲主者也。觀近臣以其所主，觀遠臣以其所爲主。彼謂孔子「主癰疽與侍人瘠環」者，❶非其人而自爲之也，三者皆枉己不正，非所謂靖共正直者也。人臣敬治其職，所與正直，則神將福之，況於君乎？事君遠而諫，則讇也；近而不諫，則尸利也。古之天子有爭臣七人，諸侯五人，是有言責者也。有言責者，不可不諫，不得其言則去；無言責者，則可以諫，可以無諫，不得其言，不必去矣。至於遠臣，既無言責，又遠於君，有官守之責，而諫非其責也。所謂遠者，遠臣也，非其職而諫之，陵節犯分，以求自達，故曰「讇也」。所謂近者，有言責之臣也，有言責而不諫，則曠厥官，懷禄固寵，主於爲利，故曰「尸利也」。尸，主也，猶祭祀之尸，有所主而無所事。《書》云：「羲和尸厥官，罔聞知。」其義同此。雖然，古者史爲書，瞽爲詩，工誦箴諫，大夫規誨，士傳言，庶人謗，商旅議于市，百工獻藝，皆若遠而諫者，蓋上之人所求於下者如此，則下各以其職而有言，不可謂之讇矣。潁封人之諫鄭莊公，杜蕢之諫晉平公，亦遠而諫者，然若二子者，君子與之，蓋有封人、杜蕢之心，雖諫而可，無封人、杜蕢之心，則讇也。「邇臣守和，宰正百官，大臣慮四方。」邇臣，近臣也，如左右常伯，常任、準人、綴衣、虎賁之類。宰，即冢宰。大臣，六卿也。近臣者，在君左右，不任其政，與天子燕遊者也；主於朝夕納誨，調和君子，和而不同。若作和羹，濟之以鹽、梅、五味，則得其和而可食；如以水濟水，孰能食之？故君所謂可而有否

❶「侍」，原作「寺」，依四庫本與《十三經注疏》本《孟子》改。

焉，君所謂否而有可焉，可否相濟，則君德和，故曰「邇臣守和」。宰之爲言，殺也；因以名言，饔官焉。饔官，主割烹者也。既殺而烹之，解剥制割，皆出其手，宰制政事者亦然。故主家政者爲家宰，主國政者爲國宰，所以宰制百事，總正官屬，故曰「宰正百官」。六卿分掌國政，任天下之事，與國同其憂者也，巡守朝聘，所以交結維持，使四方無虞，當任其責也。莫非臣也，莫非事也；三者之官，其責爲重，故歷言之。「事君欲諫不欲陳」者，《書》所謂：「爾有嘉謀嘉猷，則入告爾后于内，爾乃順之於外，曰：斯謀斯猷，惟我后之德。」臣之事君，所以告其君，則有犯而無隱；所以告於人，則隱惡而揚善。宋平公築臺，妨於農收，子罕諫弗許，築者謳之，子罕聞之，親執朴以行築者，曰：「吾儕小人，皆有闔廬以避燥濕寒暑，今君爲一臺而不速成，何以爲役？」則其愛君之心可知矣。《詩》云：「心乎愛矣！遐不謂矣！中心藏之，何日忘之？」此《小雅・隰桑》詩，刺幽王小人在位，君子在野，思見君子之辭也。此則斷章取義，以「心愛矣」爲愛君之心，有以告之矣，愛之之誠，藏於心而不忘，此所以「欲諫而不欲陳」也。樂毅《報燕惠王書》曰：「吾聞之，古之君子，交絶而不出惡聲，忠臣去國，不絜其名。」非有是心，能之乎？

子曰：「事君難進而易退，則位有序；易進而難退，則亂也。故君子三揖而進，一辭而退，以遠亂也。」子曰：「事君三違而不出竟，則利禄也。人雖曰『不要』，吾弗信也。」子曰：「事君可貴可賤，可富可貧，可生可殺，而不可使爲亂。」

所謂「位有序」，小德役大德，小賢役大賢之謂也。所謂亂者，則賢不肖倒置之謂也。君子之事君，要之君信於我而已。信我之賢可以爲師，非學焉而後臣之，則不進也；信我之賢可以執國政，雖待以季孟之間，亦不進也，此所以進之難也。孔子之仕魯，燔肉不至，則不税冕而行；靈公問陳，則明日遂行，此所以退之之易也。蓋君子之仕，將以道正君而已，枉己未有能直人者也。人人知自貴於己，達「色斯舉矣，翔而後集」之義，則賢不肖之分，不可亂也。相見之禮：主人迎賓，三揖，至於階，三讓；其退也，一辭而出，主人拜送，賓去不顧。蓋相見者，見之於主人盡敬之後，辭之於主人未懈之先；若主人之敬未至而强進，主人之意已懈而不辭，則賓主人之分亂矣。可仕可已，可見可辭，進退之義一也。「事君三違而不出竟，則利禄也，人雖曰不要君，吾弗信也。」古者四十始仕，道合則從，不合則去。蓋以道事其君者，道既不合，舍而去之，君無留行之命，禮貌已衰，義不可猶居其國，苟至三違而不出竟，則懷禄要君，無所逃罪。昔孔子去魯，遲遲其行，以去父母之國，有所不忍而已。孟子去齊，三宿而後出晝，冀王悔而反之，以安天下之民而已。然卒皆出竟以去，君子之義可知矣。臧武仲以防求爲後於魯，要君之心，無大於此，所以皆得罪於孔子也。子曰：「事君慎始而敬終。」事君數，斯辱矣；朋友數，斯疏矣。故輕交易絶，君子恥之。若夫以道去其君，豈君子之心哉？不得已也。子曰：「事君可貴可賤，可富可貧，可生可殺，而不可使爲亂。」貴賤、貧富、生殺，君之所操以御臣之具者也。雖有是具以御臣，然所以御之者，理也。理義，人心之所同然，天所以命於人，君君、臣臣、父父、子子，所以保乎天下國家也。故臣之事君，無所逃乎天地之間，東西南北，唯命之從；及違於理義，則臣得以争於君，匹夫不可奪其志。故君以我爲賢，則可處之以富貴；以我爲不肖，則可處之以貧賤；以我爲無罪，則可生；以我爲有罪，則可殺。六者，莫不唯君所命，其不可奪者，吾之理義而已。孟子曰：「往役，義也；往見，不義也。」齊侯田，以旌招虞人，不至，將殺之，孔子奚取焉，取非其招不往也。故凡違乎理義者，皆亂也。

子曰：「事君，軍旅不辟難，朝廷不辭賤。處其位而不履其事，則亂也。故君使其臣，得志則慎慮而從之；否則孰慮而從之，終事而退，臣之厚也。《易》曰：『不事王侯，高尚其事。』」

此章重述事君可貴可賤、可富可貧、可生可殺之義。蓋事君者，不仕則已，仕則卑賤有所不辭。《詩》云：「碩人俁俁，公庭萬舞。」事君者不受命則已，受之則患難有所不辭。《詩》云：「靡室靡家，玁狁之故。」處其位而不履其事，如弓人恥爲弓，矢人恥爲矢，名之不可言，言之不可行矣，其所以事君之義亂於名實者也。此篇言亂者有三：易進而難退則亂也者，亂於賢不肖者也；不可使爲亂者，亂於理義者也；處其位而不履其事則亂也者，亂於名實者也。亂者，如絲之不治，無緒以正之之謂也。孔子曰：「人而不仁，疾之已甚，亂也。」又曰：「好勇疾貧，亂也。」仁者愛人，然而疾不仁者，以不仁之賊吾愛也；苟能遠之，使不能賊吾愛，可矣；至於疾之已甚，則反失吾愛，是亂於爲仁者也。所貴乎勇者，見義必爲而已；不施之於義，而施之於疾貧，則利欲無厭，是亂於勇者也，是皆不治而無緒者也。君使其臣，臣受其命，得志者，則合所使之臣素志也；否者，不合其素志也。臣受君命，雖有所合，不敢以得志而自滿，故「慎慮而從之」，乃臨事而懼，好謀而成者也；有所不合，又非所宜辭，亦不敢怨於不得志而不事事，故「孰慮而從之」。要之，不辱君命，盡其義而無悔而已。仕而不事事，則不恭；不得志而不去，則懷。懷與不恭，皆君子所不由。故不得志者，雖孰慮以從事，卒事，則致爲臣而去，則所以自免而不累於上，故曰「臣之厚也」。《蠱》之上九之辭曰：「不事王侯，高尚其事。」蠱者，有事之時。自九五而下，皆以幹蠱能不能爲得失，至於上九，事之終且無位也，有似乎仕焉而已者，故曰「不事王侯」。唯不事王侯，乃可以高尚其事，不見役於人。若委質而仕，反欲高尚其事而不事事，則曠官尸利，無所逃罪矣，故此章取以爲證焉。

子曰：「唯天子受命於天，士受命於君。故君命順則臣有順命，君命逆則臣有逆命。《詩》曰：『鶕之姜姜，鶉之賁賁；人之無良，我以爲君。』」

此章重述事君不可使爲亂之義也。天道無私，莫非理義，君所以代天而治者，推天之理義，以治斯人而已。故曰「天叙有典，❶天秩有禮，天命有德，天討有罪」，莫非天也。臣之受命於君者，命合乎理義，爲順天命，不合則爲逆天命。君之命出乎理義，則爲臣者將不令而行；❷君之命不出於理義，則爲臣者雖令不從矣。此所以有逆命順命之異，然後知其不可使爲亂也。「人之無良，我以爲君」，此詩刺衛君無德，國人恥以爲君，蓋言君逆天命，則臣子亦逆君之命。

❶「叙」，原作「秩」，依《十三經注疏》本《尚書·皋陶謨》改。

❷「行」，四庫本作「從」。

子曰：「君子不以辭盡人。故天下有道，則行有枝葉；天下無道，則辭有枝葉。是故君子於有喪者之側，不能賻焉，則不問其所費；於有病者之側，不能饋焉，則不問其所欲；有客不能館，則不問其所舍。故君子之接如水，小人之接如醴。君子淡以成，小人甘以壞。《小雅》曰：『盜言孔甘，亂是用餤。』」

「君子不以辭盡人」，不敢輕信於人也。不以口譽人，不以色親人，不爲口惠，所以重信於己也。孔子曰：「今吾於人也，聽其言而觀其行。」又曰：「君子不以口譽人。」又曰：「有言者不必有德。」皆不以辭盡人之義也。枝葉者，幹之文也。天下有道，則人致文於行，「禮儀三百，威儀三千」，乃行之文也，故曰「行有枝葉」。天下無道，則人致文於辭，《詩》云「巧言如簧，顔之厚矣」，乃辭之文也。既曰「辭有枝葉」，則有言而無其實。問所費於喪者而不能賻，問所欲於病者而不能饋，問所舍於客而不能館，則其言也，不出於誠心，君子恥之，故與其不能惠而問之，不如不問之愈也。君子之接人也以信，而不以苟説人，故如水淡而可久，於此三者不能惠則不問，此交之所以全而無後怨，故曰「淡以成」。小人之接人也，苟説而不以信，故如醴之甘而不可久，於斯三者能問而不能惠，取説於頃刻而不顧其後，此交之所以難保，故曰「甘以壞」。故凡言之甘而不出乎誠心者，必將有以盜諸人。《傳》曰：「幣重而言甘，誘我也。」甘言入則受其盜，故言「盜言孔甘，亂是用餤」。

子曰：「君子不以口譽人，則民作忠。故君子問人之寒則衣之，問人之飢則食之，稱人之美則爵之。《國風》曰：『心之憂矣！於我歸説。』」子曰：「口惠而實不至，怨菑及其身。是故君子與其有諾責也，寧有已怨。《國風》曰：『言笑晏晏，信誓旦旦。不思其反，反是不思，亦已焉哉！』」子曰：「君子不以色親人。情疏而貌親，在小人穿窬之盜也與？」子曰：「情欲信，辭欲巧。」

「晉平公之於亥唐，入云則入，坐云則坐，食云則食。雖疏食菜羹，不敢不飽。然終於此而已矣。弗與共天位，弗與治天職，弗與食天禄，士之尊賢者也，非王公之尊賢也。」蓋君子力可以周人之窮，則不徒問其飢寒而已，必有以衣食之；勢可以進賢，則不徒譽而已，必有以爵禄之。徒問徒譽，而無實以繼之，則誠心不存。己則不誠，而責人之誠，難矣！故曰：「君子不以口譽人。故君子問人之寒則衣之，問人之飢則食之，稱人之美則爵之。」《國風》曰：「心之憂矣！於我歸説。」此詩刺曹君不脩政事，好絜其衣服，飾其外而無實，民將去之，求其所當歸者，如口譽無實，不可使民信也。問人之飢寒，而不衣食之，特問之，無誠而已。至於口惠而實不至，則害信之大者。自古皆有死，民無信不立，危國亡家之本，此怨菑所以及其身。故「君子與其有諾責也，寧有已怨」。有求而已之，始雖咈人之意，而終不害乎信，故其怨小；諾人而不踐其言，雖不咈人意，而終害乎信，故其責大。《國風》曰：「言笑晏晏，信誓旦旦。不思其反，反是不思，亦已焉哉！」此詩刺夫婦失道，中絶無信，婦怨之辭也，故取以證之。穿窬之盜，欺人之不見，以爲不義而已。色親人者，巧言令色足恭，無誠心以將之，情疏貌親，主於爲利，亦欺人不見，君子恥之，故不爲也。故曰：「君子不以色親人，情疏而貌親，在小人則穿窬之盜也與？」孔子曰：「色厲而內荏，譬諸小人，其猶穿窬之盜也與？」孟子曰：「不可以言而言，可以言而不言，是皆穿窬之類。」二者亦欺人之不見，以爲不義，故所以爲穿窬也。禦人國門之外，盜也；穿窬，亦盜也。狎大人，侮聖人之言，小人而無忌憚，不義也；色厲而內荏，以言不言餂人，亦不義也。盜與不義，小大雖殊，其爲盜與不義則一也。此章言其言欲信而已，事君接人，其義一也。又欲言之順而説，故曰「情欲信，辭欲巧」，以結之。孔子曰「巧言令色鮮矣仁」，蓋事於言色者，誠有所不足，故鮮矣仁，然爲辭令，亦君子之所務。孔子曰：「不學詩，無以言。」又曰：「使於四方，不能專對；雖多，亦奚以爲？」非惡言之巧也，惡巧言之害仁者爾。

子言之：「昔三代明王，皆事天地之神明，無非卜筮之用，不敢以其私褻事上帝。是故不犯日月，不違卜筮，卜筮不相襲也。大事有時日，小事無時日，有筮。外事用剛日，内事用柔日，不違龜筮。」

此章言事天事君，至敬而不敢褻，故有卜筮；因言卜筮之用，禮者敬而已矣。明則敬於人，禮儀三百，威儀三千，敬人之事也。幽則敬於鬼神，内盡志，外盡物，凡祭祀之禮，卜筮之用，皆敬鬼神之事也。蓋卜用龜，筮用筴，龜則灼之而視其兆，筴則揲之而視其卦，凡求於人情所不能測，人力所不能爲者，是乃所以求之於神明也。郊所以祀上帝，卜日而用之，不敢必其期也；卜牲而養之，不敢必其物也。其敬如是，是乃所以不敢以私褻事之也。日月者，如冬日至圜丘以祀天神，夏日至方澤以祀地祇，四時迎氣用四丘，此皆素有定日，不用卜；至於它祭祀之當卜日者，不可犯此素定之日也；它祭祀之卜日，既不犯此素定之日，然所卜之日，既卜之吉，則不可違，故曰「不犯日月，不違卜筮」。違之犯之，皆不敬也。《記》曰：「大饗不問卜。」此謂日月之素定者，如冬夏之日至之類。他則皆卜，如啟蟄而郊，郊用辛之類。故大宰祀五帝，帥執事而卜日，遂戒，而不言昊天上帝，蓋可知矣。《記》稱饗帝於郊，又云唯聖人爲能饗帝，則祀天亦可稱饗。均祀天地也，冬至之日至爲大，故曰「大饗」。饗之之敬，因天時陰陽之至，而不問卜，所敬異於他饗也。先儒謂大饗者，祀五帝於明堂，以《月令》有季秋大饗之文，乃曰「莫適卜也」，以總饗五帝，不知主何日而卜之，故不卜。然不知季秋之饗既無素定之日，❶如冬夏日至，又不問卜，當以何日爲可？若以人謀而用之，乃以私褻事上帝，不敬莫大焉，其説固不可行矣。「卜筮不相襲」者，此主於祭祀而言，有卜則不筮，有筮則不卜，蓋大事用卜，小事用筮而已。在他事，則卜筮兼用之。《洪範》「汝則有大疑，謀及乃心，謀及卿士，謀及庶人，謀及卜筮」；於心也，士也，庶民也，龜也，筮也，參其從逆而占之。《筮人》云「國之大事，先筮而後卜」。《春秋傳》：僖公二十五年，晉卜納襄王，得黄帝戰於阪泉之兆；又筮之，得《大有》之《睽》。哀九年，晉卜伐宋，亦卜而後筮，則兼用亦明矣。「大事有時日」者，時如啟蟄而郊，及四時宗廟之祭之類；日如郊

❶「無」，原作「有」，於文意不通，據本書《曲禮下》「大饗不問卜，不饒富」下吕氏注文改。

用辛，社用甲之類。有是時日，以上中下三旬而卜之。「小事無時日有筮」者，若非時有所告，及祈禱之類，皆無定日，必筮而用之也。「外事用剛日，内事用柔日，不違龜筮」，鄭氏謂「事之内外，别乎四郊」，蓋以郊，外事也，反用辛；社，内事也，反用甲。故謂郊在四郊之内，同内事，故用柔日之辛；四郊之外，乃爲外事，故「甲午祠兵，吉日庚午，既差我馬」。然考是説，社乃内事而反用甲，説亦未可行。蓋所謂内事、外事，分别剛柔，汎言衆事爾。如「郊用辛，社用甲」，自别有義，難以剛柔取類也。又言「不違龜筮」者，前所謂大事、小事，及後所謂内事、外事，皆不可違卜筮，故重言之。

子曰：「牲牷、禮樂、齊盛，是以無害乎鬼神，無怨乎百姓。」子曰：「后稷之祀易富也，其辭恭，其欲儉，其禄及子孫。《詩》曰：『后稷兆祀，庶無罪悔，以迄于今。』」

古之聖王，先成民，然後致力於神，民和而神降之福。《泂酌》之詩曰：「泂酌彼行潦，挹彼注兹，可以饙饎。豈弟君子，民之父母。」蓋不得乎民心，雖有牲牷禮樂齊盛之備，神將不饗矣。無害乎鬼神，則神饗之矣；無怨乎百姓，則民歸之矣。所以然者，本於致敬而已，故因卜筮而言。后稷竭力於稼穡，以共齊盛，所以和於民者至，則所以事於神者盡矣。《詩》曰：「恒之秬秠，是穫是畝。恒之穈芑，是任是負。以歸肇祀。」苟有誠信，澗溪沼沚之毛，潢汙行潦之水，可薦於鬼神，故后稷之祀，竭力以共齊盛，無非誠信之謂，故「易富也」。富之言備也，其祀也，永無罪悔而已，此所以「其辭恭，其欲儉」也。「以迄于今」，至於周，推后稷以配天，一用后稷之法，故曰「其禄及子孫」。

子曰：「大人之器威敬。天子無筮，諸侯有守筮。天子道以筮，諸侯非其國不以筮，卜宅寢室。天子不卜處太廟。」

如天子無筮，敬則用祭器，則龜與祭器，皆大人之器。大人所主之器，當威嚴敬重，不可私褻於小事，故大事則不筮，小事則不卜，朝聘之饗，昏冠之禮醮，皆用祭器，燕則不用也。「天子無筮」者，天子體尊，在國中，有事皆卜而不以筮；至於巡守征伐在道，則以筮，蓋以龜當敬而不可褻也，故曰「天子道以筮」。諸侯卑於天子，在國中居守，有事則筮，降於天子之用龜也；

至於出竟，則不筮，蓋不敢問吉凶於人之國，且辟天子也，故曰「諸侯非其國不以筮」。《小宗伯》云「凡建國，左宗廟，右社稷」，則宗廟有定位，雖天子不卜，唯宅寢室則卜之。蓋寢室無常，❶人君之居，不可以不敬，以求祐於天，故必卜。

子曰：「君子敬則用祭器。是以不廢日月，不違龜筮，以敬事其君長。是以上不瀆於民，下不褻於上。」

君子之事天地鬼神與事其君長，其敬一也，故「敬則用祭器」。以事鬼神之敬敬之，敬之至也。敬則用祭器，則私褻之用，皆以燕器，如敦、牟、卮、匜之屬是也。「不廢日月」者，事其君長，各有日月，如歲之有朝覲宗遇，一日之有朝夕，不敢廢也。「不違龜筮」者，欲見其君長，及其所貢獻，皆卜筮而後進也。事天地神明，言「不犯日月」者，以有素定之日，而犯者，他祀之卜日不可犯也。此云「不廢日月」，亦有素定之日當行之，而不可廢也。如此，則上之待下，下之事上，莫非敬也，故「上不瀆於民，下不褻於上」也。

緇衣第三十三

此篇大旨，言爲上者，言行好惡，所以爲民之所則傚，不可不慎也。篇中有「好賢如緇衣」之言，故以是名篇。

子言之曰：「爲上易事也，爲下易知也，則刑不煩矣。」

孔子曰：「上好信，則民莫敢不用情。」爲上易事者，以好信故也；爲下易知者，以莫敢不用情故也。上不務信，以機心待民，則民亦以機心報上。上下之交，機心相勝，姦生詐起，法令不得不多。不正其本而齊其末，則犯者莫之勝禁，欲刑之不煩，不可得矣。

子曰：「好賢如《緇衣》，惡惡如《巷伯》，則爵不瀆而民作愿，刑不試而民咸服。《大雅》曰：『儀刑文王，萬國作孚。』」

子曰：「示之以好惡，而民知禁。」上之所以示下，

❶「無常」，四庫本作「爲」。

下之所以從上，唯好惡而已。雖有好善之迹，而無誠好之心，則雖賞不勸；雖有惡惡之迹，而無誠惡之心，則雖刑不懼。蓋誠心不至，則好惡不明；好惡不明，則民莫知其所從違。如此，而欲人心之孚，天下嚮風，難矣。《緇衣》，美鄭武公之詩也，父子並爲周司徒，善於其職，國人宜之。緇衣者，武公所爲周家卿士之服也。武公之爲卿士，國人宜之，其愛之之深，欲武公長爲卿士，雖衣見其敝，我將改爲，館之食之，唯恐其去，好賢之至者也。《巷伯》，寺人傷於讒之詩，惡惡之至者也。好賢必如《緇衣》之篤，則人知上之人誠好賢矣；不必爵命之數勸，而民必起愿心以敬上矣，故曰「爵不瀆而民作愿」。惡惡必如《巷伯》之深，則人知上之人誠惡惡矣，不必刑罰之施而民畏服矣，故曰「刑不試而民咸服」。《大雅》曰：「儀刑文王，萬國作孚。」蓋文王之德，好惡得其正，而一出乎誠心，故爲天下之所儀刑，德之所以孚於下也。

子曰：「夫民教之以德，齊之以禮，則民有格心；教之以政，齊之以刑，則民有遯心。故君民者子以愛之，則民親之；信以結之，則民不倍；恭以涖之，則民有孫心。《甫刑》曰：『苗民匪用命，制以刑，惟作五虐之刑曰法。』是以民有惡德，而遂絶其世也。」

德以道其心，使知有理義存焉；禮以正其外，使知有所尊敬而已。知有理義，知所尊敬，則知所以爲善爲不善，然後其心知止於是，而不欲畔而之他也。不善之名，雖愚不肖者恥之，如使民心知所以爲善不善，則畔而之他者，衆人之所恥；衆人之所恥，雖愚不肖者，亦將不欲爲矣。此孔子所謂「有恥且格」。格者，止也。❶政者，所以禁民爲非；刑者，所以懲民之爲非。禁也者，非能使之知不善而不爲，亦强制之而已；懲也者，非能使之知恥，使之知畏而已。故民非心悦而誠服，欲逃其上而不可得，此所以「有遯心」，孔子所謂「免而無恥」者也。德禮所以正其本，本立則末不足治；政刑所以齊其末，苟無其本，則法不足以勝姦。我待之以愛，則彼必親；我待之以信，則彼必不倍；我待之以恭，則彼必能遜。此人情之常然，况君

❶「止」，四庫本作「正」。

民之間乎！故子愛恭信，亦以德示之而已；恭以涖之，亦以禮先之而已。《甫刑》曰：「苗民匪用命，制以刑，惟作五虐之刑曰法。」蓋高辛氏之末，諸侯之國有三苗者，民不用上之命，君無德以教之，惟制以刑，作五虐之刑，謂殺戮及劓、刵、椓、黥也。民愈爲惡德不可止，遂至於絶其世，《書》所謂：「民興胥漸，泯泯棼棼，罔中于信，以覆詛盟。」又曰「皇帝哀矜庶戮之不辜，報虐以威，遏絶苗民，無世在下」是也。

子曰：「下之事上也，不從其所令，從其所行。上好是物，下必有甚者矣。故上之所好惡，不可不慎也，是民之表也。」子曰：「禹立三年，百姓以仁遂焉，豈必盡仁？《詩》云：『赫赫師尹，民具爾瞻。』《甫刑》曰：『一人有慶，兆民賴之。』《大雅》曰：『成王之孚，下士之式。』」

國之風俗，一出於上之好惡，好惡之發，其端甚微，其風之行，或至於不可止，其俗之成，或至於不可敗，此不可不慎也。季康子患盜，孔子曰：「苟子之不欲，雖賞之不竊。」蓋上之所好，利必從之；上所不好，害必隨之；盜雖小人，未有舍其所利而趨其所害。故上有好貨之君，則下必有盜賄貨之民，其勢然也。君者，民之表也，文武興則民好善，幽厲興則民好暴，非他，唯上所好而已。故「禹立三年，百姓以仁遂焉」，非百姓之盡仁，以禹好仁，故民從而仁爾。「赫赫師尹，民具爾瞻」者，言民無恒心，瞻視上之所爲，以爲之法而已。「一人有慶，兆民賴之」者，上好善，則民皆蒙賴其善也。「成王之孚，下士之式」，成就王道，所以信於天下，則天下莫敢不信以爲法也。三者别取《詩》《書》之言，❶皆以證上之人所好，下視之以爲法，不可不慎也。

子曰：「上好仁，則下之爲仁争先人。故長民者章志、貞教、尊仁，以子愛百姓，民致行己以説其上矣。」《詩》云：「有梏德行，四國順之。」

仁者之於天下，無一物非吾體，則無一物忘吾愛。

---

❶「别」，四庫本作「引」。

故好仁者子愛百姓，不足道也。苟有是心，則憯怛之愛，結於民心，如草上之風必偃，其從之也輕矣。所謂「爲仁爭先人」者，得其良心之所同然，靡然嚮風，日用而不知者爾。章志者，明吾好惡以示之。貞教者，立不可易之道以教之，所示所教者，尊仁而已。好仁惡不仁，吾所以示之也，明人倫於上，教之使順，不使之不順，此吾所以教之也。所謂「民致行己以悦其上」，如子從父母之命，盡心力以奉之，不忍違也。《詩》云：「有梏德行，四國順之。」「梏」字如桎梏，其音爲「覺」，《詩·大雅》之文，則正爲覺，蓋假借之文也。覺，明也。明吾德以示之教之，此四國所以順也。覺之爲義，有所悟之謂，如「先覺後覺」。悟則明矣，故可訓爲「明」，先儒訓「大」也、「直」也，未詳其義。

子曰：「王言如絲，其出如綸；王言如綸，其出如綍。」故大人不倡游言：可言也不可行，君子弗言也；可行也不可言，君子弗行也。則民言不危行，而行不危言矣。《詩》云：『淑慎爾止，不諐于儀。』

君子名之必可言也，言之必可行也。君子於其言，無所苟而已矣，況於天子者乎？生於心則形於言，形於言則發於政。所出之言仁矣，則發爲仁政也，天下天下被其澤矣；所出之言暴矣，則發爲暴政也，天下受其弊矣。所謂如絲、如綸、如綍，言其端甚微，其末甚大也。綸，綬也，大於絲矣。綍，大索也，大於綸矣。大人者，王公之謂也。游言者，無根不定之言也。《易·繫辭》曰：「誣善之人其辭游。」誣罔善人，舉非其實，所以無根不定也。爲人上者，倡之以誠慤篤實之言，天下猶有姦欺以罔上者，苟以無根不實之言倡之，則天下蕩然虚浮之風作矣，可不慎乎？可言而不可行，過言也；可行而不可言，過行也。過言者，窮高極深，絶類離倫，自以爲高明博大，然人倫不察，庶物不明，要之卒不可行於世，無用之空言而已，此君子所以弗言也。過行者，可行之一時，不可以有繼；可行之於己，不可達之於天下。如曾子執親之喪，水漿不入口七日；墨子生不欲，❶死不哭，要之不可言之，以爲法於後世，獨行之高行而已，此君子所以弗行也。如此，則言行不越乎中，民將效之；言不敢高於行，言

❶「欲」，四庫本作「歌」。

之必可行也；行不敢高於言，必爲可繼之道也。《詩》云：「淑慎爾止，不僭于儀。」言爲人上者，當善慎其容止，不過於先王曲禮之儀，引以證言行之不可過也。

子曰：「君子道人以言，而禁人以行，故言必慮其所終，而行必稽其所敝，則民謹於言而慎於行。《詩》云：『慎爾出話，敬爾威儀。』《大雅》曰：『穆穆文王，於緝熙敬止。』」

非理則不言，所以導民使之循理也；非法則不行，所以禁民使之行法也。孟子曰：「人之易其言也，無責爾矣。」如必責其言之所終，則安敢易乎？故進取於善者，考其行而不揜，猶不免於狂，況不在於善者乎？故曰「言必慮其所終」。墨氏兼愛，楊氏爲我，原其設心之初，以爲道在乎是，天下之善無以易此，豈欲爲無父無君之行哉？然卒至於無父無君者，積靡其敝，不至於是則不止也。伯夷之清，柳下惠之和，皆合於聖人，其風之末，猶爲隘與不恭，則立心之端，差之毫釐，繆以千里，可不慎哉！故曰「行必稽其所敝」。言必慮終，行必稽敝，上之人所以導民禁民者也。「謹於言而慎於行」，民之所以從上者也。《詩》曰「慎爾出話。❶敬爾威儀」，言上之言行，不可不慎也。《大雅》曰「穆穆文王，於緝熙敬止」，言文王之盛德，亦不越敬其容止而已矣。

子曰：「長民者，衣服不貳，從容有常，以齊其民，則民德壹。《詩》云：『彼都人士，狐裘黄黄。其容不改，出言有章。行歸于周，萬民所望。』」

此章明言長民者，言容止，民所觀望，則而象之，惟其不貳有常，則民心不疑，而德歸於一矣。周人衣服無常，此《都人士》之詩所以刺也。

子曰：「爲上可望而知也，爲下可述而志也，則君不疑於其臣，而臣不惑於其君矣。尹吉曰：『惟尹躬及湯，咸有壹德。』《詩》云：『淑人君子，其儀不忒。』」

可望而知，可述而志，皆謂德歸於一，而無二三

❶「話」，原作「語」，依四庫本與《十三經注疏》本《毛詩》改。

也。所謂一者，理義而已，人心之所同然者也。爲君則仁，爲臣則忠，爲子則孝，爲父則慈，與人交則信，乃所謂一，是故君臣之所爲雖不同，同歸於是理，故可望而知，可述而志。「可望而知」者，不言而諭也。「可述而志」者，可稱述而志之於書也。若上有深阻難測之意，則雖言而未喻，下有隱匿不忠之情，則雖言不可信，❶況於志乎？此君臣上下，所以交相疑惑，欲同心於爲治，難矣。尹吉曰「惟尹躬及湯，咸有一德」，言君臣之德皆一也。「其儀不忒」，亦言歸於無差忒也。

子曰：「有國家者，章善癉惡，以示民厚，則民情不貳。《詩》云：『靖共爾位，好是正直。』」子曰：「上人疑則百姓惑，下難知則君長勞。故君民者章好以示民俗，慎惡以御民之淫，則民不惑矣。臣儀行，不重辭，不援其所不及，不煩其所不知，則君不勞矣。《詩》云：『上帝板板，下民卒癉。』《小雅》曰：『匪其止共，惟王之邛。』」

合於理則爲善，不合於理則爲惡。明之，斯好之矣；癉之，斯惡之矣。善居其厚，惡居其薄，此所以示民厚也。好善惡惡，則民壹歸於理義，此民情所以不貳也。「靖共爾位，好是正直」，此言居位者惟正直是好，則所好出於理義，民德所以壹也。此篇之首曰：「爲上易事也，爲下易知也，則刑不煩矣。」又曰：「爲上可望而知也，爲下可述而志也。」此文云：「上人疑則百姓惑，下難知則君長勞。」反覆言此者，蓋君臣上下之際，苟非同心同德，一歸於理義，則上下睽乖，欲政行而事治，未之有也。故極言上之好惡言行，所以示其下者，一德而已。章好者，明吾所好，唯禮義而已，非他好也。慎惡者，慎吾所惡，唯非理非義而已，非他惡也。所好未必理義，則君好可疑，欲以化民成俗難矣；所惡未必非理非義，則君惡可疑，欲民之不淫難矣。使民惑上之好惡，而莫知所從，非所以示民也。臣之事上，非禮不行，故曰「儀行」。所行一出於禮義，非有隱匿詐僞之情，故曰「不重辭」。不重辭者，理直而不必多言以自解之也。以君之力所不能及而援其君，則君難從；以君之知所不能知而煩其君，則

❶ 「雖」，原作「難」，依四庫本與上下文義改。

君難聽。徒爲難從難聽，勞其君而無益，非所以事君也。「上帝板板，下民卒癉。」板板，反也。上帝，以況王者也。王者反覆，二三其德，則民莫知所從而病矣，此證「上人疑則百姓惑」也。「匪其止共，惟王之邛」。邛，病也。爲臣者事君不止於恭敬，而援其所不及，使君病其不能，煩其所不知，使君病其不知，此證「下難知則君長勞」也。

子曰：「政之不行也，教之不成也，爵禄不足勸也，刑罰不足恥也，故上不可以褻刑而輕爵。《康誥》曰：『敬明乃罰。』《甫刑》曰：『播刑之不迪。』」

爵禄不足勸善，刑罰不足恥小人，此之謂「褻刑輕爵」，失君人之道矣。上言好惡，此言爵禄刑罰。蓋好惡本諸心，爵禄刑罰施於政。心術不正，則政刑從之，不可不慎也。「敬明乃罰」，「播刑之不迪」，言用罰不可不敬，施刑不可不循其道也。

子曰：「大臣不親，百姓不寧，則忠敬不足，而富貴已過也。大臣不治，而邇臣比矣。故大臣不可不敬也，是民之表也；邇臣不可不慎也，是民之道也。君毋以小謀大，毋以遠言近，毋以内圖外，則大臣不怨，邇臣不疾，而遠臣不蔽矣。」葉公之顧命曰：「毋以小謀敗大作，毋以嬖御人疾莊后，毋以嬖御士疾莊士大夫、卿士。」

此章言大臣不信，而小臣之比，國之大患也。《傳》曰「不使大臣怨乎不以」，以大臣之任，國之休戚繫焉。用之斯信之矣，不信之斯黜之矣，未有居其位而不信之者也。大臣不親，民疑於所任，百姓所以不寧，蓋由臣之忠不足於君，則君之敬不足於臣，徒富貴之，而無信任之意，猶犬馬畜之而弗敬也。事至於此，必有邇臣嬖寵奪大臣之柄，而不得治其事，故曰「大臣不治，而邇臣比矣」。表者，民所望也；道者，民所從也。大臣尊嚴，國之政令存焉，民之所望以爲表，不敬則國命輕矣；邇臣寵昵，君之好惡繫焉，民之所從以爲道，不慎則風俗壞矣。使小臣謀大臣，則大臣怨乎不以；使遠臣間近臣，則近臣疾其君；使内之寵臣圖四方宣力之士，則遠臣之賢蔽而不聞。三者，任君之大害也。葉公之顧命曰：「毋以小謀敗大作，毋以嬖御人疾莊后，毋以嬖御士疾莊士大夫、卿士。」引此言以證此三事也。❶「莊士大夫、卿士」，謂莊士之爲大夫、卿士者也。

子曰：「大人不親其所賢，而信其所賤，民是以親失，而教是以煩。《詩》云：『彼求我則，如不我得。執我仇仇，亦不我力。』《君陳》曰：『未見聖，若己弗克見；既見聖，亦不克由聖。』」

王公之用人，將與共天位，治天職也。師其不及，而友其所等夷，有不如己，然後使之，故位尊而德優，德優而身佚。賢者既踈，不肖又不足親，此所以親失。所貴者而疑，所賤者又不足任也，此教所以煩。蓋知賢而不親，知可賤而信之，德所以不進，治所以不成也。孟子曰：今之諸侯，好臣其所教，而不好臣其所受教，故地醜德齊，莫能相尚也。《詩》、《君陳》，皆言得賢而不能親之信之也。

子曰：「小人溺於水，君子溺於口，大人溺於民，皆在其所褻也。夫水近於人而溺人，德易狎而難親也，易以溺人；口費而煩，易出難悔，易以溺人；夫民閉於人而有鄙心，可敬不可慢，易以溺人。故君子不可以不慎也。《太甲》曰：『毋越厥命，以自覆也。若虞機張，往省括于厥度則釋。』《兑命》曰：『惟口起羞，惟甲冑起兵，惟衣裳在笥，惟干戈省厥躬。』《太甲》曰：『天作孽，可違也；自作孽，不可以逭。』尹吉曰：『惟尹躬天見于西邑夏，自周有終，相亦惟終。』」

小人，謂民也；君子，謂士大夫也；大人，謂王公也。凡人所以覆没於患禍，不能以自出者，皆在其易而褻之也。水至柔之物，民狎而翫之，則雖巨川深淵而不戒，此取溺之道也。「德易狎而難親」者，謂水之德也，先儒乃以是德爲人之德，謂有德者亦如水然，易狎難親，豈德之謂耶？方論溺水、溺口、溺民三者之

❶「引」，原缺，依四庫本補。

別，無庸以有德厠其間也。與人交際，不能無言，古之君子詞達而已，不費而煩。❶於己則費，於人則煩，不能無過。過言之甚，至於害德喪身，以覆邦家，易出而不可悔，非口之溺人乎？民至愚至賤，乃知賤者貴者之所易也。惟愚也，故閉於心而不可以理喻；唯賤也，故有鄙心，多怨而無恥。爲王公者慢而不敬，則輕身輕上，無所不至，此民之所以溺人也。三者之端，不可不慎也。引《太甲》，言爲政者如虞人射禽，張機省括，奠而後發，有是心也，安有溺於民之患哉？《兑命》言庶政不可不慎也，《太甲》言禍患之溺，莫非自取也，尹吉言君以忠信有終，❷皆君所自致也。此經引《書》爲證，❸與《書》文小不同，義無所害。

子曰：「民以君爲心，君以民爲體。心莊則體舒，心肅則容敬。心好之，身必安之；君好之，民必欲之。心以體全，亦以體傷。君以民存，亦以民亡。《詩》云：『昔我有先正，其言明且清。國家以寧，都邑以成，庶民以生，誰能秉國成？不自爲正，卒勞百姓。』《君雅》曰：『夏日暑雨，小民惟曰怨；資冬祈寒，小民亦惟曰怨。』」

天生人物，流形雖異，同一氣耳。人者，合一氣以爲體，本無物我之別，故孺子將入井，人皆有怵惕惻隱之心，非自外鑠也。天下無一物非我，故天下無一物不愛。我體或傷，心則憯怛，理之自然，非人私智所能爲也。人而不仁，非無是心，喪是心爾。故大人自任以天下之重，匹夫匹婦有不被堯舜之澤，若己推而納之溝中，豈勉强之所能爲也？爲人君止於仁，則君臣者之於是也，❹舍仁曷以哉？心體之説，姑以爲譬，若求之實理，則非譬也。體完則心説，猶有民則有君也；體傷則心憯，猶民病則君憂也。所以安危存亡者亦然，可不慎乎！所引詩與《節南山》之詩有異，蓋逸詩也，此言君不正，百姓所以勞也。引《君雅》言天之寒暑，小民且怨，況君之政教乎！

❶「不費」，清麓本作「而發」。
❷「有」，原作「自」，依四庫本與上下文義改。
❸「此」下，原衍「引」字，依四庫本删。
❹「臣」，四庫本作「人」。

子曰：「下之事上也，身不正，言不信，則義不壹，行無類也。」子曰：「言有物而行有格也，是以生則不可奪志，死則不可奪名。故君子多聞，質而守之；多志，質而親之；精知，略而行之。《君陳》曰：『出入自爾師虞，庶言同。』《詩》云：『淑人君子，其儀一也。』」

自此以下，言下事上之義。身正言信，所謂「欲修其身，先正其心；欲正其心，先誠其意」。義壹行類，所謂「同歸而殊塗，一致而百慮」。故孟子曰：「君子亦仁而已矣，何必同？」言有物，行有格，此謂法度存焉。有物則無失實之言，❶有格則無踰矩之行。如是者，又歸於一，而不可變也。生乎由是，死乎由是，故志也，名也，不可得而奪也。義重於生，舍生而取義，則不義之名，君子所不受也。多聞，所聞欲博也；多志，多見而識之者也。質，正也，不敢信己，質衆人之所同，然後用之者也。守之者，服膺而勿失者也；親之者，問學不厭者也。由多聞多知而得之，又當精思，以求其至約而行之，故曰「精知，略而行之」。略，約也。此皆義壹行類之道也。君子之學必致一，不致一則二三，二三則異端之言交入而無間，卒不能以自立也。一者何？理義而已。何由知其理義？以吾之所同然合人之所同然而已。「出入自爾師虞，庶言同。」此言當謀之於衆，取其同然也。「淑人君子，其儀一也。」此言君子之行，卒歸於一也。

子曰：「唯君子能好其正，小人毒其正。故君子之朋友有鄉，其惡有方。是故邇者不惑，而遠者不疑也。《詩》云：『君子好仇。』」

鄉人皆好之，未可也；鄉人皆惡之，未可也；不如鄉人之善者好之，其不善者惡之。蓋善者好之，由君子所好者善也；不善者惡之，由君子所惡者不善也。君子之好，不可以非其人，故曰「朋友有鄉」。所惡不可以及善人，故曰「其惡有方」。蓋君子所好者皆正，小人所惡亦皆正，故曰「君子能好其正，小人毒其正」。好惡既明，亦歸於一，此遠邇所以不疑惑也。《詩》

❶「言」，原誤作「信」，依正文及中華書局校點本《禮記集解》引吕解改。

云：「君子好仇。」仇，匹也。其匹者皆好也。先儒以「好其正」、「毒其正」皆當爲「匹」，恐只作「正」字亦可。

子曰：「輕絶貧賤，而重絶富貴，則好賢不堅，而惡惡不著也。人雖曰『不利』，吾不信也。《詩》云：『朋友攸攝，攝以威儀。』」

此章又申言前章好惡不可不明也。以爲可賢而重絶，以爲不足賢而輕絶，則不當有富貴貧賤之異矣。均可絶也，富貴未絶，貧賤者先絶，則「惡惡不著」。均未可絶也，貧賤者先絶，富貴者未絶，則「好賢不堅」。推是心也，謂之不利於富貴，則不可信也。《詩》云：「朋友攸攝，攝以威儀。」言朋友以禮義相正，豈以貧賤富貴易其心哉？

子曰：「私惠不歸德，君子不自留焉。《詩》云：『人之好我，示我周行。』」

此章言君子所好，既不容私，亦不欲人之私好於我也。私惠於民，我不足以歸德；知其不足以歸德，君子亦不受也，故曰「君子不自留焉」。引《詩》言受人之好，以示我至公而不比故也。孔子曰：「君子周而不比。」周則徧，徧則公；比則有所附，有所附則私。

子曰：「苟有車，必見其軾；苟有衣，必見其敝。人苟或言之，必聞其聲；苟或行之，必見其成。《葛覃》曰：『服之無射。』」

此章言有是物必有是事，有是事乃無是物，❶不可虛也。故君子之學，自本及末，無非其實，亦由致一而不二，故可久而無窮也。登車而有所禮則式。式，憑式。有式則有車，無車則何所憑而式之乎？衣之久必敝，有衣然後可敝，無衣則何敝之有？言必有聲，行必有成，亦猶是也。蓋誠者物之終始，不誠無物。「服之無射」，言實有是服，乃可久服而無厭也。

子曰：「言從而行之，則言不可飾也；行從而言之，則行不可飾也。故君子寡言而行，以成其信，則民不得大其美而小其惡。《詩》云：『白圭之玷，尚可磨也；斯言之玷，不可爲也。』《小雅》曰：『允也君子，展也大成。』《君奭》曰：『昔在上帝，周田觀文王之德，其

❶「無」，依文意疑當作「有」。

集大命于厥躬。』」

此章又申言前義，言行皆不可無實也。飾言而言者，所言非信，故不可行；飾行而行者，所行必僞，故不可行。莊生之言，非不善也，卒不可以治天下國家，此言之飾也。五霸假仁義而行，非不美也，而後世無傳焉，此行之飾也。故君子言顧行，行顧言而已，不可失吾信，使民之稱美惡，不敢有所大小而失其實也。言之不信，所謂玷也。「允也君子，展也大成」，言君子非信則不成也。《君奭》言文王有誠信之德，爲天所命，況於人乎！

子曰：「南人有言曰：『人而無恒，不可以爲卜筮。』古之遺言與？龜筮猶不能知也，而況於人乎！《詩》云：『我龜既厭，不我告猶。』《兑命》曰：『爵無及惡德，民立而正事。純而祭祀，是爲不敬。事煩則亂，事神則難。』《易》曰：『不恒其德，或承之羞。恒其德，偵。婦人吉，夫子凶。』」

德歸於一則有恒，二三則無恒。人之趨嚮，不知其所安，雖鬼神龜筮之靈，醫工色脉之妙，猶不可測，況人情之近，其可測之乎？《論語》記孔子之言曰：「人而無恒，不可以作巫醫。善夫！」《易》曰「不恒其德，或承之羞」，不占而已矣。而此云「不可以爲卜筮」，其文少異。蓋「巫醫」、「卜筮」，其事類也。「爲」、「作」，皆謂求而問之也。巫之禱，卜筮之占，皆求諸鬼神。鬼神之理，至虚而善應，齊戒絜誠，虚心以求之，猶有不應，將以二三不定之私意，瀆而求之，其可得乎？醫之治疾，必察其好惡，原其哀樂喜怒，則知疾之所由生。苟用心而無恒，又安得而求之？「我龜既厭，不我告猶」，所謂瀆則不告。此篇所引《説命》之文，與《書》殊不同，疑此篇誤，當以《書》爲正。「黷于祭祀，時謂弗欽。禮煩則亂，事神則難」。言煩黷非事神之道也。「或承之羞」，言無恒之人，動則取羞辱，況卜筮乎！此篇又引六五爻辭，與此篇義不類，恐亦衍文。鄭氏又解「恒其德貞」爲「恒其德偵」，云「問正」爲「偵」，在婦人爲「恒德」，男子亦爲「無恒」，義必不然。

服問第三十六

三年之喪既練矣，有期之喪既葬矣，則帶其

故葛帶，絰期之絰，服其功衰。有大功之喪亦如之，小功無變也。

此功衰之喪，既葬所受之功衰也，故曰「絰期之絰，服其功衰」，承期文也。蓋期之既葬之葛，輕於三年之練葛，故「帶其故葛帶」。三年之練，除首絰，而期之既葬未除，故「絰期之絰」。期之既葬之功衰，重於三年之練，故又服期之功衰。若三年既練，遭大功之喪，亦猶是也。小功麻斷本，故不變三年之練葛首也。

閒傳第三十七

斬衰三升，既虞、卒哭，受以成布六升，冠七升。爲母疏衰四升，受以成布七升，冠八升。去麻服葛，葛帶三重。朞而小祥，練冠、縓緣，要絰不除。男子除乎首，婦人除乎帶。男子何爲除乎首也？婦人何爲除乎帶也？男子重首，婦人重帶，除服者先重者，易服者易輕者。又朞而大祥，素縞、麻衣，中月而禫，禫而纖，無所不佩。

始死，易羔裘玄冠，必以深衣素委貌，徒跣扱衽，不履不帶也。然猶冠者，蓋三日而後斂，若將復生，故未忍悉變也。小斂則絰，當事不可無變也。既斂矣，不復生矣，然後説髦，而袒、括髮。説髦者，不得事其親也。❶袒者，將不欲衣也。括髮者，不能冠也。既奉尸夷于堂而拜賓，所以奉死者之始也，而生者之變，亦不可無始，故始加麻。麻，服之重者也。散要絰之垂，而復與冠屨未變，而加絞帶，皆變有漸也。既殯之明日，哀必有殺，而不飾不可以久也。故成服，杖冠屨衣裳帶皆具而變之，以惡所以爲喪之飾也。將啟則免，而散帶垂，見柩不可以無變也。既虞、卒哭，受以成布，變麻服葛，哀日殺則服日輕，不忍遽變，故亦有漸也。既練，練衣、練冠、繩屨，除首絰，冠屨衣裳皆即輕也，要絰不除，不忍盡變也。縓緣黃裏，漸有飾也。練衣非衰也，以練布爲衣，明至親以期斷，加隆而三年，故不以衰而以衣也。祥夕爲期，則除而縞冠，明其

❶ 「事」，四庫本作「視」。

祭漸吉，不可以純凶也。既祥，縞冠麻衣。既祥纖，明變有漸也。

易服者，何爲易輕者也？斬衰之喪既虞、卒哭，遭齊衰之喪，輕者包，重者特。既練，遭大功之喪，麻葛重。

此篇所記變節，竊求其意，以爲前後喪，輕重之變適同，故立此文以表之。斬既虞與齊初喪幾同矣，斬從練、齊既虞與大功初喪亦幾同矣。故輕包重特止爲斬既虞遭齊衰之喪而立；麻葛重止爲斬既練遭大功之喪而立；麻葛兼服則爲齊既虞遭大功之喪、大功既虞遭小功之喪、小功既虞遭緦之喪而立。「麻葛重」者，其始也，以麻葛變。《雜記》：有三年之練冠，則以大功之麻易之，惟杖屨不易。「麻葛兼服」者，其輕者，變而兼服之。《閒傳》：麻同則兼服之。《服問》：緦之麻不變小功之麻，小功之麻不變大功之葛。

深衣第三十九

此篇純記深衣之制度而已。古者衣裳殊制，所以別上下也，唯深衣之制，衣連裳而不殊，蓋私燕之服爾。如冠之法，冠武殊制，至於居冠，則屬武而不殊，皆所以尚簡便也。雖曰簡便，不可以無法，故有五法之象。

古者深衣，蓋有制度，以應規、矩、繩、權、衡。短毋見膚，長毋被土，續衽鉤邊，要縫半下。

所謂毋見膚、毋被土、鉤邊、半下、可以運肘、反詘之及肘、毋厭脅者，言深衣長短寬急之制也。應十有二月、應規、應方、應直、應平者，言深衣之法象也。可以爲文、可以爲武、可以擯相、可以治軍旅者，言深衣之用也。純以繢、以青、以素，言深衣用純之別也。「毋見膚」，不欲褻也；「毋被土」，不欲汙也，此衣之長短之中也。「續衽鉤邊」，此衣之寬急之中也。衽者，衣裳之旁幅也，《玉藻》所謂「衽當旁」也。衣之旁幅下殺，裳之旁幅上殺，上下之衽相續而中曲，以是小要取名焉，故曰「鉤邊」。

袼之高下，可以運肘；袂之長短，反詘之及肘。帶，下毋厭髀，上毋厭脅，當無骨者。

「袼之高下，可以運肘；袂之長短，反詘之及肘」，此袂之寬急之中也。袼，當腋之縫也，不二尺二寸，則不能回肘矣。袂屬幅於衣，詘而至肘，則上下各尺二寸矣。「帶下毋厭髀，上毋厭脅，當無骨者」，此衣帶高下之中也。

制十有二幅，以應十有二月。袂圜以應規，曲袷如矩以應方，負繩及踝以應直，下齊如權、衡以應平。

衣袂之制有三：有侈者，自服而侈之，袷至袪而侈之，朝服以上是也；有端者，自袷至袪，方正而製之，玄端素端是也；有圜者，内殺於袷，外殺於袪，中則胡下，深衣是也。欲使行者舉手以爲容儀，如規之圜也。

五法已施，故聖人服之。故規、矩取其無私，繩取其直，權、衡取其平，故先王貴之。故可以爲文，可以爲武，可以擯、相，可以治軍旅。完且勿費，善衣之次也。

深衣之用，上下不嫌同名，吉凶不嫌同制，男女不嫌同服。諸侯朝朝服，夕深衣；大夫、士朝玄端，夕深衣；庶人衣吉服，深衣而已，此上下之同也。有虞氏深衣而養老；諸侯、大夫夕皆深衣；將軍文子除喪而受越人弔，練冠、深衣；親迎，女在塗，壻之父母死，深衣、縞總以趨喪：此吉凶、男女之同也。蓋深衣者，簡便之服，雖不經見，推其義類，則非朝、祭皆可服之，故曰「可以爲文，可以爲武，可以擯相，可以治軍旅」也。

具父母、大父母，衣純以繢。具父母，衣純以青。如孤子，衣純以素。純袂、緣、純邊，廣各寸半。

爲人子者，常言不稱老，大孝終身慕父母，故髧彼兩髦，盡孺子之飾，以致孺子之慕焉。「具父母、大父母」，安可不盡孺子之飾？故「純以繢」，髧髦之義也。大父母不存，雖具父母，純以青者，有所殺也。父母存，衣冠不純素，至於孤子，則純素可也。三十以下無父，可以稱孤，故曰「幼而無父曰孤」。若三十以上，有爲人父之道，不言孤也。

投壺第四十

投壺，射禮之細也。射者，男子之所有事，因而飾之以禮樂也。古者諸侯之射也，必先行燕禮；卿大夫士之射也，必先行鄉飲酒之禮。因燕禮之間，且以樂賓，且以習容，且以講藝也。投壺者，不能盡於射禮而行其節也。庭之修廣，或不足以張侯置鵠；賓客之衆，或不足以備官比耦。則是禮也，弧矢之事，雖不能行，其容體比於禮，其節比於樂，志正體直，審固而求中，所以觀德者猶在，此先王所以不廢也。壺之爲器，所以實酒而置之席間者也。原其始也，必以燕飲之間，謀以樂賓，或病於不能爲射也，舉席間之器，以寄射節焉，此投壺所由興也。

投壺之禮：主人奉矢，司射奉中，使人執壺。主人請曰：「某有枉矢、哨壺，請以樂賓。」賓曰：「子有旨酒、嘉肴，某既賜矣，又重以樂，敢辭？」主人曰：「枉矢、哨壺不足辭也，敢固以請。」賓曰：「某既賜矣，又重以樂，敢固辭？」主人曰：「枉矢、哨壺不足辭也，敢固以請。」賓曰：「某固辭，不得命，敢不敬從？」賓再拜受，主人般還，曰：「辟。」主人阼階上拜送，賓般還，曰：「辟。」

投壺之禮，主人奉矢三請賓，賓三辭而後許，拜受、拜送，皆般還以辟。有加於射禮者，不敢以禮殺而紓吾敬也。燕樂而不淫，禮殺而敬不衰，此德所以修，交所以久也。

請賓曰：「順投爲入，比投不釋，勝飲不勝者。正爵既行，請爲勝者立馬，一馬從二馬。三馬既立，請慶多馬。」請主人亦如之。

矢本入，則本末之序正矣。左右拾投，則賓主之儀答矣。不如是，則雖投不爲入，雖入不釋算，所以責審固，詳節文也。故射與投壺，所以觀人之德，必容體比於禮，容節比於樂，不尚於苟中也。

命弦者曰：「請奏《貍首》，間若一。」大師曰：「諾。」

《貍首》之詩，言賓主以禮相會也，猶瓠葉兔首，不敢以微薄廢禮而忘驩也。其詩曰：「貍首之班然，執女手之卷然。」賓主之歡，於是乎交。非特諸侯之事，故卿大夫士所以亦得用也。

命酌，曰：「請行觴。」酌者曰：「諾。」當飲者皆跪，奉觴曰：「賜灌。」勝者跪曰：「敬養。」

勝飲不勝者，以能養不能也。君使士射，不能，則辭以疾。射者，男子之事，不能，則幾於非男子也。故以不能者爲病，病必有養。當飲者跪，奉觴曰「賜灌」，勝者跪，曰「敬養」，酒者所以養病也。能者不敢以勝驕人，争求勝而辭養也。不能者知不勝爲己病，不敢以己有病而辭養也。孔子曰「君子無所争，必也射乎？」君子之所以争求勝者，争辭養而已，故其争也君子！

正爵既行，請立馬，馬各直其算。一馬從二馬，以慶。慶禮曰：「三馬既備，請慶多馬。」賓主皆曰「諾」。正爵既行，請徹馬。

正爵，司正之爵也。勝飲不勝，所以養不能也。多馬有慶，所以尚有藝也。正爵之行，能者有慶，不能者獲養，則民德歸厚。

算多少視其坐。籌，室中五扶，堂上七扶，庭中九扶。算長尺二寸。壺：頸修七寸，腹修五寸，口徑二寸半，容斗五升。壺中實小豆焉，爲其矢之躍而出也。壺去席二矢半。矢以柘若棘，毋去其皮。

五扶、七扶、九扶，其多少之數，以廣狹爲之差，皆陽數也。壺頸修七寸，腹修五寸，口徑二寸半，容斗五升，壺去席二矢半，亦陽數也。算長尺二寸，天數也。君子之所法象，必本諸天，求諸陽，因節文而託其義焉，雖小事有所不廢也。棘柘之心實，其材堅且重也，毋去其皮，質而已矣。❶

魯令弟子辭曰：「毋憮，毋敖，毋偝立，毋踰言，偝立踰言有常爵。」薛令弟子辭曰：「毋憮，毋敖，毋偝立，毋踰言，若是者浮。」

飲燕之間易狎，童子之心易流。令之所以飾其敬，不令而責之敬，則近於暴，故令之而後浮。常爵，猶言常刑，亦罰爵也。魯薛之儀不同，記禮者兼存之，文異而義同也。

❶「棘柘之心實其材堅且重也毋去其皮質而已矣」十九字，原脱，依清麓本補。

儒行第四十一

儒行者，魯哀公問孔子儒服，孔子不對，因問儒行，而孔子歷言之。今考其書，言儒者之行，誠有是事也；謂孔子言之，則可疑也。儒者之行，一出於義理，皆吾性分之所當爲，非以自多求勝於天下也。此篇之説，有矜大勝人之氣，少雍容深厚之風，似與不知者力争於一旦。竊意末世儒者，將以自尊其教，有道者不爲也。雖然其言儒者之行不合於義理者殊寡，學者果踐其言，亦不愧於爲儒矣！此先儒所以存於篇，今日講解，所以不敢廢也。

魯哀公問於孔子曰：「夫子之服，其儒服與？」孔子對曰：「丘少居魯，衣逢掖之衣；長居宋，冠章甫之冠。丘聞之也，君子之學也博，其服也鄉，丘不知儒服。」

古者衣服之制，自天子至於庶人，皆有差等，未聞儒者之有異服也。末世上下僭亂，至於無别，儒者獨守法度，有異於衆，此衆所以謂之儒服，哀公所以發問也。逢掖，魯衣也。章甫，宋冠也。少居魯則衣魯之衣，長居宋則冠宋之冠，因其俗而已，非苟異於人也，故曰「其服也鄉」。

哀公命席，孔子侍，曰：「儒有席上之珍以待聘，夙夜强學以待問，懷忠信以待舉，力行以待取。其自立有如此者。

使是君爲堯舜之君，使是民爲堯舜之民，儒者之志也。儒者之學，未嘗不欲用於天下也。故古之君子，三月無君則弔，及其進也，不由其道不仕也，非其招不往也。蓋知所謂自治，然後可以治人，知所以自貴，然後貴於物也。故君子之用於天下，有待而不與求焉；其學也足以爲天下用，非志於用而後學焉。此韞匵藏玉，所以待賈而沽之者也。席上之珍，自貴而待賈者也。儒者講學於閒燕，從容乎席上，而知所以自貴以待天下之用也。「强學以待問，懷忠信以待舉，力行以待取」，皆我自立而有待，義猶是也。德之可貴者，人必禮之；學之博者，人必問之；忠信可任者，人必舉之；力行可使者，人必取之。此四者之别。

儒有衣冠中，動作慎；其大讓如慢，小讓如

僞；大則如威，小則如愧；其難進而易退也，粥粥若無能也。其容貌有如此者。

儒者未嘗無意乎天下之用，然非其義也，禄之以天下，弗顧也。辭其大者，若自尊以驕人，然非自尊也，尊道也；辭其小者，若矯飾而不出於情，然非矯飾也，欲由禮也。由尊道而不屈於世，若有所威；由禮而不犯非禮，若有所愧，此儒者所以貴於天下也。衣冠中，所謂其服也鄉，得其中制，不異於衆，不流於俗而已。動作慎，則非禮勿履而已，故曰「難進而易退也，粥粥若無能也」。「其容貌有如此者」，非容貌之可貴也，德可貴而已。翔而後集，非義則不就，此所以難進；色斯舉矣，禮貌未衰，言弗行也，則去之，所以易退。難進易退，此所以德可尊也。

儒有居處齊難，其坐起恭敬；言必先信，行必中正；道塗不争險易之利，冬夏不争陰陽之和；愛其死以有待也，養其身以有爲也。其備豫有如此者。

事豫則立，不豫則廢。儒者之學皆豫也，擬之而後言，議之而後動，擬議以成其變化。故學有豫則義精，義精則用不匱。唯其始也，不敬則身不立，❶不立則道不充。仲弓問仁，子曰：「出門如見大賓，使民如承大祭。己所不欲，勿施於人。」「如見大賓」，「如承大祭」，敬也。「己所不欲，勿施於人」，恕也。「居處齊難」，「坐起恭敬，言必先信，行必中正」，所謂如見大賓，如承大祭者也。「道塗不争險易之利，冬夏不争陰陽之和」，所謂己所不欲，勿施於人者也。唯敬與恕，則忿懲慾窒，身立德充，可以當天下之變而不避，任天下之重而不辭，備豫之至有如此者也。

儒有不寶金玉，而忠信以爲寶；不祈土地，立義以爲土地；不祈多積，多文以爲富。難得而易禄也，易禄而難畜也。非時不見，不亦難得乎！非義不合，不亦難畜乎！先勞而後禄，不亦易禄乎！其近人有如此者。

儒者之於天下，所以自爲者，主於德而已；所以應世者，主於義而已。趙孟之所貴，趙孟能賤之，貴之在人者也。若夫貴之在己，人不得而賤之。食前方

❶「身」，原誤作「道」，依清麓本改。

丈，侍妾數百人，堂高數仞，榱題數尺，我得志弗爲也，以人之貴爲貴者也。若夫我之所可貴，人不得而奪之，此金玉土地多積，不如信義多文之貴也。主於德在我者也，在我者不敢不盡，在人者不敢必也。志非不欲行也，時止則止，時行則行，不可必其見也；道非不欲合也，非其義也，一介不以取諸人，不可必其合也。難得難畜，主於義而所以自貴也；雖曰自貴，時而行，義而合，勞而食，未始遠於人而自異也。

儒有委之以貨財，淹之以樂好，見利不虧其義；劫之以衆，沮之以兵，見死不更其守。鷙蟲攫搏，不程勇者；引重鼎，不程其力。往者不悔，來者不豫；過言不再，流言不極；不斷其威，不習其謀。其特立有如此者。

儒者之行，既得其所以自貴，然强立而不反者，不可以不誠，至於已誠則所以自貴者，猶可保而往也。「見利不虧其義」，「見死不更其守」，所謂富貴不能淫，貧賤不能移，威武不能屈，此大人所以立於世也。「鷙蟲攫搏，不程其勇者」，自反而縮，千萬人吾往矣。其勇也，非慮勝而後動者也。「引重鼎，不程其力」者，仁之爲器重，舉者莫能勝也。其自任也，不知其力之不足者也。「往者不悔」，幾於所過者化；「來者不豫」，幾於所存者神也。「過言不再」，知之未嘗復行也；「流言不極」，不倡游言也。「不斷其威」，將至於儼然可畏也；「不習其謀」，將至於不思而得也。此成德君子之事也，二者皆特立大過人者也。

儒有可親而不可劫也，可近而不可迫也，可殺而不可辱也。其居處不淫，其飲食不溽，其過失可微辨而不可面數也。其剛毅有如此者。

儒者之立，立於義理而已，剛毅而不可奪，以義理存焉。以義交者，雖疏遠必親；非義加之，雖强禦不畏。故有可親、可近、可殺之理，而不可劫、迫、辱也。淫，侈溢也。溽，濃厚也。侈其居處，厚其飲食，欲勝之也，欲勝則義不得立；不淫不溽，所以立義也。「其過失可微辨，而不可面數也」，此一句，疑尚氣好勝之言，於義理有所未合也。所貴於儒者，以見義必爲聞過而改者也，何謂「可微辨而不可面數」？待人可矣，自待則不可也。子路聞過則喜，孔子幸人之知過，成湯改過不吝，推是心也，苟有過失，雖怨罵且將受之，❶況面數乎？

儒有忠信以爲甲冑，禮義以爲干櫓；戴仁而行，抱義而處；雖有暴政，不更其所。其自立有如此者。

儒者剛毅而不可奪，則所得於天者，可得而保者也。仁義忠信有禮，皆天之所授也。忠信則不欺，不欺者人亦莫之欺也。有禮者敬人，敬人者人亦莫之侮也。忠信禮義，所以禦人之欺侮，猶甲冑干櫓，可以捍患也。行則尊仁，居則守義，所以自信者篤，雖暴政加之，有所不變也，自立之至者也。首章言「自立」，論其所學所行，足以待天下之用而不窮；此章言「自立」，論其所信所守，足以更天下之變而不易。二者皆自立也，有本末先後之差焉。

儒有一畝之宮，環堵之室；篳門圭窬，蓬户甕牖；易衣而出，并日而食；上答之不敢以疑，上不答不敢以諂。其仕有如此者。

儒者之仕，將以事道也，然有時乎爲貧食其力，以求免死而已。辭尊居卑，辭富居貧，抱關擊柝，乘田委吏，無所往而不可也。故爲貧者非事道，事道者不爲貧，二者不可亂也。「一畝之宮，環堵之室，篳門圭窬，蓬户甕牖」，居之陋者也。「易衣而出，并日而食」，養之至不足者也。儒者所守之篤，窮至於是而不悔也。上之禮答不答，繫乎知不知，雖窮如是。上苟知之，則必以是道自期，不疑乎上之未信也，爲其多聞歟，則天子不召師，爲其賢歟，未聞見賢而召之也，尊其所聞，行其所知，不疑乎上之未信而有所屈，蓋事道不爲貧也；上苟不知，則我知以力事人，求其食以免死者也，不輕進以求合也，君不知而自獻其身，君不問而自告其謀，枉尋直尺，强聒而不舍，人謂之不諂不信也，蓋爲貧者非事道也。二者，儒者仕之大分，不可亂也。

儒有今人與居，古人與稽；今世行之，後世以爲楷；適弗逢世，上弗援，下弗推。讒諂之民，有比黨而危之者，身可危也，而志不可奪也；雖危，起居竟信其志，猶將不忘百姓

❶「怨」，四庫本作「怒」。

之病也。其憂思有如此者。

儒者之自信，有義理存焉。人有知不知，吾所恃者，尚論古之人而有合也；時有遇不遇，吾所守者，不喪乎本心也；志有行不行，吾所存者，不敢忘天下也。三者，義理之所在，故儒者信之，至於窮不悔，達不變，自信之篤者也。「今人與居，古人與稽，今世行之，後世以爲楷」，尚友於古人，求爲法於後世，知之事也。「適弗逢世，上弗援，下弗推。讒諂之民，有比黨而危之者，身可危也，而志不可奪也」，義之事也。「雖危，起居竟信其志，猶將不忘百姓之病」，仁之事也。故儒者自信之篤，凡以有憂天下之心，主於仁義而已，故曰「其憂思有如此者」。

儒有博學而不窮，篤行而不倦；幽居而不淫，上通而不困；禮之以和爲貴，忠信之美，優游之法；慕賢而容衆，毁方而瓦合。其寬裕有如此者。

儒者自信之篤，所謂「知止而後有定」也。定而後能静，静而後能安。學至於安，則其生不可已，故「博學而不窮」；其德可久，故「篤行而不倦」；窮不失義，故「幽居不淫」；達不動心，故「上通而不困」。用至於熟，則從容而有餘；力行至於和，則與物同而不流，故「忠信之美，優游之法，慕賢而容衆，毁方而瓦合」，皆至於安，然後沛然而寬裕也。「忠信之美」，以忠信爲美者也。「優游之法」，以優游之事爲己法也。毁方瓦合，以與物同也。陶者之爲瓦，必圓而割分之，故分之則瓦，合之則圓，而不失其瓦之質，謂之「瓦合」，義取諸此。

儒有内稱不辟親，外舉不辟怨，程功積事，推賢而進達之，不望其報，君得其志。苟利國家，不求富貴。其舉賢援能有如此者。

儒者之志，以天下爲度者也，寬裕之至，既足以有容，則物我之間，無所别也。天下有事而不治，天下有賢而未達，吾任其責矣，故知其賢也，猶有親怨之辟，謂之公而實私也，過計於一己之私，不同乎天下之公也。《傳》稱：祁奚「稱其讎，不爲諂；立其子，不爲比」，忘乎親讎者也；「公叔文子之臣大夫僎，與文子同升諸公」，忘其君臣者也；趙文子「所舉於晉國，筦庫之士，七十有餘家」，忘乎貴賤者也；「管仲遇盜，取二人焉，上以爲公臣，曰：『其所與游辟也，可人也。』」忘乎其素者也。能忘乎是，而唯天下國家之利，然後舉賢援能，盡其公矣。夫望報於人，求富貴於己，小人之道也，又何足道哉？

儒有聞善以相告也，見善以相示也；爵位相先也，患難相死也；久相待也，遠相致也。其任舉有如此者。

舉賢援能，儒者所以待天下之士也。「任舉」者，儒者所以待其朋友而已。待天下之士，推賢而後舉，樂與同天下之治者也。朋友則非特是也，必同其好惡，故聞善以相告，見善以相示；必同其憂樂，故爵位相先，患難相死。彼雖居下，不待之同升，則不升；彼雖疏遠，不致之同進，則不進。此任舉朋友，加重於天下之士者，義有厚薄故也。

儒有澡身而浴德，陳言而伏；靜而正之，上弗知也；麤而翹之，又不急爲也；不臨深而爲高，不加少而爲多；世治不輕，世亂不沮；同弗與，異弗非也。其特立獨行有如此者。

唯大人爲能格君心之非，然在己者未正，未有能直人者也，故澡身浴德者，所以正己也。「陳言而伏」者，人告嘉謀嘉猷於内，爾乃順之於外也。《書》曰「嘉言罔攸伏」，伏者，閉而不出之謂也。「靜而正之」者，將順其美，正救其惡，常在於未形也，故曰「上弗知也」。「麤而翹之」者，其事君也，以其事之麤者，微發其端而爲之兆，兆足以行，則進而無已，不足以行則去之，孔子所以未嘗終於三年淹，故曰「又不急爲也」。所以事其君者，先其未發而止其爲惡，先爲之兆以嘗其爲善，此衆人所未識也；所以治其己者，有若無，實若虛，不自高且自多，此衆人所不能也；所以行於世者，無治亂之異，所以接於人者，無同異之間，一於義理而已，此衆人所不爲也。蓋特立獨行，所以異於衆人者如此。

儒有上不臣天子，下不事諸侯；慎靜而尚寬，強毅以與人，博學以知，服近文章，砥厲廉隅；雖分國，如錙銖，不臣不仕。其規爲有如此者。

不臣者，不傳質爲臣也；不事者，無常職以食於上者也。在國曰市井之臣，在野曰草莽之臣，皆謂庶人，庶人雖有臣之名，而不執臣之事，非策名委質者也。故君有饋焉曰「寡君」，則君猶賓之也，爲庶人者，不傳質爲臣則不見，蓋可役於君而不可見也，此不臣之義也。抱關擊柝，皆有常職以食於上，事事者也；立乎人之本朝，而恥道不行，事道者也。事道者，道不行則不仕，事事者，不爲貧則不仕，不仕者亦庶人也。君之於氓也固周之，周之則受，賜之則不受，此不受之義也。「不臣不仕」，皆事道者也。「愼静而尚寬」，則有度也；「强毅以與人」，則有守也；「博學以知」，則有本也；「服近文章」，則有文也；「砥厲廉隅」，則有節也。兼是五者，則所以事道者無慊也。非其義也，非其道也，禄之以天下弗顧也，故雖分國而授之，視之如錙銖之輕。其規摹之大，所爲之不亂，皆所以事道也。

儒有合志同方，營道同術；並立則樂，相下不厭；久不相見，聞流言不信。其行本方立，義同而進，不同而退。其交友有如此者。

所以任舉其交友者，則好惡憂樂與之同也，然盡交友之分，則理義必與之同。君子之道，或出或處，或默或語，二人同心，其利斷金，同心之言，其臭如蘭。凡所謂同者，理也，義也，出於人心之所同然，賢者能存而勿喪之，故不患乎不同也。「合志同方」，則志同好矣；「營道同術」，則學同道矣；「並立則樂，相下不厭」，好同則同體矣；「久不相見，聞流言不信」，學同則信其行矣。「其行本方立」者，立行本其志之所同方也，行同則學同矣；「義同而進，不同而退」，同斯義以進退也，進退同則同好矣。交友之分，至於無一不同者，學一於理而不惑也。

温良者，仁之本也；敬愼者，仁之地也；寬裕者，仁之作也；孫接者，仁之能也；禮節者，仁之貌也；言談者，仁之文也；歌樂者，仁之和也；分散者，仁之施也。儒者兼此而有之，猶且不敢言仁也。其尊讓有如此者。

仁者體天下之公，加之以中心惻怛之意，儒者之學，學此而已爾。孔子曰：「何事於仁，必也聖乎！堯舜其猶病諸！」又曰：「若聖與仁，則吾豈敢？」故君子之學，非仁無爲，欲稱其仁，雖聖人有所不敢，則爲之難可知矣。質之温良者，可與爲仁，故曰「仁之本」；行之敬慎者，可與行仁，故曰「仁之地」；其規摹寬裕，則稱仁之動作；其與人遜接，則習仁之能事；威儀中節，敬於仁者也，故爲「仁之貌」；出言有章，仁之見於外者也，故爲「仁之文」；詠歌之不足，不知手之舞之，足之蹈之，則安於仁而至於和者也；貨不爲己，則利與人同，與人爲善，則善與人同，凡以分散與物，共而不私，則仁術之施不吝也。八者，儒必兼而有之，然後可以盡儒行之實。猶且不敢言仁，則聖人之志存焉；有聖人之志存，則可與入聖人之域矣。

儒有不隕穫於貧賤，不充詘於富貴；不慁君王，不累長上，不閔有司，故曰儒。今衆人之命儒也妄常，以儒相詬病。孔子至舍，哀公館之，聞此言也，言加信，行加義，終没吾世，不敢以儒爲戲。

此篇總言儒行，其别十有五，自淺而至深，而卒歸於仁，以至於聖人不敢居，仁之志幾於盡矣。猶繼之以「不隕穫於貧賤，不充詘於富貴；不慁君王，不累長上，不閔有司」者，蓋衆人之命儒也妄常，以儒相詬病。所以待儒之意常輕，以利心量君子，見其居富貴而有爲，則謂淫於富貴，不知達則兼善天下；見其居貧賤而有守，則謂移於貧賤，不知窮則獨善其身也；見其危行言遜，則謂屈於威武，不知身可殺而志不可奪也。蓋儒者之行，出於德性之所安，無是衆物之可累也；有是之累，則隕穫充詘不能免，謂之有德可乎？此卒章所以申言之也。孔子謂子夏曰「女爲君子儒，無爲小人儒」，則儒之不同久矣。衆人之命儒，見小人之儒也，若君子之儒，則衆人所不識也。小人之儒也爲人，君子之儒也爲己；小人之儒也以文，君子之儒也以實。以文對實，以爲人對爲己，則小人觀美而近名，君子闇然而難知，且將以遠大爲迂闊，以高明爲無實，以遠勢利爲詐，以守禮義爲簡，指白爲黑，誣善爲惡，此所以「以儒相詬病」也。如識乎君子之儒者，且將矜式之不暇，又何敢戲乎？

大學第四十二

《大學》之書，聖人所以教人之大者，其序如此。

蓋古之學者，有小學，有大學。小學之教，藝也，行也；大學之教，道也，德也。禮樂、射御、書數，藝也；孝友、睦姻、任恤，行也；自致知至於修身，德也；所以治天下國家，道也。古之教者，學不躐等，必由小學，然後進於大學。自學者言之，不至於大學所止則不進；❶自成德者言之，不盡乎小學之事則不成。子夏之門人，從事乎灑掃應對，在聖人亦莫不然，恂恂便便，曲盡於鄉黨朝廷之間，勃如躩如，襜如翼如，從容乎進退趨揖之際，蓋不如是，不足謂之成德矣。後之學者，窮一經至於皓其首，演五字至於數萬言，沉没乎章句詁訓之間，没世窮年，學不知所用，一身且不能治，況及天下國家哉！此不及乎大學者也。荒唐繆悠，出於範圍之中，離於倫類之外，慢疏親戚，上下等差，以天地萬物爲幻妄，視天下國家以爲不足治，卒歸於無所用而已，此過乎大學者也。此道之所以不明且不行。秦漢之弊，政薄俗陋，百世而不革；楊墨莊老之道肆行於天下，而莫知以爲非，巍冠博帶，高談闊論，偃然自以爲先生君子，誣罔聖人，欺惑愚衆，皆大學不傳之故也。

大學之道，在明明德，在親民，在止於至善。知止而后有定，定而后能靜，靜而后能安，安而后能慮，慮而后能得。物有本末，事有終始，知所先後，則近道矣。

大學者，大人之學也，窮理盡性而已。性者，合內外之道，以天地萬物爲一體者也。人倫、物理，皆吾分之所固有；居仁、由義，皆吾事之所必然。物雖殊類，所以體之則一；事雖多變，所以用之則一。知此，然後謂之明，明則窮理者也；至此，然後謂之誠，誠則盡性者也。「在明明德」者，窮理以自明其明德者也；「在親民」者，推吾明德，以明民之未明，所謂「先知覺後知，先覺覺後覺」者也。己則不明，而以明民，則不知；自明其德，而不以明民，則不仁；二者皆非大人之事，不可與窮理盡性者也。「在止於至善」者，所謂誠也，善之至者，無以加於此也。爲人君，止於仁；爲人臣，止於敬；爲人子，止於孝；爲人父，止於慈；與國人交，止於信。所止者，皆善之至者也。所居之位不同，則所止之善不一，其所以止於至善，則一也。蓋學

❶「大」，依上下文意疑當作「小」。

至於誠，則天之道也，非有我之得私也，故不勉而中，不思而得，從容中道。雖善不足以明之，然天下之善，何以加此？故所止者，止於是而已。人之所以不定者，以其不知所止而已，猶行者之未得舍，則不能不求其他。故人莫不欲知所止，所止未在於至善，則終亦莫之定矣。夫學至於誠，則莫非天道之自然，盛行不加，窮居不損，先聖後聖，若合符節，可以不勉不思，自中於道，豈容人之智力措於其間哉？知此，則其心定矣，故曰「知止而後有定」；定則無所事，故能静；無所事，則莫非吾分之所固有，吾事之所必然，故能安；安則有諸己而不去，然後可以用之，而謀慮生焉；以此謀慮，則未有不得者也。窮理，則本末終始莫不有序，昭然成列，而不可亂也。知天下皆吾體也，則不得不以吾身爲本，以天下爲末；知盡性者，必以明明德於天下爲主，則不得不以致知爲始，以明明德於天下爲終。知此，則可以進道，故曰「近」。德至此，則與道爲一，夫何遠近之有哉？

古之欲明明德於天下者，先治其國；欲治其國者，先齊其家；欲齊其家者，先修其身；欲修其身者，先正其心；欲正其心者，先誠其意；欲誠其意者，先致其知；致知在格物。物格而後知至，知至而後意誠，意誠而後心正，心正而後身修，身修而後家齊，家齊而後國治，國治而後天下平。自天子以至於庶人，壹是皆以修身爲本。其本亂而末治者否矣，其所厚者薄，而其所薄者厚，未之有也！此謂知本，此謂知之至也。

「致知在格物」，格之爲言至也，致知，窮理也。窮理者，必窮萬物之理，同至於一而已，所謂「格物」也。合内外之道，則天人物我爲一；通晝夜之道，則生死幽明爲一；達哀樂好惡之情，則人與鳥獸魚鼈爲一；求屈伸消長之變，則天地山川草木人物爲一。孔子曰：「吾道一以貫之。」又曰：「天下同歸而殊塗，一致而百慮。」又曰：「天下之動，貞夫一者也。」故知天下通一氣，萬物通一理。此理也，出於天道之自然，人謀不與焉。故《大學》之序，必先致知，致知之本，必知萬物同出於一理，然後爲至。一物之不至，則不能無疑，疑存乎胸中，欲至于誠，不啻猶天壤之異，千萬里之遠，欲卒歸于道而無惑，難矣！知萬物同出於一理，知之至也，故曰「物格而後知至」。知至，則心不惑而得所止，心不惑而得所止，則意誠矣，故曰「知止而後意誠」。意誠則慎獨，慎獨則不爲異端所移，不爲異端所移，則心正矣，故曰「意誠而後心正」。身者，視聽言貌之謂也，心正而視聽言貌之不正者，未之有也，所謂心誠求之，雖不中不遠矣，有是心也，則未有不謹於禮，故曰「心正而後身修」。自「身修」而上，在己者也；自「家齊」而下，在人者也。合内外之道，則身也、家也、國也、天下也，無遠近之間，無彼我之異，特施之有先後而已。意誠身修，則德諧頑嚚矣，家有不齊者乎？老以及老，幼以及幼，妃以及妃，子以及子，舉斯而加諸彼，國有不治者乎？國與天下，小大之間爾，推是心也，無所往而不可，此所以天下平也。及人之功，自天子以至於庶人，皆自修身始，有諸己而後責諸人，無諸己而後非諸人。己則不修，而責人之修，可以力服，而不可以心服，此末世之所以不能治也。於所厚者薄，則無所不薄，此管仲所以知公子開方、奄人豎貂、❶易牙卒不忠於桓公也。故本末先後之序，天地也，父子也，君臣也；差之毫釐，則天地易位；違道逆理，則必至於大亂。故君子不可以不知，知此則近道矣，「此謂知本，此謂知之至也」。

所謂誠其意者：毋自欺也，如惡惡臭，如好好色，此之謂自謙，故君子必慎其獨也！小人閒居爲不善，無所不至，見君子而後厭然，揜其不善，而著其善，人之視己，如見其肺肝然，則何益矣。此謂誠於中，形於外，故君子必慎其獨也。曾子曰：「十目所視，十手所指，其嚴乎！」富潤屋，德潤身，心廣體胖，故君子必誠其意。

誠者，天之道也，性之德也，非人知之所能謀，非人力之所能造也。見好色則愛之，聞惡臭則惡之，發於心之自然，不思不勉者也，如知水之寒，知火之熱，知蘗之苦，知飴之甘。疾痛疴癢，心爲之感者，莫非誠也。故孟子謂孺子將入井，則莫不有怵惕惻隱之心，

❶「豎」，原作「孺」，依四庫本改。

非有内交要譽之僞也。見其親死，委之於壑，狐狸食之，蠅蚋姑嘬之，其顙有泚，非爲人泚，中心達於面目者也。由此觀之，仁義本出於人之誠心，如好色惡臭之比，則君子之愼其獨者，見仁義之本，皆吾性分之所當然，不爲人之知不知也。「不識不知，順帝之則」，無所往而不爲善，一毫自欺，則邈爲一物，與天地不相似矣。理義，人心之所同然，雖小人豈無是心哉？唯其爲形體所梏，區區自處於一物之中，與萬物以争勝負，故喪其良心，不與天地相似，所以以人爲可欺，而閒居爲不善也。人猶可欺也，心不可欺也，故「見君子則厭然，揜其不善，而著其善」。揜其不善而著其善，則其良心猶存；知不善之爲不善，故不欲人知之也。胸中之正不正，必見於眸子瞭眊之間；辭之多寡枝游，亦見乎吉躁叛誣之實；至於容貌舉止，無所不見。故人之視己，如見肺肝，誠於中必形於外，雖人亦不能欺也。既不足以自欺，又不足以欺人，使其良心有愧而不慊，浩然之氣從而爲之餒，則爲欺者果何益乎？夫爲善而不出於誠，猶不足以入德，況爲不善乎！曾子曰：「十目所視，十手所指，其嚴乎！」「富潤屋，德潤身，心廣體胖」，言誠於中，形於外，充實而有光輝，非誠不至也，「故君子必誠其意」。

《詩》云：「瞻彼淇澳，菉竹猗猗。有斐君子，如切如磋，如琢如磨。瑟兮僩兮，赫兮喧兮。有斐君子，終不可諠兮！」如切如磋者，道學也；如琢如磨者，自脩也；瑟兮僩兮者，恂慄也；赫兮喧兮者，威儀也；有斐君子，終不可諠兮者，道盛德至善，民之不能忘也。《詩》云：「於戲前王不忘！」君子賢其賢而親其親，小人樂其樂而利其利，此以没世不忘也。

切磋者，解割之謂也；琢磨者，修治之謂也。有璞玉於此，將以爲圭，則必先解而爲圭之質；將以爲璧，則必先解而爲璧之質。如學者之志，欲止於小善，則以小善爲之質；欲止於至善，則以至善爲之質。琢磨者，即其質以修治其文。小善之質，止可以修小善之文；至善之質，然後可以修至善之文。故如圭之質，不能琢磨而成璧；璧之質，不能琢磨而成圭。故曰：「如切如磋，道學也；如琢如磨，自修也。」恂慄者，敬其學也；威儀者，見之文也；斐，文之著也。學止於至善，積而爲盛德，至於文章著見，則入於民心者深矣，此誠之不可揜也，故「民不能忘也」。誠之至者，非特入於民心，其所以道民者，澤流於後世矣。賢其賢，親其親，君子化其善也；樂其樂，利其利，小人蒙其惠也。

《康誥》曰：「克明德。」《太甲》曰：「顧諟天之明命。」《帝典》曰：「克明峻德。」皆自明也。湯之《盤銘》曰：「苟日新，日日新，又日新。」《康誥》曰：「作新民。」《詩》曰：「周雖舊邦，其命維新。」是故君子無所不用其極。

古者大人之學，未嘗不先自明其德，然後及於天下，故引《康誥》、❶《太甲》、《堯典》之言，以明文王湯堯，❷皆自明也。新之爲言，革其故也。理義者，人心之所同然，唯大人爲先得之。德之不明也，以民之未知乎此也；德之不行也，以民之未得乎此也。先知覺後知，先覺覺後覺，則易昏爲明，易惡爲善，變化氣質，如螟蛉之肖蜾蠃，是豈不爲新乎？雖然自明明德者亦日新也，合内外之道，故自新然後新民也。湯之《盤銘》，自新者也；《康誥》、《文王》之詩，新民者也。君子治己治人，其究一也，故曰「無所不用其極」。

《詩》云：「邦畿千里，惟民所止。」《詩》云：「緡蠻黄鳥，止於丘隅。」子曰：「於止，知其所止，可以人而不如鳥乎！」《詩》云：「穆穆文王，於緝熙敬止！」爲人君，止於仁；爲人臣，止於敬；爲人子，止於孝；爲人父，止於慈；與國人交，止於信。

民之所止，止於邦畿而已；鳥之所止，止於丘隅而已，是皆知其所止矣。人之於學，不知所止，流遁失守，無所適歸，終亦必亡而已矣，雖黄鳥之不若也。故文王之學，所以緝熙者，在敬其所止而已。所謂仁、敬、孝、慈、信者，乃爲人君、爲人臣、爲子、爲父、與國人交之至善者也，其所居之地不同，故所止之善不一，其所以爲至善則一也。所謂止者，猶行者之所欲至，射者之所欲中，雖未至也，雖未中也，必至必中而後

❶「康」，原誤作「湯」，依正文改。
❷「堯」，原作「康」，依清麓本改。

已。此之謂知所止。

子曰：「聽訟，吾猶人也，必也使無訟乎！」無情者不得盡其辭。大畏民志，此謂知本。

孔子「上好信，則民莫敢不用情」，故誠其意，則使民服，民不得而欺矣。「大畏民志」者，心服之謂也。中心悦而誠服，如七十子之服仲尼，雖巧言如簧，苟無其實，爲天下所不容。此無情者所以不得盡其辭，而可使無訟，是謂誠意之效，故曰「知本」。

所謂修身在正其心者，身有所忿懥，則不得其正；有所恐懼，則不得其正；有所好樂，則不得其正；有所憂患，則不得其正。心不在焉，視而不見，聽而不聞，食而不知其味。此謂脩身在正其心。

大人者，不失其赤子之心。赤子之心，良心也。天之所以降衷，民之所以受天地之中也，寂然不動，虚明純一，與天地相似，與神明爲一。《傳》曰「喜怒哀樂之未發謂之中」，其謂此歟！此心自正，不待人正而後正，而賢者能勿喪，不爲物欲之所遷動。如衡之平，不加以物；如鑑之明，不蔽以垢，乃所謂正也。唯先立乎大者，則小者不能奪。如使忿懥恐懼、好惡憂患一奪其良心，則視聽食息從而失守，欲區區修身以正其外，難矣！

所謂齊其家在脩其身者：人之其所親愛而辟焉，之其所賤惡而辟焉，之其所畏敬而辟焉，之其所哀矜而辟焉，之其所敖惰而辟焉。故好而知其惡，惡而知其美者，天下鮮矣！故諺有之曰：「人莫知其子之惡，莫知其苗之碩。」此謂身不修不可以齊其家。

所謂親愛，德厚者也；所謂賤惡，德薄者也；畏敬，賢於己者也；哀矜，無所知能者也；敖惰，不率教者也。見賢思齊，則之其所親愛、畏敬而辟焉；見不賢而内自省，則之其所賤惡、哀矜、敖惰而辟焉。衆人之情，察於人而蔽於己，如以人之賢不肖反求諸己，則己可得而察也。好而不知其惡，惡而不知其美，情亂之也。子溺於私愛，故不能察其有惡；苗求其實利，故唯恐其不碩，皆非好惡之正也。《家人》之象曰：「君子以言有物而行有恒。」之其所愛敬而修其言行，則人亦將愛敬之；之其所賤惡而去其不善，則人不可得而賤惡之。如此，則人將矜式之，況其家乎！故曰其「身不修不可以齊其家」也。

所謂治國必先齊其家者，其家不可教而能教人者，無之。故君子不出家而成教於國：孝者，所以事君也；弟者，所以事長也；慈者，所以使衆也。《康誥》曰「如保赤子」，心誠求之，雖不中不遠矣。未有學養子而后嫁者也！一家仁，一國興仁；一家讓，一國興讓；一人貪戾，一國作亂：其機如此。此謂一言僨事，一人定國。堯舜率天下以仁，而民從之；桀紂率天下以暴，而民從之；其所令反其所好，而民不從。是故君子有諸己而後求諸人，無諸己而後非諸人。所藏乎身不恕，而能喻諸人者，未之有也。故治國在齊其家。《詩》云：「桃之夭夭，其葉蓁蓁；之子于歸，宜其家人。」宜其家人，而后可以教國人。《詩》云：「宜兄宜弟。」宜兄宜弟，而后可以教國人。《詩》云：「其儀不忒，正是四國。」其爲父子兄弟足法，而后民法之也。此謂治國在齊其家。

孟子曰：「爲政不難，不得罪於巨室。巨室之所慕，一國慕之。」巨室，大家也。仰而有父母，俯而有妻子，有兄有弟，有臣有妾，尊卑疏戚，一國之事具矣。嚴而不厲，寬而有閑，此家之所以正也。大家難齊也，不得罪於大家，則於治國也何有？齊桓公，五霸之盛，由不能正其家，❶死未及斂，而國已亂矣。故虞舜之世，天下之爲父子者定，以瞽瞍底豫而已；文王之時，天下無犯非禮，以刑于寡妻而已。舉治家之心，以加之於國，雖有大小之間，宜不遠矣，故「未有學養子而後嫁者也」。所謂「一家」、「一人」者，皆謂君也。君者，國之機也。君仁，莫不仁；君義，莫不義；一正君而國定矣，其機如此。故國之本在家，家之本在身，可不慎歟！民可使心服，而不可使力服；可以身帥，而

❶「不」，原缺，依四庫本與上下文義補。

不可以令帥。堯舜之仁，桀紂之暴，所以皆從其所好，而不從其所令也。「有諸己而後求諸人，無諸己而後非諸人」，此所以身帥而使人心服者也。其道也，自一人一家始，故所以先之也。「宜其家人」，「宜兄宜弟」，其父子兄弟之道，不待諄諄教告，家至而日見之也。至誠足以孚其心，儀刑足以親其外，國之不治，未之有也。

所謂平天下在治其國者：上老老而民興孝，上長長而民興弟，上恤孤而民不倍，是以君子有絜矩之道也。所惡於上，毋以使下；所惡於下，毋以事上；所惡於前，毋以先後；所惡於後，毋以從前；所惡於右，毋以交於左；所惡於左，毋以交於右：此之謂絜矩之道。《詩》云：「樂只君子，民之父母。」民之所好好之，民之所惡惡之，此之謂民之父母。《詩》云：「節彼南山，維石巖巖，赫赫師尹，民具爾瞻。」有國者不可以不慎，辟則爲天下僇矣。《詩》云：「殷之未喪師，克配上帝；儀監于殷，峻命不易。」道得衆則得國，失衆則失國。

孟子曰：「道在邇而求諸遠，事在易而求諸難。❶人人親其親、長其長而天下平。」蓋所謂平者，合内外、通彼我而已。天下同歸而殊塗，一致而百慮，天下雖廣，出於一理。舉斯心以加諸彼，推而放諸四海而準，無往而非斯心也，猶五寸之矩，足以盡天下之方，此絜矩之道也。上下也，左右也，前後也，彼我之别也。通乎彼我，交見而無蔽，則民也君也，將何間哉？此所以爲民父母而天下瞻仰之矣。故所以得國，以得衆也；所以得衆，以有德也。

是故君子先慎乎德。有德此有人，有人此有土，有土此有財，有財此有用。德者本也，財者末也，外本内末，争民施奪。是故財聚則民散，財散則民聚。是故言悖而出者，亦悖而入；貨悖而入者，亦悖而出。

❶「諸」，原作「之」，依四庫本與《十三經注疏》本《孟子》改。

知以德爲之本，有人有土，有財有用，❶非吾患也。不知以德爲本，而本於財，上下交征利，不奪不饜矣，此所謂「外本内末，争民施奪」者也。天下之事，未有不反者也。惡言加於人，則人亦將加惡言於己；以非義之事取其財，則必有非義之事費其財，蓋不知義爲利者也。

《康誥》曰：「惟命不于常！」道善則得之，不善則失之矣。《楚書》曰：「楚國無以爲寶，惟善以爲寶。」舅犯曰：「亡人無以爲寶，仁親以爲寶。」

自此至「驕泰以失之」，宜在「平天下在治其國」一章後。平天下者，善與人同，故取諸人以爲善；利與人同，故好貨好色與百姓同之。善不與人同，則媢疾之心生，故無好善之心；利不與人同，則貪吝之心生，故無好義遠利之誠。觀《康誥》之言，則知天命無常，惟善是與也。觀《楚書》曰、舅犯之言，則天下之寶，惟善爲寶也。

《秦誓》曰：「若有一個臣，斷斷兮無他技，其心休休焉，其如有容焉。人之有技，若己有之，人之彦聖，其心好之，不啻若自其口出，寔能容之，以能保我子孫黎民，尚亦有利哉。人之有技，媢疾以惡之，人之彦聖，而違之俾不通，寔不能容，以不能保我子孫黎民，亦曰殆哉。」惟仁人放流之，迸諸四夷，不與同中國。此謂唯仁人爲能愛人，能惡人。見賢而不能舉，舉而不能先，命也；見不善而不能退，退而不能遠，過也。好人之所惡，惡人之所好，是謂拂人之性，菑必逮夫身。是故君子有大道，必忠信以得之，驕泰以失之。

仁者，以天下爲度者也。天下之所共好者，仁也，吾所以好仁；天下之所同惡者，不仁也，吾所以惡不仁。此所以能愛人、能惡人也，此所以能舉賢退不肖也，此所以能好人之好、惡人之惡、不拂人之性而遠夫菑害者也。

生財有大道，生之者衆，食之者寡，爲之者

❶「用」，原作「國」，依四庫本與正文「有財此有用」改。

疾，用之者舒，則財恒足矣。仁者以財發身，不仁者以身發財。未有上好仁而下不好義者也，未有好義其事不終者也，未有府庫財非其財者也。

國無游民，則生之者衆矣；朝無幸位，則食之者寡矣；不違農時，則爲之者疾矣；量入爲出，則用之者舒矣，此生財之道也。以財發身，唯富足，然後可以推吾濟人之惠也；以身發財，則非驕奢無以矜己之富也，此仁不仁之分也。故唯仁者能與天下同其利，上有不私之仁，下有樂輸之義，心誠樂之，如孝子之養父母，未有子富而父貧、百姓足而君不足者也。

孟獻子曰：「畜馬乘不察於雞豚，伐冰之家不畜牛羊，百乘之家不畜聚斂之臣，與其有聚斂之臣，寧有盜臣。」此謂國不以利爲利，以義爲利也。

雞豚牛羊，庶民之所畜也，卿士大夫既食於人，又與之爭食，則專利矣。專利則以利爲利矣。盜者，失財於一旦矣，聚斂者，誅求而無厭，此所以「寧有盜臣」也。

長國家而務財用者，必自小人矣。彼爲善之，小人之使爲國家，菑害並至。雖有善者，亦無如之何矣！此謂國不以利爲利，以義爲利也。

君不鄉道，不志於仁而求富之，是富桀也，故「長國家而務財用」。無與人同利之心，是必小人者也。小人者，人之所非，彼之所善，故曰今之所謂良臣，古之所謂民賊也。既曰善矣，則惟其言之聽，持不仁之質，以當國用事，求善人之立，而國之無菑害，難矣！是皆不知以義爲利，與人同之而已。

冠義第四十三

冠、昏、射、鄉、燕、聘，天下之達禮也。《儀禮》所載，謂之禮者，禮之經也。《禮記》所載，謂之義者，訓其經之義也。先王制禮，其本出於君臣、父子、尊卑、長幼之間，其詳見於儀章、度數、周旋、曲折之際，皆義理之所當然。故禮之所尊，尊其義也。失其義，陳其數，祝史之事也。知其義，則雖先王未之有，可以義起也；不知其義，則陷於非禮之禮，非義之義，大人弗爲也。凡冠、昏、射、鄉、燕、聘義，皆舉其經之節文，以述其制作之意者也。冠禮之設，所以明長幼之義也。古者自二十而冠，自十九而下，皆爲童子。凡爲童子，以事長者爲之事也。紒而不冠，衣而不裳，名而不字，皆所以别成人，教遜弟也。闕黨童子將命，孔子曰：「吾見其居於位也，見其與先生並行也。非求益者也，欲速成者也。」孟子曰：「徐行後長者謂之弟，疾行先長者謂之不弟。夫堯舜之道，孝弟而已。」然弟不弟，在於徐行、疾行之間，皆所以養童子之道，不可不慎也。冠禮一廢，童子與先生並行，恥弟於長者矣。蓋遜弟之節，不謹於童稚之間，及其成人，則扞格不入，此所以人材之難成，教之所由廢也。

凡人之所以爲人者，禮義也。禮義之始，在於正容體，齊顏色，順辭令。容體正，顏色齊，辭令順，而後禮義備，以正君臣，親父子，和長幼。君臣正，父子親，長幼和，而後禮義立。故冠而後服備，服備而後容體正，顏色齊，辭令順。故曰：「冠者，禮之始也。」

知崇禮卑，崇效天，卑法地，故知禮者，人之天地也，未有天地不具，而能有物者也。此人之所以爲人，必在乎禮義也。知生乎思，思則得之，故盡致思之功，然後可以達乎高明；禮主乎行，行則致之，故盡躬行之實，然後可以極乎密察。此禮義之始，所以必在乎正容體、齊顏色、順辭令也。容體者，動乎四體之容者也；顏色者，生色見乎面目者也；辭令者，發乎語言而有章者也。三者，脩身之要，必學而後成，必成人而後備。童子，未成人者也，於斯三者，不可以不學。故古之教子，能食教以右手，能言教唯與俞；七年教之男女不同席，不共食；八年教之出入門户，即席飲食，必後長者；十年學幼儀；十三學舞射御，則養之有素矣；養之久則安，安則成，故至於二十，則三者備矣，然後可以冠而責成人之事矣。君子之容舒遲，見所尊者齊遬，足容重，手容恭，目容端，口容止，聲容静，頭容直，氣容肅，立容德，此「容體正」歟！衰絰則有哀色，端冕則有敬色，介冑則有不可辱之色，根於心而生色，睟然見於面，此「顏色齊」歟！長者不及無儳言，毋勦説，毋雷同，必則古昔，稱先王；與君言，言使臣；與大夫言，言事君；與老者言，言使子弟；與幼者言，言孝弟于父兄；與衆言，言忠信慈祥；與居官者言，言忠信，此「辭令順」歟！　故唯備此三者，然後可以明人倫；人倫明，然後禮義立，而可以爲成人；成人，然後可以有冠有裳而服備。故冠禮者，所以成人之禮。禮之成人，而行禮義自此始矣，故曰「冠者禮之始也」。

是故古者聖王重冠。古者冠禮筮日、筮賓，所以敬冠事；敬冠事，所以重禮；重禮，所以爲國本也。故冠於阼，以著代也。醮於客位，三加彌尊，加有成也。已冠而字之，成人之道也。見於母，母拜之；見於兄弟，兄弟拜之，成人而與爲禮也。玄冠、玄端，奠摯於君，遂以摯見於鄉大夫、鄉先生，以成人見也。

國之所以爲國，人道立也；人之所以爲人，禮義立也。冠禮者，所以責成人，禮義所由始也。上帝降衷於下民，則所以爲人，天命之，神明相之。筮日、筮賓于廟門之外，成人之始，質之神而不敢專，敬之至也。敬至則禮重，禮重則人道立，此國之所以爲國也，故曰「所以爲國本也」。主人升立于序端，西面，贊者筵于東序之北，西面，將冠者即筵而冠，則其位與主人同在阼也。父老則傳之子，姑老則傳之婦，所傳皆適也。故冠禮子冠於阼，昏禮舅姑饗婦，卒饗降自西階，婦降自阼階，所以著其傳付之意也。未嘗傳而示之以傳付之意，所以使之知繼之之重，敬守而不敢墜也。卒冠而醴若醮，則席於賓位，以禮賓之禮禮其子，所以爲成人敬也。始加緇布，次加皮弁，次加爵弁，三加而服彌尊，亦所以爲成人敬也。古者童子雖貴，名之而已，所以別長幼也，至冠卒醴，然後賓字之，曰伯某甫仲叔季，唯其所當，爲成人之道而敬其名也。冠者就筵受觶，薦脯醢。祭卒，奠觶，降筵，北面取脯，降自西階，適東壁，北面見於母。母拜受，子拜送，母又拜。冠者見於兄弟，兄弟再拜，冠者答拜，故曰「見於兄弟，兄弟拜之」。「母拜」之義，古今學者疑焉。孔氏《疏義》曰：「廟中冠子，以酒脯奠廟，子持所奠脯以見母，母以脯自廟中來，故拜之，非拜子也。」此説未然，所薦脯醢爲醴子設，非奠廟也。蓋古者有庸敬，有斯須之敬，如爲師則不臣，王臣雖微，在諸侯之上，尸在廟門內，則全於君，皆斯須之敬也，與其所庸敬，各申其義，並行而不相悖也。子之於母，固所尊也，所尊，則庸敬矣。然婦人之義，在家從父，已嫁從夫，夫死從子。母雖尊也，卒有從子之道。故當其冠也，以成人之禮禮之，則屈其庸敬，以申斯須之敬。明從子之義，猶未害乎母之尊也，庸何疑哉？乃易服，服玄冠、玄端、爵韠，奠摯見於君，遂以摯見於鄉大夫、鄉先生。「玄冠」，士服也。「玄端」，異於朝服，以始冠而異之也。所以見君與鄉大夫、鄉先生者，始以成人接也，且明貴貴長長之義也。

成人之者，將責成人禮焉也。責成人禮焉者，將責爲人子、爲人弟、爲人臣、爲人少者之禮行焉。將責四者之行於人，其禮可不重與？故孝弟忠順之行立，而後可以爲人；可以爲人，而后可以治人也。故聖王重禮，故曰：「冠者，禮之始也，嘉事之重者也。」是故古者重冠，重冠故行之於廟；行之於廟者，所以尊重事；尊重事，而不敢擅重事；不敢擅重事，所以自卑而尊先祖也。

所謂成人者，非謂四體膚革異於童穉也，必知人倫之備焉。親親、貴貴、長長，不失其序之謂備，此所以爲人子、爲人弟、爲人臣、爲人少者之禮行，孝弟忠順之行立也。有諸己，然後可以責諸人。故人倫備，然後謂之成人，成人然後可以治人也。古者重事，必行之廟中。昏禮，納采至親迎，皆主人筵几於廟；聘禮，君親拜迎於大門之內，❶而廟受；爵有德，禄有功，君親策命於廟；喪禮，既啟則朝廟，皆所以示有所尊，而不敢專也。冠禮者，人道之始，所不可後也。孝子之事親也，有大事以告而後行，没則行諸廟，猶是義也。故大孝終身慕父母者，非終父母之身，終其身之謂也。

昏義第四十四

有天地，然後有萬物；有萬物，然後有男女；有男

❶「内」，原誤作「外」，依《十三經注疏》本《禮記・聘義》改。

女，然後有夫婦；有夫婦，然後有父子；有父子，然後有君臣。故男女、夫婦，人道之始也，可不敬乎！《序卦》曰：「物不可以苟合，故受之以《賁》。」蓋天下之情，不合則不成，其所以合也，敬則克終，苟則易離，必受之以致飾者，所以敬而不苟也。昏禮者，其受《賁》之義乎！必以昏者，陽往而陰來，陽屈而陰伸，男下女之義也。

昏禮者，將合二姓之好，上以事宗廟，而下以繼後世也，故君子重之。是以昏禮納采、問名、納吉、納徵、請期，皆主人筵几於廟，而拜迎於門外，入揖讓而升，聽命於廟，所以敬慎重正昏禮也。

合同姓以爲宗者，兄弟之恩，患乎不親也；合異姓以爲昏者，男女之際，患乎無別也。故娶妻不娶同姓，買妾不知其姓則卜之，皆所以遠別也。君子之祭也，既內自盡，又外求助，昏禮是也。故國君取夫人之辭曰：「請君之玉女，與寡人共有敝邑，事宗廟社稷。」出夫人之辭曰：「某不敏，不能從而共粢盛。」昏禮，父醮子而命之曰：「往迎爾相，承我宗事。」《詩》有「采蘩采蘋」；皆以承先祖，共祭祀，爲不失職。蓋婦人之職，莫先於奉祭祀，女子未嫁，觀於祭祀，納酒漿，籩豆菹醢，禮相助奠，其教有素矣。有夫婦，然後有父子。故天地不合，萬物不生。大昏，萬世之嗣也。此昏禮所以不可不敬也，故曰「將合二姓之好，上以事宗廟，下以繼後世也」。昏禮之節，納采、問名、納吉、納徵、請期、親迎，其別有六，必至于六者，敬則不苟，別則致詳也。納采者，昏禮下達，男先下女，媒妁之言既達，則女先許之矣，男不敢必也，故納采擇之禮以求之，故曰「納采」。其禮用鴈，五禮皆用之。鴈，大夫之摯也。士昏而用大夫之摯，攝盛也，猶乘墨車而迎也，其辭曰：「吾子有惠，貺室某也。某有先人之禮，使某也，請納采。」言有惠貺室，則知女氏之前許也。既納采遂問名者，不敢必主人之女。問名，將卜之也，故其辭曰：「某既受命，將加諸卜，敢請女爲誰氏？」對曰：「吾子有命，且以備數而擇之，某不敢辭。」則告之矣。納吉者，既問名，而男氏以吉卜告女氏也，其辭曰：「吾子有貺命，某加諸卜，❶占曰吉，使某也敢告。」納

❶ 「卜」，原脱，據阮刻《十三經注疏》本《儀禮》補。

徵者，納幣以聘之也。古之聘士聘女，皆以幣交，恭敬不可以虛拘也。正潔之女，非禮則不行，猶正潔之士，非其招則不往也，故以聘士之禮聘之，是以有儷皮束帛，以贄見之禮見之，是以用鴈。敬之如此其至，則夫婦之不正未之有也。徵，成也，證也，所以成其信而不渝也。聘幣皆以束帛，故無過五兩；諸侯、天子至於用玉，則又所以重其禮也。請期者，男氏請昏期於女氏也。昏期主於男氏，而必請於女氏，女氏固辭，然後告期者，賓主之義，不敢先也。此五者行乎親迎之前，又皆男女受命於廟，女氏聽命於廟，筵几以敬神，拜迎揖讓以敬賓，至繁縟也，至重慎也，皆所以敬而不苟也。婦從乎夫，女卑於男，人之大倫也。昏禮下達，自納采至於親迎，皆男先於女者，天地之義存焉。天氣降而下，地氣應而上，則天地交而陰陽和，萬物生；上以禮求下，下以誠應上，則上下交，君臣和，萬化成。男女之際，非特有所下也，別疑遠恥，且以成婦之正順，以爲事宗廟，繼後世之重也。聘則爲妻，奔則爲妾；聘者以禮先之，奔則不待禮而行，此所以別貴賤也。

父親醮子而命之迎，男先於女也。子承命以迎，主人筵几於廟，而拜迎於門外。壻執鴈入，揖讓升堂，再拜奠鴈，蓋親受之於父母也。降出，御婦車，而壻授綏，御輪三周，先俟於門外。婦至，壻揖婦以入，共牢而食，合巹而酳，所以合體、同尊卑以親之也。

御婦車授綏，御輪三周，先俟於門外，則所以下之之禮盡矣；共牢合巹，所以親親之義見矣。下之，則有敬矣；親之，則有愛矣。愛敬，禮之大體，而先敬後愛者，自異姓而合之，所以貴乎別也。故曰「敬慎重正，而後親之，禮之大體，而所以成男女之別，而立夫婦之義」。

敬慎重正，而後親之，禮之大體，而所以成男女之別，而立夫婦之義也。男女有別，而後夫婦有義；夫婦有義，而後父子有親；父子有親，而後君臣有正。故曰：「昏禮者，禮之本也。」

人之所以異於禽獸者，以有別也；如其無別，則夫不夫、婦不婦矣。父子之親，從何而正？父子不親，則君臣之義從何而立？三者不正，求不爲禽獸者，未之有也。蓋人倫之本，始於夫婦，終於君臣，本正而末不治者，亦未之有也。故曰昏者，禮之本。

夫禮始於冠，本於昏，重於喪、祭，尊於朝、聘，和於鄉、射，此禮之大體也。

禮始於冠者，童子所以成人也；本於昏者，有夫婦然後有父子，有父子然後有君臣也；重於喪祭者，人道之所終也；尊於朝聘者，所以明君臣之義也；和於鄉射者，所以合人情之懽也。八者備，然後禮備，故曰禮之體也。

夙興，婦沐浴以俟見。質明，贊見婦於舅姑，婦執笲，棗、栗、段脩以見。贊醴婦，婦祭脯、醢，祭醴，成婦禮也。舅姑入室，婦以特豚饋，明婦順也。厥明，舅姑共饗婦以一獻之禮，奠酬，舅姑先降自西階，婦降自阼階，以著代也。

婦人從夫，與夫同體者也，夫之所事，婦亦事之，夫之所養，婦亦養之。故婦之於舅姑，猶子之於父母也。夙興沐浴，執笲以見舅姑，舅姑醴婦，婦祭脯醢，祭醴，明敬事自此始矣，故曰「成婦禮也」。舅姑入於室，婦以特豚饋，贊成祭，卒食，一酳，徹席，婦餕，明共養自此始矣，故曰「明婦順也」。父老則傳之子，姑老則傳之婦，故冠禮子始冠，著其代父之意焉；昏禮婦始見，著其代姑之意焉。明所以冠、所以昏者，其責在是也，故曰「以著代」。

成婦禮，明婦順，又申之以著代，所以重責婦順焉也。婦順者，順於舅姑，和於室人，而後當於夫，以成絲麻布帛之事，以審守委積蓋藏。是故婦順備而後內和理，內和理而後家可長久也，故聖王重之。

婦禮者，所以敬也；婦順者，所以愛也；著代者，所以貴也。三者皆所以順其舅姑，故曰「所以重責婦順也」。《詩》曰：「妻子好合，如鼓瑟琴；兄弟既翕，和樂且耽。宜爾室家，樂爾妻帑。」孔子曰：「父母其順矣乎！」蓋古之大孝，養志而已。雖有三牲之養，而不能和其家人，則不足以解憂；不足以解憂，而爲口體之養，則其養也微矣！婦順舅姑，何以異此，故「和於室人，而後當於夫，以成絲麻布帛之事，以審守委積蓋藏」，是亦養志者也。養志者，順莫大焉，故「内和理而後家可長久也」。

是以古者婦人先嫁三月，祖廟未毁，教於公宮；祖廟既毁，教於宗室，教以婦德、婦言、婦容、婦功。教成，祭之，牲用魚，芼之以蘋藻，所以成婦順也。

五廟自高祖而下爲未毁，宗女同出於高祖，則其服緦，緦則親也，故「教於公宮」。同出於五世以上則無服，無服則疏也，然猶統於大宗，故「教於宗室」。「教以婦德、婦言、婦容、婦功」，婦德，正順也，《詩》云：「林有樸樕，野有死鹿。白茅純束，有女如玉。」婦言，辭令也，《詩》云：「言告師氏，言告言歸。薄汙我私，薄澣我衣。」婦容，婉娩也，《詩》曰：「被之僮僮，夙夜在公；被之祁祁，❶薄言還歸。」婦功，絲麻也，《詩》曰：「是刈是濩，❷爲絺爲綌。服之無斁。」至乎教成，則祭其所出之祖以告之，牲用魚，芼之以蘋藻，女親行之，脩婦職，申婦敬以告事而已，故禮不盛也。此申言婦順，其教有素，故曰「所以成婦順也」。

古者天子后立六宮、三夫人、九嬪、二十七世婦、八十一御妻，以聽天下之内治，以明章婦順，故天下内和而家理。天子立六官、三公、九卿、二十七大夫、八十一元士，以聽天下之外治，以明章天下之男教，故外和而國治。故曰：「天子聽男教，后聽女順；天子理陽道，后治陰德；天子聽外治，后聽内職。教順成俗，外内和順，國家理治，此之謂盛德。」

此章因講明士昏禮之義，推而上之，至於天子、后聽天下之外治、内治，則男女之義盡矣。立六官之職，公、卿、大夫、元士分治之，以佐天子聽天下之外治；立六宫之職，夫人、嬪、世婦、御妻分治之，以佐后聽天下之内治。男正位乎外，女正位乎内，男女正，天下之

❶「祁祁」，原作「祈祈」，依四庫本與《十三經注疏》本《毛詩》改。

❷「濩」，原作「穫」，依四庫本與《十三經注疏》本《毛詩》改。

大義也。有家者，夫聽家之外治，婦聽家之內治。❶天子與后，有天下者也，則不得不聽天下之內外治也。外治者，明章男教也，司徒之所教皆是也；內治者，明章婦順也，婦順之法，德、言、容、功皆是也。陽道者，男所以正其室也；陰德者，婦人所以宜其家也。「刑于寡妻，至于兄弟」，則正室之道，天子所理也。「嘒彼小星，三五在東。肅肅宵征，夙夜在公，寔命不同。」則宜家之道，后所治也。鄭氏謂「內治之道，婦學之法。陰德，謂主陰事、陰令」，其義然也。凡天子所聽皆外治，后所聽皆內職，至於「教順成俗，外內和順，國家理治」，必如《周南》、《召南》，盛德之化，然後可致也。

是故男教不脩，陽事不得，適見於天，日爲之食；婦順不脩，陰事不得，適見於天，月爲之食。是故日食，則天子素服，而脩六官之職，蕩天下之陽事；月食，則后素服，而脩六宮之職，蕩天下之陰事。故天子之與后，猶日之與月，陰之與陽，相須而後成者也。天子脩男教，父道也；后脩女順，母道也。故曰：「天子之與后，猶父之與母也。」故爲天王服斬衰，服父之義也；爲后服資衰，服母之義也。

男教陽事，上應乎日；婦順陰事，上應乎月。有不得，則謫見於天，爲之薄食。日食則天子爲之變，月食則后爲之變，素服自責，各正厥事，以答天變，明后與天子，日月陰陽，相須而后成之義也。以人倫推之，天子脩男教，天下之父也；后脩女順，天下之母也；其德之盛，必能以天下爲一家，爲天下父母，然後天下以父服服天子，以母服服后也。

鄉飲酒義第四十五

鄉飲酒者，鄉人以時會聚飲酒之禮也。因飲酒而射焉，則謂之鄉射。鄭氏謂「三年大比，興賢者、能者，鄉老及鄉大夫，帥其吏與其衆，以禮賓之」，則是禮也，三年乃一行，諸侯之鄉大夫、貢士於其君，蓋亦如此。

❶「婦聽家之內治」六字，原缺，依四庫本補。

黨正每歲國索鬼神而祭祀，則以禮屬民而飲酒於序，以正齒位。然正禮無正齒位之事，而此篇有「六十者坐，五十者立侍」，乃所以正齒位也，但此禮略而不載，則黨正因蜡飲酒，亦此禮也。先儒謂鄉飲酒凡有四事，唯「飲國中賢者」，於經無文。但此篇云「鄉人士君子」，鄉人，則鄉大夫；士，則州長黨正；君子，謂卿大夫士，則「飲國中賢者」，義或然也。然鄉人凡有會聚，當行此禮，恐不必四事而已。《論語》：「鄉人飲酒，杖者出，斯出矣。」亦偕鄉人而言之也。此篇凡五章，初言尊讓絜敬，所以免人禍也；次言學術道者，將以得身；次言先禮後財，則民敬讓；次言尊長敬老，而孝弟之行立；次言五行者，足以正身安國；次言古之制禮，法象天地：皆所以推明聖人制作之意也。

鄉飲酒之義：主人拜迎賓于庠門之外，入三揖而後至階，三讓而後升，所以致尊讓也。盥、洗、揚觶，所以致絜也。拜至、拜洗、拜受、拜送、拜既，所以致敬也。尊讓、絜、敬也者，君子之所以相接也。君子尊讓則不争，絜、敬則不慢，不慢不争，則遠於鬭辯矣，不鬭辯則無暴亂之禍矣，斯君子所以免於人禍也。故聖人制之以道。

鄉飲之禮，以謹遜之道尊賓，始見於拜迎庠門之外，三揖三讓而後升。以絜清之道接賓，則見於盥、洗、揚觶之際。盥手、洗爵，始獻賓之節也。既獻之後，舉觶酬賓，亦盥、洗而揚觶，不敢慢也。極其所致賓主之敬，❶則見於拜洗、拜受、拜送、拜既之節也。賓拜主人洗，主人復拜賓洗是也。❷「拜受、拜送」者，賓受獻、主人受酢、賓受酬，獻酢酬者拜送，受者拜受也。「拜既」者，賓主獻酬，卒爵皆拜也。君子之相接，尊讓、絜、敬，如此其至，雖有争慢之心，無從生矣。尊讓絜敬之禮行，則尊讓絜敬之俗成；禮行而至於成俗，則天下之人皆將遠於鬭辨而免於人禍，則先王制禮也有道，非苟爲繁文飾貌，升降之末者也。

鄉人、士、君子，尊於房户之間，賓主共之也。尊有玄酒，貴其質也。羞出自東房，主人共

❶「致」，原作「以」，依清麓本改。
❷「復」，四庫本作「受」。

之也。洗當東榮，主人之所以自絜而以事賓也。

酒，主人之物，而曰「賓主共之」者，賓主皆酌此尊，且明君子之財當與人共，不自有也。玄酒，水也，飲之始也，飲始於水，極味於酒。凡酒之設，皆尚玄酒，質之爲貴，不忘本也。羞出自東房，主人致味以養賓，故曰「主人共之」，而不以與賓共也。洗當東榮，主人自絜以事賓，賓雖亦就此洗，不曰賓主共之者，明所以敬人者，各自盡也。

賓主，象天地也。介僎，象陰陽也。三賓，象三光也。讓之三也，象月之三日而成魄也。四面之坐，象四時也。天地嚴凝之氣，始於西南而盛於西北，此天地之尊嚴氣也，此天地之義氣也。天地温厚之氣，始於東北，而盛於東南，此天地之盛德氣也，此天地之仁氣也。主人者尊賓，故坐賓於西北，而坐介於西南以輔賓。賓者，接人以義者也，故坐於西北；主人者，接人以仁、以德厚者也，故坐於東南；而坐僎於東北，以輔主人也。仁義接，賓主有事，俎豆有數，曰聖；聖立而將之以敬，曰禮；禮以體長幼，曰德。德也者，得於身也，故曰：「古之學術道者，將以得身也，是故聖人務焉。」

三賓者，衆賓之長者也，其所以輔賓，猶三光之輔於天也。三光，蓋星之大者有三也，其名不可得而考也，先儒謂三大辰：心爲大辰，伐爲大辰，❶北辰亦爲大辰，亦莫知其所稽也。月晦三日，而後明生於魄，故曰「成魄」，讓之三者，取象成魄於三日也。東北至於東南，生氣也，生氣温厚而主仁，故自孟春至於孟夏，生氣之所行，萬物之所發生，天之盛德氣也。主坐於東南，僎坐於東北，仁之序也。西南至於西北，殺氣也，殺氣嚴凝而主義，故自孟秋至於孟冬，殺氣之所行，萬物之所以收斂，天之尊嚴氣也。賓坐於西北，介坐於西南，義之序也。飲酒之義，所以致主之養而尊

❶「伐」，原誤作「代」，今據阮刻《十三經注疏》本《春秋公羊傳》昭公十七年文改。

賓，故賓主以「仁義接，賓主有事，俎豆有數」，天下之理義存焉。天下之理義，無所不通，聖之謂也。無所不通，無所不敬，禮之所由制也。禮之行也，不在乎他，在長幼之分而已，性之德也。禮得於身之謂德，由學然後得於身，得於身則與先得人心之所同然者同之，故誠之。而至誠乃天之道，是亦聖人也。

祭薦、祭酒，敬禮也；嚌肺，嘗禮也；啐酒，成禮也。於席末，言是席之正，非專爲飲食也，爲行禮也，此所以貴禮而賤財也。卒觶，致實於西階上，言是席之上，非專爲飲食也，此先禮而後財之義也。先禮而後財，則民作敬讓而不爭矣。

孔子曰：「吾食於少施氏而飽，少施氏食我以禮。吾祭，作而辭曰『疏食不足祭也』；吾飧，作而辭曰『疏食也不敢以勞吾子』。」然則君子之於飲食，飽於敬而不飽於味也。飲酒之禮，盡主人之敬以養賓，盡賓之敬以答主人者也。主人獻賓，賓受爵，薦脯醢，賓升席，設折俎，賓祭脯醢，奠爵，取肺嚌之，坐祭酒，興，席末啐酒。主人之禮，賓不敢不答，故「祭薦祭酒」，敬主人之行此禮也。賓敬主人，在禮而不在食，嚌以嘗之，啐以成之也。啐於席之末，不於席之正者，明是席之正在於行禮，不可以飲食瀆也，此貴敬而賤食也。賓卒爵於西階之上，不於席之上者，明是席之上可以成飲食之禮，不可卒飲食之事，是先敬而後食也。敬禮也，食財也，人之所以争者，無禮而志於財也。如知乎貴禮而賤財、先禮而後財之義，則敬讓行之矣。一飲食之間，可以化民成俗，則升降之文不爲末節也。

鄉飲酒之禮：六十者坐，五十者立侍以聽政役，所以明尊長也；六十者三豆，七十者四豆，八十者五豆，九十者六豆，所以明養老也。民知尊長養老，而後乃能入孝弟；民入孝弟，出尊長養老，而後成教；成教而後國可安也。君子之所謂孝者，非家至而日見之也，合諸鄉射，教之鄉飲酒之禮，而孝弟之行立矣。

古之貴老也，其政，則導其妻子，使養其老，家植之桑，畜之雞豚狗彘，則老者衣帛食肉矣；其教，則食三老五更於大學，天子袒而割牲，執醬而饋，執爵而酳，冕而揔干。四代之養，皆於庠序，更用饗燕食之禮，皆所以使民不遺老窮，知貴老之義。故飲酒之禮，老者加豆，有至於六也。尊長近乎事兄，弟也；養老近乎養親，孝也。入則順乎父兄，出則順乎長老，則民德歸厚矣。强不犯弱，衆不暴寡，人倫既正，教行俗美，薰沐涵濡，遷善而不自知，故曰「非家至而日見之也」。春秋合諸州長而射，冬行之黨正之正齒位，鄉黨習見儀容之盛，漸乎禮義之俗，孝弟之行，不肅而成，行禮之效也。

孔子曰：「吾觀於鄉，而知王道之易易也。」主人親速賓及介，而衆賓自從之，至于門外，主人拜賓及介，而衆賓自入，貴賤之義別矣。三揖至于階，三讓，以賓升，拜至，獻酬辭讓之節繁；及介，省矣；至于衆賓，升受、坐祭、立飲，不酢而降。隆殺之義辨矣。

禮之所尊，尊其義也。其文，則擯相習之；其義，則君子知之；修其文，達其義，然後可以化民成俗也。貴賤明，隆殺辨，和樂而不流，弟長而無遺，安燕而不亂，此五者，皆見於飲酒之禮，而可以化民成俗矣，故曰「吾觀於鄉，知王道之易易也」。易謂易行，易易者，甚言其易也。禮主乎別，節文雖繁而不可亂也。因親疏、長幼、貴賤之等差，以爲屈伸隆殺之節文，明辨密察，然後盡乎制禮之意矣。尊無二上，非獨爲君臣言之：國之所尊君也，雖諸父不能抗之；家之所尊父也，雖母不得以抗之；群居五人，長者必異席，則群居亦有尊也；喪祭燕飲，皆有賓有衆賓，則賓亦有尊也。故飲酒之禮，賓、介與衆賓，送迎之節有等，此所以別貴賤也，賓、介與衆賓異矣。三揖三讓，拜至，獻酬辭讓之節，則賓與介又有等矣。故介之升也，不三揖三讓，不拜洗，主人不之阼階拜送，不嚌肺，不啐酒，不告旨，不自酌酢，授主人爵，主人不舉酬，省於賓可知矣。及衆賓則升受，坐祭，立飲，不酢，其拜受者，衆賓之長三人，餘則不拜，省於介可知矣。於一等之中，寖有省焉，此所以辨隆殺也。

賓酬主人，主人酬介，介酬衆賓，少長以齒，終於沃洗者焉，知其能弟長而無遺矣。降，說屨升坐，脩爵無數。飲酒之節，朝不廢朝，莫不廢夕。賓出，主人拜送，節文終遂焉，知其能安燕而不亂也。貴賤明，隆殺辨，和樂而不流，弟長而無遺，安燕而不亂，此五行者，足以正身安國矣。彼國安而天下安，故曰：「吾觀於鄉，而知王道之易易也。」

有貴賤隆殺之義，則有別矣；有別，則有禮也；和樂而不流，安燕而不亂，則有節矣。有節，義也；弟長而無遺則均，均則仁矣。仁義而且有禮，行乎一鄉，達乎一國，所謂正身安國矣；舉斯術也，達之天下，則天下安矣。故由一鄉，而知王道之可行於天下，此禮是也。

鄉飲酒之義，立賓以象天，立主以象地，設介僎以象日月，立三賓以象三光。古之制禮也，經之以天地，紀之以日月，參之以三光，政教之本也。亨狗於東方，祖陽氣之發於東方也。洗之在阼，其水在洗東，祖天地之左海也。尊有玄酒，教民不忘本也。

此至篇末，申言鄉飲酒之禮又有所法象，前文有所未盡者，皆再明之。飲酒之禮，莫先於賓主，立賓象天，立主象地，禮之經也；其次，立介僎以輔之，輔之者，紀也；其次，立三賓以陪之，陪之者，參也。政教之立，必有經、有紀、有參，然後可行，故飲酒之禮，必有賓主、介僎、三賓，然後可行，故曰「政教之本也」。天地之間，海居於東，東則左也，故洗在阼，水在洗東，有左海之義。

賓必南鄉。東方者春，春之爲言蠢也，産萬物者聖也。南方者夏，夏之爲言假也，養之、長之、假之，仁也。西方者秋，秋之爲言愁也，愁之以時，察守義者也。北方者冬，冬之爲言中也，中者藏也。是以天子之立也，左聖鄉仁，右義偝藏也。介必東鄉，介賓主也。主人必居東方。東方者春，春之爲言蠢也，産萬物者也。主人者造之，産萬物者也。月者三日則成魄，三月則成時。是以禮有三讓，建國必立三卿。三賓者，政教之本，禮之大參也。

天子南面而立，左則東方，東方聖也，左之則尊之也；鄉則南方，南方仁也，鄉之則宗之也；右則西方，西方義也，右之則用之也；偝則北方，北方藏也，偝之則違之也。天子之立如是，而坐賓亦南鄉者，尊賓之至也。介，間也，坐賓主之間，所以間之也。主人居東方者，禮之所由出，猶東方之産萬物也。「一生二，二生三，三生萬物。」三者，物之所由致，是故禮有三讓，賓有三賓，國有三卿，上法於月，則三日成魄，三月成時，政教所本，禮之所以法也。

射義第四十六

《射義》言射者，男子之所有事者也。天下無事，則用之於禮義，故有大射、鄉射之禮，所以習容、習藝、觀德而選士；天下有事，則用之於戰勝，故主皮呈力，所以禦侮克敵也。

古者諸侯之射也，必先行燕禮；卿、大夫、士之射也，必先行鄉飲酒之禮。故燕禮者，所以明君臣之義也；鄉飲酒之禮者，所以明長幼之序也。

諸侯之射，必先行燕禮者，大射也；卿大夫之射，必先行鄉飲酒之禮者，鄉射也。射者男子之事，必飾之以禮樂者，所以養人之德，使之周旋中禮也。蓋燕與鄉飲酒，皆燕也，因燕以娛賓，不可以無禮，故有大射、鄉射之禮。禮不可無義，故明君臣之義，長幼之序焉。

故射者，進退周還必中禮，内志正，外體直，然後持弓矢審固；持弓矢審固，然後可以言中。此可以觀德行矣。

孔子曰：「射不主皮，爲力不同科，古之道也。」有禮射，❶有主皮之射。「射不主皮」者，禮射也，所謂大射、鄉射是也。「爲力」者，主皮之射也；主皮者，主於獲而已。尚力而不習禮，故「爲力不同科」也。禮射必先比耦，故一耦皆有上射下射，皆執弓而挾矢。其進也，當階、及階，當物、及物，皆揖；其退也，亦如之。

❶「有」，原脱，依文淵閣《四庫全書》本盛世佐《儀禮集編》卷十所引吕氏説補。

其行有左右，其升降有先後，其射皆拾發。其取矢于楅也，始進揖，當楅揖，取矢揖，既搢挾揖，退與將進者揖。其取矢也，有横弓卻手，兼弣順羽拾取之節焉。卒射而飲，勝者袒決遂，執張弓；不勝者襲，説決拾，加弛弓，升飲，相揖如初，則「進退周旋必中禮」可見矣。夫先王制禮，豈苟爲繁文末節，使人難行哉？亦曰「以善養人而已」。蓋君子之於天下，必無所不中節，然後成德，必力行而後有功。其四肢欲安佚也，苟恭敬之心不勝，則怠惰傲慢之氣生；怠惰傲慢之氣生，則動容周旋不能中乎節，體雖佚而心亦爲之不安；安其所不安，❶則手足不知其所措，故放辟邪侈，踰分犯上，將無所不至，天下之亂自此始矣。聖人憂之，故常謹於繁文末節，以養人於無所事之時，使其習之而不憚煩，則不遜之行，亦無自而作，至于久而安之，則非法不行，無所往而非義矣。君子敬以直内，義以方外，敬義立而德不孤，則不疑其所行矣。故發而不中節者，常生乎不敬，所存乎内者敬，則所以形乎外者莊矣，内外交修，則發乎事者中矣。故曰「内志正，外體直，然後持弓矢審固；持弓矢審固，然後可以言中」也。射一藝也，容比於禮，節比於樂，發而不失正鵠，是必有樂於義理，久於敬恭，用志不分之心，然後可以得之。則其所以得之者，其德可知矣，故曰「可以觀德行矣」。

其節：天子以《騶虞》爲節，諸侯以《貍首》爲節，卿大夫以《采蘋》爲節，士以《采蘩》爲節。《騶虞》者，樂官備也；《貍首》者，樂會時也；《采蘋》者，樂循法也；《采蘩》者，樂不失職也。是故天子以備官爲節，諸侯以時會爲節，卿大夫以循法爲節，士以不失職爲節。故明乎其節之志，以不失其事，則功成而德行立。德行立則無暴亂之禍矣，功成則國安。故曰：「射者，所以觀盛德也。」

《騶虞》樂官備者，騶，廄官也，所以豢養六畜也；虞，山澤之官也，所以阜繁鳥獸草木者也；騶虞之官，以生物爲之職，惟恐庶類之不繁殖。王者之政仁及草木，皆如騶虞之用心，則未有不王者也，故曰：「仁如

❶ 上「安」字，四庫本作「於」。

《騶虞》，則王道成也。」王政行則騶虞之官修，騶虞之官修，則庶類繁殖，蒐田以時矣。「彼茁者葭」，則草木遂其生矣；「一發五豝」，則鳥獸蕃息矣；「于嗟乎騶虞」者，所以歸功乎二官。故天子之射，以是爲節者，言天子繼天，當推天地好生之德以育萬物，此所以「樂官備也」。先儒謂「騶虞者義獸，白質黑文，不食生物」，其説既無據，而又曰「樂官備者，謂一發五豝，喻得賢多」，亦牽會爲之説也。《貍首》樂會時者，《貍首》之詩亡矣，《記》有原壤所歌之辭曰：「貍首之斑然，執女手之卷然。」及此篇所引《詩》曰：「曾孫侯氏，四正具舉。大夫君子，凡以庶士。小大莫處，御于君所。以燕以射，則燕則譽。」疑皆《貍首》之詩也。貍首，田之所獲物之至薄者也。君子相會，不以微薄廢禮，猶白茅死麕可以聘如玉之女，瓠葉兔首可以爲君子之獻也。執手者，所以道舊結歡也。自「曾孫侯氏」而下，言諸侯以燕射會其士大夫，物薄誠至，君臣相與習禮而結歡，奉天子，修朝事，故諸侯之射，以是爲節，所以「樂會時也」。《采蘋》樂循法者，《采蘋》之詩，言大夫妻能循法度也，所以采蘩、采藻，盛之、湘之、奠之，皆在家所習教成之事也。大夫妻已嫁，能循在家姆教之法度，乃可以承先祖共祭祀矣；卿大夫已命，能循其未仕所學先王之法，非法不言，非道不行，乃可以與國政矣。故卿大夫之射，以是爲節，所以樂循法也。《采蘩》樂不失職者，❶《采蘩》之詩，言夫人不失職，所謂采蘩于澗沼之中，用之公侯之事。「被之僮僮，夙夜在公」者，蓋夫人無外事，祭祀乃其職也，唯敬以從事，是爲不失。士之事君，何以異此？敬恭朝夕，事事而已，然後盡士之職而不愧，故士之射以此爲節者，所以「樂不失職也」。天子之德，莫大於好生；好生，繼天者也。諸侯之德，莫大於奉朝事；奉朝事，事君者也。卿大夫之事，莫大於法先王；法先王，守道者也。士之德，莫大於敬事；敬事，死命者也。先王制禮作樂，以養人起居動作，多爲文章，以寓於聲色臭味之間，無非所以示人者也，薰沐漸漬，日遷於善，而不自知也。射之爲藝，❷容體既比於禮，又欲其節比於樂，樂不可以無尊卑，故天子、諸侯、卿大夫之《詩》各異。《詩》不可以無義，故各以其所樂告之，此所以明乎其節之志，

❶「樂」，原脱，依正文及上下文例補。

❷「藝」，四庫本作「義」。

以不失其事，則功成而德行立，無暴亂之禍矣。夫使君臣上下，皆習是禮，聽是《詩》，以進是德，成是功，則國不安者，未之有也。故明於禮樂，其盛德之事歟！故曰「射者，所以觀盛德也」。

是故古者天子以射選諸侯、卿、大夫、士。射者，男子之事也，因而飾之以禮樂也。故事之盡禮樂而可數爲以立德行者，莫若射，故聖王務焉。是故古者天子之制：諸侯歲獻貢士於天子，天子試之於射宮。其容體比於禮，其節比於樂，而中多者，得與於祭；其容體不比於禮，其節不比於樂，而中少者，不得與於祭。數與於祭而君有慶，數不與於祭而君有讓；數有慶而益地，數有讓而削地。故曰：「射者，射爲諸侯也。」是以諸侯君臣盡志於射，以習禮樂，夫君臣習禮樂而以流亡者，未之有也。

古之選士必以射者，非專事於射也。諸侯歲貢士於天子，固以德進言揚選也。天子又試于射宮而進退之，將以考諸侯所選之中否，而從之有賞罰也。射者，男子之事也。男子之事，必有志於四方，禦侮扞難，則其任也。故桑弧蓬矢，設於始生，士不能射，則辭以疾，蓋不能射，則幾於非男子也。及其禮射，則容體欲比於禮，節欲比於樂，而中欲多，非其志專一，則不能也；非動容閑習，則不能也；非心夷氣平，强有力而不憚煩，則不能也。由此觀之，射雖一藝，而可以觀人之德行，則先王選士之意微矣。學者間燕肆業，樂而不流，究節文之義理，亟習之而不倦，足以正志意，和容體，以養人於善，此先王所以制射禮。故曰「事之盡禮樂，而可數爲以立德行者，莫若射，故聖王務焉」也。天子試士於射宮，以容體比於禮，節比於樂，而中多者，得與於祭；反此者，不得與於祭。蓋禮樂節文之多，唯射與祭爲然，能盡射之節文而不失其敬，可以奉祭祀矣；能心平體正，持弓矢審固而中多，則其誠可以事鬼神矣。諸侯以貢士之數與於祭、不與於祭，而有賞罰，以行益地、削地之法焉，則諸侯所以爲諸侯，亦以射選也。故曰「射者，射爲諸侯」。

故《詩》曰：「曾孫侯氏，四正具舉。大夫君子，凡以庶士，小大莫處，御于君所。以燕以射，則燕則譽。」言君臣相與盡志於射，以習禮樂，則安則譽也。是以天子制之，而諸侯務焉。此天子之所以養諸侯而兵不用，諸侯自爲正之具也。

國家閒暇，諸侯與其卿大夫盡志於射，以習禮樂，是諸侯以禮樂養其群臣也。諸侯貢士於天子，天子試之以射，以中選之多寡爲諸侯賞罰，則諸侯皆勉習禮樂以事天子，是天子以禮樂養諸侯也。諸侯養其群臣，至於「則安則譽」，則無流亡之禍矣；天子養其諸侯，至於「則安則譽」，則兵不用矣。此所以天子制之，而諸侯務焉者也。

孔子射於矍相之圃，蓋觀者如堵墻。射至於司馬，使子路執弓矢出延射，曰：「賁軍之將，亡國之大夫，與爲人後者，不入，其餘皆入。」蓋去者半，入者半。又使公罔之裘、序點揚觶而語，公罔之裘揚觶而語曰：「幼、壯孝弟，耆、耋好禮，不從流俗，修身以俟死者，不在此位也？」蓋去者半，處者半。序點又揚觶而語曰：「好學不倦，好禮不變，旄、期稱道不亂者，不在此位也？」蓋廑有存者。

孔子於鄉黨，恂恂如也。互鄉，難與言也，猶與其進；陽虎勸之仕，則諾之，以温良恭儉讓之德行於天下，未聞拒人如是之甚也。孟子曰：「仲尼不爲已甚者。」故矍相之事，疑不出聖人。聖人没，門人弟子欲阿所好，而爲此説將以推尊聖人，而或不知其德，雖逆聖人之意或及於是，而不知非聖人之所當言。如《記》稱孔子曰：「我戰則克，祭則受福。」固孔子之事也，而謂孔子言之則非也。故矍相之事，謂聖人有是意則可矣，謂聖人使門人言之則非也。雖然，語亦有理也，故不得不解。鄉射之禮，先行鄉飲酒，至於將射，以司正爲司馬，故曰「射至於司馬」也。《記》云「既旅，士不入」，明未旅士猶可入而與射。故子路執弓延射，有入、不入及去者、入者之詞也。卒射，司馬反爲司正，然後行旅酬；卒旅，然後使二人舉觶於賓與大夫；射事既卒，則衆賓皆在賓位。故公罔之裘與序點舉觶，以衆賓皆在賓位，故有「不在此位」及去者、處者、存者之詞也。賓在門外，則司馬誓之，使惡者不入；賓在賓位，則二人舉觶而語，不復斥惡，但使善者處耳。「賁軍之將，亡國之大夫，與爲人後者」，皆有負於世，非賢能者也。舍其親而爲人後，有所利之而與求焉，是爲「與人爲後」。與人爲後者，見利而忘親，此君子之所不取也。「幼、壯孝弟，耆、耋好禮，不從流俗，修身以俟死者」，德有立矣。「好學不倦，好禮不變，旄、期稱道不亂者」，德有成矣。蓋士之立於世，無惡者寡矣；無惡者有之，有立者寡矣；有立者有之，成德者寡矣。「不在此位也」者，疑詞也，蓋言在此位也。衆所會聚，簡别賢不肖，人所難言也，故以疑詞示之，猶言「文不在兹乎」，蓋言在兹也。不曰「乎」而曰「也」者，蓋深示其不斥言也。

射之爲言者，繹也，或曰舍也。繹者，各繹己之志也。故心平體正，持弓矢審固；持弓矢審固，則射中矣。故曰：「爲人父者，以爲父鵠；爲人子者，以爲子鵠；爲人君者，以爲君鵠；爲人臣者，以爲臣鵠。」故射者，各射己之鵠。故天子之大射，謂之射侯，射侯者，射爲諸侯也。射中則得爲諸侯，射不中則不得爲諸侯。

謂之射者有二義：曰「繹也」，曰「舍也」。繹者，各紬繹己之志，如所謂「爲人父者，以爲父鵠；爲人子者，以爲子鵠」是也。舍者，發也。《詩》云：「不失其馳，舍矢如破。」蓋言心平體正，持弓矢審固，則發必中矣。謂之鵠者，取名於「鳱鵠」，鳱鵠，鵲名，小鳥而難中。參分其侯而鵠居一，則鵠者方制之，置侯之中，以爲的者也。射之爲藝，不專心致志，則不得也。所以父子君臣，各以己爲之鵠，射者各射己之鵠，意曰：爲人父者不中，則不得爲人父；爲人子者不中，則不得爲人子；爲人君、爲人臣亦然。故雖諸侯之射，亦以中則得爲諸侯，不中則不得爲諸侯，是以謂之「射侯」。故古之射者，志於中也，其專如是，豈特志於中鵠中侯而已哉？中父之鵠，則反求所以中爲人父之道；中子之鵠，則反求所以中爲人子之道，是乃所以充其類，繹其志也。天子將祭，擇所以與祭者，故先射於澤，後射於射宫，所以重黜陟，且明天子所以嚴祭祀也。以是爲諸侯之賞罰，所以明政刑，且帥諸侯之事天子也。

故男子生，桑弧，蓬矢六，以射天地四方。天地四方者，男子之所有事也。故必先有志於其所有事，然後敢用穀也，飯食之謂也。

天地之性，人爲貴也。人之類，男子爲貴也，其配則天也，陽也，乾也；可以服人，而不可以服於人者也。故天地四方之大，皆吾之所當有事也，不能，則幾於非男子也。故於其始生，所以用桑弧蓬矢六，以射天地四方也。士無事而食，不可也，故君子寧功浮於食，不使食浮於功；有事於天地四方，而後敢用穀，則功浮於食，無愧於食。是亦男子之事也，故因射義及之。

射者，仁之道也。射求正諸己，己正而后發，發而不中，則不怨勝己者，反求諸己而已矣。孔子曰：「君子無所争，必也射乎！揖讓而升，下而飲，其争也君子。」

仁者之道，不怨天，不尤人，行有不至，反求諸己而已，蓋以仁爲己任，無待於外也。射者求中，有似於此，故曰「射者，仁之道也」。射者正己而後發，發而不中，知反求諸己，而不怨勝己者，知所以中不中，莫不在於己，非人之罪也。至於愛人不親，治人不治，禮人不答，則反尤諸人，蓋不以爲己任，不知其類者也。君子無所不用其學，故於射也，得反己之道焉。争者，争勝負也。君子之於天下也，所以與人交際辭讓而已，爵位相先，患難相死，道途不争險易之利，冬夏不争陰陽之和，則無所事於争矣；而獨於射也求中，是以勝負争也。然射禮勝飲不勝，所以争中者，争辭乎飲也。

孔子曰：「射者何以射？何以聽？循聲而發，發而不失正鵠者，其唯賢者乎！若夫不肖之人，則彼將安能以中？」《詩》云：「發彼有的，以祈爾爵。」祈，求也，求中以辭爵也。酒者，所以養老也，所以養病也。求中以辭爵者，辭養也。

君子責己重，而責人輕，我之不中，則反求諸己，曰「非病也，不能也」。必心平體正，持弓矢審固，循聲而發，發而不失正鵠者，唯賢者能之，若不肖之人，彼將安能以中？此責己重也。彼之不中，則曰「非不能也，病也，老也」。酒者，所以養老與病也。揖讓而升，以禮相下，以飲其不勝者，此責人之輕也。《詩》曰：「發彼有的，以祈爾爵。」求中以辭爵，則所以争者，乃所以辭也。養則利之也，争辭養，乃所以争辭利也，異於衆人之所以勝負争也，故曰「其争也君子」。射之爲藝，非專心致志，則不得也。射以樂爲節，射者欲其容體比於禮而中多，故曰「何以射」。欲其節比於樂，循聲而發，發而不失正鵠，故曰「何以聽」。何以射者，體之所動，不在乎他也；何以聽者，耳之所司，不在乎他也，是謂用志不分，不過乎物。推是道也，將無入而不自得，況於射乎！居是位也，行是事也。其心也，或之乎彼也，或之乎此也，一出焉，一入焉，將無所往而可也。故射雖一藝，而可以分賢不肖者以此。

燕義第四十七

古之君臣賓主之相接，有饗、有燕、有食，饗禮亡矣，獨燕食之禮存焉，《儀禮》公食大夫禮是也。❶燕以飲爲主，食以食爲主。故燕禮之始，主人酌以獻賓，薦脯醢，設折俎，而無黍稷；食禮之始，主人親設醢醬大羹，❷宰夫爲主，菹醢之豆六，三牲、魚、腊、腸胃、膚之俎七，黍稷之簋六，牛羊豕之鉶四，宰夫執觶酒，設于豆東而不獻，此燕、食之别也。饗禮雖無文，然雜見于傳記之間：「饗以訓恭儉，燕以示慈惠」；「饗有體薦，燕有折俎」。又云：「几設而不倚，爵盈而不飲。」又云：「若不親饗，致饗以酬幣。」又云：「大饗卷三牲之俎于賓館。」故知饗禮之始，如燕之始獻。言「爵盈而不飲」，則啐而不卒爵矣；言「有體薦」，則俎肉不折矣；言「几設而不倚」，則無脱屨而升堂矣。又有酬幣，又卷俎歸于賓館，此燕、饗之别也。蓋燕者主於接驩，❸故至於請安請醉，旅酬無算爵，少紓其敬也，故其辭曰：「寡君有不腆之酒，以請吾子之與寡君須臾焉。」此所以示慈惠也。古之燕禮有天子燕諸侯者，《湛露》之詩是也；有燕群臣

❶「儀禮」，據上下文意，疑當作「燕禮」。文淵閣《四庫本書》本《欽定禮記義疏》引吕説同此，然有校記云：「案『儀禮』下當有『燕禮及』三字，坊本之漏耳。」可參。

❷「醢」，據阮刻《十三經注疏》本《儀禮・公食大夫禮》，疑當作「醯」。

❸「燕」，原誤作「禮」，今據文淵閣《四庫全書》本《欽定禮記義疏》引吕説改。

者，《鹿鳴》之詩，及《記》云「君與卿燕，則大夫爲賓，與大夫燕，亦大夫爲賓」是也；有燕賓客，則《記》云「若與四方之賓燕」，《聘禮》云「燕羞俶獻無常數」，《大行人》云上公「三饗三食三燕」是也；❶有燕族人者，《文王世子》「公與族燕則以齒」是也；有養老者，《王制》云「凡養老，有虞氏以燕禮，夏后氏以饗禮，殷人以食禮，周人修而兼用之」是也；有因燕而射者，大射禮是也。

古者周天子之官有庶子官，庶子官職諸侯、卿、大夫、士之庶子之卒，掌其戒令與其教治，别其等，正其位；國有大事，則率國子而致於大子，唯所用之；若有甲兵之事，則授之以車甲，合其卒伍，置其有司，以軍法治之，司馬弗正。凡國之政事，國子存游卒，使之脩德學道，春合諸學，秋合諸射，以考其藝而進退之。

此篇所陳，即《周官》諸子之職也，其文有少異，「諸子掌國子之倅」，❷此篇云庶子職諸侯、卿、大夫、士、庶子之卒。國子，即卿大夫士之子也。倅者，貳也，子之爲父後者，皆所以貳於父也；必用國子之卒者，蓋古之爲國，其使君臣相信，非一日積也。大子，君之貳也；國子之倅，諸侯諸臣之貳也。以諸侯諸臣之貳，事其君之貳，學相同，則好相合矣，《王制》曰「春秋教以禮樂，冬夏教以詩書」是也。事相同，則情相信矣，「率國子致於大子，唯所用之」是也。故大子雖未爲君，君臣之交相際而已久，賢不肖之别已悉，可任使之才已備，則先王所以慮後世者，不爲不豫也。戒令，謂任之征役也。别其等，謂父爵爲之等也。正其位，謂在朝廷則尚爵，在學校則尚齒也。國有大事，謂大祭祀、大喪紀、大賓客、大燕饗之類也。甲兵之事，謂師旅之役也。國之政事，謂凡力役田獵追胥之事也。庶子之官者，國子之師也。游倅，國子之未仕者也。未仕，則庶人力役田獵追胥之事不舍也，然以國子之倅，將使之脩德學道，故舍征而存之，以養材也。合，

❶「大行人」，依阮刻《十三經注疏》本《周禮·秋官》，疑當作「掌客」。

❷下「子」字，原脱，依《十三經注疏》本《周禮》與清麓本補。

聚也。春聚之學宮，秋聚之射宮，考其詩書禮樂之藝，以進退其能不能以選才也。

諸侯燕禮之義：君立阼階之東南，南鄉，爾卿大夫，皆少進，定位也。君席阼階之上，居主位也。君獨升立席上，西面特立，莫敢適之義也。設賓主，飲酒之禮也。使宰夫爲獻主，臣莫敢與君亢禮也。不以公卿爲賓，而以大夫爲賓，爲疑也，明嫌之義也。賓入中庭，君降一等而揖之，禮之也。君舉旅於賓，及君所賜爵，皆降，再拜稽首，升成拜，明臣禮也。君答拜之，禮無不答，明君上之禮也。臣下竭力盡能以立功於國，君必報之以爵禄，故臣下皆務竭力盡能以立功，是以國安而君寧。禮無不答，言上之不虛取於下也。上必明正道以道民，民道之而有功，然後取其什一，故上用足而下不匱也，是以上下和親，而不相怨也。和寧，禮之用也。此君臣上下之大義也，故曰：「燕禮者，所以明君臣之義也。」

《燕禮》：「射人告具，小臣設公席于阼階上，西鄉。公升，即位于席，西鄉。」而與燕之諸臣，皆未入也。諸臣未入，而君特立於席，明是燕也君爲之主，非諸臣之敢敵也。君既即位，小臣納卿大夫士，皆入門立，公乃降立于阼階之東南，南鄉爾卿，卿西面北上；爾大夫，皆少進。爾，近也。進之，使前也。必爾之者，所以定臣位也。既爾卿大夫，然後射人請賓，公曰「命某爲賓」，賓以大夫不以卿，❶卿之貴疑於君也。賓入及庭，公降一等揖之，公升就席。乃以宰夫爲主人以獻賓，臣不敢亢君也。君不敢以己尊莫亢，而必伸賓主之敬，臣不敢以爲賓，而必屈君之尊，故燕禮之節，至于以宰夫爲獻主，則禮之於賓主，義之於君臣，並行而不相悖矣。君盡君之禮以下下，故賓入及庭，降一等揖之；賓受爵拜，君皆答拜。臣盡臣之禮以事上，故君舉旅賜爵，賓皆降，再拜稽首，君辭，然後升成

❶「卿」，原誤作「公」，依上下文義與清麓本改。

拜。天下之理，未有不交而成者也，故天地交而萬物通，上下交而其志同。此所以君臣和，禮義行也；君臣、父子、長幼、夫婦之倫，吾性之所固有也。君子之所以學，先王之所以教，一出於是而已。故舜明於庶物，察於人倫，三代之學，皆所以明人倫也。人倫之大分，謂之「經」，其屈伸、進退、周旋、曲折之變，謂之「紀」。「大德敦化」，經也；「小德川流」，紀也。「禮儀三百」，經也；「威儀三千」，紀也。故君臣之義，其經見於朝覲，其紀見於燕禮，故曰：「燕禮者，所以明君臣之義也。」

席：小卿次上卿，大夫次小卿，士、庶子以次就位於下。獻君，君舉旅行酬，而后獻卿；卿舉旅行酬，而后獻大夫；大夫舉旅行酬，而后獻士；士舉旅行酬，而后獻庶子。俎、豆、牲體、薦、羞，皆有等差，所以明貴賤也。

禮之所貴，別而已矣。親疏、長幼、貴賤、賢不肖，皆別也，大別之中又有細別存焉。均親也，而有斬衰、大功、小功、緦麻、袒免之異；均長也，而有父事、兄事、肩隨之異。故以賤事貴，有十等焉，所謂王、公、卿、士、皂、輿、隸、僚、僕、臺也。君者，積尊而爲之也。苟無差等，民可得而犯之，貴貴之義有所不行，此亂之所由生也。燕禮之別，故上卿、小卿、大夫、士、庶子，其席其就位，皆有次；獻君、獻卿、獻大夫、獻士、獻庶子，及舉旅行酬，皆有序；俎、豆、牲體、薦、羞，皆有等差。君臣貴賤之義，極其密察至于此者，所以防亂也。

聘義第四十八

交際之義，人道之所以群也。其交際也，必有相見以結其驩；間於見也，必有相問以繼其好。自天子至於庶人，雖有貴賤、親疎、遠邇、長幼之差，其所以相問一也。天子之與諸侯，諸侯之與鄰國，皆有朝禮，有聘禮，朝則相見，聘則相問也。朝、宗、覲、遇、會、同，皆朝也；存、覜、省、聘、問，皆聘也。故聘禮有天子所以撫諸侯者，《大行人》「一歲徧存，三歲徧覜，五歲徧省」是也；有諸侯所以事天子者，《大行人》「時聘以結諸侯之好，殷覜以除邦國之慝」是也；有鄰國交修其好者，《大行人》「凡諸侯之邦交，歲相問，殷相聘」，久無事則聘焉是也。《儀禮》所載《聘禮》，鄰國交聘之禮也；《聘義》者，所以釋其所載《聘禮》之義也。

聘禮：上公七介，侯伯五介，子男三介，所以明貴賤也。介紹而傳命，君子於其所尊弗敢質，敬之至也。三讓而后傳命，三讓而后入廟門，三揖而后至階，三讓而后升，所以致尊讓也。君使士迎于竟，大夫郊勞，君親拜迎于大門之内，而廟受，北面拜貺，拜君命之辱，所以致敬也。敬讓也者，君子之所以相接也。故諸侯相接以敬讓，則不相侵陵。

古者賓必有介，介，副也，所以輔行斯事，致文於斯禮者也。鄉飲酒之禮，主人就先生謀賓介，此飲酒之賓介也。大行人掌上公之禮介九人，侯伯七人，子男五人，此朝覲之賓介也。「聘禮：上公七介，侯伯五介，子男三介」，此聘問之賓介也。《聘禮》「上介奉束錦，士介四人皆奉玉錦」，則介凡五人，舉侯伯之卿而言之也。禮之節文，少則質，多則文，同則質，異則文。致其文者，乃所以盡其敬也。故使人聘於鄰國，一人將命可矣，必有介者，以多爲文也；爵之高者其介多，爵之卑者其介寡，以異爲文也。人臣之義，莫大乎敬君，敬君莫大乎敬命，使之受命，不宿于家，入竟而死，以棺造朝，介攝其命，備豫不虞，如此其至，不敢以死而弃之，則皆不敢質之義也。不敢質，故致文也，其所以必致文者，乃所以盡其敬也。七介以相見也，不然則已慤，三辭三讓而至，不然則已蹙。所謂已慤、已蹙，野人之義也，非君子交際之文也。君子之交際，動無不文，禮無不答，故於傳命、入門，皆三讓。三揖至階，三讓而升，此賓所以敬主人也。士迎于竟，大夫郊勞，君親拜迎而廟受，拜貺拜辱，此主人所以敬賓也。賓主之交，争相爲敬讓，則暴慢侵陵無自而生，交日以親，好日以固，此兵所以不用，民所以休息也。傳命、入廟門皆三讓，而《聘禮》不載，有所略也。

卿爲上擯，大夫爲承擯，士爲紹擯，君親禮賓，賓私面私覿，致饔餼，還圭、璋，賄贈，饗、食、燕，所以明賓客君臣之義也。

擯者，主國之君所使接賓者也。主之有擯，猶賓之有介也。《大行人》「五人」、「四人」、「三人」，此王迎朝賓之擯也。諸侯之卿，各下其君二等，則主待聘客之擯，上公當三人，侯伯二人，子男一人矣。《聘禮》、《聘義》皆云：❶「卿爲上擯，大夫爲承擯，士爲紹擯。」必三人而後備，亦舉公禮而言之也。鄭氏云：「君，公也，則擯者五人，侯伯則四人，子男則三人。」以王所以待諸侯之擯，爲諸侯所以待賓客之擯，恐未然也。擯有三者，亦以多爲文也。《大宗伯》：「朝覲會同，則爲上相。」相即擯也，入詔禮曰「相」，出接賓曰「擯」，宗伯，卿也，故曰「卿爲上擯」。《小行人》：「諸侯入王，則爲承而擯。」行人，大夫也，所以接承上擯之事，故曰「大夫爲承擯」。紹，繼也，士職卑，承官之乏，以繼其擯之事，故曰「士爲紹擯」。《聘禮》：賓卒聘事，「奉束錦請覿」，所謂私覿也；「賓朝服問卿，既致命出，賓面，如覿幣」，所謂私面也。君命未致，使臣不敢以私見其君及其卿，卒君事，乃得申其私敬也。私覿見其君，私面見其卿，或有以私面爲見君者，蓋列而言之，則有見君、見卿之別，此篇及《聘禮》所云「私覿」、「私面」是也。離而言之，❷則私面即私覿，亦可爲見君。如《司儀》「諸公之臣，相爲國客」，私獻私面；楚公子弃疾見鄭伯，以乘馬八匹，私面於君是也。蓋使臣之義，則致其君臣之敬於所聘之君；主君之義，則致其賓主之敬於來聘之臣。故公之禮賓，及受私覿，皆揖讓而進之。臣降拜，公辭，然後升拜；賓覿，奉束錦，總乘馬，二人贊，入，北面奠幣，再拜稽首：以臣禮見也。擯者辭，賓出，擯者取幣牽馬出，請受于賓，賓禮辭，聽命，乃牽馬入設，授幣堂上，始以客禮見，此君臣交致其敬者也。既卒聘事，然後敢私面私覿，此臣獨致其敬者也。設三擯以接之，親禮以敬之，致饔餼、賄贈及饗食燕以盡其歡，還圭璋以成其信，此君獨致其敬者也。

故天子制諸侯，比年小聘，三年大聘，相厲以禮。使者聘而誤，主君弗親饗食也，所以愧厲之也。諸侯相厲以禮，則外不相侵，內不相陵。此天子之所以養諸侯，兵不用，而諸侯自爲正之具也。

《王制》「諸侯之於天子，比年一小聘，三年一大聘」，言諸侯之聘於天子也。此篇云「天子制諸侯，比

❶「義」，原誤作「儀」，據文淵閣《四庫全書》本《欽定禮記義疏》所引呂說改。

❷「離」上，四庫本有「君」字。

年小聘，三年大聘」，言諸侯交相聘，天子制其禮也。「使者聘而誤，主君不親饗食」者，《聘禮》所謂「大夫來使，無罪饗之，過則餼之」異也。上下不交，則天下無邦，人道所以不能群也。故先王之御諸侯，使之相交，以修其好，必使之相敬，以全其交。其相交也，必求乎疏數之中，故「比年小聘，三年大聘」也。其相敬也，必相厲以禮，故使者之誤，主君不親饗食，以愧厲之，然後仁達而禮行，外則四鄰相親而不相侵，内則君臣有義而不相陵也。事豫則立，不豫則廢，先王之制禮，以善養人於無事之際，多爲升降之文，酬酢之節，賓主有司有不可勝行之憂，先王未之有改者，蓋以養其德，意使之安於是而不憚也。故不安於偷惰，而安於行禮，不恥於相下，而恥於無禮，則忿争之心，暴慢之氣，無所從而作，此天下之亂所以止於未萌也。天子以是養諸侯，諸侯以是養其士大夫，上下交相養，此兵所以不用，天下所以平也。禮之節文之多，唯聘射之禮爲然，節文之多，養人之至者也。射以選諸侯之貢士，以數與於祭，數不與於祭而行慶讓，則諸侯必自爲正於射禮矣；聘以勸諸侯之交好，使者之誤，主君不親饗以愧之，使者之愧，有國者之愧也，則諸侯必自爲正於聘禮矣。故二禮之義，天子養諸侯之意爲深，故其義皆曰：「兵不用，諸侯自爲正之具也。」

以圭、璋聘，重禮也。已聘而還圭、璋，此輕財而重禮之義也。諸侯相厲以輕財重禮，則民作讓矣。

聘禮，行人執圭璋以致命。天下之寶，無尚於玉，君子以玉比德焉，言重吾聘禮如玉之重，且以達其君之信也。聘君以圭，聘夫人以璋，半圭曰璋，取法於陰陽之義也。其圭璋，《典瑞》所謂「瑑圭璋璧琮以覜聘」者也。還圭璋而不還璧琮饗幣者，聘以致命，饗以致獻，重命而輕獻，所謂輕財而重禮也。

主國待客，出入三積，餼客於舍，五牢之具陳於内；米三十車，禾三十車，芻、薪倍禾，皆陳於外；乘禽日五雙，群介皆有餼牢，壹食，再饗，燕與時賜無數，所以厚重禮也。古之用財者不能均如此，然而用財如此其厚者，言盡之於禮也。盡之於禮，則内君臣不相陵，而外不相侵，故天子制之而諸侯務焉爾。

上公五積，卿下其君二等，則三積也，三積皆有牢禮、米、禾、芻薪也。致積之禮，唯諸公之臣有之，故《聘禮》不載也。積者，致重禮於其出入也；饔餼者，致重禮於其舍館也；乘禽二羞俶獻，將其勤也；饗食燕，盡其歡也，皆所謂「厚重禮也」。古者制國用，量入以爲出。至於國新殺禮，凶荒殺禮，故有祈以幣更，賓以特牲者，則用財於賓客，不皆如此之厚也。然禮存其數者，將使富而奢汰者不敢過制，而儉嗇者不敢不盡也。不敢過，不敢不盡，則盡之於禮，此天子所以養諸侯，使内外不相侵陵之道也。

聘、射之禮，至大禮也。質明而始行事，日幾中而后禮成，非强有力者弗能行也。故强有力者將以行禮也。酒清，人渴而不敢飲也；肉乾，人飢而不敢食也；日莫人倦，齊莊、正齊而不敢懈惰：以成禮節，以正君臣，以親父子，以和長幼。此衆人之所難，而君子行之，故謂之有行。有行之謂有義，有義之謂勇敢。故所貴於勇敢者，貴其能以立義也；所貴於立義者，貴其有行也；所貴於有行者，貴其行禮也。故所貴於勇敢者，貴其敢行禮義也。故勇敢、强有力者，天下無事，則用之於禮義；天下有事，則用之於戰勝。用之於戰勝則無敵，用之於禮義則順治。外無敵，内順治，此之謂盛德，故聖王之貴勇敢、强有力如此也。勇敢、强有力而不用之於禮義、戰勝，而用之於争鬬，則謂之亂人。刑罰行於國，所誅者亂人也。如此，則民順治而國安也。

節文之多，唯聘射之禮爲然，故曰「至大禮也」。質明行事，至於日幾中而禮成，酒清肉乾而不敢飲食，非心夷氣平，强有力而不憚煩，則不能也；非齊莊中正，知所尊敬而不敢懈，則不能也。君臣、父子、長幼之義，皆形見于節文之中。人之所難，我之所安；人之所懈，我之所敬，故能行之者君子也。君子之自養也，養其强力勇敢之氣，一用之於禮義戰勝，則德行立矣；其養人也，養其强力勇敢之氣，一用之於禮義戰勝，而教化行矣。此所以「外無敵，内順治」，國之所以安也。射禮：諸侯之射，必先行燕禮；卿大夫士之射，必先行鄉飲酒之禮；其未射也，先行獻酬之節，極於繁縟，故有酒清肉乾而不敢飲食者也。若聘禮，則受聘、受饗、請覿，然後酌醴禮賓，無酒清肉乾之事，特以節文之繁與射禮等，皆至「日幾中而禮成」，故射禮兼言之也。

子貢問於孔子曰：「敢問君子貴玉而賤碈者何也？爲玉之寡而碈之多與！」孔子曰：「非爲碈之多故賤之也，玉之寡故貴之也。夫昔者，君子比德於玉焉：溫潤而澤，仁也；縝密以栗，知也；廉而不劌，義也；垂之如隊，禮也；叩之，其聲清越以長，其終詘然，樂也；瑕不揜瑜，瑜不揜瑕，忠也；孚尹旁達，信也；氣如白虹，天也；精神見于山川，地也；圭璋特達，德也；天下莫不貴者，道也。《詩》云『言念君子，溫其如玉』，故君子貴之也。」

因聘禮用玉，故以「子貢問玉」一章附於《聘義》之末。君子不貴難得之貨，故玉之貴非以寡，碈之賤非以多也。玉者，山川至精之所融結，其德之美，有似乎君子，故君子服之用之，所以比德而貴之也。碈，石之似玉者也，似是而非，君子賤之，如紫之於朱，莠之於苗，鄉原之於德也。玉氣粹精之所發，則溫潤而澤，如君子之仁，溫厚深淳之氣形諸外也。玉理密緻而堅實，如君子之知，密而不疏則中理，堅而不解則可久也。金之有廉，雖利也，用之則傷；玉之有廉，雖不利也，用之則不能傷。如君子之義，其威雖若不可犯，卒歸於愛人而已。玉之體重，垂之則如墜而欲下，如君子之好禮，以謙恭下人爲事，故曰禮也。凡聲滯濁而韻短者，石也；清越而韻長者，玉也；始洪而終殺者，金也；始終若一者，玉也：此玉之聲所以與金石異也。其終詘然，所謂始終若一，所謂玉振之也者，終條理也。樂之始作翕如，至于繳如以成，❶歌者止如槀木，其合止皆無衰殺之漸，則君子於樂，其終詘然，如玉之聲也。玉之瑜者，其美也，瑕者，其病也，玉之明洞炤乎內外，瑜瑕不能相揜，如君子之忠無隱情，善惡盡露而無所蓋，故曰忠也。「孚尹」未詳，或曰「信發於忠，

❶「繳」，清麓本作「繹」。

謂之孚也」，信也；「尹」或訓爲「誠」，亦信也。玉之明徹，藴於内而達於外，猶君子之信由中出也。先儒以「孚」爲「浮」，以「尹」爲「筠」，如竹箭之「筠」，謂玉采色也，其文其音，既悉有改，義亦無據，恐未然也。玉之瑩者，光氣能達于天，所謂「氣如白虹」也。韞諸石中，則光輝必見，所謂「精神見于山川」也。如君子之達于天，則與天同德；充實而有光輝，則與地同德也。玉之爲璧琮，其用也，必有幣以將之；玉爲圭璋，特達而已，不用幣也，如君子之德，無待乎外也。莫非物也，玉之爲物，天下貴之；莫非道也，君子之道，天下尊之。故曰：「天下莫不貴者道也。」

喪服四制第四十九

凡禮之大體，體天地，法四時，則陰陽，順人情，故謂之禮。訾之者，是不知禮之所由生也。夫禮吉凶異道，不得相干，取之陰陽也。喪有四制，變而從宜，取之四時也。有恩、有理，有節、有權，取之人情也。恩者仁也，理者義也，節者禮也，權者知也。仁、義、禮、知，人道具矣。

先王制禮之意，象法天地，以達天下之情而已。《書》曰「天敘有典」，體也，人倫之謂也；「天秩有禮」，用也，冠、昏、喪、祭、射、鄉、朝、聘之類也；二者皆本於天，此禮之所由生也。禮之有吉凶，猶天之有陰陽，可異而不可相干也；禮有恩、有理、有節、有權，猶天之有四時，可變而不可執一也。仁義禮知，人道具矣，人道具則天道具，其實一也。

其恩厚者其服重，故爲父斬衰三年，以恩制者也。門内之治恩揜義，門外之治義斷恩。資於事父以事君而敬同，貴貴尊尊，義之大者也。故爲君亦斬衰三年，以義制者也。

父子之道，天之合也，其愛不可解於心，以恩制者也；君臣之道，人之合也，義則從，不義則去，此以義制者也。情之至者，遂之則無窮也；情至于無窮，則賢者過之，不肖者不可繼，道所以不行，此不可不以節制者也。遂其所不得申，則無等差；施之於所不必用，則事無實；責之於所不能具，則力不給；必之於所不能行，則人告病，此不可不以權制也。故恩莫大於父，服莫重於斬衰，極其恩而制其服也。極天下之愛，莫愛於父；極天下之敬，莫敬於君。愛敬生乎心，與生俱生者，故門内以親爲重，故爲父斬衰，親親之至也；門外以君爲重，故爲君亦斬衰，尊尊之至也。内外尊親，其義一也，故以事父之義施之君，此君之服以義制者也。

三日而食，三月而沐，期而練，毁不滅性，不以死傷生也。喪不過三年，苴衰不補，墳墓不培，祥之日鼓素琴，告民有終也，以節制者也。資於事父以事母而愛同，天無二日，土無二王，國無二君，家無二尊，以一治之也。故父在爲母齊衰期者，見無二尊也。

「創鉅者其日久，痛甚者其愈遲。」遂其無窮之情，則情之過者，不至於滅性傷生，則不止也；情之不及者，不知其所勉矣。故三日而殯，未殯不食；既殯，食粥納財，朝暮皆一溢米。三月而葬，未葬不沐，既葬將虞，然後沐浴。期而小祥，既小祥，然後練冠練衣，蓋毁不可以久，久則滅性，以死傷生，不得伸其孝矣。天性之恩，非不重也，然先王制禮，必立之中制，使賢者不敢盡，❶不肖者不敢不勉，此道之所以行而無弊也。恩雖重也，歲月之久，則不可不除，故喪不過三年。苴麻之衰，所以爲至痛飾也，非求乎完且久，故服雖敝而不補。葬之爲言藏也，封之所以識也，非求乎高大而終不夷也，故墳墓不培。哀雖甚也，已過則不可不樂，故既祥而後樂者，皆所以示恩重，哀亦不可以無終，此所以爲之節也。魯昭公十九有童心，比葬三易衰，《傳》亦記其違禮也。孔子既得合葬於防，封之崇四尺，孔子先反，門人後，雨甚至，曰「防墓崩」，孔子泫然流涕曰：「吾聞之，古不修墓。」蓋不修墓者，先王所以節孝子之心，孝子雖所不忍言，而不敢過也。《檀弓》曰：「祥而縞，是月禫，徙月樂。」又曰：「孔子既祥，五日彈琴而不成聲，十日而成笙歌。」又曰：「魯人有朝祥而暮歌者，子路笑之。子曰：『由，爾責於人，終無已夫！』子路出，子曰：『又多乎哉？踰月則善矣。』孟獻子禫，縣而不樂，夫子曰：『獻子加於人一等矣！』」由此觀之，既禫徙月，然後可樂，然孔子亦未以

❶「盡」，四庫本作「過」。

朝祥暮歌爲非。而既祥五日彈琴，乃躬行之，何也？蓋祥者吉也，自練至于祥，漸而即吉，則古人既祥可樂矣。然又至于禫之徙月爲樂，不忍遽也，以「孟獻子禫，縣而不樂」，孔子謂「加於人一等」推之，則樂可行於既祥；然行於既祥善也，既禫猶不樂，此加於人一等也。《記》謂孔子既祥，五日而彈琴；又曰踰月則其善，其説皆可疑也。此篇乃曰「祥之日鼓素琴，告民有終」，其説尤不可取。除喪乃可爲樂，未聞爲樂以告喪之終，仁人孝子之情，疑不出乎此也。謂既祥而樂，猶可矣；「祥之日鼓素琴」，或未然。❶

杖者何也？爵也。三日授子杖，五日授大夫杖，七日授士杖。或曰擔主，或曰輔病。婦人童子不杖，不能病也。百官備，百物具，不言而事行者，扶而起。言而后事行者，杖而起。身自執事而后行者，面垢而已。禿者不髽，傴者不袒，跛者不踊，老病不止酒肉。凡此八者，以權制者也。

先王制禮，不遂其所不得申，上文「父在爲母齊衰期」是也；不施於所不必用，「婦人童子不杖」是也；不責其所不能給，「身自執事，面垢而已」是也；不必其所不能行，「禿者不髽，傴者不袒」之類是也。四者，禮有所不能行，故以權制之也。所謂「凡此八者」：父在爲母齊衰期，一也；婦人童子不杖，二也；杖而起，三也；面垢，四也；禿者不髽，五也；傴者不袒，六也；跛者不踊，七也；老病不止酒肉，八也。先儒以「爲母期」爲屬前章，而加「扶而起」爲一，夫「不言」與「扶而起」，乃喪禮之當然。貴者盡之，賤者有所不得遂，故有「杖而起」者，有「面垢」者，蓋以權制也。若「扶而起」，則禮之正，非權也。「父在爲母期」，正以權制，而云屬前章，非也。庾氏之取「父存爲母」爲一，而不知「扶而起」非權，又不數「婦人童子不杖」之科，亦非也。先王制禮，其本致一而不可二也。婦人已嫁爲夫斬，爲其父齊衰期，其致一於夫，雖父，不得而抗也。親莫隆於父母，父在爲母齊衰期，其致一於父，雖母，不得而抗也。故愛有等差，仁義所以並行，而禮所由立，致于一也。喪之有杖，所以輔病也，孝子毀瘠之至，非杖

❶「創鉅者」至「未然」一段原與上文連，依正文與四庫本單獨成段。

不能起，後世因之以爲節文。親喪則親者杖，君喪則有爵者杖，童子當室則杖，皆以其主喪而有杖，故曰「擔主」也。《喪服傳》曰：「杖者何？爵也。無爵而杖者何？擔主也。」鄭氏以「擔」音「假」，曰：「擔，假也。尊其爲主，假之以杖。」字訓未之見，恐止音「擔」，擔，負荷也，負荷所主之喪，故授之以杖也。國君之喪，三日子夫人杖，五日大夫世婦杖；大夫之喪，既殯，主人主婦室老皆杖；士之喪，三日之朝主人杖，婦人皆杖，則婦人有杖矣。此云「婦人不杖」者，先儒云「謂皆以幼不能病，故不杖」，其義然也。

始死，三日不怠，三月不解，朞悲哀，三年憂，恩之殺也。聖人因殺以制節，此喪之所以三年，賢者不得過，不肖者不得不及。此喪之中庸也，王者之所常行也。《書》曰「高宗諒闇，三年不言」，善之也。王者莫不行此禮，何以獨善之也？曰：高宗者，武丁；武丁者，殷之賢王也。繼世即位，而慈良於喪。當此之時，殷衰而復興，禮廢而復起，故善之。善之，故載之《書》中而高之，故謂之「高宗」。三年之喪，君不言。《書》云「高宗諒闇，三年不言」，此之謂也。然而曰「言不文」者，謂臣下也。禮，斬衰之喪，唯而不對；齊衰之喪，對而不言；大功之喪，言而不議；緦、小功之喪，議而不及樂。

子之於親，天性也，不可解於心也。執親之喪，創鉅痛深，雖日月之久，豈有殺乎？此君子所以有終身之憂。然喪必有月算，服必有變除，天地已易，四時已變，哀之感者亦安能無殺？創鉅者其日久，痛甚者其愈遲，此以恩之薄厚，而有久近之殺也。「三日不怠，三月不解，期悲哀，三年憂」，此以日月之久近，而有哀戚之殺也。始死，哭不絕聲，水漿不入口者三日，此「三日不怠」也。未葬，哭無時，居倚廬，寢不絕絰帶，此「三月不解」者也。既虞卒哭，唯朝夕哭，此「期悲哀」者也。既練，不朝夕哭，哭無時，謂哀至則哭，此「三年憂」者也。君子之居喪，期合乎中者也，有如是之隆殺，聖人因隆殺而致其禮，❶所謂「品節斯」，斯之

❶「致」，四庫本作「制」。

謂禮者也。禮者所以教民之中，故三年之喪，賢者不得過，不肖者不敢不勉也。三年之喪，自天子達於庶人，古之道也。《書》獨稱「高宗諒闇，三年不言」者，先王之禮墜，王者之貴有不能行之者，高宗以善喪聞，而廢禮所由興，故「善之也」。慈良於喪，善喪之謂也。《書》云「高宗諒陰，三年不言」，此云「諒闇」，闇、陰同義，信默之謂也。鄭氏不見《古文尚書》，其説迂遠，殆不可取。不言而後事行，此人君之喪禮，故高宗「三年不言」也。言而後事行者，杖而起，故「言不文」，此士大夫之喪禮也。所謂「斬衰之喪，唯而不對；齊衰之喪，對而不言」，非人君而亦不言者，謂與賓客接也；若治喪之事，則亦言而後行事也。「唯而不對」，相者代之對也；「對而不言」，應之而不倡也。「言而不議」者，無往反酬問也；「議而不及樂」，有往反酬問，而不及樂事也。此因論「三年不言」與「言不文」而及之也，故備引五服之喪，哀之發於言語之節也。

父母之喪，衰冠、繩纓、菅屨，三日而食粥，三月而沐，期十三月而練冠，三年而祥。比終兹三節者，仁者可以觀其愛焉，知者可以觀其理焉，强者可以觀其志焉。禮以治之，義以正之，孝子、弟弟、貞婦，皆可得而察焉。

父母之喪，其大變有三：始死至於三月，一也；十三月而練，二也；三年而祥，三也。莫不執喪也，善於此者難；莫不善其始也，善於終者難。故終兹三節，以善喪稱者，則孝子、弟弟、貞婦可得而知也；惻怛痛疾，悲哀志懣，非仁者之篤於愛則不能也。然哭踊無節，喪期無數，服不別精粗，位不別賓主，乃野人夷狄，直情徑行者，其知不足道也。哀之發於容體，發於聲音，發於言語，發於飲食，發於居處，發於衣服，輕重有等，變除有節，至于襲含斂殯之具，賓客弔哭之文，無所不中於禮，非知者之明於理則不能也。然有其文矣，實不足以稱之；有其始矣，力不足以終之；其强不足道也，喪事不敢不勉，此强有志者之所能也。故古之善觀人者，察其言動之所趨，而知其情；驗其行事之所久，而知其德。親喪者，人之所自致者也。哭死而哀，非爲生者，則其仁可知矣；生事之以禮，死葬之以禮，祭之以禮，則其知可知矣；先王制禮，不敢不及，則其强可知矣。故君子之觀人，常於此而得之。

論語解

學而第一

吕大臨

子曰：「學而時習之，不亦説乎？有朋自遠方來，不亦樂乎？人不知而不愠，不亦君子乎？」

信於始而不疑，故時習而不捨；信於中而有孚，故朋來乎遠方；信於終而不悔，故人不知而不愠。

子曰：「巧言令色，鮮矣仁。」

君子言非不欲巧，色非不欲令，蓋修於外者本有所不立，修於内者末足以兼之。

子曰：「弟子入則孝，出則弟，謹而信，汎愛衆，而親仁。行有餘力，則以學文。」

行謹而言信。

子夏曰：「賢賢易色，事父母能竭其力，事君能致其身，與朋友交言而有信。雖曰未學，吾必謂之學矣。」

質具矣，而文有不足，非所謂患也。所謂質者，誠而已矣。賢賢至于改色，好善有誠矣；事親不愛其力，孝有誠矣；事君不有其身，忠有誠矣；待朋友而不欺，交際有誠矣。四者，先立乎誠，所未學者，文耳。

子曰：「君子不重則不威，學則不固。主忠信。無友不如己者。過則勿憚改。」

學則知類通達，故不至於蔽固。主，讀如「於衛主顔讎由」之「主」。主，所託也；友，所輔也；改過，所以自治。所託失人則勢窮，所輔不如己則德不進，所以自治不勇則惡日長。

曾子曰：「慎終追遠，民德歸厚矣。」

喪祭者，慎終追遠之一端耳。

子禽問於子貢曰：「夫子至於是邦也，必聞其政，求之與？抑與之與？」子貢曰：「夫子温、良、恭、儉、讓以得之。夫子之求之也，其諸異乎人之求之與？」

温、良、恭、儉、讓，皆謙德也。人道惡盈而好謙，況聖人之謙乎？此所以求而人與之也。

有子曰：「信近於義，言可復也；恭近於禮，遠恥辱也；因不失其親，亦可宗也。」

信主復言，然非義之信，有不必復其言；恭主遠恥，然非禮之恭，有不足遠其恥；親親主於有宗，然親失其等，有不足正其宗。義理之差，必至於此，不可不察。尾生復言，非義之信也；夷王下堂，非禮之恭也；墨子兼愛，不可宗之義也。

子曰：「君子食無求飽，居無求安，敏於事而慎於言，就有道而正焉，可謂好學也已。」

不志於私養，學所以專；不事於徒言，必見於行事，學所以實；所趨不謬於道，學所以正。學至於此，可謂好矣。

子貢曰：「貧而無諂，富而無驕，何如？」子曰：「可也。未若貧而樂，富而好禮者也。」子貢曰：「《詩》云：『如切如磋，如琢如磨。』其斯之謂與？」子曰：「賜也，始可與言《詩》已矣！告諸往而知來者。」

孟子曰：「無常産而有常心者，惟士爲能。」夫士苟能守其恆心，雖死生之際，可以無變，況貧富之間哉？有玉於斯，使之成器，必切磋琢磨之，工不同，而玉質未嘗變也。士之處於貧富，亦猶是也。貧則以道自樂，富則以禮自好，皆欲吾身之入於善，雖貧富之異，而吾心未嘗動也。若夫「無諂」、「無驕」，則其心亦有動矣，此孔子所以謂「未若貧而樂，富而好禮」之爲美也。

子曰：「不患人之不己知，患不知人也。」

「不患人之不己知」，知人，知也。君子之學，自充其知爾。若人之不知，則亦有命而已矣。孟子曰：「修身以俟之，所以立命也。」

爲政第二

子曰：「爲政以德，譬如北辰，居其所而衆星共之。」

「爲政以德」，自治之道備，則不求於民而民歸之，故大人之政，正己而已。

子曰：「道之以政，齊之以刑，民免而無恥；道之以德，齊之以禮，有恥且格。」

知本末先後，然後可以言治矣。德禮者，所以治內；刑政者，所以治外。治內者，先格人之非心，使之可以爲君子，則政足以不煩，刑足以不用也。乃若一切任治外之法，則民將失其本心，不知有德禮之美，冒犯不義，無所不作，雖有格者，畏罪而已。

德禮者，先王之所以治內，而刑政所以治外。治內之教行，則人皆可以爲君子，雖有政刑，非先務也；治外之法行，則不知爲善之美，雖有本心，無從發也。故政刑之用，能使懦者畏，不能使强者革，此之謂失其本心。

子曰：「吾十有五而志於學，三十而立，四十而不惑，五十而知天命，六十而耳順，七十而從心所欲，不踰矩。」

信有諸己，故「志於學」；富貴不能淫，貧賤不能移，威武不能屈，故「立」；酬酢萬變，用無不利，故「不惑」。六十，心知之虛，通貫乎全體，至七十，然後化。

孟懿子問孝。子曰：「無違。」樊遲御，子告之曰：「孟孫問孝於我，我對曰『無違』。」樊遲曰：「何謂也？」子曰：「生，事之以禮；死，葬之以禮，祭之以禮。」

孝者，仁之出也。不以仁之道事親，謂之孝可乎？孟懿子於魯，列於三家而與逐昭公，其不仁甚矣！親之生也，以卿之禄不足養，而竊君之禄；其没也，以卿之禮不足以奉喪祭，而僭君之禮。雖曰厚其親，而非孝也。故孔子因其問孝而對以「無違」。夫能無違於禮，豈特孝而已哉？所謂「我欲仁，斯仁至矣」。

子夏問孝。子曰：「色難。有事弟子服其勞，有酒食先生饌，曾是以爲孝乎？」

「色難」，養志者也。「有事弟子服其勞，有酒食先生饌」，養口體者也。

「色難」，先意承志之謂。

子曰：「視其所以，觀其所由，察其所安。人焉廋哉？人焉廋哉？」

「所以」，今所自始；❶「所由」，昔所經由；「所安」，卒所歸宿。

子曰：「温故而知新，可以爲師矣。」

師尚多聞，故「温故知新，可以爲師矣」。

子曰：「君子周而不比，小人比而不周。」

周者，以至公交物；比者，以私意交物。故「周」訓爲「徧」，又爲忠信。至公之交，以忠信也。

子曰：「學而不思則罔，思而不學則殆。」

學而不思，如罔之無綱；思而不學，則不得其所安。罔，罔羅也；殆，危也，不安也。

子曰：「攻乎異端，斯害也已。」

君子，反經而已矣，經正，斯無邪慝。今惡乎異端，而以力攻之，適足以自敝而已。

子張學干禄。子曰：「多聞闕疑，慎言其餘，則寡尤；多見闕殆，慎行其餘，則寡悔。言寡尤，行寡悔，禄在其中矣。」

疑者，所未達；殆者，所未安。

季康子問：「使民敬、忠以勸，如之何？」子曰：「臨之以莊則敬，孝慈則忠，舉善而教不能則勸。」

既孝且慈，上下交盡，此所以使民忠也。孝以盡乎内，慈以盡乎外。交盡，忠之本也，故可使民忠。

子張問：「十世可知也？」子曰：「殷因於夏禮，所損益，可知也；周因於殷禮，所損益，可知也；其或繼周者，雖百世可知也。」

按殷、周已見之迹，知理勢之必然，故可以推知百世。

子曰：「非其鬼而祭之，諂也。見義不爲，無勇也。」

諂生於過，無勇生於不及也，推是二端，以明過與不及之害。

八佾第三

孔子謂季氏：「八佾舞於庭，是可忍也，孰不

❶ 「始」，原缺，依四庫本補。

可忍也？」

陪臣忍僭天子，則降自天子，無所不可忍爲。

子曰：「人而不仁，如禮何？人而不仁，如樂何？」

禮樂之情，皆出於仁，不用禮樂則已，如用之，則不仁之人何所措手足乎？

子曰：「夷狄之有君，不如諸夏之亡也。」

所貴於諸夏者，禮義存焉耳。植遺腹朝委裘而天下不亂者，蓋有禮義以維之，此夷狄所以不可入也。❶

子曰：「君子無所争，必也射乎！揖讓而升，下而飲，其争也君子。」

古之射禮，勝飲不勝。勝者之争，争於辭爵；不勝者之争，争於自下。故「揖讓而升」，相爲讓而已。「下而飲」，非謂下堂，止謂自貶下而自飲。執弛弓，説決拾，皆自貶下之義。

子曰：「夏禮吾能言之，杞不足徵也；殷禮吾能言之，宋不足徵也。文獻不足故也，足則吾能徵之矣。」

徵，考據也。二代之禮，以孔子之學，亦止能言其制作之意爾。若求實跡以考據，必在杞宋二國，有史書可考，有賢者可訪，然後得之。由二者之不足，故無所考據。

子曰：「禘自既灌而往者，吾不欲觀之矣。」

荀卿言「喪之未小斂也，大昏之未發齊也，祭祀之未納尸也」，正與此意合。禮既灌，然後迎牲迎尸，則未灌之前，其誠意交於神明者至矣，既灌而後特人事耳。故有不必觀也。

或問禘之説。子曰：「不知也。知其説者之於天下也，其如示諸斯乎！」指其掌。

禘者，禘其祖之所自出，其所以尊祖之意莫重乎此。人本乎祖，天下之本，皆從此出，雖聖人亦未易言之，故曰：「不知也。」不知者，不可盡知也。

王孫賈問曰：「與其媚於奧，寧媚於竈，何謂也？」子曰：「不然，獲罪於天，無所禱也。」

室西南隅，謂之奥，尊者所居也。竈，主飲食家之

❶「入」，原缺，依和刻本《論語精義》補。明抄本作「偕」，四庫本作「棄」。

所有事也。故以「奥」況人君，「竈」況執事。當孔子之時，天下之國皆執政用事，王孫賈所以勸孔子者，猶彌子云「夫子主我，衛卿可得」之意也。孔子以爲有命自天，若無義無命，是所謂「獲罪於天」也。

子入太廟，每事問。或曰：「孰謂鄹人之子知禮乎？入太廟，每事問。」子聞之曰：「是禮也。」

禮雖有經，不能無變，所以問者，慮有所變，不可不知。問而知之，然後可以議禮之得失。禮所當問，非獨慎也。

定公問：「君使臣，臣事君，如之何？」孔子對曰：「君使臣以禮，臣事君以忠。」

使臣，不患不忠，患禮之不至；事君，不患無禮，患忠之不足。

子曰：「《關雎》，樂而不淫，哀而不傷。」

哀謂惻怛至誠而已，如《禮傳》所謂「無服之喪，内恕孔悲」也。

哀公問社於宰我。宰我對曰：「夏后氏以松，殷人以柏，周人以栗。」曰：「使民戰栗。」子聞之曰：「成事不説，遂事不諫，既往不咎。」

「使民戰栗」者，哀公之言也。哀公爲政，將以刑威民，故緣周人以栗之説而爲解，以傅會其意。宰我知松、柏、栗皆所以宜木，而非所取義，不爲之辨，故孔子以三言責之。蓋哀公初有此意，尚在可救，不可便同「成事」、「遂事」之比。

里仁第四

子曰：「里仁爲美。擇不處仁，焉得知？」

所居之里有仁人焉，猶以爲美。擇術以自處，而不居於仁，則居仁之里者不如也。

子曰：「不仁者不可以久處約，不可以長處樂。仁者安仁，知者利仁。」

仁者，仁在己，其仁乃吾分之所安；知者，仁猶在外，其知爲己利，嚮慕勉强以行之。

子曰：「富與貴，是人之所欲也，不以其道得之，不處也；貧與賤，是人之所惡也，不以其道得之，不去也。君子去仁，惡乎成名？君子無終食之間違仁，造次必於是，顛沛必於是。」

造次者，苟且之時；顛沛者，急遽涉難之時也。造次，謂所之所舍，苟且而已，非常居；顛沛者，顛覆陷溺，迫遽涉難可知矣。

子曰：「我未見好仁者，惡不仁者。好仁者，無以尚之；惡不仁者，其爲仁矣，不使不仁者加乎其身。有能一日用其力於仁矣乎？我未見力不足者。蓋有之矣，我未之見也。」

尚，讀如「君子不欲多上人」之「上」，謂加陵之也。好仁者，天下無敵，故曰「無以尚之」。惡不仁者，劣於好仁者，不能天下無敵，故其效止可使不仁之不敢加陵其身而已。用力於仁，雖有差等，皆有如是功效，人莫之敢抗，豈患力不足哉？

子曰：「人之過也，各於其黨。觀過，斯知仁矣。」

仁道之大，貴於類族辨物，以通天下之志，如不分其黨，持一法以平物，則物必有窮，仁術狹矣。君子有君子之過，小人有小人之過，各於其黨，以觀其過，則物物得其所，而仁術弘矣。惟弘所以爲仁，故因觀過，然後知仁之所以然。功者，人之所勉；過者，非人之所欲爲。故求其誠心，視功不若視過也。

子曰：「朝聞道，夕死可矣。」

聞道而死，死而不亡。

子曰：「君子之於天下也，無適也，無莫也，義之與比。」

適，主也；莫，無所主。君子之於天下，無所主，亦無所不主，所與親者，惟義而已。

子曰：「參乎！吾道一以貫之。」曾子曰：「唯。」子出。門人問曰：「何謂也？」曾子曰：「夫子之道，忠恕而已矣。」

本末貫徹而不可不然者，忠恕而已。忠，則待天下以誠；恕，則與天下共利。道之所以行於天下者，非此不可。

子曰：「君子喻於義，小人喻於利。」

喻者，聞見而心解，通達者也。

子曰：「事父母幾諫。見志不從，又敬不違，勞而不怨。」

見幾而諫，不至於犯，如先意承志，喻父母於道之謂。

子游曰：「事君數，斯辱矣；朋友數，斯疏矣。」

數，亟改也。事是君而不終，❶又改事一君，至於數，則君不信，所以取辱。朋友亦然，至於數，亦不信，所以取疏也。

公冶長第五

或曰：「雍也仁而不佞。」子曰：「焉用佞？禦人以口給，屢憎於人。不知其仁，焉用佞？」

口給，無其實而取足於口也。仁而不佞則可，不仁而佞，不若仁而不佞。

子曰：「道不行，乘桴浮於海。從我者其由與？」子路聞之喜。子曰：「由也好勇過我，無所取材。」

浮海居夷，歎道不行，而有是言。然卒不行者，不忍絶中國也。道不行而去，子路之所知；不忍絶中國，子路之所不知。孔子以子路勇於進退，故許同其行，然子路往而不返，不及知變，故不許其喜。「無所取材」者，不適用也。

子謂子貢曰：「女與回也孰愈？」對曰：「賜也何敢望回。回也聞一以知十，賜也聞一以知二。」子曰：「弗如也！吾與女弗如也。」

知類通達，至極其數者，顔子也；凡物有對，舉其偏而知其對者，子貢也。

子貢曰：「夫子之文章，可得而聞也；夫子之言性與天道，不可得而聞也。」

吾無隱乎爾，與人爲善也。學不躐等，非隱也，未可也。竭兩端於鄙夫，非躐等也，言近而指遠也。以微罪去，非隱情也，衆人自有所不識。性與天道，非不言也，弟子亦自有所不聞。

子貢問曰：「孔文子何以謂之文也？」子曰：「敏而好學，不恥下問，是以謂之文也。」

❶「終」，原作「忠」，依明抄本改。

物相雜，故曰「文」。凡事之交錯，不守一偏，乃所以成文。敏者多不好學，居上者多恥下問，今孔文子不守一偏而交錯，乃謂之文。

子張問曰：「令尹子文三仕爲令尹，無喜色；三已之，無慍色。舊令尹之政，必以告新令尹，何如？」子曰：「忠矣。」曰：「仁矣乎？」曰：「未知。焉得仁？」「崔子弒齊君，陳文子有馬十乘，棄而違之。至於他邦，則曰：『猶吾大夫崔子也。』違之。之一邦，則又曰：『猶吾大夫崔子也。』違之。何如？」子曰：「清矣。」曰：「仁矣乎？」曰：「未知。焉得仁？」

子文至於三仕三已，不知進退之義者也；陳文子至於崔子弒齊君而後去，是不知去就之義者也。不知進退去就之義，不免於有懷，行至於有懷，雖曰清忠，而仁不足道也。

子曰：「甯武子邦有道則知，邦無道則愚。其知可及也，其愚不可及也。」

以聖人之行爲不可及，則過於知過也。❶

子在陳曰：「歸與！歸與！吾黨之小子狂簡，斐然成章，不知所以裁之。」

「狂簡」當爲「狂狷」。狂者進取，進取則過；狷者有所不爲，不爲則不及。自非聖人，立言舉不能悉合乎中，雖未合乎中，固已雜然成章矣。成章則達矣，其中者尚矣，其不中者尚在裁以就中爾。道之不行也，既不得中行而取狂狷，又不得其行而卒歸乎立言，則聖人之不遇可知矣。

子曰：「伯夷、叔齊不念舊惡，怨是用希。」

夷、齊，聖之清者，清則能遠乎怨。不念舊惡，乃遠怨之義。

子曰：「巧言、令色、足恭，左丘明恥之，丘亦恥之。匿怨而友其人，左丘明恥之，丘亦恥之。」

二恥者，誠心之所不至，世不以爲恥，惟左丘明者與聖人同心，此孔子所以取之。巧言、令色、足恭，謂

❶ 此句於義難通，疑有脱訛。

外事於言、色、貌者也。

顏淵、季路侍。子曰：「盍各言爾志？」子路曰：「願車馬、衣輕裘，與朋友共。敝之而無憾。」顏淵曰：「願無伐善，無施勞。」子路曰：「願聞子之志。」子曰：「老者安之，朋友信之，少者懷之。」

子路喜功，與人共利。顏子爲己，不倍於人。孔子體天，不言而信。

子曰：「十室之邑，必有忠信如丘者焉，不如丘之好學也。」

所貴乎士，學而已矣。學之功，可使愚者明，柔者剛。苟不志於學，雖聖人之質，不免爲鄉人而已。自盡不欺，苟質厚者皆能之，故十室之邑必有。

雍也第六

子曰：「雍也，可使南面。」

仲弓問子桑伯子，子曰：「可也簡。」仲弓曰：「居敬而行簡，以臨其民，不亦可乎？居簡而行簡，無乃大簡乎？」子曰：「雍之言然。」

此兩章相發明。子曰「雍也，可使南面」，不見可使之迹，故以後章對子桑伯子之言爲證。

哀公問：「弟子孰爲好學？」孔子對曰：「有顏回者好學，不遷怒，不貳過。不幸短命死矣！今也則亡，未聞好學者也。」

爲己之至，則好學不厭。人之有惡，己必怒之，不使可怒之惡，反遷諸己而爲人之所怒，是謂「不遷怒」。有不善未嘗不知，知之未嘗復行，是謂「不貳過」。皆爲己之至者也。

子華使於齊，冉子爲其母請粟。子曰：「與之釜。」請益。曰：「與之庾。」冉子與之粟五秉。子曰：「赤之適齊也，乘肥馬，衣輕裘。吾聞之也，君子周急不繼富。」原思爲之宰，與之粟九百，辭。子曰：「毋！以與爾鄰里鄉黨乎！」

富而與人分之，則廉者無辭於富。

子謂仲弓曰：「犂牛之子騂且角，雖欲勿用，山川其舍諸？」

祭祀之牛，角繭栗，角握則用牛之子，可知牛色雖不純，但騂且角，猶可以用山川。蓋大者立，小者未純，猶未害也。

子曰：「回也，其心三月不違仁，其餘則日月至焉而已矣。」

仁之爲德，兼容遍體，舉者莫能勝，行者莫能至。唯聖人性之，然後能不息；賢者身之，可久而已；其下隨其力爲至之久近也。「三月不違」，可久也，以身之而未能性之，故久則不能不懈。

君子之學，必致養其氣。養之功有緩有速，則氣之守有遠近，及其成性，則不繫所禀之盛衰。如顔子之所養，苟未成性，其於仁也，至於三月，久之猶不能無違。非欲違之，氣有不能守也，則「日月至焉」者，從何如矣？若夫從心所欲不踰矩，則其義將與天始終，無有歲月之限。故可久，則賢人之德；如聖人，則不可以「久」言。

大而化之，則氣與天地一，故其爲德，自彊不息，至於悠久、博厚、高明，莫之能已也。其次則未至於化，必繫所禀所養之盛衰，故其爲德或久或不久，勢使之然，非致養之功不能移也。如顔子所禀之厚，所養之勤，苟未至於化，雖與「日月至焉」者有間，然至於三月之久，其氣亦不能無衰，雖欲勉而不違仁，不可得也。非仁之有所不足守，蓋氣有不能任也。猶有力者，其力足以負百鈞而日行百里，力既竭矣，雖欲加以一鈞之重，一里之遠，而力不勝矣。故君子之學，必致養其氣而成性，則不繫所禀之盛衰，所謂「縱心所欲不踰矩」、「不勉而中，不思而得」者，安得違仁者哉？可久，賢人之德，顔子其幾矣。

季康子問：「仲由可使從政也與？」子曰：「由也果，於從政乎何有？」曰：「賜也，可使從政也與？」曰：「賜也達，於從政乎何有？」曰：「求也，可使從政也與？」曰：「求也藝，於從政乎何有？」

果則有斷，達則不滯，藝則善裁，皆可使從政也。

子曰：「賢哉，回也！一簞食，一瓢飲，在陋巷。人不堪其憂，回也不改其樂。賢哉，回也！」

禮義悦心之至，不知貧賤富貴，何以吾之憂樂？❶疑。

冉有曰：「非不説子之道，力不足也。」子曰：「力不足者，中道而廢。今女畫。」

力不足者，中道而廢，如不幸足廢，決不能行。冉有不行，非力不足也，自畫而已。

子曰：「孟之反不伐，奔而殿。將入門，策其馬，曰：『非敢後也，馬不進也。』」

人之不伐，能不自言而已。孟之反不伐，則以言以事自揜其功，加於人一等矣。

子曰：「不有祝鮀之佞而有宋朝之美，難乎免於今之世矣！」

惟巧言令色，可以免今世之患。

子曰：「誰能出不由户？何莫由斯道也？」

出而不能不由户，則何行而非達道也哉！

子曰：「質勝文則野，文勝質則史。文質彬彬，然後君子。」

史者，治書之稱。治官府之文書曰「史」，即府史之「史」。善爲辭説亦曰「史」。即國史之「史」。

子曰：「人之生也直，罔之生也幸而免。」

凡人之生，直道而行，足以免於世。無常之人，其免也幸而已。罔如「網」，無常者也。

子曰：「知之者不如好之者，好之者不如樂之者。」

知之則不惑，好之則勉，樂則不可已也。

樊遲問知。子曰：「務民之義，敬鬼神而遠之，可謂知矣。」問仁。曰：「仁者先難而後獲，可謂仁矣。」

當務爲急，不求所難知；力行所知，不憚所難爲，此樊遲可進於知與仁之實。

子曰：「知者樂水，仁者樂山；知者動，仁者静；知者樂，仁者壽。」

山水言其體，動静言其用，樂壽言其效。精義入神，庸非樂乎！澤及萬世，庸非壽乎！

❶「何以」，明抄本作「可爲」。

子曰：「齊一變，至於魯；魯一變，至於道。」

齊政雖修，未能用禮。魯秉周禮，故幾於道。

子曰：「觚不觚，觚哉！觚哉！」

名失其實，非特在觚。

宰我問曰：「仁者，雖告之曰：『井有仁焉。』其從之也？」子曰：「何爲其然也？君子可逝也，不可陷也；可欺也，不可罔也。」

「井有仁焉」，猶言自投陷穽，以施仁術也已。己自陷，仁將何施？當是時也，君子可往以思救，不能自陷以行救。可欺之以可救，不可罔之使必救。

子曰：「君子博學於文，約之以禮，亦可以弗畔矣夫！」

學貴造約，愈約愈深。博文約禮，非其至者，然在人事，莫非當務。故於道也，雖未深造，亦可以弗畔於道。

子見南子，子路不説。夫子矢之曰：「予所否者，天厭之！天厭之！」

道之不行，天實厭之，此聖人所以不遇。小君禮所當見，南子無德，子路所以不悦，孔子以爲使我不得賢小君而見之，天厭乎吾道也。矢，陳也。

子曰：「中庸之爲德也，其至矣乎！民鮮久矣。」

中庸者，經德達道，人所共有，人所常行。不能至者，不能久而已。

子貢曰：「如有博施於民而能濟衆，何如？可謂仁乎？」子曰：「何事於仁，必也聖乎！堯舜其猶病諸！夫仁者，己欲立而立人，己欲達而達人。能近取譬，可謂仁之方也已。」

博施於民，仁之事；能濟衆，聖之事也。苟非其人，道不虚行。博施濟衆，乃聖人之事，堯舜猶病，非子貢所及。子貢有志於仁，徒事高遠，未知其方，孔子教以於己取之，庶近而可入，是乃爲仁之方，雖博施濟衆，亦由此進。

述而第七

子曰：「述而不作，信而好古，竊比於我老彭。」

老聃、彭祖，殷、周之老成人，二者皆老彭之事，故孔子取之。

子曰：「默而識之，學而不厭，誨人不倦，何有於我哉？」

默識，所以存諸心；學不厭，所以成諸己；誨不倦，所以成諸人，合内外物我之道也。我之道舍是三者，復何所有？

子之燕居，申申如也，夭夭如也。

申申，舒而不至於倨；夭夭，屈而不失其和，皆温舒之貌。

子曰：「志於道，據於德，依於仁，游於藝。」

志所存，據所執，依所行，游所養。

子曰：「不憤不啟，不悱不發，舉一隅不以三隅反，則不復也。」

憤者，不得於心；悱者，不得於言。

子路曰：「子行三軍，則誰與？」子曰：「暴虎馮河，死而無悔者，吾不與也。必也臨事而懼，好謀而成者也。」

用之則行，舍之則藏，孔顔所同也；可以仕則仕，可以止則止，孔子所獨也。臨事而懼，則備必豫；好謀而成，則動不妄。

子曰：「富而可求也，雖執鞭之士，吾亦爲之。如不可求，從吾所好。」

居卑居貧，君子有時而願爲，惟得之有命，故無心於求。

子之所慎：齊，戰，疾。

三者，神、人、己而已。事神之至，莫先於齊；用人之先，無慎於戰；養己之功，無過於疾。

子曰：「我非生而知之者，好古，敏以求之者也。」

好古、敏求，及其知之一也。孔子誠以致學之功，而齊生知之德。

子不語怪，力，亂，神。

怪，不中也，如「素隱行怪」之「怪」。闕❶力也。亂，不治。神，妙理也。語怪，則道不中；語力，則德不立；語亂，則術不修；語神，則聞者惑。

子曰：「二三子以我爲隱乎？吾無隱乎爾。

❶ 此處各本均注「闕」，脱數字。

吾無行而不與二三子者，是丘也。」

聖人體道無隱，與天象昭然，莫非至教。常以示人，而人自不察。

子曰：「蓋有不知而作之者，我無是也。多聞，擇其善者而從之；多見而識之；知之次也。」

不知而作，不免乎狂。聞見之學，雖曰未達，而所行所知，未悖於道。見者，目之所及；聞者，知所不見；從者，敏於行；識者，識之心而將行；知者，明之而已，亦不失於心。聞廣於見，從愈於識，識愈於知，此其序也。

陳司敗問：「昭公知禮乎？」孔子曰：「知禮。」孔子退，揖巫馬期而進之，曰：「吾聞君子不黨，君子亦黨乎？君取於吴，爲同姓，謂之吴孟子。君而知禮，孰不知禮？」巫馬期以告。子曰：「丘也幸，苟有過，人必知之。」

此與「以微罪行」同義。黨君之過小，彰君之惡其過大，乃所以爲義。

子與人歌而善，必使反之，而後和之。

「使反之，而後和之」，亦與人爲善之義。

子曰：「文，莫吾猶人也。躬行君子，則吾未之有得。」

「莫」之爲言，猶曰「得不」也。孔子自謂「我之文章，得不與人同乎？」但躬行君子自謂「未得」耳。此非謙辭，亦庸言庸行之至，聖人有所不能。

子温而厲，威而不猛，恭而安。

言温而厲，故孫出而可法；色威而不猛，故望之儼然，即之也温；貌恭而安，故動容周旋中禮。

泰伯第八

子曰：「恭而無禮則勞，慎而無禮則葸，勇而無禮則亂，直而無禮則絞。君子篤於親，則民興於仁；故舊不遺，則民不偷。」

禮，所以節文也。恭無節文，則罷於接物；慎無節文，則畏而失我；勇無節文，則暴而上人；直無節文，則切而賊恩。

曾子有疾，召門弟子曰：「啟予足！啟予手！《詩》云：『戰戰兢兢，如臨深淵，如履薄冰。』而今而後，吾知免夫！小子！」

啟手足者，非特全其軀而已，以明德體亦無所傷。推易簀之事，可見其然。

曾子有疾，孟敬子問之。曾子言曰：「鳥之將死，其鳴也哀；人之將死，其言也善。君子所貴乎道者三：動容貌，斯遠暴慢矣；正顏色，斯近信矣；出辭氣，斯遠鄙倍矣。籩豆之事，則有司存。」

貌也，色也，言也，皆以道正之，則心正而身修矣。

曾子曰：「可以託六尺之孤，可以寄百里之命，臨大節而不可奪也。君子人與？君子人也。」

「託六尺之孤」，謂大臣輔幼主。「寄百里之命」，謂爲諸侯。

子曰：「興於《詩》，立於禮，成於樂。」

興則起好，立則不反，成則有生。諷誦善言，所以起好；莊敬日强，所以不反；沛然自得，手足舞蹈，所以有生。

子曰：「民可使由之，不可使知之。」

不可使知，非以愚民，蓋知之不至，適以起機心而生惑志。

子曰：「好勇疾貧，亂也。人而不仁，疾之已甚，亂也。」

亂，謂志意失其序也。好勇本以禦寇，疾貧則必自爲寇。疾不仁，本以爲仁；已甚，則流於不仁，皆失序也。

子曰：「如有周公之才之美，使驕且吝，其餘不足觀也矣。」

驕則不欲人共善，吝則不欲人共利，其志已入於不仁，雖才如周公，適以長其不善而已。

子曰：「巍巍乎！舜禹之有天下也，而不與焉。」

舜禹以天下爲心，而無心於得喪。

舜有臣五人而天下治。武王曰：「予有亂臣十人。」孔子曰：「才難，不其然乎？唐虞之際，於斯爲盛。有婦人焉，九人而已。三分天下有其二，以服事殷。周之德，其可謂至德也已矣。」

「至德」者，樂天而已。故泰伯之讓，民無得稱；文王三分天下有其二，以服事殷，皆爲「至德」。

子曰：「禹，吾無間然矣。菲飲食而致孝乎鬼神，惡衣服而致美乎黻冕，卑宮室而盡力乎溝洫。禹，吾無間然矣。」

無間隙可言其失。

子罕第九

達巷黨人曰：「大哉孔子！博學而無所成名。」子聞之，謂門弟子曰：「吾何執？執御乎？執射乎？吾執御矣。」

無所成名，聖也。不欲自居，故願名一藝。

子絶四：毋意，毋必，毋固，毋我。

意，則無義；必，則無命；固，則無時；我，則無天。

孔子絶四者，皆私意也。一物存乎其中，則與天地不相似，亦與孟子異矣。

子畏於匡。曰：「文王既没，文不在兹乎？天之將喪斯文也，後死者不得與於斯文也；天之未喪斯文也，匡人其如予何？」

「畏」者，有戒心之謂。孔子自謂能傳文王之文章，文章者，前後聖之所修，道則出乎天而已。斯文在己，斯文得喪在天，匡人何與乎？

道有興有廢，文有得有喪，道出乎天，非聖人不興，無聖人則廢而已。故孔子以道之廢興付諸命，以文之得喪任諸己。及秦滅學焚書，禮壞樂崩，數千百年莫之能復，殆天之喪斯文也。然道未嘗喪，苟有作者，斯文其復興乎？

子曰：「吾有知乎哉？無知也。有鄙夫問於我，空空如也，我叩其兩端而竭焉。」

空空無知，有感必應，雖鄙夫有問，無不盡焉。

顔淵喟然歎曰：「仰之彌高，鑽之彌堅；瞻之在前，忽焉在後。夫子循循然善誘人，博我以文，約我以禮。欲罷不能，既竭吾才，如有所立卓爾。雖欲從之，末由也已。」

高、堅、前、後，恍惚不可爲象，不可趨向，然夫子循循善誘，博文約禮，使有入德之途。竭才而進，自以爲至矣，則又卓焉者，如不可企而及之，此皆循循善誘者也。

子曰：「出則事公卿，入則事父兄，喪事不敢不勉，不爲酒困，何有於我哉？」

庸行之謹，是迺所以爲難能。

子曰：「語之而不惰者，其回也與！」

惰，則志不在而之他；不惰者，專心致志而已。禮：父母有疾，言不惰。蓋方憂親疾，所語者切務，不暇語他事也。

子曰：「後生可畏，焉知來者之不如今也？四十、五十而無聞焉，斯亦不足畏也已。」

四十、五十，血氣盈而将衰，好惡習而成性，善恶已定，幾不可易。故無聞者，不足畏；見惡者，至於終。

子曰：「衣敝緼袍，與衣狐貉者立，而不恥者，其由也與？『不忮不求，何用不臧？』」子路終身誦之。子曰：「是道也，何足以臧？」

貧與富交，强者必忮，弱者必求。

子曰：「知者不惑，仁者不憂，勇者不懼。」

不憂，謂無私憂。憂以天下，不謂之憂。

子曰：「可與共學，未可與適道；可與適道，未可與立；可與立，未可與權。」「唐棣之華，偏其反而。豈不爾思？室是遠而。」子曰：「未之思也，夫何遠之有？」

質美，故「可與共學」；未知好，故「未可與適道」；志未定，故「未可與立」；義未精，故「未可與權」。學之始，知道之在我，則「可與適道」；學之中，見道之全體，則「可與立」；學之終，造道而上達，則「可與權」。

鄉黨第十

自「孔子於鄉黨」至「誾誾如也」，言孔子言語之變。自「君在，踧踖如也」至「私覿，愉愉如也」，言孔子動容之變。自「君子不以紺緅飾」至「齊，必有明衣，布」，言孔子衣服之變。自「齊，必變食」至「必齊如也」，言孔子飲食之變。自「席不正，不坐」至「不親指」，言孔子應接事物之變。

孔子於鄉黨，恂恂如也，似不能言者。其在宗廟朝廷，便便言，惟謹爾。朝，與下大夫言，侃侃如也；與上大夫言，誾誾如也。

此章言孔子言語之變。鄉黨尚齒，「恂恂」似不能言，所以事長而貴讓；宗廟朝廷尚尊，「便便」言謹，所以稟命而從事。自「孔子於鄉黨」至此。

色斯舉矣，翔而後集。曰：「山梁雌雉，時哉！時哉！」子路共之，三嗅而作。

孔子之於諸侯，未嘗三年淹也者，「色斯舉矣，翔而後集」之義也。孔子覩山雉之作，有似乎此，故曰「時哉」，以況乎己也。言雌雉者，又見應而不倡。自「色斯舉矣」至此。

先進第十一

子曰：「先進於禮樂，野人也；後進於禮樂，君子也。如用之，則吾從先進。」

野人，郊外之民；君子，士大夫也。士大夫之文，不備物不行，如衣服不具、牲殺器皿不備，不敢以祭之謂。野人之文，雖不備物亦行，如野有死麕瓠葉之謂。蓋禮樂之文，在野人，則不候物備而先進；在君子，則必候物備而後進。當禮壞之時，必候物備，則文必墜地，故孔子救世之急，寧失之野，以振斯文。

子曰：「孝哉閔子騫！人不間於其父母昆弟之言。」

至行誠篤，取信於父母昆弟，人不得而間焉，非成身之至，不足以及是，故曰「孝子成身」。

顏淵死，顏路請子之車以爲之椁。子曰：「才不才，亦各言其子也。鯉也死，有棺而無椁。吾不徒行以爲之椁。以吾從大夫之後，不可徒行也。」

喪，稱家之有無，不以子之才而加厚。

季路問事鬼神。子曰：「未能事人，焉能事鬼？」「敢問死？」曰：「未知生，焉知死？」

能盡人之道，則事鬼之道備；知所以生之理，則死之理明。蓋通乎晝夜之道，則人鬼無異事，生死爲一貫爾。此所以答子路，非拒之之辭。

柴也愚，參也魯，師也辟，由也喭。

愚，謂專而少變。魯，謂質而少文。辟，謂便而少誠。喭，謂俗而少學。傳稱「喭」者，俗論也。

子曰：「回也其庶乎，屢空。賜不受命，而貨殖焉，億則屢中。」

貨殖之學，聚所聞見，而聞見有數，故從億。億度可以屢中，而不能悉中。空空無知，則無所不達，自得自生，豈見聞之比乎！不受命者，貨殖之學，聚聞見以度物，以己知求中，而不受命於天。空空無知，則未始有己，所以應物如響，一受於天而已，吾何與乎？然屢空而未能常空，所以幾聖而未至。

貨殖之學，不殖則窮，空空無知，則道所由出，雖屢而未久，亦庶乎前定而不窮矣。

子張問善人之道。子曰：「不踐迹，亦不入於室。」

子張於行，有所未至，而問善人之道。孔子以爲善人之德，雖曰未優，苟不踐其迹，亦不能入其室也，況聖人乎！

子畏於匡，顏淵後。子曰：「吾以女爲死矣。」曰：「子在，回何敢死？」

顏淵志道，以孔子之存亡爲己存亡。死，謂死戰。

子路使子羔爲費宰。子曰：「賊夫人之子。」子路曰：「有民人焉，有社稷焉。何必讀書，然後爲學？」子曰：「是故惡夫佞者。」

子路之禦人，以口給而已，有美錦猶不使學製，況民人乎！

子路、曾皙、冉有、公西華侍坐。子曰：「以吾一日長乎爾，毋吾以也。居則曰：『不吾知也！』如或知爾，則何以哉？」子路率爾而對曰：「千乘之國，攝乎大國之間，加之以師旅，因之以饑饉；由也爲之，比及三年，可使有勇，且知方也。」夫子哂之。「求！爾何如？」對曰：「方六七十，如五六十，求也爲之，比及三年，可使足民。如其禮樂，以俟君子。」「赤！爾何如？」對曰：「非曰能之，願學焉。宗廟之事，如會同，端章甫，願爲小相焉。」「點！爾何如？」鼓瑟希，鏗爾，舍瑟而作。對曰：「異乎三子者之撰。」子曰：「何傷乎？亦各言其志也。」曰：「暮春者，春服既成。冠者五六人，童子六七人，浴乎沂，風乎舞雩，詠而歸。」夫子喟然歎曰：「吾與點也！」三子者出，曾皙後。曾皙曰：「夫三子者之言何如？」子曰：「亦各言其志也已矣。」曰：「夫子何哂由也？」曰：「爲國以禮，其言不讓，是故哂之。」「唯求則非邦也與？」「安見方六七十如五六十而非邦也者？」「唯赤則非邦也與？」「宗廟會同，非諸侯而何？赤也爲之小，孰能爲之大？」

三子皆有諸侯之志，願試其能，而冉有、公西華言稍加讓，至於曾皙，有志樂道，不希近用，故孔子取之。

顔淵第十二

顔淵問仁。子曰：「克己復禮爲仁。一日克己復禮，天下歸仁焉。爲仁由己，而由人乎哉？」顔淵曰：「請問其目。」子曰：「非禮勿視，非禮勿聽，非禮勿言，非禮勿動。」顔淵曰：「回雖不敏，請事斯語矣。」

仁者以天下爲一體，天秩天敍，莫不具存。人之所以不仁，己自己，物自物，不以爲同體，勝一己之私，以反乎天秩天敍，則物我兼體，雖天下之大，皆歸於吾仁術之中。一日有是心，則一日有是德。

有己，則喪其爲仁，天下非吾體；忘己，則反得吾仁，天下爲一人。故克己復禮，昔之所喪，今復得之，非天下歸仁者與？安仁者，以天下爲一人而已。

《克己復禮贊》曰：「凡厥有生，均氣同體。胡爲不仁？我則有己，立己與物，私爲町畦，勝心横生，擾擾不齊。大人存誠，心見帝則，初無吝驕，作我蟊賊。志以爲帥，氣爲卒徒，奉辭於天，孰敢侮予？且戰且徠，勝私窒慾，昔焉寇讐，今則臣僕。方其未克，窘我室廬，婦姑勃蹊，安取厥餘。亦既克之，皇皇四達，洞然八荒，皆在我闥，孰曰天下，不歸吾仁。痒疴疾痛，舉切吾身，一日至之，莫非吾事。顔何人哉？希之則是。」

仲弓問仁。子曰：「出門如見大賓，使民如承大祭。己所不欲，勿施於人。在邦無怨，在家無怨。」仲弓曰：「雍雖不敏，請事斯語矣。」

以敬恕行仁，則人無所慊。

司馬牛問仁。子曰：「仁者其言也訒。」曰：「其言也訒，斯謂之仁矣乎？」子曰：「爲之難，言之得無訒乎？」

言之輕，則爲之不篤。仁術雖大，不離乎人倫。雖曰庸行，不察則不至。

子張問明。子曰：「浸潤之譖，膚受之愬，不行焉，可謂明也已矣。浸潤之譖，膚受之愬，不行焉，可謂遠也已矣。」

譖者，毀人之行。愬者，愬己之私。浸潤者，漸進而已，內有所未入。膚受者，面從而已，心有所未然。明者知幾，遠者慮終。必拒其始，然後譖愬不得行。不然則始雖漸進，久則言入；始雖面從，久則心然。

子貢問政。子曰：「足食，足兵，民信之矣。」子貢曰：「必不得已而去，於斯三者何先？」曰：「去兵。」子貢曰：「必不得已而去，於斯二者何先？」曰：「去食。自古皆有死，民無信不立。」

去食必死，失信則不立，不立則死。均死爾，故不若守信。

子張問：「士何如斯可謂之達矣？」子曰：「何哉，爾所謂達者？」子張對曰：「在邦必聞，在家必聞。」子曰：「是聞也，非達也。夫達也者，質直而好義，察言而觀色，慮以下人。在邦必達，在家必達。夫聞也者，色取仁而行違，居之不疑。在邦必聞，在家必聞。」

德孚於人者必達，矯行求名者必聞。

子貢問友。子曰：「忠告而善道之，不可則止，無自辱焉。」

以忠言告諭，以善術誘掖，則友之義盡。

子路第十三

仲弓爲季氏宰，問政。子曰：「先有司，赦小過，舉賢才。」曰：「焉知賢才而舉之？」曰：「舉爾所知。爾所不知，人其舍諸？」

有司，政之綱。始爲政者，不可遽革乎舊政，先正其綱而已；不可遽易乎舊人，去其太甚而已。然後徐舉賢才而任之，則事不紛而人不駭，治過半矣。

子曰：「魯衛之政，兄弟也。」

魯衛，兄弟之國也。當時二國之政，猶存兄弟之道。

冉子退朝。子曰：「何晏也？」對曰：「有政。」子曰：「其事也。如有政，雖不吾以，吾其與聞之。」

大夫雖不治事，猶得與聞國政。

葉公語孔子曰：「吾黨有直躬者，其父攘羊，而子證之。」孔子曰：「吾黨之直者異於是。父爲子隱，子爲父隱，直在其中矣。」

屈小信而申大恩，乃所以爲宜。

子貢問曰：「何如斯可謂之士矣？」子曰：「行己有恥，使於四方，不辱君命，可謂士矣。」曰：「敢問其次。」曰：「宗族稱孝焉，鄉黨稱弟焉。」曰：「敢問其次。」曰：「言必信，行必果，硜硜然小人哉！抑亦可以爲次矣。」曰：❶「今之從政者何如？」子曰：「噫！斗筲之人，何足算也。」

行己有恥者，有知也。使不辱命者，有能也。有知有能，足以爲士，其次有行，其次有節。

子曰：「君子和而不同，小人同而不和。」

和則可否相濟，同則隨彼可否。調羹者，五味相合爲「和」，以水濟水爲「同」。

憲問第十四

「克、伐、怨、欲不行焉，可以爲仁矣？」子曰：「可以爲難矣，仁則吾不知也。」

克、伐、怨、欲之不行，可以去不仁，而未可以

❶「曰」，原脱，依《十三經注疏》本《論語》補。

爲仁。

子曰：「有德者必有言，有言者不必有德；仁者必有勇，勇者不必有仁。」

有德者然後知德，故能言；尚辭者，德有所不察；仁者推愛，不勇則不至；尚勇者，愛有所不行。

子曰：「君子而不仁者有矣夫，❶未有小人而仁者也。」

君子志於公天下，德心稍懈，則流入於私；小人志於私一己，則不得盡其公。

公叔文子之臣大夫僎與文子同升諸公。子聞之，曰：「可以爲文矣。」

與家臣同升而無嫌，上賢之至也。物相雜，故曰「文」。不專於貴，貴而雜之以上賢，此所以爲文。

陳成子弑簡公。孔子沐浴而朝，告於哀公曰：「陳恒弑其君，請討之。」公曰：「告夫三子！」孔子曰：「以吾從大夫之後，不敢不告也。君曰『告夫三子』者。」之三子告，不可。孔子曰：「以吾從大夫之後，不敢不告也。」

使魯從孔子而討陳恒，則湯征葛伯之舉也，何患天下之無助乎？

子曰：「君子上達，小人下達。」

君子日進乎高明，小人日究乎汙下。

子曰：「古之學者爲己，今之學者爲人。」

爲己者，自信而已，遯世不見知而不悔。爲人者，人不用則不學，人不知則不修。

子貢方人。子曰：「賜也賢乎哉？夫我則不暇。」

方人，非不謂之學。然有急於方人者，故「知所先後，則近道矣」。

子曰：「不逆詐，不億不信。抑亦先覺者，是賢乎！」

不見其詐，不逆謂人之詐；不知其不信，不億度人之不信也。雖然，君子豈容物之見欺？燭乎事幾之先，不容詐與不信加乎己。

❶ 「矣」，原作「以」，依《十三經注疏》本《論語》改。

子曰：「驥不稱其力，稱其德也。」

才受於天，德繫乎學。故君子尚學之功，不以受於天者爲貴。

子曰：「莫我知也夫！」子貢曰：「何爲其莫知子也？」子曰：「不怨天，不尤人，下學而上達。知我者其天乎！」

「不怨天，不尤人」，則道在我矣。「下學而上達」，則天人一矣。德至於是，則其所獨知，非聖人有所不與。

子擊磬於衛。有荷蕢而過孔氏之門者，曰：「有心哉，擊磬乎！」既而曰：「鄙哉，硜硜乎！莫己知也，斯已而已矣。深則厲，淺則揭。」子曰：「果哉！末之難矣。」

晨門、荷蕢，皆德之固也。區區果於去就，不知聖人之仁，無絶物之道也。「末之難矣」，猶云終之難矣。

子路問君子。子曰：「修己以敬。」曰：「如斯而已乎？」曰：「修己以安人。」曰：「如斯而已乎？」曰：「修己以安百姓。修己以安百姓，堯舜其猶病諸！」

修己不敬，則道不立。進之則安人，「人」者，以人對己；進之則安百姓，「百姓」者，則盡乎人矣。此堯舜猶病諸者也。修己以安百姓，所謂「不言而信，不怒而威」者與？

衛靈公第十五

子曰：「無爲而治者，其舜也與？夫何爲哉，恭己正南面而已矣。」

體信達順，德乎於人，從欲以治，則四方風動；與人爲善，則人效其能，夫何爲哉！君，猶心也。天下，四體也。仁、義、禮、智根於心，其生色也，睟然見於面，盎於背，施於四體，四體不言而喻，其是之謂與？

子曰：「志士仁人，無求生以害仁，有殺身以成仁。」

不私至德，以私至德。

子貢問爲仁。子曰：「工欲善其事，必先利其器。居是邦也，事其大夫之賢者，友其士之仁者。」

仁者兼容遍體，不與物共則不達。事賢友仁，達仁之先務與？

子曰：「君子疾没世而名不稱焉。」

論爲善之效，則疾没世而名不稱；語信道之至，則遯世不見知而不悔。

子曰：「君子謀道不謀食。耕也，餒在其中矣；學也，禄在其中矣。君子憂道不憂貧。」

使人易憂貧以憂道，則何所不至。

子曰：「知及之，仁不能守之，雖得之，必失之。知及之，仁能守之，不莊以涖之，則民不敬。知及之，仁能守之，莊以涖之，動之不以禮，未善也。」

德不據，則雖得必失。德輕，則民不敬。文則不足，則未善。

子曰：「君子不可小知而可大受也，小人不可大受而可小知也。」

君子不可以小事取知，可以大事自受也。故不以能自名，而自任以天下之重。小人反是。

子曰：「當仁，不讓於師。」

人之患在好爲人師，當其成物，則不可以不教人，故不以師道自讓。

季氏第十六

季氏將伐顓臾。冉有、季路見於孔子曰：「季氏將有事於顓臾。」孔子曰：「求！無乃爾是過與？夫顓臾，昔者先王以爲東蒙主，且在邦域之中矣，是社稷之臣也。何以伐爲？」冉有曰：「夫子欲之，吾二臣者皆不欲也。」孔子曰：「求！周任有言曰：『陳力就列，不能者止。』危而不持，顛而不扶，則將焉用彼相矣？且爾言過矣。虎兕出於柙，龜玉毁於櫝中，是誰之過與？」冉有曰：「今夫顓臾，固而近於費。今不取，後世必爲子孫憂。」孔子曰：「求！君子疾夫舍曰欲之而必爲之辭。丘也聞有國有家者，不患寡而患不均，不患貧而患不安。蓋均無貧，和無寡，安無傾。夫如是，故遠人不服，則修文德以來之。既來之，則安之。今由與求也，相夫子，遠人不服而不能來也；邦分崩離析而不能守也，而謀動干戈於邦内。吾恐季孫之憂，不在顓臾，而在蕭墻之内也。」

均則貧富等，故無貧；和則多助，故無寡；安則人懷，故無傾。

孔子曰：「禄之去公室，五世矣；政逮於大夫，四世矣；故夫三桓之子孫，微矣。」

十世、五世、三世云者，蓋所出不順，物理之所不容，其久近之效，隨大小而爲等。「庶人不議」，直謂民自無非議，❶非不使之議。

孔子曰：「益者三友，損者三友。友直，友諒，友多聞，益矣。友便辟，友善柔，友便佞，損矣。」

友直則知過，友諒則進於誠，友多聞則進於明。便辟，習於容；善柔，能爲卑屈；便佞，習於口才。友便辟則德不修，友善柔則志不立，友便佞則過不聞。

孔子曰：「益者三樂，損者三樂。樂節禮樂，樂道人之善，樂多賢友，益矣。樂驕樂，樂佚遊，樂宴樂，損矣。」

節禮樂則義精通，道人善則道弘，多賢友則德有輔。驕樂則淫，佚遊則荒，宴樂則惰。

孔子曰：「侍於君子有三愆：言未及之而言謂之躁，言及之而不言謂之隱，未見顔色而言謂之瞽。」

躁則不重，隱則不忠，瞽則不强。

孔子曰：「君子有三戒：少之時，血氣未定，戒之在色；及其壯也，血氣方剛，戒之在鬬；及其老也，血氣既衰，戒之在得。」

少則動，壯則好勝，老則收斂，皆氣使然。唯君子

❶「非」，四庫本作「可」。

以德勝氣。

孔子曰：「君子有三畏：畏天命，畏大人，畏聖人之言。小人不知天命而不畏也，狎大人，侮聖人之言。」

心服曰「畏」。畏天命者，吾命之所由出；大人者，吾身之所以制；聖人言者，吾德之所以入。無大於三者。「大人」，乃王公大人之稱。

陳亢問於伯魚曰：「子亦有異聞乎？」對曰：「未也。嘗獨立，鯉趨而過庭。曰：『學詩乎？』對曰：『未也。』『不學詩，無以言。』鯉退而學詩。他日又獨立，鯉趨而過庭。曰：『學禮乎？』對曰：『未也。』『不學禮，無以立。』鯉退而學禮。聞斯二者。」陳亢退而喜曰：「問一得三，聞詩，聞禮，又聞君子之遠其子也。」❶

君子之教其子，其法如是。

陽貨第十七

子曰：「性相近也，習相遠也。」

人性均善，其以同然理義而已。然不能無淺深厚薄，此所謂相近。習而成性，則善惡殊途。

子曰：「唯上知與下愚不移。」

所謂雖柔必强，雖愚必明者，指中人而言，習而善則可以上，習而惡則可以下。若上智雖不學，不流爲下愚；下愚雖學，亦不能進於上知，此謂「不移」。

子之武城，聞絃歌之聲。夫子莞爾而笑，曰：「割雞焉用牛刀？」子遊對曰：「昔者偃也聞諸夫子曰：『君子學道則愛人，小人學道則易使也。』」子曰：「二三子！偃之言是也。前言戲之耳。」

「笑」者，樂其有進善之心。未許，其所施之未當

❶ 下「子」，原誤作「志」，依《十三經注疏》本《論語》改。

也。使人學道，固爲善教，然武城小邑，其效也微，子遊未喻是意，故以所聞爲對。仲尼以爲辨之則愈惑，不辨猶未有害，故自受以爲戲。

公山弗擾以費畔，召，子欲往。子路不説，曰：「末之也已，何必公山氏之之也。」子曰：「夫召我者而豈徒哉？如有用我者，吾其爲東周乎？」

弗擾以費畔，召孔子，其意必有所謂。此所以「欲往」也。

佛肸召，子欲往。子路曰：「昔者由也聞諸夫子曰：『親於其身爲不善者，君子不入也。』佛肸以中牟畔，子之往也，如之何？」子曰：「然。有是言也。不曰堅乎，磨而不磷；不曰白乎，涅而不緇。吾豈匏瓜也哉？焉能繫而不食？」

此謂「毋固」。此所謂「無可無不可」。有可有不可，子路之所及；無可無不可，非子路之所及。

子曰：「小子！何莫學夫詩？詩，可以興，可以觀，可以群，可以怨。邇之事父，遠之事君。多識於鳥獸草木之名。」

「興」者，起志意。「觀」者，察事變。群居相語，以詩則情易達；有怨於人，以詩則意不迫。其爲言也，婉而有激，切而能反，❶所以事父與君，盡之矣。其緒餘，又足以資多識。

子謂伯魚曰：「女爲《周南》、《召南》矣乎？人而不爲《周南》、《召南》，其猶正墻面而立也與？」

《周南》、《召南》，正始之道，自身及家，主於内行之至。不先爲此而事其末，則猶正墻面之無識。

子曰：「鄉原，德之賊也。」

鄉原者，同汙合俗，爲一鄉之所宗。有德者，人所矜式，亦爲一鄉之所宗。以其與有德者似是而非，非知德者不能辨，故謂之「德賊」。

子曰：「鄙夫可與事君也與哉？其未得之

❶「切」，原作「功」，依明抄本改。

也，患得之；既得之，患失之。苟患失之，無所不至矣。」

憚于任事，故未得而患得；好利無厭，故既得而患失。

子曰：「予欲無言。」子貢曰：「子如不言，則小子何述焉？」子曰：「天何言哉？四時行焉，百物生焉，天何言哉？」

德孚于人，故不言而信。

宰我問：「三年之喪，期已久矣。君子三年不爲禮，禮必壞；三年不爲樂，樂必崩。舊穀既没，新穀既升，鑽燧改火，期可已矣。」子曰：「食夫稻，衣夫錦，於女安乎？」曰：「安。」「女安則爲之！夫君子之居喪，食旨不甘，聞樂不樂，居處不安，故不爲也。今女安，則爲之！」宰我出。子曰：「予之不仁也！子生三年，然後免於父母之懷。夫三年之喪，天下之通喪也。予也有三年之愛於其父母乎？」

宰我欲短喪，自以爲義當如是。不知三年之愛於父母，故食稻衣錦，自以爲安。

子路曰：「君子尚勇乎？」子曰：「君子義以爲上。君子有勇而無義爲亂，小人有勇而無義爲盜。」

君子雖志於善，苟勇而無義，必有爲亂之迹，如鬻拳兵諫之類。

微子第十八

微子去之，箕子爲之奴，比干諫而死。孔子曰：「殷有三仁焉。」

去之、爲之奴、諫而死者，皆欲納君于善，故同謂之「仁」。

長沮、桀溺耦而耕，孔子過之，使子路問津焉。長沮曰：「夫執輿者爲誰？」子路曰：「爲孔丘。」曰：「是魯孔丘與？」曰：「是也。」曰：

「是知津矣。」問於桀溺，桀溺曰：「子爲誰？」曰：「爲仲由。」曰：「是魯孔丘之徒與？」對曰：「然。」曰：「滔滔者天下皆是也，而誰以易之？且而與其從辟人之士也，豈若從辟世之士哉？」耰而不輟。子路行以告。夫子憮然曰：「鳥獸不可與同群，吾非斯人之徒與而誰與？天下有道，丘不與易也。」

孔子皇皇，蓋以天下皆無道，將以斯道易天下而已。如使天下有道，則無所用易。桀溺果于進退，故謂天下皆無道，舍此適彼，將何所易正，惟辟世而已。此不與人爲徒者也，故孔子以爲不然。

逸民：伯夷、叔齊、虞仲、夷逸、朱張、柳下惠、少連。子曰：「不降其志，不辱其身，伯夷、叔齊與！」謂：「柳下惠、少連，降志辱身矣。言中倫，行中慮，其斯而已矣。」謂：「虞仲、夷逸，隱居放言。身中清，廢中權。我則異於是，無可無不可。」

慮者志之所在，雖不可以爲法中，其素志之所在，不至于不揜。虞仲、夷逸，身隱而不仕，合乎道之清；言放而不拘，合乎道之權。惟是二者，中于道而已。柳下惠、少連，亦二者中乎道，而得乎言行之大，故愈于此。

周公謂魯公曰：「君子不施其親，不使大臣怨乎不以。故舊無大故，則不棄也。無求備於一人。」

四者，正謂親親、敬大臣、篤故舊、寬衆，此其序也。施，讀爲「弛」，不相維也。按陸氏《釋文》，正作「弛」字，音詩紙反。大臣非其人則去之，居其位而不用，此所以取怨也。

子張第十九

子夏曰：「仕而優則學，學而優則仕。」

仕優而不學，則志卑而不進于文；學優而不仕，則志高而不中於義。❶

曾子曰：「吾聞諸夫子：孟莊子之孝也，其他可

❶ 「義」，明抄本作「用」。

能也；其不改父之臣與父之政，是難能也。」

人之孝，三年無改於父之道而已。孟莊子終身不改，故爲難能。「難能」者，稱其善而不許其過之詞。

子貢曰：「紂之不善，不如是之甚也。是以君子惡居下流，天下之惡皆歸焉。」

君子，貴者；下流，賤者也。紂貴爲天子，至貴而自爲至賤之行，人情之所惡，故「天下之惡皆歸焉」。

堯曰第二十

謹權量，審法度，修廢官，四方之政行焉。興滅國，繼絶世，舉逸民，天下之民歸心焉。所重：民、食、喪、祭。寬則得衆，信則民任焉，敏則有功，公則説。

天命在己以相授，堯舜禹也。稟天之命，任天下之責，湯也。好仁獎善，任百姓之責，修政厚民，急所先務，武王也。

孟子解

呂大臨

梁惠王章句下

「齊宣王問曰：交隣國有道乎」章

畏天者，以人畏天，天人未合；　樂天者，天人已合，天道在己。

「孟子見齊宣王曰：所謂故國者」章

世臣，如畢公弼亮四世之類。

公孫丑章句上

「公孫丑問曰：夫子加齊之卿相」章

北宮黝守外形，孟施舍守我氣，曾子守約義。

浩然之氣，是集義所生，其所以充塞天地，固非一日之力。思無邪，以養諸內；行無不慊，以防諸外。積之有漸，至于睟面盎背，其充塞之驗與？

守約必先博學，窮大必先執中，致一必先合兩，用權必先反經。學不博而求守約，則識蔽於小，故言入於詖；中未執而欲窮大，則心陷于大，故言放于淫；兩未合而求致一，則守固而道離，故言附于邪；經未正而欲用權，則失守而道窮，故言流于遁。

蔽者見小而不見大，故其辭詖。如申韓只見刑名，便謂可以治國，此目不見大道，如坐井觀天，井蛙不可以語東海之樂。陷者務多不務約，故其辭淫。如司馬遷之類，汎濫雜駁，不知統要，蓋陷在衆多之中不能自出，如人陷入大水，杳無津涯，罔知所濟。離者見左而不見右，如楊子爲我，墨子兼愛，夷清惠和，皆只是一偏不能兼濟，蓋將道分離開，故其辭邪。窮者知所避而不知歸，故其辭遁。如莊周、浮屠，務欲脱去形迹，殊無歸著，故其言惟欲逃避所惡，而不知所向，如人逃難，不得其所，益以窮矣。

仁者，誠于此者也。智者，明于此者也。反身而誠，知未必盡，如仲弓是也。致知而明，未必能體，如子貢是也。惟以致知之明誠其意，以反身之誠充其知，則將至于不勉而中，不思而得，故曰「仁且智，夫子既聖矣」。

仲尼有其德而無其位，于禮嘗言而不制，故或行夏，或善殷，或從周；于樂嘗正而不作，故樂正，《雅》《頌》各得其所，如有用者，則以其所言制爲之禮，以其所正作爲之樂。故其禮貫先後聖之精義，其政有不盡乎！樂集古今之正聲，其德有不至乎！可加損者文也，不可加損者道也。自百世之後觀之，以比百世之王，皆莫之能違。此子貢所以知聖人之深，謂生民以來，未之有也。

「孟子曰：尊賢使能」章

奉行天命之謂「天吏」。廢興存亡，惟天所命，不敢不從，故湯武得「天吏」之稱。

「孟子曰：人皆有不忍人之心」章

人皆有不忍人之心，忍之則憯怛而不安，蓋實傷吾心。非譬之也，然後知天下皆吾體，生物之心皆吾心，彼傷則我傷，非謀慮所及，❶非勉强所能。彼忍人者，蔽固極深，與物隔絶，故其心靈梏于一身，而不達于外爾。

公孫丑章句下

「燕人畔」章

周公不知管叔將畔而使之，周公之過也。周公之心，以弟待兄，度其必不畔，親親之恩過厚爾。若求無過，則宜如舜之使象。

滕文公章句上

「滕文公問爲國」章

古之取民，貢、助、徹三法而已。較數歲之中以爲常，是爲貢。一井之地八家，八家皆私百畝，同治公田百畝，是爲助。不爲公田，俟歲之成，通以什一之法取于百畝，是爲徹。

「有爲神農之言者許行」章

言治者，必曰「太平」，習聞其名，而未見其象。

❶「非」，原脱，依明抄本補。

「勞心者治人，勞力者治於人；治於人者食人，治人者食於人」，則勞佚平矣。富有天下，不爲有餘；貧食百畝，不爲不足，則貧富均矣。至于祿厚者責重，祿薄者責輕，役重則賦輕，役輕則賦重，視其迹若參差不齊，要其實則其道如砥。若夫以封建均邦國，以井田均萬民，則又太平之著見者也。

離婁章句上

「孟子曰：爲政不難」章

巨室，大家也。仰而有父母，俯而有妻子，有兄有弟，有臣有妾，尊卑親戚，一國之事具矣。嚴而不厲，寬而有閑，此家之所以正也。大家難齊也，不得罪於大家，則於治國、治天下也何有？

「孟子曰：居下位而不獲於上」章

自治民而造約，必至於明善然後已。明善者，能明其善而已，如明仁義，則知凡在我者以何爲仁、以何爲義；能明其情狀而知所從來，則在我者非徒悦之而已。在吾身誠有是善，所以能誠其身也。

君子之於天下，志在及民而已。反求諸約，不至於明善，則雖有民不可得而治矣。蓋明善則誠，誠則有物，不誠則無物矣。明善者，致知之所及也。及乎知至，則所謂善者，乃吾性之所固有，非思勉之所能及也。反求身而萬物皆備，則斯善也知有諸己矣。善而不知有諸己，則雖父子之恩，猶疑出於非性，則所以事乎親者，或幾乎僞矣。如舜之事親，好色、富貴不足以解憂，惟順父母可以解憂，則其誠乎身者可知矣。不得乎親，不可以爲人；不順乎親，不可以爲子，則人之所信於朋友者，豈可以聲音笑貌爲哉？內誠盡乎父母，內行孚於家人，則朋友者不期信而信之矣。故曰不順乎親，不信乎朋友矣。上之所求乎下者，不察乎鄉則不得；察乎鄉者，不見乎家則不得；苟誠其身矣，則患行之不著，人之不知，未之有也。故曰不信乎朋友，不獲乎上矣。獲乎上者，有善而見信，有功而見知，吾所加於民者，莫非善也；不獲乎上者，德進而見忌，功高而見疑，身且不保，尚何民之可治哉？故曰不獲乎上，民不可得而治矣。

誠者，理之實然，致一而不可易者也。大而天下，遠而萬古，求之人情，參之物理。理之所同然者，有一無二，雖前聖後聖，若合符節。理本如是，非人私智所能爲，此之謂「誠」。誠，即天道也。天道自然，何勉何思，莫非性命之理而已。故誠者，天之道，性之者也；誠之者，人之道，反之者也。聖人之於天道，性之者也；賢者之於天道，反之者也。性之者，成性而與天無間也，天即聖人，聖人即天，從心所欲，由仁義行也，出於自然，從容不迫，不容乎思勉而後中也；反之者，求復乎性而未至也。雖誠而猶雜之僞，雖行而未能無息，則善不可不思而擇，德不可不勉而執，不如是，則不足以至乎誠矣。

「孟子曰：有不虞之譽」章

行不足以致譽而妄得譽，❶是謂不虞之譽。求免於毀而反致毀，是謂求全之毀。❷不虞之譽，得于非義，而求全之毀，猶不失仁，此不可不察也。陳仲子欲潔一身而顯處母兄於不義，其爲不義均矣，而時人反譽以爲廉；匡章責父以善而不相遇，是愛親之過者，而時人反毀以不孝。夫二人之行皆不近義，而一毀一譽，以亂其真。故仲子得譽，孟子以不義排之；匡章遭毀，孟子以近仁取之。夫君子之取人如不得已，取其心可矣，毀譽豈可盡信哉？

「孟子曰：天下大悅而將歸己」章

養志云者，養善志也。順親云者，順常理也。瞽不志於善，而舜日以進善，不害爲養志；瞽日爲不善，而舜不順乎不善，不害爲順親。

不盡事親之道，則父子之經不正，故瞽瞍厎豫，然後「天下之爲父子者定」。

離婁章句下

「孟子曰：大人者，不失其赤子之心者也」章

喜怒哀樂之未發，則赤子之心。當其未發，此心至虛，無所偏倚，故謂之中。以此心應萬物之變，無所往而非中矣。先生曰：❸「喜怒哀樂未發謂之中。」赤

❶ 「妄」，《四書章句集注》引吕注作「偶」。

❷ 《四書章句集注》引吕注，此句下有云：「言毀譽之言，未必皆實，修己者不可以是遽爲憂喜，觀人者不可以是輕爲進退。」

❸ 「先生」，依《河南程氏文集》卷第九《與吕大臨論中書》，係指程頤。

子之心，發而未遠乎中，❶若便謂之中，是不識大本也。

問：「《雜説》中以赤子之心爲已發，是否？」曰：「已發而去道未遠也。」曰：「大人不失赤子之心，若何？」曰：「取其純一近道也。」曰：「赤子之心與聖人之心，若何？」曰：「聖人之心如明鏡，如止水。」

「孟子曰：博學而詳説之」章

學以聚之，不博則約不可得；博學而詳説之，將以反説約也。爲學之道，造約爲功。約，即誠也。不能至是，則多聞多見，徒足以飾口耳而已，語誠則未也。

「孟子曰：以善服人者」章

古之君子，養人以善，而不厚望于人，故人得罪于君子，心服焉。今之君子，不以善養人，而責人也深，故愈深而人莫之服。

萬章章句上

「萬章問曰：人有言『伊尹以割烹要湯』」章

伊尹知道之在我，當使天下均被其澤，不知時之不可以有爲，不見治亂之有間。所謂先覺者，覺其在我者爾。五就湯桀，其無傷于先覺乎？

孟子言伊尹，聖之任，匹夫匹婦有不被其澤，若己推而納諸溝中，其自任以天下之重如此。然猶未及聖人之大成者，豈非聖人之憂天下不如是乎？蓋亦有命無必而已，如五就湯桀，孔子之所以不爲。今學者任道之心，不可不如伊尹，視天下不得其所與失其性，若有疾痛在身，未有不求其所以治者；其得志不得志，則亦有命，如疾不可不治，愈不愈則有命存焉。

「萬章問曰：或謂孔子」章

辭受有義，得不得有命，皆理之所必然。有命有義，是有可得可受之理，故舜可以受堯之天下；無命無義，是無可得可受之理，故孔子不主彌子以受衛卿。二者義命，有自合之理，無從而間焉。有義無命，雖有可受之義，而無可得之命，究其理安得而受之？是謂義合于命，故益避啟而不受禹之天下。有命無義，雖

❶「遠」，四庫本作「達」。

有可得之命，而無可受之義，亦安得而受之？是謂命合于義，故中國授室養弟子以萬鍾，爲孟子之所辭。二者義命，有正合之理，時中而已焉。

萬章章句下

「萬章曰：敢問不見諸侯」章

往役，義也；往見，不義也。人不我知，則賤當役貴，君子不耻役，而世人耻之；人知我，則不肖當事賢，君子恥見之，而世人不恥也。

君子進退去就之義，孟子論之曲盡矣。聖賢之所守蓋如此。此條當係尹氏，或屬上文。

告子章句上

「孟子曰：富歲，子弟多賴」章

世之言性，以似是之惑而反亂其真，或以善惡不出於性，則曰「性無善」；或以習成爲性，則曰「性可以爲善，可以爲不善」；或以氣禀厚薄爲性，則曰「有性善，有性不善」，三者皆自其流而觀之，蓋世人未嘗知性也。天之道虚而誠，所以命于人者，亦虚而誠，故謂之性。虚而不誠，則荒唐而無徵；誠而不虚，則多蔽于物而流于惡。性者雖若未可以善惡名，猶循其本以求之，皆可以爲善，而不可以爲不善，是則虚而誠者，善之所由出，此孟子所以言性善也。今夫麰麥，皆可以爲美實，是不可言「無善無不善」也。地有肥磽，猶禀厚者惡有不能移，禀薄者善亦不易以進，非人十己百，未足以若人，故堯君而有象，瞽父而有舜，非性也。雨露之養，人事之不齊，猶習之變化；雨露之滋，播種以時，猶習善者也；不滋不時，猶習惡者。習善則成善，習惡則成惡，性本相近而習相遠，故文武興而好善，幽厲興而好暴，亦非性也。

我心所然，即天理天德。孟子言同然者，恐人有私意蔽之，苟無私意，我心即天心。

「孟子曰：魚，我所欲也」章

死生、貴賤、貧富、榮辱，此衆物者，君子莫適就也。君子心存目見，惟義而已，無是衆物之紛紛也，故所守至約，無所往而不爲義。孟子謂「舍生取義者」，乃喻未知者爾。義在生則生，義在死則死；我之所知者義也，何生死之擇哉？

盡心章句上

「孟子曰：盡其心者」章

「盡其心者」，大其心也。心之知思，足以盡天地萬物之理，然而不及者，不大其心也。大其心與天地合，則可知思之所及，乃吾性也。性即天道，故知性則知天。

天道性命，自道觀之則一，自物觀之則異。自道觀者，上達至於不可名，下達至於物，皆天道也。「乾道變化，各正性命」，彼所謂性者，猶吾以職授之而已，或偏或正，惟其所受；人得之正，故可達天；物得之偏，故不得達。彼所謂命者，猶吾以令使之而已，死生壽夭，惟令是從。自物觀者，犬異於牛，牛異於人，皆謂之性；不得於仁義禮智，與桎梏而死，皆謂之命，事天者如事君。性，天職也，不敢不盡；❶命，天命也，不敢不順，❷盡性順命爲幾矣，而猶未與天一。達天德者，物我幽明，不出吾體；屈伸聚散，莫非吾用；性命之稟，雖與物同，其達乃與天一。大德必受命，則命合於性；位禄名壽，皆吾性之所能致。天命之謂性，則性合於命，我受於天，亦天所命。性命一也。聖人之於天道有性焉，則性於天道一也。

「孟子曰：有事君人者」章

如伊尹乃得「天民」之稱。孟子所謂「天民之窮而無告」，伊尹所謂「予，天民之先覺」，止謂天生之民，與此義皆異。

爲政以德，自治之道備，則不求於民而民歸之，故大人之政，正己而已。

「孟子曰：楊子取爲我」章

執中無權，雖君子之所惡，苟無忌憚，則不若無權之爲愈也。

盡心章句下

「孟子曰：口之於味也，目之於色也，耳之於

❶「敢」，原誤作「散」，依明抄本、四庫本改。

❷「敢」，原誤作「散」，依明抄本、四庫本改。

聲也，鼻之於臭也，四肢之於安佚也」章

雖命不易，惟至誠不息，亦足以移之，此大德所以必受命，君子所以不謂命也。

「孟子曰：堯舜，性者也」章

無意而安行，性也；有意而利行，非性也；有意利行，蘄至于無意，復性者也。堯舜不失其性，湯武善反其性，及其成性，則一也。故四聖人者，皆爲盛德，由仁義行而周旋中禮也。爲生而哀，非真哀也；干祿而不回，非真德也；正行而信，非真信也。仁義，德也禮，德之法也；真哀、真德、真信，則德出于性矣。德出于性，則法行于己者安；法行于己者安，則得乎天者盡。如是，則天命之至，我何與哉？亦順受之而已。

法由此立，命由此出，聖人也；行法以俟命，君子也。聖人性之，君子所以復其性。

「萬章問曰：孔子在陳」章

「君子反經而已矣。經正，則庶民興。」所謂經者，百世不易之常道。大經者，親親、長長、貴貴、尊賢而已。正經之道，必如舜盡事親之道而瞽瞍厎豫，然後親親之經正；必如王者父事三老、兄事五更，然後長長之經正；必如國君臣諸父兄弟，大夫降其兄弟之服，然後貴貴之經正；必如堯饗舜迭爲賓主，湯於伊尹學焉而後臣之，然後尊賢之經正也。

中庸解

吕大臨

天命之謂性，率性之謂道，修道之謂教。

此章先明性道教三者所以名。性與天道，一也。天道降而在人，故謂之性。性者，生生之所固有也。循是而之焉，莫非道也。道之在人，有時與位之不同，必欲爲法於後，不可不修。

道也者不可須臾離也，止故君子必慎其獨也。

此章明道之要，不可不誠。道之在我，猶飲食居處之不可去，可去皆外物也。誠以爲己，故不欺其心。人心至靈，一萌于思，善與不善，莫不知之。他人雖明，有所不與也。故慎其獨者，知爲己而已。

喜怒哀樂之未發謂之中，止萬物育焉。

此章明中和及言其效。情之未發，乃其本心。本心元無過與不及，所謂「物皆然，心爲甚」，所取準則以爲中者，本心而已。由是而出，無有不合，故謂之和。非中不立，非和不行。所出所由，未嘗離此大本根也。達道，衆所出入之道。極吾中以盡天地之中，極吾和以盡天地之和，天地以此立，化育亦以此行。

仲尼曰：君子中庸，止小人而無忌憚也。

此章言中庸之用。時中者，當其可而已，猶冬飲湯、夏飲水而已之謂。無忌憚，以無所取則也，不中不常，妄行而已。

子曰：中庸其至矣乎！民鮮能久矣。

人莫不中庸，善能久而已。❶久則爲賢人，不息則爲聖人。

子曰：道之不行也，我知之矣。止道其不行矣夫！

此章言失中之害。必知所以然，然後道行；必可常行，然後道明。知之過，無徵而不適用；不及，則卑陋不足爲，是不行之因也。行之過，不與衆共；不及，則無以異於衆，是不明之因也。行之不著，習矣不察，

❶「善」，徐本作「鮮」，義較長。

是皆飲食而不知味者。如此而望道之行，難矣夫！

子曰：舜其大知也與！止其斯以爲舜乎！

此章言舜所以用中。舜之知所以爲大者，樂取諸人以爲善而已。好問而好察邇言，隱惡而揚善，皆樂取諸人者也。兩端，過與不及也。執其兩端，乃所以用其時中，猶持權衡而稱物輕重，皆得其平。故舜之所以爲舜，樂取諸人，用諸民，皆以能執兩端而不失中也。

子曰：人皆曰予知，止則拳拳服膺而弗失之矣。

此章辨惑。陷阱之可避，中庸之可守，人莫不知之，鮮能蹈之，烏在其爲知也歟？惟顔子擇中庸而守之，此所以爲顔子也。衆人之不能期月守，聞見之知，非心知也。顔子服膺而弗失，心知而已，此所以與衆人異。

子曰：天下國家可均也，止中庸不可能也。

此章言中庸之難能。均，平治也。一事之能，一節之廉，一朝之勇，有志者皆能之；久於中庸，惟聖者能之。

子路問强，止至死不變，强哉矯。

此章言强之中。南方之强，不及强者也；北方之强，過强者也。南方，中國也，雖不及强，然犯而不校，未害爲君子。北方任力，故止爲强者，能矯以就中，乃得君子之强。自「和而不流」以下，皆君子自矯其强者也。塞，未通也。不變未達之所守，所謂富貴不能淫也。

子曰：素隱行怪，止惟聖者能之。

此章言行之中。素隱行怪，未當行而行，行之過者也。半途而廢，當行而不行，行之不及者也。惟君子依乎中庸，自信不悔，聖人之事也。

君子之道費而隱，止及其至也察乎天地。

此已上論中，此已下論庸。此章言常道之終始。費，用之廣也。隱，微密也。聖人有所不知不能，所謂隱也。費則常道，隱則至道。惟能盡常道，乃所以爲至道。天地之大，亦有所不能，故人猶有憾，況聖人乎？天地之大猶有憾，語大者也。有憾於天地，則大於天地矣，此所以天下莫能載。愚不肖之夫婦所常行，語小者也。愚不肖所常行，雖聖人亦有不可廢，此所謂天下莫能破。上至乎天地所不能，下至於愚不肖之所能，則至道備矣。自夫婦之能，至察乎天地，則常道盡矣。

子曰：道不遠人，止君子胡不慥慥爾！

言治人治己之常道。苟非其人，道不虚行。人能弘道，非道弘人。故道而遠人，是爲外物。一人之身，而具有天地之道，遠而古今，大而天下，同之是理，無毫釐之差。故君子之治人，治其不及人者使及人而已。將欲治人，必先治己，故以忠恕自治。責子之孝，而自知乎未能事父；責臣，責弟，責朋友，皆然。故惟安常守中務實，是乃治己之務。

君子素其位而行，止子曰：父母其順矣乎！

此章言安土順命，乃所以守常。素其位，不援上，不陵下，不怨天，不尤人，居易俟命，自邇自卑，皆安土順命之道。

子曰：鬼神之爲德，其盛矣乎！止誠之不可揜如此夫！

此章論誠之本。惟誠所以能中庸。神以知來，知以藏往。往者屈也，來者伸也。所屈者不亡，所伸者無息。雖無形聲可求，而物物皆體。弗聞弗見，可謂微矣。然體物弗遺，此之謂顯。不亡不息，可謂誠矣。因感必見，此之謂不可揜。

子曰：舜其大孝也與！止故大德者必受命。

中庸之行，孝弟而已。如舜之德位皆極，流澤之遠，始可盡其孝。故禄位名壽之皆得，非大德其孰能致之？故夫婦之不肖，可以能焉，及其至也，雖聖人亦有所不能焉。

子曰：無憂者，其惟文王乎！止治國其如示諸掌乎！

此章亦言庸行本於孝。文、武、周公皆盡孝者也，所以父作子述而無憂者。文王之所致，猶舜之德爲聖人，尊爲天子；武王之孝，能不失顯名，而尊爲天子；周公則達孝於天下，是皆盡孝者也。武王、周公蓋善繼文王之志，善述文王之事。故修其祖廟，所以繼文王事親之志；序爵序事，所以述文王事親之事也。追王之禮，下達於士庶人；繼志述事，上達乎祖，此之謂達孝。

哀公問政，止思知人不可以不知天。

此章言爲政，蓋本於庸行也。盡修身之行，至於以道、以仁，行之至也。思修身，至於事親、知人、知天，知之至也。

天下之達道五，止則知所以治天下國家矣。

天下古今之所共由，謂之達道。所謂達道者，天下古今之所共行。所謂達德者，天下古今之所共有。雖有共行之道，必知之，體之，勉之，然後可行。雖知之，體之，勉之，不一於誠，則有時而息。求之有三，知之則一。行之有三，成功則一。所入之塗，則不能不異；所至之域，則不可不同。故君子論其所至，則生知與困知，安行與勉行，未始有異也。既不有異，是乃所以爲中庸。若乃企生知安行之資爲不可幾及，輕困知勉行爲不能有成，此道之所以不明不行，中庸之所以難久也。愚者自是而不求，自私者以天下非吾事，懦者甘爲人下而不辭。有是三者，欲修之身，未之有也。故好學非知，然足以破愚；力行非仁，然足以忘私；知恥非勇，然足以起懦。知是三者，未有不能修身者也。天下之理，一而已。小以成小，大以成大，無異事也。舉斯心以加諸彼，遠而推之四海而準，久而推之萬世而準。故一修身而知所以治人，知所以治人而知所以治天下國家。皆出乎此者何？中庸而已。

凡爲天下國家有九經，止凡爲天下國家有九經，所以行之者一也。

此章言庸行，至于九經，盡矣。自知天至於九經，無精粗之别，必備，乃所以爲常道。經者，百世所不變也。九經之用，皆本於德懷，無一物不在所撫，而刑有不與焉。修身，九經之本。必親友，然後修身之道進，故次之以尊賢。道之所進，莫先其家，故次之以親親。由親親以及朝廷，故敬大臣，體群臣。由朝廷以及其國，故子庶民，來百工。由其國以及天下，故柔遠人，懷諸侯。此九經之序。視群臣猶吾四體，視庶民猶吾子，此視臣視民之别。禮義由賢者出，尊賢則不爲異端所惑。大臣，人所瞻仰，所以取法，非其人，黜之可也。在其位，不可不敬，不敬則民眩，不知所從。讒、色、貨，皆害德。舍是三者，惟德之貴，則人勸而爲賢。尊之欲其貴，愛之欲其富。所欲與之聚之，所惡勿施爾，而不責以善，此所以諸父兄弟相勸而親。官盛任使，如注説。注云：大臣皆有屬官，所任使，不親小事也。待之以忠信，養之以厚禄，士無有不勸者也。遠人惟可以柔道馭之。送往迎來，嘉善而矜不能者，柔道也。厚往薄來，不爲歸己者，厚也。一説，謂燕賜厚而納貢薄。一以貫九者誠也，故其下論誠。

凡事豫則立，止道前定則不窮。

豫，謂成己素定也。成而素定，非誠而何？有諸己之謂信。無信不立，有信不廢。如誠有之，何往而不可？苟無其實，幾何不窮？言前定，如宰我、子貢以説辭成。事前定，如冉有、季路以政事成。行前定，如顔淵、仲弓以德成。道前定，如孔子之集大成。此章論在事之誠。

在下位不獲乎上，止不誠乎身矣。

自治民而造約，必至於明善而後已。明善者，能明其善而已。如明仁義，則知凡在我者，以何爲仁，以何爲義。能明其情狀，而知所從來，則在我者，非徒説之而已。在吾身誠有是善，故所以能誠其身。此章論在身之誠。

誠者天之道也，止雖柔必强。

誠者，理之實然，致一而不可易也。天下萬古，人心物理，皆所同然，有一無二，雖前聖後聖，若合符節，是乃所謂誠，誠即天道也。天道無勉無思，然其中其得，自然而已。聖人誠一於天，天即聖人，聖人即天，由仁義行，何思勉之有？故從容中道而不迫。誠之者，以人求天者也，思誠而復之，故明有未窮，於善必擇，誠有未至，所執必固。善不擇，道不精；執不固，德將去。學問思辨，所以求之也；行，所以至之也。至之，非人一己百，人十己千，不足以化氣質。

自誠明謂之性，止明則誠矣。

謂之性者，生之所固有以得之。謂之教者，由學以復之。理之實然者，至簡至易。既已至之，則天下之理，如開目睹萬象，不假思慮而後知，此之謂誠則明。致知以窮天下之理，則天下之理皆得，卒亦至于簡易實然之地，而行其所無事，此之謂明則誠。

唯天下至誠，爲能盡其性，止則可以與天地參矣。

至于實理之極，則吾生之所固有者，不越乎是。吾生所有，既一於理，則理之所有，皆吾性也。人受天地之中，其生也，具有天地之德，柔强昏明之質雖異，其心之所同者皆然。特蔽有淺深，故别而爲昏明；稟有多寡，故分而爲强柔；至於理之所同然，雖聖愚有所不異。盡己之性，則天下之性皆然，故能盡人之性。蔽有淺深，故爲昏明；蔽有開塞，故爲人物。稟有多寡，故爲强柔；稟有偏正，故爲人物。故物之性與人異者幾希，惟塞而不開，故知不若人之明；偏而不正，故才不若人之美。然人有近物之性者，物有近人之性者，亦係於此。於人之性，開塞偏正，無所不盡，則物之性，未有不能盡也。己也，人也，物也，莫不盡其性，則天地之化幾矣。故行其無事，順以養之而已，是所謂贊天地之化育。天地之化育，猶有所不及，必人贊之而後備，則天地非人不立，故人與天地並立爲三才，此之謂天地參。

其次致曲，止惟天下至誠爲能化。

人具有天地之德，自當徧覆包含，無所不盡。然而稟於天，不能無少偏曲，則其所存所發，在偏曲處必多，此謂致曲。雖曰致曲，如專壹於是，未有不成。德之成矣，未有不見乎文章。致曲至於成章，無以加矣。無以加，則必能知類通達，見其所不盡。幾者，動之微也。知至而不能至之，不可與幾。故知至，未有不動者也。君子豹變，其文蔚也；大人虎變，其文炳也。有心乎動，動而不息，雖文有大小，未有不變者也。變者，復之初。復于故，則一於理，不知其所以變，故惟至誠爲能化。

至誠之道，可以前知，止故至誠如神。

誠一於理，無所間雜，則天地人物，古今後世，融徹洞達，一體而已。興亡之兆，今之有思慮，如有萌焉，無不前知。蓋有方所，則有彼此先後之別。既無方所，彼即我也，先即後也，未嘗分別隔礙，自將達乎神明，非特前知而已。

誠者自成也，止故時措之宜也。

誠不爲己，則誠爲外物；道不自道，而其道虚行。既曰誠矣，苟不自成就，如何致力？既曰道矣，非己所自行，將誰與行乎？實有是理，乃有是物。有所從來，有以致之，物之始也；有所從亡，有以喪之，物之終也。皆無是理，雖有物象接於耳目，耳目猶不可信，謂之非物可也。天大無外，造化發育，皆在其間，故有内外生焉。性生内外之别，故與天地不相似。若性命之德，自合乎内外，故具仁與知。無己無物，誠一以貫之，合大德而施化育，故能時措之宜也。理義者，人心之所同然者也。吾信乎此，則吾德實矣，故曰「誠者自成也」。吾用乎此，則吾道行矣，故曰「道自道也」。夫誠者，實而已矣。實有是理，故實有是物；實有是物，故實有是用；實有是用，故實有是心；實有是心，故實有是事。是皆原始要終而言也。箕不可以簸揚，則箕非箕矣。斗不可以挹酒漿，則斗非斗矣。種禾於此，則禾之實可收也。種麥於此，則麥之實可收也。如未嘗種而望其收，雖荑稗且不可得，況禾麥乎？是所謂「誠者物之終始，不誠無物」也。故君子必明乎善，知至意誠矣。既有惻怛之誠意，乃能竭不倦之强力，然後有可見之成功。苟不如是，雖博聞多見，舉歸於虚而已。是則誠之爲貴也。誠雖自成也，道雖自道也，非有我之得私也，與天下同之而已。故思成己，必思所以成物，乃謂仁知之具也。性之所固有，合内外而無間者也。夫天大無外，造化發育，皆在其間，自無内外之别。人有是形，而爲形所梏，故有内外生焉。内外一生，則物自物，己自己，與天地不相似矣。反乎性之德，則安有物我之異，内外之别哉？故時措之宜者，凡以反乎性之德，而得乎喜怒哀樂未發之中，發而皆中節者也。

故至誠無息，止故曰：苟不至德，至道不凝焉。

此章言至約之理，惟至誠而已。盡天地之道，亦不越此。窮盡實理，得之有之，其勢自能至於悠久、博厚、高明，但積之而已。蓋實理不二，則其體無雜。其體無雜，則其行無間。故至誠無息，非使之也，機自動爾，乃乾坤之所以開闔。如使之非實，則有時而息矣。久，堪任也。徵，驗也。悠，久長也。凡物用之不窮者，其才堪任是用也。如有所窮，則其用必息。故誠之所以久者，不息而已。不能堪任，廢敝必矣，又安所效驗於外哉？不息至於有徵，則傳之百世，亦猶是也。能傳百世而不已，則其積必多。博者能積衆狹，厚者能積衆卑。有如是廣博，其勢不得不高；有如是深厚，其積不得不明：是皆積之之效也。所以覆物、載物、成物者，其能也；所以章、所以變、所以成者，其功也。能非力之所任，非用而後有，其勢自然，不得不爾，是乃天地之道也。天地所以生物不測者，止於至誠而已，天地之所以神者，積之無疆而已。如使天地爲物有貳，則必有已；積之有已，則其積不多。昭昭撮土之微，不同乎衆物，又烏有博厚高明悠久之功能哉？天之爲天，不已其命而已。聖人之爲聖人，不已其德而已。其爲天人德命則異，其所以不已則一。故聖人之道，可以配天者，如此而已。禮儀威儀，道也，所以行之者德也。小德可以任大道，至德可以守至道。故道不虚行，必待人而後行。故必有人而行，然後可名之道也。

故君子尊德性而道問學，止敦厚以崇禮。

德性，廣大高明皆至德；問學，精微中庸皆至道：惟至德所以凝至道也。雖有問學，不尊吾自德之性，則問學失其道矣。雖有精微之理，不致廣大以自求，則精微不足以自信矣。雖有中庸之道，不極高明以行之，則同污合俗矣。雖知所未知，不温故以存之，則德不可積；雖有崇禮之志，不敦厚以持之，則其行不久。此皆合德與道而言，然後可以有成矣。

是故居上不驕，止其此之謂與！

居上不驕，知上而不知下；爲下不倍，知下而不知上。國有道，不知言之足興，知藏而不知行。

子曰：愚而好自用，止其寡過矣乎！

無德爲愚，無位爲賤。有位無德，而作禮樂，所謂「愚而好自用」。有德無位，而作禮樂，所謂「賤而好自專」。生周之世，而從夏、殷之禮，所謂「居今世，反古之道」。三者有一焉，取裁之道也。故王天下者，有三重焉：議禮所以制行，故行必同倫；制度所以爲法，故車必同軌；考文所以合俗，故書必同文。惟王天下者行之，諸侯有所不與，故國無異政，家不殊俗，蓋有以一之也。如此則寡過矣。

仲尼祖述堯、舜，止此天地之所以爲大也。

祖述堯、舜，善有所尊；憲章文、武，善有所徵。上律天時，如祖述堯、舜。下襲水土，如憲章文、武。蓋稱堯、舜者，以道言之，天時者道之所由出也。稱文、武者，以政事言之，水土者，人之所有事也。律之言法，襲之言服也。此言仲尼之中庸，如是之大，如是之備，故譬言天地之大也。其博厚，足以任天下；其高明，足以冒天下；其化循環而無窮，達消息之理也；其用照鑒而不已，達晝夜之道也。尊賢容衆，嘉善而矜不能，並育不相害之理也；貴貴尊賢，賞功罰罪，各當其理，並行不相悖之義也；禮儀三百，威儀三千，此小德所以川流；洋洋乎發育，峻極于天，此大德所以敦化也。

惟天下至聖，爲能聰明睿知，止故曰配天。

此章言聖人成德之用，其效如此。聖人成德，非萬物皆備，足以應物而已；其停蓄充盛，至深至大，出之以時，人莫不敬信悦服，至於血氣之類，莫不尊親，惟天德爲能配。

惟天下至誠，爲能經綸天下之大經，止其孰能知之！

大經，庸也。大本，中也。化育，化也。莫非經也。親親，長長，貴貴，尊賢，其大經歟！莫非本也。致公平，極廣大，不偏倚，不係累，其大本歟！莫非化也。陰陽，合散，屈伸，其化育歟！誠者，實有是理也。反而求之，理之所固有而不可易者，是謂庸。體其所固有之義，則經綸至矣。理之所自出而不可易者，是謂之中。尊其所自出，則立之至矣。理之所不得已者，是謂化育。明其所不得已之機，則知之至矣。至誠而至於此，則至誠之事盡矣，天德全矣。夫天德無所不覆者，不越不倚於物而已。有倚於物，則覆物也有數矣。由不倚，然後積而至厚，厚則深，深則大。厚也，深也，大也，不至於天則不已。卒所以浩浩者，天而已。故非達天德，不足以知之。

《詩》曰：「衣錦尚絅。」惡其文之著也，止無聲無臭至矣。

自此至終篇，言德成反本，自内省至於不動而敬，不言而信，自不動不言至於不大聲色，自不大聲色至於無聲無臭。聲臭微矣，有物而不可見，猶曰無之，則誠一於天可知。闇然而日章，中有本也；的然而日亡，暴於外而無實以繼之也。故君子貴乎反本。君子之道，深厚悠遠而有本，故淡而不厭，簡而文，温而理，本我心之所固有也。習矣而不察，日用而不知，非失之也，不自知其在我爾。故君子之學，將以求其本心。本心之微，非聲色臭味之可得，此不可得而致力焉。惟循本以趣之，是乃入德之要。推末流之大小，則至於本源之淺深，其知遠之近歟！以見聞之廣，動作之利，推所從來，莫非心之所出，其知風之自歟！心之精微，至隱至妙，無聲無臭，然其理明達暴著，若懸日月，其知微之顯歟！凡德之本，不越是矣。如此，則入德其幾矣。反本之要，吾心誠然而已。心誠然之，豈係乎人之見與不見？惟内省不疚可矣。其中有本，不待言動，而人敬信。天何言哉？四時行焉，百物生焉。不必賞罰，而人知勸沮。其盛德之盛，足以使人愛敬。愛之則樂從，故不待勸；敬之則不敢慢，故不待懲。其斯之謂歟！君子之於天下，正己斯可矣。正己，則物孰與不正？篤恭而天下平，正己而已。自明之德，若日月有明，容光必照，何聲色之用乎？德之端，夫婦之愚可以與知，其不肖也，可以能行。其輕而易舉，豈特毛之比乎？故毛輶有倫。如誠一於天，則無聲無臭之間，得其實理，斯盡之矣。

按晁昭德《讀書志》，有明道《中庸解》一卷，伊川《大全集》亦載此卷。竊嘗考之，《中庸》，明道不及爲書，伊川雖言已成《中庸》之書，自以不滿其意，已火之矣。反復此解，其即朱子所辨藍田吕氏講堂之初本、改本無疑矣。用仍其舊，以備參考。

輯自中華書局校點本《二程集・河南程氏經説》卷八

論中書

此書其全不可復見，今只據吕氏所録到者編之。

吕大臨

大臨云：中者道之所由出。

先生曰：中者道之所由出，此語有病。

大臨云：謂中者道之所由出，此語有病，已悉所諭。但論其所同，不容更有二名；別而言之，亦不可混爲一事。如所謂「天命之謂性，率性之謂道」，又曰「中者天下之大本，和者天下之達道」，則性與道，大本與達道，豈有二乎？

先生曰：中即道也。若謂道出於中，則道在中外，別爲一物矣。所謂「論其所同，不容更有二名，別而言之，亦不可混爲一事」，此語固無病。若謂性與道，大本與達道，可混而爲一，即未安。在天曰命，在人曰性，循性曰道。性也，命也，道也，各有所當。大本言其體，達道言其用，體用自殊，安得不爲二乎？

大臨云：既云「率性之謂道」，則循性而行莫非道。此非性中別有道也，中即性也。在天爲命，在人爲性，由中而出者莫非道，所以言道之所由出也，與「率性之謂道」之義同，亦非道中別有中也。

先生曰：「中即性也」，此語極未安。中也者，所以狀性之體段。若謂性有體段亦不可，姑假此以明彼。如稱天圓地方，遂謂方圓即天地可乎？方圓既不可謂之天地，則萬物決非方圓之所出。如中既不可謂之性，則道何從稱出於中？蓋中之爲義，無過不及而立名。若只以中爲性，則中與性不合，與「率性之謂道」其義自異。性道不可一作可以。合一而言。中止可言體，而不可與性同德。

又曰：觀此義，一作語。謂不可與性同德，字亦未安。子居對以中者性之德，卻爲近之。

子居，和叔之子，一云義山之字。

又曰：不偏之謂中。道無不中，故以中形道。若謂道出於中，則天圓地方，謂方圓者天地所自出，可乎？

大臨云：不倚之謂中，不雜之謂和。

先生曰：不倚之謂中，甚善。語猶未瑩。不雜之謂和，未當。

大臨云：喜怒哀樂之未發，則赤子之心。當其未發，此心至虛，無所偏倚，故謂之中。以此心應萬物之變，無往而非中矣。孟子曰：「權然後知輕重，度然後知長短，物皆然，心爲甚。」此心度物，所以甚於權衡之審者，正以至虛無所偏倚故也。有一物存乎其間，則輕重長短皆失其中矣，又安得如權如度乎？故大人不失其赤子之心，乃所謂允執其中也。大臨始者有見於此，便指此心名爲中，故前言中者道之所由出也。今細思之，乃命名未當爾。此心之狀，可以言中，未可便指此心名之曰中。所謂以中形道，正此意也。「率性之謂道」者，循性而行，無往而非理義也。以此心應萬事之變，亦無往而非理義也。皆非指道體而言也。若論道體，又安可言由中而出乎！先生以爲此言未是。

先生曰：「喜怒哀樂未發謂之中。」赤子之心，發而未遠于中，若便謂之中，是不識大本也。

大臨云：聖人智周萬物，赤子全未有知，其心固有不同矣。然推孟子所云，豈非止取純一無僞，可與聖人同乎？非謂無毫髮之異也。大臨前日所云，亦取諸此而已。此義，大臨昔者既聞先生君子之教，反求諸己，若有所自得，參之前言往行，將無所不合。由是而之焉，似得其所安，以是自信不疑，拳拳服膺，不敢失墜。今承教，乃云已失大本，茫然不知所向。竊恐辭命不明，言不逮意，致高明或未深喻，輒露所見，求益左右。卒爲賜教，指其迷謬，幸甚。

聖人之學，以中爲大本。雖堯、舜相授以天下，亦云「允執其中」。中者，無過不及之謂也。何所準則而知過不及乎？求之此心而已。此心之動，出入無時，何從而守之乎？求之於喜怒哀樂未發之際而已。當是時也，此心即赤子之心，純一無僞。即天地之心，神明不測。即孔子之絕四，四者有一物存乎其間，則不得其中。即孟子所謂「物皆然，心爲甚」，心無偏倚，則至明至平，其察物甚於權度之審。即《易》所謂「寂然不動，感而遂通天下之故」。此心所發，純是義理，與天下之所同然，安得不和？大臨前日敢指赤子之心爲中者，其説如此。

來教云：「赤子之心可謂之和，不可謂之中。」大臨思之，所謂和者，指已發而言之。今言赤子之心，乃論其未發之際，一有竊謂字。純一無僞，無所偏倚，可以言中。若謂已發，恐不可言心。

來教云：「所謂循性而行，無往而非理義，言雖無病，而聖人氣味殊少。」大臨反而思之，方覺辭氣迫窘，無沈浸醲厚之風，此則淺陋之罪，敢不承教？大臨更不敢拜書先生左右，恐煩枉答，只令義山持此請教。蒙塞未達，不免再三浼瀆，惟望乘閒口諭義山，傳誨一二，幸甚！幸甚！

先生曰：所云非謂無毫髮之異，是有異也。有異者得爲大本乎？推此一言，餘皆可見。

大臨云：大臨以赤子之心爲未發，先生以赤子之心爲已發。所謂大本之實，則先生與大臨之言，未有異也。但解赤子之心一句不同爾。一有處字。大臨初謂赤子之心，止取純一無僞，與聖人同。恐孟子之義亦然，更不曲折。一一較其同異，故指以爲言，固未嘗以已發不同處爲大本也。先生謂凡言心者，皆指已發而言。然則未發之前，謂之無心可乎？竊謂未發之前，心體昭昭具在，已發乃心之用也。此所深疑未喻，又恐傳言者失指，切望指教。

先生曰：所論意，雖以已發者爲未發；反一作及。求諸言，却是認已發者爲説。詞之未瑩，乃是擇之未精爾。凡言心者，指已發而言，此固未當。心一也，有指體而言者，寂然不動是也。有指用而言者，感而遂通天下之故是也。惟觀其所見如何耳。大抵論愈精微，言愈易差。所謂傳言者失指，及反覆觀之，雖曰有差，亦不失大意。又如前論「中即性也」，已是分而爲二，不若謂之性中。性中語未甚瑩。以謂聖人氣味殊少，亦不須言聖人。第二書所答去者，極分明矣。

輯自中華書局校點本《二程集·河南程氏文集》卷九

東見録

吕大臨

古不必驗，今之所患，止患不得爲，不患不能爲。正

「居處恭，執事敬，與人忠」，此是徹上徹下語，聖人元無二語。明

一人之心即天地之心，心一作體。一物之理即萬物之理，一日之運即一歲之運。正

志道懇切，固是誠意；若迫切不中理，則反爲不誠。蓋實理中自有緩急，不容如是之迫，觀天地之化乃可知。正

聖人用意深處，全在《繫辭》，《詩》、《書》乃格言。明

古之學者，皆有傳授。如聖人作經，本欲明道。今人若不先明義理，不可治經，蓋不得傳授之意云爾。如《繫辭》本欲明《易》，若不先求卦義，則看《繫辭》不得。

觀《易》須看時，然後觀逐爻之才。一爻之間，常包涵數意，聖人常取其重者爲之辭。亦有《易》中言之已多，取其未嘗言者，亦不必重事。又有且言其時，不及其爻之才，皆臨時參考。須先看卦，乃看得《繫辭》。

有德者，得天理而用之，既有諸己，所用莫非中理。知巧之士，雖不自得，然才知稍高，亦能窺測見其一二，得而用之，乃自謂泄天機。若平心用之，亦莫不中理，但不有諸己，須用知巧，亦有元本無有字。反失之，如蘇、張之類。

教人之術，若童牛之牿，當其未能觸時，已先制之，善之大者。其次，則豶豕之牙。豕之有牙，既已難制，以百方制之，終不能使之改，惟豶其勢，則性自調伏，雖有牙亦不能爲害。如有不率教之人，却須置其檟楚，別以道格其心，則不須檟楚，將自化矣。

事君須體納約自牖之意。人君有過，以理開諭之，既不肯聽，雖當救止，於此終不能回，却須求人君開納處進説。牖乃開明處。如漢祖欲廢太子，叔孫通言嫡庶根本，彼皆知之，既不肯聽矣，縱使能言，無以易此。惟張良知四皓素爲漢祖所敬，招之使事太子，漢祖知人心歸太子，乃無廢立意。及左師觸龍事，亦相類。

天下善惡皆天理，謂之惡者非本惡，但或過或不及便如此，如楊、墨之類。明

仁、義、禮、智、信五者，性也。仁者，全體；四者，四支。仁，體也。義，宜也。禮，别也。智，知也。信，實也。

學者全體此心，學雖未盡，若事物之來，不可不應，但隨分限應之，雖不中，不遠矣。

學者須敬守此心，不可急迫，當栽培深厚，涵泳於其間，然後可以自得。但急迫求之，只是私己，終不足以達道。

學者全要識時。若不識時，不足以言學。顔子陋巷自樂，以有孔子在焉。若孟子之時，世既無人，安可不以道自任？

《訂頑》一篇，意極完備，乃仁之體也。學者其體此意，令有諸己，其地位已高。到此地位，自別有見處，不可窮高極遠，恐於道無補也。明

醫書言手足痿痹爲不仁，此言最善名狀。仁者，以天地萬物爲一體，莫非己也。認得爲己，何所不至？若不有諸己，自不與己相干。如手足不仁，氣已不貫，皆不屬己。故「博施濟衆」，乃聖之功用。❶仁至難言，故止曰「己欲立而立人，己欲達而達人，能近取譬，可謂仁之方也已。」欲令如是觀仁，可以得仁之體。明

「博施濟衆」，云「必也聖乎」者，非謂仁不足以及此，言「博施濟衆」者乃功用也。明

嘗喻以心知天，猶居京師往長安，但知出西門便可到長安。此猶是言作兩處。若要誠實，只在京師，便是到長安，更不可別求長安。只心便是天，盡之便知性，知性便知天，一作性便是天。當處便認取，更不可外求。

「窮理盡性以至於命」，三事一時並了，元無次序，不可將窮理作知之事。若實窮得理，即性命亦可了。明

學者識得仁體，實有諸己，只要義理栽培。如求經義，皆栽培之意。

世間有鬼神憑依言語者，蓋屢見之。未可全不信，此亦有理。「莫見乎隱，莫顯乎微」而已。嘗以所求語劉絢，其後以其思索相示，但言與不是，元未嘗告之。近來求得稍親。

昔受學於周茂叔，每令尋顔子、仲尼樂處，所樂何事。

真知與常知異。常見一田夫，曾被虎傷，有人説虎傷人，衆莫不驚，獨田夫色動異於衆。若虎能傷人，雖三尺童子莫不知之，然未嘗真知。真知須如田夫乃是。故人知不善而猶爲不善，是亦未嘗真知。若真知，決不爲矣。

蒲人要盟事，知者所不爲，況聖人乎？果要之，止不之衛可也。盟而背之，若再遇蒲人，其將何辭以對？

❶「聖」，徐本作「聖人」。

嘗言鄭戩作縣，定民陳氏爲里正。既暮，有姓陳人乞分居，戩立笞之，曰：「安有朝定里正，而夕乞分居？」既而察之，乞分居者，非定里正也。今夫赤子未能言，其志意嗜欲人所未知，其母必不能知之，然不至誤認其意者，何也？誠心愛敬而已。若使愛敬其民如其赤子，何錯繆之有？故心誠求之，雖不中，不遠矣。

欲知得與不得，於心氣上驗之。思慮有得，中心悦豫，沛然有裕者，實得也。思慮有得，心氣勞耗者，實未得也，强揣度耳。嘗有人言「比因學道，思慮心虚」。曰：「人之血氣，固有虚實，疾病之來，聖賢所不免，然未聞自古聖賢因學而致心疾者。」

學者須先識仁。仁者，渾然與物同體。義、禮、知、信皆仁也。識得此理，以誠敬存之而已，不須防檢，不須窮索。若心懈則有防，心苟不懈，何防之有？理有未得，故須窮索。存久自明，安待窮索？此道與物無對，大不足以名之，天地之用皆我之用。孟子言「萬物皆備於我」，須反身而誠，乃爲大樂。若反身未誠，則猶是二物有對，以己合彼，終未有之，一本下更有「未有之」三字。又安得樂？《訂頑》意思，乃備言此體。以此意存之，更有何事？「必有事焉而勿正，心勿忘，勿助長」，未嘗致纖毫之力，此其存之之道。若存得，便合有得。蓋良知良能元不喪失，以昔日習心未除，却須存習此心，久則可奪舊習。此理至約，惟患不能守。既能體之而樂，亦不患不能守也。明

事有善有惡，皆天理也。天理中物，須有美惡，蓋物之不齊，物之情也。但當察之，不可自入於惡，流於一物。明

昔見上稱介甫之學，對曰：「王安石之學不是。」上愕然問曰：「何故？」對曰：「臣不敢遠引，止以近事明之。臣嘗讀《詩》，言周公之德云：『公孫碩膚，赤舃几几。』周公盛德，形容如是之盛。如王安石，其身猶不能自治，何足以及此！」明　一本此下云：「又嘗稱介甫，顥對曰：『王安石博學多聞則有之，守約則未也。』」

聖人即天地也。天地中何物不有？天地豈嘗有心揀別善惡，一切涵容覆載，但處之有道爾。若善者親之，不善者遠之，則物不與者多矣，安得爲天地？故聖人之志，止欲「老者安之，朋友信之，少者懷之。」

死生存亡皆知所從來，胸中瑩然無疑，止此理爾。孔子言「未知生，焉知死」，蓋略言之。死之事即生是也，更無別理。明

言體天地之化，已剩一體字，只此便是天地之化，不可對此箇別有天地。明

胡安定在湖州置治道齋，學者有欲明治道者，講之於中。如治兵、治民、水利、算數之類。嘗言劉彝善治水利，後累爲政，❶皆興水利有功。

「睟面盎背」，皆積盛致然；「四體不言而喻」，惟有德者能之。

《大學》乃孔氏遺書，須從此學則不差。明

孔子之列國，答聘而已，若有用我者則從之。

居今之時，不安今之法令，非義也。若論爲治，不爲則已，如復爲之，須於今之法度内處得其當，方爲合義。若須更改而後爲，則何義之有？

孟子言「養心莫善於寡欲」，欲寡則心自誠。荀子言「養心莫善於誠」，既誠矣，又何養？此已不識誠，又不知所以養。

賢者惟知義而已，命在其中。中人以下，乃以命處義。如言「求之有道，得之有命」，是求無益於得，知命之不可求，故自處以不求。若賢者則求之以道，得之以義，不必言命。

克己則私心去，自然能復禮，雖不學文，而禮意已得。明

今之監司，多不與州縣一體。監司專欲伺察，州縣專欲掩蔽。不若推誠心與之共治，有所不逮，可教者教之，可督者督之，至於不聽，擇其甚者去一二，使足以警衆可也。

《詩》、《書》載道之文，《春秋》聖人之用。一本此下云：「《五經》之有《春秋》，猶法律之有斷例也。律令惟言其法，至於斷例則始見其法之用也。」《詩》、《書》如藥方，《春秋》如用藥治疾，聖人之用全在此書，所謂「不如載之行事深切著明」者也。有重疊言者，如征伐盟會之類。蓋欲成書，勢須如此，不可事事各求異義。但一字有異，或上下文異，則義須别。

君實修《資治通鑑》，至唐事。正叔問曰：「敢與太宗、肅宗正篡名乎？」曰：「然。」又曰：「敢辯魏徵之罪乎？」曰：「何罪？」「魏徵事皇太子，太子死，遂忘戴天之讎而反事之，此王法所當誅。後世特以其後來立朝風節而掩其罪。有善有惡，安得相掩？」曰：「管仲不死子糾之難而事桓公，孔子稱其能不死，曰：『豈若匹夫匹婦之爲諒也，自經於溝瀆而莫之知也！』與徵何異？」曰：「管仲之事與徵異。齊侯死，公子皆出。小白長而當立，子糾少亦欲立。管仲奉子糾奔魯，小白入齊，既立，仲納子糾以抗小白。以少犯長，又所不當立，義已不順。既而小白殺子糾；管仲

❶「累」，徐本與吕本均作「果」。

以所事言之則可死，以義言之則未可死。故《春秋》書『齊小白入於齊』，以國繫齊，明當立也；又書『公伐齊納糾』，二《傳》無子字。糾去子，明不當立也；至『齊人取子糾殺之』，此復繫子者，罪齊大夫既盟而殺之也。與徵之事全異。」

知、仁、勇三者，天下之達德，所以行之者一。一則誠也。止是誠實此三者，三者之外，更別無誠。

孟子才高，學之無可依據。學者當學顏子，入聖人爲近，有用力處。明

「若季氏則吾不能，以季、孟之間待之。」季氏强臣，君待之之禮極隆，然非所以待孔子。季、孟之間，則待之之禮爲至矣。然復曰「吾老矣，不能用也」，此孔子不繫待之輕重，特以不用而去。

談經論道則有之，少有及治體者。「如有用我者」，正心以正身，正身以正家，正家以正朝廷百官，至於天下，此其序也。其間則又繫用之淺深，臨時裁酌而應之，難執一意。

天地之道，常垂象以示人，故曰「貞觀」；日月常明而不息，故曰「貞明」。

學者不必遠求，近取諸身，只明人理，敬而已矣，便是約處。《易》之《乾》卦言聖人之學，《坤》卦言賢人之學，惟言「敬以直内，義以方外，敬義立而德不孤」。至於聖人，亦止如是，更無別途。穿鑿繫累，自非道理。故有道有理，天人一也，更不分別。浩然之氣，乃吾氣也，養而不害，則塞乎天地；一爲私心所蔽，則欿然而餒，却甚小也。「思無邪」，「無不敬」，只此二句，循而行之，安得有差？有差者，皆由不敬不正也。明

良能良知，皆無所由，乃出於天，不繫於人。

德性謂天賦天資，才之美者也。

凡立言欲涵蓄意思，不使知德者厭，無德者惑。

且省外事，但明乎善，惟進誠心，其文章雖不中不遠矣。所守不約，泛濫無功。明

學者須學文，知道者進德而已。有德則「不習無不利」，「未有學養子而後嫁」，蓋先得是道矣。學文之功，學得一事是一事，二事是二事，觸類至於百千，至於窮盡，亦只是學，不是德。有德者不如是。故此言可爲知道者言，不可爲學者言。如心得之，則「施於四體，四體不言而喻」。譬如學書，若未得者，須心手相須而學；苟得矣，下筆便能書，不必積學。

有有德之言，有造道之言，有述事之言。有德者，止言己分事。造道之言，如顏子言孔子，孟子言堯、舜。止是造

道之深，所見如是。

所見所期，不可不遠且大，然行之亦須量力有漸。志大心勞，力小任重，恐終敗事。

某接人多矣，不雜者三人：張子厚、邵堯夫、司馬君實。

聖不可知，謂聖之至妙，人所不能測。

立宗非朝廷之所禁，但患人自不能行之。

立清虚一大爲萬物之源，恐未安，須兼清濁虚實乃可言神。道體物不遺，不應有方所。

教人未見意趣，必不樂學。欲且教之歌舞，如古《詩》三百篇，皆古人作之。如《關雎》之類，正家之始，故用之鄉人，用之邦國，日使人聞之。此等詩，其言簡奥，今人未易曉。别欲作詩，略言教童子灑掃應對事長之節，令朝夕歌之，似當有助。

「致知在格物」。格，至也，窮理而至於物，則物理盡。

今之學者，惟有義理以養其心。若威儀辭讓以養其體，文章物采以養其目，聲音以養其耳，舞蹈以養其血脈，皆所未備。

孟子之於道，若温淳淵懿，未有如顔子者，於聖人幾矣，後世謂之亞聖，容有取焉。如「盍各言爾志」，子路、顔子、孔子皆一意，但有小大之差，皆與物共者也。顔子不自私己，故無伐善；知同於人，故無施勞。若聖人，則如天地，如「老者安之」之類。孟字疑誤。

《大學》「在明明德」，先明此道；「在新民」者，使人用此道以自新；「在止於至善」者，見知所止。

得而後動，與慮而後動異。得在己，如自使手舉物，無不從。慮則未在己，如手中持物以取物，知其不利。

聖人於文章，不講而學。蓋講者有可否之疑，須問辨而後明。學者有所不知，問而知之，則可否自決，不待講論。如孔子之盛德，惟官名禮文有所未知，故問於郯子、老子，既知則遂行而已，更不須講。

正叔言：「不當以體會爲非心，以體會爲非心，故有心小性大之説。聖人之神，與天一有地字。爲一，安得有二？至於不勉而中，不思而得，莫不在此。此心即與天地無異，不可小了佗，不可一作若或。將心滯在知識上，故反以心爲小。」時本注云：「横渠云：『心禦見聞，不弘於性。』」

鼓舞萬物，不與聖人同憂，此天與人異處。聖人有不能爲天之所爲處。

行禮不可全泥古，須當視時之風氣自不同，故所處不得不與古異。如今人面貌，自與古人不同。若全用古物，亦不相稱。雖聖人作，須有損益。

交神明之意，當在事生之後，則可以盡孝愛而得其饗。全用古事，恐神不享。

君與夫人當異廟，故自無配。明

《訂頑》之言，極純無雜，秦、漢以來學者所未到。

禘，王者之大祭；祫，諸侯之大祭。明

伯淳言：「學者須守下學上達之語，乃學之要。」

嫂叔無服，先王之權。後聖有作，雖復制服可矣。

師不立服，不可立也，當以情之厚薄，事之大小處之。如顔閔於孔子，雖斬衰三年可也，其成己之功，與君父並。其次各有淺深，稱其情而已。下至曲藝，莫不有師，豈可一概制服？

子厚以禮教學者，最善，使學者先有所據守。

斟酌去取古今，恐未易言，須尺度權衡在胸中無疑，乃可處之無差。

學禮者考文，必求先王之意，得意乃可以沿革。

凡學之雜者，終只是未有所止，内不自足也。譬之一物，懸在空中，苟無所倚著，則不之東則之西，故須著摸佗別道理，只爲自家不内足也。譬之家藏良金，不索外求，貧者見人説金，須借他底看。

朋友講習，更莫如相觀而善工夫多。

昨日之會，大率談禪，使人情思不樂，歸而悵恨者久之。此説天下已成風，其何能救！古亦有釋氏，盛時尚只是崇設像教，其害至小。今日之風，便先言性命道德，先驅了知者，才愈高明，則陷溺愈深。在某，則才卑德薄，無可奈何佗。然據今日次第，便有數孟子，亦無如之何。只看孟子時，楊、墨之害能有甚？況之今日，殊不足言。此事蓋亦繫時之污隆。清談盛而晉室衰。然清談爲害，却只是閒言談，又豈若今日之害道？今雖故人有一初本無一字。爲此學而陷溺其中者，則既不可回。今初本無今字。只有望於諸君爾。直須置而不論，更休曰且待嘗試。若嘗試，則已化而自爲之矣。要之，決無取。初本無此上二十九字。其術，初本作佛學。大概且是絶倫類，初本卷末注云：「『昨日之會，大率談禪』章内，一本云云，上下皆同，版本已定，不可增益，今附於此。異時有別録版者，則當以此爲正。」今從之。世上不容有此理。又其言待要出世，出那裏去？又其迹須要出家，然則家者，不過君臣、父子、夫婦、兄弟，處此等事，皆以爲寄寓，故其爲忠孝仁義者，皆以爲不得已爾。又要得脱世網，至愚迷者也。畢竟學之者，不過至似佛。佛者一黠胡爾，佗本是箇自私獨善，枯槁山林，自適而已。若只如是，亦不過世上少這一箇人。又却要周遍，謂既得本，則不患不周遍。要之，決無此理。一本此下云：「然爲其學者，詰之，理雖有屈時，又却亂説，卒不可憑考之。」今日所患者，患在引取了中人以上者，其力有以自立，故不可回。若只中人以下，自不至此，亦有甚執持？今彼言世網者，只爲些秉彝，又殄滅不得，故當忠孝仁義之際，皆處於不得已，直欲和這些秉彝都消殺得盡，然後以爲至道也。然而畢竟消殺不得。如人之有耳目口鼻，既有此氣，則須有此識；所見者色，所聞者聲，所食者味。人之有喜怒哀樂者，亦其性之自然，今强曰必盡絶，爲得天真，是所謂喪天真也。持國之爲此學者三十年矣，其所得者，儘説得知有這道理，然至於「反身而誠」，却竟無得處。佗有一箇覺之理，可以「敬以直内」矣，然無「義以方外」。其直内者，要之其本亦不是。譬之贊《易》，前後貫穿，都説得是有此道理，然須「默而成之，不言而信，存乎德行」一再有德行字。處，是所謂自得也。談禪者雖説得，蓋未之有得。其徒亦有肯道佛卒不可以治天下國家者，然又須道得本則可以周遍。

有問：「若使天下盡爲佛，可乎？」其徒言：「爲其道則可，其迹則不可。」伯淳言：「若盡爲佛，則是無倫類，天下却都没人去理；❶然自亦以天下國家爲不足治，要逃世網，其説至於不可窮處，佗又有一箇鬼神爲説。」

「立人之道，曰仁與義。」據今日，合人道廢則是。今尚不廢者，猶只是有那些秉彝，卒殄滅不得。以此思之，天壤間可謂孤立，其將誰告耶？

今日卓然不爲此學者，惟范景仁與君實爾，然其所執理，有出於禪學之下者。一日做身主不得，爲人驅過去裏。君實嘗患思慮紛亂，有時中夜而作，達旦不寐，可謂良自苦。人都來多少血氣？❷若此，則幾何而不摧殘以盡也。其後告人曰：「近得一術，常以中爲念。」則又是爲中所亂。中又何形？如何念得佗？只是於名言之中，揀得一箇好字。與其爲中所亂，却不如與一串數珠。及與佗數珠，佗又不受。殊不知中之無益於治心，不如數珠之愈也。夜以安身，睡則合眼，不知苦苦思量箇甚，只是不與心爲主，三更常有人喚習也。❸諸本無此八字。

學者於釋氏之説，直須如淫聲美色以遠之，不爾，則駸駸然入於其中矣。顔淵問爲邦，孔子既告之以五帝、三王

❶「理」，原誤作「裏」，依吕本、徐本改。

❷「都」，疑當作「那」，形似而誤。

❸「習」，疑當作「醒」。

之事，而復戒以「放鄭聲，遠佞人」，曰「鄭聲淫，佞人殆」。彼佞人者，是佗一邊佞耳，然而於己則危，只是能使人移，故危也。至於禹之言曰：「何畏乎巧言令色？」巧言令色直消言畏，只是須著如此戒慎，猶恐不免。釋氏之學，更不消言，常戒到自家自信後，便不能亂得。

以書傳道，與口相傳，煞不相干。相見而言，因事發明，則並意思一時傳了；書雖言多，其實不盡。

觀秦中氣豔衰，邊事所困，累歲不稔。昨來餽邊喪亡，今日事未可知，大有可憂者；以至士人相繼淪喪，爲足妝點關中者，則遂化去。吁！可怪也。凡言王氣者，實有此理。生一物須有此氣，不論美惡，須有許大氣豔，故生是人。至如闕里，有許多氣豔，故此道之流，以至今日。昔橫渠説出此道理，至此幾乎衰矣。只介父一箇，氣豔大小大。

伯淳嘗與子厚在興國寺曾講論終日，而曰：「不知舊日曾有甚人於此處講此事。」

與叔所問，今日宜不在有疑。今尚差池者，蓋爲昔亦有雜學。故今日疑所進有相似處，則遂疑養氣爲有助。便休信此説。蓋爲前日思慮紛擾，今要虛静，故以爲有助。前日思慮紛擾，又非義理，又非事故，如是則只是狂妄人耳。懲此以爲病，故要得虛静。其極，欲得如槁木死灰，又却不是。蓋人活物也，又安得爲槁木死灰？既活，則須有動作，須有思慮。必欲爲槁木死灰，除是死也。忠信所以進德者何也？閑邪則誠自存，誠存斯爲忠信也。如何是閑邪？非禮而勿視聽言動，邪斯閑矣。以此言之，又幾時要身如枯木，心如死灰？又如絶四後，畢竟如何，又幾時須如枯木死灰？敬以直内，則須君則是君，臣則是臣，凡事如此，大小大直截也。

有言養氣可以爲養心之助。曰：「敬則只是敬，敬字上更添不得。譬之敬父矣，又豈須得道更將敬兄助之？又如今端坐附火，是敬於向火矣，又豈須道更將敬於水以助之？猶之有人曾到東京，又曾到西京，又曾到長安，若一處上心來，則他處不容參然在心，心裏著兩件物不得。」

飲酒不可使醉，不及亂者，不獨不可亂志，只血氣亦不可使亂，但使浹洽而已可也。

邢和叔後來亦染禪學，其爲人明辯有才，後更曉練世事，其於學，亦日月至焉者也。尹子曰：「明辯有才而復染禪學，何所不爲也！」

伯淳自謂：只得佗人待做惡人，敬而遠之。嘗有一朝士久不見，謂伯淳曰：「以伯淳如此聰明，因何許多時終不肯回頭來？」伯淳答以「蓋恐回頭後錯也」。

巽之凡相見須窒礙，蓋有先定之意。和叔一作與叔。據理却合滯礙，而不然者，只是佗至誠便相信心直篤信。

理則須窮，性則須盡，命則不可言窮與盡，只是至於命也。横渠昔嘗譬命是源，窮理與盡性如穿渠引源。然則渠與源是兩物，後來此議必改來。

今語道，則須待要寂滅湛静，形便如槁木，心便如死灰。豈有直做墻壁木石而謂之道？所貴乎「智周天地萬物而不遺」，又幾時要如死灰？所貴乎「動容周旋中禮」，又幾時要如槁木？論心術，無如孟子，也只謂「必有事焉」。一本有而勿正心字。今既如槁木死灰，則却於何處有事？

君實之能忠孝誠實，只是天資，學則元不知學。堯夫之坦夷，無思慮紛擾之患，亦只是天資自美爾，皆非學之功也。

持國嘗論克己復禮，以謂克却不是道。伯淳言：「克便是克之道。」持國又言：「道則不須克。」伯淳言：「道則不消克，却不是持國事。在聖人，則無事可克；今日持國，須克得己便然後復禮。」

游酢、楊時是學得靈利高才也。楊時於新學極精，今日一有所問，能盡知其短而持之。介父之學，大抵支離。伯淳嘗與楊時讀了數篇，其後盡能推類以通之。

有問：《詩》三百，非一人之作，難以一法推之。伯淳曰：「不然。三百，三千中所擇，不特合於《雅》、《頌》之音，亦是擇其合於教化者取之。篇中亦有次第淺深者，亦有元無次序者。」

新政之改，亦是吾黨争之有太過，成就今日之事，塗炭天下，亦須兩分其罪可也。當時天下，岌岌乎殆哉！介父欲去數矣。其時介父直以數事上前卜去就，若青苗之議不行，則決其去。伯淳於上前，與孫莘老同得上意，要了當此事。大抵上意不欲抑介父，要得人擔當了，而介父之意尚亦無必。伯淳嘗言：「管仲猶能言『出令當如流水，以順人心』。今參政須要做不順人心事，何故？」介父之意只恐始爲人所沮，其後行不得。伯淳却道：「但做順人心事，人誰不願從也？」介父道：「此則感賢誠意。」却爲天祺其日於中書大悖，緣是介父大怒，遂以死力争於上前，上爲之一以聽用，從此黨分矣。莘老受約束而不肯行，遂坐貶。而伯淳遂待罪，既而除以京西提刑，伯淳復求對，遂見上。上言：「有甚文字？」伯淳云：「今咫尺天顔，尚不能少回天意，文字更復何用？」欲去，而上問者數四。伯淳每以陛下不宜輕用兵爲言，朝廷群臣無能任陛下事者。以今日之患觀之，猶是自家不善從容。至如青苗，且放過，又且何妨？伯淳當言職，苦不曾使文字，大綱只是於上前説了，其他些小文字，只是備禮而已。大抵自仁祖朝優容諫臣，當言職者，必以詆訐而去爲賢，習以成風，惟恐人言不稱職以去，爲落便宜。昨來諸君，蓋未免此。苟如是爲，則是爲己，尚有私意在，却不在朝廷，不干事理。

今日朝廷所以特惡忌伯淳者，以其可理會事，只是理會學，這裏動，則於佗輩有一作是。所不便也，故特惡之深。

以吾自處，猶是自家當初學未至，意未誠，其德尚薄，無以感動佗天意，此自思則如此。然據今日許大氣豔，當時欲一二人動之，誠如河濱之人捧土以塞孟津，復可笑也。據當時事勢，又至於今日，豈不是命！

只著一箇私意，便是餒，便是缺了佗浩然之氣處。「誠者物之終始，不誠無物」。這裏缺了佗，則便這裏没這物。浩然之氣又不待外至，是集義所生者。這一箇道理，不爲堯存，不爲桀亡。只是人不到佗這裏，知此便是明善。

「生生之謂易」，是天之所以爲道也。天只是以生爲道，繼此生理者，即是善也。善便有一箇元底意思。「元者善之長」，萬物皆有春意，便是「繼之者善也」。「成之者性也」，成却待佗萬物自成其一作甚。性須得。

告子云「生之謂性」則可。凡天地所生之物，須是謂之性。皆謂之性則可，於中却須分別牛之性、馬之性。是他便只道一般，如釋氏説蠢動含靈，皆有佛性，如此則不可。「天命之謂性，率性之謂道」者，天降是於下，萬物流形，各正性命者，是所謂性也。循其性一作各正性命。而不失，是所謂道也。此亦通人物而言。循性者，馬則爲馬之性，又不做牛底性；牛則爲牛之性，又不爲馬底性。此所謂率性也。人在天地之間，與萬物同流，天幾時分別出是人是物？「修道之謂教」，此則專在人事，以失其本性，故修而求復之，則入於学。若元不失，則何修之有？是由仁義行也。則是性已失，故修之。「成性存存，道義之門」，亦是萬物各有成性存存，亦是生生不已之意。天只是以生爲道。

萬物皆只是一箇天理，己何與焉？至如言「天討有罪，五刑五用哉！天命有德，五服五章哉」，此都只是天理自然當如此。人幾時與？與則便是私意。有善有惡。善則理當喜，如五服自有一箇次第以章顯之。惡則理當惡，一作怒。彼自絶於理，故五刑五用，曷嘗容心喜怒於其間哉？舜舉十六相，堯豈不知？只以佗善未著，故不自舉。舜誅四凶，堯豈不察？只爲佗惡未著，那誅得佗？舉與誅，曷嘗有毫髮厠於其間哉？只有一箇義理，義之與比。

人能放這一箇身公共放在天地萬物中一般看，則有甚妨礙？雖萬身，曾何傷？乃知釋氏苦根塵者，皆是自私者也。

要修持佗這天理，則在德，須有不言而信者。言難爲形狀。養之則須直不愧屋漏與慎獨，這是箇持養底氣象也。

知止則自定，萬物撓不動，非是別將箇定來助知止也。

《詩》、《書》中凡有箇主宰底意思者，皆言帝；有一箇包涵徧覆底意思，則言天；有一箇公共無私底意思，則言王。上下千百歲中，若合符契。

如天理底意思，誠只是誠此者也，敬只是敬此者也，非是別有一箇誠，更有一箇敬也。

天理云者，這一箇道理，更有甚窮已？不爲堯存，不爲桀亡。人得之者，故大行不加，窮居不損。這上頭來，更怎生説得存亡加減？是佗元無少欠，百理具備。胡本此下云：「得這箇天理，是謂大人。以其道變通無窮，故謂之聖。不疾而速，不行而至，須默而識之處，故謂之神。」

「天地設位，而易行乎其中矣」；「乾坤毁，則無以見易」。「易不可見，則乾坤或幾乎息矣」。易是箇甚？易又不只是這一部書，是易之道也。不要將易又是一箇事，即事一作唯，一作只是。盡天理，便是易也。

天地之化，既是二物，必動已不齊。譬之兩扇磨行，便其齒齊，不得齒齊。既動，則物之出者，何可得齊？轉則齒更不復得齊。從此參差萬變，巧曆不能窮也。

天地之間，有者只是有。譬之人之知識聞見，經歷數十年，一日念之，了然胸中，這一箇道理在那裏放著來。

養心者，且須是教他寡欲，又差有功。

中心斯須不和不樂，則鄙詐之心入之矣。此與「敬以直内」同理。謂敬爲和樂則不可，然敬須和樂，只是中心没事也。

大凡利害禍福，亦須致命。須得致之爲言，直如人以力自致之謂也。得之不得，命固已定，君子須知佗命方得。「不知命無以爲君子」，蓋命苟不知，無所不至。故君子於困窮之時，須致命便遂得志。其得禍得福，皆已自致，只要申其志而已。

「求之有道，得之有命」，是求無益於得，言求得不濟事。元本無不字。此言猶只爲中人言之，若爲中人以上而言，却只道求之有道，非道則不求，更不消言命也。

堯夫豪傑之士，根本不帖帖地。伯淳嘗戲以亂世之姦雄中，道學之有所得者，然無禮不恭極甚。又嘗戒以不仁，己猶不認，以爲人不曾來學。伯淳言：「堯夫自是悠悠。」自言須如我與李之才方得道。

「天民之先覺」，譬之皆睡，佗人未覺來，以我先覺。故摇擺其未覺者亦使之覺，及其覺也，元無少欠。蓋亦未嘗有所增加也，適一般爾。「天民」云者，蓋是全盡得天生斯民底事業。「天之生斯民也，將以道覺斯民」。蓋言天生此民，將以此道覺此民，則元無少欠，亦無增加，未嘗不足。「達可行於天下」者，謂其全盡天之生民之理，其術亦足以治天下國家故也。

「可欲之謂善」，便與「元者善之長」同理。

禮樂不可斯須去身。

「不能反躬，天理滅矣」。天理云者，百理具備，元無少欠，故「反身而誠」，只是言得已上，更不可道甚道。元本道字屬下文。

命之曰易，便有理。一本無此七字，但云：「道理皆自然」。若安排定，則更有甚理？天地陰陽之變，便如二扇磨，升降盈虧剛柔，初未嘗停息，陽常盈，陰常虧，故便不齊。譬如磨既行，齒都不齊，既不齊，便生出萬變。故物之不齊，物之情也。而莊周强要齊物，然而物終不齊也。堯夫有言：「泥空終是著，齊物到頭争。」此其肅如秋，其和如春。如秋，便是「義以方外」也。如春，觀萬物皆有春意。堯夫有詩云：「拍拍滿懷都是春。」又曰：「芙蓉月向懷中照，楊柳風來面上吹。」不止風月，言皆有理。又曰：「卷舒萬古興亡手，出入幾重雲水身。」若莊周，大抵寓言，要入佗放蕩之場。堯夫却皆有理，萬事皆出於理，自以爲皆有理，故要得縱心妄行總不妨。一本此下云：「堯夫詩云：『聖人喫緊些兒事。』其言太急迫。此道理平鋪地放著裏，何必如此。」

觀天理，亦須放開意思，開闊得心胸，便可見，打揲了習心兩漏三漏子。今如此混然説做一體，猶二本，那堪更二本三本！今雖知「可欲之爲善」，亦須實有諸己，便可言誠，誠便合内外之道。今看得不一，只是心生。除了身只是理，便説合天人。合天人，已是爲不知者引而致之。天人無間。夫不充塞則不能化育，言贊化育，已是離人而言之。

須是大其心，使開闊。譬如爲九層之臺，須大做脚始得。

元亨者，只是始而亨者也，此通人物而言，通，元本作詠字。謂始初發生，大概一例亨通也。及到利貞，便是「各正性命」後，屬人而言也。利貞者分在性與情，只性爲本，情是性之動處，情又幾時惡。「故者以利爲本」，只是順利處爲性，若情則須是正也。

醫家以不認痛癢謂之不仁，人以不知覺不認義理爲不仁，譬最近。

所以謂萬物一體者，皆有此理，只爲從那裏來。「生生之謂易」，生則一時生，皆完此理。人則能推，物則氣昏，推不得，不可道他物不與有也。人只爲自私，將自家軀殼上頭起意，故看得道理小了佗底。放這身來，都在萬物中一例看，大小大快活。釋氏以不知此，去佗身上起意思，奈何那身不得，故却厭惡；要得去盡根塵，爲心源不定，故要得如枯木死灰。然没此理，要有此理，除是死也。釋氏其實是愛身，放不得，故説許多。譬如負販之蟲，已載不起，猶自更取物在身。又如抱石沉河，以其重愈沉，終不道放下石頭，惟嫌重也。

孟子論四端處，則欲擴而充之；説約處，則博學詳説而反説約。此内外交相養之道也。

「萬物皆備於我」，不獨人爾，物皆然。都自這裏出去，只是物不能推，人則能推之。雖能推之，幾時添得一分？不能推之，幾時減得一分？百理具在，平鋪放著。幾時道堯盡君道，添得些君道多；舜盡子道，添得些孝道多？元來依舊。

横渠教人，本只是謂世學膠固，故説一箇清虚一大，只圖得人稍損得没去就道理來，然而人又更别處走。今日且只道敬。

聖人之德行，固不可得而名狀。若顔子底一箇氣象，吾曹亦心知之，欲學聖人，且須學顔子。後來曾子、子夏，煞學得到上面也。

今學者敬而不見得，元本有未字。又不安者，只是心生，亦是太以敬來做事得重，此「恭而無禮則勞」也。恭者私爲恭之恭也，禮者非體一作禮。之禮，是自然底道理也。只恭而不爲自然底道理，故不自在也。須是恭而安。今容貌必端，言語必正者，非是道獨善其身，要人道如何，只是天理合如此，本無私意，只是箇循理而已。

堯夫解「他山之石可以攻玉」，玉者温潤之物，若將兩塊玉來相磨，必磨不成，須是得佗箇粗礪底物方磨得出。譬如君子與小人處，爲小人侵陵，則修省畏避，動心忍性，增益預防，如此便道理出來。

公掞昨在洛有書室，兩旁各一牖，牖各三十六隔，一書天道之要，一書仁義之道，中以一牓，書「毋不敬，思無邪」。中處之，此意亦好。

古人雖胎教與保傅之教，猶勝今日庠序鄉黨之教。古人自幼學，耳目游處，所見皆善，至長而不見異物，故易以成就。今人自少所見皆不善，才能言便習穢惡，日日消鑠，更有甚天理？須人理皆盡，然尚以些秉彝消鑠盡不得，故且恁過，一日之中，起多少巧僞，萌多少機穽。據此箇薰蒸，以氣動氣，宜乎聖賢之不生，和氣之不兆也。尋常間或有些時和歲豐，亦出於幸也。不然，何以古者或同時或同家並生聖人，及至後世，乃數千歲寂寥？

人多言天地外，不知天地如何説内外，外面畢竟是箇甚？若言著外，則須似有箇規模。

凡言充塞云者，却似箇有規模底體面，將這氣充實之。然此只是指而示之近耳。氣則只是氣，更説甚充塞？如化育則只是化育，更説甚贊？贊與充塞，又早却是別一件事也。

理之盛衰之説，與釋氏初劫之言，如何到佗説便亂道，又却窺測得些？彼其言成住壞空，曰成壞則可，住與空則非也。如小兒既生，亦日日長行，元不曾住。是佗本理只是一箇消長盈虧耳，更没別事。

極爲天地中，是也，然論地中儘有説。據測景，以三萬里爲中，若有窮然。有至一邊已及一萬五千里，而天地之運蓋如初也。然則中者，亦時中耳。地形有高下，無適而不爲中，故其中不可定下。譬如楊氏爲我，墨氏兼愛，子莫於此二者以執其中，則中者適未足爲中也。故曰：「執中無權，猶執一也。」若是因地形高下，無適而不爲中，則天地之化不可窮也。若定下不易之中，則須有左有右，有前有後，四隅既定，則各有遠近之限，便至百千萬億，亦猶是有數。蓋有數則終有盡處，不知如何爲盡也。

日之形，人莫不見，似輪似餅。其形若有限，則其光亦須有限。若只在三萬里中升降出没，則須有光所不到處，又安有此理？今天之蒼蒼，豈是天之形？視下也亦須如是。日固陽精也，然不如舊説，周回而行，中心是須彌山，日無適而不爲精也。地既無適而不爲中，則日無適而不爲精也。氣行滿天地之中，然氣須有精處，故其見如輪如餅。譬之鋪一溜柴薪，從頭爇著，火到處，其光皆一般，非是有一塊物推著行將去。氣行到寅，則寅上有光；行到卯，則卯上有光。氣充塞，無所不到。若這上頭得箇意思，便知得生物之理。

觀書者，亦須要知得隨文害義。如《書》曰：「湯既勝夏，欲遷其社，不可。」既處湯爲聖人，聖人不容有妄舉。若湯始欲遷社，衆議以爲不可而不遷，則是湯先有妄舉也。不可者，湯不可之也。湯以爲國既亡，則社自當遷，以爲遷之不若不遷之愈，故但屋之。屋之，則與遷之無以異。既爲亡國之社，則自王城至國都皆有之，使爲戒也。故《春秋》書「亳社災」，然則魯有亳社，屋之，故有火災。此制，計之必始於湯也。

長安西風而雨，終未曉此理。須是自東自北而風則雨，自南自西則不雨。何者？自東自北皆屬陽，《坎》卦本陽。陽唱而陰和，故雨；自西自南陰也，陰唱則陽不和。《蝃蝀》之詩曰：「朝隮于西，崇朝其雨。」是陽來唱也，故「雨」。「蝃蝀在東」，則是陰先唱也，「莫之敢指」者，非謂手指莫敢指陳也，猶言不可道也。《易》言「密雲不雨，自我西郊」，言自西則是陰先唱也，故雲雖密而不雨。今西風而雨，恐是山勢使然。

學者用了許多工夫，下頭須落道了，是入異教。只爲自家這下元未曾得箇安泊處，那下説得成熟？世人所惑者鬼神轉化，佗總有説，又費力説道理，又打入箇無底之壑，故一生出不得。今日須是自家這下照得理分明，則不走作。形而下形而上者，亦須更分明須得。雖則心有一作存。默識，有難名狀處，然須説盡心知性知天，亦須於此留意。此章一無「落道了是」四字。

學則與佗「窮理盡性以至於命」，則不失。異教之書，「雖小道必有可觀者焉」。然其流必乖，故不可以一事遂都取之。若楊、墨亦同是堯、舜，同非桀、紂。是非則可也，其就上所説，則是成就他説也。非桀是堯，是吾依本分事，就上過説，則是佗私意説箇。要之，只有箇理。

講學本不消得理會，然每與剔撥出，只是如今雜亂膠固，須著説破。

孟子論王道便實。「徒善不足爲政，徒法不能自行」，便先從養生一作道。上説將去。既庶既富，然後以「飽食煖衣而無教」爲不可，故教之也。孟子而後，却只有《原道》一篇，其間語固多病，然要之大意儘近理。若《西銘》，則是《原道》之宗祖也。《原道》却只説到道，元未到得《西銘》意思。據子厚之文，醇然無出此文也，自《孟子》後，蓋未見此書。

聖人之教，以所貴率人，釋氏以所賤率人。初本無此十六字。卷末注云：「又『學佛者難吾言』章，一本章首有云云，下同，餘見『昨日之會』章。」學佛者難吾言，❶謂「人皆可以爲堯、舜，則無僕隷」。正叔言：「人皆可以爲堯、舜，聖人所願也；其不爲堯、舜，是所可賤也，故以爲僕隷。」

❶「難」下，吕本旁注「去聲」二字。

游酢、楊時先知學禪，已知向裏没安泊處，故來此，却恐不變也。暢大隱許多時學，乃方學禪，是於此蓋未有所得也。吕進伯可愛，老而好學，理會直是到底。天祺自然有德氣，似箇貴人氣象，只是却有氣短處，規規太以事爲重，傷於周至，却是氣局小。景庸則只是才敏。須是天祺與景庸相濟，乃爲得中也。

子厚則高才，其學更先從雜博中過來。

理則天下只是一箇理，故推至四海而準，須是質諸天地，考諸三王不易之理。故敬則只是敬此者也，仁是仁此者也，信是信此者也。又曰：「顛沛造次必於是。」又言「吾斯之未能信」，只是道得如此，更難爲名狀。

今異教之害，道家之説則更没可闢，唯釋氏之説衍蔓迷溺至深。今日今日一作自。是釋氏盛而道家蕭索。方其盛時，天下之士往往自一作又。從其學，自難與之力争。惟當自明吾理，吾理自立，則彼不必與争。然在今日，釋氏却未消理會，大患者却是介甫之學。譬之盧從史在潞州，知朝廷將討之，當時便使一處逐其節度使。朝廷之議，要討逐節度者，而李文饒之意，要先討潞州，則不必治彼而自敗矣。如今日，却要先整頓介甫之學，壞了後生學者。

異教之説，其盛如此，其久又如是，亦須是有命，然吾輩不謂之命也。

人之於患難，只有一箇處置，盡人謀之後，却須泰然處之。有人遇一事，則心心念念不肯舍，畢竟何益？若不會處置了放下，便是無義無命也。

「道之不明也，賢者過之，不肖者不及也」。賢者則只過當，不肖又却都休。

冬至一陽生，却須斗寒，正如欲曉而反暗也。陰陽之際，亦不可截然不相接，廝侵過便是道理。天地之間，如是者極多。《艮》之爲義，終萬物，始萬物，此理最妙，須玩索這箇理。

古言《乾》、《坤》退處不用之地，而用六子。若人，則便分君道無爲，臣道有爲。若天，則誰與佗安排？佗如是，須有道理。故如八卦之義，須要玩索。

早梅冬至已前發，方一陽未生，然則發生者何也？其榮其枯，此萬物一箇陰陽升降大節也。然逐枝自有一箇榮枯，分限不齊，此各有一《乾》、《坤》也。各自有箇消長，只是箇消息。惟其消息，此所以不窮。至如松柏，亦不是不彫，只是後彫，彫得不覺，怎少得消息？方夏生長時，却有夏枯者，則冬寒之際有發生之物，何足怪也！

物理最好玩。

陰陽於天地間，雖無截然爲陰爲陽之理，須去參錯，然一箇升降生殺之分，不可無也。

動植之分，有得天氣多者，有得地氣多者，「本乎天者親上，本乎地者親下」。然要之，雖木植亦兼有五行之性在其中，只是偏得土之氣，故重濁也。

伯淳言：「《西銘》某得此意，只是須得佗子厚有如此筆力，佗人無緣做得。孟子以後，未有人及此。得此文字，省多少言語。且教佗人讀書，要之仁孝之理備於此，須臾而不於此，則便不仁不孝也。」

《詩》前序必是當時人所傳，國史明乎得失之迹者是也。不得此，則何緣知得此篇是甚意思？《大序》則是仲尼所作，其餘則未必然。要之，皆得大意，只是後之觀《詩》者亦添入。

《詩》有六體，須篇篇求之，或有兼備者，或有偏得一二者。今之解《詩》者，風則分付與《國風》矣，雅則分付與《大》、《小雅》矣，頌即分付與《頌》矣。《詩》中且没却這三般體，如何看得詩？風之爲言，便有風動之意；興便有一興喻之意；比則直比之而已，蛾眉瓠犀是也；賦則賦陳其事，如「齊侯之子，衛侯之妻」是也；雅則正言其事；頌則稱美之言也，如「于嗟乎騶虞」之類是也。

《關雎》之詩，如言「樂得淑女，以配君子；憂在進賢，不淫其色」，非后妃之事，明知此意是作詩者之意也。如此類推之。

《詩》言后妃夫人者，非必謂文王之妻也，特陳后妃夫人之事，如斯而已。然其後亦有當時詩附入之者，《汝墳》是也。且《二南》之詩，必是周公所作，佗人恐不及此。以其爲教於衽席之上，閨門之内，上下貴賤之所同也。故用之鄉人邦國而謂之國風也。化天下只是一箇風，至如《鹿鳴》之詩數篇，如燕群臣、遣戍役、勞還卒之類，❶皆是爲國之常政，其詩亦恐是周公所作，如後人之爲樂章是也。

《論語》中言「唐棣之華」者，因權而言逸詩也。孔子刪《詩》，豈只取合於雅頌之音而已，亦是謂合此義理也。如《皇矣》、《烝民》、《文王》、《大明》之類，其義理，非人人學至於此，安能及此？作詩者又非一人，上下數千年若合符節，只爲合這一箇理，若不合義理，孔子必不取也。

夫子言「興於《詩》」，觀其言，是興起人善意，汪洋浩大，皆是此意。如言「秉心塞淵，騋牝三千」。須是塞淵，然後騋牝三千。塞淵有義理。又如《駉》之詩，坰牧是賤事，其

❶「卒」，原誤作「率」，依呂本改。

中却言「思無邪」。《詩》三百，一言以蔽之者在此一句。坰牧而必要思無邪者，蓋爲非此則不能坰牧。又如《考槃》之詩，解者謂賢人永誓不復告君，不復見君，又自誓不詐而實如此也，據此安得有賢者氣象？孟子之於齊，是甚君臣，然其去，未嘗不遲遲顧戀。今此君才不用，便躁忿如此，是不可磯也。乃知此詩，解者之誤。此詩是賢者退而窮處，心不忘君，怨慕之深者也。君臣猶父子，安得不怨？故直至於寤寐弗忘，永陳其不得見君與告君，又陳其此誠之不詐也。此章注「塞淵有義理」，一作「塞淵於義理」。

堯與舜更無優劣，及至湯、武便別。孟子言性之反之，自古無人如此説，只孟子分别出來，便知得堯、舜是生而知之，湯、武是學而能之。文王之德則似堯、舜，禹之德則似湯、武，要之皆是聖人。

《詩》云：「上天之載，無聲無臭，儀刑文王，萬邦作孚。」上天又無聲臭之可聞，只看文王便萬邦取信也。又曰：「維天之命，於穆不已。」蓋曰天之所以爲天也。「文王之德之純」，蓋曰文王之所以爲文也。然則文王之德，直是似天。「昊天曰明，及爾出王；昊天曰旦，及爾游衍」，只爲常是這箇道理。此箇一作理。亦須待佗心熟，便自然别。「樂則生，生則烏可已也」，須是熟方能如此。「苟爲不熟，不如稊稗」。

「是集義所生，非義襲而取之也」。須集義，這上頭莫非義也。

仁義禮智根於心，其生色言四者，本於心而生色也。「睟於面，盎於背，施於四體，四體不言而喻」，孟子非自及此，焉能道得到此？

今志於義理而心不安樂者，何也？此則正是剩一箇助之長。雖則心操之則存，舍之則亡，然而持之太甚，便是必有事焉而正之也。亦須且恁去如此者，只是德孤。「德不孤，必有鄰」，到德盛後，自無窒礙，左右逢其原也。

《中庸》言「禮儀三百，威儀三千」，方是説「優優大哉」。又却非如異教之説，須得如枯木死灰以爲得也。

得此義理在此，甚事不盡？更有甚事出得？視世之功名事業，真譬如閑。視世之仁義者，甚煦煦孑孑，如匹夫匹婦之爲諒也。自視一作是。天來大事，處以此理，又曾何足論？若知得這箇義理，便有進處。若不知得，則何緣仰高鑽堅，在前在後也？竭吾才，則又見其卓爾。

德者得也，須是實到這裏須得。

言「反身而誠，樂莫大焉」，却是著人上説。

邵堯夫於物理上儘説得，亦大段漏洩佗天機。

人於天理昏者，是只爲嗜欲亂著佗。莊子言「其嗜欲深者，其天機淺」，此言却最是。

這箇義理，仁者又看做仁了也，知者又看做知了也，百姓又日用而不知，此所以「君子之道鮮矣」。此箇亦不少，亦不剩，只是人看他不見。

今天下之士人，在朝者又不能言，退者遂忘之，又不肯言，此非朝廷吉祥。雖未見從，又不曾有大横見加，便豈可自絶也？君臣，父子也，父子之義不可絶。豈有身爲侍從，尚食其禄，視其危亡，曾不論列，君臣之義，固如此乎？

「寂然不動，感而遂通」者，天理具備，元無欠少，不爲堯存，不爲桀亡。父子君臣，常理不易，何曾動來？因不動，故言「寂然」；雖不動，感便通，感非自外也。

若不一本，則安得「先天而天不違，後天而奉天時」？

所務於窮理者，非道須盡窮了天下萬物之理，又不道是窮得一理便到，只是要積累多後，自然見去。

天地安有内外？言天地之外，便是不識天地也。人之在天地，如魚在水，不知有水，直待出水，方知動不得。

禮一失則爲夷狄，再失則爲禽獸。聖人初恐人入於禽獸也，故於《春秋》之法極謹嚴。元本無故字。中國而用夷狄禮，則便夷狄之。韓愈言「《春秋》謹嚴」，深得其旨。韓愈道佗不知又不得。其言曰：「《易》奇而法，《詩》正而葩，《春秋》謹嚴，左氏浮夸。」其名理皆善。

當春秋、戰國之際，天下小國介於大國，奔命不暇，然足以自維持數百年。此勢却似稻塍，各有界分約束。後世遂有土崩之勢，道壞便一時壞，元本無此一壞字。陳涉一叛，天下遂不支梧。今日堂堂天下，只西方一敗，朝廷遂震，何也？蓋天下之勢，正如稻塍，各有限隔，則卒不能壞。今天下却似一箇萬頃陂，要起卒起不得，及一起則洶湧，遂奈何不得。以祖宗德澤仁厚，涵養百餘年間，一時柔了人心，雖有豪傑，無箇端倪起得，便只要安静，不宜使摇動。雖夷狄亦散兵却鬬，恃一本無恃字。此中國之福也。一本此字下有非字。

賈誼有五餌之説，當時笑其迂疏，今日朝廷正使著，故得許多時寧息。

天地動静之理，天圜則須轉，地方則須安静。南北之位，豈可不定下？所以定南北者，在坎離也。坎離又不是人安排得來，莫非自然也。

《論語》爲書，傳道立言，深得聖人之學者矣。如《鄉黨》形容聖人，不知者豈能及是？

「不愧屋漏」，便是箇持養氣象。

孔、孟之分，只是要别箇聖人賢人。如孟子若爲孔子事業，則儘做得，只是難似聖人。譬如翦綵以爲花，花則無不似處，只是無他造化功。「綏斯來，動斯和」，此是不可及處。

只是這箇理，以上却難言也。如言「吾斯之未能信」，皆是古人此理已明故也。

敬而無失，便是「喜怒哀樂未發之謂中」也。敬不可謂之中，但敬而無失，即所以中也。

微仲之學雜，其愷悌嚴重寬大處多，惟心艱於取人，自以才高故爾。語近學，則不過入於禪談；不常議論，則以苟爲有詰難，亦不克易其言，不必信心，自以才高也。

和叔常言「及相見則不復有疑，既相别則不能無疑」，然亦未知果能終不疑。不知佗既已不疑，而終復有疑，何故？伯淳言：「何不問他？疑甚不如劇論。」

和叔任道擔當，其風力甚勁，然深潛縝密，有所不逮於與叔。蔡州謝良佐雖時學中因議州舉學試得失，便不復計較。建州游酢，非昔日之游酢也，固是穎，然資質温厚。南劍州楊時雖不逮酢，然煞穎悟。林大節雖差魯，然所問便能躬行。劉質夫久於其事，自小來便在此。李端伯相聚雖不久，未見佗操履，然才識穎悟，自是不能已也。

介父當初，只是要行己志，恐天下有異同，故只去上心上把得定，佗人不能摇，以是拒絶言路，進用柔佞之人，使之奉行新法。今則是佗已去，不知今日却留下害事。

昨春邊事權罷，是皆李舜舉之力也。今不幸適喪此人，亦深足憐也。此等事皆是重不幸。

李憲本意，佗只是要固蘭會，恐覆其功，必不肯主這下事。元豐四年取興、靈事。

新進游、楊輩數人入太學，不惟議論須異，且動作亦必有異，故爲學中以異類待之，又皆學《春秋》，愈駭俗矣。

堯夫之學，先從理上推意，言象數言天下之理，須出於四者，推到理處，曰：處曰添二字。「我得此大者，則萬事由我，無有不定。」然未必有術，要之亦難以治天下國家。其爲人則直是無禮不恭，惟是侮玩，雖天理一作地。亦爲之侮玩。如《無名公傳》言「問諸天地，天地不對，弄丸餘暇，時往時來」之類。

堯夫詩「雪月風花未品題」，佗便把這些事，便與堯、舜、三代一般。此等語，自孟子後，無人曾敢如此言來，直是無端。又如言文字呈上，堯夫皆不恭之甚。「須信畫前元有《易》，自從删後更無《詩》」，這箇意思，古元未有人道來。

「行己須行誠盡處」，正叔謂：「意則善矣，然言誠盡，則誠之爲道，非能盡也。」堯夫戲謂：「且就平側。」

司馬子微嘗作《坐忘論》，是所謂坐馳也。微，一作綦。

伯淳昔在長安倉中閑坐，後見長廊柱，以意數之，已尚不疑，再數之不合，不免令人一一聲言而數之，乃與初數者無差，則知越著心把捉越不定。

吕與叔以氣不足而養之，此猶只是自養求無疾，如道家修養亦何傷，若須要存想飛昇，此則不可。

徐禧奴才也，善兵者有二萬人未必死，彼雖十萬人，亦未必能勝二萬人。古者以少擊衆而取勝者多，蓋兵多亦不足恃。昔者袁紹以十萬阻官渡，而曹操只以萬卒取之；王莽百萬之衆，而光武昆陽之衆有八千，仍有在城中者，然則只是數千人取之；苻堅下淮百萬，而謝玄才二萬人，一麾而亂。以此觀之，兵衆則易老，適足以資敵人，一敗不支，則自相蹂踐。至如聞風聲鶴唳，皆以爲晉軍之至，則是自相殘也。譬之一人軀幹極大，一人輕捷，兩人相當，則擁腫者遲鈍，爲輕捷者出入左右之，則必困矣。自古師旅勝敗，不能無之。然今日邊事，至號疏曠前古未之聞也。其源在不任將帥，將帥不慎任人。闔外之事，將軍處之，一一中覆，皆受廟算，上下相徇，安得不如此？元豐五年永樂城事。

楊定鬼神之説，只是道人心有感通。如有人平生不識一字，一日病作，却念得一部杜甫詩，却有此理。天地間事，只是一箇有，一箇無，既有即有，無即無。如杜甫詩者，是世界上實有杜甫詩，故人之心病及至精一有箇道理，自相感通。以至人心在此，託夢在彼，亦有是理，只是心之感通也。死者託夢，亦容有此理。有人過江，其妻墮水，意其爲必死矣，故過金山寺爲作佛事。方追薦次，忽其婢子通傳墮水之妻，意度在某處作甚事，是誠死也。及三二日，有漁人撑舟，以其妻還之，乃未嘗死也，蓋旋於急流中救活之。然則其婢子之通傳是何也？亦是心相感通。既説心有感通，更説甚生死古今之别？

天祺自然有德氣，望之有貴人之象，只是氣局小，太規規於事爲重也。昔在司竹，常愛用一卒長，及將代，自見其人盜筍皮，遂治之無少貸。罪已正，待之復如初，略不介意，人觀其德量如此。

正叔謂子厚：「越獄，以謂卿監已上不追攝之者，以其貴朝廷。有旨追攝，可也；又請枷項，非也。不已太辱矣？貴貴，以其近於君。」子厚謂：「若終不伏，則將奈何？」正叔謂：「寧使公事勘不成則休，朝廷大義不可虧也。」子厚以爲然。

俗人酷畏鬼神，久亦不復敬畏。

冬至一陽生，而每遇至後則倍寒，何也？陰陽消長之際，無截然斷絶之理，故相攙掩過。如天將曉，復至陰黑，亦是理也。大抵終始萬物，莫盛乎《艮》，此儘神妙，須儘研窮此理。

今尺長於古尺。欲尺度權衡之正，須起於律。律取黄鍾，黄鍾之聲，亦不難定。世自有知音者，將上下聲考之，須一作既。得其正，便將黍以實其管，看管實幾粒，然後推而定法可也。古法：律管當實千二百粒黍，今羊頭山黍不相應，則將數等驗之，看如何大小者，方應其數，然後爲正。昔胡先生定樂，取羊頭山黍，用三等篩子篩之，取中等者用之，此特未爲定也。此尺是器上所定，更有因人而制。如言深衣之袂一尺二寸，若古人身材只用一尺二寸，豈可運肘？即知因人身而定。

既是爲人後者，便須將所後者呼之以爲父，以爲母。不如是，則不正也，却當甚爲人後？後之立疑義者，只見禮不杖期内，有爲人後者爲其父母報，便道須是稱親。禮文蓋言出爲人後，則本父母反呼之以爲叔爲伯也，故須著道爲其父母以别之，非謂却將本父母亦稱父母也。

哲廟取孟后詔云：「孟元孫女。」后孟在女也，而以孟元孫女詔者，伊川云：「自古天子不娶小國，蓋孟元將校，曾隨文潞公貝州獲功，官至團練使，而在是時止是小使臣耳。」此一段非元豐時事，疑後人記。

輯自中華書局校點本《二程集·河南程氏遺書》卷第二上

附東見録後

今許大西事，無一人敢議者。自古舉事，不能無可否是非，亦須有議論。如苻堅壽春之役，其朝廷宗室，固多有言者，以至宫女有張夫人者，猶上書諫。西晉平吴，當取也，主之者惟張華一人而已。然當時雖羊叔子建議，而朝廷亦不能無言。又如唐師取蔡州，此則在中國容其數十年恣睢，然當時以爲不宜取者，固無義理，然亦是有議論。今則廟堂之上無一人言者，幾何不一言而喪邦也！元豐四年，用种諤、沈括之謀伐西夏。

今日西師，正惟事本不正，更説甚去就！君子於任事之際，須成敗之由一作責。在己，則自當生死以之。今致其身，使禍福死生利害由人處之，是不可也。如昨軍興事務繁夥，是亦學也；但恐只了佗紛紛底，則又何益？如從軍者之行，必竟是爲利禄，爲功名。由今之舉，便使得人一城一國，又是甚功名？君子恥之。今日從宦，苟有軍事，不能免此，是復蹈前事也。然則既如此，曷爲而不已也？

胎息之説，謂之愈疾則可，謂之道，則與聖人之學不干事，聖人未嘗説著。若言神住則氣住，則是浮屠入定之法。雖謂養氣猶是第二節事，亦須以心爲主，其心欲慈惠安一作虚。静，故於道爲有助，亦不然。孟子説浩然之氣，又不如此。今若言存心養氣，只是專爲此氣，又所爲者小。舍大務小，舍本趨末，又濟甚事！今言有助於道者，只爲奈何心不下，故要得寂湛而已，又不似釋氏攝心之術。論學若如是，則大段雜也。亦不須得道，只閉目静坐爲可以養心。「坐如尸，立如齊」，只是要養其志，豈只待爲養這些氣來，又不如是也。

浮屠之術，最善化誘，故人多向之。然其術所以化衆人也，故人亦有向有不向者。如介甫之學，佗便只是去人主心術處加功，故今日靡然而同，無有異者，所謂一正君而國定也。此學極有害。以介甫才辯，遽施之學者，誰能出其右？始則且以利而從其説，久而遂安其學。今天下之新法害事處，但只消一日除了便没事。其學化革了人心，爲害最甚，其如之何！故天下只是一箇風，風如是，則靡然無不向也。

今日西事要已，亦有甚難？前事亦何足恥？只朝廷推一寬大天地之量，許之自新，莫須相從。然此恐未易。朝廷之意，今日不得已，須著如此。但夏人更重有所要，以堅吾約，則邊患未已也。一本通下章爲一段。

范希文前日西舉，以虚聲而走敵人。今日又不知誰能爲希文者。

關中學者，以今日觀之，師死而遂倍之，却未見其人，只是更不復講。

餽運之術，雖自古亦無不煩民、不動摇而足者。然於古則有兵車，其中載糗糧，百人破二十五人。然古者行兵在中國，又不遠敵，若是深入遠處，則決無省力。且如秦運海隅之粟以饋邊，率三十鍾而致一石，是二百倍以來。今日師行，一兵行，一夫饋，只可供七日，其餘日必俱乏食也。且計之，須三夫而助一兵，仍須十五日便回，一日不回，則一日乏食。以此校之，無善術。故兵也者，古人必不得已而後用者，知此耳。

目畏尖物，此事不得放過，便與克下。室中率置尖物，須以理勝佗，尖必不刺人也，何畏之有！

横渠墓祭爲一位，恐難推同几之義。同几唯設一位祭之，謂夫婦同牢而祭也。呂氏定一歲疏數之節，有所不及，恐未合人情。一本作呂氏歲时失之疏。雨露既濡，霜露既降，皆有所感。若四時之祭有所未及，則不得契感之意。一本作疏則不契感之情。今祭祀，其敬齊禮文之類，尚皆可緩，且是要大者先正始得。今程氏之家祭，只是男女異位，及大有害義者，稍變得一二，佗所未遑也。吾曹所急正在此。凡祭祀，須是及祖。知母而不知父，狗彘是也。知父而不知祖，飛鳥是也。人須去上面立一等，求所以自異始得。

自古治亂相承，亦常事。君子多而小人少，則治；小人多而君子少，則亂。然在古，亦須朝廷之中君子小人雜進，不似今日剪截得直是齊整，不惟不得進用，更直憔悴善類，略去近道，則須憔悴舊日交遊。只改節者，便於世事差遂。此道理，不知爲甚？正叔近病，人有言之，曰：「在佗人則有追駁斥放，正叔無此等事，故只有病耳。」

介甫今日亦不必誅殺，人人靡然自從，蓋只消除盡在朝異己者。在古，雖大惡在上，一面誅殺，亦斷不得人議論，今便都無異者。

卜筮之能應，祭祀之能享，亦只是一箇理。蓍龜雖無情，然所以爲卦，而卦有吉凶，莫非有此理。以其有是理也，故以是問一作心向。焉，其應也如響。若以私心及錯卦象而問之，便不應，蓋没此理。今日之理與前日已定之理，只是一箇理，故應也。至如祭祀之享亦同。鬼神之理在彼，我以此理向之，故享也。不容有二三，只是一理也。如處藥治病，亦只是一箇理。此藥治箇如何氣，有此病服之即應，若理不契，則藥不應。

古之言鬼神，不過著於祭祀，亦只是言如聞歎息之聲，亦不曾道聞如何言語，亦不曾道見如何形狀。如漢武帝之見李夫人，只爲道士先説與在甚處，使端目其地，故想出也。然武帝作詩，亦曰「是耶非耶」。嘗問好談鬼神者，皆所未曾聞見，皆是見説，燭理不明，便傳以爲信也。假使實所聞見，亦未足信，或是心病，或是目病。如孔子言人之所信者目，目亦有不足信者耶。此言極善。

今日雜信鬼怪異説者，只是不先燭理。若於事上一一理會，則有甚盡期，須只於學上理會。

師巫在此，降言在彼，只是抛得遠，決無此理。又言留下藥，尤知其不然。生氣盡則死，死則謂之鬼可也。但不知世俗所謂鬼神何也？聰明如邵堯夫，猶不免致疑，在此嘗言，有人家若虚空中聞人馬之聲。某謂：「既是人馬，須有鞍韉之類皆全，這箇是何處得來？」堯夫言：「天地之間，亦有一般不有不無底物。」某謂：「如此説，則須有不有不無底人馬，凡百皆爾，深不然也。」

風肅然起於人心恐怖。要之，風是天地間氣，非土偶人所能爲也。漢時神君，今日二郎廟，皆有之。

人心作主不定，正如一箇翻車，流轉動摇，無須臾停，所感萬端。又如懸鏡空中，無物不入其中，有甚定形？不學則却都不察，及有所學，便覺察得是爲害。著一箇意思，則與人成就得箇甚好見識？一作「無意於學，則皆不之察，暨用心自觀，即覺其爲害。存此紛雜，竟與人成何見識！」心若不做一箇主，怎生奈何？張天祺昔常言，「自約數年，自上著牀，便不得思量事」。不思量事後，須强把佗這心來制縛，亦須寄寓在一箇形象，皆非自然。君實自謂「吾得術矣，只管念箇中字」，此則又爲中繫縛。且中字亦何形象？若愚夫不思慮，冥然無知，此又過與不及之分也。有人胸中常若有兩人焉，欲爲善，如有惡以爲之間；欲爲不善，又若有羞惡之心者。本無二人，此正交戰之驗也。持其志，便氣不能亂，此大可驗。要之，聖賢必不害心疾，其佗疾却未可知。佗藏府，只爲元不曾養，養之却在修養家。一作「持其志，使氣不能亂，此大可驗。要之，聖賢必不病心疾，佗藏府有患，則不嘗專志於養焉」。

仁祖時，北使進言，「高麗自來臣屬北朝，近來職貢全缺，殊失臣禮，今欲加兵。又聞臣屬南朝，今來報知」。仁祖不答，及將去也，召而前，語之曰：「適議高麗事，朕思之，只是王子罪，不干百姓事。今既加兵，王子未必能誅得，且是屠戮百姓。」北使遂屈無答，不覺汗流浹背，俯伏於地，歸而寢兵。佗都不言彼兵事勢，只看這一箇天地之量，亦至誠有以格佗也。

人心緣境，出入無時，人亦不覺。

人夢不惟聞見思想，亦有五藏所感者。

天下之或寒或燠，只緣佗地形高下。如屋陰則寒，屋陽則燠，不可言於此所寒，於此所熱。且以尺五之表定日中一萬五千里，就外觀未必然。

人有壽考者，其氣血脈息自深，便有一般深根固蒂底道理。一作氣象。人脈起於陽明，周旋而下，至於兩氣口，自然匀長，故於此視脈。又一道自頭而下，至足大衝，亦如氣口。此等事最切於身，然而人安然恬於不知。至如人爲人問「你身上有幾條骨頭，血脈如何行動，腹中有多少藏府」，皆冥然莫曉。今人於家裏有多少家活屋舍，被人問著，己不能知，却知爲不智，於此不知，曾不介意，只道是皮包裹，不到少欠，大小大不察。近取諸身，一身之上，百理具備，甚物是没底？背在上故爲陽，胸在下故爲陰，至如男女之生，已有此象。天有五行，人有五藏。心，火也，著些天地間風氣乘之，便須發燥。肝，木也，著些天地間風氣乘之，便須發怒。推之五藏皆然。孟子將四端便爲四體，仁便是一箇木氣象，惻隱之心便是一箇生物春底氣象，羞惡之心便是一箇秋底氣象，只有一箇去就斷割底氣象，便是義也。推之四端皆然。此箇事，又著箇甚安排得也？此箇道理，雖牛馬血氣之類亦然，都恁備具，只是流形不同，各隨形氣，後便昏了佗氣。如其子愛其母，母愛其子，亦有木底氣象，又豈無羞惡之心？如避害就利，別所愛惡，一一理完。更如獼猴尤似人，故於獸中最爲智巧，童昏之人見解不及者多矣。然而唯人氣最清，可以輔相裁成，「天地設位，聖人成能」，直行乎天地之中，所以爲三才。天地本一物，地亦天也。只是人爲天地心，是心之動，則分了天爲上，地爲下，兼三才而兩之，故六也。

天地之氣，遠近異像，則知愈遠則愈異。至如人形有異，曾何足論！如史册有鬼國狗國，百種怪異，固亦有之，要之這箇理則一般。其必一作有。異者，譬如海中之蟲魚鳥獸，不啻百千萬億，卒無有同於陸上之物。雖極其異，要之只是水族而已。

天地之中，理必相直，則四邊當有空闕處。空闕處如何，地之下豈無天？今所謂地者，特於一作爲。天中一物爾。如雲氣之聚，以其久而不散也，故爲對。凡地動者，只是氣動。凡所指地者，一作損缺處。只是土，土亦一物爾，不可言地。更須要知《坤》元承天，是地之道也。

古者百畝，今四十一畝餘。若以土地計之，所收似不足以供九人之食。曰：「百畝九人固不足，通天下計之則亦可。家有九人，只十六已別受田，其餘皆老少也，故可供。有不足者，又有補助之政，又有鄉黨賙捄之義，故亦可足。」

後世雖有作者，虞帝不可及也。猶之田也，其初開荒蒔種甚盛，以次遂漸薄，虞帝當其盛時故也。其間有如夏衰，殷衰，周衰，有盛則有衰，又是其間之盛衰，推之後世皆若是也。如一樹，方其榮時，亦有發生，亦有彫謝。桑榆既衰矣，亦有發生，亦有彫謝。又如一歲之中，四時之氣已有盛衰，一時之中又有盛衰，推之至如一辰，須有辰初、辰正、辰末之差也。今言天下之盛衰，又且只據書傳所有，聞見所及。天地之廣，其氣不齊，又安可計？譬之一國有幾家，一家有幾人，人之盛衰休戚未有齊者。姓之所以蕃庶者，由受姓之祖，其流之盛也。

《内則》謂請靧請浴之類，雖古人謹禮，恐不如是之煩。

古人乘車，車中不内顧，不親指，不遠視，行則鳴環佩，在車則聞和鸞，式則視馬尾，自然有箇君子大人氣象。自五胡亂華以來，惟知鞍馬爲便利，雖萬乘之尊，猶執鞭上馬。執鞭非貴人事。

使人謂之啞御史猶可，且只是格君心。

正叔嘗爲葬説，有五事：相地，須使異日決不爲路，不置城郭，不爲溝渠，不爲貴人所奪，不致耕犁所及，此大要也。其穴之次，設如尊穴南向北首，陪葬者前爲兩列，亦須北首，各於其穴安夫婦之位。坐於堂上，則男東而女西，臥於室中，則男外而女内也。推此爲法觀之。葬，須爲坎室爲安。若直下便以土實之，則許大一塊虛土，壓底四向，流水必趨土虛處，大不便也。且棺椁雖堅，恐不能勝許多土頭，有失比化者無使土親膚之義。

心所感通者，只是理也。知天下事有即有，無即無，無古今前後。至如夢寐皆無形，只是有此理。若言涉於形聲之類，則是氣也。物生則氣聚，死則散而歸盡。有聲則須是口，既觸則須是身。其質既壞，又安得有此？乃知無此理，便不可信。

草木，土在下，因升降而食土氣；動物却土在中，脾在内也。非土則無由生。

《禮》言「惟天地之祭爲越紼而行事」，此事難行。既言越紼，則是猶在殯宫，於時無由致得齋，又安能脱喪服衣祭服？此皆難行。縱天地之祀爲不可廢，只一作則。消使冢宰攝爾。昔者英宗初即位，有人以此問，先生答曰：「古人居喪，百事皆此有闕字。如常，特於祭祀廢之，則不若無廢爲愈也。」子厚正之曰：「父在爲母喪，則不敢見其父，不敢以非禮見也。今天子爲父之喪，以此見上帝，是以非禮見上帝也，故不如無祭。」

「萬物皆備於我」，此通人物而言。禽獸與人絶相似，只是不能推。然禽獸之性却自然，不待學，不待教，如營巢養子之類是也。人雖是靈，却椓喪處極多，只有一件，嬰兒飲乳是自然，非學也，其佗皆誘之也。欲得人家嬰兒善，且自小不要引佗，留佗真性，待他自然，亦須完得些本性須別也。

勿謂小兒無記性，所歷事皆能不忘。故善養子者，當其嬰孩，鞠之使得所養，全其和氣，乃至長而性美，教之示以好惡有常。至如養犬者，不欲其升堂，則時其升堂而扑之。若既扑其升堂，又復食之於堂，則使執從？雖日撻而求其不升，不可得也。養異類且爾，況人乎？故養正者，聖人也。

極，須爲天下之中。天地之中，理必相直。今人所定天體，只是且以眼定，視所極處不見，遂以爲盡。然向曾有於海上見南極下有大星十，則今所見天體蓋未定。雖似不可窮，然以土圭之法驗之，日月升降不過三萬里中。故以尺五之表測之，每一寸當一千里。然而中國只到鄯善、莎車，已是一萬五千里。若就彼觀日，尚只是三萬里中也。天下之或寒或煖，只緣地形高下。如屋陰則寒，屋陽則燠，不可言於此所寒矣，屋之西北又益寒。伯淳在澤州，嘗三次食韭黄，始食懷州韭，次食澤州，又次食并州，則知數百里間氣候争三月矣。若都以此差之，則須争半歲。如是，則有在此冬至，在彼夏至者。雖然，又没此事，只是一般爲冬爲夏而已。

貴姓子弟於飲食玩好之物之類，直是一生將身伏事不懈，如管城之陳醋瓶，洛中之史畫匣是也。更有甚事？伯淳與君實嘗同觀史畫，猶能題品奈煩。伯淳問君實：「能如此與佗畫否？」君實曰：「自家一箇身，猶不能事持得，更有甚工夫到此？」

電者陰陽相軋，雷者陰陽相擊也。軋者如石相磨而火光出者，電便有雷擊者是一作甚。也。或傳京師少聞雷，恐是地有高下也。

神農作《本草》，古傳一日食藥七十死，非也。若小毒，亦不當嘗；若大毒，一嘗而死矣，安得生？其所以得知者，自然視色嗅味，知得是甚氣，作此藥，便可攻此病。須是學至此，則知自至此。

或以謂原壤之爲人，敢慢聖人，及母死而歌，疑是莊周，非也。只是一箇鄉里粗鄙人，不識義理，觀夫子責之辭，可以見其爲人也。一本此下云：「若是莊周，夫子亦不敢叩之責之，適足以啟其不遜爾，彼亦必須有答。」

古人適異方死，不必歸葬故里，如季子是也。其言骨肉歸於土，若夫魂氣，則無不之也。然觀季子所處，要之非知禮者也。

古人之法，必犯大惡則焚其屍。今風俗之弊，遂以爲禮，雖孝子慈孫，亦不以爲異。更是公方明立條貫，元不爲禁：如言軍人出戍，許令燒焚，將骨殖歸；又言郊壇須三里外方得燒人，則是別有焚屍之法。此事只是習慣，便不以爲事。今有狂夫醉人，妄以其先人棺櫬一彈，則便以爲深讐巨怨，及親拽其親而納之火中，則略不以爲怪，可不哀哉！

英宗欲改葬西陵，當是時，潞公對以禍福，遂止。其語雖若詭對，要之却濟事。

父子異宮者，爲命士以上，愈貴則愈嚴。故父子異宮，猶今有逐位，非如異居也。

輯自中華書局校點本《二程集・河南程氏遺書》卷二下

藍田儀禮説

吕大臨

《冠禮》所薦脯醢爲醴子設，非奠廟也。蓋禮有斯須之敬，母雖尊，有從子之道，故當其冠也，以成人之禮禮之。若謂脯自廟來，拜而受之，則子拜送之後，其母又拜，義復何居？

以布爲卷幘，約四垂短髪，而露其髻，《冠禮》謂之「缺項」。冠者先著此缺項，而後加冠。古者有罪，免冠而缺項存，因謂之免。《喪服》恐與「冕弁」之「冕」音相亂，故改音「問」。以上《士冠禮》。

物不可以苟合，受之以賁。天下之情不合，則不成其合也。敬則克終，苟則易離，必受以致飾者，所以敬而不苟也。昏禮者，其受賁之義乎，自納采至親迎，皆男先于女，所以別疑遠恥，成婦之順正也。

納徵者，納幣以聘之也。古之聘士、聘女，皆以幣交。貞潔之女，非禮則不行，猶貞潔之士，非其招則不往，是以有儷皮束帛。

昏期主于男氏，必請于女氏，固辭然後告者，賓客之義不敢先也。以上《士昏禮》。

君子之祭也，既内自盡，又外求助，昏禮是也。醮子曰「承我宗事」，《詩》有「采蘩采蘋」，皆以承先祖，共祭祀爲不失職。《士昏記》。

諸臣執圭璧，孤執皮帛，婦人無外事，贄用棗栗脯脩，天子無客禮，唯告于鬼神，用鬯以爲贄。

自天子至于士，其臣之貴者皆稱老。《記》曰：「天子之吏自稱于諸侯，曰天子之老；列國之大夫使于諸侯，自稱曰寡君之老。」又諸侯使卿弔于他國，辭曰「一介老某相執綍」，此天子諸侯之臣稱老者也；魯臧氏老將如晉問，此大夫之臣稱老者也；《士昏禮》「納采」主人降授老雁，此士之臣稱老者也。以上《士相見禮》。

《鄉飲酒義》云：「洗當東榮，主人之所以自絜而篤賓也。」賓雖亦就此洗，不曰賓主共之者，明以教人者自盡也。

賓、介與衆賓異矣，賓與介又有等。故介不拜洗，主人不于阼階拜送，不嚌肺，不啐酒，不告旨，不自酌酢，主人不酬，省于賓可知矣。衆賓則升受坐祭，立飲不酢，其拜受者，賓長三人，餘則不拜，省于介可知矣。此所以辨隆殺也。以上《鄉飲酒禮》。

先王制射禮，以善養人于無事之時，使其習之久而安之。君子敬以直内，義以方外，則不疑其所行，故曰：「内志正、外體直，然後持弓矢審固，可以言中也。」

孔子曰：「射者何以射？何以聽？循聲而發，發而不失正鵠者，其惟賢者乎！」蓋欲其容體比于禮而多中，故曰「何以射」，欲其節比于樂，故曰「何以聽」。體之所動，耳之所司，不在于他，是謂用志不分，不過于物。以上《鄉射禮》。

燕以飲爲主，食以食爲主，故燕禮有薦俎而無黍稷，食禮酒漿以漱而不獻，此燕、食之别也。饗禮雖無文，然雜見于傳記者，言爵盈而不飲則不卒爵矣，言有體薦則俎不折矣，言几設不倚則無脱屨升坐矣，此燕、饗之别也。《燕禮》。

古之選士，中多者得與于祭。蓋禮樂節文之多，惟射與祭爲然，能盡射之節文而不失其敬，可以奉祭祀矣。能心平體正，持弓矢審固而中多，其誠可以事鬼神矣。《大射儀。》

輯自《四明叢書》本《宋元學案補遺》卷三十一

藍田禮記説

呂大臨

禮聞取于人，不聞取人，學者之道也；禮聞來學，不聞往教，教者之道也。取猶致也，致于人者，我爲人所致而致之，在教者言之，則來學者也。取人者，我致人以教己，在教者言之，則往教者也。師嚴然後道尊，道尊然後民知敬學，友不可以有挾，況于師乎？雖天子不召師，況于學者乎？

師弟之分不正，則學之意不誠；學之意不誠，則師弟之情不親而教不行。

人之所以異于禽獸者，以有別也。有別者，先于男女，天地之義，人倫之始。《内則》曰「禮始于謹夫婦，爲宮室，辨内外，男子居外，婦人居内，深宮固門，閽寺守之，男不入，女不出」，所以別于居處者至矣。「非祭非喪，不相授器。其相授，則女授以篚，其無篚，則皆坐，奠之，而後取之。不雜坐，不通乞假。内言不出，外言不入」，所以別于往來者至矣。「道路，男子由右，婦人由左。女子出門，必擁蔽其面，夜行以燭，無燭則止」，「御婦人則進左手」，所以別于出入者至矣。「外内不共井，不共湢浴，不通寢席，不通衣裳。不同椸枷，不同巾櫛。不敢縣于夫之楎椸，不敢藏于夫之篋笥」，所以別于服御器用者至矣。「姑姊妹，女子子，天屬也，許嫁則非有大故不入其門。已嫁而反，則不與同席而坐，同器而食。嫂與諸母，同宮之親也，嫂叔則不通問，諸母則不漱裳。妻之母，婚姻之近屬也，壻見主婦，闔扉立于其内，壻立于門外東面，主婦一拜，壻答再拜，主婦又拜，壻出」，所以別于宗族婚姻者至矣。「男女非有行媒，不相知名，非受幣，不交不親。必日月以告君，齋戒以告鬼神，爲酒食以召鄉黨僚友。取妻不取同姓，買妾不知其姓則卜之。寡婦之子非有見焉，則弗與爲友」，所以厚別于交際者至矣。「男女不雜坐」，經雖無文，然喪祭之禮，男女之位異矣。男子在堂，則女子在房；男子在堂下，則女子在堂上；男子在東房，則女子在西房，坐亦當然。

「出必告，反必面」，受命于親而不敢專也；「所遊必有常，所習必有業」，體親之愛而不敢貽其憂也；「恆言不稱老」，極子之慕而不忍忘也。出入而無所受命，是遺親也。

親之愛子至矣，所遊必欲其安，所習必欲其正。苟輕身不自愛，則非可以養其志也。君子之事親，親雖老，而不失乎孺子慕者，愛親之至也。孟子曰：「五十而慕者，予于大舜見之矣。」故「髧彼兩髦」爲孺子之飾。苟常言而稱老，則忘親而非慕也。以上《曲禮上》。

喪不貳事，則祭雖至重，亦有所不可行。蓋祭而誠至則忘哀，祭而誠不至，不如不祭之爲愈也。後人哀死不如古人之隆，故多疑于此。《王制》。

祀天，禮之至敬者也，然人道有所未盡，故從其祖配之。所謂配者，當於祀天禮成之後，迎祖尸，以人鬼之禮祭之，必配祭者，所以盡人道之至愛。凡言配天及郊祀之有尸者，義當如此。《郊特牲》。

《内則》一篇，首言「后王命冢宰，降德于衆兆民」，蓋三代所以教天下者皆以是。自秦漢以來，外風俗而論政事，不復以人家事爲問矣。《内則》。

宗子法久不行，今雖士大夫，亦無收族之法，欲約小宗之法，且許士大夫家行之。其異宫同財，有餘則歸，不足則取，及昏冠喪祭必告，皆今可行。仍似古法，詳立條制，使之遵行，以爲睦宗之道，亦無所害于今法，可以漸消析居争競之醜，所補當不細矣。《大傳》。

禮樂之原，在于一心。《孔子閒居》。

以聖人之所性而議道，則無不盡；以衆人之可爲而制法，則法無不行。

文王非無武，武王非無文，止取其一以爲謚，惟恐名浮于行。以上《表記》。

莊生之言，非不善也，卒不可以治天下國家，此言之飾也；五霸假仁義而行，非不美也，而後世無傳焉，此行之飾也。《緇衣》。

深衣之用，上下不嫌同名，吉凶不嫌同制，男女不嫌同服。諸侯、大夫、士夕深衣，庶人吉服深衣，此上下同也。有虞氏深衣而養老；將軍文子除喪而受越人弔，練冠深衣；親迎，女在塗，壻之父母死，深衣縞總以趨喪：此吉凶男女同也。《深衣》。

「其過失可微辨，而不可面數」一句，乃尚氣好勝之言，于義理未合。成湯改過不吝，子路聞過則喜，推是心也，苟有過失，雖怨詈且將受之，況面數乎？

人有知不知，吾所恃者，尚論古之人而有命也；時有遇不遇，吾所守者，不喪乎本心也；志有行不行，吾所存者，不敢忘天下也。三者義理之所在，至於窮不悔，達不變，自信之篤者也。以上《儒行》。

容體、顔色、辭令，三者脩身之要，必學而後成，必成人而後備。童子，未成人者也，自七年始教，至于二十，則三者備矣，然後可以冠而責成人之事。

父老則傳之子，姑老則傳之婦，所傳皆適也。故冠禮，子冠于阼；昏禮，舅姑饗婦，卒饗，降自西階，婦降自阼階；所以著其傳付之意也。未嘗傳而示之以傳付之意，所以使之知繼之之重，敬守而不敢墜也。

古者重事必行之廟中。昏禮納采至親迎，皆主人筵几于廟；聘禮君親拜迎于大門之外而廟受；爵有德，禄有功，君親策命于廟；喪禮既啟則朝于廟：皆所以示有所尊而不敢專也。冠禮者，人道之始，所不可後也。孝子之事親也，有大事以告而後行，殁則行諸廟，猶是義也。故大孝終身慕父母者，非終父母之身，終其身之謂也。以上《冠義》。

古之大孝，養志而已。雖有三牲之養，而不能和其家人，則不足以解憂，其養也微矣。婦順舅姑，何以異此？故和于室人而後當于夫，以成絲麻布帛之事，以審守委積蓋藏，是亦養志者也。養志者順莫大焉，故内和理而後家可長久也。《昏義》。

禮之所尊，尊其義也。其文則擯相習之，其義則君子知之。修其文，達其義，然後可以化民成俗也。貴賤明，隆殺辨，和樂而不流，弟長而無遺，安燕而不亂，此五者皆見于飲酒之禮，而可以化民成俗。故曰：「吾觀于鄉，而知王道之易易也。」易謂易行。

「一生二，二生三，三生萬物」。三者，物之所由致。是故禮有三讓，賓有三賓，國有三卿。上法于月，則三日成魄，三月成時，政教所本，禮之所以行也。以上《鄉飲酒義》。

君子責己重而責人輕，我之不中，則反求諸己，曰非病也，不能也。必心平體正，持弓矢審固，循聲而發，發而不失正鵠者，唯賢者能之，非不肖者所能也，此責己之重也。彼之不中，則曰非不能也，病也，老也。酒者，所以養老與病也，揖讓而升，以禮相下，以飲其不勝者，此責人之輕也。《射義》。

禮之所貴，别而已矣。貴貴之義，有所不行，此亂之所由生也。燕禮之别，故上卿、小卿、大夫、士、庶子，其席其就位皆有次，獻君、獻卿、獻大夫、獻士、獻庶子，及舉旅行酬皆有序，俎豆、牲體、薦羞，皆有等。養君臣貴賤之義，極其密察至于此者，所以防亂也。《燕義》。

《大行人》「五人」、「四人」、「三人」，此王迎朝賓之擯也。諸侯之卿，各下其君二等，則主待聘客之擯，上公當三人，侯伯二人，子男一人矣。《聘禮》、《聘義》皆云「卿爲上擯，大夫爲承擯，士爲紹擯」，必三人而後備，亦舉公禮言之也。鄭以王待諸侯之擯，爲諸侯待賓客之擯，恐未然。

古者制國用，量入以爲出。至于國新殺禮，凶荒殺禮，故有祈以幣更，賓以特牲者，則用財于賓客，不皆如此之厚也。然禮存其數，將使富而奢汰者不敢過制，貧而儉嗇者不敢不盡，則盡之于禮，此天子所以養諸侯，使内外不相侵陵之道也。以上《聘義》。

輯自《四明叢書》本《宋元學案補遺》卷三十一

藍田語要

呂大臨

萬物之生，莫不有氣，氣也者，神之盛也；莫不有魄，魄也者，鬼之盛也，故人亦鬼神之會爾。鬼神者，周流天地之間，無所不在，雖寂然不動，而有感必通，雖無形無聲，而有所謂昭昭不可欺者。

人受天地之中，其生也具有天地之德，柔强昏明之質雖異，其心之所然者皆同。特蔽有淺深，故别而爲昏明；稟有多寡，故分而爲强柔。至於理之所同然，雖聖愚有所不異。盡己之性，則天下之性皆然，故能盡人之性。蔽有淺深，故爲昏明；蔽有開塞，故爲人物。稟有多寡，故爲强柔；稟有偏正，故爲人物。故物之性與人異者幾希，惟塞而不開，故知不若人之明，偏而不正，故才不若人之美。然人有近物之性者，物有近人之性者，亦繫乎此。於人之性開塞偏正無所不盡，則物之性未有不能盡也。己也，人也，物也，莫不盡其性，則天地之化成矣。

赤子之心，良心也。天之所以降衷，民之所以受天地之中也。寂然不動，虚明純一，與天地相似，與神明爲一。傳曰：「喜怒哀樂之未發謂之中。」其謂此歟！此心自正，不待人正而後正，❶而賢者能勿喪，不爲物欲之所遷動。如衡之平，不加以物；如鑑之明，不蔽以垢，乃所謂正也。惟先立乎大者，則小者不能奪。如使忿懥恐懼、好惡憂患一奪其良心，則視聽食息從而失守，欲區區脩身以正其外，難矣！

我心所同然，即天理天德。孟子言同然者，恐人有私意蔽之。苟無私意，我心即天心。

人受天地之中以生，良心所發，莫非道也。在我者，惻隱、羞惡、辭遜、是非，皆道也；在彼者，君臣、父子、夫婦、昆弟、朋友之交，亦道也。在物之分，則有彼我之殊；在性之分，則合乎内外一體而已。是皆人心所同然，乃吾性之所固有也。

誠者，理之實然，一而不可易者也。實理不二，則其體無雜；其體不雜，則其行無間，故至誠無息。

❶ 上「正」字，原脱，依新定本《禮記集説》引呂大臨《禮記解》補。

先生負特立之才，❶知《大學》之要，博聞强記，躬行力究，察倫明物，極其所止，涣然心釋，洞見道體。其造於約也，雖事變之感不一，應之以是心而無窮；雖天下之理至衆，知反之吾身而自足。其致於一也，異端並立而不能移，聖人復起而不與易。其養之成也，和氣充浹，見于聲容，然望之崇深，不敢慢也。遇事優爲，從容不迫，然誠心懇惻，弗之措也。其自任之重也，寧學聖人而未至，不欲以一善成名；寧以一物不被澤爲己病，不欲以一時之利爲己功。其自信之篤也，吾志可行，不苟潔其去就；吾義所安，小官有所不屑也。

先生志氣不群，❷少孤自立，無所不學。與邠人焦寅游，寅喜談兵，先生説其言。當康定用兵時，年十八，慨然以功名自許，上書謁范文正公。公一見知其遠器，欲成就之，乃責之曰：「儒者自有名教，何事於兵！」因勸讀《中庸》。先生讀其書，雖愛之，猶未以爲足也，於是又訪諸釋老之書，累年盡究其説，知無所得，反而求之《六經》。嘉祐初，見洛陽程伯淳、正叔昆弟于京師，共語道學之要，先生涣然自信曰：「吾道自足，何事旁求！」乃盡棄異學，淳如也。間起從仕，日益久，學益明。方未第時，文潞公以故相判長安，聞先生名行之美，聘以束帛，延之學宫，異其禮際，士子矜式焉。晚自崇文移疾西歸，終日危坐一室，左右簡編，俯而讀，仰而思，有得則識之，或終夜起坐，取燭以書，其志道精思，未始須臾息，亦未嘗須臾忘也。學者有問，多告以知禮成性、變化氣質之道，學必如聖人而後已，聞者莫不動心有進。而自得之者，窮神知化，一天人，立大本，斥異學，自孟子以來，未之有也。先生氣質剛毅，德盛貌嚴，然與人居，久而日親。其治家接物，大要正己以感人，人未之信，反躬自治，不以語人，雖有未喻，安行而無悔，故識與不識，聞風而畏。聞人之善，喜見顔色。答問學者，雖多不倦，有不能者，未嘗不開其端。有可語者，必丁寧以誨之，惟恐其成就之晚。

辭受有義，得不得有命，皆理之所必然。有命有義，是有可得可受之理，故舜可以受堯之天下；無命無義，是無可得可受之理，故孔子不主彌子以受衛卿。二者義命有自合之理，無從而間焉。有義無命，雖有可受之義，而無可得之命，究其理，安得而受之，是謂義合於命，故益避啟而不受禹之天下；有命無義，雖有可得之命，而無可受之義，亦

❶「先生」，依四庫本《性理大全書》所引，係指程顥。
❷「先生」，依四庫本《性理大全書》所引，係指張載。

安得而受之，是謂命合於義，故中國受室養弟子以萬鍾，爲孟子之所辭。二者義命有正合之理，時中而已焉。

自洒掃應對，上達乎天道性命，聖人未嘗不竭以教人，但人所造，自有淺深，故所得亦有小大也。仲尼曰：「吾無隱乎爾。」又曰：「有鄙夫問於我，我叩其兩端而竭焉。」然子貢高弟猶未聞乎性與天道，非聖人之有隱，而人自不能盡耳。如天降時雨，百果草木皆甲坼，其盛衰小大之不齊，膏澤豈私於物哉？橫渠張子教學者，多告以知禮成性、變化氣質之道，學必如聖人而後已，聞者莫不動心，有自得之者。

君子之道，莫大乎孝；孝之本，莫大乎順親。故仁人孝子欲順乎親，必先乎妻子不失其好，兄弟不失其和，室家宜之，妻孥樂之，致家道成，然後可以養父母之志而無違也。故身不行道，不行於妻子，文王「刑于寡妻，至于兄弟」，則治家之道，必自妻子始。

古者憲老而不乞言。憲者，儀刑其德而已，無所事於問也；其次，則有問有答，問答之間，然猶不憤則不啟，不悱則不發；又其次，則有講有聽，講者不待問也，聽者不致問也，學至於有講有聽，則師益勤而道益輕，學者之功益不進矣；又其次，則有講而未必聽，學至於有講而未必聽，則無聽可矣。

人之患在好爲人師，故舍我而去者，不追呼之使來；有教無類，故從我而來者，不拒逆之使去。但能以此，求道之心至，則受而教之。《論語》稱：「互鄉難與言，童子見，門人惑。」子曰：「與其進也，不與其退也。人潔己以進，與其潔也，不保其往也。」故聖賢在下，其所以取人，苟有向善之心皆取之，亦以進人爲善，不爲異日之不保，而廢其今日與人爲善之意。

古之取民，貢、助、徹三法而已。較數歲之中以爲常，是爲貢。一井之地八家，八家皆私百畝，同治公田百畝，是爲助。不爲公田，俟歲之成，通以十一之法取於百畝，是爲徹。

輯自四庫本《性理大全書》

赤子之心，良心也，天之所以降衷，人之所以受天地之中也。寂然不動，虛明純一，與天地相似，與神明爲一。《傳》曰「喜怒哀樂之未發謂之中」，其謂此與！此心自正，不待人而後正，而賢者能勿喪，不爲物欲之所遷動。如衡之平，不加以物，如鑑之明，不蔽以垢，乃所謂正也。惟先立乎其大者，則小者不能奪。如使忿懥、恐懼、好樂、憂患一奪其良心，則視聽食息從而失守，欲區區修身以正其外，難矣！

我心所同然，即天理天德。孟子言「同然」者，恐人有私意蔽之。苟無私意，我心即天心。

萬物之生，莫不有氣，氣也者，神之盛也；莫不有魄，魄也者，鬼之盛也。故人亦鬼神之會爾！鬼神者，周流天地之間，無所不在，雖寂然不動，而有感必通，雖無形無聲，而有所謂昭昭不可欺者。人受天地之中以生，良心所發，莫非道也。在我者，惻隱、羞惡、辭讓、是非，皆道也；在彼者，君臣、父子、夫婦、昆弟、朋友之交，亦道也。在物之分，則有彼我之殊；在性之分，則合乎內外，一體而已。是皆人心所同然，乃吾性之所固有也。

誠者，理之實然，一而不可易者也。

實理不二，則其體無雜；其體不雜，則其行無間，故至誠無息。

自灑埽應對，上達乎天道性命，聖人未嘗不竭以教人，但人所造自有淺深，所得亦有大小也。仲尼曰：「吾無隱乎爾！」又曰：「有鄙夫問于我，我叩其兩端而竭焉。」然子貢高弟，猶未聞乎性與天道。非聖人之有隱，而人自不能盡爾。如天降時雨，百果草木皆甲坼，其盛衰大小之不齊，膏澤豈私于物哉？

必有事焉而勿正，浩然之氣，充塞天地，雖難得，而言非虛無也。必有事焉，但正其名而取之，則失之矣。

輯自中華書局校點本《宋元學案》卷三十一

君子之道，莫大乎孝；孝之本，莫大乎順親。故仁人孝子欲順乎親，必先乎妻子不失其好，兄弟不失其和，室家宜之，妻孥樂之，然後可以養父母之志而無違也。故身不行道，不行于妻子，文王「刑于寡妻，至于兄弟」，則治家之道，必自妻子始。

古者憲老而不乞言。憲者，儀刑其德而已，無所事于問也；其次，則有問有答，問答之間，然猶不憤則不啟，不悱則不發；又其次，則有講有聽，講者不待問也，聽者不致問也，學至于有講有聽，則師益勤而道益輕，學者之功益不進矣；又其次，則有講而未必聽，學至于有講而未必聽，則無講可矣。

蔽有淺深，故爲昏明；蔽有開塞，故爲人物。稟有多寡，故爲强柔；稟有偏正，故爲人物。物之性與人異者幾希，惟塞而不開，故知不若人之明；偏而不正，故才不若人之美。然人有近物之性者，物有近人之性者，亦繫乎此。

小學之學，藝也，行也；大學之學，道也，德也。禮樂、射御、書數，藝也；孝友、睦姻、任恤，行也。古之教者，學不躐等，必由小學進于大學。自學者言之，不至于大學所止則不進；自成德言之，不盡乎小學之事則不成。

四端之在我者，人倫之在彼者，皆吾性命之理，受乎天地之中，立人之道，不可須臾離也。

不明人倫，則性命之旨無所措；不本性命，則理義之文無所出。孔子之言「性與天道」，合天人，兼本末，妙道精義常存乎父子、君臣、夫婦、朋友之間，不遠乎交際酬酢灑掃應對之末。非如異端之學，絶倫離類，造乎難行難知之域。

天之誠，行健而已；人之誠，自强不息而已。

天之所以爲天，不已其命而已；聖人之所以爲聖，不已其德而已。夫大禹惜寸陰，成湯坐以待旦，文王自朝至于日中昃，不遑暇食，召公告成王夙夜罔或不勤，成王戒卿士業廣惟勤，子張、仲由問政，夫子皆誨之以無倦：聖人莫不以自暇自逸爲戒也。

持一法以待物，則物必有窮而人狹矣。

古之學者純意于德行，而無意于功名；今之學者有意于功名，而未純于德行。至其下，則又爲利而學也。

《周禮》直欲無一物不得其所，其書無一言而非仁。

輯自《四明叢書》本《宋元學案補遺》卷三十一

呂氏鄉約鄉儀

呂大鈞

鄉約

德業相勸

德，謂見善必行，聞過必改。能治其身，能治其家；能事父兄，能教子弟；能御僮僕，能事長上；能睦親故，能擇交游。能守廉介，能廣施惠；能受寄託，能救患難；能規過失，能爲人謀；能爲衆集事，能解鬭爭，能決是非；能興利除害，能居官舉職。凡有一善爲衆所推者，皆書于籍，以爲善行。

業，謂居家則事父兄，教子弟，待妻妾；在外則事長上，接朋友，教後生，御僮僕。至于讀書治田，營家濟物，好禮樂射御書數之類，皆可爲之。非此之類，皆爲無益。

過失相規

過失，謂犯義之過六，犯約之過四，不修之過五。

犯義之過，一曰酗博鬭訟。酗謂恃酒諠競，博謂博賭財物，鬭謂鬭毆罵詈，訟謂告人罪慝，意在害人者。若事干負累，又爲人侵損而訴之者非。

二曰行止踰違。踰違多端，衆惡皆是。

三曰行不恭孫。侮慢有德有齒者，持人短長及恃强陵犯衆人者，知過不改聞諫愈甚者。

四曰言不忠信。爲人謀事，陷人於不善，與人要約，過即背之，及誣妄百端皆是。

五曰造言誣毁。誣人過惡，以無爲有，以小爲大，面是背非。或作嘲詠匿名文書，及發揚人之私隱，無狀可求，及喜談人之舊過者。

六曰營私太甚。與人交易傷於掊克者，專務進取不恤餘事者，無故而好干求假貸者，受人寄託而有所欺者。

犯約之過，一曰德業不相勸，二曰過失不相規，三曰禮俗不相成，四曰患難不相恤。

不修之過，一曰交非其人。所交不限士庶，但凶惡及游惰無行、衆所不齒者，若與之朝夕游從，則爲交非其人。若不得已暫往還者非。

二曰游戲怠惰。游謂無故出入，及謁見人，止務閑適者。戲謂戲笑無度，及意在侮，或馳馬擊鞠之類，不賭財物者。怠惰謂不修事業，及家事不治，門庭不潔者。

三曰動作無儀。進退太疎野及不恭者，不當言而言、當言而不言者，衣冠太飾及全不完整者，不衣冠入街市者。

四曰臨事不恪。主事廢忘，期會後時，臨事怠慢者。

五曰用度不節。不計家之有無，過爲侈費者，不能安貧而非道營求者。

已上不修之過，每犯皆書于籍，三犯則行罰。

禮俗相交

凡行婚姻喪葬祭祀之禮，《禮經》具載，亦當講求。如未能遽行，且從家傳舊儀。甚不經者，當漸去之。

凡與鄉人相接，及往還書問，當衆議一法共行之。

凡遇慶弔，每家只家長一人與同約者皆往，其書問亦如之。若家長有故，或與所慶弔者不相識，則其次者當之。所助之事，所遺之物，亦臨時聚議，各量其力，裁定名物及多少之數。若契分淺深不同，則各從其情之厚薄。

凡遺物婚嫁，及慶賀用幣、帛、羊、酒、蠟燭、雉、兔、果實之類，計所直多少，多不過三千，少至一二百。喪葬始喪，則用衣服或衣段以爲襚禮，以酒脯爲奠禮，計直多不過三千，少至一二百。至葬，則用錢帛爲賻禮，用猪、羊、酒、蠟燭爲奠禮，計直多不過五千，少至三四百。災患如水火、盜賊、疾病、刑獄之類，助濟者以錢、帛、米、穀、薪、炭等物，計直多不過三千，少至二三百。

凡助事謂助其力所不足者，婚嫁則借助器用，喪葬則又借助人夫，及爲之營幹。

患難相恤

患難之事七：

一曰水火。小則遣人救之，大則親往，多率人救之，並弔之耳。

二曰盜賊。居之近者，同力捕之。力不能捕，則告于同約者，及白于官司，盡力防捕之。

三曰疾病。小則遣人問之，稍甚則親爲博訪醫藥。貧無資者，助其養疾之費。

四曰死喪。闕人幹，則往助其事；闕財，則賻物及與借貸弔問。

五曰孤弱。孤遺無所依者，若其家有財可以自贍，則爲之處理，或聞于官，或擇近親與鄰里可託者主之，無令人欺罔。可教者，為擇人教之，及爲求婚姻。無財不能自存者，協力濟之，無令失所。若爲人所欺罔，衆人力與辨理。若稍長而放逸不檢，亦防察約束之，無令陷於不義也。

六曰誣枉。有爲誣枉過惡，不能自申者，勢可以聞于官府，則爲言之；有方略可以解，則爲解之。或其家因而失所者，衆以財濟之。

七曰貧乏。有安貧守分而生計大不足者，衆以財濟之；或爲之假貸置産，以歲月償之。

凡同約者，財物、器用、車馬、人僕，皆有無相假。若不急之用，及有所妨者，亦不必借。可借而不借，及踰期不還，及損壞借物者，皆有罰。凡事之急者，自遣人遍告同約；事之緩者，所居相近及知者告于主事，主事遍告之。凡有患難，雖非同約，其所知者，亦當救恤。事重，則率同約者共行之。

罰式

犯義之過，其罰五百。輕者或損至四百三百。不修之過及犯約之過，其罰一百。重者或增至二百三百。凡輕過，規之而聽，及能自舉者，止書于籍，皆免罰。若再犯者，不免。其規之不聽，聽而復爲，及過之大者，皆即罰之。其不義已甚，非士論所容者，及累犯重罰而不悛者，特聚衆議，若決不可容，則皆絶之。

聚會

每月一聚，具食；每季一會，具酒食。所費率錢，合當事者主之。聚會則書其善惡，行其賞罰。若約有不便之事，共議更易。

主事

約正一人或二人，衆推正直不阿者爲之，專主平決賞罰當否。直月一人，同約中不以高下，依長少輪次爲之，一月一更，主約中雜事。

人之所賴於鄰里鄉黨者，猶身有手足，家有兄弟，善惡利害皆與之同，不可一日而無之。不然，則秦越其視，何與於我哉！大忠素病于此，且不能勉，願與鄉人共行斯道。懼德未信，動或取咎，敢舉其目，先求同志，苟以爲可，願書其諾，成吾里仁之美，有望於衆君子焉。熙寧九年十二月初五日，汲郡吕大忠白。

《吕氏鄉約》終

答伯兄

《鄉約》中有繩之稍急者，誠爲當已逐，施改更從寬。❶其來者亦不拒，去者亦不追，固如來教。

答仲兄一

《鄉約》事，近排祭人回，已具白。人心不同，故好惡未嘗一，而俱未可以爲然。惟以道觀之，則真是真非乃見。若止取在上者之言爲然，則君子何必博學？所欲改爲家儀，雖意在遜避，而於義不安。蓋其間專是與鄉人相約之事，除是廢而不行，其間禮俗相成，患難相卹，在家人豈須言及之乎？若改爲鄉學規，却似不甚害義，此可行也。所云置約正、直月，亦如學中學正、直日之類。今小民有所聚集，猶自推神頭、行老之目。其急難，自於逐項内細説事目，止是遭水火、盜賊、死喪、疾病、誣枉之類，亦皆是自來人情所共卹，法令之所許。勑條水火盜賊，同村社自合救捕。鰥寡孤遺，亦許近親收卹。至於問候弔喪，❷並流俗常行。約中止是量議損益，勸率其不修者耳。今流俗凡有率斂濟人，皆行疏聚集，並是常事。

漢之黨事，去年李純之有書已嘗言及，尋有書辨其不相似。今録本上呈。黨事之禍，皆當時諸人自取之，非獨宦者之罪。不務實行，一罪也；妄相稱黨，傲公卿，二罪也；與宦者相疾如讎，三罪也；其得用者，遂欲誅戮宦者，四罪也。不知《鄉約》有何事近之？

答仲兄二

《鄉約》事累蒙教督甚切，備喻尊意，欲令保全，不陷刑禍。父兄之於子弟，莫不皆然。而在上者若不體悉子弟之志，必須從己之令，則亦難爲下矣。蓋人性之善則同，而爲善之迹不一，或出或處，或行或止，苟不失於仁，皆不相害，又何必須以出仕爲善乎？又自來往復之言，辭多抑揚，勢當如此，惟可以意逆之，則情義可得，若尋文致疑，則不同之論，無有已時。如謂殺身成仁者，蓋孔子謂時多求生害仁者。既難得中庸之人，且得殺身成仁者，猶勝求生害仁之人，豈謂孔子務爲殺身以成仁乎？❸前書行老、神頭之説亦類此。向蒙開喻志諸侯之説亦類此。處事有失，已隨事改更，殊無所憚。即今所

---

❶「施」，明丹徒縣刊本《藍田呂氏遺書》附録作「旋」。

❷「候」，《藍田呂氏遺書》作「疾」。

❸「乎」，原誤作「中」，依《藍田呂氏遺書》改。

行《鄉約》，與元初定甚有不同，鄉人莫不知之，亦難爲更一一告喻流傳之人耳。

答劉平叔

鄉人相約，勉爲小善，❶顧惟鄙陋，安足置議。而傳聞者以爲異事，過加論説。❷以謂强人之所不能，似乎不順；非上所令而輒行之，似乎不恭。

退而自反，固亦有罪。蓋爲善無大小，必待有德有位者倡之，則上下厭服而不疑。今不幸出於愚且賤者，宜乎詆訾之紛紛也。雖然，遂以爲不順與不恭，則似未之察耳。凡所謂强人所不能者，謂其材性所安，難强以矯，猶畏慎者責以寬泰，舒遲者責以敏疾之類。至於孝弟忠信，動作由禮，皆人所願，雖力有不勉，莫不愛慕。今就其好惡，使之相勸相規而已，安有强所不能者乎？凡所謂非上所令而輒行者，謂上之所禁，俗之所惡，猶聚萃群小，任俠姦利，害于州里，撓于官府之類。至于禮俗患難，人情素相問遺賙卹，間有惰而不修，或厚薄失度者，參酌貧富所宜，欲使不廢。

且所約之書，亦非異事。今庠序則有學規，市井則有行條，村野則有社案，皆其比也，何獨至於《鄉約》而疑之乎？况諸州猶有文學、助教之官，其職事亦是此類，但久廢不舉耳。或有舉之者，安得爲非上所令乎？以愚賤言之，則不敢逃責，或大人君子不以人廢言，則似亦可恕。或謂其間條目寬猛失中，繁簡失當，則有之矣，明識忠告，安敢不從？近聞流言過實，及於左右，雖素以相亮，亦恐不能無疑，聊致此意，❸幸冀詳照。

此篇舊傳吕公進伯所作，今乃載於其弟和叔文集，又有問答諸書如此，知其爲和叔所定不疑。篇末著進伯名，意以其族黨之長而推之，使主斯約故爾。淳熙乙未四月甲子，朱熹識。

《鄉約》本文，承裕十年前得之，蓋吕氏兄弟相與論定者，其所以約鄉人爲善之意至矣。况晦庵先生有取於斯，每欲刊印傳布未果。兹居先太師端毅公之憂，念此書人少得見，且恐久而失之，於是自爲校勘，俾學徒謄刊于弘道書院。於戲，使此書果有主其約而行之者焉，則鄉之人將勉爲善而恥爲不善，風俗惡有不厚者哉？因記于後。正德五年庚午，春三月甲子，三原王承裕書于考經堂。

鄉儀

賓儀：相見、長少、往還、衣冠、刺字、進退、迎送、拜揖、請召、

❶「小善」，底本《鄉約》原注「一作『細行』」。
❷「過」，底本《鄉約》原注「一作『競』」。
❸「致」，底本《鄉約》原注「一作『布』」。

齒位、獻酢、道塗、獻遺、迎勞、餞送。

吉儀：祭先、祭旁親、祭五祀、禱水旱。

嘉儀：昏、冠。

凶儀：弔哭、居喪。

賓儀十五

相見之節

歲首。冬至。月朔。不必每月皆行，遇三兩月久不相見乃行。辭見。謂久出而歸則見，遠適將行則辭，出入不及一月者非。謝賀。已有慶事當謝，人有慶事當賀。請召。請召飲食或議事同。燕見。非時議事問訊，皆謂燕見。已上有雨雪或恙故皆止。

長少之名

長者，謂長於己十歲以上者。父之執及無服之親在父行者，及異爵者，皆是。

敵者，謂與己上下不滿十歲者。

少者，謂少於己十歲以上者。

往還之數

少者於長者，歲首、冬至、辭見、謝賀皆行，月朔不常行，有故則使人告之。

長者於少者，燕見之外，惟施報禮。若五十以上，雖報禮亦息行，或令子弟代之。時節若遇雨雪或他故，遍諭少者止之。

敵者更相往還。或有故不能行，則以書或傳語告之。

衣冠

見長者皆幞頭，惟燕見用帽子。

見敵者皆幞頭，惟辭見、燕見帽子。

見少者帽子，惟行報禮或用幞頭，亦不如常。請召如主人之服。

刺字

見長者用名紙，見敵者以下用刺字。其文止曰某郡、姓名而已，有爵者並爵書之。見一家二人以上，則人用一刺。古者聞名將命者，止以口達姓名而已，無刺字。後世彌文，恐致差失，乃以紙書姓名達之。達姓名，至恭之禮，若加辭語，則失其義。欲稍止之，故立此儀。

燕見及赴請召，皆不用。

往見進退之節

見長者，門外下馬，以刺授將命者。無將命，則自命僕人展刺。燕見則使人白之，乃俟乎外次。無外次及雨雪，則俟于廊廡下，或廳側偏次。主人出迎，則趨揖之。告退，則降階，出門上馬。主人送，則揖而退。若命之上馬，則辭；不得命，則就階上馬。若爵齒德當致恭者，則堅辭之，不從則已。

見敵者，門外下馬，俟于廊廡，有雨雪則廊廡或廳側偏次以俟，命僕人展刺。燕見則白之。主人出迎，則進揖之。告退，則就階上馬。

見少者，廊廡間下馬。無廊廡或主人在廳，則入門下馬。有雨雪，則就廳側下馬立俟。命僕人展刺，或口報。相見畢，告退，則就階上馬。古者客車不入大門，請見人皆立于門外，聞名于將命者，俟主人出乃進。近世惟施於尊者，其餘或失賓主之儀。

凡徒行往見，所俟之次如上儀。

凡往見人，入門，必問主人食否，有他幹否，有他客否。度其無妨，則命展刺；有所妨則少俟，或且退。若有恙故，不繫此。

凡見人，主人語終不更端，則告退。及主人有倦色，或方幹事而有所俟者，皆告退可也。

賓至迎送之節

長者來見，先聞之，則具衣冠以俟。若門外下馬或徒行，則出迎于門外。若不及知，及入門下馬者，據所至迎之。退則送上馬，徒行則送于大門外。

敵者來見，俟展刺，具衣冠，據所在出迎。退則送上馬。若徒行，則送于中門外。無中門，則送于大門可也。

少者來見，俟展刺，具衣冠，將命者出請。賓入，主人迎于庭下。既退，或留就階上馬，則送其上馬；或出外上馬，則送之于門。

拜揖

見長者，旅見則旅拜，主人辭則特拜。若辭不拜，則揖之。昔嘗納拜者，皆四拜。主人辭，則再拜，堅辭，則揖之。若欲納者，主人納則四拜；如不納，則再拜。燕見不拜。惟嘗納拜者，不見三日以上皆再拜，主人辭則揖之。

見敵者，皆再拜，燕見及主人辭疾則不拜。

見少者，皆不拜。惟拜辱則賓或先拜，或不敵，則主人亦先拜。燕見則主人先拜，賓辭則止。

請召

請召長者飲食，必親往面致其意，諸則拜之，長者辭則止。

既赴召，明日親往拜辱。若專召他客者，不可兼召長者。

召敵者以書簡。既赴召，明日傳言謝其辱。

召少者以客目，或傳言。

赴長者召，若有衆客，則約之同往；不可約，候于別次。始見則拜其見召，主人辭則止。明日，又親拜賜，主人預辭則書簡謝之。若非專召，則不必拜。

赴敵者召，始見則揖謝之，明日傳言謝之。

赴少者召，始見以言謝之，明日傳言謝之。

若長者召少者議事，皆即往。有故則告其所以。

齒位

凡聚會皆鄉人，則坐以齒。非士類者，不必以齒。若有親，則別叙。若有他客有爵者，則坐以爵。不相妨者，猶以齒。若有異爵者，雖鄉人，亦當不以齒。異爵者，如命士大夫以上。古者一命齒于鄉里，再命齒于父族，三命而不齒。若特請召或迎勞出餞，皆以專召者爲上客，不以齒爵。餘爲衆賓，坐如常儀。如昏禮，亦以姻家爲上客。

獻酢

凡特請召及餞勞，若以長者貴者爲上客，則初坐，主人興，取上客酒盃就盥洗，上客興，辭。主人命贊者執事者。執盃，親執酒斟之，執盃以獻。上客受之，以授贊者，置于席前。置在果桌上。主人再拜，上客答拜。上客復酢，主人如前儀。主人乃獻衆賓，命贊者遍取衆賓酒盃，親洗及盥，以次斟酒，執獻衆賓。衆賓各受盃，以授贊者，各置于席前。

若主人是長者，則衆賓旅拜；是敵者以下，則皆揖不拜。主人乃揖，就坐又揖。上客及衆賓皆祭酒，祭少許於地。乃飲。卒飲，主人興拜，上客答拜。若敵者爲上客，皆如長者之儀，惟卒飲不拜。若少者爲上客，亦如前儀，惟上客先拜，主人答拜。若主人辭則止。若衆賓中有長者、貴者，當致恭，則特獻如上客儀。若婚會，以姻家爲上客，其獻不以長少，皆如前儀。

道途相遇

遇長者，皆乘馬，若不敵，則回避；其次，則立馬于道側。長者揖之則揖之，俟長者過乃行。若長者徒行，雖已回避，遠見之，則先下馬前揖，既過乃上馬。若長者揖上馬，則辭之。

遇敵者，皆乘馬，則分道而行，揖之而過。若徒行，雖已回避，見之則下馬揖之，遂上馬。若道有泥濘及猥雜不可駐足，則傳謝之。

遇少者乘馬，若立馬于道側，則揖進之。既及前，則揖行遂過。若少者徒行，已回避，則不下馬。避不及，則下馬揖之，如敵者儀。

凡徒行遇所識者乘馬，皆先回避。

獻遺

凡遠行者贐之，遠歸者勞之。久不相聞，及歲時則有問，久不相見，及自遠而至則有遺。有新物遠物可以分，知人所欲所闕物可以贈，皆隨其情之厚薄斟酌行之。非所行而行之，及當行而太數，皆爲黷；物多則爲貨，當行而不行，則爲吝。物雖微陋，誠則受之；物雖豐美，不誠不恭則辭之。

凡獻者以狀列物，致恭者白而後獻遺。敵者則以書簡遺，少者則傳言，或以幅紙書其名物。

凡獻遺於長者，一辭再辭則止；敵者以下，再辭三辭則止。凡受遺，以義可受，則皆不辭。可受而物多，則量數而受，無名則終辭之。

凡受長者遺，若所致恭而禮厚者，親往拜賜；其次，以書謝之。於敵者報之，於少者傳言而已。

迎勞

長者自遠歸，所厚者迎於近郊，俟于道左邸舍。將至，令僕人展刺。長者下馬，則進揖不拜，問訊起居。長者復上馬，則從至其家，見之乃退。若長者不下馬，命之上馬則上馬，立俟于道側以揖之。不敵，則堅辭避之。

敵者則馬上揖，問勞畢，請所迎者先行。或堅辭，則或先或後，勿同行，不可在所迎者之先。

少者不迎。若當勞者，如請召、獻酢儀。

餞送

長者遠行，以情之厚薄爲送之遠近。或勢不能遠者，亦不必遠，先俟于道左邸舍，命僕人展刺。長者下馬則進揖。或具酒食，則延請。獻酢不具酒食則告别，送之上馬。

敵者，若有酒食，則如長者儀，不必展刺。無酒食則立馬于道側，俟其至，揖之，更送百餘步。去者辭之則告别，其送者亦推去者先行。去者堅辭，則遂揖别而退。若將行，以酒食爲餞，則如請召、獻酢儀。

吉儀四

祭先

祭先之禮，自天子至於庶人，節文名物差等雖繁，然以禮事親，其義則一。寢廟雖不崇，而修除不可不嚴；牲物雖不腆，而亨饎不可不親；器皿雖不備，而濯溉不可不潔；禮雖不得爲，而誠意不可不盡。故齊宿薦徹，致愛與恭，豈可徇流俗燕褻之常，尚鄙陋不經之事！今雖未能方古，亦當略舉春秋之薦，旬日具修，三日齋戒，務在躬親誠潔而已。節文有不備，則可漸求；非禮之祠，削之爲善。

如有意復古，自可本諸《禮經》。

祭旁親

近世祭多及旁親，情雖近愛，事則無義。禮惟殤與無後始祭于宗子之家，自餘祭者，皆爲祭非其鬼，蓋致隆祖考，不得不然。

祭五祀

士大夫止當祭五祀耳。山川百神，皆國家所行，不可得而祀。近世流俗妄行祭禱，黷慢莫甚，豈有受福之理哉！

禱水旱

水旱之災，止可相率祈禱里社，至誠齊潔，奠以酒脯可也。若妄行望祀，合聚群小，喧呼鼓舞，非士君子所宜爲。

嘉儀二

昏

古之昏禮，其事至嚴。以酒食召鄰里，所以厚其别；親迎執摯，所以致其恭；不樂不賀，所以思其繼；同牢合巹，所以成其愛。豈有鄙褻之事以相侮玩哉！近俗六禮多廢，貨財相交，壻或以花飾衣冠，婦或以聲樂迎導，猥儀鄙事，無所不爲，非所以謹夫婦，嚴宗廟也。今雖未能悉變，如親迎同牢，豈可不語？流俗弊事，豈可不去？若有意乎禮，尚進于斯。

冠

古者未冠爲童子，綵衣紒，執事服勞，以事長者，所以教之遜弟也。今自齠齔皆具衣冠，與先生抗禮，此孔子所謂欲速成者，豈養德之道哉！今欲年未二十者，雖未能不冠，止以帽加首。凡有聚會，皆立侍執事以聽命，庶幾稍知事長之禮。至二十，則父兄擇日命賓，略如古禮，加冠而字之，亦助風教之一端也。

凶儀二

弔哭

凡弔謂弔生者，哭謂哭死者。與死者生者皆相識，則既弔且哭；識死者不識生者，則哭而不弔。主人拜則答之。不識死者，則弔而不哭。

凡弔節，始聞其遭喪或聞喪一弔，既葬反哭一弔。

凡弔服，用素幞頭，用白絹或布爲之。白布襴衫角帶，有服之親則麻帶。或未能具，或勢不得爲，且用常服去飾。古者羔裘玄冠不以弔，蓋喪用吉服則情文不稱。近世多避忌，皆用吉服，殊失其義。士君子變而從古，乃善。然今士大夫謹於禮者，亦多以素服弔喪。若主人不改服，則亦常服。近世大喪卒哭，則多用墨衰，齊衰以下，受弔多不用。喪服如此，則弔者素服復爲非宜。

凡弔時，皆俟其成服後朝夕哭臨，及聞喪舉哀時。

凡弔長者必旅弔之，推一人先致辭，畢乃再拜。若特弔，亦致辭，畢再拜。弔敵者，雖旅弔，亦特拜。弔少者，致辭而已。若主人拜則答之。嘗納主人之拜，進前扶掖，不答拜。古者弔喪，維主人拜賓，賓不答拜。今未能行，且施於嘗納拜者。

凡弔辭，當云如何不淑，或如之何之類，再以言慰其居喪之意。凡有喪者二人以上，止弔其服重者一人；服均，則弔其主喪者，或長者。或不相識，則止弔其識者，喪無二主故也。

凡喪者爲酒食及爲制服以待弔者，皆不可受。若問喪者已爲辦具則止之。或已專爲其家治喪，則當遍諭來弔者，更不須具。蓋弔喪本爲卹其患難，協力助事，往則自衣弔服。若使其家哀戚之中，反爲己營辦酒食衣服之具，受之豈得安乎？此俗行之已久，爲害不細，士君子力變之爲善。如送葬，止可前期致奠，俟發引則送之。若喪者有書請召，皆辭之。請召尤非所宜也。

凡弔哭同舉者，先哭後弔。非弔時而往哭者，則哭而不弔。主人拜則答之。

凡弔哭在同里，則相約同往。除襚奠外，不可設道祭。祭奠皆主人之事，賓客止可助以奠物，或助其執奠。近世道次設祭，甚無謂。

凡往哭，情重者雖遠必往，情輕者非同里不往。

凡往弔之節，始喪、斂殯、朔奠、啟殯、祖奠、葬虞、卒哭，皆可往，亦不必悉往。未葬，則哭柩及殯；既葬，則哭墓，墓遠則哭于其家。

凡聞所知之喪，可以往哭則往哭之；未能往哭，則遣使致奠襚之物。就外次，衣弔服，再拜哭送之。惟情重者如此。過期年，則不哭；情重者，亦哭殯或墓而已。

凡往哭，皆衣弔服。死者是敵者以上，則拜；是少者，則不拜。皆舉哀，盡哀。當祭奠，則助奠其酒食。若主人不哭，則亦不哭；其情重者，雖主人不哭亦哭之。

凡往哭，若始喪，可以親致襚，則因哭于靈位之側。

居喪

喪禮備存諸經，五服制度著于甲令，釋服作樂，律有明刑。近世居喪，或輕或重，或服或否，居處飲食，出入之節，多無所變。衰麻月算，雖有等差，殆成空文。遠則棄先王之《禮經》，近則犯本朝之法令。喪事貴勉，在士君子之力行。參取近人所安，酌以禮意，粗取一二，以爲復古之漸，庶可遵用云爾。

凡遭喪聞喪，自緦麻以上，皆當制服。今布無升數，且隨精麤以意定之。經帶麻葛，自有小大之制，變除之節，當遵用之，終其月算而除之。中衣亦當易以縞素，力不能具，或勢不能爲，且可去飾。

凡三年之喪，除不得已幹治家事外，終喪不可行慶弔、請謁、聚會。若卒哭後，有甚不得已事，須至見人者，可暫衣墨衰行之。事畢，反其喪服。甚不得已，如爲人論訟，當入公府；或親戚間有患難，不可不親救卹之類。自餘請謁、會聚之類，皆非所急，不行無害。或有未安，以書簡致意，人亦諒之。

期喪，未卒哭，當如三年之喪。已卒哭，有不得已人事，則衣墨衰行之。或可已者，亦不必出。在家受弔、接賓客，皆衣喪服。

凡大功，未卒哭，有不得已事，乃衣墨衰以往。在家接賓客，亦衣墨衰。行請謁，惟不行慶禮，及召人、赴人酒食之會。

小功、緦麻，唯哭臨受弔皆衣喪服。自餘皆衣墨衰，出入如常，唯不行慶禮，及召人、赴人酒食。

《鄉儀》終

此篇舊題《蘇氏鄉儀》，意其爲蘇昞季明博士兄弟所作。今按《吕和叔文集》乃季明所序，而此篇在焉，然則乃吕氏書也。因去篇題二字，而記其實如此。淳熙乙未四月甲子，朱熹識。

承裕既得《鄉約》以傳，復得《鄉儀》，篇末載晦庵先生題識。三復讀之，因歎儒先欲善鄉俗之意有如此。近世鄉俗視此書所列多不類，豈非無人以講求之哉？承裕無似，而欲鄉俗之復于古，其意固在。乃戒從學之士以此書刻梓，將遍遺我鄉人，期相與講求而行之焉。

正德五年庚午，夏五月戊午，三原王承裕書于弘道書院。

跋

右《吕氏鄉約》一卷，《鄉儀》一卷，三原王康僖公承裕合刊本。按《宋史》藍田吕氏兄弟六人，其五登科。世稱「四吕」者，以大忠進伯、大防微仲、大鈞和叔、大臨與叔《宋史》有傳，其二人無傳故也。至《吕氏鄉約》，朱子謂爲和叔所定不疑，其舊傳進伯所作者，意其爲族黨之長，而推之使主斯約耳。然今《宋史》《鄉約》一條，又載於《大防傳》中，或當日兄弟互定之，未可知也。《鄉儀》舊題蘇氏，而見於和叔文集，季明序之，朱子謂爲吕氏之書，其信然矣。康僖合刊，殆本儒先欲善鄉俗之意，而思廣之歟！書自正德流傳後，今去其世又數百年，風俗頽，禮維弛，江河滔滔日下也。兹輯叢書，首校印之，以厚民德而維禮教。世有如行《鄉約》於南贛、新建其人者乎？則紛亂庶可遄已矣。民國二十三年五月校。

長安宋聯奎
蒲城王　健
興平馮光裕

文集佚存

哀詞

吕大臨

嗚呼！去聖遠矣，斯文喪矣。先王之流風善政，泯没而不可見；明師賢弟子傳授之學，斷絶而不得聞。以章句訓詁爲能窮遺經，以儀章度數爲能盡儒術，使聖人之道玩於腐儒諷誦之餘，隱於百姓日用之末；反求諸己，則罔然無得；施之於天下，則若不可行；異端争衡，猶不與此。

先生負特立之才，知《大學》之要；博文强識，躬行力究；察倫明物，極其所止；涣然心釋，洞見道體。其造於約也，雖事變之感不一，知應以是心而不窮；雖天下之理至衆，知反之吾身而自足。其致於一也，異端並立而不能移，聖人復起而不與易。其養之成也，和氣充浹，見於聲容，然望之崇深，不可慢也；遇事優爲，從容不迫，然誠心懇惻，弗之措也。其自任之重也，寧學聖人而未至，不欲以一善成名；寧以一物不被澤爲己病，不欲以一時之利爲己功。其自信之篤也，吾志可行，不苟潔其去就；吾義所安，雖小官有所不屑。

夫位天地，育萬物者，道也；傳斯道者，斯文也；振已墜之文，達未行之道者，先生也。使學不卒傳，志不卒行，至於此極者，天也。先生之德，可形容者，猶可道也；其獨智自得，合乎天，契乎先聖者，不可得而道也。元豐八年六月，明道先生卒。門人學者皆以所自得者名先生之德，先生之德未易名也，亦各伸其志爾。汲郡吕大臨書。

輯自中華書局校點本《二程集·河南程氏遺書》附録

横渠先生行狀

吕大臨

先生諱載，字子厚，世大梁人。曾祖某，生唐末，歷五代不仕，以子貴贈禮部侍郎。祖復，仕真宗朝，爲給事中、集賢院學士，贈司空。父迪，仕仁宗朝，終於殿中丞、知涪州事，贈尚書都官郎中。涪州卒於西官，諸孤皆幼，不克歸，僑寓於鳳翔郿縣横渠鎮之南大振谷口，因徙而家焉。

先生嘉祐二年登進士第，始仕祁州司法參軍，遷丹州雲巖縣令，又遷著作佐郎，簽書渭州軍事判官公事。熙寧二年冬被召入對，除崇文院校書。明年移疾。十年春復召還館，同知太常禮院。是年冬謁告西歸。十有二月乙亥，行次臨潼，卒於館舍，享年五十有八。是月以其喪歸殯於家，卜以元豐元年八月癸酉葬於涪州墓南之兆。先生娶南陽郭氏，有子曰因，尚幼。

先生始就外傅，志氣不群，知虔奉父命，守不可奪，涪州器之。少孤自立，無所不學。與邠人焦寅遊，寅喜談兵，先生説其言。當康定用兵時，年十八，慨然以功名自許，上書謁范文正公。公一見知其遠器，欲成就之，乃責之曰：「儒者自有名教，何事於兵！」因勸讀《中庸》。先生讀其書，雖愛之，猶未以爲足也，於是又訪諸釋老之書，累年盡究其説，知無所得，反而求之六經。嘉祐初，見洛陽程伯淳、正叔昆弟於京師，共語道學之要，先生涣然自信曰：「吾道自足，何事旁求！」乃盡棄異學，淳如也。間起從仕，日益久，學益明。

方未第時，文潞公以故相判長安，聞先生名行之美，聘以束帛，延之學宮，異其禮際，士子矜式焉。其在雲巖，政事大抵以敦本善俗爲先，每以月吉具酒食，召鄉人高年會於縣庭，親爲勸酬，使人知養老事長之義，因問民疾苦及告所以訓戒子弟之意。有所教告，常患文檄之出不能盡達於民，每召鄉長於庭，諄諄口諭，使往告其里閭。間有民因事至庭或行遇於道，必問「某時命某告某事聞否」，聞即已，否則罪其受命者。故一言之出，雖愚夫孺子無不預聞知。京兆王公樂道嘗延致郡學，先生多教人以德，從容語學者曰：「孰能少置意科舉，相從於堯舜之域否？」學者聞法語，亦多有從之者。在渭，渭帥蔡公子正特所尊禮，軍府之政，小大咨之，先生夙夜從事，所以贊助之力爲多。並塞之民常苦乏食而貸於官，帑不能足，又屬霜旱，先生力言於府，取軍儲數十萬以救之。又言戍兵徒往來，不可爲用，不若損數以募土人爲便。

上嗣位之二年，登用大臣，思有變更，御史中丞吕晦叔薦先生於朝曰：「張載學有本原，四方之學者皆宗之，可以召對訪問。」上即命召。既入見，上問治道，皆以漸復三代爲對。上悦之，曰：「卿宜日見二府議事，朕且將大用卿。」先生謝曰：「臣自外官赴召，未測朝廷新政所安，願徐觀旬月，繼有所獻。」上然之。他日見執政，執政嘗語曰：「新政之更，懼不能任事，求助於子何如？」先生對曰：「朝廷將大有爲，天下之士願與下風。若與人爲善，則孰敢不盡！

如教玉人追琢，則人亦故有不能。」執政默然，所語多不合，寖不悦。既命校書崇文，先生辭，未得謝，復命案獄浙東。或有爲之言曰：「張載以道德進，不能使之治獄。」執政曰：「淑問如皋陶，猶且獻囚，此庸何傷！」獄成，還朝。會弟天祺以言得罪，先生益不安，乃謁告西歸，居於橫渠故居，遂移疾不起。

橫渠至僻陋，有田數百畝以供歲計，約而能足，人不堪其憂，而先生處之益安。終日危坐一室，左右簡編，俯而讀，仰而思，有得則識之，或中夜起坐，取燭以書，其志道精思，未始須臾息，亦未嘗須臾忘也。學者有問，多告以知禮成性變化氣質之道，學必如聖人而後已，聞者莫不動心有進。又以爲教之必能養之然後信，故雖貧不能自給，苟門人之無貲者，雖糲蔬亦共之。其自得之者，窮神化，一天人，立大本，斥異學，自孟子以來，未之有也。嘗謂門人曰：「吾學既得於心，則修其辭命，辭無差，然後斷事，斷事無失，吾乃沛然。精義入神者，豫而已矣。」

近世喪祭無法，喪惟致隆三年，自期以下，未始有衰麻之變；祭先之禮，一用流俗節序，燕褻不嚴。先生繼遭期功之喪，始治喪服，輕重如禮；家祭始行四時之薦，曲盡誠潔。聞者始或疑笑，終乃信而從之，一變從古者甚衆，皆先生倡之。

先生氣質剛毅，德盛貌嚴，然與人居，久而日親。其治家接物，大要正己以感人，人未之信，反躬自治，不以語人，雖有未喻，安行而無悔，故識與不識，聞風而畏，非其義也，不敢以一毫及之。其家童子，必使灑掃應對，給侍長者；女子之未嫁者，必使親祭祀，納酒漿，皆所以養孫弟，就成德。嘗曰：「事親奉祭，豈可使人爲之！」聞人之善，喜見顔色。答問學者，雖多不倦，有不能者，未嘗不開其端。其所至必訪人才，有可語者，必丁寧以誨之，惟恐其成就之晚。歲值大歉，至人相食，家人惡米不鑿，將春之，先生亟止之曰：「餓殍滿野，雖蔬食且自愧，又安忍有擇乎！」甚或咨嗟對案不食者數四。

熙寧九年秋，先生感異夢，忽以書屬門人，乃集所立言，謂之《正蒙》，出示門人曰：「此書予歷年致思之所得，其言殆於前聖合與！大要發端示人而已，其觸類廣之，則吾將有待於學者。正如老木之株，枝別固多，所少者潤澤華葉爾。」又嘗謂：「《春秋》之爲書，在古無有，乃聖人所自作，惟孟子爲能知之，非理明義精殆未可學。先儒未及此而治之，故其説多穿鑿，及《詩》、《書》、《禮》、《樂》之言，多不能平易其心，以意逆志。」方且條舉大例，考察文理，與學者緒正其說。

先生慨然有意三代之治，望道而欲見。論治人先務，未始不以經界爲急，講求法制，粲然備具，要之可以行於今，如有用我者，舉而措之爾。嘗曰：「仁政必自經界始。貧富不均，教養無法，雖欲言治，皆苟而已。世之病難行者，未始不以亟奪富人之田爲辭，然茲法之行，悦之者衆，苟處之有術，期以數年，不刑一人而可復，所病者特上未之行爾。」乃言曰：「縱不能行之天下，猶可驗之一鄉。」方與學者議古之法，共買田一方，畫爲數井，上不失公家之賦役，退以其私正經界，分宅里，立斂法，廣儲蓄，興學校，成禮俗，救菑恤患，敦本抑末，足以推先王之遺法，明當今之可行。此皆有志未就。

會秦鳳帥呂公薦之曰：「張載之學，善法聖人之遺意，其術略可措之以復古，乞召還舊職，訪以治體。」詔從之。先生曰：「吾是行也，不敢以疾辭，庶幾有遇焉。」及至都，公卿聞風慕之，然未有深知先生者，以所欲言嘗試於人，多未之信。會有言者欲請行冠婚喪祭之禮，詔下禮官。禮官安習故常，以古今異俗爲説，先生獨以爲可行，且謂「稱不可非儒生博士所宜」，衆莫能奪，然議卒不決。郊廟之禮，禮官預焉。先生見禮不致嚴，亟欲正之，而衆莫之助，先生益不悦。會有疾，謁告以歸，知道之難行，欲與門人成其初志，不幸告終，不卒其願。

殁之日，惟一甥在側，囊中索然。明日，門人之在長安者，繼來奔哭致賻襚，始克斂，遂奉柩歸殯以葬。又卜以三月而葬，其治喪禮一用古，以終先生之志。

某惟先生之學之至，備存於書，略述於謚議矣，然欲求文以表其墓，必得行事之迹，敢次以書。

朱熹《伊洛淵源録》：「按《行狀》今有兩本，一云『盡棄其學而學焉』，一云『盡棄異學淳如也』。其他不同處亦多，要皆後本爲勝。疑與叔後嘗删改如此，今特據以爲定。然《龜山集》中有《跋横渠與伊川簡》云：『横渠之學，其源出於程氏，而關中諸生尊其書，欲自爲一家。故予録此簡以示學者，使知横渠雖細務必資於二程，則其他固可知已。』按横渠有一簡與伊川，問其叔父葬事，末有『提耳悲激』之言，疑龜山所跋即此簡也。然與伊川此言，蓋退讓不居之意。而横渠之學，實亦自成一家，但其源則自二先生發之耳。」

輯自中華書局校點本《張載集·附録》

克己銘

呂大臨

凡厥有生，均氣同體。胡爲不仁？我則有己。立己與物，私爲町畦，勝心横生，擾擾不齊。大人存誠，心見帝則，初無吝驕，作我蟊賊。志以爲帥，氣爲卒徒，奉辭于天，孰敢侮予？且戰且徠，勝私窒慾，昔焉寇讎，今則臣僕。方其未克，窘我室廬，婦姑勃蹊，安取厥餘？亦既克之，皇皇四達，洞然八荒，皆在我闥。孰曰天下，不歸吾仁？痒痾疾痛，舉切吾身。一日至之，莫非吾事；顏何人哉，睎之則是。

輯自《四部叢刊》影宋本《皇朝文鑑》卷七十三

考古圖後記

呂大臨

莊周氏謂儒者逐跡喪真，❶學不善變，故爲輪扁之說，芻狗之諭，重以《漁父》、《盜跖》、「詩禮發冢」之言，極其詆呰。夫學不知變，信有罪矣；變而不知止於中，其敝殆有甚焉。以學爲僞，以智爲鑿，以仁爲姑息，以禮爲虛飾，蕩然不知聖人之可尊，先王之可法。克己從義，謂之失性；是古非今，謂之亂政。至于坑殺學士，燔爇典籍，盡愚天下之民而後慊。由是觀之，二者之學，其害孰多？堯舜禹皋陶之書，皆曰「稽古」，孔子自道，亦曰「好古，敏以求之」。所謂古者，雖先王之陳跡，稽之好之者，必求其所以跡也。制度法象之所寓，聖人之精義存焉，有古今之所同然，百代所不得變者，豈芻狗、輪扁之謂哉？漢承秦火之餘，上視三代，如更晝夜夢覺之變，❷雖遺編斷簡，僅存二三，然世移俗革，人亡書殘，不復想見先王之緒餘，至人之謦欬。❸不意數千百年後，尊、彝、鼎、敦之器，猶出於山巖、屋壁、隴畝、墟墓之間，形制文字，且非世所能知，況能知所用乎？當天下無事時，好事者蓄之，徒爲耳目奇異玩好之具而已。噫！天之果喪斯文也，則是器也胡爲而出哉？

予於士大夫之家，所閱多矣，每得傳摹圖寫，寖盈卷軸，尚病窾啟，未能深考。暇日論次成書，非敢以器爲玩也；觀其器，誦其言，形容髣髴，以追三代之遺風，如見其人矣。以意逆志，或深其制作之原，❹以補經傳之闕亡，正諸儒之謬誤，天下後世之君子有意於古者，亦將有考焉。元祐七年二月，汲郡呂大臨記。❺

《皇朝文鑑》卷第八十三

❶「逐」，原作「遂」，依影印文淵閣《四庫全書》本《考古圖》改。
❷「晝」，原缺，依四庫本補。
❸「謦」，原誤作「磬」，據文意改。
❹「深」，四庫本作「探」。
❺「元祐」以下十二字，原缺，依四庫本補。

中庸後解序

吕大臨

《中庸》之書，學者所以進德之要，本末具備矣。既以淺陋之學爲諸君道之，抑又有所以告諸君者。古者憲老而不乞言，憲者儀刑其德而已，無所事於問也。其次，則有問有答，問答之間，然猶不憤則不啟，不悱則不發。又其次，有講有聽，講者不待問也，聽者不至問也，學至于有講有聽，則師益勤而道益輕，學者之功益不進矣。又其次，講而未必聽。有講而未必聽，則無講可也。然朝廷建學設官，職事有不得已者，此不肖今日爲諸君强言之也。諸君果有聽乎？無聽乎？孔子曰：「古之學者爲己，今之學者爲人。」爲己者，必存乎德行，而無意於功名；爲人者，必存乎功名，而未及乎德行。若後世學者，有未及乎爲人，而濟其私欲者多矣。

今學聖人之道，而先以私欲害之，則語之而不入，道之而不行，如是則教者亦何望哉？聖人立教以示後世，未嘗使學者如是也；朝廷建官設科，以取天下之士，亦未嘗使學者如是也，學者亦何心舍此而趨彼哉？聖人之學，不使人過，不使人不及，喜怒哀樂未發之前以爲之本，使學者擇善而固執之，其學固有序矣。學者盍亦用心於此乎，則義禮必明，德行必修，師友必稱，鄉黨必譽。仰而上古，可以不負聖人之傳付；達於當今，可以不負朝廷之教養。世之有道君子，樂得而親之；王公大人，樂聞而取之。與夫自輕其身，涉獵無本，徼幸一旦之利者，果何如哉？諸君有意乎，今日之講，猶有望焉；無意，則不肖今日自爲譊譊無益，不幾乎侮聖言者乎？諸君其亦念之哉！

《皇朝文鑑》卷九十一

論選舉六事奏 元祐元年❶

吕大臨

臣竊惟古之長育人才者，以士衆多爲樂；今之主選舉者，以士衆多爲患。古之以禮聘士，常恐士之不至；今之以法抑士，常恐士之競進。古今豈有異哉，蓋未之思爾，夫爲國之要，不越得人以治其事而已。如爲治必欲得人，唯

❶ 自《論選舉六事奏》至《祭李籲文》二十七文，均輯自《全宋文》卷二三八五至卷二三八七，原校點者爲曾棗莊。

恐才之不足，不患乎衆多也；如治事皆任其責，惟恐士之不至，不憂乎競進也。今也取人而用，不問其可任何事；任人以事，不問其才之所堪。如此而欲得人而事治，未之有也。今欲立士規以養德厲行，更學制以量才進藝，立貢法以取賢斂才，立試法以試用養才，立辟法以興能備用，立舉法以覆實得人，立考法以責任考功，其事目之詳具于後。

士規

州縣皆立學，皆立士籍，學官正録掌之。凡士人不以僑寓土著，已仕未仕，已仕至升朝官，未冠及年及七十者皆不籍。并居學不居學，應舉不應舉，皆委自鄉郭鄰里博訪以姓名，申州縣長吏，再加審覈無遺，與學官參考行實無濫，然後書于籍。皆供本貫、三代、年齒。其在學及應舉者皆供所習舉業，已任者供出身歷任。除居學者自有學制外，別立士規，略如學規禁過條目。其大過，如兼爲工商，所遊非僻，博賭鬭訟之類；其小過，如遊匪人，非義干求之類，皆禁之。簿二道，一道記善，凡有善可記皆記之。一道書過。凡犯士規者皆書之。委州縣學正於學外士人中推擇爲衆所服者，爲外學正。州城内量郡大小，自二人至六人，分坊總之；自一人至三人，分坊及鄉總之。凡預籍者，又月輪一人，主書善記過，謂之直月。每月約日群集于學，釋菜于先聖，退而食于堂。直月以所記過之狀白于外學正，外學正與衆評其可否而書之，而告其人。凡善行許衆采之，告于直月，直月審其實而記之。有過則准許直月察之，至會人悉告于學正，過亦立罰。如犯大過，既書許其改過，不願改及終不悛者去其籍，不得與士齒，不得服士衣冠。先定士及庶人衣冠以別之。朝廷考察德行，皆質于此。其學行素高，爲衆所推者，別加尊禮，不與衆同。如出遊他所，皆具所以遊之事告。

古者四民不雜處，士所習皆有業。今也農工商賈尚各有事，惟士一職，多容遊手罷惰之流。士風淪喪，人才不興，皆原於此。自祖宗以來，州縣立學，惟守令留意者，僅能勸督應舉課業而已。鄉里服士衣冠，而與士大夫遊，皆名爲士，而賢不肖混淆，莫之能辨。德學之進者既無以旌別，無行之人又無忌憚，欲望美風俗，育人才，難矣。然比見所立學制，多欲士人居學日久，此極有害。大抵爲士者，莫不有家，仰事父母，俯育妻子，皆人之大倫，養道安可有闕？今必使捨此而居學，先廢人之大倫，縱博聞多識，將安用之？此失其本，不可不革。況古之至學，亦不在乎朝夕群聚，課試誦讀，然後爲學。蓋必立明師，使時往請教，有所矜式可矣。今之議立士規，所以防其失。月書善惡，所以進善改過。非其人者，不得與士齒，所以清士流。此爲之兆矣。兆足以行，則潤澤之方，更繫善治者措置如何耳。

學制

凡學之制，皆立大學、小學。小學課讀誦訓詁，習少儀。十年以上至于十九，皆入小學。二十以上，擇業成者，旬一試之。十試中格者，始得入大學，方許應舉。未中格者，且居小學，未得應舉。大學分四科，一曰德行，二曰學術，三曰文辭，四曰政事。德行之科，居縣者，縣之令佐與學官，令衆推擇，察得其實，以其名薦于州。其學行略道其故。州之長吏與學官，再加審察，得其實，以禮聘之，縣令津遣赴州學。州命學官館之，數與議論，以察其學識。旬月而歸，以簿籍其姓名，俟科場。州長吏及學官又參求可以應詔者，貢于朝。如居州學者，惟學官薦之，州長吏察之。學術之科，以多聞博識，明義理，辨節文，考典故爲業，一曰明經，經無多少，自一經至於六經。經爲《易》、《詩》、《書》、《春秋》、《禮》、《樂》。如《禮》兼明三《禮》，如樂雖無經，亦參取六經所言而求之。凡明經必兼治《孝經》、《論語》、《孟子》。二曰習史。究量歷代治體安危成敗及典故沿革。文辭之科，皆習雜文爲業，如制誥、章奏、文檄、書問、碑銘、詩賦之類，如唐制。政事皆務究知利害本末及措置之法，如吏文條陳利害，如法令修立條約，不必文辭，惟取措置議論優長爲善。已上惟德行一科，皆從推擇禮聘外，自學術、文辭、政事三科，并依科場法，許人應舉。亦自逐縣官以格升之州學，州學學官又選其能者籍之。每有科場，學官以其名聞于州，州申轉運司，轉運司選官考試，如舊法。額定中選人數貢于尚書禮部，其課試高下之法，以所習之高下多少爲等。凡學術文辭之科，皆兼習史及文辭爲上，所兼習或史或文辭者次之，止習三經者又次之，止習二經者又次之，止習一經或習史者又次之，習文辭者次之，習政事者爲下。明經者一經爲一場，試義三道。習史者試策三道，文辭者試雜文二場，每場問目五道。如兼習文辭政事，止各試一場。已上德行科比制舉，學術文辭科比進士，政事科比諸科。

古者四十始仕，今則成童以上皆得應舉。故人之子弟不務積學蓄德，自稍有知，已奔馳仕進之門。又爲學之序未嘗分別大小，往往躐等以進，群應有司。其藝稍中有司之格者，十無二三。使人才不成，實原於此。故今立學制，分大小學之法，自十九以下皆居小學，二十以上其藝可升大學者，方升之大學，始得應舉。則童子必能安業，所習有序，不致有違越之心，庶幾成材，可得而取。又或以德進，或以事舉，或以言揚，未嘗一科取之。自漢唐之盛，雖未能方古，亦數路設科，以收人才。今專以進士一科取之，其所試者止於經義、策論而已。及其中選，則百官之事皆得而任之。就其素學而論，蓋欲明義理而習文辭也。當官決事，則所知義理，莫知所以施爲。一有辭命，則所習之文不足以應用。謂之賢歟，而不知其德之可任；謂之能歟，而不知其才之可使。蓋所養非所求，所求非所用。養才取人之失，無甚於此。議更改科舉，復用詩賦，此特少濟有司考校之末，無益朝廷育才用人之實。若明立四科，以籠人才，則庶幾有得。又古之仕者，莫非上之人取之，非下有求而後予也。故上有下賢之美，士無失己之恥。今一切使之投牒自進，無以異於市井臣僕，非所以養士之廉。其本已喪，則爲士者輕；爲士者輕，則雖有美才令德，不足任也。今欲悉命學官采擇，然後州長吏召而試之，少厲士風，不爲無補。

試法

試法者，凡初入仕人，如初及第人，奏薦未出官之類。在京委開封府及府界提點司，在外委監司郡守審察人才，可當何等職事，先令權攝管局，或差委定奪公事，以試其才。滿歲考定，分爲四等。政迹可觀爲上等，職事粗舉爲中等，職事不廢爲下等，職事曠廢爲劣等。除劣等且令守選習學外，餘皆保明其才，委實可任何官，申吏部。吏部再審察人才，如所保明，即依所定等所任官差注。所定等爲名次高下，所任官各分差注。其第一任謂之試官，於銜中帶試字。任滿如前法，監司郡守考定四等，上等注優便官，中等者注合入官，下等者再試一任，劣等者勒令守選習學。凡守選習學者，皆滿二年方令再試一年。雖係上等遷一資，中等不遷，改優便官，下等如故，劣等降一資。禄官亦合守選，不給俸錢。次任，依此考定優劣遷降。

辟法

辟法者，官長皆許辟屬官一員以自助，內則尚書侍郎卿監，尚書侍郎許辟郎中、員外，卿監許辟丞、簿，各一員。外則帥臣監司郡守，帥臣監司各舉二員，郡守舉職官或曹官一員。各辟所知。所辟者去官，則從而罷。所辟非其人，許御史録奏。學官同此。

舉法

舉法者內則諫官、御史、郎中、秘書、博士，外則監司、郡守、縣令、學官、監局，皆得舉授。內官及監司許待制以上擧，郡守許監司及待制以上擧，縣令許監司郡守擧，外學官許監司及兩省官、御史、郎中、司業、待制以上擧，外監局許監司擧係課利及萬者。凡内官及監司、郡守、學官，皆云擧者籍其名，有闕則擇而用之。縣令及監局，許監司指名指闕奏擧。政迹在優劣等者，擧主皆有賞罰。

考　法

考法者，先立所涖職事主意所在，以爲責任之詞。如守令則曰政平訟理，民足士勸，恤困窮，止姦盗，辨賦役之類。如監司則曰察擧愆違而不入苛細，長財足用而不涉掊克，薦滯才，擧廢事，申無告，去積弊之類。獄官則曰必得情，無久繫，寃者得伸，有罪者不可苟免。學官則曰長育人才，必有成就，激厲風俗，無使媮薄。如此類例修立百官殿最之目，而有司條格略立大法，餘皆聽其自爲。歲終一考，則定其殿最而升黜之。雖無顯過，但不如所責者，皆在所黜。凡授官者，如自度不足以當責任，許自陳改授他官。

此四法於選官，庶幾盡知。蓋試法之立，足以區别能否，不致多容濫進。辟法之立，使官長自擇僚佐，足以深任其責。擧法之立，使在上者多知人才緩急之用，不患乏人。考法之立，使非才者不敢幸進，無功者不可苟容。仕路之清，無越於是。今之入仕亦有試法，止於經義斷案而已。所試經義，方欲酬對有司，非能究達義理，固未適於實用。如律義斷案，但可粗施於法官，然亦泥文，執法不可常行，不若實試以事，自見其才。舊格惟帥臣監司及朝廷專使，許辟一二屬官而已。近制復亦罷去，大抵關防朋比私謁之敝。然自漢唐以來，僚屬皆官長辟除，所以深責治效。雖不能無請求私徇之意，苟朝廷責任之嚴，人人欲得寮吏以爲己助，亦安肯多取不才之人？如果得其人，雖擧子，夫復何恤？此法不行，止可革其小害，而失其大利，非計之得也。非其人，既立彈奏之法，又孰敢以非才充選乎？竊見朝廷每有除授，常患乏才，此蓋未常素求人物，以備一旦之用。緩急之際，選擇不審，則授任失當，殊非用人之法。莫若立法使各擧所知而籍之，又命執政大臣及吏部更審訪其才，應與不應所擧。一官有闕，擇而用之。以其人之殿最，爲擧者之賞罰，則濫進者寡矣。今之選曹，所患者員多闕少，按其治行，則擧職者寡，而不職者衆。此乃全無考法，責任不精之所致。夫樂貴而惡賤，樂富而惡貧，人之情也。如使居高位者責重，居下位者責輕，則才薄之人必不敢冀其高位矣。有禄者有責，無禄者無責，則無才之人亦不敢徼幸於寵禄矣。無他，責之以實之效也。

《國朝諸臣奏議》卷八〇。又見《玉海》卷一一六，《宋史》卷三四〇《吕大臨傳》，《歷代名臣奏議》卷一六七，《續通典》卷二一

論禦邊奏

吕大臨

臣聞古將之有爲者，未嘗有不先審處其宜，而能收其後功者也。有不可取之勢於己，然後可以有所處；必有機械足以應萬變而不窮，然後可以有所爲。是以其處必獲，其爲必成。不幸而不獲不成，則可以言天，而非數之失也。《兵法》曰：「無恃其不來，恃吾有以待之；無恃其不攻，恃吾之不可攻。」今不先修其戰之具，而望其必不來；不先修其可守之備，而望其必不攻；不忍悁悁之忿，而輕於一舉，殆非善戰者也。❶臣竊聞夏人背約犯邊，陛下惻然不忍邊民之被害，忿犬羊之無禮，議者直欲絶累世之好，止常歲之賜，徐議興師，討其不共，此乃群臣誤陛下也。陛下試思今日絶好，明日必大舉而來，其將何以待之？任何將可以當禦侮之寄？用何兵可以應敵？以何力可以供軍興之費？此不可不慮也。臣儒生，素不知兵，但生長關陝，當任邊郡，至於夷狄之情，禦備之要，亦妄留心，知其一二。不敢以疏賤自絶，敢爲陛下梗概而陳之。臣觀今三邊之兵，僅可以自守而不可以戰，食僅足以支歲月而不足以横費。今不幸輕絶虜好，致其舉國而來，與之戰則不足敵，堅壁清野以待，則吾未必能邀其師，被邊之民傷殘亦已多矣。又不幸夷人知吾之不戰，委城不攻，長驅而入，則關中非朝廷有也。當此時又何以待之？議者必曰：康定之戰，元昊舉國不敢過潘原，今安敢委城而深入？臣獨以爲元昊不過潘原，元昊未爲知兵，而不知中國之虚實也。使其知兵與吾之虚實焉，長驅而入，不知中國之兵可與腹背攻之乎？其衆寡强弱可以敵之乎？景德之難，北虜棄魏都六七郡不攻，而直犯澶淵，其勢可知也。伏惟陛下知勇，聖算深遠，當以天下根本爲慮。然而議臣不慮後害，輕起兵端，臣恐虜難未已而中國坐困。惜一歲之賜，而殫十歲之賜，未足平也，臣深爲陛下惜之。伏願陛下少留聖慮，延問老成，姑忍一朝之忿，與圖萬全之計。❷擇仁厚之師，戒生事之臣，聚兵畜財，常若寇至。俟數年間，將足以用，兵足以戰，財足以養，然後下詔問罪。彼將惕然承命，可不戰而服

❶「善」，原作「害」，依文義改。

❷「全」，原作「金」，依文義改。

矣，又焉敢輕犯盟約，侮慢朝廷哉？ 伏惟陛下少留意焉。臣亦有愚策，可使兵足而費少，邊寧而民不困。如陛下不以臣言爲無取，少加采擇，則臣敢繼此以獻。

《國朝二百家名賢文粹》卷三八

代伯兄薦蘇昞狀

吕大臨

右，臣伏見京兆府處士蘇昞，德性純茂，强學篤志，行年四十，不求仕進。從故崇文校書張載之學，爲門人之秀，秦之賢士大夫亦多稱之。如蒙朝廷擢用，俾充學官之選，必能盡其素學，以副朝廷樂育之意。或不如所舉，臣甘罔上不忠之罪。

《伊洛淵源録》卷九，《正誼堂全書》本。又見《永樂大典》卷二四〇四

上富丞相書

吕大臨

某皇恐啓：伏自明公以上公還第，終未獲一侍几杖。每問東來人，頗談燕閒輔養之樂，不交世務，惟野夫山叟相與之遊。某聞而疑之，尚意傳者有所未識。雖然，所見乎外者，固足以起有識之論矣。某聞古者三公無職事，惟有德者居之。內則論道于朝，外則主教于鄉。自天子至于鄉之學士，皆從而學，故謂之鄉老，亦謂之天子之老。老則成德更事之稱也。古之大人當是任者，必將以斯道覺斯人，成己以成物，豈以爵位進退，體力盛衰爲之變哉？ 惟公道問學，守中庸，以道致君，中立不倚，去就之際，有古大臣之風。雖功成身退，不在其位，然爵德與齒，三者備享。正論正行，一倡于家，則朝廷四方，將不遠千里而應。利勢如是，可無意乎？ 筋力齒髮，固有消長，至于心術德慮，老當益壯，未容與形俱衰。今大道未明，人趨異學，不入于莊，則入于釋，疑聖人爲未盡，輕禮義爲不足，學以苟安偷惰爲德性，不知養民教民爲先務，致人倫不明，萬物憔悴。此老成大人惻隱存心之時，以道自任，動爲世法，正國大經，振起敝俗，使人人皆被其澤，在公之力，宜無難矣。配義與道，以養吾氣，心廣體胖，安身利用，將與天地始終，其緒餘之獲，亦足以全吾身之壽考。若夫移精變氣，務求年長，此山谷辟世之士獨善其身者之所好，豈世之所以望於公者哉？ 某早辱厚遇，不敏不强，道不加進。私竊自謂，欲爲知己者報，直不過此，未識公意以爲何如？ 狂身無取，尚

冀開納，不勝下情怛惻之望。不宣。

《國朝二百家名賢文粹》卷八二。又見《三朝名臣言行録》卷二，《名賢氏族言行類稿》卷三六，《宋史》卷三四〇《吕大臨傳》，《古今圖書集成》神異典卷七五

上横渠先生書一

吕大臨

某啓：近得伏見門墻，累日侍坐，雖君子愛人無隱，賜教諄諄，然以不敏之資，祈進大學，恐不克奉承，以負師訓。拜違而來，夙夜聳懼。屬盤桓盤雍，華旦初，始還敝邑，踰月之久，不獲上問，當在矜照。

《國朝二百家名賢文粹》卷一〇〇

上横渠先生書二

吕大臨

某稽顙再拜：前日往哭太博之殯，雖得見于次，以未終親喪，弗克叙吊。至于敦匠執紼，又不與事，誠心痛恨，殆不勝言。拜違未幾，奄朔日，不審與奠感慟，氣力何似？某還舍執喪，苟生如昨，不願念卹。每見先生哀發至隱，不獨繫於私愛。某雖不得切與聞焉，反求諸心，猶不能處，先生耆艾，豈易勝喪？去聖既没，道有所在。雖廢興有命，亦當天下同憂。敢祈節抑自重，以慰士望，不勝區區之願。謹奉疏，不次。

《國朝二百家名賢文粹》卷一〇〇

上横渠先生書三

吕大臨

某啓：天道性命之微，承學亦久，嘗以所聞，反求所自得，自謂無足疑者，方將勉學存養之道而已。屢蒙待問，致思以求，亦未之得。雖然彌堅，豈能遽達？大懼學不加勉，未見所疑。惟先生見愛之深，敢望略舉問端，使之詳對，則疑否可決。煩瀆視聽，怵惕之至。

《國朝二百家名賢文粹》卷一〇〇

與友人書

吕大臨

某再拜：某至此一見足下，鄙心油然已有願交之心，庶幾日親講學，少進於道。然同處一城中，或十數日不相

過。雖言笑猶不接，則道義之益，無以望矣。某嘗謂世之學者，名爲文章，未始不欲立言者，將以爲後世法也。使其言中於義理，則先聖人固已道之，學者將習讀發明之不暇，又何其私有其説而自欺也？使其言不中於義理，則雖中人且不屑取之，況欲齒於先王之言，而爲法於後世哉？蓋道始于堯而備于孔子，孔子之後，無以加矣，可加非道也。孟子之徒知義理無出於孔子，故未嘗立言。然而反復論辨不止者，直欲終身盡心於孔子之道而已。故其大則欲發明聖人之微意，使吾道有所傳授而不可息。其次則排斥異説，與吾道爲之禦侮而不可勝。唯有所傳授，故道益行；唯爲之禦侮，故道益明。世之學者有功於道，不及孟子之徒遠甚，而立言乃欲過之，余見其自絶於道也。某往者輒不自量，學爲文章，既而若有所發。中道自悔，視前所爲，殊可羞惡，乃一切棄去。又不自量，將以鄙滯不明之質，執殘編斷簡，欲逆求聖人之意於數千百年之上。其爲力雖勤，而不知其果有得之歟？非歟？然鄙心以爲聖人雖亡，而義理固在。果知義理之所在，則雖數百千年之上，猶今日也。譬諸觀水，苟知性之趣下，則雖江河淮瀆之別，細大曲直之殊，以此理求之，無往而不得其性也。某近以此説求《論語》，因妄爲之解。不敢自異於先儒，欲少發聖人之微意。但精粗得失，自知不明。首篇雖已具藁，未敢自謂其然，輒取質於左右。苟不叛道，願教示之，庶幾得卒所學，幸甚。不宣。

《國朝二百家名賢文粹》卷一〇三

與程正叔書

吕大臨

某啓：某嘗謂聖人智周萬物，赤子全未有知，其心固知有不同矣。然推孟子之言，豈止取純一無僞，可與聖人同乎？前日所云，亦取諸此，非謂無毫髮之異也。此義某昔者既聞先生君子之言，嘗反而求之，若有所得，參諸前言往行，又無所不合，拳拳服膺，不敢失墜，似得其所安，以是自信不疑。切謂堯舜相授，亦云「允執厥中」，則所謂中者無他，此心而已。此心即天地之心，以其有知，故謂之心。至虛而無所偏倚，故謂之中。高明廣大，無所不盡，故謂之性。變化不測，故謂之神。可以推而行之，故謂之道。可以得而有之，故謂之德。孔子絶四，四者皆私意也。一物存乎其中，則與天地不相似，亦與孟子異矣。孟子云：「操則存，舍則亡。」學問之道，求其放心而已矣。又云：「權然後知輕重，度然後知長短。物皆然，心爲甚。」絶四之外，此心無所偏倚，其至明至平，甚於權度之審。又云：「盡其心者知其性，知其性則知天矣。」天之神與此心無二，惟有所不盡，故與天地不相似。《易》之「寂然不動，感而遂通天下之故」，皆此心之謂也。此心所發，莫非義理，人心之所同然。故中之所發，無有不和也，以人心之所同故和。來教云：「赤子之心，可謂之和。」某思之所謂和者，指已發而言之。今言赤子之心，正謂其未發之際。故切謂純一無僞可以言中。若謂已發，恐不可言心。來教云：「所謂『循性而行，無往而非義理』，言雖無病，殊少聖人氣味。」某反而思之，方覺其謂窘迫無沉浸醲郁之氣，此則淺陋之罪，敢不承教。先生以已發爲赤子之心，某以未發爲赤子之心。若大本之實，則其與先生之言未有異也。但解赤子之心一句不同耳。❶ 某切謂赤子之心，恐止取純一無僞，可與聖人同，故孟子言之，更不必一一曲折校其同異，此所以取而爲言，固未嘗以已發爲大本也。先生凡言心者，皆謂已發而言，但未發而前，心體昭昭具在，謂之無心可乎？切謂心自有體，已發者乃其用耳。此事乃所深疑未喻，又恐傳言者失指，切望教示。不宣。

《國朝二百家名賢文粹》卷一〇三

與程伯淳書

吕大臨

某啓：昔在京嘗得走見，今兹累年，憂病居家，久不治問。每聞動止，以慰瞻仰。比日時寒，伏惟奉親養德，福禄寧止。某自聞横渠見誨，始有不敢自棄之心。乃知聖學雖微，道在有德。不能千里往見，有愧昔人，然求有餘師，方懼不勉。但執事伯仲與横渠始倡此道，世俗訕訕，和者蓋寡。雖自明之德，上達不已，而禮樂之文，尚有未進，學士大夫無所效法。道將興歟，不應如是之晦，此有道者當任其責。嘗侍横渠，每語及此，心實病之。蓋欲一見執事，共圖振起，不識執事以爲然乎？未獲侍坐，敢祈自愛以道。

《國朝二百家名賢文粹》卷一〇四

仲兄赴官休寧序

吕大臨

治平三年春正月辛巳，來自河陽，省兄長。會兄長以

❶ 「句」，原空缺，依中華書局校點本《二程集》內《與吕大臨論中書》補。

御史論事于朝，不納，還第待罪者數日矣。詔三諭不起，請益堅。明日，詔奪御史，以博士爲歙之休寧。拜命即出國門，館于門南之佛舍。都城士大夫相與就見之，有齎咨顰蹙，以去位爲唁者；有賞其風節，撫手歎嘉，以得名爲賀者。二者之詞，日交于前。兄方毅然不動，其感激之氣，尚見于色，發于語言之間。噫，學之功果如是，是亦至矣。固其寵者奪其寵則悲，徇於名者獲其名則樂。凡悲樂之起，殆非至誠君子愛其君之所爲也。君子以至誠事君，有善必告，曰吾君其行之；有過必諫，曰吾君其行之；❶有過必諫，曰吾君其改之。一言不聽，再三言之；❷再三不聽，反復而言之；又不聽，乃曰吾君果不聽矣，吾可以去矣。猶曰，庶幾吾君知吾去之所以然而少悟也。由此觀之，苟使其言行，其諫聽，推其中心之樂，雖軒冕印綬日加其身，而不願以易此。然其不得於君，舍位而去，豈其心哉？故夫進與退，名與否，皆非吾之所存，則其去也何悲乎？何樂也乎？某之見其兄，不賀不唁，默然知兄之至誠不可掩也。兄將行矣，終不可以無言。蓋君子所貴乎全者，以無所處而不宜也。人之情，處其小則志於大，得其大則忽於小。昔兄爲御史，抗言大事于天子之前。今反屈首治一邑，日與吏民會計簿書，辨析牒訴，宜其有不樂爲之心。然兄既能於進退矣，又豈不能忘於小大之間哉？二月庚寅，餞于陳留，謹書以送。

《國朝二百家名賢文粹》卷一六八

別高都諸友序

吕大臨

自予得冠卿，俗氣蛻去，有放人傲世之真體；自予得仲文，心忘矯激，而不苟毀譽於物；自予得退仲，言不敢離法之頃刻，行不敢違道之尺寸；自予得正夫，憤激愁怨，恐懾悲樂之來，如浮雲春冰，不暇瞻視，而隨已消釋；自予得明叔，其心嚮義，常欲竭蹷而趨之。予來高都，從此五人遊，得此五人益，而亦竊自怪，求友於天下，而不意五人者皆聚于此也。求友之法始拒之太深，則後有善而愧於復交；始與之太密，則後有缺而不可以絶，此世所共敝也。予欲觀其操履，必與之久處；欲觀其趣向，必接之以議論；欲觀其器量，必試以非意之事；欲觀其所守，必臨之以

❶「有過」至「行之」，疑衍。
❷「再」，原無，依文義補。

禍福；欲觀其誠僞，必辨其參五。故處稠人而訐其短，不可謂忠；斥其門庭之私，不可謂直；可爲而不爲，不可謂讓；無善而過稱，不可謂延譽；齎咨涕泣，閔人之窮，而不以力振之，不可謂仁；遇事許可，而不卒成之，不可謂義。予以此求友，故得五人而友之。五人者，又皆有益於予，是予求友之不誣也。❶冠卿遠爲萬里官，海涯孤客，其會固不可期；仲文去我，守官於邊；退仲去我，而守僻邑；獨正夫、明叔有里巷相過之樂。今我又自舍二友而西遊。予嘗喜此五人，不意俱會于此，又歎其未必常相聚也。平時盃酒間笑語倡和，以理相責，以義相告，及離群而去，遇物牽感，必有深思而不得見者。故必取其舊文而讀之，如與其人語言從容，亦可少解別後之思。予之别諸友，故以此爲遺我。使我遠行，宿于羈亭野館，疏林槭槭，晚色落莫，出而無人與語，往往沽酒獨酌，面諸友所居，引吭而望之不見，既發篋，又無諸友之文，使予吟諷而念之，則予懸懸之情，其可以已耶？行有日矣，敢以此告。治平元年閏月五日序。

《國朝二百家名賢文粹》卷一六八

張公文集後序

吕大臨

在祥符、天禧間，以辭學久官，爲一時名卿者，有集賢院學士、❷給事中張公，博聞强識，篤實忠亮，歷書館，備史官者二十年。方是時，天子巡狩四方，尊禮儒學，其登延訪問，賡載歌詠，未始不在從官之先。凡典籍謬訛，儀章未講，多識舊聞，折衷惟允，學士大夫有考必稽焉。公之没，遺藁藏于其家而未傳也。元豐二年春，公之曾孫伯子革以遺文二十卷屬其所識吕大臨而告之曰：「昔者吾諸父少罹閔凶，僑寓于關中不克歸，惟是吾曾祖集賢之緒言，蓋未之聞也。嘗累訪之東都諸族，久之弗獲。熙寧末，叔父崇文君被召還館，始得其書于從祖父殿直君之家。於是公没五十年矣，意將散亡而不傳，而從祖父獨能存其完書，又不幸崇文不禄，不克叙次。革謹藏以須，惟恐失墜。從祖父重有命，將傳于時，畀求文以叙，惟子言之毋辭。」大臨亟謝不

❶「予」，原作「子」，依上下文義改。

❷「院學」，原無，依《横渠先生行狀》補。

能，而不得已焉。竊思君子之事其先，其祭也必齊，其齊也必思。雖其居處笑語之常，志意嗜樂之異，未始斯須或忘于心。況如公之文章一出於德意，不爲夸淫浮靡之辭。其指説之要，厚人倫，樂循理，仁民物，亹亹好善，有古君子長者之言，豈特笑語嗜樂之比乎？記稱君子論譔先祖之美，以有善不知爲不明，知而弗傳爲不仁。則是書也，固在於可傳。又嘗聞之，「自仁率親，等而上之至于祖，名曰輕」。惟仁人孝子，達孝子之心，則等而上之，雖至于祖，亦不忍加親之重。是以繼親之志，述親之事其祖，而不改親之故焉。斯道也，先王未之有行，而武王、周公實行之。故君子謂之達孝。斯文之於集賢，行斯心者也。嗣其業，訪其書，雖終身而弗措。今伯子也，又不替諸父之志，述而藏之，則達孝之心爲有繼，而斯文之傳益不疑於君子矣。公諱復，字元易。崇文諱載，殿直名威，皆公孫。汲郡吕大臨序。

《國朝二百家名賢文粹》卷一五五

明微論

吕大臨

昔之妄意天下之事者，其威力雖足以制人，亦未能直行其志，亦必有所顧忌。顧忌之者，威力之不足恃，公義一失，雖千乘之國，將孤立而坐受其敝。故姦人欲有爲也，常託公義之名。公義之行，其迹猶涉於不順，乃取古人不得已之事而師之。欲禪代於君，則曰吾師舜；欲謀其上者，則曰吾師湯。至於伊尹之廢於，❶周公之攝政，趙鞅之誅君側之惡，皆有以師之。前日之師古人者，古人之心固亡矣，其迹猶粗有所依焉。今日學之者，迹亡其大略矣，而尚有取焉。後日學之者，徒以虚名鼓動之，而心迹俱亡矣。此乃假人之物，異日必將假而不歸，又私竊之，又强奪之，而後已也。烏乎，弊至于此，學者不爲聖人明不得已之微意，使後世姦人有所顧忌而無以託名，反竊議古人有首亂之罪。殆非古人之罪也，學者不明之故也。昔舜於堯猶爲臣，受其權不受其位。堯崩，服堯之喪畢，乃即天子位。以至公之道相受，未嘗不臣於堯，而以邪説惑之也。至燕子之力以邪説惑子會而伐之，然猶其君願予，而位號猶在也。曹丕乃非山陽之所願，又奪其位號而臣之，然猶不至於害也。劉裕之取晉，殺其長而立其幼，就孺子之手而奪之矣。湯之伐桀，以救民爲心，然猶顧犯上之迹，故放之南巢而不殺，猶有慙德。及武王伐紂，親提黄鉞而斬之，不復有所

❶ 下「於」字，疑誤。伊尹曾廢太甲。

顧，然救民之心尚在也。至項羽之取秦，既不顧君而又不顧民，殺子嬰，屠咸陽，收其寶貨而東，其暴又甚矣。伊尹當太甲居湯之喪，百官總己以聽冢宰，而太甲未與於政。太甲既縱欲而不明，伊尹之不聽，乃營桐宮，使居而思過。及除湯之喪，太甲悔而復善，伊尹乃以冕服迎太甲而授之政。此特太甲居喪，未與於政，伊尹遣之思過而已，固非放君也。而霍光廢昌邑，假此爲名，而更置其君，終身不復以政，然猶以公議而廢也。至司馬昭之廢齊王，桓温之廢海西公，則主無毫末之過可絶，特以私忿棄置，振威以脅天下，公議又無復有矣。周公以成王之幼，懼天下之亂，故攝行政事七年。及成王長，乃稽首而復政，未嘗苟貪其權也。霍光之攝漢政，至宣帝已長，而猶不歸之，眷眷然唯恐權失而禍至，然猶未有私奪之心也。至王莽則久據而遂有之矣。趙鞅雖不足法，然後世以晉陽之甲誅君側之惡人，亦有靖亂之意，非苟託名以爲他也。吴王濞之誅晁錯，王敦之誅劉隗、刁協，則意不在於錯與隗、協也。由此觀之，變愈久而亂甚，亦不足怪也，其出於學者異説惑之也。舜未嘗不臣於堯，而學者謂舜受禪而不復爲堯臣。伊尹未嘗廢太甲，而學者謂廢之。虞商之書具在，而學者之説如此，又心知其不順，由爲區區之論以救其迹，是誣人之罪，反飾詞以赦之，宜其後世姦人有以爲名，亦不足怪也。夫趙鞅固不足數，舜、湯、伊尹、周公，亦將爲首亂之罪乎？

《國朝二百家名賢文粹》卷三〇

建官正官論

吕大臨

古之建官，有爵有官而已。五等諸侯、公卿、大夫皆爵也，三公、六卿、二伯、三監及其屬皆官也。爵以制禄，定命秩之差；官以任事，責事功之實，未有有名而非事者。至戰國，始有封君之號，如武信、文信之類，爲寵名。漢始立異數，如特進、侍中、給事中之類，爲加官。雖若虚名無實，然猶存所以加寵之意。至于隋唐，有正官，有散官，❶有勳官，有爵，有加官，有兼官，有遥授官，有檢校試官，有員外官，有食邑，有功臣，於是官制始亂，名實不正。然猶官必有事，内外異名。自外而入，則削外官之名，而改京職事，如刺史入爲郎官，縣令入爲御史之類；自内而出，則帶檢校之名，而爲外職事，如吏部郎中爲同州刺史，則帶檢校吏

❶「散」，原作「加」，依下文改。

部郎中。散官、勳官亦堪當叙封，爵五等皆有命數。加官如學士、待詔，實備文學之選。兼官如外官之帶御史，實專刺察之事。食邑有課户之輸，功臣緣實績而賜。雖曰不正，猶未失義。至本朝官名不一爲甚，大率多本唐舊，而正官外又有職，如兩制、三館之類；又有差遣，以他官主判省寺，以京官出領外任之類。官及差遣，有不治者，官如今京朝官領他局皆是，差遣如分司宫觀之類。有止預朝請者，如皇親外戚及京朝官在審官、三班未得差遣者。有徒存其名而無職事者，如諸衛統軍、東宫官之類。有新名已立而舊官不廢者，如寺監之職多移爲内諸司，而寺監尚存；尚書六曹之職改爲中書五房，而六曹不廢。有名位甚尊而職事近褻者，如宣徽使掌樂人，翰林學士撰春詞之類。有資淺除授重加權攝之名者，如御史裹行已是攝官，又加權字之類。有官職出入輕重之難處者，如兩制入省，書省序官，有散員外郎在其上者之類。至于侯爵、功臣、實封、食邑、散官、檢校、試授，用爲常典，虚名而已，無所損益。有職守可兼而猥須別出，如知州帶河堤、勸農之類。有新舊名號重複可删，如知州既曰知某州軍，又云管勾軍，又云管勾軍馬。及已作三公，猶帶開府儀同三司之類。有帶外官而反居中，如正刺史以上爲管軍之類。有帶内官而反居外，内官居外極多，近時又有帶内差遣者，如三司判官、司農丞、主簿權涖外官之類。而所定九品，皆因舊令，高下失宜；官職差遣，名實紛亂，多失其當。如命官用誥，本爲所命有事，故以言告之，今惟轉官職始有誥。差遣雖重，如經略、轉運、宣撫之類，苟不轉官，止以勅授，亦無告詞。節度、宣徽皆以舊例宣制，而參知政事、知樞密院而下，列在兩府，反不宣制。此不可不革者也。況正貳參伍之法不立，苟不侵官，則有曠職，無所統類，此所以廢事功，長偷惰，能者無所效其力，不才者足以免其責。將欲政舉令行，卒莫之致。今爲復古之漸，當立官爵二法。立公侯伯子男五等之爵以命皇族、外戚及諸臣之有功者；立公卿、下卿、上大夫、中大夫、上士、中士、下士九等之爵，以定百官之命數；立三公、三孤、六卿、寺監、臺省、諸衛之官屬，以治内事；立九州四塞郡縣之官屬，以治外事。各正其名，不使淆亂。散官、勳官、檢校、功臣職及差遣之類，一切省去，惟試官以授未命之士。食邑户數，正封五等諸侯，使食其租税。凡郡縣之政，總於九州按察使。九州百官之政，總於六卿。六卿之政，總於太宰。若三公則止與天子論道經邦，不及以政。如是則百慮一致，循名責實，賢能皆得而官，使僥倖不能以自容。令必行，功日起，當自此始。

《國朝二百家名賢文粹》卷三一

舉辟論

吕大臨

古者官屬皆自其長辟除，而專其廢置。自辟除則可舉所知，專廢置則不容幸人。漢唐藩守，尚行此法，當世名臣，多由此出。蓋養才之術，必更煩使，然後知小人之依，一日用之，則所行不謬於世務。故後世黨比公行，其所辟召，多出私徇，儌倖并進，人不被澤。故本朝之法，自一命以上皆命于朝廷。雖稍革舊風，然爲治得人，反減前世。蓋不懲其本，而治其末，故弊至于此。如使上擇官長，不使非其人者居之，又時省歲察，從而誅賞，雖欲徇私，不容爲矣。今辟召之法大抵不行，惟帥臣監司許舉數員而已，而又資歷深淺，必須應格而後從。其餘皆命于朝廷，亦非以才選，亦非以器使，皆有司一切以資考條例而授之。故天下郡縣無曠官，而士猶不得志；搢紳非乏才，而事功不舉。蓋舉不以所知，使不以器而已。此法之不可不革者也。欲乞天下監司、牧守、將帥皆自朝廷選擇，其參佐僚屬，除州通判外，皆許官長辟除，各舉所知。自京朝官至于舉人，不限資歷深淺。在本屬者，直行牒請；不在本屬者，奏取朝旨。若素未深知者，且許試任半年或一年，舉人則三年或六年。見其可任，乃許上聞正授。不職者，即罷去之；才有長短者，以器使之；勝其任者，增秩而久任之；其才過人，可聞朝廷者，則以時薦舉之。苟涉私徇，容庇儌倖，許監司覈實，重行廢黜。如此則官長荷責任之重，孰敢用非其才？寮屬被所知之舉，孰敢不盡其力？而又小官煩事，使之更習，一旦用之，必能周達世務，亦養才之要術也。

《國朝二百家名賢文粹》卷三三

任賢使能論

吕大臨

任賢使能，古之道也。二者猶陰陽之相資，廢一則不可。所謂任者，知其賢也，委之託之，收其成功，未嘗有間於其間也。不貪者可以託府庫，不疑其有欺也；不奪者可以託幼孤，不疑其或倍也。況天下之重，委得其人，豈可置疑乎？既疑則不如勿任之。如此之謂任賢。所謂使能者，或行或止，唯吾令而已。委之以財，不能任其弗竊，必有術以防之；付之以兵，弗能任其弗暴，必有法保任之。

法不得不作，故秦法任人，而所任不善者，各以其罪罪之。此鄭安平降於趙，而應侯爲之不懌也。本朝祖宗之初，未有舉官定制。凡幕職、令録、郡尉，各隨時而詔舉之。天禧之前，其舉薦大率如此，而升朝官皆得舉人，至有一歲中舉十數人者。有管軍之官得舉其所統之幕職者。因向敏中建言而後不革。縣職司、郡守尉，其舉薦皆有定員矣。蓋曰某舉縣令若干人，某舉京官若干人。舉者不慎廉隅，則舉之者鈞其罰，異乎古之薦賢也。古者進賢受上賞，蔽賢蒙顯戮。人知賞之爲勸而罰之爲懼也，故毅然公其心而務以進賢。今乃舉得賢則無所勸，而舉者或非其人，則有所懼。罰行而賞不行，此偏而不起矣。且兩府之崇，蓋有歷州縣幕職而後至者，此其亦嘗藉他人之舉矣。朝廷用人必藉乎薦舉，而不爲之賞典，此亦于賢未盡其術也。初，仁廟時舉官有定員，而必得盡一歲所舉之數。伏自陛下即位，以選人待次傷於留滯，乃詔天下凡舉官務在得人，不必盡所舉之數。臣愚切以爲過矣。今之所病者官冗也，而官之所以冗者，不在乎薦舉之多也，在乎求之於入仕之門而已。且公卿之家，其子弟蔭補皆京曹，固不由銓衡而後進，安用薦舉爲哉？今明詔曰不必盡舉，是適足以塞寒素進身之路爾。且夫舉官之人，限之以定員，而欲其必舉。夫惟罰行而賞不行也，彼猶有蹙頞不得已之色，而況與其不舉乎？臣固知公心報國之人，雖有是詔，猶將盡舉；而跮踱孱懦之人，因成其愚，而不能勉力求賢，以與禄爵之重恩爾。臣請爲之令曰：凡職司郡守尉，歲舉官必得如數。異時所舉之人，以才職功業爲朝廷之所顯任，苟至是官，則汝有是賞。以官之崇卑而爲之等級，或進爵一級，或加禄一等。其有過，厥罪惟鈞。如此，而舉者皆將盡心力於求賢，而天下之賢皆用於朝廷矣。

《國朝二百家名賢文粹》卷三三

養才論

吕大臨

前代官府掾屬率用士人。近世如州郡六曹，徒有其名，實不與事。案牘文移，悉歸使院監司之屬，皆是吏人。雖比行重法，止有姦敝，但委失其方，亦莫之禁。欲使諸路監司、州縣皆置録事及六曹掾，主行諸案，悉長官自辟。監司及諸州許辟本資序人，官小者權攝，或辟士人權攝亦聽，縣則止辟士人。其俸禄皆給以見今吏人之禄，亦三歲考績，聞于有司而升黜之。事少者併省，官不必具。逐曹量置書令吏，書寫文字而已，其定檢行遣，點檢案牘簿書，皆本曹官主行，如諸州使院之類。轉運等司勾押官、孔目官、職級之類，一切省去。諸縣亦許委掾屬定奪公事，給納錢穀，縣令止令聽政而已，不責細事。如此則曹事必治，不須重法，姦敝自息。今之縣令出納應報不暇，府史之職亦安能長人，以修一邑之政乎？士人既試以事，他日進用，必收實效，與科舉取人異矣。養才之術，無先於此。

《國朝二百家名賢文粹》卷三四

風俗議

呂大臨

風俗之原，皆自世之篤尚而變也。從我者榮，不從我者辱，尚此者爲能，不尚此者爲不能。世俗之人非有甚高之見，孰能舍榮以取辱，舍能而爲不能者哉？故今風俗方妄披倒墮，似不可復起，卒無人爲振之，又從而尚之，是以天下之事終不能有所立也。某人有過，試使某人言之，必曰規過人之所不喜，且無與我事，胡爲往取怒哉？他日有過之人爲左右所譽，復使某人勿譽之，必曰衆所共譽，吾何爲獨異，且譽之何傷於我？至於問勞慶弔，稱道一切，出不誠之言，周旋委曲，惟恐少忤於物。受之者亦心知其非誠而輒喜之，不如是亦輒怒之。探意而言，涉淺而行事，古人所不許，而公爲之自若而無愧。苟以佞辭徇上而不顧其非，苟以謙意接下而不顧其過，亦古人所惡，而今公行而不以爲失。專持苟簡之道，求合於天下人之情。故處士者不畏於義，失人情則畏之；仕於公者不畏法，失人情則畏之。世以此謀身，以此取名，以此逃禍。入於小人之黨，小人固喜之；入於中人之黨，中人亦愛之；入於君子之黨，自非介直不容物者，雖不敦尚之，然未殆以惡辭拒之也。如此，則家以爲良子弟，里閭朝廷之間皆以爲能而共推之。上下靡然，同波共流，相效而行之，未見其正也。噫，俗已成矣，好事者欲立天下之事，亦以難矣。昔之聖人將有所爲，出一號令，天下響應而從之。此無他術，矯厲之而已。上之人一日取果敢特立不阿之士尊而用之，❶一切苟簡合人情者，嚴懲而差擇之，則天下將劫其宿昔之志，聳動視聽，爭趨而效之。風俗一更，乘其端以立，天下事未見其難也。今以不可起之風俗，欲更置有爲之事，是以一握之竿負百鈞之石，其不折必且撓矣。異時執事者嘗有志於更張，一謀而百沮，朝行而夕追，縉紳處士又竊談其術之不精，然皆

❶「特」，原作「時」，依文義改。

不知風俗有以勝之也。

《國朝二百家名賢文粹》卷三六

善俗論

呂大臨

先王養人以德，非特教化使然，蓋亦有術以驅之，使不得不爾。黜陟必以九年，雖欲苟安，不可得矣。位高者責重，雖欲幸進，不可得矣。不祭者不敢以燕，則無容不奉其祭。久而葬者不除其喪，則無容不葬其親。惟上之人屢省必行而已。後世變更先王之法，一切取官府苟簡之便，多失所以養人以善之術。如百官磨勘擬官，必自陳而後行；以功被賞，❶必自言而後得；有所辟請，必先問其願而後舉。凡此，皆非所以養廉恥之道。如苟安幸進之風，不祭不葬之敝，天下患之久矣，天子詔令丁寧訓告，有司羞于甲令，莫之能革者，勢非難也，特其術有所未至爾。欲乞不以京朝官選人，自監司、知州而下必以三年爲一任，任滿所屬考績，聞于有司，有司以聞，優者遷，中者如故，劣者降。若不滿三年而罷去，或從他職，及京朝官不釐務，皆不考績。若其以功當被賞者，亦所屬列上功狀，皆不得踰月。若踰月及所考績取上功不以實，方許人自言，覈實而罪其所屬。辟請者不問其願，直舉而以牒報之。被辟者願就則不言，不願者三日內申所屬有司。凡任官，皆有官責。如爲郡縣者則責以賦役辦，獄訟平，民富而俗美，不越十數條而已。勝其任則進之，不如所責則重黜之。其他禁令，皆可闊略。凡百官皆以品秩定祭儀，祿賜足以共祭，而器服牲物猶不備者，皆不得祭。不得祭者，不得燕樂，不得嫁娶。其不葬其親者，皆不得釋服。有犯者與居喪同。如此，則雖使中人，亦勉於善，養成美俗，利莫大焉。

《國朝二百家名賢文粹》卷三六

財用論

呂大臨

民間財用不足，亦緣不立制度，僭踰侈費之所致。富者既得而爲之，貧者又從而跂慕。一衣之直，一飦之費，有可以充累月之用者，則財何由不乏？民何由不貧？有場工未畢而家無擔石者，一有水旱，安得不至流亡？古者以民無常心，故制民之産，使仰事俯畜，皆不失所。莫若自公卿達于庶人，宮室服御，飲食車馬之類，依品秩高下，細立

❶「功」，原作「攻」，依文義改。

制度，如庶人制度，乞先自宫室，計口以定間椽。衣止用紬絹布，男子不得乘馬，上衣用白，不得裹帽。婦人不得乘檐子，首飾不得用珠金，衣服不得組繡，器用不得用銀，婚禮不得用樂，送喪不得用綵，轝不得設道。祭會葬親，賓不得飲酒。破服昏禮，財幣不得過五匹。似此之類，細立禁約，城郭以坊，鄉村以社，❶使之相察，犯者立罰，不伏者送官，量行決罰。如此，則民心必定，財用可足。

《國朝二百家名賢文粹》卷三七

程穎字序

吕大臨

物之命於天，未始有不善也。如不失其養而盡其才，則物物之美，皆足以周天下之用而不乏。今種禾於此，播而櫌之，則同其時矣。烜之以日，潤之以雨露，又同其養矣。及其既熟，猶有善不善之差，則人事之功有不齊者矣。穎，禾之秀也。前乎秀者苗也，苟非耘不茂；後乎秀者實也，實非耘不美。耘之功常施於未秀之初，而收之已秀之末，則苗也、秀也、實也，耘之功何有哉？亦去其害之者而已。友人程君名穎，既孤，易之曰彥中。一日告予曰：「已孤更名，非禮也，既不謹前，廢吾先人之命，雖悔猶可追也。然古者冠而字之，今遇其時矣，而成人之名不可以無字，願有謁焉。」予應之曰：「學者之爲己，不如農功久矣。如擇其害己者，先時而力去之，則所受於天者，可得而有也。閑邪存其誠，則誠之不存，邪害之也；克己復禮爲仁，則禮之未復，己勝之也。求誠而存，求禮而復，偃苗者不可也，不耘苗亦不可也。吾子尊命，不吝改過，近於知矣。是將有事乎耘，長之茂之，以至于秀，而不可已也。則吾子有請，且將安辭？請字曰耘仲。」

《國朝二百家名賢文粹》卷一七四

三原縣學記

吕大臨

天下誦聖人之言，而不知道之所由出；知尊聖人之名，而不知聖人之所以聖。故一邑必有學，一鄉必有士。入其學，問其所爲教，或不能言，雖謂之無學可也。見其士，問其所爲人，或不能知，雖謂之無士可也。聖言滿天下，而世有無學；聖名傳萬世，而國有無士。嗚呼，勢至於

❶「鄉村」，原作「卿付」，依文義改。

此，而長人者猶不垂意於其間，仁者固如是乎？ 凡物之以視聽食息而生者，非特人也，不知自貴於物，則人與物同。人之以精神心術之運者，非特聖也，不知自貴於人，則聖與愚均。 人必自貴於物，故立心以勝己；聖必知自貴於人，故盡性達天。 自堯舜以來，六七聖人所得於心者，亦出於是而已。 世之學者率能道之，然而道卒不明，人卒不聖，豈非不行之咎歟？ 太子贊善大夫王君之爲三原，居官不忘于公而事治，待民必附于仁而民信。 爲民之弗率也，常求其失道之原，有不忍致刑之意。 故念盜詐姦宄，非密法所能，長人者格其心，教之孝弟而已。 乃增治學舍，招致儒者，始踰年，民情變而士亦稍知勸，亦可謂有意者矣。 華原宋君簡廉者，樂道大夫君之善，率其邑子來見于某，願書之。 重惟大夫君之事與數君子之請，以將道其實以傳于人，故不以大夫君治舍聚徒爲賢，而以有心於立教爲美；不以數君子成人之美爲得，而以先民向善爲樂。 故不復固辭而書，書已，又爲詩以勸其終，曰：

有塾于家，言教其幼。 幼學壯行，其德孔有。 聖學之息，人不知求。 宜約而繁，宜進而休。 心之未明，物或塞之。 道之未行，力或息之。 不塞不息，學而後可。 既學以行，豈不在我？ 推所未行，勉所未能。 我德既成，民無不興。 于嗟大夫，有意于此。 世以爲難，我行孔易。 有美斯木，亦固其根。 立德靡堅，必喪所存。 既勉既推，惟堅惟久。 孰能繼之，敢告于後。

《國朝二百家名賢文粹》卷一一八

鳳翔府尹廳題名記

吕大臨

道之在天下，有爲物已輕，而所係已重；有爲功甚近，而其流及遠者。 雖情狀事變，有所不齊，要之百物不廢而已。 故古之制器者，皆取其功名而勒之，然後苦良工拙，不得欺於後世。 況乎郡守之寄，有地千里，當古連帥屬長之任，反不得識名金石，以傳國人，則治民之功，制器之不如也。 元豐四年，天子命朝議大夫公來守于岐，既踰年矣，政成事暇，公召其屬佐吕某而諭之曰：「郡邑官府之有題名舊矣。 題名之設，識名不識事。 善惡之實，難獨信於史筆，而思斁之意，不可奪於民言乎！ 吾州之治雖有題名，而比次差舛，方將改正而刊諸石，而昔人之意未有以名之者。 子盍爲言之？」某辭不獲命，竊思《書》經聖人所刪，然《武成》溢辭，猶未爲君子盡信。 於史獨傳左氏，而失之誣；文獨傳韓愈，而以諛得罪。故孔子作《春秋》，其文則史而已，無一詞有所毁譽，而義存乎其中。逮德下衰，至有以雄夸示一時，取流俗之觀美，推豐碑，勒美詞，所稱誦功德，雖古良臣循吏，有所不及，然民莫之思也。異時知德者，如將有考於題名，則指是名也，以問諸國人，而人思之，其政可知矣；指是名也，以問諸國人，而人斁之，則無政可知矣。若夫泯泯無傳者，雖不足以名其善惡，然其人又可知矣，又何多言之取哉？所謂係已重而其流及遠者，是亦《春秋》之意而已。公之爲是邦，非特自公也，世有人焉。其流風善政，所以在民而不朽，殆如古之諸侯世德之澤。惟公之政莫然及舊服，作率慶士，不爽厥德，是以似之。嘗推古之善言獨傳於今者，不免誣諛之舊，則某雖欲有言，又可期於必信乎？故不敢以言累公之美，第述公之意爲之記。元豐五年春，具官汲郡呂某記。

《國朝二百家名賢文粹》卷一二七

湯保衡傳

呂大臨

嘉祐末年，京師麻家巷，有聚小學者李道，太學生湯保衡嘗與之游。一日，保衡至道學舍，有一道士，形貌恢偉，鬚髯怪異，言語如風狂人，與道相接，保衡見而異之。既去，保衡問道，道曰：「此道士居建隆觀。朝夕嘗過我，我固未嘗詣之，乃落魄不檢者，子何問之？」保衡曰：「予所居與建隆甚邇，凡觀之道士皆與之識，未始見此人。」既而保衡頗欲訪之。它日，保衡至道學舍，復見前道士，問其所止，亦曰建隆。既去，保衡默從之，入觀門至西廊而没，保衡往追尋之不復見。因觀廊壁繪畫，有一道士，正如所見者，其上題云「張天師」。保衡心異之。他日，乃具冠帶伺於李道之舍，道問曰：「子何所伺？」保衡佯以它語答之。凡伺三日，其道士始自外至，已若昏醉者，與道相見如常日，保衡既見正如所畫者，遂出拜之，稱曰：「天師。」道士辭避曰：「足下無過言。」道亦笑曰：「此道士安得天師之稱哉？」保衡再三叩請，具述所見。道士乃曰：「請以某日會於某地。」保衡曰：「諾。」如約而往，道士見之曰：「但舉目視日十日，必有所見，可復會於某地。」保衡歸，依所教視日，視既久，目不復眩。至十日，乃睹日中有人形，細視之，見道士在日中，形貌宛然。保衡復往會道士，道士曰：「何所見？」保衡曰：「見天師在日中。」道士曰：「可復歸再視日，百日外復有所見，可再相會於某地，慎勿泄也。」保衡如教視之，家人以爲風狂，問之不答。逾百日，乃見已形亦在日中，與道士立。保衡乃會道士具談之，道士曰：「可教矣。」乃爲授以符籙，可以攝制鬼神，其道士復不見。保衡居太學中，嘗喪一幼子，每思之，召至其前，同舍生皆見之。一日，保衡語其友人曰：「予適過西車子曲，見一小第，門有車馬，有數婦人始下車，皆不以物蒙蔽其首；其第二下車者，年二十許，頗有容色，意其士大夫自外至京師者，必其妻也。予欲今夕就子前舍小飲，當召向所見婦人觀之。」友人曰：「良家子，汝焉可妄召，必累我矣。」保衡曰：「非召其人，乃攝其生魂，聊以爲戲耳。然必至夜，俟其寢寐乃召之，若夢中至此，止可遠觀，慎勿近之，近之則魂不得還，其人必死矣。」遂與友人薄暮出門，過其舍，伺少頃，聞門中有婦人聲，保衡心知乃適所見婦人，即吸其氣，以綵綫繫其中指，既而至友人學舍，命僕取酒至，與之對飲，令從者就寢。中夜，保衡起開門，有婦人自外至，乃所見者，形質皆如人，但隱隱然若空中物，其語聲如嬰兒，見保衡拜之。保衡問其誰氏，具道某氏，其夫適自外罷官還京師，復問保衡曰：「此何所也？ 適記已就寢，不意至此，又疑是夢寐，而比夢寐差分明；又疑死矣，此得非陰府邪？」保衡曰：「此亦人間耳，今便可歸，當勿憂也。」命立於前，款曲與語，至五更始遣去。人傳保衡甚得召鬼之術，保衡以進士及第，今官爲縣令云。

《邵氏聞見後録》卷二八

張御史行狀

呂大臨

君諱戩，字天祺，少而莊重，有老成之氣，不與群童子狎戲。長而好學，不喜爲雕蟲之辭以從科舉。父兄敦迫，喻以爲貧，乃强起就鄉貢。既冠，登進士第，調陝州閿縣主簿，移鳳翔普潤縣令。改秘書省著作佐郎，知陝州靈寶、渠州流江、懷安軍金堂縣事。轉太常博士。熙寧二年，超爲監察御史裏行。明年以言事出知江陵府公安縣，改陝州夏縣。轉運使舉監鳳翔府司竹監，秩滿，以熙寧九年三月朔旦，感疾卒，享年四十有七。君歷治六七邑，誠心愛人，而有術以濟之。力行不怠，所至皆有顯效。視民之不得其所若己致之，極其智力，必濟而後已。靈寶采梢，歲用民力，久爲困擾。至則訪其利害，纖悉得之。乃計一夫之役，采梢若干，以計其直，請命民納市于有司而罷其役，止就河壖爲場，立價募民，采伐以給用。言于郡守、監司，皆不之聽。

後以御史言於朝廷，行之。竹監歲發旁縣夫伐竹，一月罷，君謂無名以使民，乃籍隸監園夫，以日月課伐，以足歲計。其爲邑，養老恤窮皆有常，察惡勸善皆有籍，鉤考會計，密察不苛，府吏束手聽命，舉莫能欺。嘗攝令華州蒲城，蒲城劇邑，民悍使氣，不畏法令，鬭訟寇盜，倍蓰他邑。異時令長以峻法治之，姦愈不勝。君悉寬條禁，有訟至庭，必以理敦喻，使無犯法。間召父老，使之教篤子弟，服學省過。作記善簿，民有小善，悉以籍之。月吉以俸錢爲酒食，召邑之高年，聚於縣廨以勞之，使其子孫侍，因勸以孝弟之道。不數月，邑人化之，獄訟爲衰。熙寧初，上初即位，登用大臣，將大有爲，以御史召。君喜以爲千載之遇，間見進對，未嘗不以堯舜三代之事進于上前，惻怛之愛，無所遷避。其大要，啟君心，進有德，謂反經正本，當自朝廷始。不先諸此，而治其末，未見其可也。事有不關興衰者，人雖以爲可言，皆闊略不辨。既見，而新政所更，寖異初議，左右邇臣，不以德進。君爭之不可，乃告諸執政，執政笑而不答。君曰：「戩之狂易，宜其爲公所笑。然天下之士笑公爲不少矣。」章十數上，卒不納，乃歎曰：「兹未可已乎？」遂謝病不朝，居家待罪，卒罷言職。既去位，未嘗以諫草示人，不説人以無罪。天下士大夫聞其風者，始則聳然畏之，終乃服其厚。自公安改知夏縣，縣素號多訟，君待以至誠，反復教喻，不逆不億，不行小惠，訟者往往扣頭自引。不五六月，刑省而訟衰。未幾，靈寶之民遮使者車請曰：「今夏令張君，乃吾昔日之賢令也，願使君哀吾民，乞張君還舊治。」使者欣然，聽其辭而言于朝。去之日，遮道送，不得行。父老曰：「昔者人以吾邑之人無良喜訟，自公來，民訟幾希。是惟公知吾邑民之不喜訟也。」言已皆泣下。君篤實寬裕，儼然正色。雖喜愠不見於容，然與人居，溫厚之意，久而益親。終日言，未嘗不及於義。接人無貴賤疏戚，未嘗失色於一人。樂道人之善，而不及其惡；樂進己之德，而不事無益之言。其清不以能病人，其和不以物奪志。常雞鳴而起，勉勉矯强，任道力行，每若不及。德大容物，沛若有餘。常自省，小有過差，必語人曰：「我知之矣，公等察之，後此不復爲矣。」重然諾，一言之欺，以爲己病。少孤，不得事親，而奉其兄以弟，就養無方，極其恭愛。推而及諸族姻故舊，罔不周恤。有妹寡居，子不克家，君力爲經其家事。別内外之限，制財用之節，男就傅，女有歸。誠意懇切，不弛其勞，人以爲難，而自處裕如也。有一二故人，死不克葬十餘年，君惻然不安，帥其知識，合力聚財，乃克襄事。其兄載重於世，常語人曰：「吾弟德性之美，吾有所不如。其不自假，而勇於不屈，在孔門之列，宜與子夏後先。晚而講學而達。」又曰：「吾弟全器也，然語道而合，乃自今始。有弟如此，道其無憂乎？」既暴病卒，載哭失聲，如不欲生。將葬，手疏哀辭納諸壙，曰：「哀哀吾弟，而今而後，戰兢免夫！」是月還葬，以從先大夫之兆，將求有道者以銘其墓。大臨惟君之善，有不勝書，要其大者，蓋其力之厚，任天下之重而不辭；其氣之强，篤行禮義而無倦；其忠之盛，使死者復生而無憾。是宜得善言以傳諸後，敢次其狀以請。

《伊洛淵源録》卷六。又見乾隆《鳳翔府志》卷一〇，乾隆《郿縣志》卷一二

祭李龥文

吕大臨

嗚呼，識子于南山渭水之曲，知子於洛陽夫子之門。風期自振於流俗，問學不異於淵源。子之胸中，闓肆開發，求之孔門，如賜也達。子與人交，洞照其情，和而不流，時靡有爭。子之於事，如控六轡，逐曲舞交，屈折如意。予求友於四方，顧所得之幾希。志或同而才之不足，才或高而志與之違。子敏且强，予心子契，謂其有年，以立斯世。嗟如之何，皇天降災，夭于中道，使不得盡其才。質夫之賢，予聞有素，昔予見之，傾蓋如故。乃得與子，情親義敦，定交莫逆，不啻弟昆。天不慭遺，質夫且死，同其弔傷，有予與子。子疾繼作，予爲汝憂。子罹親喪，既歸莫留。別未踰月，子訃亦至，驚疑恍惚，若有所失。不意二子之賢，而一朝至此。道之難行，我今知之。人之云亡，孰知我悲？子之往矣，天不相矣。恍矣惘矣，予奚望矣？哀哉！

《伊洛淵源録》卷八。又見乾隆《河南府志》卷九二，乾隆《偃師縣志》卷二五

天下爲一家賦

吕大鈞

古之所謂天下爲一家者，盡日月所照以度地，極舟車所至以畫疆。以八荒之際爲藩衛，以九州之限爲垣墻，列國則群子之舍，王畿則主人之堂。凡民之賢而不可遠者，皆我之父兄保傅；愚而不可棄者，皆我之幼稚獲臧。理其財，乃上所以養下之道；分責之事，乃下所以事上之常。渾渾然一尊百長，以斟酌其教令；萬卑千幼，以奉承其紀綱。貿遷有無，而不知彼我之實；損益上下，而不辨公私

之藏。大矣哉！外無異人，旁無四鄰，無寇賊可禦，無間里可親。一人之生，喜如似續之慶；一人之死，哀若功緦之倫。一人作非，不可不媿，亦我族之醜；一人失所，不可不閔，亦吾家之貧。尊賢下不肖，則父教之義；嘉善矜不能，則母鞠之仁。朝覲會同，則幼者之定省承稟；巡守聘問，則長者之教督撫存。

嗚呼！周德既衰，斯道斯屈。析爲十二，并爲六七。勢不相統，亂從而出。忘祖考之訓，則刼奪其屢盟之時；輕骨肉之命，則戰死於争城之日。曲防遏糴，以幸其災；縱諜用間，以乘其失。乖睽有甚於鬩墻，鬬很不離於同室。迨至秦政，以强自吞。推所不愛，以殘自昏。斧斤親刃其九族，塗炭自隳其一門。興阡陌而廢井田，則委貨財於盜賊之手；置郡縣而罷封建，則託婦子於羈旅之屯。貧富不均，幾臣僕其昆弟；苟簡不省，皆土苴其子孫。

自漢以來，終亦不復。雖有王侯，而不得輒預其政；雖有守令，而不得久安其禄。譬之錦衣玉食，縱無所用之子；雕車良馬，委不善御之僕。門庭雖存，亦何足以統制；閨門無法，則何緣而雍睦。豪彊日横，而略無鞭朴之制；單弱日困，而不識襁褓之鞠。豈天理之固然，寔人謀之不足。嘗聞之，治亂有數，廢興有主。昔既有離，則今必有合；彼既可廢，則我亦可舉。惟盛德之難偶，故曠時而未覩。豈有待於吾君，將一還於治古！

《皇朝文鑑》卷九

世守邊郡議

呂大鈞

中國之大，戒無急于邊防。自秦漢以來，禦戎之策，是非未能相遠。竊嘗求三代之法，宜于今日而推行之，乃知聖人封建之深意，不獨尚德，專治吾民而已。其禦邊之要，微妙深遠，固在術内，殆非衆人之智所可及已。蓋天下之勢，不得不一，亦不得不分。分而不一，則上無以制命，而爲下者肆；一而不分，則下無陳力，而爲上者勞。故古者分天下爲列國，統萬國于一王，使禮樂征伐一出于天子，教治禁令一委之諸侯。則是天子持威福之柄，優游于内，以專察國君之善惡；諸侯任功過之責，勤勞于外，以同體王室之休戚。如是，則四方之警急，何以急天子之視聽哉？彼不任吾患者，吾得執而戮之，孰敢矣？吾所以待夷狄者，特招携以禮，懷遠以德而已。在商之時，古公以皮幣、犬馬、珠玉事獯鬻，而商王不知；在周之時，晉國拜戎不暇，而周室不與；然則三代禦邊之略，蓋可知已。

臣竊謂分剖天下，以爲列國，則未敢輕議。如使邊郡略法古意，慎選仁勇之士，使得世守郡事，兵民措置，悉以委之，租調出入，一切不問。惟財用不足者，附以次邊支郡，以共其乏。其治以安静不擾，敵人感服者爲上；富彊自守，彼不能犯者次之；戰勝攻取，無所退屈者又次之。賞罰者，增損其名位而已，甚者則升黜之，不使輕去其郡。若此，則安危利害，不離其身，勢不得不盡其力以從事，盡心以防患。所謂世守者，亦不得純如周制，父子相繼；必使選賢以自代，毋問親踈，天子加察焉，然後可之，遂使貳其郡事，以終舉者之身，然後命之。没則禄其子孫以祀之，若有功德，則郡人世祀之，仍爵其子孫，庶幾亦可以爲備邊之一術也。

選小臣宿衛議

吕大鈞

古者人主左右前後，使令執事之小臣，乃所以朝夕起居出入，須臾不可離者也。其用之迹，雖主于給宿衛，備頤指，以共綴衣、虎賁、執射、執馭之職；其用之意，則亦使之獻可替否，拾遺補闕，以替疑丞保傅之事。主於給宿衛，備使令，則非恪勤謹重者，不可以當其任；使之獻可替否，拾遺補闕，則非開爽敏茂者，不足以充其位。此言猶未之盡。

古之人君，不獨有師有友，又有受教於我者焉。故疾醫，小藝者也，黄帝師奚伯，而教雷公；費國，小邦也，惠公友顔般而役長息。然則使令執事之小臣，雖在擇恪勤謹重、開爽敏茂之資，人主又當教誨養育，使臣成就其材，以補異時公卿大夫之闕。如此，則朝廷常不乏材，而人主求之且不勞也。以漢唐之苟簡，其臣猶多出於宿衛供奉之官，豈非常在宫省，日侍帷幄，既已接聞廟堂之議，以廣其知識，間復親被德音，誨其所未至，則益知善惡向背之理，薰炙漸漬，久而不已，安有不化者哉？不徒其效如此，又可以自廣其聰明之德。《記》曰：「教學相長也。」又曰：「教然後知困。」彼既知向背，則必盡其心力，以承學于上；上之人既樂其自勉，亦不盡以教之，或因其善問，有以起吾志；或因其難進，有以勉吾業。《傳》曰：「教不倦，仁也。」又曰：「有教無類。」則不徒可以益吾之志業，又可以廣吾之德性也。《記》曰：「善教者知至學之難易，又知其美惡。」則不徒廣吾之德性，又可以廣吾知人之明也。爲人君而秉政事之間，以教育執事之小臣，乃有志業德性知人之益，豈小補哉？

今朝廷雖有中書、門下兩省官以備侍從，又有翰林、舍人院及諸館閣之臣以備顧問，非乏人也。充其選者，又皆美材敏行，非不賢也。既以待之不爲綴衣、虎賁、射馭之冗，亦難復使從使令執事之賤。似宜略依漢制郡國貢士給宿衛之法，詔公卿牧守，如孔門四科之目，各使保任三二人，不以仕與未仕，限年二十以上，三十以下；其人則分隸中書、門下省，學士舍人院，及館閣諸司，其職則參諸殿侍諸班之列；其禄秩則視三班使臣、州縣掾屬而已。其閒暇則各受學於其官長，退而以所學開諭其同列。仍不立遷擢廢置之格，其有功罪善惡，一聽明主裁決而已。如此，則素無行能者必不得舉，不安其分者必不願爲，自非朴茂有志之士，不可得而與焉。試或行之，不過五七年，不徒得高才美行，可備器使，亦將資助盛德大業，必將日新而無窮。凡在位執事之小臣，亦當漸摩義理之益，相觀而善，可不務乎？

民議

吕大鈞

爲國之計，莫急於保民。保民之要，在於存恤主户；又招誘客户，使之置田以爲主户。主户苟衆，而邦本自固。今訪聞主户之田少者，往往盡賣其田，以依有力之家；有力之家，既利其田，又輕其力而臣僕之。若此，則主户益耗，客户日益多。客雖多而轉徙不定，終不爲官府之用。今欲將主户之田少者，合衆户共及二頃以上，方充一夫之役；其兼并之家，人少而田多者，復計其田，每三頃執一夫之役；主户不足，以客户足之。

《皇朝文鑑》卷一百六

弔説

吕大鈞

《詩》曰：「凡民有喪，匍匐救之。」不謂死者可救而復生，謂生者或不救而死也。夫孝子之喪親，不能食者三日，其哭不絶聲。既病矣，杖而後起，問而後言，其惻怛之心，痛疾之意，不欲生，則思慮所及，雖其大事，有不能周之者，而況於它哉？故親戚、僚友、鄉黨聞之而往者，不徒弔哭而已，莫不爲之致力焉。始則致含襚以周其急，朋友親襚以進，見《士喪禮》。族人相爲又有含，見《文王世子》。三日則共麋粥以扶其羸。親始死，三日不舉火，鄰里爲之糜粥以飲食之，見《問喪》。每奠則執其禮，士之喪，朋友奠，見《曾子問》。將葬則助其事。孔子之喪，公西赤爲志；子張之喪，公明儀爲志；原壤母死，孔子助沐槨。見《檀弓》。其從柩也，少者執紼，長者專進止。弔非從主人也。四十者執紼，見《雜記》。孔子從老聃助葬於鄉黨，反垣，日食，老聃曰：「丘，止柩就道右，止哭以聽變。」此則專進止者也。見《曾子問》。其掩壙也，壯者盈坎，老者從反哭。鄉人五十者從反哭，四十者待盈坎。見《雜記》。祖而賵焉，謂用車馬，所知則賵而不奠，兄弟乃奠，奠止用羊，並見《士喪禮》。不足則贈焉。知死者贈，贈以幣，其禮在賻賵之後。又公之贈，贈于邦門，故曰「行而贈」，見《士喪禮》。不足則賻焉，知生者賻，賻用布幣，以助其費，故曰「不足則賻」，見《士喪禮》。凡有事則相焉，司徒敬子之喪，孔子相，有若之喪，子游擯；國昭子之母死，問位於子張。並見《檀弓》。謂能救之矣。故適有喪者之詞，不曰「願見」，而曰「比」，雖國君之臨，亦曰「寡君承事」。他國之使者，曰「寡君使某」，毋敢視賓客。見《少儀》、《檀弓》、《雜記》三篇。主人見賓，不以尊卑貴賤，莫不拜之；明所以謝之，且自別於常主也。平日相見，或主人先拜客，或客先拜主人。賓見主人，無有答某拜者；明所以助之，且自別於常賓也。見《曲禮》。自先王之禮壞，後世雖傳其名數，而行之者多失其義。喪主之待賓也如常主，喪賓之見主人也如常賓。如常賓，故止於弔哭，而莫敢與其事；如常主，故舍其哀而爲衣服飲食以奉之，其甚者至於損奉終之禮，以謝賓之勤，廢弔哀之儀，以寬主之費。由是，則先王之禮意，其可以下而已乎？今欲行之者，雖未能盡得以禮，至於始喪則哭之，有事則奠之；奠不必更自致禮，惟代主人之獻爵是也。又能以力之所及，爲營喪具之未具者，以應其求；輟子弟僕隸之能幹者，以助其役；易紙幣壺酒之奠，以爲襚；除供帳饋食之祭以爲賵與賻，凡喪家之待己者悉以他辭受焉，必以他辭者，色異衆嫌。庶幾其可也。

《皇朝文鑑》卷一百八

答詔論彗星上三說九宜奏❶元豐三年八月

呂大鈞

臣伏讀詔書，寅畏天變，引過罪己，數求美言，以新盛德。誠意惻怛，發於心畫，自以消變除慝，況諫行言聽，膏澤逮下，必將感召和氣，溢爲嘉祥。臣愚恨無精識奧學，啟寤天聽，徒有淺聞近見一事，或可以少裨萬一，伏惟聖主留神裁察，幸甚。臣聞《詩》《書》所稱古先哲王，雖清明在躬，俊乂在官，猶孳孳不倦，延禮臣下，講求至道之要而推行

❶ 自此篇至《譜牒說》三文，均輯自《全宋文》卷一七〇四，原校點者爲曾棗莊。

之。夫至道之要，莫切於堯舜之言。其言曰：「人心惟危，道心惟微。」此言至簡至要，古之人君，莫能盡行，故常爲中材之所忽，而獨上聖能勤行者也。然則人心者，人君之所日用，時出以應萬務者也。其神明恍惚，其出入無時，其作於中而見於外也，邪正糾紛，頃刻萬變。其危如是，安得不日夜存養寧息，使之感物應變，無所差失乎？道心者，人心之所默識躬行以立大本者也。凡有生之民，無衆寡小大，無彼我，莫不體之以爲吾心，就其間涵容存養，以生吾誠。其道茫昧，難以言諭，惟忠信默會，庶幾近之。稍或不明，則離而不一。其微如是，安得不閑暇燕處，求索推明，克己體物，常使純一，則仁義禮智油然根於中，睟然見於外，然後爲得乎？故言動之所發，政令之所加，始出於善，而其終常流爲不善，凡此者皆人心不安而易變故也。誠意之所存，行義之所履，始若充盡，其終常至於天下不爲一家，中國不爲一人，凡此者皆道心不明而易失故也。由是言之，此二心者非有一物也，特體用之殊耳。使人心一於道心，則自不危矣；使道心一於人心，則自不微矣。今乘陛下勵精反己之時，謂宜博延德義之士，儲精垂思，相與講求至道之實，使浩然之氣充塞天地，則何患濬哲不生，而明德不暢乎？此臣之所謂淺聞者此也。臣又聞天下衆人言，謂陛下躬勤庶政，日不遑暇，而有司奉行，多不盡理；陛下遠略方外，軍政修舉，而將帥出征，多不諭旨；陛下勸獎人材，揀拔倚注，而或不得其人；陛下優假言事之臣，未嘗深譴，而近日內外望風畏怯，莫敢有言。青苗、免役，所以寬民力，而下户凋瘵日甚；常平儲跱錢穀，所以足國用，而有司經費日窘；訓齊保甲，所以禁暴，而盜賊如故；增置官局，所以革敝，而文書益煩。異時歲饑糴貴，小民常取倍息之貴，亦能自給；今年豐，官出輕貸，而束手受困。異時富商大賈豪奪細民，而不甚爲苦；今市易均輸平準，而負益深。凡此皆臣之近見者也。然推見其本而求之，豈有他哉，惟知道心之實，則見此時之敝矣。傳曰：「惟道集虛。」陛下既明發德音，虛心待物，則道豈難知哉？古人謂顧力行何如者，此在陛下一動心之間耳，可不深念之乎？

《宋名臣奏議》卷四三。又見《歷代名臣奏議》卷三〇三

寄劉伯壽書

呂大鈞

某近與鄉人講鄉飲、鄉射之禮，惟恐鄉樂音節不明。

雖傳得胡安定所定《雅音譜》有《周南》、《召南》、《小雅》十數篇，而猶闕《由庚》、《由儀》、《崇邱》、《南陔》、《白華》、《華黍》、《騶虞》七篇。

《宋元學案補遺》卷一，《四明叢書》本

譜牒説

呂大鈞

三代之時，曰姓者，統其祖考之所自出者也，百世而不變者也。曰氏者，別其子孫之所自分者也，數世而一變者也。天子建德，因生以賜姓，其得姓雖一，而子孫別而爲氏者，不勝其多焉。有以王父之字爲氏者矣，有以先世之謚爲氏者矣，有以所居之官爲氏者矣，有以始封之邑爲氏者矣。支分派別，千塗萬轍，初若參錯紛亂而難考，及徐而視之，有綱有條，猶指諸掌焉。孟、仲、季、臧、東門、子、叔，同出於魯也；游、國、封、印、公孫、伯、張，同出於鄭也；向、華、蕩、樂、鱗、魚、仲、老，同出於宋也；欒、高、崔、國、叔、仲、東郭，同出於齊也。尋其流可以知其源，尋其葉可以知其根，抑何易耶？自秦漢以來，氏族之制出於上之所賜，下之所更者，絶無而僅有。至於世守一氏，傳千餘年而不變者，天下皆是也。其變非若古之屢，其列非若古之多，可謂簡而易知者矣，然罕有能辨氏族之源者。王之氏一也，吾不知出於元城之王耶，宜春之王耶，邛城之王耶？劉之氏一也，吾不知出於陶唐之劉耶，奉春之劉耶，元海之劉耶？其能明辨而不惑者鮮矣。氏之馬者，未必能辨其爲馬服之馬及馬矢之馬也。氏之石者，未必能辨其周衛之石及後趙之石也。古之氏族繁而知之者反多，今之氏族簡而知之者反少，蓋由譜牒之明與廢而已，是以知譜牒之學不可不講。

《文章辨體彙選》卷四二八

請置經略副使判官參謀

呂大防

臣竊觀自古設官之意，必先置貳立副，不以名位爲限者，所以紓艱危而適順用，聚聰明而濟不及也。揔兵命將，尤重其選，以漢唐事言之，大將軍有長史、司馬、從事，節度使有副使、判官、參謀，其自小官而登寄任立功効者，不可勝數。本朝祖宗以來，實用此法，故名臣不絶，而夷狄畏服。竊見今緣邊經略使獨任一人，而無僚佐謀議之助，雖有副揔管、鈐轄之屬，皆奉節制，備行陣，非有折衝決勝之略預於其間。朝廷每除一帥，幸而得能者，則一路兵民，實受其賜；不幸而得不才者與焉，則是以三軍之衆，一聽庸人之所爲，豈不可懼哉！其弊蓋由朝廷不素養其材，而取人之路又常太狹。方今戎人旅拒，邊患漸生，若不早爲準備，閱試其能，誠慮臨事用人，不暇精選，因而敗事，所繫不細。以臣愚見，經略使各置副使或判官一人，朝廷選差素有才略、職司以上人充；參謀一人，委經略使奏辟知邊事、有謀略、知縣以上人充。如此，則可用之士，不以位下而見遺；中材之帥，又以人謀而獲濟，兼得以博觀已試之效，以備緩急之用。講緝邊要，莫先於此。

《皇朝文鑑》卷五十二

劾趙概奏❶

呂大防

竊聞參知政事趙概舉張方平、錢明遠，乞加超用。傳播之初，實驚物聽。方平、明遠皆以制策登科，早列侍從，不聞有嘉猷善狀著於時論，而出領事任，所至不治，豈足以謀謨廟堂之上，經綸天下之務哉？竊以概備位輔臣，與國一體，不能昌言公論，進賢退不肖，而牽於私舊，引非其人，失大臣憂國致君之道。伏望出臣此章，下概問狀，以懲不恪。

《續資治通鑑長編》卷二〇七

綱紀賞罰未厭四方奏 治平二年五月

呂大防

綱紀賞罰之際，未厭四方之望者有五：進用大臣而權不歸上；大臣疾老而不時許退；夷狄驕蹇、邊患已萌而不擇將帥，不知敵情；議論之臣裨益朝廷闕失，而大臣沮之；疆埸左右之臣有敗事而被賞、舉職而獲罪者。

《續資治通鑑長編》卷二〇五。又見《宋史》卷三四〇《呂大防傳》

❶《長編》録此奏於治平三年正月，注云：「呂大防劾趙概不得其時，因張方平召爲翰林，附見此。」又，自此篇至《呂公著神道碑》六十七文均輯自《全宋文》卷一五七〇至卷一五七三，原校點者爲曾棗莊。

上英宗乞如兩制禮官所議 治平二年六月

呂大防

臣伏見自古人君臨御之始，施爲舉措必有以厭服天下之心者。或以至公大義，或以深仁厚德，非此二者，不足以得天下之心。漢高祖除秦苛法，與民更始者，深仁厚德也。光武非平帝之親，以天下思劉氏，乃追繼元帝之後，不極尊其父祖者，至公大義也。至如太祖皇帝始即位，則除五代之苛酷，禁從兵之巷市。太宗皇帝始即位，則親試天下士，補羡官者數百人。真宗皇帝即位，則放天下逋負數十萬緡。仁宗皇帝景祐親政之初，則亦用考士補官之法。四聖相繼，率用此法者，蓋知天下之心，不可以智巧得，而可以公義結也。伏自陛下臨御以來，除禫之始，天下之人顒顒觀望，乃陛下結天下之人心之日。而大臣曾不思慮者，欲加濮安懿王非正之號，以惑天下之觀聽。有識之士遠近驚歎，以爲大臣上負先帝顧託，而導人君於非義。臣已累狀奏陳，備其本末，未蒙施行。臣非不知阿順陛下聖意，乃爲自安之計。然臣荷陛下非次拔擢，置於言路，親加訓獎，形於誥諭。臣若不極於誠，使陛下由此失天下之心，臣復何顔以事陛下？伏惟少留聖意，以社稷爲計，以天下人心爲念，以四聖親政之始，皆有以得天下之心爲法。特頒手詔，出自聖斷，濮安懿王典禮，以兩制禮官之義爲定，則陛下以至公大義結天下人心，自今日始矣。

《宋名臣奏議》卷八九。又見《歷代名臣奏議》卷二八四

安懿王稱伯於理無疑奏

呂大防

先帝起陛下爲皇子，館於宫中，憑几之命，緒言在耳，皇天后土，實知所託。設使先帝萬壽，陛下猶爲皇子，則安懿之稱伯，於理不疑。豈可生以爲子，没而背之哉？夫人君臨御之始，宜有至公大義厭服天下，以結其心。今大臣首欲加王以非正之號，使陛下顧私恩而違公義，非所以結天下之心也。

《宋史》卷三四〇《呂大防傳》

上英宗乞行禮官所奏典故 治平二年六月

呂大防

臣等累具封章，爲濮安懿王典禮，乞依兩制臣寮定議。伏覩手詔，再下禮官詳求典故。切知太常禮院已具典故奏陳。臣等於今月二十一日同到中書咨議，執政臣寮皆稱禮官奏狀留中不下。兼臣等曾親奉德音，且候禮官檢討，至今多日，未聞施行。伏緣陛下臨御之初，敦叙皇族，自燕王已下，各加恩禮，更封進國，恩榮兼至。況濮安懿王於陛下有顧復之恩，封國優崇，宜極人臣之典，而不宜在諸王後矣。特以大臣立議太過，禮不時舉，致物論不同，中外驚歎，遂使追崇之禮，至今闕然。仰虧陛下孝思之義，而未厭四方顒顒之望，非所以榮親而廣盛德也。臣等愚陋，以爲濮安懿王典禮，抑禮而不舉，不若屈情而亟行。伏乞禮官所奏典故，早下有司，施行如禮。將使安懿如在之靈，樂於陛下之中禮；太廟降觀之鑑，喜於陛下之至公。顒顒之望，四海如一。

《宋名臣奏議》卷八九

上英宗應詔論水災奏 治平二年八月

呂大防

臣伏覩乙未詔書，以水潦之變，責躬恤物，延問得失。禹湯之引咎，漢文之恭己，不過是也。臣伏覩自古人君之失德，必皆有嗜好偏篤難改之行，以害政事。或好征伐，或好田獵，或好聲名，或好行幸，或好治宮室，故臣下之言不可入，而君上之過終莫能改，則天爲出變異以警懼之。如漢文帝之賢，唐太宗之明，皆不免此累。伏惟陛下纂承大統，三年於兹，勤修虞好，屏棄物玩，減後宮之冗，罷不急之費，早朝晏罷，日謹一日，於前數者，曾無一焉。而天變之大如此之甚，臣竊思殆非出於陛下之聖躬，而率由政事之失，臣得爲陛下詳布其説。蓋以天之告人，不能諄諄然，而常以象類示。今雨水之患至入宫城，壞廬舍，殺人而害物，此陰勝陽之沴也。以人事而言，君弱臣强，陰勝也。夷狄謀中國，盗賊害平民，亦陰勝也。臣雖愚昧，蒙陛下非次拔擢，日夕爲陛下講求，思慮當今之故，與今日之所宜，無出八事之大：一曰主恩不立，二曰臣權太盛，三曰邪議干正，四曰私恩害公，五曰夷狄連謀，六曰盗賊恣行，七曰群情失職，八曰刑法失平。何謂主恩不立？陛下自即位以來，所與日相見者，兩府之臣七八人。時與之相見，少接其語言者，兩制主判之臣，經筵侍從、諫官、御史輩又數十人。陛下之臣五日一謁於廷下，四五百人，而所與相見，接其語言，日纔一二。如此則何以通君臣之情哉？至如館閣省府之官，皆陛下選擇養育以進用之人，而有平生未嘗識陛下之龍顔者，此臣所未諭也。竊料陛下非憚其勞而不見，特以故事如此，不能遽改而已。唐之制有待制，本朝建隆、乾德、咸平、天聖皆常行之。又祖宗臨御，往往非次宣召臣僚，訪以政事，或行幸書林，接見儒臣。臣愚以爲宜復轉對之制，及許轉運判官辭見；并權發遣三司判官授差遣，及委審官擇大郡，自來選差知州人，并令上殿；仍乞非時宣召臣僚，以問政事。群臣之情達，則主恩立矣。何謂臣權太盛？進退百執事，皆由宰司進擬，而陛下直可其奏者十則十，百則百。故中外之臣有被任使，當進擢，惟知出執政之門，而罕有歸恩於陛下。士大夫相語，以得官爲經營有力，以失職爲某人不喜。如此，則望宣力盡忠之臣，豈易得哉？臣愚以爲小官冗職，不必煩陛下揀擇。至於修起居注、集賢史館修撰、天章閣侍講、三司副使，此四五職，名僅及十員，皆進用兩制之門，陛下苟不以留意，則庸人下才，依託干情，從此而進，遂爲陛下侍從之臣；一旦有緩急，須將帥之才，則常患無人，退之則無名，進之則無補，置而不用則位高禄重。陛下試觀今日兩制之臣如此者有幾，即可見其所從來者不謹選也。陛下何嘗徧接識？凡今館閣省府之臣，陰察其可用者記之於籍間，復參問近輔左右之臣，以驗其實，乃與大臣議某人堪某官，任某事。假如修注、修撰、侍講、副使共須十員，則采察二十人以待之。遇一官闕，陛下召而授之，則恩自陛下出矣，無經營馳騁之患矣。至如其他進擬，有不合陛下意者，當退而改之。如此，則臣權不盛矣。何謂邪議干正？昨者朝廷參議濮安懿王典禮，衣冠草茅之士，無賢不肖，上至陛下左右侍從，素所取信之臣，皆以爲出繼帝統，大義甚重，不宜復顧私親追榮之禮，當據禮經，而兩漢衰世故事，不可援用。然一二姦人，内希陛下追懷之意，外協大臣不正之議，而復結濮宫諸貴人之歡，遂不顧公議，妄進邪説，以白爲黑，以是爲非，惑亂聖聽，中外切齒。臣愚以爲應因濮安懿王論奏文字一切付外，委未嘗預議近臣覆定可否，宣示四方，則陰邪之人不敢干正矣。何謂私恩害公？自古人君即位，無不有攀附故舊之臣。然賢智之君，待故舊之意，恩寵甚重，而至於議政事，論國體，則必與天下之才共之。漢文帝不訪宋昌，而用賈誼、袁盎，以議當世之政，不屬景帝以張武，而謂周亞夫爲可用。

唐太宗之論人物，薄高士廉、唐儉，而引重劉洎、馬周，其用王珪、魏徵也，皆仇敵之餘，豈嘗計其新舊親疎哉？陛下比日以來，數引見藩邸之臣，恩禮甚厚，外人不知，皆以爲陛下與之議政事，論人物。誠如此，則害聖德多矣。緣此等人材至下，止可待以厚恩，不宜置之顯路，則私恩雖厚，不害公議矣。何謂夷狄連謀？元昊晚年，君臣相疑，而父子結隙。謀臣壯士，往往被誅，又累爲唃氏所敗，遂有休兵願和之意。而强臣急於進取，徼其成功。議和之初，許與太原，歲遺金帛之直蓋三十萬緡。戍邊之兵，不能大減。比之寶元以前，戍兵增五六萬，而歲費約二百餘萬。故關中民力乏困，而内帑泄於二敵而益虚。今諒祚少年繼襲，多招亡命，與之爲謀，有窺關輔、劍南之意。不獲其意，則又邀朝廷，乞增賜予而後已。頗聞近歲與北敵交通，使人旁午。狄人則利羌之賂，羌則恃狄之援。脣齒相依，犄角爲寇，其可不早爲計耶？臣愚以爲擇將帥，增參佐，則邊備可講；置都護，結唃氏，則分諒祚之勢，絶劍南之患；寬禁約，撫屬羌，則防落漸備；久任堡障之戍，得自爲政，則夷狄見畏矣。何謂盜賊恣行？今京東之民，日夕爲盜之家，往往不敢申舉者。蓋官不能得盜，復能爲害於申舉之家，是盜之威勢常大於官司矣。久而不禁，則屯聚嘯集，以覆州縣，如反掌耳。臣愚以爲多盜之邑，令監司舉縣尉，别爲改官之格，以激勸之。以捕盜殿最，以課監司守令，則盜賊消矣。何謂群情失職？今審官所差知州、通判，得替而赴闕，久而後差，常在一年半之後，而待次者又常及一百人，知縣、監當者略同其比。是常參之官不釐務，而請俸者常及其半。其弊蓋由每歲流内轉官之類僅及百人，其上簿而待遷者又數百人。凡諸銓未遷者，常及三年而後得，此蓋法之敝也。臣愚以爲改磨勘之法，量入流之數，則群情不失矣。何謂刑罰失所？今大理、審刑、刑部乃天下所觀定法之地，用法不當，立比不一，莫甚於此。蓋法官銓擇殊爲滅裂。臣愚以爲更法官之法，則刑罰得中矣。

《宋名臣奏議》卷四一。又見《歷代名臣奏議》卷三〇一

上英宗論優待大臣以禮不必過爲虚飾 治平二年

吕大防

臣伏覩前古至治之世，君臣相與之際，必以至誠，而無虚飾。故光武能以赤心置人腹中而取天下。唐太宗納魏

鄭公之言，不事形迹，而開忠言之路。竊見陛下待遇臣下禮數太隆，雖使臣以禮，聖人之所重，然禮既過厚則誠有所不通。至如富弼病足，不能侍從，請解機務，章十餘上，凡幾及一年，莫非懇至，至以牛馬自比，而陛下不納。張昪年幾八十，體力已衰，聰明已耗，樞密之務，紛然不舉，昪哀乞骸骨，而陛下不從。吴奎有三年之喪，自古人君，不呼其門，而陛下召其子而呼之者再，遣使而召之者又再。程戡辭老，不能當邊事，至恐死塞上，免以屍柩還家爲請，而陛下不從。外間物議，衆皆以爲不當，然而臣亦以爲過矣。弼，賢臣也，陛下將用其人，不止於今日。使其病時得休於外，則不病之日爲報陛下深矣。奎，才臣也，陛下將用其人，亦不止於今。使其服喪之日，得盡其孝於所親，則服除之日，必能盡忠於陛下矣。昪與戡既老矣，又皆哀請而求去矣，陛下欲盡君臣之分，則皆與之閒務，使盡其餘年。如此非獨弼、奎、昪、戡之幸，抑使中外群臣皆知陛下優待大臣，進退以禮，亦何必過爲虚飾，曲事形迹，使四人者之誠不得通於陛下哉？伏惟留神財幸。

《宋名臣奏議》卷一四。又見《歷代名臣奏議》卷二八六，《宋史》卷三四〇《呂大防傳》

上英宗乞選置潁王府官屬奏 治平二年

呂大防

臣伏覩皇子潁王以元子之重，幼年盛德，出閤開府，二年於兹。雖陛下聖心謙遜，未遑正位東宫，而社稷之本，天下之望，實有繫焉。至於師友寮寀，宜用道德英俊，一時之賢，或以方嚴見憚，或以行義可法，庶可以行輔導之職，發揮皇子聰明仁義之姿。歷觀前古，未嘗不謹於此。故在虞則有夔，周有周、召、史佚、太顛、散宜生、閎夭，漢則有留侯、四皓、二疏、石奮、丙吉、韋玄成、鄧禹、桓榮，晉則有山濤、張華、王導、賀循，皆以元臣巨儒，輔正儲貳。故疏廣言於宣帝曰：「太子，國儲副君，師友必天下英俊。」張佚言於光武曰：「爲天下立太子，則宜用天下賢才。」此可見其遴選之意，所以重國本而尊宗廟也。竊見近除潁王府記室陳薦、侍講孫固，道義無聞，學問至淺。初薦之被選，已爲時論所非，而固之獲進，重取識者之笑，皆以爲諂事公卿，致身於此，又安能儀刑藩邸，輔翼元良也哉？臣愚以爲宜飭輔臣，更選經行修明，可師範者，以備王府官屬。薦、固之才，量其所堪，改授别職。及乞依著令，置王傅友官，擇兩制之臣有道德學問者充其任，則朝廷尊榮，天下幸甚。

《宋名臣奏議》卷六〇。又見《歷代名臣奏議》卷七五，《右編》卷一一

詳朔望有無差謬奏 熙寧三年八月

呂大防

易簡等所指乾興曆注十三日望，乃私曆之誤，已自屈伏。然據諸家曆議，雖有十七日爲望之法，但須曆即無注十七日爲望者。自天聖三年後，三望在十七日，皆注十六日爲望，盡十七日晨。度已前定望，猶屬十六日夜故也。今年八月朔於崇天曆本經不當進，但於十六日注望可矣。

《續資治通鑑長編》卷二一四

攻守二議 熙寧三年九月

呂大防

其一止绝歲賜，以所費金帛及汰去疲兵衣糧分給諸帥，別募奇兵驍將，伺其間擇利深入，破蕩城寨，招收部落。如西賊大舉，衆寡不敵，則勿與交戰，俟賊退兵散，預約鄰路，間道設伏，邀其歸路。其二嚴爲守備，賊至則堅壁清野，退則出奇兵邀擊。或乘虛攻略，以爲牽制。速報鄰路，出兵救援，以解敵圍。

《續資治通鑑長編》卷二一五

選募兵將奏 熙寧三年九月

呂大防

兵不精，將不勇，求以勝敵，自古未有。爲今計莫若選募兵將，盡其智力。漢之名將多以良家子從軍。晉馬隆出救涼州，不用州郡舊兵，於京師立標簡募，自旦至日中，得三千餘人。深入轉戰千里之外，遂能破敵立功。此募兵之效也。漢魯奇以偏將軍應募先登，唐婁師德以御史應募爲猛士，此募將之效也。

《續資治通鑑長編》卷二一五

所差番漢軍馬惟聽宣撫司統制奏 熙寧三年九月

呂大防

自來屯兵不分戰守，置將不別能否，一遇敵人入境，則

帥臣往往自擁精兵，不問堪戰與否。好功者惟知生事而不顧方略，偷安者惟務苟且而無節制。今定差七將番漢軍馬以行擾擊牽制之策，用兵之始，諸帥尚循故態，則必致誤事。乞惟聽宣撫司統制，則事歸一體矣。

《續資治通鑑長編》卷二一五

制敵之命在使敵防救不暇奏 熙寧三年九月

吕大防

諸帥臣偷安避事，咸樂招懷而憚攻討，此特未之思耳。今朝廷已絶歲賜，又繼和市，此二者是絶賊之大命，理須必争，我必先爲之計以挫其謀。且星居鳥散，不能常聚，點兵數千，動須累日，敵之所短也。建營列戍，一二萬之衆旦夕可集者，我之所長也。分路置帥，舉一路將兵，除防守外，不滿二萬者，我之所短也。率數十萬衆專向一路，以多擊少者，敵之所長也。異時嘗以我之所短而抗敵之所長，所以屢敗。今七將并出，伺其未集，便行擾擊。彼若聚兵擊我一處，則六處牽制，一處堅壁，使敵防救不暇。制敵之命，無出於此。然後招懷，無所不可矣。

《續資治通鑑長編》卷二一五

上神宗論御臣之要 熙寧三年

吕大防

臣伏見陛下求治之意，可謂至矣。四方孤遠卑賤之吏，或一善可稱，或一詞可録，不問其秩之高下，皆傳召而見之。燕閑從容，盡其所藴。聖心退託，猶以爲未至，又詔百官之在朝者，各封上其所欲言，而以次對於廷下。自爾以來，且將數年。伏惟陛下觀天下之人才不爲不多，而閲天下之事理不爲不衆矣。然人才多則賢不肖并進而難知，事理衆則可與不可雜至而易惑。恭惟聖鑑之明，固無遁照，然區區之愚，竊謂古今人主之臨涖，動則皆稱御。蓋天下者車也，群臣者馬也，法度者轡策也，要在人主善御之而已。御得其要，則車安而馬習，轡緩而策簡；御失其要，則車危而馬敝，轡急而策煩。人主之所以貴要者無他，在此而已。臣愚以謂御臣之要，必先退纖柔而進樸直，略言詞而責行實，然後爲得臣。竊見近年被召見用之臣，其善事固不少矣，而以浮辯巧説而進者或有之。臣竊原其理，蓋有二途。或以一切逢迎，儌倖速進。及考其成敗，則不足經遠。或援引古義，以證己見，不度宜適，而謂今世可行者。雖所以言者異，而敗事蠹理，其害則同，此陛下不可不熟察也。自古雖聖人在上，未嘗不以巧言爲戒者，蓋美言之於人易眩而難察，易聽而難行，故雖堯、舜在上，亦以巧言令色爲畏，以静言庸違爲患，以壬人讒説爲憂，況其下者哉？以此論之，故宜專進崇實忠良之士，以奉成聖化。雖言有怫戾，行有簡直，乍若不合者，亦在陛下容養而成就之。漢武帝愛司馬遷、嚴助之才華，而尊汲黯、卜式。唐太宗好許敬宗、李義府之文章，而信任王珪、魏徵。此明主之鑑，有以區處之矣。以陛下之文明致治，將躋於二帝三王之盛，而知人之辯，必不在漢、唐二主之後也。

《宋名臣奏議》卷一五。又見《歷代名臣奏議》卷一三六

上神宗論華州山變 熙寧五年十月二日

呂大防

臣今月某日，中使馮宗道至，伏奉聖旨，令臣照管山摧處見存人户，以次存恤施行，次第聞奏訖。臣累日以來，伏思聖慮深遠，憂及遠民，以致疲病矜寡，皆有恩意。雖堯舜用心，宜不過此。然臣之愚忠，有私憂者三，過計者一，輒敢條列如左：

一、山變之地，當谷起嶺，山高者五十餘步。臣謹按《十月》之詩曰：「爗爗震電，不寧不令。百川沸騰，山冢崒崩。高岸爲谷，深谷爲陵。哀今之人，胡憯莫懲？」水之爲患，至於懷襄，而山之傾摧，固亦其理。然詩人猶以爲大變，哀其時人不懲其禍。今不震電而驚，不因水而摧，不圮於其下而徙之於遠，岸之高者不止於爲谷，谷之深者不止於爲陵。方之詩人所紀，尤爲奇怪。唐世亦有新豐、赤水山阜移涌之變，方武氏僭亂，固不足論。方今聖治日新，厲精庶政，災沴之作，尤爲可駭，此臣所憂者一也。

一、山變之地，有大石自立，高四丈，周一百七十餘尺。臣謹按漢昭帝時，泰山有大石自立，高丈五尺，大四十八圍。説者以爲石陰類，小人特起之象。觀今之變，則過於前史所載，此臣所以私憂者二也。

一、數年以來人情洶洶，皆言有陽九之會。臣謹按班固《曆志》所述，經歲四千五百六十，災歲五十七，推數者取以爲據。臣以爲天命難知，孔子罕言，固非衆人之所能知。然閭巷之民無所忌憚，竊語相傳，謂之必有。竊恐姦猾小人乘此天地之變，人情不安之際，狂圖妄作，

傲倖萬一。此臣之所私憂者三也。

一、三路、京東人情豪悍，最宜防備。臣伏覩三路緣邊，則有城池兵械作可恃之具。至於内地州郡，守具素墮，將帥之臣未至選擇。三路、京東守臣，密付方略，以備戎狄爲名，令葺治城池，講葺守備。其州縣政事，但涉撓動人情者，一切緩之，以待他日。庶使姦猾好亂之人，無所窺其隙萬一。如有緩急，亦吾有以待其變矣。此臣之所過計者一也。

右謹具如前。臣伏聞「畏天之威，于時保之」，此先王之所以興也。「我生不有命在天」，此後王之所以壞也。太戊有桑穀之祥，其書曰「伊陟贊於巫咸，作《咸乂》四篇」，「太戊贊於伊陟，作《伊陟》、《原命》」。高宗有鼎雉之異，其書曰：「惟先格王，正厥事。」桑穀共生，飛鳥之集，未爲大異。然君臣相勸戒至於數四，原天命，修政事以應之，豈古明王祇畏之道，當如此乎？伏惟聖神昭鑑，洞察古今，不待瞽狂之言，乃極事理之要。惟乞仰承天威，俯酌時變，爲社稷至計，天下幸甚。

〔貼黄〕守帥之臣，早望精擇。須藉忠義敦朴、任重致遠之人，乃可以消患於未然。至如輕俊之人，目前敏給，似可任使，緩急必不得力。伏望聖慈深察。

〔又貼黄〕三路内地州軍守備，惟陝西最爲不講。伏望敕守臣，以備西戎侵軼爲名，早令修葺。今歲内地小豐，春初可以興役。

〔又貼黄〕去歲慶州叛卒散亡之黨，纔數百人，并逃匿山林，未嘗干犯城邑。其内地州郡，已各驚擾失措，即知守備素不修矣。

《宋名臣奏議》卷四二。又見《宋會要輯稿》瑞異三之三九（第三册第二一二三頁），《續資治通鑑長編》卷二三九、二四一，《宋史》卷三四〇《吕大防傳》，《歷代名臣奏議》卷三〇二

上神宗請定婚嫁喪祭之禮 元豐元年正月

吕大防

臣伏見朝廷厲新庶政，舉以三代先王爲法，而獨於典禮制度，似未及漢、唐之盛。昨聞特下明詔，置局考定禮文得失，有以見聖慮高明，急所先務。臣之愚素未欲聞於朝者，庶得申於今日矣。臣竊觀今之公卿大夫，下逮士民，其婚喪葬祭皆無法度，唯聽其爲而莫之禁。夫婚嫁，重禮也，而一出於委巷鄙俚之習。喪祭，大事也，而率取於浮屠老子之

法。至於郡縣公私禮之大節，古所謹重者，一切苟簡，略無義理。臣謹按《開寶通禮》，乃太祖皇帝所立，本朝一代之典。臣歷觀四方，唯於淄州嘗見之，以備考試舉人而已。禮之不行，無甚於此。《周禮》八則，禮俗以馭其民，蓋謂庶民則可參之以俗，而士以上當專用禮也。臣愚欲乞詔諭禮官，先擇《開寶通禮》論定而明著之，以示天下。違者有禁，斷以必行。雖未能下逮黎庶，而小人所視，足以成化。況臺省官視事州縣，祭社稷釋奠之類，已略用禮矣。推此而爲之，亦非絶俗難行之事。又今之所行者，於禮之中纔舉數事，以漸善俗，義在於此。伏惟陛下留神財省，立萬世法，天下幸甚。

《宋名臣奏議》卷九六。又見《歷代名臣奏議》卷一二〇

請仍舊給歷月支綵絹與花麻奏 元豐元年八月

呂大防

前後花麻等所報事多實，頗見忠白。乞依本人所請，仍舊給歷，月支綵絹。

《續資治通鑑長編》卷二九一

令果莊約束呵咱爾奏 元豐元年八月

呂大防

欲選差人量賫茶綵，以回答爲名付果莊，并令説諭約束呵咱爾，自今勿得輒集人馬，誘脅階州熟户。

《續資治通鑑長編》卷二九一

上神宗答詔論彗星上三説九宜 元豐三年八月

呂大防

臣伏覩七月二十六日手詔，以彗出西方，責躬引咎，敷求讜言，以正厥事。臣伏讀感欷，以爲天道難知，不可隱度。今聖心恐畏，退託損抑，有以見不諱之朝，度越前古。臣愚不肖，雖吏守外藩，不敢不布肝膈，少裨萬一，伏惟神明幸察。臣竊以爲方今政事之急，謾爲三説九宜，上冒天聽：一曰治本，二曰緩末，三曰納言。治本之宜有三：一宜養民。漢之傳國至昭帝而六世，藩臣之變，外戚之禍數矣。唐之傳國至明皇而六世，如漢之變，而又有巨盜之患。今大宋之臨御，而陛下之繼統，世數與漢唐同，而曾無一方之

患，其得人心可見矣。苟非累聖德澤，涵養深厚，視之如傷，愛之如子，則何以固結其心若此？伏自陛下布行新政以來，參酌古今，著爲良法，便民者爲不少矣。而民情戚戚，不以爲安，推原其端，蓋緣朝廷措置，大率急於公家，而緩於民事。竊觀先王之政，上之憂下也深，則下之報上也厚。故其詩曰：「駿發爾私，終三十里。」上憂下之詩也。「雨我公田，遂及我私。」下報上之詩也。上下之情其相親如此，則怨惡不順，何由生乎其間哉？故馬周之對太宗，以爲「貞觀初，匹絹易斗米而人不怨者，知陛下憂之也。五六年來，匹絹易穀十數斛而民怨者，知陛下不憂之也。」此言極要，頗同今日之意，臣試舉其一二。免役錢本率衆以給傭，公家無所利其入，今所在猥積，至有一縣之人出者半，羸者半，而取之不已。遇水旱未嘗有所蠲減，貧下未嘗有所貸免，此民情戚戚之一也。市易本以抑兼并，便衆業，而公利在其間。民有艱急匱乏之期，方之他取於富室，則無倍稱之息。然吏或不良，乘民之急而掊克無已，徒欲收贏取償，而不顧事體之宜與法令之本意。誘陷無賴子弟以隳産者有之；予民者高其物估，以巧取息者有之；一物也，朝貴賣而夕賤買者有之，此民情戚戚之一也。保甲者，先王什伍教民之法也，不專爲兵而已。今有司惟以坐作進退、射藝精粗爲急，而不問推行考察姦盜、去惡獎善之意。而又富者逸而貧者勞，或遇饑饉，則將有流散不可號召之虞，此民情戚戚之一也。凡此特法令之未備，或吏奉法不謹之過，以陛下之聖明而修正之，宜無難者。二宜教士。舜九德，文王作人，周公三物，皆爲先王教士之實。今聞以才選者矣，未聞以德進也；聞以文詞選者矣，未聞以行進也。臣竊以非大變其法，則終不能得教士之實。其變法謂何？責之郡縣監司保任其才行，以升於尚書，各試其所知而命之，則士勸於善。不專以文詞設科，則士業崇本。凡此一改法令，則天下從之矣。以陛下之聖明而修正之，不五六年，必收其效。三宜重穀。自古國家之患，未有不緣民飢而起也。今縣官積錢，所在貫朽，而倉廩至無半歲之實，誠可憂也。蓋自常平之法行，而群司各計其利，故轉運司唯有租税征科之入而已。其歲入既不足以充費，故於儲蓄之計，雖欲賤糴而不暇爲也。常平雖有折納斂糴之法，而吏多不能推行萬一。水旱方千里，則積鏹之饒將無用，而民之强者衆而爲盜，弱者流離溝壑而無以救矣。臣近嘗上乘歲豐積穀之議，頗合事機，而亦可行於久遠，伏望裁察。凡此特法令之未備，或吏奉法不謹之過，以陛下之聖明而修正之，宜無難者。緩末之宜有二：一宜緩治夷狄。

中國本也，夷狄末也。先王之政，内諸夏而外夷狄。夷狄之國，聲教所暨，故舜之命官，猾夏者治之，然則不爲中國患者，王者不治也。或者謂夷狄之地可闢而郡縣之，夷狄之民可冠帶而賦役之，竊謂過矣。以四海九州之廣，而欲沙漠不毛之地以爲富；以兆民多士之盛，而欲左衽鴂舌之人以爲衆，徒見有糜敝所重，而未見其可也。雖有前代喪失之地，苟非民情來附，未足以用衆。一宜緩治兵。兵者，先王所治而非所以爲先也。衛君問陳於孔子，而孔子答以俎豆之事。蓋禮教有所未修，而先之以軍旅之事，則語道非其序也。今刑政雖講，而未可謂盡中；禮樂雖修，而未可謂盡善；教化雖布，而未可謂盡行。然則今日之政，宜有急於兵者焉。凡此非可廢之事，特在陛下施爲之有先後而已。以陛下之聖明，留意而條别之，宜無不得其序者。納言之宜有四：一宜廣言路。古者群臣，人人得諫，故曰「工執藝事以諫」。工尚諫，則餘可知矣。所謂争臣七人者，在位皆諫，諫而又當必争者有七人而後可。今陛下虚心待下，未嘗大聲以色，而諫者未始有聞於天下，諫而必争者未始見其人。方唐太宗之時，當亡隋之後，人物寡少，而諫者滿朝。今陛下承累世文明之盛，而遂使史筆無書諫諍之事，亦可謂闕典矣。二宜寬侵官之罰。凡人臣之居外，見不便於民，有害於政者，大者聞諸朝，小者以其職而行之是也。今一切禁止，不使相侵，則朝廷必有不聞之事，而民庶必有失職之苦矣。三宜恕誹謗之罪。自古有爲之君，更制天下之事，未有不被毁訾於世者。以盤庚之明，周公之聖而不免，況其下者哉？蓋衆人者常情，不達義理，樂因循而憚改作。改作之始，未見其利，而翕然非之。聖人於此，特恕其無知而寬之可也，豈足以與之較量長短是非哉？故漢文深知其意，直除其罪，以度容之而已。苟設峻令以防之，非不遽止，然愚庸之情不自知語言之過而非其上矣。四宜容異同之論。古者衮服之飾，必以黼者，取其兩已相背而能成政也。兩已相背，至銘諸躬，而日服之以爲監，有以見人君御臣之深戒，在於喜同而惡異也。舜伐三苗，禹以爲可，益以爲不可，然不害并爲九官。周公相成王，召公不悦，然不害同爲十亂。《洪範》謀及卿士，則三公之論有不用焉。《周官》詢及萬民，則卿士之謀有不取焉。夫然後可以通達衆志，輔成大業。苟取其所同而捨其所異，則晏子所謂以水濟水，孰能食之者也。非特如此而已，苟欲其同，則必有誕謾詐欺以附同者矣；苟惡其異，則必有詭隨面從以免異者矣。使人臣皆懷誕謾詭隨以事上，殆非朝廷之利也。竊聞議者必使廷臣無異論，乃謂之一道德。爲此説者似不思也。夫一道德以同俗者，蓋謂典常之教不可不同也。今以政事之殊，有可有不可，有宜有不宜，有損有益，而必一而同之，恐非聖人之意也。所惡異論者，豈非以其沮議害事而惡之耶？苟導之使言，而擇之在我，則雖有沮議害事之言，在吾所棄，固不能爲患也。凡此無難改之勢，而有速應之實，蓋在陛下爲之而已。如前所陳，蓋陛下政事之形容於外者，臣得以揣度而陳之。至如陛下聖性之淵徽，君德之崇厚，惟幾以成天下之務，惟深以達天下之志，臣之愚陋，莫得而測焉。伏惟仰觀天心，旁考古義，絀奇論而用中道，則天下幸甚。

《宋名臣奏議》卷四三。又見《宋史》卷三四〇《吕大防傳》，《歷代名臣奏議》卷三〇三，《右編》卷七

創令軍匠織錦奏元豐六年八月

吕大防

歲額上供錦，豫支絲紅花工直，與機户雇織，多苦惡欠負。昨創令軍匠八十人織，比舊費省而工善。今先織細法錦及透背鹿胎樣進呈，乞換充本府機院工匠。

《續資治通鑑長編》卷三三八

進馬奏元豐六年十二月

吕大防

欲編排四尺二寸以上馬百匹進呈，如堪配軍，即乞依此收買。

《續資治通鑑長編》卷三四一

依樣織造緊絲奏元豐八年四月

吕大防

準内臣張琳公文，除十色緊絲來年織外，所有錦緊絲鹿胎，并依今樣織行。已將未上機物帛，依樣織造，合行審取聖旨。

《續資治通鑑長編》卷三五四

川峽軍民有罪申鈐轄司斷配奏元豐八年十月

呂大防

川峽軍人犯法，百姓犯盜，并申鈐轄司酌情斷配。

《續資治通鑑長編》卷三六〇

復置縣尉弓手事奏元祐元年正月

呂大防

準朝旨，復置縣尉弓手。欲乞將府界諸縣應係捕盜文武官吏，并應干捕盜人等，并隸本府與都大提舉司，同共管轄。其賞罰，委本府一面施行。

《續資治通鑑長編》卷三六四

上哲宗答詔論西事元祐元年二月

呂大防

臣伏准詔，問戎人狡獪，未測其誠心。臣愚以爲夷狄之情，自古無信。西夏自繼遷以來，專事譎詐。惟朝廷御得其道，則詐無所施，或失其方，則驕而益肆。待遇之體，不可不審。然以臣觀之，今日夏戎之情，略可見矣。羌人重於酬報，先帝舉大兵徑抵靈武，幾入其國，而不能以數萬人之衆入塞爲報。永樂諸將，寡謀敗事，使北狄僅得以藉口。然自是王師深入不虞之咎，非其本國舉兵之成功，蓋未足以爲慮。寇之無能爲一也。自來開邊進築之始，寇必極力決争，乘其未堅，至於三四，不能得而後已。昨蘭州之城，攘斥甚廣，雖一再至争不能得。去歲冰合，遂不復來。城既益堅，寇望亦絶。此寇之無能爲二也。比聞秉常極孱劣，梁氏既死，而秉常已亡，則内難未已，何暇外圖？雖使秉常得存，亦不足畏。今數遣使入朝，而不早布誠欵者，蓋苟欲觀望遷延，不敢先發以示弱。以臣愚計，切聞夏使旦夕到闕，可使押伴臣僚，且以私意問其來使：「今主上嗣登寶位，自大遼諸國皆遣使入賀，夏國是朝廷蕃臣，何故獨不至？」以觀其意，足以測其僞矣。又詔問，向者所得邊地雖建立城寨，亦慮孤僻，不易應援。棄之則弱國威，守之則終恐戎人在念。臣以謂新收疆土，議者多言可棄。蓋思之未熟也。詔旨以爲弱國威，真廟筭之遠慮。然臣猶謂棄之不止弱國威而已，又有取侮於四夷之端焉，不可不審計也。況蘭州西羌之地，本非夏國封境。又其君長嘗受朝廷禄秩，元昊以來，方盜據其地。延、慶城寨則接近漢界，一旦舉而棄之，未見其可。今日措置之宜，只可降詔下本路，將會州一處更不攻取，其蘭州及延、慶兩路新建城寨，只據見得地界守禦，亦可以稍安敵情，而爲議和之計矣。議者不過謂戍兵少則不足以出戰，多則無力以供饋。臣愚以綏、蘭之地，皆并塞美田，增招民兵，墾以足食，則供饋之費省；專事守計，少存戰兵，則騎兵可大減矣。其增招民兵，墾闢曠土，分守戰之計，減供饋之費，如以爲可，即乞下臣條析子細利害。又詔問，邊計合如何措置？向去如何守禦？臣愚以爲今日邊計，惟擇將帥爲先，轉運使爲次，其他施設皆可取辦。伏聞國初西戎之患，多在環、慶。太祖皇帝擇姚内斌、董遵誨二驍將以守二州，租賦之入，兵械之費，一切付之，而聽其自爲。西人畏之，不敢入寇。今以四海九州之力，奉邊而不足；太祖以二州租入之費，禦戎而有餘。以此言之，守禦之方，在於得人而已。臣愚以陝西五路，宜擇威名忠亮之人，不限文武，爲之統帥，其次以爲將佐。又擇公正强明之臣，以爲轉運使副，俾各擇其才能，以充其任使之屬官。備邊之城，專事守計。而出戰救援之兵，蓄於内郡。平居則散而耕，寇至則聚而守。且爲内郡之兵以援之，視寇入之多寡深淺，而必報之，無使其得志，亦不妄動以生事。守兵雖見大利，不得出戰；戰兵雖見大利，不得久在邊。如此，則費省而易供，守堅而不墮其計矣。

《宋名臣奏議》卷一三八。又見《太平治蹟統類》卷二〇，《續資治通鑑長編》卷三六六，《宋史》卷三四〇《吕大防傳》，《歷代名臣奏議》卷三三一，《右編》卷二五

秉常不能用其衆奏 元祐元年二月

吕大防

臣向在永興軍日，得米脂降羌，且道秉常所爲。使其言粗可信，必不能用其衆。又臣近館伴北使，會語及夏國遣使入貢，北使却問作何人遣使。以此觀之，秉常存亡，誠未可知。

《續資治通鑑長編》卷三六六

西夏無足畏奏 元祐元年二月

吕大防

元昊既得甘凉，遂有窺隴、蜀之志。後緣唃氏中强，無

以進取。今青唐乖亂，其勢漸分。若中國又失洮、蘭之土，則他日隴、蜀之患，不可不豫爲之防。

臣愚以爲今日邊帥，全藉威名，曾經戰陣之將以服敵氣。竊謂宜參用武帥，如劉昌祚、張守約、种師古輩，皆可爲用。但儒臣常議，或謂武將皆不可用，此不知邊事之過計也。又臣伏見詔旨，陛下深慮邊計，極爲焦勞。以臣料之，今日西夏無繼遷、元昊之强，中國有練卒精甲之備。苟將帥得人，固無足畏。

《續資治通鑑長編》卷三六六

請宗祀神宗皇帝於明堂奏元祐元年閏二月

呂大防

國朝之制，奉禧祖皇帝、太祖皇帝、太宗皇帝以配郊丘外，所有季秋大饗，自唐及本朝皆用嚴父之儀。伏請宗祀神宗皇帝於明堂，以配上帝。

《續資治通鑑長編》卷三六八。又見《宋會要輯稿》禮二四之五〇（第一册第九二四頁）、禮二五之七七（第二册第九九三頁）

乞擢任章楶奏元祐元年四月

呂大防

前任成都府日，準朝旨，與成都府、利州兩路轉運司官，同經制買馬，藉其協力，頗見成效。其見任成都府路轉運副使章楶，乞量加擢任。

《續資治通鑑長編》卷三七六

已封留傅堯俞等彈章奏元祐元年五月

呂大防

内降臺諫官傅堯俞等彈奏宰臣范純仁、左丞王存不合留身營救蔡確事宜，使思省引罪，自爲去就。已封留彈章，更不轉逐人。

《續資治通鑑長編》卷四二八

令中外具知修儲祥宫費用皆出禁中奏元祐元年六月

呂大防

昨得御前劄子，以蘇軾撰《上清儲祥宫碑》頒示，修宫費用，皆出禁中。此事近臣雖或知之，而外廷鮮有知者。因此，令中外具知甚便。

《續資治通鑑長編》卷四六〇。又見《宋會要輯稿補編》第二三頁

乞修先朝寶訓奏 元祐元年八月

吕大防

乞令國史院官，修進《先朝寶訓》，以備邇英閣進讀。

《續資治通鑑長編》卷四六四

上哲宗論韓維不當罷門下侍郎 元祐二年七月❶

吕大防

臣今據吕公著封送録到降付中書省御批指揮一件，爲門下侍郎韓維面奏范百録不當，可守本官、分司南京及稱一面繳奏元降指揮。臣竊詳韓維忠讜有素，士望甚重。陛下自初臨政，擢維於沉滯之中，委以柄用。賢士大夫，莫不稱頌盛德，爲之相慶。一旦忽以奏事差失，遽行譴責，恐非所以風示四方，開接衆正之體。公著不令臣知，一面論列，必已竭盡至誠，上裨聖治。伏望天慈詳察，特爲開納。況維所坐至細，止是拙於奏陳，未可加以重責。若此命一出，則人人有不自安之意，繫今日治體之根本。伏望深思而熟察之，少息雷霆之威，使全臣子進退之分，臣不勝至懇至願。

《宋名臣奏議》卷四七。又見《續資治通鑑長編》卷四〇三，《歷代名臣奏議》卷一三九。

駁孔文仲論朱光庭除太常少卿不當奏❷ 元祐二年十一月

吕大防

臣等竊以朝廷設諫諍之官，固欲開廣視聽，以盡下情。然言事之臣，所言無由盡當，須繫朝廷審擇其言。或不可用，自當置而不行。若復挾情用意，則尤不可不察。伏見諫議大夫孔文仲，累有文字論列左司員外郎朱光庭除太常少卿不當，其言殊爲乖謬。臣等昨日已曾面奏，謹具條陳以聞。一、孔文仲稱朱光庭本無異於常人，止緣朋附推薦，

❶ 篇末原注：「元祐二年十月上。」此從《長編》。

❷ 此奏乃吕公著與吕大防、劉摯、王存同上。

驟居清要。謹按光庭進用之初,惟是司馬光與臣公著。公著與光庭素不相熟,但見司馬光累稱於朝,陛下御筆親擢爲諫官,即非因朋附推薦而進。一、孔文仲稱朱光庭未嘗獻一公言,補一國事。謹按光庭自任諫官,僅一年半,前後所上章疏不啻數百,賜對便殿,亦及數十。凡内外法度有未便於民者,小大臣僚有不允公議者,光庭不避仇怨,未嘗不言。兼已往往施行,此皆陛下素所深知,豈可謂之未嘗獻一公言,補一國事? 一、孔文仲稱朱光庭二年之間,躐等超拔,望輕資淺,恩寵太過。臣等竊以朝廷用人,固不當專較歲月。兼自來兩省以上差除,亦不曾專用資序。況光庭始初自因御筆親除爲左正言,一年後自正言遷司諫,即非躐等。後來因光庭累次居家待罪,一次爲言蘇軾,一次爲言張舜民罷爲右司員外郎,亦非超拔。今來自都司除太常少卿,雖班位少進,亦非峻遷。且如光庭同時諫官蘇轍,係知縣資序,供職在光庭後,今已爲中書舍人。又如孔文仲,進用在光庭後,已是校書郎,歲餘爲左諫議大夫。則光庭除少卿,豈是恩寵太過? 一、孔文仲稱太常貳卿,職嚴地密,使光庭居之,登列諫議,擢領風憲皆可也。臣等竊以朱光庭今來止是除太常少卿,何以知其後爲臺諫? 兼朝廷若欲用光庭爲臺諫官,只自左司員外郎除授,有何不可? 一、孔文仲稱朱光庭一日得志,援程納賈,當不旋踵。謹按程頤、賈易或罷歸鄉里,或黜守外任,朝廷亦未有召用之議。然光庭今來止是除寺監官,其職事尤經於左右司,豈能援程納賈? 借使程頤、賈易復至朝廷,於國家豈有所害? 只是文仲黨與自以爲不便耳。臣等蒙陛下任用,列居輔弼,以進賢退不肖爲職。只知爲官擇人,不敢顧避人情。其朱光庭,臣等亦非以其人所爲盡善,但今來既知孔文仲所言不當,若却將朱光庭除命寢罷,則恐從此浮言浸盛,正人難立,朝廷之勢,日就陵遲。兼陛下既以臣等爲執政之官,而不許臣等執持政事,臣等亦何以自處? 伏望陛下曲回聖聽,特賜省察,其朱光庭除太常少卿新命,欲候來日簾前面稟。或更有臣僚黨助,文仲論奏,亦乞陛下察其情僞,無至眩惑。

《續資治通鑑長編》卷四〇七

請以吕公著爲司空平章軍國事奏 元祐三年四月

吕大防

臣伏詳詔旨,有以見陛下尊德優老之意,周旋曲折,莫不精當。臣愚不肖,不勝大幸。以臣愚見,只欲因其舊官而優假之，但進一官作特進，依前令充右僕射。加以平章軍國事，即煩勞職事悉已蠲免，亦不至闕事。如未合聖意，即乞罷右僕射，進兩官，作司空平章軍國事，仍令三省、樞密院各令議軍國事條目聞奏，餘依文彦博已得指揮。

〔貼黄〕舊制大禮行事，命官稱攝。今來職事官，恐不可稱攝。

《續資治通鑑長編》卷四〇九

杭州乞將慧因禪院改爲十方教院住持事奏

元祐三年五月

吕大防

近準都省付下杭州奏，據僧正司狀，南山慧因禪院住持長老善思爲患，乞别差人住持。尋勘得本州祥符寺僧浄源，近有高麗國僧統義天奏聞朝廷，乞來本州禮謁浄源，求學佛法，顯有講學戒行，聞於海外。州司給帖浄源，往慧因禪院承替善思，開講住持。今據慧因寺知事僧晉仁陳狀，當院元是禪院，今蒙本州補傳教僧浄源住持，竊知當州興教寺元是禪寺，後來本州奏聞永作十方教寺，乞依興教寺敷奏，永作十方教院。州司勘會浄源委有講學戒行聞於海外，兼近據高麗國僧統義天捨施到教藏經文、佛像什物，安著四方僧衆，逐日焚香修禮傳教，已有倫序。今來乞依興教寺例，將慧因禪院改作十方教院住持，别無妨礙，伏乞朝廷特降指揮。本部尋符杭州鈔録興教寺乞依十方傳教住持令文去後，今據本州狀，鈔録到嘉祐五年八月二十四日寧海軍帖，近據僧正永興等狀，伏覩興教寺奉使帖，請講經僧梵臻歸寺作十方禪教住持。其梵臻戒節孤高，講業清苦，衆所歸向，學者摳衣。今來興教寺欲乞依本州天竺寺例，降敕永遠作傳天台教寺十方住持。本州寻勘會梵臻素有節行，爲衆所推，遂選請本僧住持。今欲乞將興教寺依天竺寺例，作十方教寺住持，遂具狀奏取敕旨。八月一日中書劄子奉聖旨依奏，本部看詳，興教寺元係十方禪寺，後來改作十方教寺，今來杭州所奏慧因院已是十方禪院，乞改爲十方教院，依得興教寺體例。太中大夫、左僕射臣大防，太中大夫、右僕射臣純如，太中大夫、守左丞臣存，太中大夫、守右丞臣宗愈，尚書闕，朝散郎、試侍郎、充實録修撰臣佃等言。元祐三年五月日，承議郎、祠部員外郎臣翟思，未到。朝散郎、守主客郎中兼權臣陳軒上，朝散郎、試給事中臣顧臨讀，正議大夫、守門下侍郎臣孫固省，太中大夫、尚書左僕射兼門下侍郎臣大防審，侍中闕。右劄依奏，謹據如右，謹以申聞，謹奏。

《慧因寺志》卷九，《武林掌故叢編》本

蔡確怨憤不遜譏訕君親奏 元祐四年五月

呂大防

昨者建儲一事，當時衆臣僚僉書所批聖旨月日次序，事理甚備，文字盡在中書，兼已關實録院編記分明。小人乃欲變亂事實，輒生姦謀，以圖異日徼倖之利。今來又非朝廷尋事行遣，自是確怨憤不遜，譏訕君親，公議所不容，臺諫二十餘章。陛下方行之，命下之日，咸知朝廷有典刑也。

《續資治通鑑長編》卷二四七。又見《宋會要輯稿》職官六七之四(第四册第三八八九頁)

危竿喻意奏❶ 元祐六年三月一日

呂大防

仁宗所録三十六事，内危竿喻一事，在三十六事之前，注釋失仁宗旨意。蓋聖意以爲，人君居至高至危之地，須用正直之人，譬如危竿須用正直之木。古人謂邪蒿，人君不可食。食之固無害，以其名不正，況邪佞之人乎？

《續資治通鑑長編》卷四五七。又見《續資治通鑑》卷八二

進奏院報委有撰造奏 元祐六年五月

呂大防

進奏院傳報，詐作侍御史賈易奏，乞催勘任永壽等事。臣今取到進奏院報，委有撰造文字，謹具繳奏，望下有司根治。

《續資治通鑑長編》卷四五八

賈易疏語前後異同奏 元祐六年❷

呂大防

易疏云：「比年以來，登用二三執政，物議訩然，未以爲當。或巧宦詐忠，徼倖苟合；或齪齪取容，自名寬厚。」

❶ 與劉摯同上。

❷ 原注：「此疏乃六年事，當在八月一日以前。」

又云「雖莫敢爲邪以害政」。又貼黄云：「自二聖臨御以來，聖政日新，公義日勝，俊哲端良，森布朝列。」臣詳易疏，既云朝廷登用執政多非其人，致物議詾然矣，却云聖政日新，公義日勝，俊良滿朝。伏緣聖政之要，當以用捨大臣爲先。若用執政不當，則累聖政多矣，何由有日新之説？執政既不當，則公義亦從而淪墜矣，何由有日勝之説？執政既非其人，則所進擬人材必非俊良矣，又安得有森布朝列之效？易疏云「執政者巧宦詐忠，徼倖苟合」，又云「莫敢爲邪以害政」。其人既巧詐僥倖矣，安得不爲邪以害政？既莫爲邪以害政矣，又安得有巧詐僥倖之説？臣竊詳易疏，前後異同，自相矛盾，大抵以朝廷今日政事爲非。且執法之官既知執政巧詐傾邪，自合明具封章，指陳實狀，論其過惡，必擊去而後已，豈有不立主名，謬悠陳述，而但乞朝廷謹擇而已？既乞朝廷謹擇大臣，則是止欲納忠於上，無所干於有司，而易疏貼黄却乞降付中書省。易久在朝廷，豈不知除用執政，非三省所預？所以然者，其意蓋欲買直於人，使聞之者不安其位，而後行其私意。臣竊知易乃王安禮所善，安禮嘗以十科薦之。今群失職之人皆在江淮，莫不與今日執政爲仇。易實江淮之士，來自東南。今日之疏，不惟摇動朝廷之政事，亦陰以申群怨之憤。臣雖忘身犯怒，爲國去邪，固不敢苟避怨仇，爲偷安之計。然如此人，與之同朝共事，臣實難安。伏望聖慈，深賜詳察。

《續資治通鑑長編》卷四六三

欲令開封府發遣蔡確事奏 元祐六年八月

呂大防

早來簾前議，欲令開封府發遣，恐致喧瀆，且令告示。

《續資治通鑑長編》卷四六四

欲進邇英延義二閣記注奏 元祐六年八月

呂大防

近講筵官奏，乞修《邇英記注》，如仁宗朝故事。已有旨施行。今史院有《邇英》、《延義》二閣記注十餘卷，具載仁宗與講讀官議論。嘗講《詩》至「誰能烹魚，溉之斧鬵」，仁宗謂丁度曰：「老子云『治天下者，若烹小鮮』，正謂此也。」《學記》曰「知類通達，謂之大成」，仁宗可謂善推其類矣。臣嘗進《仁宗聖學事迹》，有未備者，欲寫二閣記注進入，以備省覽。

《續資治通鑑長編》卷四六四

陳鈔法本末奏 元祐七年三月

呂大防

臣側聞顧臨讀鹽鈔事，臣敢陳鈔法本末，仰祈陛下通知利害之詳。國初輦運香藥、茶帛、犀象、金銀等物，赴陝西變易糧草，歲計率不下二百四十萬貫。自鈔法之行，始令商賈於沿邊入中見錢糧草，却於京師或解池請鹽赴沿邊出賣。一則人户無科買之擾，二則商旅無折閱之弊，三則邊儲無不足之患，四則貨物無搬輦之勞，五則運鹽減脚乘之費，實於官私爲利。

《續資治通鑑長編》卷四七一。又見《九朝編年備要》卷三

分流以減黃河水勢奏 元祐七年八月

呂大防

臣側聞顧臨讀《寶訓》，引漳河灌溉事。臣謂大抵河渠利害，最爲難明，朝廷不可不詳知本末。如本朝黃河，持議者有三說，一曰回河，二曰塞河，三曰分水。今議者欲以兩河四堤，勞費稍增，久可無患，如漢武帝時河決瓠子，築堤防塞，僅可支七十餘年。本朝昨有二股河分流水勢，粗免河患，後因閉塞一股，併入一股合流，遂致決溢。分水之利，從可知矣。今爲四堤二河分減水勢，實爲大利。

《宋會要輯稿》方域一五之一四（第八册第七五六六頁）

當親祀天地奏 元祐七年元月十四日

呂大防

先帝因禮文所建議，遂令諸儒議定北郊祀地之禮，然未經親行。今來皇帝臨御之始，當親見天地，而地祇獨不設位，恐亦未安。況前代人君親祠并祭，多緣便於己事。本朝祖宗則不然，直以恩霈四方，慶賚將士。若非三歲一行，❶則國力有限。今日須爲國事勉行權制，候將來議定北郊制度及太廟享禮，行之未晚。

《宋會要輯稿》禮三之六（第一册第四四二頁）。

❶「若」，原無，依《長編》補。

又見《續資治通鑑長編》卷四七七，《續通典》卷四六

三歲一親郊并祭天地宗廟不可廢奏 元祐七年九月十二日

吕大防

天地之祭，自漢以來，分合不一。唐天寶後，惟天子親祠，乃合祭於南郊。其餘時祀，并依禮分祭。國朝以來，大率三歲一親郊，并祭天地宗廟，因行赦宥於天下，及賜諸軍賞給，遂以爲常，亦不可廢。雖欲歲歲親行南北二郊之禮，乃不可得。今諸儒獻議，欲用禮官前説，南郊不設皇地祇位，唯祭昊天上帝，不爲無據。但於祖宗權宜之制，未見其可。

《宋會要輯稿》禮三之五（第一册第四四二頁）。

又見《續資治通鑑長編》卷四七七，《文獻通考》卷七一

進郊祀次數及顧臨所議奏 元祐七年九月十四日

吕大防

適所奏陳，恐禁中未盡見本末，於是條具祖宗以來郊祀次數及臨等所議進入。

《宋會要輯稿》禮三之七（第一册第四四三頁）。

又見《續資治通鑑長編》卷四七七

皇帝郊見特設地祇於圜丘令學士院降詔奏 元祐七年九月十四日

吕大防

臣等議，欲緣皇帝郊見之始，特設地祇位於圜丘，則於先帝議行北郊之禮，并不相妨。今蒙聖諭，正如衆議。欲依此令學士院降詔。致齋日躬行廟享，亦未合禮。欲於詔中令議官與北郊事并議施行。

《宋會要輯稿》禮三之七（第一册第四四三頁）。

又見《續資治通鑑長編》卷四七七

差充南郊大禮使乞罷加賜奏 元祐七年九月

吕大防

臣蒙恩差充南郊大禮使，準式常賜外，更有加賜。臣等備員宰政，賦禄已優。稠疊受賜，於義未安。兼賜免加

賜，已有前比，伏望聖慈特賜寢罷。

《續資治通鑑長編》卷四七七

進祖宗家法劄子 元祐八年正月❶

呂大防

祖宗家法甚多，自三代以後，惟本朝百三十年中外無事，❷蓋由祖宗所立家法最善，臣請舉其略。古人主事母后，朝見有時，如漢武帝五日一朝長樂宫。祖宗以來事母后皆朝夕見，此事親之法也。前代大長公主用臣妾之禮，本朝必先致恭，仁宗以姪事姑之禮，見獻穆大長公主，此事長之法也。前代宫闈多不肅，宫人或與廷臣相見，唐《入閤圖》有昭容位。本朝宫禁嚴密，内外整肅，此治内之法也。前代外戚多與政事，常致敗亂，本朝母后之族皆不與，此待外戚之法也。前代宫室多尚華侈，本朝宫殿止用赤白，此尚儉之法也。前代人君雖在宫禁，出輿入輦，祖宗皆步自内庭，出御後殿，豈乏人之力哉？亦欲涉歷廣廷，稍冒寒暑耳，此勤身之法也。前代人主在禁中，冠服苟簡，祖宗以來燕居必以禮。竊聞陛下昨郊禮畢，具禮服謝太皇太后，此尚禮之法也。前代多深於用刑，大者誅戮，小者遠竄，惟本朝用法最輕，臣下有罪，止於罷黜，此寛仁之法也。至於虚己納諫，不好畋獵，不尚翫好，不用玉器，不貴異味，此皆祖宗家法，所以致太平者。陛下不須遠法前代，皆盡行家法，足以爲天下。

《名賢氏族言行類稿》卷三六。又見《續資治通鑑長編》卷四八〇、《東都事略》卷八九、《宋史》卷三四〇《呂大防傳》、《宋宰輔編年録》卷九

乞許抽差廣固人兵奏 元祐八年九月十二日

呂大防

修奉乞差役兵二萬人，内廣固人兵，有條不許抽差。今修奉事大，乞就差前去。

《宋會要輯稿》禮三三之九（第二册第一二四二頁）

❶《宋宰輔編年録》繫於元祐三年四月，此從《長編》。

❷「三十」，原作「二十」，依《太平治蹟統類》改，宋初至元祐八年爲一百三十四年。

山陵人使乞并行抽差奏 元祐八年九月十二日

呂大防

乞應提舉京城汴河堤岸諸局，并寺監管下諸色作匠，據合銷人數，并行抽差役使。如有闕數，仍許於内外官司抽差，或令和雇應付，若拘礙一切條禁。并不許占留，晝時發遣。

《宋會要輯稿》禮三三之九（第二册第一二四二頁）

人君聽納當觀邪正驗是非奏 元祐八年九月

呂大防

陛下初見群臣，顧對者必衆，恐大煩勞，欲少爲之節。昨日垂簾日，群臣惟臺諫得對，又必二人同上，故不敢以不正之言輒干天聽。今既人人得對，人心不同，善惡相雜，故於采納尤難。雖人君不可不博訪群臣之言，至於聽納，尤當徐觀邪正，參驗是非，然後得實。

《宋會要輯稿》儀制六之一八（第二册第一九四二頁）

薦張載劄子

呂大防

伏見本路鳳翔府寄居、著作佐郎、前崇文院校書郎張載，學術精深，性資方毅，昨因得告尋醫，未蒙朝廷召命，義難自進，老於田間，衆所共惜。臣未敢別乞朝廷任使，欲望聖慈且令召還書館舊職。有不如臣所舉，甘坐罔上不忠之罪。候敕旨。

《玉照新志》卷一，《學津討源》本。又見《熙豐日曆》，乾隆《鄜縣志》卷一四

雕印傷寒論牒

呂大防

國子監准尚書禮部元祐三年八月八日符：「元祐三年八月七日酉時，准都省送下當月六日勑：中書省勘會下項醫書，册數重大，紙墨價高，民間難以買置。八月一日奉聖旨，令國子監別作小字雕印。内有浙路小字本者，令所屬官司校對，别無差錯，即摹印雕版，并候了日，廣

行印造。只收官紙工墨本價，許民間請買，仍送諸路出賣。奉勅如右，牒到奉行。」前批「八月七日未時，付禮部施行」。續准禮部符：「元祐三年九月二十日，准都省送下當月十七日勅，中書省、尚書省送到國子監狀：『據書庫狀，准朝旨，雕印小字《傷寒論》等醫書出賣。契勘工錢約支用五千餘貫，未委於是何官錢支給應副使用。本監比欲依雕四子等體例，於書庫賣書錢内借支。又緣所降朝旨，候雕造了日，令只收官紙工墨本價，即别不收息，慮日後難以撥還，欲乞朝廷特賜應副上件錢數支使，候指揮。』尚書省勘當，欲用本監見在賣書錢，候將來成書出賣，每部只收息壹分，餘依元降指揮。奉聖旨依。國子監主者一依勅命指揮施行。」

治平二年二月四日進呈，奉聖旨，鏤版施行。朝奉郎、守太子右贊善大夫、同校正醫書、飛騎尉、賜緋魚袋臣高保衡，宣德郎、守尚書都官員外郎、同校正醫書、騎都尉臣孫奇，朝奉郎、守尚書司封郎中、充秘閣校理、判登聞檢院、護軍、賜緋魚袋臣林億，翰林學士、朝散大夫、給事中、知制誥、充史館修撰、宗正寺脩玉牒官兼判太常寺兼禮儀事兼判秘閣秘書省、同提舉集禧觀公事兼提舉校正醫書所、輕車都尉、汝南郡開國侯、食邑一千三百户、賜紫金魚袋臣范鎮，推忠協謀佐理功臣、金紫光禄大夫、行尚書吏部侍郎、參知政事、柱國、天水郡開國公、食邑三千户、食實封八百户臣趙概，推忠協謀佐理功臣、金紫光禄大夫、行尚書吏部侍郎、參知政事、柱國、樂安郡開國公、食邑二千八百户、食實封八百户臣歐陽修，推忠協謀同德佐理功臣、特進、行中書侍郎兼户部尚書、同中書門下平章事、集賢殿大學士、上柱國、廬陵郡開國公、食邑七千一百户、食實封二千二百户臣曾公亮，推忠協謀同德守正佐理功臣、開府儀同三司、行尚書右僕射兼門下侍郎、同中書門下平章事、昭文館大學士、監脩國史兼譯經潤文使、上柱國、衛國公、食邑一萬七百户、食實封三千八百户臣韓琦。❶

知兗州録事參軍、監國子監書庫臣郭直卿，奉議郎、國子監主簿、雲騎尉臣孫準，朝奉郎、行國子監丞、上騎都尉、賜緋魚袋臣何宗元，朝奉郎、守國子司業、輕車都尉、賜緋魚袋臣豐稷，朝請郎、守國子司業、上輕車都尉、賜緋魚袋臣盛僑，朝請大夫、試國子祭酒、直集賢院兼徐王府翊善、護軍臣鄭穆，中大夫、守尚書右丞、上輕車都尉、保定縣開國男、食邑三百户、賜

---

❶「治平二年二月」一段文字，乃録初雕印時主管官員之名銜。

紫金魚袋臣胡宗愈，中大夫、守尚書左丞、上護軍、太原郡開國侯、食邑一千八百户、食實封二百户、賜紫金魚袋臣王存，中大夫、守中書侍郎、護軍、彭城郡開國侯、食邑一千一百户、食實封二百户、賜紫金魚袋臣劉摯，正議大夫、守門下侍郎、上柱國、樂安郡開國公、食邑四千户、食實封九百户臣孫固，太中大夫、守尚書右僕射兼中書侍郎、上柱國、高平郡開國侯、食邑一千六百户、食實封五百户臣范純仁，太中大夫、守尚書左僕射兼門下侍郎、上柱國、汲郡開國公、食邑二千九百户、食實封六百户臣吕大防。

《仲景全書》卷首，明萬曆二十七年趙開美刊本

私門帖

吕大防

大防頓首。私門不幸，息女喪亡。伏蒙台慈，特賜手問。仰荷軫恤，無任悲感。末由面謝，哀咽奉啟，不次。大防頓首，尚書右丞台坐。

《宋人法書》第一册，故宫影印本。又見《六藝之一録》卷三九四

與歐陽修書

吕大防

巧言萋斐，徒成貝錦之文；雅行委蛇，奚玷素絲之節？

《寓簡》卷八，《知不足齋叢書》本

吕氏周易古經序

吕大防

右《周易古經》者，《彖》、《象》所以解經。始各爲一書，王弼專治《彖》、《象》以爲注，乃分綴卦爻之下，學者於是不見完經，而《彖》、《象》辭次第貫穿之意，亦缺然不屬。予因案古文而正之，凡經二篇，《彖》、《象》、《繫辭》各二篇，《文言》、《説卦》、《序卦》、《雜卦》各一篇，總一十有二篇。元豐壬戌七月既望，汲郡吕大防序。

《古周易》卷首，《通志堂經解本》。又見《經義考》卷一九，《萬卷精華樓藏書記》卷一，《宋元學案補遺》卷一九，光緒《藍田縣志》卷一〇

華陽國志後序

吕大防

先王之制，自二十五家之閭，書其恭敏任恤，等而上之，或月書其學行，或歲攷其道德。故民之賢能邪惡，其吏無不與知之者焉。漢魏以還，井地廢而王政闕，然猶時有所考察旌勸，而州都中正之職，尚修於群國；鄉閭士女之行，多見於史官。隋唐急事緩政，此制遂廢而不舉。潛德隱行，非野史紀述，則悉無見於時。民日益漓，俗日益卑，此有志之士所爲歎惜也。晉常璩作《華陽國志》，於一方人物，丁甯反覆，如恐有遺，雖蠻髦之民，井臼之婦，苟有可紀，皆著於書，且云得之陳壽所爲《耆舊傳》。按壽嘗爲郡中正，故能著述若此之詳。自先漢至晉初，踰四百歲，士女可書者四百人，亦可謂衆矣。復自晉初至於周顯德，僅七百歲，而史所紀者無幾人。忠魂義骨與塵埃野馬同没於丘原者蓋亦多矣，豈不重可歎惜哉！此書雖繁富，不及承祚之精微，然議論忠篤，樂道人之善，蜀紀之可觀，未有過於此者。鏤行於世，庶有益於風教云。宋元豐戊申秋日譔。

《華陽國志校注》附，一九八四年巴蜀書社本。

又見《成都文類》卷二三，《全蜀藝文志》卷三〇，《萬卷精華樓藏書記》卷四〇，同治《大邑縣志》卷一八中，民國《灌縣志·文徵》卷一〇

瑞香圖序

吕大防

瑞香，芳草也。其木高纔數尺，生山坡間，花如丁香，而有黄紫二種。冬春之交，其花始發。植之庭檻，則芬馥出於户外。野人不以爲貴，宋景公亦闕而不載。予令春城後二十年守成都，公庭僧圃，靡不有也。予恐其没於草，一日見知於時，殆與人事無異，感而圖之，爲之序。

《群書考索》卷二〇一，影印文淵閣《四庫全書》本。

又見《全芳備祖》卷二二，《古今圖書集成》草木典卷三〇一，《廬山記事》卷一

唐禁苑圖跋 元豐三年五月五日

吕大防

隋氏設都，雖不能盡循先王之法，畦分碁布，閭巷皆中繩墨，坊有墉，墉有門，逋亡姦僞，無所容足，而朝廷宫寺，

民居市區，不復相參，亦一代之精制也。唐人蒙之以爲治，更數百年不能有改，其功亦豈小哉？隋文有國纔二十二年，其剗除不庭者非一國，興利後世者非一事，大趣皆以惠民爲本，躬決庶務，未嘗逸豫。雖古聖人，夙興待旦，殆無以過。惜其不學無術，故不能追三代之盛。予因考證長安故圖，愛其制度之密，而勇於敢爲，且傷唐人娼疾，史氏没其實，聊記於後。元豐三年五月五日，龍圖閣待制、知永興軍府事、汲郡吕大防題。

《長安志圖》卷七，影印文淵閣《四庫全書》本

杜工部韓文公年譜後記

吕大防

予苦韓文、杜詩之多誤，既讎正之，又各爲《年譜》，以次第其出處之歲月，而略見其爲文之時。則其歌時傷世、幽憂竊歎之意，粲然可觀。又得以考其辭力，少而鋭，壯而健，老而嚴，非妙於文章不足以至此。元豐七年十一月十三日，汲郡吕大防記。

《韓吏部文公集年譜》，《粵雅堂叢書》二編。又見《韓文類譜》

辨蘭亭記

吕大防

蜀有草如諼，紫莖而黄葉，謂之石蟬，而楚人皆以爲蘭。蘭見於《詩》、《易》，而著於《離騷》，古人所最貴，而名實錯亂，乃至於此，予竊疑之。乃詢諸游仕荆湘者，云楚之有蘭舊矣，然鄉人亦不知蘭之爲蘭也。前此十數歲，有好事者以色臭花葉驗之於書而名著，況他邦乎？予於是信以爲蘭。考之《楚辭》，又有石蘭之語，蓋蘭蟬聲近之誤。其葉冬青，其華寒，其生沙石瘠土，而枝葉峻茂，其芳不外揚。暖風晴日，有時而發，則郁然滿乎堂室。是皆有君子之德，此古人之所以爲貴也。乃爲小亭，種蘭於其旁，而名曰「辨蘭」。無使楚人獨識其真者，命亭之意也。

《成都文類》卷二七。又見《全蜀藝文志》卷四三上，《蜀藻幽勝録》卷二，嘉慶《四川通志》卷四八，嘉慶《成都縣志》卷五

錦官樓記

吕大防

蜀居中國之西南，於卦爲坤。坤有致養致役之義，而風俗肖焉。土地之毛，善利絲枲，爲之繒布，以給上國。負於陸則經青泥、大散羊腸九折之坂，航於川則冒瞿塘、灩澦沈舟不測之淵。日輪月積，以衣被於天下，此之謂致養。織文錦繡，窮工極巧。其寫物也如欲生，其渥采也如可掇。連甍比室，運箴弄杼，然膏繼晝，幼艾竭作，以供四方之服玩，此之謂致役。錦官之職也，有致養之順，有致役之恭，上自帝后之服、禁省之用，而下至疆臣戰士之予賜，莫不在焉。官廢久矣，故時貢篚，以絲布散於市民，至期而斂之。或苦惡不中程，或得輒私費，急無以償，則破産而不能贍。元豐六年二月，府言於朝，曰：歲貢錦綺紈羅，度以疋者萬四千，其尤難治者七百三十，上布之費總二百七十萬。募工而涅籍之，人歲費三十千，八十人而足，則不煩於民，而得良物以充貢。詔可之。乃度府治之東，治室以爲織所，興閣於前，以爲積藏待發之府，所以達風燥而遠卑濕也。明年五月，又詔以其所爲上供機院，特置吏以涖之，凡歲貢之在官民者悉典領之。益治綈錦之精麗者千五百端。募工滿三百；不足，則僦庸以充之。大率設機百五十四，日用挽綜之工百六十四，用紆之工百五十四，練染之工十一，紡繹之工百一十，而後足役。歲費絲權以兩者一十二萬五千，紅藍紫茢之類以斤者二十萬一千，而後足用。織室吏舍出納之府，爲屋百一十七間，而後足居。噫，脩貢織，供詔用，藩臣之所宜先，而常委於市人之手。蓋繇僞邦苟政，利於賤市，遂廢服官之職，因而不能改。今商其所給，乃重於籍工置吏之費，則積習流弊，衆爲蠹賊，實有出於公而不入於織紝之家者，蓋亦多矣。恭惟聖制更新，使民不復被其擾，而吏無所容其姦，足以度前古而垂後世矣。大防承假守之乏，實聞其命，輒叙其所以然。

《成都文類》卷二六。又見《全蜀藝文志》卷三四上，嘉慶《四川通志》卷四九，嘉慶《華陽縣志》卷三九

合江亭記

吕大防

江沱自岷而別，張若、李冰之守蜀，始作堋以揵水，而闢溝以釃之，大溉蜀郡、廣漢之田，而蜀以富饒。今成都二

水，此江沱支流，來自西北而匯於府之東南，乃所謂二江雙流者也。沱舊循南湟，與江並流以東。唐高駢斥廣其穢，遂塞縻棗故瀆，始鑿新渠，繚出府城之北，然猶合於舊渚。渚者合江故亭，唐人晏餞之地，名士題詩往往在焉。久茀不治，余始命葺之，以爲船官治事之所。俯而觀水，滄波脩闊，渺然數里之遠。東山翠麓，與煙林篁竹列峙於其前。鳴瀨抑揚，鷗鳥上下。商舟漁艇，錯落游衍。春朝秋夕置酒其上，亦一府之佳觀也。既而主吏請記其事，余以爲蜀田仰成官瀆，不爲塘埭以居水，故陂湖潢漾之勝比他方爲少。儻能悉知瀦水之利，則蒲魚菱芡之饒，固不減於蹲鴟之助。古之人多因事以爲飾，俾其得地之利，又從而有觀游之樂，豈不美哉？ 茲或可書以視後，蓋因合江而發之。

《成都文類》卷四三。又見《全蜀藝文志》卷三九上，《蜀中名勝記》卷二，嘉慶《四川通志》卷四九，嘉慶《華陽縣志》卷三九

觀政閣箴并序

吕大防

成都圖開寶以來牧守之像於大慈寺閣，徒記其爵位名氏與其在官歲月，而不録其政事之美惡。豈居是邑不非其大夫，邦人之禮宜如是歟？ 然不足以申勸戒，爲後來者法。余輒采秦漢至於唐領太守、刺史、節度使之職，有政迹可攷，而畫像存焉者，得二十有八人，别圖於他閣，名其榜曰「觀政」。蓋觀其善足以勸，觀其不善足以戒。其政事雖可攷，而像不存者舍之；像雖存而僭竊不軌，或闒庸無聞者黜之。此觀者不可不知也。寺僧求文，余以謂古者官有箴，爲作箴以授之。其辭曰：

蜀於《禹貢》，是爲梁州。華陽黑水，處坤之陬。其山四塞，氣鬱以遒。人矜其技，物産其尤。牧野之師，有功宗周。秦始列郡，置吏罷侯。守冰殖利，渠田肇修。肆彼一方，無衣食憂。文翁處後，教民文章。多士化之，傑出馬、楊。張堪廉惠，去而益彰。五倫清約，人監允臧。廉范便民，警之所當。种暠繩姦，不以勢妨。李膺修設，善飾其身。高眹勸學，其迹猶新。養士之利，愈久愈存。賢哉孔明，討魏扶漢。思清以密，德順而健。其功不克，天未厭亂。王濬豪俊，知略不群。畫策平吴，卒賴其勤。高儉循吏，爲唐元臣。象先廷碩，嗣美且文。嚴武暴厲，忿欲并申。天寶政紊，乃以牧民。崔寧繼之，以昏易昏。壯哉南康，横身扞難。種羌方

熾，力弭其患。中朝以安，浮議可歎。崇文貪殘，得不償失。元衡静安，飾以儒術。文昌更事，遠俗清謐。敏哉文饒，裕蠱治詳。擾弊之後，補敗藥傷。外禦其侮，内教有方。嗣復、悰、謩，遵故守成。叢、孜化政，民無以生。駢乎多罪，禍積釁盈。寃女呼天，虐及孤惸。瓌、瑄信盜，俾民卒瘏。燼及邦家，可不慎歟。自秦以還，鎮守之臣，政有良窳，存乎其人。牧臣司梁，敢告執巾。

《成都文類》卷四八。又見《輿地紀勝》卷一三七，《全蜀藝文志》卷四四上，嘉慶《華陽縣志》卷三九

呂公著神道碑❶

呂大防

自熙寧四年，始改科舉，罷詞賦等，用王安石經義以取士，又以釋氏之説解聖人之經。學者既不博觀群書，無修詞屬文之意，或竊誦他人已成之書，寫之以干進。由此科舉益輕，而文詞之官漸艱其選。先帝以《答高麗書》不稱旨，故當時以爲言。議者欲以詩賦代經義，公著乃於經義之外益以詩賦，而先經義以盡多士之能。又禁有司不得以老、莊之書出題，而學者不得以申韓、佛書爲説。經義參用古今諸儒之學，不得專用王氏。

《續資治通鑑長編》卷三九四

立定夏國國界有五不可奏❷熙寧四年十二月

呂大忠

伏聞朝廷將使立定夏國地界，此誠陛下安邊息民之心。然而安邊息民之策，恐不在此，臣輒有五不可之説，伏惟聖慈采擇。自來沿邊多以兩不耕種之地爲界，其間闊者數十里，狹者亦不減三五里。出其不意，尚或交侵。今議重定地界，相去咫尺，轉費關防。樵牧之争，固無寧日。釁隙稍久，必惹事端。此不可者一也。懷撫夷狄，先以恩信。恩信未洽，欲畫封疆。俱非誠意，後必患生，或有奔衝，人難禦捍。此不可者二也。議者以夏國辭請恭順，遂欲乘此明分蕃漢之限，所差官須與逐處首領相見商量。以兵則非所以示信，不以兵則敵情反覆無常。前延州議事官幾爲所

❶ 原碑文已佚，此係節文。

❷ 自此篇至《乞量移呂大防奏》二十一文，均輯自《全宋文》卷一五一〇，原校點者爲曾棗莊。

禽，至今邊人危之。此不可者三也。近年陝西沿邊四路皆有展置城塞，戎心怨嗟，未有以發。既令各守其境，曲直自明。如或有辭，過實在我。此不可者四也。夏國邊界東起麟、府，西至秦、鳳，繚繞幾二千里。若欲久存，須爲壕塹。計工多少，所役何人。或要害之地，勢有必争。歲月之閒，未易了畢。暴露絶塞，百端可虞。此不可者五也。非徒五不可，又有大不可者一焉。無定河東滿堂鐵笳平一帶地土最爲膏腴，西人賴以爲國。自修綏德城數年，不敢耕鑿，極爲困撓。竊聞今來願於綏德城北退地二十里，東必止以無定河爲界。如此則安心住坐，廢田可以盡開。彼之姦謀，蓋出於此。若遂使得志，一旦緩急，鄜延可憂。此所謂大不可者一也。如不以臣言爲妄，伏乞下臣狀付中書、樞密院及令臣面析利害，庶得周悉。苟有可采，早賜施行。

《續資治通鑑長編》卷二二八

講和之初宜敦信誓嚴節制奏 熙寧四年十二月

呂大忠

臣嘗游塞上，熟知戎情。如朝廷敦信誓，帥臣嚴節制，將佐不敢貪功務獲，則永無邊患。此事人皆知之，但爲議者所忽不行耳。今講和之初，宜先務此。

《續資治通鑑長編》卷二二八

先示以信上全國體奏 熙寧四年十二月

呂大忠

臣等五人被命而行，不敢不先示以信，上全國體。萬一疏虞，則朝廷如何處置，移文詰問，必漫然不報。舉兵討罪，又力所不堪。復與之和，勢皆在彼。百端呼索，須至含容。挫損天威，無甚於此，不可不慮也。

《續資治通鑑長編》卷二二八

同契丹商量地界事奏 熙寧七年三月

呂大忠

竊聞敵主孱懦，朔、應諸州久不知兵，習以畏戰。可遣諜者游説，以撓其謀，遷延數年，繕我邊計，因彼釁隙，乃可得志，其餘諸羌可以傳檄而定。其合召募錢帛，乞下經略司應副，委臣稱事優給。如商量地界未定，或敵使未至，乞臣以點檢爲名，因於河外召募。

《續資治通鑑長編》卷二五一

乞令韓縝齎地界文字地圖使北奏 熙寧七年四月

呂大忠

伏見北使蕭禧至闕，争辨地界，聞遣韓縝報聘。乞下樞密院録前後照據文字，令縝齎至敵庭，庶令北朝稍知本末。

《續資治通鑑長編》卷二五二

乞許河外土豪往北界探事奏 熙寧七月十一月

呂大忠

河外有土豪三兩人，自來皆交結北界權貴，欲自備錢物探事，候有驗，乞朝廷推恩。

《續資治通鑑長編》卷二五八

乞終喪奏 熙寧七年

呂大忠

臣與劉忱再會北人於大黄坪，蕭素、梁穎詞理俱屈。雖議論反覆，執迷不回，竊原其情，技亦止此。爲今之計，莫若因而困之。伏望就除劉忱於本路差遣，置地界於代州，以蕭士元爲副。來則與之言，去則勿問。在我則逸，在彼則勞。歲月之閒，庶可決議。久寓絶塞，人情皆非所堪；速希成功，實恐有害於事理。而臣方在哀疚，棄几筵以將使事。今者素、穎亦必顧惜歡好，決無倉卒起釁之端，臣之去留，似無所繫。乞聽臣罷歸，以終喪制。

《續資治通鑑長編》卷二六〇。又見《太平治蹟統類》卷一六

北人求地不可許奏 熙寧七年

呂大忠

竊以北人窺伺邊疆，爲日久矣。始則聖佛谷，次則今泉村，以至牧羊峰、瓦窑塢，共侵築一十九鋪。今則西起雪

山，東接雙泉，求地五百餘里，蔚、應、朔三州侵地已經理辦，更無可疑。惟瓦窑塢，其侵築見與北界商量。蕭禧未過界時，臣先奏論，乞朝廷主此定禧議，又皆許之。今西陘以東，皆有明據。此地不能固争，他處亦以難保。竊料虜情，有可請者一，有不可動者五。狃於包容，侵侮中國，今若必校，或激怒心，此可請者一也。歲得金帛，與地孰利？萬一絶好，所失則多，此不可動者一也。虜兵雖衆，脆弱驕惰，應敵者鮮，非咸平、景德閒可比，此不可動者二也。城池不固，器械不精，以守必危，以戰必敗，此不可動者三也。山後之民，久苦虐政，皆有思中國之心。邊釁一開，必防内變，此不可動者四也。北人最畏西夏，復有達靼之隙，果欲長驅，豈無牽制之慮？此不可動者五也。虜主弱而少斷，母老子孱，縱有謀臣，恐未得用。今者虜使再入，必未嘗先輸屈伏之言。俟其情意稍開，諭以胡谷、義興、冶大石、茹越、麻谷五寨。治平二年侵築十五鋪，度山勢立界。或更增以瓦窑塢，如王僅、靳宗臣之議，則我無屑就之媿，彼有可取之名。蕭禧使還，不遂其意，萬一張大兵勢，測我淺深，乞指揮諸路帥臣，但爲禦計，一切勿校。

《續資治通鑑長編》卷二〇六。又見《太平治蹟統類》卷一六

上神宗論養兵 元豐二年

吕大忠

臣聞天下之患，終在腹心，而始在邊鄙。邊鄙之患，輕在禦敵，而重在養兵。漢以匈奴，千里轉餉，而天下困。唐以藩鎮，耗竭國用，而人心離。則是今日養兵之弊，終爲他日腹心之大患，不可不察也。夫養兵所以制敵，將使邊鄙安靖，而腹心受其賜也。今養之太冗，而處之無法，朘削腹心，以供其費而猶不足，雖能勝敵，無所用之，況不能勝者哉？雖然，邊不可不防，兵不可不養。弊之甚者，則宜更之；患之大者，則宜消之。必使天下井牧其地，伍兩其民，無事則耕，有事則戰，是臣之願也。未可遽行如漢之屯田，唐之府兵亦足爲善法，而不能盡用，則今日養兵，終危道也。危道之中，又有甚焉。以疲弱失教之兵，置之極塞不毛之地，日耗貴直之粟，歲勞輓饋之力，寇小至，則不足與校而强校之；寇大至，則不能以支，更求益兵。而申其致師之計，則是以有限之財，供無涯之費。非徒費也，又將起腹心大患，豈非危道之甚者邪？爲今之計，亦可以回顧少思，而去其太甚者矣。

臣謂今日之寨户，近於屯田；今日之義勇，近於府兵。如廣募而精教之，以銷禁兵之弊，一寨户之勇，過於禁兵十人；五義勇之費，不敵禁兵一人。以此校之，養兵大費，已省其半矣。臣又聞自古及今，有一國當一邊，一州當一道者，禄賞自足，未聞取備於内也。秦漢之際，一燕一代自當匈奴。本朝之初，慶州姚内斌、雄州李允則自當一道。此無他，兵精而無冗食也，時使而不久戍也，巖險其壘，而不多留兵也。通其互市以致州粟也，多置屯田以息遠餉也，廣募土人以減禁旅也。寇不至，則吾戒疆吏，毋輕犯以致敵也；寇既來，則吾飭守將，不與其幸勝也；寇將退，則吾度其盛衰，雖空壘以襲之可也；事既寧，則吾計曲直，雖益兵而報之亦可也。凡此者，雖非先王之法，不猶愈於今日之弊哉？以臣之愚，雖不足以權大事，欲望聖慈試以臣言參問邊臣，許其極論是非覆奏。如以爲非，則是邊臣欺罔陛下，終不能銷天下腹心之患。或以爲是，則願陛下不憚一時之勞，盡講遺法，而行不三四年，國力民心庶可蘇矣。臣無狀，奉使輓饋爲職，不能廣謀財利，以應一切之急。而言及養兵之弊，人皆以臣爲不善避嫌。獨臣之愚，志安社稷，不忍緘默以自取容也。

《宋名臣奏議》卷一二一。又見《宋史》卷三四〇《吕大忠傳》、《右編》卷三七、《歷代名臣奏議》卷二二〇、《經濟八編》卷六九

有司檢放災傷乞詳定立法奏 元豐四年七月

吕大忠

天下二税，有司檢放災傷，執守謬例，每歲僥倖而免者，無慮三二百萬，其餘水旱蠲閣，類多失實。民披訴災傷狀，多不依公式。❶諸縣不點檢所差官，不依編敕起離月日程限，託故辭避，乞詳定立法。

《續資治通鑑長編》卷三一四。又見《宋會要輯稿》食貨六一之七二（第六册第五九〇九頁），《續資治通鑑》卷七六

理財當視天下猶一家奏 元豐中

吕大忠

古之理財，視天下猶一家。朝廷者家，外計者兄弟，居

❶「式」下，原有「令」字，依《宋會要輯稿》删。

雖異而財無不同。今有司惟知出納之名，有餘不足，未嘗以實告上。故有餘則取之，不足莫之與，甚大患也。

《宋史》卷三四〇《吕大忠傳》

乞更支鹽鈔奏 元祐元年閏二月十八日

吕大忠

陝西鹽鈔價貴，乞年額外，依自來兩池分數，更支鹽鈔一十五萬席，以平準其價。

《宋會要輯稿》食貨二四之二六（第六册第五二〇七頁）。又見《續資治通鑑長編》卷三六九

答密劄所問奏 元祐六年九月

吕大忠

夏國賴以爲生者，河南膏腴之地，東則横山，西則天都馬銜山一帶，其餘多不堪耕牧。若於熙河路相近定西城北石峽子外，秦鳳路相近淺井，涇原路相近没煙峽口各置一大寨，鄜延、環慶兩路利害不甚詳悉，乞下逐處相度。羌情戀土，憚於遷徙，必皆歸順。就而撫之，便爲籬落，更不消外設亭障。兼有山林所阻，沙漠爲限，中國爲援，彼既失此地利，當自困弱。他日雖欲猖狂，不可得也，此爲上策。竊聞疆議，朝廷元降指揮，依慶曆五年誓詔，以見今漢蕃人户住兩界中間爲定分畫，此爲中策。一蘭州通遠軍地界，若依范育所奏，此爲下策。臣愚竊謂朝廷必欲展置版築，未審果出何策？此計先定，即度工聚材，使之畢具，然後勒熙河秦鳳之兵，約日分行討蕩，并力興修。軍回亦須稍見次第，仍令不住更互，倏往忽來，淺攻近掠，西人必不敢近寨。歲月之間，吾事濟矣。上策聞諸士論，亦先帝之志，失於垂成。其次中策，自當執而行之，朝廷急於講和，俄復中變。於僅存者，惟有下策，議猶未決，遂使西人窺測。累年入寇邊鄙，侵侮無厭。意謂朝廷憚於用兵，所求必如所欲而已。今既絶其歲賜，兼諸路兵勢足以枝梧，乃是宗廟社稷之靈，陰有輔相。已行姑息之命，救而正之，幾不可失，此其時也。前日所請必從，蓋欲邊隙早平。今既不可包容，明與之絶，凡事當一正以理。西夏每有大舉動，經累月，蓋人人自備其費。若諸路則悉從官給，號令一出，無敢後者。只以飢飽勞逸難易校之，已能屈敵，奈何惴惴然，惟恐其來？乃是帥臣習而不察，未嘗爲朝廷深計。欲乞今後將歲賜錢物分賜諸路，添助邊計。每遇防春、防秋，不以有無探報，常令移兵

并塞，款而致之。但使來無所得，常爲固守清野之計。去有所防，吾兵在境，勿忘戒心，蠢爾小羌，必厭點集。三二年間，其勢自困，玆坐勝之策也。上策守而不戰，謂限以沙漠，西人無水草嘯聚之地。中策守而或戰，謂漢蕃住坐相遠，舉動稍難。下策守而常戰，謂此彼倏忽往來，不可以相及。中策下策既有戰，計須立報寨之法，然後可以保民。前日疆事，欲速此策，猶或難之，今來遠謀，故以爲下。

《續資治通鑑長編》卷四六六

乞指揮鄜延路移問夏國事奏 元祐六年十月

呂大忠

夏國自梁氏兄弟用事以來，虐用其民，壯者勞於征役，老弱困於資助。以至僥倖非據，殘害忠良，上下怨嗟，皆欲共食其肉，特未發爾。近聞葉普阿格并就誅戮，威明族人欲預國事，又擇種姓以爲之主。羌中以嘗累寇諸路，深慮朝廷乘此危疑之際，或有舉興。遂遣使請和，以覦吾變，正是可以經營之際。不若因而指揮鄜延路，只作經略司意度，移問夏國今來葉普阿格已死，就使未死，亦可以激怒衆心，使之反側。委是威明族人復預國事，其所主立，衆共推服，從今一心恭順，更不敢别有邀求，速希回報，以憑申奏朝廷，乞行封册。葉普之變，本國方以爲諱，今明言之，以奪其氣。如此則忠黨遂安，永戴恩德。此邊防莫大之利，伏望聖慈斷在必行，天下幸甚。

《續資治通鑑長編》卷四六七

防秋調遣兵將事奏 元祐七年九月

呂大忠

方今防秋，熙河既未肯遞遣將兵，若涇原有寇，欲且遣第四將行。其熙河有寇，本路除策應牽制外，亦難别那兵將前去。已依此指揮統制官施行訖。

《續資治通鑑長編》卷四七七

近陳并兵之策乞早賜施行奏 元祐八年正月

呂大忠

西賊之性，既不可專用德懷，亦不可全用威制，正惟以方略禦之而已。方略謂何？間諜必精，斥候必遠，籬落必周。諸路并塞民居與羌族大抵相望，非有垣墉門户之限，倏往忽來，其勢易以相及。今間諜未精，探事人類多庸才，難以深入。斥候未遠，卓望鋪大概不出數十里間。籬落未周，邊面亭障尚多空缺去處。安免殺掠之患哉？朝廷果欲保民，宜略出此。察於動静，則雖深謀可以覘知；謂先得敵情。備於要害，則雖大舉可以控扼。謂必據地利。前日之患，甯復慮乎？但以間諜未易求，斥候籬落，議者猶或難之耳。若然，則本司近陳并兵之策，無以易也。伏乞早賜詳酌施行。

《續資治通鑑長編》卷四八○

羌人遣使不可遽從其請奏 元祐八年正月

呂大忠

勘會羌人，連年掠麟府、環慶，議者皆謂朝廷必思有以制之，庶幾可以少謝兩路生靈之怨毒。今忽無名，復欲遣使，驕慢如此，其意可知。朝廷縱未能峻行拒絶，且當委帥臣一面致詰所以來之辭，然後察其誠僞，隨宜處置，亦不至便失機會。而乃遂忘欺紿，惟請是從。臣恐此賊察我淺深，以爲終不足畏，因緣妄有邀求，不知朝廷如何應副？徇其所欲，則勢有未安；稍咈其情，則怨莫能解。不若以理勝之，則順而易行，人神共助，何事不成，況區區之蕃族哉？歲月之間，宜可以屈伏。望聖慈深念邊防久計，召執政大臣熟思深慮，毋或專務包容，更啟他時之患。

〔貼黄〕前日夏國請和，既已失之太遽。今日廟堂正宜審重，伐其姦謀。又賊人遣使請命，其説可料者三：塞草未生，戎馬飢瘦，復防入討，陽爲恭順，一也；諸路屢常淺攻，昨來大舉酬賽，蓋不獲已，二也；熙河疆界未定，恐謀進築，因而再有争占，三也。大抵皆是款我邊備，止要乘便常來侵掠，覬望朝廷厭兵，先議屈就，不可不深察耳。又千里畏人，孟子猶或非笑，況其地又廣數十倍之多乎？四裔環視中國，其間北有强大之隣，尤當不使少有所覘。今一旦爲小羌搖撼，遂委曲依從，臣恐異日兵連禍結，不止此耳。臣於前年十月十二日，預嘗論列此事，伏乞檢會詳酌，更賜裁擇。

《續資治通鑑長編》卷四八○

乞與夏人一校奏 紹聖二年

呂大忠

夏人戍守之外，戰士不過十萬，吾三路之衆，足以當之矣。彼屢犯王略，一不與校，臣竊羞之。

《宋史》卷三四○《呂大忠傳》

關陝民力未裕奏 紹聖二年

呂大忠

關、陝民力未裕，士氣沮喪，非假之歲月，未易枝梧。

《宋史》卷三四〇《呂大忠傳》

乞召農民豫借官錢糴買奏 紹聖三年三月八日

呂大忠

乞沿邊次邊糴買，召農民願結保豫借官錢一半，依此税限催科，餘錢候夏秋時取市價貴賤，估定實直告諭，隨所輸貼納。

《宋會要輯稿》食貨四〇之一（第六册第五五〇九頁）。又見補編第六一五頁

乞量移呂大防奏 紹聖三年七月

呂大忠

臣弟大防，自罹謫籍，流落累年，恐一旦不虞，倏先朝露，死生隔絕，銜恨無窮。伏乞寢臣已除職名，只量移大防陝西州郡居住。

《續資治通鑑》卷八四

北郊

呂大臨

村北磽田久廢耕，試投嘉穀望秋成。天時地力難前料，萬粒須期一粒生。

送劉户曹

呂大臨

學如元凱方成癖，文似相如反類俳。獨立孔門無一事，唯傳顔氏得心齋。

《皇朝文鑑》卷第二十八

春静

呂大臨

花氣自來深户裏，鳥聲長在遠林中。斑斑葉影垂新

蔭，曳曳絲光入素空。《濂洛風雅》。

輯自清乾隆刻本《宋詩紀事》卷二十六

南溪淡真閣閒望❶

吕大臨

欄外溪光溪外峰，重重平遠杳連空。長將兩眼安高處，擾擾都歸俯視中。

探春

吕大臨

摇曳風頭欲振枯，柳梢垂髮不勝梳。從來輕薄纔先發，誰記秋霜墜葉初。

禮

吕大臨

禮儀三百復三千，酬酢天機理必然。寒即加衣飢即食，孰爲末後孰爲先。

寒食道中

吕大臨

漠漠雲濃陰欲墜，迢迢遠路馬行遲。春風境界無邊畔，花下遊人恐未知。

藍田

吕大臨

背負肩任幾百斤，山蹊寸進僅容身。先難後獲應如是，重愧端居飽食人。

克己

吕大臨

克己功夫未肯加，吝驕封閉縮如蝸。試于清夜深思

❶ 自此首至《效堯夫體寄仲兄》八詩均輯自《全宋詩》卷一〇三〇，原整理者爲吴鷗。

省，❶剖破藩籬即大家。

經筵大雪不罷講

呂大臨

水晶宮殿玉花零，點綴宮槐臥素屏。特敕下簾延墨客，不因風雪廢談經。

强記師承道古先，無窮新意出塵編。一言有補天顏動，全勝三軍賀凱旋。

以上宋金履祥《濂洛風雅》卷五

效堯夫體寄仲兄大防微仲

呂大臨

治非知務功何有，見必先幾義始精。飯放不應論齒決，水來安可病渠成。高才況自當名世，大業終期至太平。可惜良時難再得，東山應不負蒼生。

同上書卷六

曾點

呂大鈞

函丈從容問且酬，展才無不至諸侯。可憐曾點惟鳴瑟，獨對春風詠不休。

《皇朝文鑑》卷二十八

萬里橋西❷

呂大防

萬里橋西，有僧居曰「聖果」，後瀕錦江，有脩竹數千竿，僧辯作亭于竹中。予與諸公自橋乘舟泝流過之，因名亭曰「萬里」，蓋取其發源注海，與橋名同而實異，作小詩識之。

萬里橋西萬里亭，錦江春漲與隄平。拏舟直入修篁

❶「清夜」，明萬曆刻本《馮少墟集》卷八引此詩作「夜氣」。

❷本詩原無題，該題是輯校者依詩首句「萬里橋西萬里亭」所加。

裹，坐聽風湍徹骨清。《成都文類》。

《宋詩紀事》卷十九

幸太學倡和

呂大防

清曉金輿出建章，祠宮轉仗指虞庠。三千逢掖裾如雪，十萬勾陳錦作行。再拜新儀瞻魯聖，一篇古訓贊周王。崇儒盛世無云補，扈蹕空慚集論堂。《汴京遺迹志》。

輯自山西古籍出版社校點本《宋詩紀事補遺》卷十三

和母同州丁巳吟[1]

呂大防

行高名並美，命否數皆殂。嗟爾百君子，賢哉二丈夫。世方敦薄俗，自注：邵堯夫樂道不仕。誰復距虛無。自注：張子厚論佛老之失。望道咸瞠若，脩梁遽壞乎。密章燔漢綬，環経泣秦儒。賴有諸良友，能令紹不孤。

《聞見前録》卷二〇

飛赴山

呂大防

最勝西峰下，林梢四望亭。江山觀掌握，梁益布丹青。

《輿地紀勝》卷一五〇《成都府・永康軍》

西園辨蘭亭

呂大防

手種叢蘭對小亭，辛勤爲訪正嘉名。終身佩服騷人宅，舉國傳香楚子城。削玉紫芽凌臘雪，貫珠紅露綴春英。若非郢客相開示，幾被方言誤一生。

送朱壽昌迎母東歸

呂大防

去年謫守豫章南，楚岸方舟鷁首銜。君便得親詩綵

❶ 自此首至《句》，均輯自《全宋詩》卷六二〇，原整理者爲許紅霞。

服，我方違養苦征帆。春來重到青山郭，膝下同榮□綺衫。尤愛中條更相類，板輿時可到西巖。

以上《宋詩拾遺》卷九

句

吕大防

天倉三十六，寒擁翠微宫。三十六峰

巖暉萬古照，泉漏六時飛。六時水

樹向仙山老，枝經漢水燔。天師栗

以上《輿地紀勝》卷一五〇《成都府路·永康軍》

送程給事知越州

吕大忠

飛詔平明走玉珂，夕郎持節越山阿。西風旗鼓催行色，南國尊罏助醉歌。隣寇未銷謀可爾，部氓猶困政如何？番禺今得長城利，推此求功曲突多。《會稽掇英續集》。

《宋詩紀事補遺》卷十三

擬招

吕大臨

朱熹案：❶《擬招》者，京兆藍田吕大臨之所作也。大臨受學程、張之門，其爲此詞，蓋以寓夫求放心、復常性之微意，非特爲詞賦之流也。故附張子之言，以爲是書之卒章，使游藝者知有所歸宿焉。

上帝若曰：哀我人斯，資道之微！肖天之儀，神明精粹。降爾德兮，予無汝欺。視聽食息，皆有則兮，予何敢私？顧弱喪以流徙，返故居兮謬迷。圈豚放馳，散無適歸。蟻慕羊羶，聚附弗離。予哀若時，魂莫予追。乃命巫陽，爲予招之。陽拜稽首，敢不祇承上帝之耿命！退而招之以辭。辭曰：魂乎來歸魂無東！大明朝生兮啟群蒙，萬物搖蕩兮隱以風，遷流正性兮失厥中。魂兮來歸魂無南！離明獨照兮萬物瞻，文章焕發兮不可緘，夸淫侈大兮志弗厭。魂兮來歸魂無西！日入昧谷兮草木萎，實落材成兮雖有時，志意彫謝兮與物衰。魂兮來歸魂毋北！幽

❶「朱熹案」三字，係輯校者所加。

都闇黯兮深蔽塞，歸根獨有兮專静默，有心獨藏兮吝爲德。魂乎來歸魂無上！ 清陽朝徹兮文惚恍，絶類離群兮人無象，杳然高舉兮極驕亢。魂兮來歸魂毋下！ 素位安行兮以時舍，沉濁下流兮甘土苴，固哉成形兮不知化。魂兮來歸反故居！ 盍歸休兮復吾初？ 範博厚以爲宫兮，戴高明以爲廬。植大中以爲常産兮，藴至和以爲廚。動震雷以鼓昕兮，守艮山以止隅。秉離明以爲燭兮，御巽風以行車。守吾坎以禦侮兮，開吾兑以進趨。資糧械器惟所用兮，何物之不儲？ 四方上下惟所之兮，何適而非塗？ 雖備物以致用兮，廓吾府而常虚。縱奔騖以終日兮，燕吾居而晏如。惟寞惟寂，疑有疑無。其尊無對，其大無餘。曷自苦兮一方拘？ 魂兮來歸反故居！

輯自中華書局校點本《楚辭集註·後語》卷六

附録一

宋史吕大防兄大忠　弟大鈞　大臨列傳

吕大防字微仲，其先汲郡人。祖通，太常博士。父蕡，比部郎中。通葬京兆藍田，遂家焉。大防進士及第，調馮翊主簿、永壽令。縣無井，遠汲於澗，大防行近境，得二泉，欲導而入縣，地勢高下，衆疑無成理。大防用《考工》水地置泉之法以準之，不旬日，果疏爲渠，民賴之，號曰「吕公泉」。

遷著作佐郎、知青城縣。故時，圭田粟入以大斗而出以公斗，獲利三倍，民雖病不敢訴。大防始均出納以平其直，事轉聞，詔立法禁，命一路悉輸租于官概給之。青城外控汶川，與敵相接。大防據要置邏，密爲之防，禁山之樵采，以嚴障蔽。韓絳鎮蜀，稱其有王佐才。入權鹽鐵判官。

英宗即位，改太常博士。御史闕，內出大防與范純仁姓名，命爲監察御史裏行。首言：「紀綱賞罰，未厭四方之望者有五：進用大臣而權不歸上；大臣疲老而不得時退；外國驕蹇而不擇將帥；議論之臣裨益闕失，而大臣沮之，疆埸左右之臣，有敗事而被賞、舉職而獲罪者。」又言：「富弼病足請解機務，章十餘上而不納；張昪年幾八十，聰明已耗，哀乞骸骨而不從；吴奎有三年之喪，以其子召之者再，遣使召之者又再；程戡辭老不能守邊，恐死塞上，免以尸柩還家爲請，亦不許。陛下欲盡君臣之分，使病者得休，喪者得終，老者得盡其餘年，則進退盡禮，亦何必過爲虛飾，使四人之誠，不得自達邪？」

是歲，京師大水，大防曰：「雨水之患，至入宮城廬舍，殺人害物，此陰陽之沴也。」即陳八事，曰：主威不立，臣權太盛，邪議干正，私恩害公，遼、夏連謀，盜賊恣行，群情失職，刑罰失平。會執政議濮王稱考，大防上言：「先帝起陛下爲皇子，館於宫中，憑几之命，緒言在耳，皇天后土，實知所託。設使先帝萬壽，陛下猶爲皇子，則安懿之稱伯，於理不疑。豈可生以爲子，没而背之哉？夫人君臨御之始，宜有至公大義厭服天下，以結其心。今大臣首欲加王以非正之號，使陛下顧私恩而違公義，非所以結天下之心也。」章累十數上，出知休寧縣。

神宗立，通判淄州。熙寧元年，知泗州，爲河北轉運副使。召直舍人院。韓絳宣撫陝西，命爲判官，又兼河東宣撫判官，除知制誥。四年，知延州。大防昉欲城河外荒堆砦，衆謂不可守，大防留戍兵修堡障，有不從者斬以徇。會環慶兵亂，絳坐黜，大防亦落知制誥，以太常博士知臨江軍。

數月，徙知華州。華嶽摧，自山屬渭河，被害者衆。大防奏疏，援經質史，以驗時事。其略曰：「『畏天之威，于時保之』，先王所以興也；『我生不有命在天』，後王所以壞也。《書》云：『惟先格王，正厥事。』願仰承天威，俯酌時變，爲社稷至計。」除龍圖閣待制、知秦州。

元豐初，徙永興。神宗以彗星求言，大防陳三説九宜：曰治本，曰緩末，曰納言。養民、教士、重穀，治本之宜三也；治邊、治兵，緩末之宜二也；廣受言之路，寬侵官之罰，恕誹謗之罪，容異同之論，此納言之宜四也。累數千言。時用兵西夏，調度百出，有不便者輒上聞，務在寬民。及兵罷，民力比他路爲饒，供億軍須亦無乏絶。進直學士。居數年，知成都府。

哲宗即位，召爲翰林學士、權開封府。有僧誣民取財，因訟至廷下。驗治得情，命抱具獄，即其所杖之，他挾姦者皆遁去。館伴契丹使。其使黠，語頗及朝廷，大防密擿其隱事，詰之曰：「北朝試進士《至心獨運賦》，不知此題於書何出？」使錯愕不能對，自是不敢復出嫚詞。

遷吏部尚書。夏使來，詔訪以待遇之計，且曰：「向者所得邊地，雖建立城堡，終慮孤絶難保。棄之則弱國，守之又有後悔，爲當奈何？」大防言：「夏本無能爲，然屢遣使而不布誠款者，蓋料我急於議和耳。今使者到闕，宜令押伴臣僚，扣其不賀登極，以觀厥意，足以測情僞矣。新收疆土，議者多言可棄，此慮之不熟也。至於守禦之策，惟擇將帥爲先。太祖用姚内斌、董遵誨守環、慶，西人不敢入侵。昔以二州之力，禦敵而有餘；今以九州之大，奉邊而不足。由是言之，在於得人而已。」

元祐元年，拜尚書右丞，進中書侍郎，封汲郡公。西方息兵，青唐羌以爲中國怯，使大將鬼章青宜結犯邊。大防命洮州諸將乘間致討，生擒之。

三年，呂公著告老，宣仁后欲留之京師。手札密訪至于四五，超拜大防尚書左僕射兼門下侍郎，提舉修《神宗實録》。大防見哲宗年益壯，日以進學爲急，請敕講讀官取仁宗邇英御書解釋上之，寘于坐右。又摭乾興以來四十一事足以爲勸戒者，分上下篇，標曰《仁祖聖學》，使人主有欣慕不足之意。

哲宗御邇英閣，召宰執、講讀官讀《寶訓》，至「漢武帝籍南山提封爲上林苑，仁宗曰：『山澤之利當與衆共之，何用此也。』丁度曰：『臣事陛下二十年，每奉德音，未始不及於憂勤，此蓋祖宗家法爾。』」大防因推廣祖宗家法以進，曰：「自三代以後，唯本朝百二十年中外無事，蓋由祖宗所立家法最善，臣請舉其略。自古人主事母后，朝見有時，如漢武帝五日一朝長樂宮。祖宗以來事母后，皆朝夕見，此事親之法也。前代大長公主用臣妾之禮。本朝必先致恭，仁宗以姪事姑之禮見獻穆大長公主，此事長之法也。前代宮闈多不肅，宮人或與廷臣相見，唐入閤圖有昭容位。本朝宮禁嚴密，内外整肅，此治内之法也。前代外戚多預政事，常致敗亂。本朝母后之族皆不預，此待外戚之法也。前代宮室多尚華侈。本朝宮殿止用赤白，此尚儉之法也。前代人君雖在宮禁，出輿入輦。祖宗皆步自内庭，出御後殿。豈乏人力哉，亦欲涉歷廣庭，稍冒寒暑，此勤身之法也。前代人主，在禁中冠服苟簡。祖宗以來，燕居必以禮。竊聞陛下昨郊禮畢，具禮謝太皇太后，此尚禮之法也。前代多深於用刑，大者誅戮，小者遠竄。惟本朝用法最輕，臣下有罪，止於罷黜，此寛仁之法也。至於虚己納諫，不好畋獵，不尚翫好，不用玉器，不貴異味，此皆祖宗家法，所以致太平者。陛下不須遠法前代，但盡行家法，足以爲天下。」哲宗甚然之。

大防朴厚惷直，不植黨朋，與范純仁並位，同心戮力，以相王室。立朝挺挺，進退百官，不可干以私，不市恩嫁怨，以邀聲譽，凡八年，始終如一。

懇乞避位，宣仁后曰：「上方富於春秋，公未可即去，少須歲月，吾亦就東朝矣。」未果而后崩。爲山陵使，復命以觀文殿大學士、左光禄大夫知潁昌府。尋改永興軍，使便其鄉社。入辭，哲宗勞慰甚渥，曰：「卿暫歸故鄉，行即召矣。」未幾，左正言上官均論其隳壞役法，右正言張商英、御史周秩、劉拯相繼攻之，奪學士，知隨州，貶秘書監，分司南京，居郢州。言者又以修《神宗實録》直書其事爲誣詆，徙安州。

兄大忠自渭入對，哲宗詢大防安否，且曰：「執政欲遷諸嶺南，朕獨令處安陸，爲朕寄聲問之。大防朴直爲人所賣，三二年可復相見也。」大忠泄其語於章惇，惇懼，繩之愈力。紹聖四年，遂貶舒州團練副使，安置循州。至虔州信豐而病，語其子景山曰：「吾不復南矣！吾死汝歸，吕氏尚有遺種。」遂薨，年七十一。大忠請歸葬，許之。

大防身長七尺，眉目秀發，聲音如鐘。自少持重，無嗜好，過市不左右游目，燕居如對賓客。每朝會，威儀翼如，神宗常目送之。與大忠及弟大臨同居，相切磋論道考禮，冠昏喪祭一本於古，關中言《禮》學者推吕氏。嘗爲《鄉約》曰：「凡同約者，德業相勸，過失相規，禮俗相交，患難相卹，有善則書于籍，有過若違約者亦書之，三犯而行罰，不悛者絶之。」

徽宗即位，復其官。高宗紹興初，又復大學士，贈太師、宣國公，謚曰正愍。

大忠字進伯。登第，爲華陰尉、晉城令。韓絳宣撫陝西，以大忠提舉永興路義勇。改秘書丞，檢詳樞密院吏、兵房文字。令條義勇利害。大忠言：「養兵猥衆，國用日屈，漢之屯田，唐之府兵，善法也。弓箭手近於屯田，義勇近於府兵，擇用一焉，兵屯可省矣。」爲簽書定國軍判官。

熙寧中，王安石議遣使諸道，立緣邊封溝，大忠與范育被命，俱辭行。大忠陳五不可，以爲懷撫外國，恩信不洽，必致生患。罷不遣。令與劉忱使契丹，議代北地，會遭父喪，起復，知代州。契丹使蕭素、梁穎至代，設次，據主席，大忠與之争，乃移次於長城北。换西上閤門使、知石州。

大忠數與素、穎會，凡議，屢以理折之，素、穎稍屈。已而復使蕭禧來求代北地，神宗召執政與大忠、忱議，將從其請。大忠曰：「彼遣一使來，即與地五百里，若使魏王英弼來求關南，則何如？」神宗曰：「卿是何言也？」對曰：「陛下既以臣言爲不然，恐不可啟其漸。」忱曰：「大忠之言，社稷大計，願陛下熟思之。」執政知不可奪，議卒不決，罷忱還三司，大忠亦終喪制。其後竟以分水嶺爲界焉。

元豐中，爲河北轉運判官，言：「古者理財，視天下猶一家。朝廷者家，外計者兄弟，居雖異而財無不同。今有司惟知出納之名，有餘不足，未嘗以實告上。故有餘則取之，不足莫之與，甚大患也。」乃上生財、養民十二事。徙提點淮西刑獄。時河決，飛蝗爲災，大忠入對，極論之，詔歸故官。

元祐初，歷工部郎中、陝西轉運副使、知陝州，以直龍圖閣知秦州，進寶文閣待制。夏人自犯麟府、環慶後，遂絶歲賜，欲遣使謝罪，神宗將許之。大忠言：「夏人彊則縱，困則服，今陽爲恭順，實懼討伐。宜且命邊臣詰其所以來之辭，若惟請是從，彼將有以窺我矣。」

時郡糴民粟，豪家因之制操縱之柄。大忠選僚寀自旦入倉，雖斗升亦受，不使有所壅閼。民喜，争運粟于倉，負錢而去，得百餘萬斛。

馬涓以進士舉首入幕府，自稱狀元。大忠謂曰：「狀元云者，及第未除官之稱也，既爲判官則不可。今科舉之習既無用，修身爲己之學，不可不勉。」又教以臨政治民之要，涓自以爲得師焉。謝良佐教授州學，大忠每過之，聽講《論語》，必正襟斂容曰：「聖人言行在焉，吾不敢不肅。」

嘗獻言：「夏人戍守之外，戰士不過十萬，吾三路之衆，足以當之矣。彼屢犯王略，一不與校，臣竊羞之。」紹聖二年，加寶文閣直學士、知渭州，付以秦、渭之事，奏言：「關、陝民力未裕，士氣沮喪，非假之歲月，未易枝梧。」因請以職事對。大抵欲以計徐取橫山，自汝遮殘井迤邐進築，不求近功。

既而鍾傳城安西，王文郁亦用事，章惇、曾布主之，大忠議不合；又乞以所進職爲大防量移，惇、布陳其所言與元祐時異，徙知同州，旋降待制致仕。卒，詔復學士官，佐其葬。

大鈞字和叔。父蕡，六子，其五登科，大鈞第三子也。中乙科，調秦州右司理參軍，監延州折博務。改光禄寺丞、知三原縣。請代蕡入蜀，移巴西縣。蕡致仕，大鈞亦移疾不行。

韓絳宣撫陝西、河東，辟書寫機密文字。府罷，移知候官縣，故相曾公亮鎮京兆，薦知涇陽縣，皆不赴。丁外艱，家居講道。數年，起爲諸王宮教授。尋監鳳翔船務，制改宣義郎。

會伐西夏，鄜延轉運司檄爲從事。既出塞，轉運使李稷餽餉不繼，欲還安定取糧，使大鈞請於种諤。諤曰：「吾受命將兵，安知糧道！萬一不繼，召稷來，與一劍耳。」大鈞性剛直，即曰：「朝廷出師，去塞未遠，遂斬轉運使，無君父乎？」諤意折，彊謂大鈞曰：「君欲以此報稷，先稷受禍矣！」大鈞怒曰：「公將以此言見恐邪？吾委身事主，死無所辭，正恐公過耳。」諤見其直，乃好謂曰：「子乃爾邪？今聽汝矣！」始許稷還。是時，微大鈞盛氣誚諤，稷且不免。未幾，道得疾，卒，年五十二。

大鈞從張載學，能守其師説而踐履之。居父喪，衰麻葬祭，一本於禮。後乃行於冠昏、膳飲、慶弔之間，節文粲然可觀，關中化之。尤喜講明井田兵制，謂治道必自此始，悉撰次爲圖籍，可見於用。雖皆本於載，而能自信力行，載每歎其勇爲不可及。

大臨字與叔。學于程頤，與謝良佐、游酢、楊時在程門，號「四先生」。通六經，尤邃於《禮》。每欲掇習三代遺文舊制，令可行，不爲空言以拂世駭俗。

其論選舉曰：「古之長育人才者，以士衆多爲樂；今之主選舉者，以多爲患。古以禮聘士，常恐士之不至；今以法待士，常恐士之競進。古今豈有異哉，蓋未之思爾。夫爲國之要，不過得人以治其事，如爲治必欲得人，惟恐人才之不足，而何患於多。如治事皆任其責，惟恐士之不至，不憂其競進也。今取人而用，不問其可任何事；任人以事，不問其才之所堪。故入流之路不勝其多，然爲官擇士則常患乏才；待次之吏歷歲不調，然考其職事則常患不治。是所謂名實不稱，本末交戾。如此而欲得人而事治，未之有也。今欲立士規以養德厲行，更學制以量才進藝，定試法以區别能否，修辟法以興能備用，嚴舉法以覈實得人，制考法以責任考功，庶幾可以漸復古矣。」

富弼致政于家，爲佛氏之學。大臨與之書曰：「古者三公無職事，惟有德者居之，内則論道于朝，外則主教于鄉。古之大人當是任者，必將以斯道覺斯民，成己以成物，豈以爵位進退、體力盛衰爲之變哉？今大道未明，人趨異學，不入于莊，則入于釋。疑聖人爲未盡善，輕禮義爲不足學，人倫不明，萬物憔悴，此老成大人惻隱存心之時。以道自任，振起壞俗，在公之力，宜無難矣。若夫移精變氣，務求長年，此山谷避世之士獨善其身者之所好，豈世之所以望於公者哉？」弼謝之。

元祐中，爲太學博士，遷秘書省正字。范祖禹薦其好學修身如古人，可備勸學，未及用而卒。

中華書局校點本《宋史》卷三百四十《列傳》第九十九

吕和叔墓表

范育

元豐五年，歲次壬戌，六月癸酉，吕君和叔卒。九月乙巳，從葬驪山之趾先大夫之墓。其孤義山請識以文。惟君明善至學，性之所得者，盡之於心；心之所知者，踐之於身。妻子刑之，朋友信之，鄉黨宗之，可謂至誠敏德者矣。乃表其墓曰「誠德君子」，而系其身行云。

君諱大鈞，字和叔，其先汲郡人。皇考鷁，贈司封員外郎。王考通，太常博士，贈兵部侍郎。考蕡，比部郎中，贈左諫議大夫。由兵部葬京兆之藍田，故子孫爲其縣人焉。初諫議學遊未仕，教子六人，後五人相繼登科，知名當世，其季賢而早死。縉紳士大夫，傳其家聲，以爲美談。君其第三子也，中進士乙科，調秦州右司理參軍，監延州折博務，改光禄寺丞，知耀州三原縣。請代親入蜀，移綿州巴西縣。諫議致仕居里，君亦移疾不行。

丞相韓公子華，宣撫陝西、河東，辟書寫機密文字。府罷，移福州候官縣。故相曾宣靖公鎮京兆，薦涇陽縣，皆不赴。丁諫議憂，服除，獨家居講道。數年，仲兄龍圖閣待制大防，請監鳳翔府造舡務，君起就之。官制改，爲宣義郎。會詔伐西夏，鄜延路轉運司檄君從事，法爲可辭，使者請于朝，君亦以禮際善而得行，乃往從。君亦盡力，不苟以避，使者愈賢之，薦管勾文字。數月，感疾，卒延州官舍，享年五十有二。

君性純厚易直，强明正亮，所行不二於心，所知不二于行。其學以孔子「下學上達」之心立其志，以孟子「集義」之功養其德，以顔子「克己復禮」之用厲其行，其要歸之誠明不息，不爲衆人沮之而疑，小辨奪之而屈，勢利劫之而回，知力窮之而止。其自任以聖賢之重如此。

蓋大學之教，不明于世者，千五百年。先是扶風張先生子厚聞而知之，而學者未知信也。君於先生爲同年友，一言而契，往執弟子禮問焉。君謂「始學必先行其所知而已，若天道性命之際，正惟躬行禮義，久則至焉」。先生以謂「學不造約，雖勞而艱於進德」，且謂「君勉之，當自悟」。君乃信己不疑，設其義，陳其數，倡而行之，將以抗横流，繼絶學，毅然不恤人之非間己也。先生亦歎其勇爲不可及。始居諫議喪，衰麻斂奠喪祭之事，悉捐俗習事尚，一倣諸禮，後乃寖行於冠昏、飲酒、相見、慶弔之間。其文節粲然可觀，人人皆識其義，相與起好矜行，一朝知禮義之可貴。久之，君之志既克少施，而於趨時求中，未能沛然不疑，然後信先生之學本末不可踰，以造約爲先務矣。先生既殁，君益脩明其學，援是道推之以善俗，且必於吾身親見之。既而曰：「有命，不得於今，必得於後世。」其始講脩先生之法曰：「如有用我者，舉而措之而已。」既又知夫君子之德不存焉，雖不信而不悔。始也急於行，既乃至而不迫，優游乎道之可樂；始也嚴於率人，既乃和而不解，使學者趨而不厭。嗚呼！非持久不已，孰能與于此？」君疾，命掃室正席，默坐，問者至，語未終而殁。其徒聞疾，或自家于官所。及訃至，相率迎其喪，遠至數十百里，貧者位于別館哭之。卒時，夫人种氏治其喪，如君所以治諫議之喪。其孤既葬，而祭于家必以禮。嗚呼！死生之際，安而不惑，可以見養之至。道行乎妻子，善信乎朋友鄉黨，可以見誠之感。

君與人語，必因其所可及而喻諸義。治經説德，於身踐而心解。其文章不作於無用，嘗撰次井田、兵制爲圖籍，按之易易。大臣有薦官邸教授者，法當獻文，君上《天下爲一家》、《中國爲一人賦》。推是道也，慨乎天下矣！

君始娶馬氏，再娶則种夫人也。子義山，能傳其父學。孫男麟、愈、舟，女一。嗚呼！仲尼七十，而變化不息；顔子短命，未見其止；曾子老而德優。先生有言：「樂正子與舜同術，顧其行有未至。」至若君之術，與聖人同，其至足以觀之，惜乎不得見其老，放乎致極，以立乎聖人之門，一朝之遇，措乎天下國家，乃中身而止矣。嗚呼！君之自信其所行，以致其所及，可爲衆人道者也；若信諸己而知乎天者，則又非衆人之所可知，必有君子而知君者矣。安得孔子之門人，與論君之德者乎？

《四部叢刊》本《皇朝文鑑》卷一百四十五

《伊洛淵源録》所載呂氏兄弟資料

寶文名大忠，字進伯，丞相汲公之兄。元符末，以寶文閣直學士卒。《實録》有傳，不載其學問源流，今不復著，但遺書中見其從學之實。

宣義

行狀略

君諱大鈞，字和叔，姓呂氏，其先汲郡人。自祖而下葬藍田，故今爲京兆人。嘉祐二年，以進士中乙科，授秦州司理，監延州折博務。改光禄寺丞，知耀州三原縣事。以諫議授果州，乞代親入蜀，移知綿州巴西縣事。未赴，旋以諫議致仕，移疾不行。

丞相韓公絳宣撫陝西、河東路，辟君掌書寫機宜文字。府罷，除福州候官縣。故相宣靖曾公出鎮京兆，薦君知涇陽縣，皆不赴。久之，丁諫議憂，服除，復閒居。數年，自以道未明，學未優，曰：「吾斯之未能信！」於是不復有禄仕意，講道勸義，以教育人材，變化風俗，推其在己者，以驗諸人，將自期德成而致用也。居無何，士大夫皆惜其賢而不用，以爲不仕無義，由是多强君起。不得已造朝，大臣薦以爲宫邸教授，非其志也。會仲兄龍圖閣直學士大防知永興，陳乞監鳳翔府造船務，新官改宣義郎。

朝廷問罪西鄙，鄜延路轉運司特請君行。師出暴露，君臨事竭力，不弛厥勞，人勸君以他辭免，而君義不辭難也。以元豐五年夏六月癸酉感疾，卒，年五十有二。

君爲人質厚剛正，以聖門事業爲己任，所知信而力可及，則身遂行之，不復疑畏。故識者方之季路，而君之所趨，蓋亦未見其止也。蓋大學之廢絶久矣，自扶風張先生倡之，而後進蔽於俗尚，其才俊者急於進取，昏塞者難於領解，由是寂寥無有和者。君于先生爲同年友，及聞先生學，于是心悦誠服，賓賓然執弟子禮，扣請無倦，久而益親，自是學者靡然知所向矣。先生之學，大抵誠明爲本，以禮樂爲行，衆人則姑誦其言，而未知其所以進于是焉。君即若蹈大路，朝夕從事，不啻飢渴之營飲食也。潛心玩理，望聖賢之致剋期可到，而日用躬行，必取先生之法度，以爲宗範。自身及家，自家及鄉人，旁及親戚朋友，皆紀其行而述其事。丁諫議憂，自始喪至于葬祭，一倣古儀所得爲者，而居喪之節，鉅細規矩于禮，雖昆弟共行之，而君特勉執之彌謹，由是僚友稱其孝，世人信其誠。又推之祭祀、冠、昏、飲酒，相見、慶弔之事，皆不混習俗，粲然有文以相接，人咸安而愛之。蓋君之所行，雖以禮爲主，要欲以學立其守，而又樂爲人語，故人皆由其教而説其義。自是，比比皆知禮爲可行者。

君少時贍學洽聞，無所不該。一日，聞先生説，遷其素志，而前日之學，博而以約，即涣然冰釋矣。故比他人功敏，而得之尤多。愛講明井田、兵制，以謂治道必由是，悉撰成圖籍，胸中了然，若可推行。又嘗作《天下爲一家》、《中國爲一人》二賦獻，概可見其志矣。

君既感疾，一日，命内外灑埽齋居，冥然若思。久之，客至問安，交語未終而没，則德性所養，可以想見矣。既卒，其孤尚在鄉里，夫人种氏治喪，一如君所以治諫議之喪，凡委巷浮屠煩鄙不經之事一不用，于是延之學士大夫驚歎君之家法，以見君之道，固行于妻子矣。子義山傳其父學，蚤有立志。

墓表銘

范　育

惟君明善至學，性之所得者，盡之于心；心之所知者，踐之于身。妻子刑之，朋友信之，鄉黨宗之，可謂至誠敏德者矣。乃表其墓曰「誠德君子」，而系其世行云。

君性純厚易直，强明正亮，所行不二于心，所知不二于行。其學以孔子「下學上達」之心立其志，以孟子「集義」之功養其德，以顔子「克己復禮」之用厲其行，其要歸之誠明不息，不爲衆人沮之而疑，小辯奪之而屈，勢利劫之而回，知力窮之而止。其自任以聖賢之重如此。

蓋大學之教，不明于世者，千五百年。先是扶風張先生子厚聞而知之，而學者未之信也。君于先生爲同年友，一言而契，往執弟子禮問焉。君謂「始學必先行其所知而已，若夫道德性命之際，惟躬行禮義，久則至焉」。先生以謂「學不造約，雖勞而艱于進德」，且謂「君勉之，當自悟」。君乃信己不疑，設其義，陳其數，倡而行之，將以抗横流，繼絶學，毅然不恤人之非間己也。雖先生亦歎其勇爲不可及。始居諫議喪，衰麻斂奠葬祭之事，悉捐習俗事尚，一倣諸禮，後乃寖行于冠昏、飲酒、相見、慶弔之間，其文節粲然可觀，人人皆識其義，相與起好矜行，一朝知禮義之可貴。久之，君之志既克少施，而于趨時求中，未能沛然不疑，然後信先生之學本末不可踰，以造約爲先務矣。先生既没，君益修明其學，將援是道推之以善俗，且必于吾身親見之。既而曰：「有命，不得于今，必得于後世。」其始講修先生之法曰：「如有用我者，舉而措之而已。既又知夫君子之德不存焉，雖不試而不悔。始也急于行己，既乃至而不迫，優游乎道之可樂；始也嚴于率人，既乃和而不解，使學者趨而不厭。嗚呼！非持久不已，孰能與于此？」君與人語，必因其所可及而喻諸義。治經説，得于身踐而心解。其文章不作于無用。

正字 名大臨，字與叔，學于横渠之門。横渠卒，乃東見二先生而卒業焉。元祐中，爲太學博士、秘書省正字，范内翰薦其修身好學，行如古人，可爲講官，不及用而卒。有《易》《詩》《禮》《中庸》説、《文集》等行世。

祭文

嗚呼！吾十有四年而子始生。其幼也，吾撫之；其長也，吾誨之；以至宦學之成，莫不見其始終。于其亡也，得無慟乎！得無慟乎！子之學，博及群書，妙達義理，如不出諸口。子之行，以聖賢爲法。其臨政事，愛民利物，若無能者。子之文章，幾及古人，薄而不爲。四者，皆有以過人；而其命，乃不偶於世。登科者二十年，而始改一官，居文學之職者七年而逝，玆可哀也已！玆可痛也已！

子之婦翁張天祺嘗謂人曰：「吾得顔回爲壻矣。」其爲人所重如此。子于窮達死生之際，固已了然于胸中矣，然吾獨不知子之亡也，將與物爲伍邪？將與天爲徒邪？將無所通而不可邪？是未可知也。子之才，皆可以知，此固不待吾之喋喋也。今獨以喪事爲告，子之柩以方暑之始，將卜辰歸袝于先塋，乃擇明日遷於西郊之僧舍，以待時焉。嗣子省山，實爲喪祭之主，將行一奠，終天永訣，哀哉！

雍行録

伊川先生

元豐庚申歲，予行雍、華間，關西學者相從者六七人。予以千錢挂馬鞍，比就舍則亡矣。僕夫曰：「非晨裝而忘之，則涉水而墜之矣。」予不覺歎曰：「千錢可惜。」坐中二人應聲曰：「千錢亡去，甚可惜也。」次一人曰：「千錢微物，何足爲意？」後一人曰：「水中囊中，可以一視。人亡人得，又何歎乎？」予曰：「使人得之，乃非亡也。吾歎夫有用之物，若沉水中，則不復爲用矣。」

至雍，以語呂與叔曰：「人之器識固不同。自上聖至于下愚，不知有幾等。同行者數人爾，其不同如此也！」與叔曰：「夫數子者之言何如？」予曰：「最後者善。」與叔曰：「誠善矣。然觀先生之言，則見其有體而無用也。」予因書而誌之。

後十五年，因閱故編，偶見之，思與叔之不幸早死，爲之泣下。

遺事十一條

呂進伯老而好學，理會直是到底。正叔謂：「老喜學者尤可愛。人少壯則自當勉，至于老矣，志力須倦，又慮學之不能及，又年數之不多。不曰『朝聞道夕死可矣』乎？學不多，年數之不足，不猶愈于終不聞乎？」見《程氏遺書》。

呂進伯甚好，但處事太煩碎，如召賓客，亦須臨時改換食次。吾嘗語之曰：「每日早晚衙纔覆便令放者，只爲定故也。凡事皆有恁地簡易不易底道理，看得分明，何勞之有？《易》曰：『易簡，而天下之理得。』」進伯好學，初理會箇「仁」字不透，吾因曰：「世人説仁，只管著愛上，怎生見得仁？只如力行近乎仁，力行關愛甚事，何故却近乎仁？」推此類具言之，進伯因悟曰：「公説『仁』字，正與尊宿門説禪一般。」進伯兄弟中，皆有見處。一人作詩詠曾點事曰：「函丈從容問且酬，展才無不至諸侯。可憐曾點惟鳴瑟，獨對春風詠不休。」一人有詩曰：「學如元凱方成癖，文到相如反類俳。獨立孔門無箇事，只輸顔子得心齋。」見《上蔡語録》。

馬涓巨濟狀元及第，爲秦州簽判，初呼「狀元」。呂進伯爲帥，謂之曰：「狀元云者，及第未除官也，既爲判官，不可曰狀元也。」巨濟愧謝。進伯又謂巨濟曰：「科舉之學既無用，修身爲己之學，其勉之。」時謝良佐顯道作州學教授，顯道爲伊川程氏之學，進伯每屈車騎同巨濟過之，謝顯道爲講《論語》，進伯正襟肅容聽之，曰：「聖人言行在焉，吾不敢不肅。」又數以公事案牘委巨濟詳覆，且曰：「修身爲己之學不可後，爲政治民其可不知。」巨濟自以爲得師。後立朝爲臺官有聲，每歎曰：「呂公教我之恩也。」見《邵氏聞見録》。

呂進伯帥秦時，倅之子張瞻景前時往問學，後入太學，求書見汲公，進伯云：「微仲不須見，不若見大臨舍弟。」見呂氏《雜誌》。

和叔任道擔當，其風力甚勁。然深潛縝密，有所不逮于與叔。見《程氏遺書》。下同。

和叔「及相見則不復有疑，既相别則不能無疑」，然亦未知果能終不疑。不知他既已不疑，而終復有疑？伯淳言：「何不問他？疑甚不如劇論。」

正叔謂：「洛俗恐難化于秦俗。」子厚謂：「秦俗之化，亦先自和叔有力焉，亦是士人敦厚，東方亦恐難向風。」

巽之凡相見須窒礙，蓋有先定之意。和叔一作與叔。據理合滯礙，而不然者，只是他至誠便相信心直篤信。巽之，范侍郎育。

先生云：「呂與叔守横渠學甚固，每横渠無説處皆相從，纔有説了，更不肯回。」

問：「人之燕居，形體怠惰，心不慢，可否？」曰：「安有箕踞而心不慢者？昔呂與叔六月中來緱氏閒居中，某嘗窺之，必見其儼然危坐，可謂敦篤矣。學者須恭敬，但不可令拘迫，拘迫則難久也。」尹子曰：「嘗親聞此，乃謂劉質夫也。」

呂與叔以門蔭入官，不應舉，或問其故，曰：「不敢掩祖宗之德。」見呂氏《雜誌》。

四庫本《伊洛淵源録》卷八

關學編

馮從吾

進伯呂先生弟大防附

先生名大忠，字進伯，其先汲郡人。祖通，太常博士。父蕡，比部郎中。通葬藍田，子孫遂爲藍田人。先生登皇祐中進士，爲華陰尉、晉城令。未幾，提督永興路義勇，改祕書丞，簽書定國軍判官。

熙寧中，王安石議遣使諸道，立緣邊封溝，進伯與范育被命，俱辭行。進伯陳「五不可」，以爲懷撫外國，恩信不洽，必致生患。罷不遣。令與劉忱使遼，議代北地，會遭父喪，起復，知代州。遼使至代，設次，據主席，先生與之争，乃移次于長城北，遼使竟屈。已而復使求代北地，神宗將從之，先生曰：「彼遣一使來，即與地五百里，若使魏王英弼來求關南，則何如？」神宗曰：「卿是何言也？」劉忱曰：「大忠之言，社稷大計，願陛下熟思之。」執政知其不可奪，議竟不決，罷忱還三司，先生亦終喪制。其後竟以分水嶺爲界焉。

元豐中，爲河北轉運判官，徙提點淮西刑獄。尋詔歸故官。元祐初，歷工部郎中、陝西轉運副使、知陝州，以直龍圖閣知秦州，進寶文閣待制。紹聖二年，加寶文閣直學士，知渭州。後汲公及黨禍，乞以所進官爲量移，徙知同州，旋降待制致仕。卒，詔復學士，官佐其葬。

知秦州時，馬涓以狀元爲州簽判，初呼「狀元」。先生謂之曰：「狀元云者，及第未除官之稱也，既爲判官則不可。今科舉之學既無用，修身爲己之學，不可不勉。」又時時告以臨政治民之道。涓自謂得師，後爲臺官有聲，每歎曰：「吕公教我之恩也。」謝上蔡時教授州學，先生每過之，聽謝講《論語》，必正襟斂容曰：「聖人之言行在焉，吾不敢不肅。」

先生爲人質直，不妄語，動有法度。從程正公學，正公稱曰：「吕進伯可愛，老而好學，理會直是到底。」所著有《輞川集》五卷、《奏議》十卷。弟大防、大鈞、大臨，兄弟四人，皆爲一時賢者，世無不高之。

大防字微仲，進士及第。元祐初，以左僕射同范純仁相，垂簾聽政者八年，能使元祐之治比隆嘉祐。封汲郡公。紹聖初，貶舒州，行至虔州信豐薨。紹興初，贈太師、宣國公，謚正愍。

和叔吕先生

先生名大鈞，字和叔，大忠弟。嘉祐二年，中進士乙科，授秦州司理參軍，監延州折博務。改光禄寺丞，知三原。移巴西，又移知候官，以薦知涇陽，皆不赴。丁外艱，服除，自以道未明，學未優，曰：「吾斯之未能信！」於是不復有禄仕意。家居講道，以教育人才，變化風俗，期德成而致用。久之，以大臣薦，爲諸王宫教授。當獻文，作《天下一家》、《中國一人論》上。尋監鳳翔船務，制改宣義郎。

會伐西夏，鄜延轉運司檄爲從事。既出塞，轉運使李稷餽餉不繼，欲還安定取糧，使先生請于种諤。諤曰：「吾受命將兵，安知糧道？萬一不繼，召稷來，與一劍耳。」先生即曰：「朝廷出師，去塞未遠，遂斬轉運使，無君父乎？」諤意折，彊謂先生曰：「君欲以此報稷，先稷受禍矣！」先生怒曰：「公將以此言見恐耶？吾委身事主，死無所辭，正恐公過耳。」諤見其直，乃好謂曰：「子乃爾耶？今聽汝矣！」始許稷還。是時，微先生盛氣誚諤，稷且不免。未幾，以疾卒於官，年五十有二。

先生爲人質厚剛正，初學於横渠張子，又卒業於二程子，以聖門事業爲己任，識者方之季路。先生於橫渠爲同年友，及聞學，遂執弟子禮。時橫渠以禮教爲學者倡，後進蔽于習尚，其才俊者急于進取，昏塞者難于領解，寂寥無有和者。先生獨信之不疑，毅然不恤人之非間己也。潛心玩理，望聖賢尅期可到，日用躬行，必取先王法度，以爲宗範。居父喪，衰麻、斂、奠、比、虞、祔，一襄之于禮。已又推之冠婚、飲酒、相見、慶弔之事，皆不混習俗。與兄進伯、微仲、弟與叔率鄉人，爲《鄉約》以敦俗，其略云：「德業相勸，過失相規，禮俗相交，患難相卹。」節文燦然可觀。自是關中風俗爲之一變。橫渠歎：「秦俗之化，和叔有力。」又歎其勇爲不可及。而程正公亦稱其「任道擔當，其風力甚勁」云。

先生少時瞻學洽聞，無所不該。嘗言「始學必先行其所知而已，若夫道德性命之際，惟躬行久則至焉。」橫渠謂「學不造約，雖勞而艱于進德」，且謂「君勉之，當自悟」。至是博而以約，渙然冰釋矣。故比他人功敏，而得之尤多。其與人語，必因其所可及而喻諸義。治經説，得于身踐而心解。其文章不作于無用，能守其師説而踐履之。尤喜講明井田、兵制，謂「治道必自此始」，悉撰次爲圖籍，使可見之行，曰：「如有用我，舉而措之而已。」其卒也，范巽之表其墓曰：「誠德君子。」又曰：「君性純厚易直，强明正亮，所行不二于心，所知不二于行。其學以孔子『下學上達』之心立其志，以孟子『集義』之功養其德，以顔子『克己復禮』之用厲其行，其要歸之誠明不息，不爲衆人沮之而疑，小辨奪之而屈，勢利劫之而回，知力窮之而止。其自任以聖賢之重如此。」當先生卒時，妻种氏治先生喪，一如先生治比部公喪，諸委巷浮圖事，一屏不用。子義山能傳其學，人以爲道行于妻子云。所著有《四書註》、《誠德集》。其《鄉約》、《鄉儀》，朱文公表章之行于世，《鄉約》今爲令甲。

與叔呂先生

先生名大臨，字與叔，號芸閣，大鈞弟。以門蔭入官，不復應舉，或問其故，曰：「某何敢揜祖宗之德。」元祐中，爲太學博士、秘書省正字。嘗論選舉曰：「立士規，以養德厲行；更學制，以量才進藝；定試法，以區別能否；修辟法，以興能備用；嚴舉法，以覈實得人；制考法，以責任考功。」范學士祖禹薦其修身好學，行如古人，可爲講官。未及用而卒。

先生學通六經，尤邃于《禮》，每欲掇習三代遺文舊制，令可行，不爲空言以拂世駭俗。少從橫渠張先生游，橫渠歿，乃東見二程先生卒業焉。與謝良佐、游酢、楊時，在程門號「四先生」。純公語之以「識仁」，先生默識深契豁如也，作《克己銘》以見意。其文曰：「凡厥有生，均氣同體，胡爲不仁？我則有己。立己與物，私爲町畦，勝心橫生，擾擾不齊。大人存誠，心見帝則，初無吝驕，作我蟊賊。志以爲帥，氣爲卒徒，奉辭于天，誰敢侮予？且戰且倈，勝私窒慾，昔焉寇讎，今則臣僕。方其未克，窘我室廬，婦姑勃磎，安取其餘。❶亦既克之，皇皇四達，洞然八荒，皆在我闥。孰曰天下，不歸吾仁？癢痾疾痛，舉切吾身。一日至之，莫非吾事；顔何人哉，晞之則是。」始先生博極群書，能文章；已涵養深醇，若無能者。賦詩云：「學如元凱方成癖，文似相如始類俳。獨立孔門無一事，只輸顔子得心齋。」婦翁張天祺語人曰：「吾得顔回爲壻矣！」而其學尤嚴于吾儒異端之辨。

富文忠公弼致政于家，爲佛氏之學。先生與之書曰：「古者三公無職事，惟有德者居之，內則論道于朝，外則主教于鄉。古之大人當是任者，必將以斯道覺斯民，成己以成物，豈以爵位進退、體力盛衰爲之變哉？今大道未明，人趨異學，不入于莊，則入于釋。疑聖人爲未盡善，輕理義爲不足學，人倫不明，萬物憔悴，此老成大人惻隱存心之時。以道自任，振起壞俗，在公之力，宜無難矣。若夫移精變氣，務求長年，此山谷避世之士獨善其身者之所好，豈世之所以望于公者哉？」弼謝之。

正公嘗曰：「與叔守橫渠説甚固，每橫渠無説處皆相從，有説了，更不肯回。」又曰：「與叔六月中來緱氏閒居中，某常窺之，見其儼然危坐，可謂敦篤矣。」又曰：「和叔任道擔當，其風力甚勁。然深潛縝密，有所不逮於與叔。」其見重如此。

所著有《大學》、《中庸解》、《考古圖》、《玉溪集》。所述有《東見録》，録二程先生語，二先生微言粹語多載録中。其有功于程門不小，故朱文公稱其高於諸公，大段有筋骨，而又惜其早死云。

中華書局校點本《關學編》卷一

❶ 「其」，《皇朝文鑑》卷第七十三呂大臨《克己銘》作「厥」。

附録二

度正跋吕與叔易章句

余家舊藏吕與叔《文集》、《禮記解》、《詩傳》，而未見《易章句》，豫章羅傳之，堅甫得之，刻之陽安之學宫。與叔初學於横渠，横渠卒，始從二程，伊川嘗謂其已經横渠指受者，雖有未盡，重於改易，蓋如「中者，道之所自出」之類是也。今觀《易章句》，其間亦有與横渠異而與伊川同者，然皆其一卦一爻之間小有差異，而非其大義所在；其大義所在，大抵同耳。

横渠之學，究其天人之藴，如《西銘》之意，伊川以爲孟子以來學者之所不到，則固無可議。至論「清虚一大」而有「清者神，濁者不神」之説，論「窮理盡性至命」而有「浚流窮源」之説，則伊川蓋嘗以爲有未安者，使天假之年，日新又新，義精仁熟，則其所到，又豈止於是而已也。考之《東見録》，伊川、横渠之言，辨析於毫釐之間，反復曲折，以求夫至當之歸者，無所不至，與叔皆詳書而備録之。吾知與叔於此，消釋於其所疑，融會於其所得者，蓋不少矣，決非有所吝者也。雖然，世之學者，習於所聞者，執而不變；安於所見者，固而不化；其於徙義之勇，遷善之功，誠不能無可恨，然視夫師死而遂倍之者，豈不賢哉！豈不賢哉！余是以備論之。

四庫珍本《性善堂稿》卷十四

胡宏題吕與叔中庸解

靖康元年，河南門人河東侯仲良師聖，自三山避亂來荆州，❶某兄弟得從之遊。議論聖學，必以《中庸》爲至。有張燾者，攜所藏明道先生《中庸解》以示之，師聖笑曰：「何傳之誤？此吕與叔晚年所爲也。」燾亦笑曰：「燾得之江濤家，其子弟云然。」按河南夫子，侯氏之甥，而師聖又夫子猶子夫也。師聖少孤，養于夫子家，至于成立，兩夫子之屬纊，皆在其左右。其從夫子最久，而悉知夫子文章爲最詳；其爲人守道義，重然諾，言不妄，可信。

❶「三山」，《經義考》引胡宏序作「三川」。

後十年，某兄弟奉親，南止衡山，大梁向沈又出所傳明道先生《解》，有瑩中陳公所記，亦云此書得之濤。某反覆究觀詞氣，大類横渠《正蒙書》。而與叔乃横渠門人之肖者，徵往日師聖之言，信以今日己之所見，此書與叔所著無可疑明甚。惜乎瑩中不知其詳，而有疑于《行狀》所載「覺斯人」、「明之書」、「皆未及」之語耳。雖然道一而已，言之是，雖陽虎之言，孟軻氏猶有取焉，况與叔亦遊河南之門，大本不異者乎！尊信誦習，不敢須臾忘，勇哉瑩中之志！某雖愚，請從其後。

四庫珍本《五峰集》卷三

書目提要

《周易古經》二卷案《書録解題》，作十二卷。○先謙案，袁本二十四。

右皇朝吕大防微仲編。其序云：先謙案，袁本無「彖」至「治」一十五字。「《彖》、《象》所以解經。始各爲一書。王弼專治《彖》、《象》以爲注，乃分於卦爻之下，學者於是始不見完經，而文辭次第貫穿之意，亦闕然不屬，因按古文而正之。」凡十二篇，別無解釋。

吕氏《易章句》十卷覆案《通考》「十」作「一」，當是。袁本作芸閣先生《易解》一卷。○先謙案，袁本三十五。

右皇朝吕大臨與叔撰。其解甚略，有統論數篇。先謙案，袁本無「其解甚略」四字，篇下有「無詮次未完也」六字。

芸閣《禮記解》四卷覆案《通考》作十六卷。○先謙案，袁本十二。

右皇朝吕大臨與叔撰。與叔師事程正叔，禮學甚精博，《中庸》、《大學》尤所致意也。

《編禮》三卷先謙案，袁本十三。

右先謙案，袁本有「皇朝」二字。吕大臨與叔編。以《士喪禮》爲本，取三禮附之，自始死至祥練，各以類分。其施於後學甚悉，案袁本、《通考》，「悉」作「惠」。○先謙案，袁本無「後」字。尚恨所編者五禮中特凶禮而已。

《吕氏鄉約》一卷　《鄉儀》一卷

右二書，吕和叔、季明所定也。朱文公記於後。

吕與叔《論語解》十卷先謙案，《後志》三十八。

右皇朝吕大臨與叔撰。與叔先謙案，《後志》上無「與叔」二字，此「與叔」作「大臨」。雖程正叔之徒，解經不盡用其師説。

吕氏《老子注》二卷先謙案，《後志》十八。

右皇先謙案，《舊鈔》「宋」。朝吕大臨撰。其意以老氏之學，合「有」「無」謂之玄，以爲道之所由出，蓋至於命矣。其言道體，非獨智之見，孰能臻此？求之終篇，繆先謙案，《後志》、《通考》「膠」。於聖人者蓋寡，但不當以聖知仁義爲可絶棄爾。

吕氏《前漢論》三十卷先謙案，《後志》六。

右皇朝吕大忠晉伯撰。予得其本於銅梁令吕肇，修先謙案，《後志》有「撰」字。汲公諸孫也。

《考古圖》十卷先謙案，袁本二十五，顧氏云：「當居第卅六。」

右皇朝先謙案，舊鈔二字作「宋」。吕大臨與叔撰。裒諸家所藏三代、秦、漢尊彝鼎敦之屬，繪之於幅，而辨論形制文字。

吕晉伯《輞川集》五卷　《奏議》十卷先謙案，袁本下下四十二。

右皇朝吕大忠字晉伯，藍田人。汲公之兄。皇祐中進士，除檢詳覆案袁本作「討」。樞密院吏房文字，爲河北轉運判官，累遷寶文閣直學士。三帥秦、鳳。覆案袁本，無此四字。晉伯博極群書，爲文尚理致，有益於用，章奏皆親爲文。覆案袁本作「之」。

吕汲公《文録》二十卷《文録掇遺》一卷先謙案，袁本下下四十三。

右皇朝吕大防微仲，京兆藍田人。皇祐初，中進士第。哲宗即位，召知制誥、翰林學士，拜尚書左僕射兼門下侍郎。紹聖初，責授舒州團練副使循州安置，未踰嶺，卒。大防既拜相，常分其俸之半以録書，故所藏甚富。其在翰林，書命典麗，議者謂在元絳之上云。

吕和叔《誠德集》三十卷先謙案，袁本下下四十四。

右皇朝吕大鈞覆案袁本有「字」字。和叔，嘉祐二年，中進士第。大防仲弟也。終於宣義郎、鄜延路漕司屬官。師張厚之，❶贍學博文，案袁本作「聞」。無所不該，其文覆案袁本有「章」字。非義理不發。

吕與叔《玉溪集》二十五卷　《玉溪別集》十卷覆案袁本，作一十卷。〇先謙案，袁本下下四十五。

右皇朝吕大臨字與叔，汲公季弟也。登進士第。嘗歷太學博士、祕書省正字。從程正叔、張厚之學，通

❶「張厚之」，疑即張載。載，字子厚，史無異辭，然《郡齋讀書志》及《通志》著録吕氏《誠德集》、《玉溪集》兩書，均稱「張厚之」。

六經，尤精於《禮》，解《中庸》、《大學》等篇行於世。嘗賦詩云：「學如元凱方成癖，辭類相如始近俳。獨倚聖門無一事，願同回也日案袁本作「得」。心齋。」正叔可之。

清王先謙校刊本《郡齋讀書志》

《周易古經》十二卷

丞相汲郡吕大防微仲所録上、下經。並録《爻辭》、《彖》、《象》，隨經分上、下，共爲六卷，上、下《繫辭》二卷，《文言》、《説》、《序》、《雜卦》各一卷。

芸閣《禮記解》十六卷

秘書省正字京兆吕大臨與叔撰。案《館閣書目》作一卷，止有《表記》、《冠》、《昏》、《鄉》、《射》、《燕》、《聘義》、《喪服四制》凡八篇。今又有《曲禮》上下、《中庸》、《緇衣》、《大學》、《儒行》、《深衣》、《投壺》八篇，此晦庵朱氏所傳本，刻之臨漳射垛書坊，稱《芸閣吕氏解》者，即其書也。《續書目》始别載之。

吕氏《家祭禮》一卷

丞相京兆吕大防微仲、正字大臨與叔撰。

《吕氏鄉約》一卷 《鄉儀》一卷

吕大鈞和叔撰。

《考古圖》十卷

汲郡吕大臨與叔撰。其書作於元祐七年。所紀自御府之外凡三十六家所藏古器物，皆圖而録之。

武英殿聚珍本《直齋書録解題》

吕氏《易章句》一卷

晁氏曰：吕大臨與叔撰。其解甚略，有統論數篇。

吕微仲《周易古經》二卷

陳氏曰：吕大防微仲所録上、下經。並録《爻辭》、《彖》、《象》，隨經分上、下爲六卷，上、下《繫》二卷，《文言》、《説卦》各一卷。

晁氏曰：其序云：「《彖》、《象》所以解經。始各爲一書。王弼專治《彖》、《象》以爲註，乃分於卦爻之下，學者於是始不見完經，而文辭次第貫穿之意，亦缺然不屬，因按古文而正之。」凡十二篇，别無解釋。

《芸閣禮記解》十六卷

晁氏曰：吕大臨與叔撰。與叔師事程正叔，禮學甚精博，《中庸》、《大學》尤所致意也。

陳氏曰：按《館閣書目》作一卷，止有《表記》、

《冠》、《昏》、《鄉》、《射》、《燕》、《聘義》、《喪服四制》凡八篇。今又有《曲禮》上下、《中庸》、《緇衣》、《大學》、《儒行》、《深衣》、《投壺》八篇，此晦庵朱氏所傳本，刻之臨漳射垜書坊，稱《芸閣吕氏解》，即其書也。《續書目》始別載之。

《編禮》

晁氏曰：皇朝吕大臨編。三卷。以《士喪禮》爲本，取三禮附之，自始死至祥練，各以類分。其施於後學者甚惠，尚恨所編者五禮中凶禮而已。

吕與叔《論語解》十卷

晁氏曰：與叔雖程正叔之徒，解經不盡用其師説。

《吕氏鄉約》一卷　《鄉儀》一卷

陳氏曰：吕大鈞和叔撰。

《考古圖》十卷

晁氏曰：皇朝吕大臨與叔，裒諸家所藏三代、秦、漢尊彝鼎敦之屬，繪之於幅，而辨論形制文字。

陳氏曰：其書作於元祐七年。所紀自御府之外凡三十六家所藏古器物，皆圖而録之。

吕氏《前漢論》三十卷

晁氏曰：皇朝吕大忠晉伯撰。予得其本於銅梁令吕肇，修撰汲陵諸孫也。

吕氏《老子注》二卷

晁氏曰：皇朝吕大臨撰。其意以老氏之學，合「有」「無」謂之玄，以爲道之所由出，蓋至於命矣。其言道體，非獨智之見，孰能臻此？求之終篇，膠於聖人者蓋寡，但不當以聖智仁義爲可絶棄耳。

吕晉伯《輞川集》五卷　《奏議》十卷

晁氏曰：皇朝吕大忠字晉伯，藍田人。汲公之兄。皇祐中進士，除檢詳樞密院吏房文字，爲河北轉運判官，累遷寶文閣直學士。三帥秦、鳳。晉伯博極群書，爲文尚理致，有益於用，章奏皆親爲文。

吕汲公《文録》二十卷　《文録掇遺》一卷

晁氏曰：皇朝吕大防微仲，京兆藍田人。皇祐初，中進士第。哲宗即位，召知制誥、翰林學士，拜尚書左僕射兼門下侍郎。紹聖初，責授舒州團練副使循州安置，未踰嶺，卒。大防既拜相，常分其俸之半以録書，故所藏甚富。其在翰林，書命典麗，議者謂在元絳之上云。

呂和叔《誠德集》三十卷

晁氏曰：皇朝呂大鈞和叔，嘉祐二年，中進士第。大防仲弟也。終於宣義郎、鄜延路漕司屬官。師張厚之，贍學博文，無所不該，其文非義理不發。

呂與叔《玉溪集》二十五卷　《玉溪別集》十卷

晁氏曰：皇朝呂大臨字與叔，汲公季弟也，登進士第。嘗歷太學博士、秘書省正字。從程正叔、張厚之學，通六經，尤精於《禮》，解《中庸》、《大學》等篇行於世。嘗賦詩云：「學如元凱方成癖，辭類相如始近俳；獨倚聖門無一事，願同回也日心齋。」正叔可之。

《朱子語録》曰：《呂與叔文集》煞有好處，他文字極是實，説得好處，如千兵萬馬，飽滿伉壯。

華東師範大學點校本《文獻通考·經籍考》

呂氏大防《周易古經》

《通考》二卷。《書録解題》十卷。存。

大防自序曰：「《周易古經》者，《彖》、《象》所以解經。始各爲一書。王弼專治《彖》、《象》以爲注，乃分綴卦爻之下，學者于是不見完經，而《彖》、《象》辭次第貫穿之意，亦缺然不屬，予因案古文而正之。」凡經二篇，《彖》、《象》、《繫辭》各二篇，《文言》、《説卦》、《序卦》、《雜卦》一篇，總一十有二篇。

晁公武曰：「呂大防字微仲，京兆藍田人。皇祐初，中進士。哲宗即位，召知制誥、翰林學士，拜尚書左僕射兼門下侍郎。紹聖初，謫授舒州團練副使循州安置，未踰嶺，卒。」古經凡十二篇，别無解釋。

尤袤《與吴仁傑書》曰：「頃得呂東萊所定古《易》一編，朱元晦爲之跋。嘗以板行乃與左右所刊呂汲公古經無毫髮異，而東萊不及微仲嘗編此書，豈偶然同耶？」

陳振孫曰：「呂大防微仲所録上、下經。並録《繫辭》、《彖》、《象》，隨經分上、下爲六卷，上、下《繫》二卷，《文言》、《説卦》各一卷。」

胡一桂曰：「古《易》之亂，肇自費直，繼以鄭玄，而成於王弼。古《易》之復，始自元豐汲郡呂微仲，嵩山晁以道繼之，最後東萊先生又爲之更定，實與微仲本暗合，而東萊不及微仲嘗編此，蓋偶未之見也。」

董真卿曰：「呂氏《周易古經》，上經第一、下經第二、上《彖》第三、下《彖》第四、上《象》第五、下《象》第

六、《繫辭》上第七、《繫辭》下第八、《文言》第九、《説卦》第十、《序卦》第十一、《雜卦》第十二。其所次序本末，並與東萊定本同，但東萊只分上經、下經，而無『第一』、『第二』字。又東萊稱《彖上傳》第一至《雜卦傳》第十，小有不同爾。」

呂氏大臨《易章句》

《宋志》一卷。

佚。

晁公武曰：「大臨字與叔，登進士第。歷太學博士、秘書省正字。從程正叔、張子厚學，通六經，尤精於《禮》，解《中庸》、《大學》等篇行於世。《易解》甚略，有統論數篇。無詮次，未完也。」

朱子曰：「呂與叔惜乎壽不永，如天假之年，必所見又别。」

董真卿曰：「芸閣先生，微仲親弟。《易解》一卷，統論數篇，無詮次，未成之書也。學出程門，朱子謂『呂與叔《易説》，精約可看』。」

呂氏大臨《中庸解》

一卷。

存。疑即《二程全書》中所載本。

胡宏序曰：「靖康元年，河南門人河東侯仲良師聖，自三川避亂來荆州，某兄弟得從之遊。議論聖學，必以《中庸》爲至。有張燾者，攜所藏明道先生《中庸解》以示之，師聖笑曰：『何傳之誤？此呂與叔晚年所爲也。』燾亦笑曰：『燾得之江濤家，其子弟云然。』按河南夫子，侯氏之甥，而師聖又夫子猶子夫也。❶師聖少孤，養於夫子家，至於成立，兩夫子之屬纊，皆在其左右。其從夫子最久，而知夫子文章爲最詳；其爲人守道義，重然諾，不妄可信。

後十年，某兄弟奉親，南止衡山，大梁向沈又出所傳明道先生《解》，有瑩中陳公所記，亦云此書得之濤。某反覆究觀詞氣，大類横渠《正蒙書》。而與叔乃横渠門人之肖者，徵往日師聖之言，信以今日已之所見，此書與叔所著無可疑明甚。惜乎瑩中不知其詳，而有疑於《行狀》所載『覺斯人』、『明之書』、『皆未及』之語耳。雖然，道一而已，言之是，雖陽虎之言，孟軻氏猶有取焉，況與叔亦遊河南之門，大本不異者乎！尊信誦習，

❶ 下「夫」字，原作「人」，依四庫珍本《五峰集》卷三《題呂與叔中庸解》改。

不敢須臾忘，勇哉瑩中之志！某雖愚，請從而後。」

《中庸後解》

《宋志》一卷。

佚。

大臨自序曰：「《中庸》之書，學者所以進德之要，本末具備矣。既以淺陋之學爲諸君道之，抑又有所以告諸君者，古者憲老而不乞言。憲者，儀刑其德而已，無所事於問也。其次，則有問有答，問答之間，然猶不憤則不啟，不悱則不發。又其次，有講有聽，講者不待問也，聽者不至問也。學至於有講有聽，則師益勤而道益輕，學者之功益不進矣。又其次，❶講而未必聽。有講而未必聽，則無講可也。然朝廷建學設官，職事有不得已者，此不肖今日爲諸君强言之也。諸君果有聽乎？無聽乎？孔子曰：『古之學者爲己，今之學者爲人。』爲己者，必存乎德行，而無意於功名；爲人者，必存乎功名，而未及乎德行。若後世學者，有未及乎爲人，而濟其私欲者多矣。

今學聖人之道，而先以私欲害之，則語之而不入，道之而不行，如是則教者亦何望哉？聖人立教以示來世，❷未嘗使學者如是也；朝廷建官設科，以取天下之士，亦未嘗使學者如是也。學者亦何必舍此而趨彼哉？聖人之學，不使人過，不使人不及，喜怒哀樂未發之前以爲之本，❸使學者擇善而固執之，其學固有序矣。學者蓋亦用心於此乎，❹則義禮必明，德行必修，師友必稱，鄉黨必譽。仰而上古，可以不負聖人之傳付；達於當今，可以不負朝廷之教養。世之有道君子，樂得而親之，王公大人，樂聞而取之。與夫自輕其身，涉獵無本，徼幸一旦之利者，果何如哉？諸君有意乎，今日之講，猶有望焉；無意，則不肖今日自譊譊無益，不幾乎侮聖言者乎？諸君其亦念之哉！」

按《宋志》，又有大臨及程叔子、游氏、楊氏四先生《中庸講義》一卷。

吕氏大臨《大學解》

《宋志》一卷。

未見。

❶「次」，原脱，依《皇朝文鑑》卷第九十一吕大臨《中庸後解序》補。

❷「來」，《皇朝文鑑》作「後」。

❸「未發」，原脱，依《皇朝文鑑》補。

❹「蓋」，原脱，依《皇朝文鑑》補。

朱子曰：「呂氏之先，與二程夫子游，故其家學最爲近正。然不能不惑於浮屠、老子之説，故其末流不能無出入之弊。若其他説之近正者，君子猶有取焉。」

呂氏大臨《論語解》

《宋志》十卷。

佚。

晁公武曰：「與叔雖程正叔之徒，解經不盡用其師説。」

呂氏大臨《孟子講義》

《宋志》十四卷。

佚。

呂氏大臨《編禮》

三卷。

未見。

晁公武曰：「以《士喪禮》爲本，取三禮附之，自始死至祥練，各以類分。其施於後學甚惠，尚恨所編者五禮中特凶禮而已。」

呂氏大臨《芸閣禮記解》

《通考》十卷。《中興書目》一卷。

未見。

晁公武曰：「《芸閣禮記解》十卷，呂大臨與叔撰。與叔師事程正叔，禮學甚精博，《中庸》、《大學》尤所致意也。」

陳振孫曰：「按《館閣書目》作一卷，止有《表記》、《冠》、《昏》、《鄉》、《射》、《燕》、《聘義》、《喪服四制》凡八篇。今又有《曲禮》上下、《中庸》、《緇衣》、《大學》、《儒行》、《深衣》、《投壺》八篇，此晦庵朱氏所傳本，刻之臨漳射垛書坊，稱《芸閣呂氏解》，即其書。」

衛湜曰：「藍田呂與叔《禮記解》，《中興館閣書目》止一卷。今書坊所刊十卷，有《禮記》上下、❶《孔子閒居》、《中庸》、《緇衣》、《深衣》、《儒行》、《大學》八篇。」

《禮記傳》

《宋志》十六卷。

未見。

張萱曰：「呂氏《禮記傳》十六卷，今闕第三卷。宋淳熙中，朱晦庵刻之臨漳學宮。」

《四部備要》本《經義考》

❶「禮記」，依文義當爲「曲禮」之誤。

附録三

答吕進伯簡三

相別累年，區區企渴之深，言不盡意。按部往來，想亦勞止。秦人瘡瘵未復，而偶此旱暵，賴賢使者措置，受賜何涯！儒者逢時，生靈之幸。勉成休功，乃所願望。頤備員於此，夙夜自竭，未見其補，時望賜書，開諭不逮。與叔每過從，至慰至幸。引傃門墻，坐馳神爽。所欲道者，非面不盡。惟千萬自愛。

別紙見諭，持法爲要，其來已久矣。既爲今日官，當於今日事中，圖所設施。舊法之拘，不得有爲者，舉世皆是也。以頤觀之，苟遷就於法中，所可爲者尚多。先兄明道之爲邑，及民之事多。衆人所謂法所拘者，然爲之未嘗大戾於法，衆亦不甚駭。謂之得伸其志則不可，求小補，則過今之爲政者遠矣。人雖異之，不至指爲狂也。至謂之狂，則大駭矣。盡誠爲之，不容而後去，又何嫌乎？鄙見如此，進伯以爲如何？

荷公知遇之厚，輒有少見，上補聰明；亦久懷憤鬱，無所控告，遇公而伸爾。王者父天母地，昭事之道，當極嚴恭。漢武遠祀地祇於汾脽，既爲非禮。後世復建祠宇，其失已甚。因唐妖人作《韋安道傳》，遂爲塑像以配食，誣瀆天地。天下之妄，天下之惡，有大於此者乎？公爲使者，此而不正，將正何事？願以其像投之河流。慎勿先露，先露則傳駭觀聽矣。勿請勿議，必見沮矣。毋虞後患，典憲不能相及，亦可料也。願公勿疑。

中華書局校點本《二程集·河南程氏文集》卷九

程子門人吕與叔

吕與叔惜乎壽不永！如天假之年，必所見又別。程子稱其「深潛縝密」，可見他資質好，又能涵養。某若只如吕年，亦不見得到此田地矣。「五福」説壽爲先者，此也。友仁。

有爲吕與叔挽詩云：「曲禮三千目，躬行四十年！」方。

吕與叔《中庸義》，典實好看，又有《春秋》、《周易解》。方。

「呂與叔云：『聖人以中者不易之理，故以之爲教。』如此，則是以中爲一好事，用以立教，非自然之理也。」先生曰：「此是橫渠有此說。所以橫渠沒，門人以『明誠中子』謚之，與叔爲作《謚議》，蓋支離也。西北人勁直，才見些理，便如此行去。又說出時，其他又無人曉，只據他一面說去，無朋友議論，所以未精也。」振。

呂與叔本是箇剛底氣質，涵養得到，所以如此。故聖人以剛之德爲君子，柔爲小人。若有其剛矣，須除去那剛之病，全其與剛之德，相次可以爲學。若不剛，終是不能成。有爲而言。卓。

看呂與叔論選舉狀：「立士規，以養德厲行；更學制，以量才進藝；定貢法，以取賢斂才；立試法，以試用養才；立辟法，以興能備用；立舉法，以覆實得人；立考法，以責任考功。」先生曰：「其論甚高。使其不死，必有可用。」

呂與叔後來亦看佛書，朋友以書責之，呂云：「某只是要看他道理如何。」其《文集》上雜記亦多不純。想後來見二程了，却好。

呂與叔集中有《與張天驥書》。是天驥得一書與他云：「我心廣大如天地，視其形體之身，但如螻蟻。」此也不足辨，但偶然是有此書。張天驥便是東坡與他做《放鶴亭記》者，即雲龍處士，徐州人。心廣大後，方能體萬物。蓋心廣大，則包得那萬物過，故能體此。體，猶『體群臣』之『體』。」義剛。

呂與叔論顏子等處極好。龜山云云，未是。可學。

呂與叔有一段說輪回。可學。

呂與叔謂養氣可以爲養心之助。程先生以爲不然，養心只是養心，又何必助？如爲孝只是爲孝，又何必以一事助之？某看得來，又不止此。蓋才養氣，則其心便在氣上了，此所以爲不可也。廣。

呂與叔言養氣可以爲養心之助，程先生大以爲不然。某初亦疑之，近春來方信。心死在養氣上，氣雖得其養，却不是養心了。方子。

問：「呂與叔有養氣之說，伊川有數處皆不予之。養氣莫亦不妨？只是認此爲道，却不是。」曰：「然。」又問：「一處說及平日思慮，如何？」曰：「此處正是微涉於道，故正之。」可學。

中華書局校點本《朱子語類》卷一百一、九十七

葉適評吕大鈞吕大臨詩文

《天下爲一家賦》，吕大鈞作。大鈞兄弟從張氏學，而大防爲相，程氏與司馬氏善，當時在要地者，多程氏之門，故元祐之政亦有自來。此賦與《西銘》相出入，然其言「昔既有離則今必有合，彼既可廢則我亦可舉」，謂井田封建當復也。若存古道，自可如此論；若實欲爲治，當更審詳爾。

吕大臨《送劉户曹》，「獨立孔門無一事，惟傳顔氏得心齋」。按顔氏立孔門，其傳具在「博我以文，約我以禮」，「欲罷不能，既竭我才」；雖非杜預之癖，相如之俳，然非無事也。心齋，莊列之寓言也，其言「若一志，無聽以耳而聽以心，無聽以心而聽以氣」，蓋寓言之無理者，非所以言顔子也。今初學者誦之，深入肺腑，不可抽吐，爲害最甚。

中華書局校點本《習學記言序目》卷四十七

吕大臨《克己銘》，程氏《四箴》，但緩散耳，固講學中事也。伊尹言「惟尹躬暨湯咸有一德，克享天心，受天明命」，故孟子謂其「自任以天下之重」；曾子言「仁以爲己任」，故曰「動容貌，正顔色，出辭氣」，以其養于一身者盡廢百聖之學，雖曰褊狹，然自任固重矣；不如是，何以進道，而大臨方以不仁爲有己所致，其意鄙淺，乃釋老之下者，猶謂道學，可乎？

同前書卷四十九

吕大鈞《世守邊郡議》，言「在商時，古公以皮幣、犬馬、珠玉事獯鬻而商王不知；在周時，晉國拜戎不暇而周室不與，「三代御邊之略蓋可知已」，雖非透底之論，然既封建諸侯，則勢固然矣。今既自有其天下，不以與人，則守邊以衞百姓，安得不自任其責？徒曰是廣遠而不可守，委民命于夷狄，縱其搏食乎？方周衰不能主令，諸侯莫輔，猶且伊川爲戎，荆蠻問鼎。今邊不能御，坐視入内地，噫，將焉及矣！

同前書卷五十

吕范諸儒學案案語

祖望謹案：關學之盛，不下洛學，而再傳何其寥寥也？亦由完顔之亂，儒術并爲之中絶乎？《伊洛淵源録》

略于關學，三吕之與蘇氏，以其曾及程門而進之，餘皆亡矣。予自范侍郎育而外，于《宋史》得游師雄、种師道，于《胡文定公語録》得潘拯，于《樓宣獻公集》得李復，于《童蒙訓》得田腴，于《聞書》得邵清，及讀《晁景迂集》，又得張舜民，又于《伊洛淵源録》註中得薛昌朝，稍爲關學補亡。述《吕范諸儒學案》。梓材案，黄氏本以三吕及其門人别爲《藍田學案》，今從《序録》列《吕范諸儒學案》之首。

百家謹案：先生，❶比部蕡之第三子也。既事横渠，卒業于二程。務爲實踐之學，取古禮，繹其義，陳其數，而力行之。横渠歎以爲秦俗之化，和叔與有力焉。又歎其勇爲不可及也。爲宣義郎，會伐西夏，鄜延轉運使李稷檄爲從事。既出塞，稷餽餉不繼，欲還安定取糧，使先生請于經略安撫使种諤。諤素殘忍，左右有犯，立斬，或先刳肺肝，坐者掩面，諤飲食自若。先生告以稷言，諤曰：「吾受將命，安知糧道？萬一不繼，召稷來，與一劍耳！」先生正色曰：「朝廷出師，去塞未遠，遂斬轉運使，無君父乎！」諤曰：「君欲以此報稷，先稷受禍矣！」先生怒曰：「吾委身事主，死無所辭，正恐公過耳！」諤意折，乃竟許稷還。是非先生之剛折不撓，正氣屈諤，稷難免矣。彼平居高談性命，臨事蓄縮失措，視先生直如豘豕耳！横渠之歎爲勇不可及，信哉！

百家謹案：此條即起豫章、延平「看未發以前氣象」宗旨。❷子劉子曰：「夫所謂未發以前氣象，即是獨中真消息也。」又曰：「一喜怒哀樂耳，自其蘊諸中言，則曰未發；自其見諸外言，則曰已發。蓋以表裏對待言，不以前後際言也。」又曰：「自喜怒哀樂之存諸中者言，謂之中，不必其未發之前别有氣象也，即天道之元亨利貞運于於穆者是也。自喜怒哀樂之發于外者言，謂之和，不必其已發之時又有氣象也，即天道之元亨利貞呈于化育者是也。惟存發總是一機，故中和渾是一性。推之一動一静，一語一默，莫不皆然。此獨體之妙所以即微即顯，即隱即見，而慎獨之學即中和，即位育。此千聖學脈也。自喜怒哀樂之説不明于後世，而聖學晦矣。」

百家謹案：先遺獻《孟子師説》云：「赤子之心，視聽言動，與心爲一，無有外來攙和，雖一無所知，一無所能，却是知能本然之體。逮其後，世故日深，將習俗之知能，換了本然之知能，便失赤子之心。大人無所不知，無所不能，不過

❶「先生」，係指吕大鈞。

❷「此條」，係指吕大臨與程頤《論中書》。

將本然之知能，擴充至乎其極，其體仍然不動，故爲不失。猶夫子云：『知之爲知之，不知爲不知，是知也。』有知之，有不知，知之量也。以爲知之，以爲不知，知之體也。人以爲事事物物皆須講求，豈赤子之心所能包括。不知赤子之心是箇源頭，從源頭上講求事物，則千紅萬紫總不離根。若失却源頭，只在事物講求，則翦綵作花，終無生意。」此説可謂盡赤子之心矣！百家因思前未發問答中伊川云「赤子之心不可謂中」一語，反不如先生之語無病。❶ 蓋赤子之心如穀種，滿腔生意盡在其中，何嘗虧欠。極大人之能事，豈能于此穀種之外添得一物？

宗羲案：朱子于程門中最取先生，以爲「高于諸公，大段有筋骨，天假之年，必理會得到」。至其求中之説，則深非之。及爲延平行狀，謂其「危坐終日，驗未發時氣象，而求其所謂中」。蔡淵亦云，朱子教人「于静中體認大本未發時氣象分明，即處事應物自然中節」，又即先生之説也。故學者但當于本原上理會，不必言語自生枝節也。

百家謹案：先生論選舉，欲「立士規，以養德勵行；更學制，以量材進藝；定貢法，以取賢斂才；立試法，以區别能否；修辟法，以興能備用；嚴舉法，以覈實得人；制考法，以責任考功」。其論甚悉，實可施行也。呂氏六昆，汲公既爲名臣，更難先生與晉伯、和叔三人同德一心，勉勉以進修成德爲事，而又共講經世實濟之學，嚴異端之教。富鄭公致政于家，爲佛氏之説，先生與書曰：「古者三公，内則論道于朝，外則主教于鄉，此豈世之所望于公者哉？」鄭公謝之。其嚴正如此。

中華書局校點本《宋元學案》卷三十一

呂大防軼事

華陰呂君舉進士，聘里人女未娶。既中第，婦家曰：「吾女固無疾，既聘而盲，敢辭。」呂曰：「既聘而後盲，爲君不欺，又何辭？」遂娶之。生五男子，皆中進士第。其一人丞相汲公也。《後山談叢》。

呂汲公帥長安，醴泉民析居，争唐明皇腦骨訟於府，曰：「得者富盛。」公取葬泰陵下。《邵氏聞見後録》。《默記》以爲晏元獻事。又《明道雜志》云：「長安安氏家藏唐明皇髑髏，作紫金色。其家事之至謹，因而富盛。後其家析居，争髑髏，斧爲數片。余曰：『明皇生死爲姓安人蒿惱。』合坐大笑。」據此文似是張文潛並

❶「先生」，係指呂大臨，下二條同。

時事，則以汲公爲碻。

呂丞相微仲，性沉毅剛果。身長大而方，望之偉然。初相，子瞻草麻云：「果毅而達，兼孔門三子之長；直大而方，得坤爻六二之動。」蓋以戲之，微仲終身以爲恨。《石林燕語》。

丞相呂大防，性凝重寡言。逮秉大政，客多干祈，但危坐相對，終不發一言。時人謂之「鐵蛤蜊」。《麈史》。

呂微仲當軸，其兄大忠，自陝漕入朝。微仲虚正寢待之，大忠辭以相第非便。微仲曰：「界以中霤，即私家也。」卒從微仲之請。時安厚卿亦在政府，父日華尚康寧，且具慶，厚卿夫婦偃然居東序。時人以此别二公賢否。《揮麈録》。

呂汲公在相位，其兄進伯自外郡代還，相與坐東府堂上，夫人自廊下降階趨謁，以二婢挾持而前。進伯遽曰：「宰相夫人不須拜！」微仲解其意，叱二婢使去。夫人獨拜於赤日中，盡禮而退，進伯略不顧勞。聞者歎服其家法之嚴。《閒燕常談》。《邵氏聞見録》事同文異。

朝請大夫潘适爲渭州通判。時涇原帥呂大忠被召問邊事。既對，哲宗語呂曰：「久要見卿，曾得大防信否？」對曰：「近得之。」上曰：「安否？」又曰：「大臣要其過海，朕獨處之安州，知之否？」對曰：「舉族荷陛下厚恩。」上曰：「有書再三説與，且將息忍耐，大防朴，爲人所賣，候二三年，可再相見。」呂再拜謝。退而喜甚，因章睦州召飯，詰其對上語，呂盡告之，既至渭語潘，潘曰：「失言矣！必爲深悔。」後半月，言者論其同罪異罰，遂有循州之行。既死，上猶問執政曰：「大防何至虔州？」按呂大防貶循州，行至虔州而卒。後請歸葬，獨得旨歸，蓋哲宗簡在深矣。《甲申雜記》。

呂微仲貶嶺外，至虔州瑞金縣，語其子曰：「吾不復南矣。吾死爾歸，呂氏尚有餘種。苟在瘴鄉，無俱全理。」後數日卒。先是十年前有富人治壽材，夜夢偉丈夫冠冕而來曰：「且輟賢宅。」富人驚寤。微仲過縣，富人望之，乃夢中偉丈夫也。及卒，乃輟其材而殮焉。《隨手雜録》。《夷堅志》略同。

中華書局校點本《宋人軼事彙編》卷十一

附録四

關於藍田吕氏遺著的輯校

陳俊民

本書是對北宋藍田吕氏四兄弟之遺著，主要是吕大臨之理學遺著的輯佚、校點和編輯，故定名爲「藍田吕氏遺著輯校」。在此，擬先簡述吕氏遺著的佚存情況，再説明對現存吕氏遺著的輯校整理及其結果。

吕大臨，字與叔，號芸閣，其先汲郡（今河南汲縣）人，因祖太常博士吕通葬藍田（今陝西藍田縣），遂以藍田爲家焉。父比部郎中吕蕡共六子，其「五登科」，今有史可考者，祇有大忠（晉伯）、大防（微仲）、大鈞（和叔）和大臨四兄弟，大臨爲幼。其三兄俱登第入官，大防官至尚書右丞、左僕射，有「相王室」之位（《宋史》卷三四〇《吕大防傳》），惟大臨以「不敢掩祖宗之德」而不復應舉，雖借門蔭入爲太學博士，遷秘書省正字，但畢生「修身好學，行如古人」，無意仕進擢用。元祐七年壬申（一〇九二年），范内翰祖禹以其學行薦可充講官，以備勸學，未及用而卒，年僅四十七歲。史稱其「既事横渠，卒業于二程」（《宋元學案》卷三十一《吕范諸儒學案》），學「通六經，尤深於《禮》」（《東都事略》卷八十九），「有《易》《詩》《禮》《中庸》説、《文集》等行世」（《伊洛淵源録》卷八《藍田吕氏兄弟》）。

晁公武《郡齋讀書志》所著録的吕大臨著作有《易章句》十卷（袁州刊本作「《芸閣先生易解》一卷」）、❶《書傳》十三卷、《芸閣禮記解》四卷、《編禮》三卷、《論語解》十卷、《考古圖》十卷、《老子注》二卷、《玉溪集》二十五卷、《玉溪別集》十卷。所著録的吕大忠著作有《前漢論》三十卷、《輞川集》五卷、《奏議》十卷。所著録的吕大防著作有《周易古經》二卷、《吕汲公文録》二十卷、《文録掇遺》一卷。所著録的吕大鈞著作有《誠德集》三十卷。趙希弁《郡齋讀書志附志》所著録的吕氏著作，除吕大鈞《吕氏鄉約》一卷、《鄉儀》一卷之外，吕大臨和吕大防的著作，還分別或一並收録在

❶ 參見上海涵芬樓影印宋淳祐十年庚戌袁州刊本和臺灣廣文書局影印清王先謙校刊本。

朱熹編集的《論語精義》、《孟子精義》以及未著編者的《二十先生西銘解義》、《國朝二百家名臣文粹》之中。陳振孫《直齋書録解題》所著録的吕大臨著作有《芸閣禮記解》十六卷、❶《吕氏家祭禮》一卷（與吕大防合撰）、《考古圖》十卷。所著録其他吕氏兄弟的著作有吕大防《周易古經》十二卷、吕大鈞《吕氏鄉約》一卷、《鄉儀》一卷。此外，在著録的朱熹《語孟集義》、石子重《中庸集解》、趙師俠《西銘集解》、吕祖謙《皇朝文鑑》中，也收録有吕大臨及其三兄的著作。尤袤《遂初堂書目》所著録的藍田吕氏著作有吕氏《古周易》，吕與叔《易傳》、《禮記解》、《中庸再解》、《論語解》、《吕氏鄉約鄉儀》、吕汲公《奏議》等。這些都是宋代藏書家關於吕大臨兄弟著作的記述，是可信無疑的史實，正如梁啟超所説：「晁《志》、陳《録》、尤《目》所載，皆手藏目睹之書。研究宋代載籍者，當視爲主要資料，視史志尤足重也。」（參見《遂初堂書目序》所引）

宋代經「靖康之難」以後，公私藏書備受損壞，「宣和、館閣之儲，蕩然靡遺」（《宋史》卷二〇二《藝文一》），藍田吕氏遺著之散失，萬難幸免。據《宋志》記載，吕大臨的著作尚有《易章句》一卷、《大學》一卷、《中庸》一卷、《禮記傳》十六卷、《（論語）解》十卷、《考古圖》十卷、《孟子講義》十四卷、《家祭儀》一卷（與吕大防合撰）、《玉溪先生集》二十八卷，而其餘諸吕的著作，衹存吕大鈞的《藍田吕氏祭説》一卷、《吕氏鄉約鄉儀》一卷、吕大防的《周易古經》一卷。元代馬端臨在《文獻通考·經籍考》中所列的藍田吕氏著作，與《宋志》大體略同而稍有出入，計吕大臨的遺著尚有《易章句》一卷、《禮記解》十六卷、《大學解》、《論語解》十卷、《考古圖》十卷、《吕氏家祭禮》一卷（與吕大防合撰）、《老子注》二卷、《玉溪集》二十五卷、《玉溪別集》十卷，而吕大鈞的著作有《吕氏鄉約》一卷、《鄉儀》一卷、《誠德集》三十卷，吕大防的著作有《周易古經》二卷、《文録》二十卷、《文録掇遺》一卷，吕大忠的著作有《前漢論》三十卷、《輞川集》五卷、《奏議》十卷。這是元人關於藍田吕氏著作有「存於近世而可考」者的記載，這同晁《志》、陳《録》、尤《目》共同表明，在藍田吕氏中，惟有吕大臨著作最富，學術貢獻最大。

但是，宋元以後，幾經戰亂，至清及近代，吕大臨兄弟的著作已所存無幾。依據朱彝尊《經義考》、羅振玉《經義考目録·校記》所載，除《編禮》、《芸閣禮記解》、《禮記傳》和《大學解》列入「未見」外，所存者衹有吕大防整理的《周

❶ 參見臺灣廣文書局影印武英殿聚珍版原本。

易古經》、吕大臨考釋的《考古圖》和吕大鈞的《吕氏鄉約鄉儀》，而直接論述理學思想方面的著作，除吕大臨《中庸解》一卷「疑即《二程全書》中所載本」之外，其他專著、文集皆佚矣，這不能不給後世學者的吕氏思想研究帶來史料不足的極大困難。然而，誠如羅振玉《目録》序所説：「（朱彝尊）當時未見之書，厥後《四庫全書》及《存目》與諸藏書家恒有著録者；其注闕者，亦往往人間尚有足本。」吕大臨兄弟之書，當不會例外，世間也可能還有别本佚存；況且朱氏「未見」的《編禮》、《芸閣禮記解》和《禮記傳》到底屬一書，還是二書、三書，至今誰也説不清楚。這自然提出了一個急需搜集整理藍田吕氏遺著的任務。

從現存的藍田吕氏遺著看，大體有兩種情況：一種是全書完整的流行於世者，其數量不多，僅有明泊如齋、傳是樓、清天都黄氏等先後刊行的吕大臨《考古圖》十卷，《説郛》、《關中叢書》、《隨盦徐氏叢書續編》等刊載的吕大鈞《吕氏鄉約鄉儀》，上海涵芬樓借南海潘氏藏宋刊本《分門集注杜工部詩》刊載的吕大防《杜工部年譜》，共計三部；另一種是全書已不復見，而其部分或大部、全部被搜集條疏於宋人詩文集及各類總集、類編者，其數量最多，可散見於宋代程顥、程頤、張載諸書、李幼武《宋名臣言行録外集》、王稱《東都事略》、朱熹《論語精義》、《孟子精義》、《中庸輯略》、《伊洛淵源録》、《楚辭集註》、衛湜《禮記集説》、吕祖謙《皇朝文鑑》，明清至近世的《合訂删補大易集義粹言》、《性理大全書》、《金石萃編》、《清麓叢書續編》、《宋元學案》及其《補遺》、《宋詩紀事》及其《補遺》等。這些散見的和完整的遺著，按其内容和性質，可分爲三類：第一類是吕氏對古籍器物的整理考釋，對當朝的有關奏章及對前人所做的年譜，如吕大防的《周易古經》、《杜工部年譜》和吕大臨的《考古圖》等，它們同理學思想無直接關涉，可按下不論；第二類是吕氏與二程的答問及關於二程談話的述録，如《程氏遺書》中的《東見録》、《程氏文集》中的《與吕大臨論中書》等；第三類是吕氏自寫的專著與詩文，如《吕氏鄉約鄉儀》、《禮記傳》、《易章句》、《論語解》、《孟子講義》、《中庸解》、《克己銘》、《春静》詩等。後兩類專著、詩文和述録，除《吕氏鄉約鄉儀》和部分詩文之外，多屬吕大臨佚存的重要理學著作，是研究吕大臨在張、程之間如何進行理學抉擇的直接史料，而又幾乎全散見於如上宋人詩文集及各種總集類書之中。因此，這就確定了吕氏遺著輯校所涉及的主要範圍，及其以吕大臨著作爲主體的編排宗旨。

呂氏遺著的輯校整理工作，可分爲考辨、輯佚、標點、校勘、編排等五個環節。現就呂大臨主要理學遺著之校理簡述於後。

（一）《易章句》

晁《志》袁州刊本作「芸閣先生《易解》一卷」，王先謙校刊本作「呂氏《易章句》十卷」，但兩本或云：「呂大臨與叔撰。有統論數篇，無詮次，未完也。」或云：「呂大臨與叔撰。其解甚略，有統論數篇。」均肯定爲呂大臨未完成之書；又依《通考》、《宋志》均載「呂氏《易章句》一卷」，今可定書名爲《易章句》，不分卷次。

《易章句》雖屬「未完」之作，但在南宋時已有私家刊刻。曾遊學朱子門下的度正（周卿）撰《跋呂與叔易章句》云：

> 余家舊藏呂與叔《文集》、《禮記解》、《詩傳》，而未見《易章句》，豫章羅（從彦）傳之，堅甫得之，刻之陽安之學宮。（《性善堂稿》卷十四）

這是今天唯一能見到的關於《易章句》刊刻流傳情況的最早記載。羅從彦是「南劍三先生」之一，曾往洛見程頤，歸而從學於楊時（龜山）門下，「嘗與龜山講《易》」（《宋元學案》卷三九《豫章學案》），所傳給堅甫的《易章句》，很可能是從程楊處得到的呂氏自寫本或傳抄本，而堅甫的陽安學宮刻本，也許即該書的初刻本，書後載有度正跋文，可惜此本全書已佚無傳。清康熙年間，招集一時名流刊刻《通志堂經解》一百三十八種，内有署名納蘭成德編撰的《合訂删補大易集義粹言》八十卷，所疏引的呂大臨《易》解，是否依據此本，亦難稽考。因爲是書乃取宋陳友文《大易集義》和曾穜《大易粹言》二書合輯而成。《集義》六十四卷，所集諸儒《易》説「凡十八家，又失姓名兩家」，《粹言》七十卷，「所集諸儒之説凡七家，以二書相校複重外，《集義》視《粹言》實多得十一家，惟《粹言》有《繫辭》、《説卦》、《序卦》、《雜卦》，而《集義》止於上下經，故所引未能賅備，性德（即納蘭成德）因於十一家書中擇其講論《繫辭》以下相發明者，一一採集，與《粹言》合編，都爲一書，又爲之删其繁蕪，補其闕漏，勒成八十卷，刊入《通志堂經解》之末」（《四庫全書總目》卷六經部一《合訂删補大易集義粹言提要》）。今《粹言》尚有傳本，所集七家有程顥、程頤、張載、游酢、楊時、郭忠孝、郭雍，而無呂大臨，依此可以肯定納蘭成德所引呂大臨之説，是採集於南宋陳友文《大易集義》一書。但《集義》流播甚稀，史無著録，陳友文所引呂説，究竟採自何本，是否得之陽安學宮刻本，已無從考；今惟藉《合訂删補大易集義粹言》以獲見其概，可謂成德之功。

因此，《易章句》之輯佚校理，衹能以成德《合訂删補大易集義粹言》爲根據。今考該書所引吕説，卦各有解，爻各有注，上下經解共三百三十九條：《乾卦》六條、《坤卦》五條、《屯卦》三條、《蒙卦》七條、《需卦》三條、《訟卦》三條、《師卦》四條、《比卦》七條、《小畜卦》五條、《履卦》四條、《泰卦》四條、《否卦》六條、《同人卦》五條、《大有卦》五條、《謙卦》七條、《豫卦》五條、《隨卦》五條、《蠱卦》八條、《臨卦》五條、《觀卦》五條、《噬嗑卦》二條、《賁卦》九條、《剥卦》二條、《復卦》七條、《无妄卦》八條、《大畜卦》六條、《頤卦》二條、《大過卦》五條、《習坎卦》三條、《離卦》五條、《咸卦》六條、《恒卦》四條、《遯卦》四條、《大壯卦》八條、《晉卦》六條、《明夷卦》七條、《家人卦》六條、《睽卦》一條、《蹇卦》四條、《解卦》五條、《損卦》七條、《益卦》四條、《夬卦》五條、《姤卦》八條、《萃卦》五條、《升卦》六條、《困卦》七條、《井卦》四條、《革卦》六條、《鼎卦》五條、《震卦》五條、《艮卦》六條、《漸卦》八條、《歸妹卦》六條、《豐卦》七條、《旅卦》八條、《巽卦》七條、《兑卦》四條、《涣卦》八條、《節卦》五條、《中孚卦》八條、《小過卦》六條、《既濟卦》四條、《未濟卦》八條。現將其全部輯出，依次分繫於各卦爻辭之下，以復其舊。並以《通志堂經解》原刊本《粹言》爲底本，校以影印文淵閣《四庫全書》本《粹言》（簡稱「四庫本」），改正了個别刊誤。又因該書《繫辭》以下皆無吕注，今從古逸叢書覆刻元至正本南宋吕祖謙編撰的《晦庵先生校正周易繫辭精義》（以下簡稱《精義》）中輯出所引吕注，除去重複者外，共二十九條（《繫辭上》十七條、《繫辭下》六條、《説卦》六條），校以復性書院重刻本《精義》，加以標點，連同《繫辭》、《説卦》有關文字，一並續入經注之後，便形成了這個《易章句》的輯校本。

細閲此本，其中理數兼陳，重釋義理，簡潔易曉，不涉玄虚；雖間引經史，亦略不過數言。確如朱子所云：「吕與叔《易》説，精約可看。」（轉引自《經義考》卷二十一）似非晁《志》所謂「未完」之殘本。但《精義》和《合訂删補大易集義粹言》二書所引，均未見晁《志》所謂有「統論數篇」者。陳友文、吕祖謙、度正、朱熹和晁公武所處時代相近，而所引著録何以不盡相同，大概因他們所見《易章句》係不同版本之故。然而，陳友文《集義》所引，衹是經注，朱吕《精義》所採傳注，又似不全，且數條是引自《大學解》、《中庸解》。可見，他們所見的不同版本，又與晁氏所見相同，都是吕大臨的「未完」之作。因而，這個輯校本同樣屬「未完也」。這雖不能説就是《易章句》之復原，但畢竟可見其概矣。

（二）《禮記解》

晁《志》作「《芸閣禮記解》四卷」，尤《目》作《禮記解》，不記卷數，陳《録》、《通考》均作「《芸閣禮記解》十六卷」，《宋志》作「《禮記傳》十六卷」。今可定書名爲《禮記解》，不分卷次。

關於《禮記解》的板刻流傳情況，《經義考》記載最詳。其云：

吕氏大臨《芸閣禮記解》：《通考》十卷（輯佚者案：實爲十六卷），《中興書目》一卷。未見。

晁公武曰：《芸閣禮記解》十卷，吕大臨與叔撰。與叔師事程正叔，禮學甚精博，《中庸》、《大學》尤所致意也。

陳振孫曰：按《館閣書目》作一卷，止有《表記》、《冠》、《昏》、《鄉》、《射》、《燕》、《聘義》、《喪服四制》凡八篇。今又有《曲禮》上下、《中庸》、《緇衣》、《大學》、《儒行》、《深衣》、《投壺》八篇，此晦庵朱氏所傳本，刻之臨漳射垛書坊，稱《芸閣禮記解》，即其書也。

衛湜曰：藍田吕與叔《禮記解》，《中興館閣書目》止一卷，今書坊所刊十卷，有《曲禮》上下，《孔子閒居》、《中庸》、《緇衣》、《深衣》、《儒行》、《大學》八篇。

又云：

《禮記傳》：《宋志》十六卷，未見。

張萓曰：吕氏《禮記傳》十六卷，今闕第三卷，宋淳熙中，朱晦庵刻之臨漳學宫。

由此可見，南宋孝宗淳熙年間（一一七五——一一八九年），朱熹於臨漳射垛書坊所刻的《禮記解》，可能即該書的初刻本。度正家藏的《禮記解》，亦可能爲此本。衛湜於南宋寧宗開禧、嘉定年間（一二〇五——一二二四年）編《禮記集説》所採吕解，亦摭取此本無疑。

因爲，在宋代除陳《録》記載朱熹曾鋟板此書之外，尚無其他板刻記載。自元迄清，直到朱彝尊作《經義考》時，一直未見此書再有他本流行。乾隆四十三年（一七七八年），紀昀校閲《禮記集説》時亦云：

《禮記集説》一百六十卷，宋衛湜撰。湜字正叔，吴郡人。其書始作於開禧、嘉定間，自序言「日編月削，幾二十餘載而後成」。……紹定辛卯，趙善湘爲鋟板於江東漕院。越九年，湜復加校訂，定爲此本，自作前序、後序，又自作跋尾，述其始末甚詳。蓋首尾閲三十餘載，故採摭群言最爲賅博，去取亦最爲精審。自鄭注而下，所取凡一百四十四家，其他書之涉於《禮記》者，所採録不在此數焉。今自鄭注、孔疏而外，原書無一存者。朱彝尊《經義考》採摭最爲繁富，而不知其書與不知其人者，凡四十九家，皆賴此書以傳，亦可云禮家之淵海矣！（《四庫全書》經部四《禮記集説提要》）

既然「採摭最爲繁富」的《經義考》，搜羅天下群書的《四庫全書》編纂者，均「未見」世間再有《禮記解》刊行，而且斷定《禮記集説》所取包括吕大臨《禮記解》在内的一百四十四家，除鄭注、孔疏而外，「原書無一存者」。因此，清末《西京清麓叢書續編》所刊載行世的《禮記傳》十六卷，其實就是宣統三年（一九一一年）藍田牛兆濂「積十餘年」之工，從《通志堂經解》本衛氏《禮記集説》中輯録吕解而成，後藏板於藍田芸閣學舍的《藍田吕氏禮記傳》十六卷。

所以《禮記解》的校理，仍以衛湜《禮記集説》爲依據。今考其所引吕解甚詳，幾乎包容了吕大臨所有最重要的理學思想資料，很值得各方面研究者們珍視。計有《曲禮上》九十三則，《曲禮下》六十則，《檀弓上》一則，《檀弓下》一則，《王制》一則，《曾子問》二則，《郊特牲》二則，《喪服小記》一則，《大傳》一則，《樂記》一則，《雜記上》一則，《雜記下》三則，《喪大記》一則，《祭法》一則，《孔子閒居》八則，《中庸》三十九則，《表記》三十四則，《緇衣》二十三則，《服問》一則，《閒傳》二則，《深衣》六則，《投壺》八則，《儒行》十九則，《大學》十八則，《冠義》四則，《昏義》十則，《鄉飲酒義》十則，《射義》十一則，《燕義》四則，《聘義》八則，《喪服四制》六則，凡三百八十則。現從影印南宋嘉熙四年新定郡齋刻本《禮記集説》（簡稱「新定本」）中，將其全部輯出，分繫於各篇相關經文之下，以此爲底本，校以影印文淵閣《四庫全書》本《禮記集説》（簡稱「四庫本」）和牛兆濂校刊的《清麓叢書》本《藍田吕氏禮記傳》（簡稱「清麓本」），加以校點，便形成今天這個輯校本《禮記解》（比清麓本《禮記傳》多出十五篇，計二十則）。陳《録》所見十六篇，均已包括在内，而且《曲禮》上下、《中庸》、《大學》、《表記》、《緇衣》諸篇所解，幾乎是全文詳解。這同《易章句》輯校本一樣，雖非復其原本之舊，却足見其原書之主要内容。

（三）《論語解》

晁《志》、《宋志》、《通考》均作「《論語解》十卷」，尤《目》、《經義考》未注卷數，而書名皆同。依此，今定書名爲《論語解》，不分卷次。

該書宋元以後已佚，其板刻流傳情況，無從稽考。但趙希弁《讀書附志》、陳振孫《書録解題》均著録有朱熹編撰的《論孟精義》、《論孟集注》，從中可見該書佚存之概。趙《附志》卷五上云：

> 《論語精義》十卷、《孟子精義》十四卷，明道伊川横渠三先生、成都范氏、滎陽吕氏、藍田吕氏、上蔡謝氏、建安游氏、延平楊氏、河東侯氏、河南尹氏十一人之説，晦庵先生所編集也，初曰「精義」，後改「集義」。卷末「淳熙辛丑冬至前五日點畢」十一字，乃先君子戒庵居士師同手澤也。

又曰：

> 《論語集注》十卷、《孟子集注》十四卷，朱文公所著也。先生之於《語》、《孟》，始集程、張、吕、范十一人之説，以爲《集義》，既又本之注疏，參之釋文，採之先儒，斷之詳説，以爲《集注》。《語》、《孟》之精微，蓋卒於此書矣。希弁所藏各兩本，嶽麓、白鹿洞所刊也。

陳《録》卷三説得更明白，其中云：

> 《語孟集義》三十四卷，朱熹撰。集二程、張氏及范祖禹、吕希哲、吕大臨、謝良佐、游酢、楊時、侯仲良、周孚先，凡十一家。初名《精義》，後刻於豫章郡學，始名《集義》。

由此可見，吕大臨《論語解》是朱子編訂《精義》、《集注》所引書之一，在朱子時代，一定還有刻本流傳，其後雖佚，但其大部或全部内容却藉《精義》、《集注》而得以保存。

《集注》乃《精義》之精髓，但「引前輩之説，而增損改易本文」（《通考》卷十一《論語集注》條下引朱子語），故可按下不論，現單説《精義》。今可見之《精義》，有清康熙中禦兒吕氏寶誥堂重刻白鹿洞本（簡稱「寶誥堂本」）、《四庫全書》本和日本「和刻本」。《四庫全書》經部八四書類收集了《論語精義》三十四卷，書前《提要》云：

> 《論孟精義》三十四卷，宋朱子撰。初朱子於隆興元年輯諸家説《論語》者爲《要義》，其本不傳；後九年爲乾道壬辰，因復取二程、張子、范祖禹、吕希哲、吕大臨、謝良佐、游酢、楊時、侯仲良、尹焞、周孚先等十二家之説，薈萃條疏，名之曰《論孟精義》，而自爲之序，時朱子年四十三。後刻板於豫章郡，又更其名曰《要義》。《晦庵集》中有《書論語孟子要義序後》曰：「熹頃年編次此書，鋟板建陽，學者傳之久矣。後細考之，程、張諸先生説，尚或時有所遺脱，既加補塞，又得毗

陵周氏説四篇有半於建陽陳焞明仲，復以附於本章。豫章郡文學南康黄某商伯見而悦之，既以刻於其學，又慮夫讀者疑於詳略之不同也，屬熹書於前序之左，且更定其故號《精義》者曰《要義》云云。」是其事也。後又改名曰《集義》，見於《年譜》。今世刊本仍稱《精義》，蓋從朱子原序名之也。

這是對《論孟精義》編訂、刊行過程的具體記載。按此記載，朱熹自隆興元年（一一六三年）始編此書，初刻於建陽，乾道壬辰（一一七二年）又經增補修訂，親自作序，而再刻於豫章。再參照上述趙《附志》所云，淳熙辛丑（一一八一年），朱子在白鹿洞講學之際，此書很可能又鋟板於白鹿洞書院。如此，前前後後經歷近二十年之久，足見朱熹及建陽、豫章、白鹿洞諸學宫，在薈萃條疏、編次增補、刻板印行《精義》一書時，所表現出的嚴肅認真之精神。由此可知，《精義》所引吕大臨《論》、《孟》解説，同所引其他諸家之説一樣，是比較詳盡而可信的。

因此，今以吕氏寶誥堂重刻白鹿洞原本《精義》爲依據，先從中輯出吕解，共一百九十五條：《學而》十一條、《爲政》十四條、《八佾》十二條、《里仁》十條、《公冶長》十二條、《雍也》二十三條、《述而》十六條、《泰伯》十一條、《子罕》十一條、《鄉黨》三條、《先進》十條、《顔淵》七條、《子路》六條、《憲問》十三條、《衛靈公》八條、《季氏》八條、《陽貨》十二條、《微子》四條、《子張》三條、《堯曰》一條，分繫於各章之下，以此爲底本，校以影印文淵閣《四庫全書》本《精義》（簡稱「四庫本」）、南京圖書館館藏明抄本《國朝諸老先生論孟精義》（簡稱「明抄本」）以及日本景享保十四年（一七二七年）和刻本《精義》（簡稱「和刻本」）加以標點，便形成了這個《論語解》輯校本。這同《易章句》輯校本一樣，雖非復其原書之舊，但足見其概矣。

（四）《孟子解》

晁《志》、陳《録》、尤《目》均無著録，惟《宋志》作「《孟子講義》十四卷」，《經義考》肯定其已佚。其佚存刊行情況，與《論語解》同。今從吕氏寶誥堂重刻白鹿洞原本《孟子精義》中，輯出吕解《梁惠王下》二條、《公孫丑上》三條、《公孫丑下》一條、《滕文公上》二條、《離婁上》四條、《離婁下》三條、《萬章上》二條、《萬章下》一條、《告子上》二條、《盡心上》三條、《盡心下》三條，共計二十六條，分繫於各章之下，以此爲底本，校以四庫本與和刻本《精義》，加以標點，定名曰《孟子解》。

這可能便是今天可以看到的《孟子講義》的殘存部分。

（五）《中庸解》

晁《志》、陳《録》、尤《目》均無著録。《宋志》作「《中庸》一卷」，《經義考》作「呂氏《中庸解》一卷」，特注明：「存。疑即《二程全書》中所載本。」今考《二程全書》，其《程氏經説八》中載有此書，朱熹對此辨析甚明，他説：

> 明道不及爲書，今世所傳陳忠肅公（瓘）之所序者，乃藍田呂氏所著之别本也。伊川嘗自言《中庸》今已成書，然亦不傳於學者，或以問於和靖尹公，則曰「先生自以不滿其意而火之矣」。二夫子於此既皆無書，故今所傳，特出於門人記平居問答之辭；而門人之説行於世者，唯呂氏（大臨）、游氏（酢）、楊氏（時）、侯氏（師聖）爲有成書。若横渠先生，若謝氏（良佐）、尹氏（焞），則亦或記其語之及此者耳。（《朱子文集》卷七十五《中庸集解序》）

由此足見《中庸解》非二程所著無疑。

《朱子語類》和胡宏《題呂與叔中庸解》，進一步論證了《中庸解》是「呂與叔晚年所爲」，還説明了其版本流布情況。《語類》卷六十二云：

> 向見劉致中説，今世傳明道《中庸義》是與叔初本，後爲博士演爲講義。先生又云：尚恐今解是初著，後掇其要爲解也。

胡宏《題呂與叔中庸解》云：

> 靖康元年，河南門人河東侯仲良師聖，自三山避亂來荆州，某兄弟得從之遊。議論聖學，必以《中庸》爲至，有張燾者，携所藏明道先生《中庸解》以示之，師聖笑曰：「何傳之誤？此呂與叔晚年所爲也。」燾亦笑曰：「燾得之江濤家，其子弟云然。」……後十年，某兄弟奉親，南止衡山，大梁向沈又出所傳明道先生《解》，有瑩中陳公所記，亦云此書得之濤。某反覆究觀詞氣，大類横渠《正蒙書》。而與叔乃横渠門人之肖者，徵往日師聖之言，信以今日己之所見，此書與叔所著無可疑明甚。（《五峰集》卷三）

二程是關中華陰侯氏之甥。侯師聖少孤，爲二程養育成人，從學二程最久。他所辨定《中庸解》爲呂大臨晚年著作，無疑是完全可信的。其版本流傳，正如晁《志》所總括：「陳瓘得之江濤，濤得之曾天隱，天隱得之傅才孺云。」因此，今從中華書局校點本《二程集》中，將《中庸解》

録出，復校以《二程集》所用底本、校本之相關部分，❶並將胡宏《題吕與叔中庸解》加以點校，附之於書後，以便同其《禮記解》中的《中庸解》相互參照。

（六）《論中書》

（七）《東見録》

這兩篇均係吕大臨與二程談話答問之記録，由吕氏本人記録整理，被編入《二程全書》之中。前篇見《程氏文集》卷九，是大臨與程頤論「中」之語，題下有編者注文：「此書其全不可復見，今只據吕氏所録到者編之。」可知爲吕大臨所記；後篇見《程氏遺書》卷二上、下，是吕大臨記元豐二年（一〇七九年）入洛東見二程從學時二程所語，因此記録流傳版本不同，《遺書》卷二分上下一並編入，卷二上原題爲《元豐己未吕與叔東見二先生語》、卷下原題爲《附東見録後》，特注云：「别本云亦與叔所記，故附其後。」可知卷上、卷下同係大臨所記，而流傳版本不同，都可稱作《東見録》。因此，今從中華書局校點本《二程集》中將這兩篇録出，復校以《二程集》所用底本、校本之相關部分，前篇依從原名簡稱《論中書》，後篇統稱《東見録》，仍分上下，以示其流傳版本之異。

（八）《藍田儀禮説》

（九）《藍田禮記説》

（十）《藍田語要》

此三篇係《宋元學案補遺》卷三十一所引吕大臨有關專著、文章、語録的摘抄，今從《四明叢書》第五集《補遺》中全文輯出，校以前述吕氏《禮》、《論》、《孟》、《庸》諸《解》之相關部分，加以標點，篇名仍舊。

又考《性理大全書》、《宋元學案》所引大臨語，前者十四則，後者七則，今以四庫本《大全書》與中華書局校點本《學案》爲依據，分别將其輯出，加以校點，一並附於《藍田語要》之内。其中所引重複者，不予删削，保其原貌，以見其語爲歷代史書所徵引、珍重之實。

❶ 《二程集》以清同治涂宗瀛刻本《二程全書》（簡稱「涂本」）爲底本，校以明萬曆徐必達刻本（簡稱「徐本」）和清康熙吕留良刻本（簡稱「吕本」）之《二程全書》。

（十一）《吕氏鄉約鄉儀》

此書歷代史書多有著録。《鄉約》一卷，舊傳爲大忠所作，《宋史》引《鄉約》一條，又載於《大防傳》中，經朱熹考訂，爲大鈞所作；《鄉儀》一卷，舊題蘇昞所爲，依朱熹考訂，「乃季明（蘇昞）所序」，而「吕氏書也」。足見此書實係三吕共同編訂。其書刊刻流布最廣，但以《關中叢書》本爲善，故今以它爲底本，加以標點，書名仍舊。

（十二）《文集佚存》

吕氏文集既佚，今自《四部叢刊》影印宋本《皇朝文鑑》、清乾隆刻本厲鄂《宋詩紀事》、山西古籍出版社校點本清陸心源《宋詩紀事補遺》和中華書局校點本《二程集》、《張載集》、朱熹《楚辭集註》以及《全宋文》、《全宋詩》中，分别輯出吕大臨詩文四十四篇：《哀詞》、《横渠先生行狀》、《中庸後解序》、《考古圖後記》、《克己銘》、《北郊》、《送劉户曹》、《春静》、《擬招》等，吕大鈞詩文九篇：《天下爲一家賦》、《世守邊郡議》、《選小臣宿衛議》、《民議》、《弔説》、《曾點》等，吕大防詩文七十篇：《請置經略副使判官參謀》、《劾趙概奏》、《幸太學倡和》、《萬里橋西》（輯佚者按：原無題，據詩首句「萬里橋西萬里亭」而加）等，吕大忠詩文二十二篇：《立定夏國國界有五不可奏》、《送程給事知越州》等，加以點校，歸爲一編，題作《文集佚存》，以見吕氏詩文之散佚、存流情況。

就以上十二部分資料内容看，現在的吕氏遺著，其實主要是吕大臨的作品。儘管其大部篇章寫作年代不詳，但既可以肯定《中庸解》是「吕與叔晚年所爲」，《東見録》、《論中書》爲吕大臨於三十三歲入洛東見二程以後所記録，那麽，《易章句》、《禮記解》、《論語解》、《孟子解》，從其内容看，很可能就是吕大臨三十一歲以前，親炙張載時所作。而張載其學「尊禮貴德」，「以《易》爲宗」，大臨從學張子，必然亦從解《易》入手，而漸漸立説。所以，《藍田吕氏遺著輯校》特將《易章句》列於書首，《禮》、《論》、《孟》、《庸》諸《解》大體依時序編次於後。歷代關乎吕氏其人其書之傳略、佚事、序跋、提要、書評、按語等記載，擇其要者，作爲《附録》，載於書末，以備參考。

浮沚集

〔北宋〕周行己 撰

陳俊民 校點

目録

浮沚集卷三

浮沚集卷四

浮沚集卷五

浮沚集卷六

浮沚集卷七

浮沚集卷八 …… 一〇〇

校點説明

《浮沚集》是宋儒周行己的詩文集。周行己（一〇六七—一一二五）字恭叔，生於瑞安縣，定居永嘉郡城（今浙江省温州市），遂稱永嘉人。歷經宋神、哲、徽宗三朝，晚年在郡城雁池之西築浮沚書院講學授徒，學者稱爲浮沚先生。早年隨其父正議大夫泳宦遊京師開封、洛陽，補太學諸生。時尚「新學」，一心學科舉文。哲宗元祐六年（一〇九一），進士及第，後任洛中水南糴場監當官。徽宗崇寧元年（一一〇二），任太學博士，以親老歸，分教鄉里。先後任温州、齊州州學教授，樂清、原武縣令，秘書省正字等職。宣和六七年間（一一二四—一一二五），卧病京師，後卒於鄆州（今山東鄆城縣），歸葬瑞安，享年五十九歲。見二程《外書》、《粹言》、朱熹《伊洛淵源録》、葉適《温州新修學記》等有關記載（本書附録一），《宋元學案》卷三十二、《宋史翼》卷二十三及明、清温州府縣志有傳（本書附録二）。

周行己爲宋代永嘉功利學派的開創者。所著《浮沚集》，宋代已刊刻行世，陳振孫《直齋書録解題》卷十七著録有：「《浮沚先生集》十六卷，後集三卷。」馬端臨《文獻通考·經籍考》照録，《宋史·藝文七》有「《周行己集》十九卷」。明初傳有《周博士文集》十卷本，不及前後集本之全。萬曆《温州府志》周行己傳又稱「有文集三十卷」，《宋元學案》亦稱「所著有《周博士集》三十卷」，馮雲濠案指云：乃本之萬曆《温志》所傳之譌。乾隆年間修《四庫全書》，館臣從《永樂大典》中「搜羅排比，共得八卷」，即文七卷，詩一卷，編入《集部·别集類》，可稱爲「《浮沚集》八卷」本，後以聚珍版單獨印行，並將詩分爲二卷，成武英殿聚珍版的九卷本（簡稱「武英殿本」）。《四庫提要》依據安吉陳振孫之祖母即周行己的第三女之特殊關係，肯定所記「前後兩集」十九卷數「當必不誤」，而《大典》本即其佚存之部分，雖「較之原編十幾得五，尚足見其大凡也」。（以上參見本書附録二、三）

今考其内容，大體可歸四類。卷一「奏表」收《上皇帝書》兩篇，特别提出了「修錢貨之法」、「修茶鹽之法」、「修學校之法」、「修吏役之法」，可謂政論類文字。卷二「經解」共十二章，除一章解《周易·繫辭上傳》第五章之外，其他十一章均爲詮釋《禮記·曲禮上》的文字；卷三「對策」，共收「策」三篇，「策問」十二篇，連同卷四「序記」中的《易講義序》、《禮記講義序》、《論語序》，當是周氏爲浮沚書院講學授徒所作之範文，可謂道學類文字。卷五「書啓」、卷六「雜著」和卷七「祭文誌銘」，屬周氏出處應酬類文字。卷八「古詩」、卷九「律詩絶句」，共收各類詩作一百四十四首。值得注意的是，周氏的《禮記講義序》和《易講義序》兩文，分别與程頤《禮序》和《周易程氏傳》中的《易序》兩文，字句基本相同（參見中華書局校點本《二程集》第六六八、六九〇頁）；卷六、卷七又收有《書呂博士事》一篇，《哭呂與叔四首》。表明周行己師從程頤，既傳洛學，又追隨同門呂大臨，兼傳關學，加之曾深受荆公新學的熏陶和蘇軾文章的影響，絶不立門户之見，融合北宋道學各派之長，爲「永嘉之學」確立了「主禮樂制度，以求見之事功」的宗旨。雖遭謝良佐、朱熹等程門弟子的排斥，卻因獨能傳續洛學之功，而不斷受到後代學者的肯定和贊許，或曰「永嘉學問從此出也」（陳振孫語），或云「浙學之盛，實始于此」（全祖望語）。可見《浮沚集》學術價值之所在。

民國二十年，温州平陽黄群校印鄉賢遺著，編成《敬鄉樓叢書》四輯三十八種，第三輯收有《浮沚集》一種，黄群以武英殿原刊本爲底本，以閩重刊本爲校本，用地方文獻所載周氏詩文互校，並附録清人孫衣言（琴西）按語於各篇之下；又從周天錫《慎江文徵》、陳遇春《東甌先正文録》、光緒《永嘉縣志》等書中，共搜羅得周氏遺著文十篇、詩十三首，特彙集爲《補遺》，附於本書卷九之後，付梓爲《敬鄉樓叢書》本《浮沚集》（簡稱「敬鄉樓本」）。經查核，此本《補遺》校勘未精，如卷三《司徒典樂之教》中「三教六德」之「三」，誤作「五」，卷四《送劉絜矩序》中「望於吾子」之「吾子」，誤作「君子」，等等；且諸篇所附孫衣言之按語，其引史料，多有失誤。但它基本保存了武英殿本初版之原貌。

這次校點，以武英殿本爲底本，以敬鄉樓本和影印文淵閣四庫全書本（簡稱「四庫本」）爲校本，參考有關史書、文集、方志等資料，並參閱今人周夢江箋校的《周行己集》有關部分（上海社會科學院出版社，二〇〇二年第一版）。在保存原刊九卷本式樣的同時，特將敬鄉樓本的《補遺》和今據《永樂大典》輯得《祭二十叔文》一篇及據北京大學校點本《全宋詩》「周行己」卷中輯出的詩四首，合爲《文集佚存》，附於卷九之後；並將各本所附提要序跋，及宋元明清有關周氏其人其書的主要史料，按類依時編次，作爲《附録》，置之書末，以供參考。

本書原有目録過簡，今目録重編，以便閱讀。

在本書校點過程中，博士生孔慧紅協助我做了不少工作。

校點者　陳俊民

浮沚集卷一

宋　周行己　撰

奏議

上皇帝書

臣竊謂人臣之私，莫大于朋比，而天下之患，莫深于壅隔。古之人君所以操獨斷而任賢使能，廣群聽而明目達聰，蓋防此也。恭惟陛下臨御以來，總攬權綱，勵精政事，官無大小，事無巨細，皆出宸斷。親御翰墨，臣庶奔走而聽命，海内歡忻而蒙德。十二年間，法全而令具，治定而功成。然則天下既已無事矣，臣愚過慮，竊意萬幾之繁，久勤宵旰。臣願陛下儲精蠖濩，游意太清，小職細務，責之三省百司。而獨操其要者，在于察股肱之任，必出于公，使無朋比之欺；擇耳目之官，咸竭其忠，使無壅隔之患。如此，則職何小而不舉，事何細而不聞，不待悉煩聖慮，而天下之理得矣。臣愚不勝區區螻蟻之誠。

上皇帝書

臣聞忠臣雖在畎畝，不忘其君；志士雖無其位，而憂在天下。何則？君臣之義，出于天性，天下之人，同于一體。是以伊尹耕于有莘，而自任以天下之重；仲尼、孟軻身爲匹夫，而汲汲皇皇。彼皆遭非其時，猶欲使其君爲堯舜之君，使其民爲堯舜之民。孔子亦曰：「如有用我者，吾其爲東周乎！」孟子亦曰：「豈徒齊民安，天下之民舉安。」況臣生逢盛世，身事明主，豈不願陛下享天下之安，天下同陛下之樂，承祖宗深厚之德澤，固萬世無窮之基業。而臣尤以爲幸者，以陛下性體帝堯之仁，躬行周王之孝，有大舜取人爲善之大德，有成湯改過不吝之誠心，加之以欽明文思之聖學，允恭克讓之懿行，是以手詔每下，天下無不感悦，雖遠方窮僻之民，皆知陛下之爲聖主也。然而天下之民，猶有不得盡被陛下之澤，而經國之術，猶有不得盡如陛下之意者，豈非有司議法之過，官吏行法之弊乎！

臣讀《易》，得其説曰：「天地之大德曰生，聖人之大寶曰位。何以守位曰仁，何以聚人曰財。理財正辭、禁民爲非曰義。」今陛下有天地好生之德，居聖人大寶之位，守之以仁，行之以義，而臣下未有稱陛下之旨，任天下之責者。夫守位莫大于得人心，聚人莫先于經國用，此誠陛下今日之所留意而已行之矣。然臣猶有區區之説者，誠謂更化之際，古人所難；調一之道，必有其要。故臣爲得人心之説有四：一曰廣恩宥，二曰解朋黨，三曰用有德，四曰重守令。爲經國用之説有六：一曰修錢貨之法，二曰修茶鹽之法，三曰修居養安濟漏澤之法，四曰修學校之法，五曰修吏役之法，六曰修轉輸之法。

臣所謂廣恩宥者，誠謂陛下前日聽任之過，法度或有未便，刑罰或有失中，天下雖知陛下之德，而行法之吏，不無失人之心。臣願陛下曠然爲盛德之舉，下責躬之詔，其意若曰：迺者失于聽任，法度過差，恐吾民至有陷于非辜，賢者或有廢而未用，人失其所，澤不下宣，因推應官吏軍民之在罪籍者，無輕重，悉使自新。如此則天下之人，孰不懽然交悅，益知陛下之爲聖，前日有司之爲過也。臣所謂廣恩宥爲得人心之術者此也。

夫然後除其黨籍，勑戒有司，應今赦以前，不得復論，繼今以後，不得復以朋黨爲言。朋黨之論，誠非國家之利也。夫一身，內有九族之衆，外有婚姻之黨，又有朋游之好。一家十人，十家百人，百家千人。以一人失職，千人懷戚，一口傳情，萬口傳聲。陛下誠能念其前事之已往，歲月之已久，所言失當者，或出于忠誠之憤激，所爲繆戾者，或出于愚暗之無知。天下樂生之情，同于昆蟲，何所不愛！❶陛下好生之德，同于天地，何所不容！臣願無問罪之輕重，時之先後，人之邪正，悉因大霈，一切釋之，兩解其黨。應前任宰相執政者，與之三京四輔；前任侍從者，與之帥府望郡；前任臺省官者，與之列郡；餘官各隨資任，聽其仕進。已亡歿者，悉復之；有恩賜者，悉還之。如此則人無懷疑，下無失職之歎，幽明咸被其澤，賢愚各得其所，回千人之憂戚，爲四海之懽聲，臣所謂解朋黨爲得人心之術者此也。

臣所謂用有德者，臣誠謂天下之人，有有德者，有有才者，有才德兼備者。操行無邪，持心近厚，所謂有德也。人所不能而己能之，所謂有才也。才德兼備者上也，有德而無才者次也，有才而無德者又其次也，無才無德斯爲下矣。故曰：「賢者在位，能者在職。」又曰：「任賢使能。」所謂賢者，有德之謂也；所謂能者，有才之謂也。賢

❶「愛」，原誤作「受」，依四庫本、敬鄉樓本改。

者在位，則朝廷尊；朝廷任賢，則天下服。夫爲德非一日之積也，德成而信于人者，又非一日之積也。臣願陛下博選耆艾，參用舊德。蓋耆德之人，知古今之多，閲世故之久，必能爲陛下稽古愛民，必不爲陛下妄作生事。而又天下之所素知，人心之所素服，用之于一方，則一方之民悦，用之于朝廷，則天下之民悦，陛下能用民悦之人，是陛下得民之悦也。臣所謂用有德爲得人心之術者此也。

臣所謂重守令者，誠謂天下一家，萬民爲本。積縣爲州，積州爲國。縣不得人，則爲陛下失一縣人之心；州不得人，則爲陛下失一州人之心；國不得人，則爲陛下失天下之心。是人心者，爲州縣之根本；州縣者，爲天下之根本。今朝廷之上，選賢用能，而州縣之任，未嘗選也。資考應吏部之格者，可以得也；朝廷以爲不才而黜逐者，可以得也。夫朝廷以堂選爲重，吏部爲輕，而郡守縣令，以吏部得之，是州縣之任，輕于朝廷也。朝廷以進用爲才，黜責爲不才，而郡守縣令以黜責得之，是朝廷輕郡守縣令之任也。臣願立守令之法，重州縣之任。應今後朝廷之黜責者，不得任郡守縣令；朝廷之選用者，必自郡縣守令選除。如此則守令知自重，而不敢害吾民；民知上愛我，莫不懷上德。臣所謂重守令爲得人心者此也。

臣所謂修錢貨之法者，其説有三：一曰當十，二曰夾錫，三曰陝西鐵錢。夫錢本無用，而物爲之用；錢本無重輕，而物爲之重輕。此聖智之術，國之利柄也。臣竊計自行當十以來，國之鑄者一，民之鑄者十，錢之利一倍，物之貴兩倍，是國家操一分之柄，失十分之利，以一倍之利，當兩倍之物，又況夾錫未有一分之利，而物已三倍之貴。是以比歲以來，物價愈重，而國用愈屈。爲今之説者，不過曰官既能鑄，聽其自輕重；又不過曰如慶曆之法，以漸減其分數。此二説皆不可也。夫盜鑄當十，得兩倍之利，利之所在，法不能禁也。自行法以來，官鑄幾何，私鑄幾何矣？官鑄雖罷，私鑄不已也。私鑄不已，則物價益貴，刑禁益煩。而物出于民，錢出于官，天下租税常十之四，而糴常十之六。與夫供奉之物，器用之具，凡所欲得者，必以錢貿易而後可。使其出于民者常重，出于官者常輕，則國用其能不屈乎！此一不可也。慶曆之法，前日行之東南是也。自十而爲五，自五而爲三，自三而爲小鈔。自十而爲五，民之所有十去其半矣；自五而爲三，民之所有十去其七矣。小鈔之法，自一百等之至于一貫，民之交易，不能悉辨其真僞，一也；輸于官而不可得錢，二也。是以東南之民，不肯以當三易鈔，而盡銷爲黄錢，此前日已行之弊也。然而所以得行者，尚以改鑄之日未久，散于天下者未多。況今公私之鑄日久，併于五路與京師者日益多，其可復如前日公私有五分、七分之損乎！此二不可也。然而當十必至于當三，然後可平；夾錫必併之，然後可行；陝西鐵錢必通之，然後可重。臣之説，欲官出進納誥敕，與度牒、紫衣、師號，見錢公據六等，以收京師、五路當十，隨其錢數物直平易之。其有奇零不及數者，則隨其多寡，填給公據，許得貿易。若自便于榷貨務、算請諸路鹽鈔，以一季爲限，于是悉以所得當十，樁管逐路，或上供京師，隨其所用，改爲當三，通于天下。國家無所費，而坐收數百萬緡之用，其利一也；公私無所損，而物價可平，其利二也；盜鑄不作，而刑禁可息，其利三也。然而六等之説，所出既多，則必停壅不售，停壅不售，則其直必減，其直既減，則公私或損。臣欲進納前日之給綾紙宣帖者，悉更爲誥敕，而度牒、紫衣、師號，悉用黄紙。自法行之後，應官司惟得書填今來進納誥敕及黄紙度牒、紫衣、師號，候畢，方得書填舊降文字，如此，則無停壅之弊、價輕之患矣。此修當十錢之法也。

夾錫之弊，其行未久，輕于銅錢三之一。十三當銅錢之十。臣欲併于河北、陝西、河東三路。陝西鐵錢之弊，其積已多，輕于銅錢一之十五。臣欲通于河北、河東兩路。蓋錢以無用爲用，物以有用爲用，是物爲實，而錢爲虚也，故錢與物本無重輕。始以小錢等之，物既定矣，而更以大錢，則大錢輕而物重矣。始以銅錢等之，物既定矣，而更以鐵錢，則鐵錢輕而物重矣。物非加重，本以小錢銅錢爲等，而大錢鐵錢輕于其所等故也。何則？小錢以一爲一，而大錢以三爲十故也；銅錢以可運可積爲貴，而鐵錢不可運不可積爲賤故也。以其本無輕重，而相形乃爲輕重，故臣之説，欲併夾錫與鐵錢，通行于河北、陝西、河東三路，而禁使銅錢。其三路所有銅錢，許過銅錢路分行用。其京東、京西兩路夾錫錢，許過鐵錢路分行用。若河北、陝西、河東行使銅錢，京東、京西行使夾錫鐵錢，與銅錢之入三路，夾錫鐵錢之入餘路，各論如私錢法。如此，則鐵錢與物復相爲等，而輕重自均矣。陝西鐵錢幾廢而可以復行，其利一也；銅錢不流于敵國，其利二也；敵人盜鑄而無所復用，其利三也。其或鐵錢尚輕，物價尚貴，又有二説以濟之：鐵錢脚重，轉徙道路，不便于往來，一也；拘于三路，而不可通于天下，不便于商賈，二也。臣欲各于逐路轉運司，置交子，如川法，約所出之數樁錢以給，使便于往來，其説一也；朝廷歲給逐路糴買之數，悉出見錢公據，許于京師或其餘銅錢路分就請，以便商賈，其説二也。前日鈔法交子之弊，不以錢出之，不以錢收之，所以不可行也。今以所收大錢，樁留諸路，若京師以稱之，則交鈔爲有實，而可信于人，可行于天下。其法既行，則鐵錢必等，而國家常有三一之利，蓋必有水火之失，盜賊之虞，往來之積，常居其一，是以歲出交子公據，常以二分之實，可爲三分之用，此修夾錫鐵錢之法也。

臣所謂修茶鹽之法者，臣欲并酒法，而總其鹽鈔算請之數，買茶搭息之數，榷酤淨利之數，坊場買撲之數，通天下五等而三之，爲上中下十有五等，歲各出緡若干，一切弛其禁令，使民自便。國省官吏而歲入有常，其利一也；户出緡錢至少，而得以自便，其利二也；小民各安其業，而商賈得通，其利三也；姦盜不作，而刑罰可省，其利四也。

臣所謂修居養安濟漏澤之法者，前日朝廷既常修之矣，然其利未廣，其費尚多。臣誠欲廣陛下之惠，息縣官之費，謂應天下鰥寡孤獨之無歸者、疾病之無養者、死亡之無葬者，宜令各許所在近便寺觀，隨宜收養葬瘞，每通計及若干人，給度牒一道。如此，則生養死葬者各得便，一利也；天下寺觀，各得度人，二利也；官無濫費而獲實惠，三利也；德澤益廣而可以久行，四利也。

臣所謂修學校之法者，誠謂前日之法，太煩而難守，費廣難久。官有一歲四科場之勞，士有五歲一應舉之患。春季一試，夏季一試，秋季一試，冬季一試，官吏之勞，紙劄之費，悉如貢舉之法，是一歲而有四科場也，豈非官以爲弊乎！一試入縣學，一年然後赴歲升。再試入州學，一年然後補內舍。三試升內舍，一年然後補上舍。升上舍者，歲終然後入辟雍。入辟雍者，遇大比然後得推恩。凡此數者，每試必得，必有考察，必遇大比，已五年矣。而況試未必得，得未必有考察，貢未必遇大比，是又有七年之久者，有終身不得進者，豈非士以爲患乎！臣欲廣陛下教養之意而覈其實，簡有司選試之法而省其費，謂宜州置州學教授一員，命官充之，選有學行者，視其資秩，爲請給人從之數。縣置縣學教授一員，舉人充之，月給職錢五千。學生之入縣學者，不試不給食。學生之入州學者，初歲一試外舍，取文理通者，不限以數。比歲再試內舍，取外舍十之一。三歲再試上舍，取外舍十之一。❶于是貢于太學，太學總天下所貢之數而大比焉。又取十之一，乃奏名而官之。應三舍生願在學與游學于外者，聽其自便。內舍以上官給食，若在外犯公罪徒、私罪杖，雖贖，及在學犯第二等以上罰者，各不得預試。每大比之後，一再試如初法，嘗預貢者免試外舍。至于試士之法，其弊亦久，人守一經，無不出之題，文爲一格，無甚高之論，以博學好古爲迂闊，以綴緝時文爲捷徑，是以老成久學之士未必得，而後生

❶「外」，敬鄉樓本校記疑當作「內」。

淺聞之徒多預選。臣謂宜革選試之法，使人試五經大義各一條爲第一場，子史時務策各一道爲第二場，宏詞爲第三場。如此，則才高實學者，無不遇之嘆，而新進寡學者，無濫得之幸。是爲今日學校之所養者，必爲他日三舍之所選；今日三舍之所選者，必爲他日朝廷之所用。學校益廣，一利也；考選益精，二利也；士得自便，三利也；所費至省，四利也。

臣所謂修吏役之法者，其説有二：以田募吏，一説也；以兵代役，二説也。以田募吏之法，水田上等一頃，中等一頃半，下等二頃；陸田上等二頃，中等三頃，下等四頃。州縣每案募吏一人，使世其職，身殁聽以子孫家人承代，試而後補，犯枉法自盜贓者，還其田別募。隨其案之職務煩簡，許保任書手一人至三人，月給雇直三千，犯枉法自盜贓者同罪，餘罪輕重有差。如此，則吏得久其職，而可以責任，一利也；人知自愛而重犯法，二利也；民不受弊，三利也；雇直可省，四利也。以兵代役之法，應州雇散從，縣雇手力，悉易以廂軍。廂軍不足以禁軍，其教閲更代差出，各如本法，即不得下鄉幹當公事。如此，則雇役可省，其利一也；兵無冗食，其利二也。

臣所謂修轉輸之法者，臣誠以爲領使太煩，轉輸不一，財散而費廣，權分而勢輕。臣欲悉減諸司官，每路只置轉運使一員，使轉輸財賦，按察使一員，使察廉吏治，皆以望重品高者爲之，許各辟官屬，分治其事。如此，則權一而事治，其利一也；官省而費輕，其利二也。

凡此十説，臣皆推原陛下仁聖之美意，修廣今日已行之良法，于當更之時，順民悦之情，定一代之典，爲萬世之利。至于事之緩急，行之先後，法之纖悉，儻蒙萬幾之暇，留神聽覽，或有可采，別其條對，出自宸衷，斷而行之。臣非敢懷邪而觀望，希賣而幸進。惟欲陛下受天命無窮之福，天下安陛下和樂之政，宗廟永寧，社稷永固，臣之至願也。

表

代郭守賀嘉禾表

和氣薰蒸，祥生嘉穀，泰符協應，慶及豐年，凡在照臨，孰不抃蹈。恭惟皇帝陛下，撫千齡之昌泰，纂七聖之宏規。繼述丕謨，躬行周王之孝；生成庶彙，性由堯舜之仁。每推四海之咸寧，不忍一夫之失所。格顧成于宗廟，膺眷佑于皇天。休順大臻，嘉祥並至。惟農者爲政之本，而禾者得時之中，上以供乎粢盛，下以足乎民食。秖園發秀，匪同異畝之耕；莖穗標奇，且應充箱之實。固將承福基于億載，光瑞牒于前圖。臣邈守遠藩，預聞盛事，竊仰聖朝之慶，將圖國用之饒。欣頌之誠，倍越常品。

代郭守謝復職表

代言西掖，詞藻非長；黜守東州，政經無狀。會逢恩宥，洊復官資，進升清切之班，莫稱便蕃之命，寵隨驚至，感與涕并。竊以典謨訓誥之書，自唐虞而始見；禮樂文章之政，更秦漢而弗全。洪惟治朝，大興儒學，纘寶圖而創閣，昭累聖之垂文，登延侍從之臣，祇若祖宗之訓，鋪陳帝制，宣昭聖謨。況先帝丕顯之攸居，實方今紹述之所本。列職禁近，得預時髦。如臣者憂患餘生，江湖末系，學類瓠而無用，性匪石而不移。守道衡門，每有終身之志； 觀光上國，偶爲多士之先。再試有司，始階仕版；間關州掾，叨冒學宫。緣坐罷官，棲遲赴調。謬以不虞之譽，寖蒙上聖之知。辟雍英俊之廛，濫居師席； 學制教化之首，參預官聯。尋使事而復留，階郎曹而被選。以至執筆柱下，掌誥省中，歲幾九遷，慮無一得。皆由神聖之選，不緣左右之容。才分叨踰，言章果及。終蒙睿眷，尚畀州符，曾未期年，盡還故職。此蓋伏遇皇帝陛下，乾坤廣大，雖過必容，日月照臨，無幽不燭。察臣文采不足，立身無他，憐臣樸忠有餘，事君盡己。故因鴻霈，躐進華資。持槖從班，望堯階而雖遠； 分符郡寄，奉漢詔以惟寅。報稱實難，糜捐無所。

浮沚集卷二

宋　周行己　撰

經　解

仁者見之謂之仁，知者見之謂之知，百姓日用而不知，故君子之道鮮矣

道本無名，所以名之曰道者，謂其萬物莫不由之也。萬物皆有太極，太極者，道之大本。萬物皆有兩儀，兩儀者，道之大用。無一則不立，無兩則不成，太極即兩以成體，兩儀即一以成用。故在太極不謂之先，爲兩儀不謂之後。然則謂之一陰一陽者，不離乎一也；謂之道者，不離乎兩也。所以太虛之中，絪緼相盪，升降浮沈，動静屈伸，不離乎二端。散殊而可象者爲物，物者，陰陽之迹也，故曰：「乾，陽物也；坤，陰物也。」清通而不可象者爲神，神者，陰陽之妙也，故曰：「陰陽不測謂之神。」不測則不可謂之二，成物則不可謂之一，二即一而不離，神體物而不遺。見此者，謂之知道，體此者，謂之得道。然是道也，夫何遠之有哉！

繼于善者，進乎此矣，成于性者，復乎此矣。孟子曰：「可欲之謂善。」又曰：「性無有不善。」夫善者，對不善之稱也；可欲者，對可惡之稱也。無不善，則亦無善之可稱；無可惡，則亦無欲之可稱。是知失性者，天下之不善也，不善者，天下之可惡也；得性者，天下之善也，善者，天下之可欲也。然則人之有善，皆得乎性者也；人之有不善，皆失乎性者也。苟能食則見善于羹，坐則見善于牆，立則見善參于前，在輿則見善倚于衡。顛沛必于善，造次必于善，相繼無間，不離于道矣。善既純一，則無不善，不善既無，善亦不立，成于性者也，成于性則無不全也，無不盡也。然而命于陰陽者，氣質之稟不同，則昏明之性亦異。成性于仁者，以斯道謂之仁，斯道非不仁也，然仁不可謂之道；成性于知者，以斯道謂之知，斯道非不知也，然知不可謂之道。皆其成性之不同，所見之不周。猶伯夷得聖人之清，柳下惠得聖人之和，非不善也，然不可謂之大成。

夫一物之中，皆具一道，一道之内，皆具陰陽。不能盡其大心以充其性，遂以小見爲大道，止于斯，良由生稟之或偏而不知學，或學之不至而小成，此皆賢者之過，所以君子之道鮮也。至于天下之民，目視耳聽，手舉足運，無非道者，朝作暮息，渴飲飢食，無非道者。然而察其聲音鴝鴝，目視眴眴，有生而已，終身由是，曾不知洒掃應對之妙道，而耕稼陶漁之可以聖也，是豈道之遠人哉？孟子曰：「行之而不著焉，習矣而不察焉，終身由之而不知其道者，衆也。」此皆不肖者之不及，所以君子之道鮮也。

夫所謂君子之道，中而已矣。或偏于仁，或偏于知，過乎中者也；日用而不知，不及乎中者也。太極即中也，中即性也，太極立而陰陽具乎其中矣，性成而陰陽行乎其中矣。是故《易》之爲書，陰陽之道也，六十四卦，三百八十四爻，無非是者。然而得所謂君子之道者寡，而過與不及者多，此孔子《繫辭》所以明一陰一陽之道，而深嘆夫君子之道鮮也。雖然，萬物負陰而抱陽，誰獨且無道乎！反身而誠，斯得之矣。此所以天下之人，不可自棄，而學《易》者不可以不盡心也。

《曲禮》曰：毋不敬，儼若思，安定辭，安民哉

《曲禮》者，禮之至曲者也。大則簡，曲則詳，然曲能有誠，至于變化，豈有二致哉！故其爲禮者曰「毋不敬」，所以戒夫人之不可以不敬也。蓋敬者，君子修身之道也，所以閑邪而存其誠者也。敬斯定，定斯正，正者，德之基也。慢斯怠，怠斯邪，邪者，德之賊也。古之人相在爾室，不愧屋漏，出門如見大賓，使民如承大祭，何所不用其敬哉！

「儼若思」者，非思也。凡思者，其心必有所止，心有所止者，其耳目視聽，必有所忘。蓋其心定者，其容寂，此儼者所以若思而非思也。古之人知止而慮善，恭默以思道，此有思者也。南郭子綦之隱几，嗒焉似喪其耦；顔淵之坐忘，黜聰明，墮肢體，此無思者也。無思者，天也，有思者，自人而之天也。古之爲道如此。

「安定辭」者，《易》所謂「易其心而後語」也。蓋一辭之不中，皆心之過，孟子所以謂「不得于言，勿求于心，不可」。而《頤》之「養正」，君子所以慎言語。是以存于心者，既見乎辭，考其辭者，亦可以知其人也。

此三者，禮之大節，君子學道之要也。自天子達于庶人，自修身至于爲天下，莫不一于是。故敬則無敢慢，無敢慢則民莫不愛矣。儼則人望而畏之，人望而畏之，則民莫不敬矣。安定辭，則其言善，其言善，則民莫不應矣。敬也，儼也，安定也，舉乎其上者如此，所以安民之道也。愛也，敬也，應也，錯乎其下者如此，民所以安之之效也。匹夫而有此，必有安民之術；天子而有此，必有安民之事，故曰「安民哉」！

傲不可長，欲不可從，志不可滿，樂不可極

君子所以知天者，知其性也，所以事天者，事其心也。性之不明，心之不存，則在我者，與天不相似，故有長傲以悖天德，從欲以喪天性。所見者小，則其志易滿，天道虧矣；所慕者外，則其樂易極，天理滅矣。人之所以爲人者，天也，失其天，豈可謂天之人乎？此其喪精失靈，皆可哀之民也。

原夫凡人之所以有傲者何也？以其有我而已矣。以我爲我，則彼爲之對矣，彼我既分，勝心生焉，强此而劣彼，此所謂傲也。彼既自彼，我既自我，傲且不足以輕彼，適所以害我。是心也，且不可有，況可長乎！若我既無我，則彼亦無彼，何傲之有？彼有大傲者焉，傲睨乎萬物之上者是也，是傲也，非世俗之鄙心也，道獨尊而無對故也。

凡人之所以有欲者何也？以其有物而已矣。以物爲物，則我爲之役矣，物我既交，愛心生焉，忘己而徇物，此所謂欲也。物既自物，我既自我，欲且不足以益我，適所以喪我。是心也，且不可有，況可從乎！若物既無物，則我亦無我，何欲之有？彼有大欲者焉，從心所欲不踰矩者是也，是欲也，非世俗之鄙心也，道無心而不留故也。

志固不可滿，而凡人之志所以可滿者，所志者利也。其志在利者，利得，其志必滿。志滿者必驕，由志道者觀之，不亦隘乎？故大志者，古今不可以爲限，固不可滿也。

樂固不可極，而凡人之樂所以有極者，所樂者僞也。故所樂在物，物得，其樂必極。樂極者必淫，由樂道者觀之，不亦鄙乎？故大樂者，天地不能變，萬物不能易，固不可極也。

然則斯四者，爲之小者，必可謂之小人矣；爲之大者，必可謂之大人矣。君子之學，去其小者，存其大者，如斯而已矣。

賢者狎而敬之，畏而愛之，愛而知其惡，憎而知其善，積而能散，安安而能遷，臨財毋苟得，臨難毋苟免，狠無求勝，分無求多，疑事無質，直而勿有

君子之于學也，能親賢，然後能明善；能明善，然後能至公；能至公，然後能無累；能無累，然後能自立；能自立，然後能與人；能與人，然後能善世。此學者本末之序也。

天下之人莫不善也，賢者，先得乎其善者也，故其温良可親也，其威嚴可畏也。親之而不知敬，則其流必易；畏之而不知愛，則其漸必疎。易則不知善之可尊，疎則不知善之可親。狎而敬之而不失其尊，畏而愛之而不失其親，君子之親賢有如此者。

天下之蔽，莫大乎私；天下之明，莫大乎公。君子之于人也，無私好，其所好者必善者也，無私惡，其所惡者必不善者也。故所愛者善也，不以所愛蔽于所不愛，乃天下之公好也；所憎者不善也，不以所憎蔽其所不憎，乃天下之公惡也。惟能公于好惡，故能不以一己之愛憎，而易天下之善惡，君子之至公有如此者。

凡人之所以厚積者，必以爲私所分也，惟公者能以天下爲度，則不累乎物，存人者猶在己也，奚積而不能散乎！凡人之所以居安者，必以爲我所安也，惟公者能以天下爲宅，則不累其居，在彼者猶在此也，奚安而不能遷乎！惟其能散也，故散而不失其所積；惟其能遷也，故遷而不失其所安。君子之無累有如此者。若夫累于物者，則臨財必求苟得；累于身者，則臨難必求苟免。惟君子忘物，所以立我，故不累于物；忘我，所以立道，故不累乎身。內外無累，故可以得而得，無心于得，非所謂苟得也；可以免而免，無心于免，非所謂苟免也。君子之所以自立有如此者。

今天下之所以好勝者，爲其不能忘我也；天下之所以多得者，爲其不能遺物也。苟能忘我，而常處其弱，則人之狠者不求勝，而天下莫能勝矣；苟能遺物，而常處其不足，則人之分者不求多，而天下莫能損矣。苟持是于天下，雖之蠻貊而必行，入麋鹿而不亂，君子之所以與人有如此者。

君子之知，衆人之所以疑也；衆人之曲，君子之所以直也。然而君子有同天下之志，而無善一己之心。故致其大知以釋其疑，使天下之疑者不疑，先質其疑，則天下疑矣；推其大直以直其未直，使天下之不直者直，先有其直，則天下不直矣。故不質其疑，所以欲天下之皆致其知也；不有其直，所以欲天下之皆得其直也。君子之善世有如此者。

凡此數者，君子之所務，而衆人之所深戒者也。故或曰「能」，或曰「毋」，或曰「勿」，語其志則一也。

若夫坐如尸，立如齊，禮從宜，使從俗

君子之所以必莊必敬者，非所以飾外貌，所以養其中也。蓋其心肅者，其貌必莊，其意誠者，其體必敬。爲尸者所以象神，不莊不敬，則神弗臨之矣。必莊必敬，然後可以爲尸，故君子之坐如之。爲齊者所以接神，不莊不敬，則神弗接之矣。必莊必敬，然後可以爲齊，故君子之立如之。

方是時也，其心寂然而無一物，其乎顒若而無他慮。是心也，聖人之心也。顔子三月不違仁，不違此心也；其餘日月至焉，至此心也；聖人從心所欲不踰矩，不踰此心也。聖人常，顔子久，其餘暫，百姓日用而不知也。學者舍是亦何所求哉！

古之人何獨坐立然後如此，此特舉其大端而已也。「立則見其參于前」，「在輿則見其倚于衡」，「出門如見大賓，使民如承大祭」，「非禮勿視，非禮勿聽，非禮勿言，非禮勿動」，無須臾之離，終食之違，「造次必于是，顛沛必于是」，所以存心養性，大過人遠矣，此學者入德之要，不可以不思也。禮從宜，使從俗，馬、鄭之説備矣。

夫禮者，所以定親疏，決嫌疑，别同異，明是非也

禮者，中而已矣，萬物之至情，天下之達德也，君子不敢過，小人不敢不及，一定而不可易者也。猶規矩設而不可欺以方圓，繩墨陳而不可欺以曲直。故天下之親疏者，于此可以定；天下之嫌疑者，于此

可以決；天下之同異者，于此可以別；天下之是非者，于此可以明。苟舍是焉而無以辨，則總總林林，亦何以相與立于天地之間哉！此所以有禮則治，無禮則亂也。

禮，不妄説人，不辭費

禮者，正而已矣。妄説人，非正也，辭費，非正也。何也？今人之所以妄説人者，不有求于人，必欲逭己責也。人之所以辭費者，不有矜己能，必欲辭己過也。君子無求而安于命，何爲而妄説于人哉！君子不矜而過必改，何爲而費于辭哉！説以其道者，正説也，君子有之；辭取其達者，正辭也，君子有之。説不以道，亦人之所不説，而辭之多且游者，亦聖人以爲躁而誣善。然則人亦何取于妄説人與辭費哉！此禮所以不爲也。

禮，不踰節，不侵侮，不好狎

禮者，分而已矣。居下而犯上，則踰上之節，不知下之分也；居上而偪下，則踰下之節，不知上之分也。侵侮者失人，不知人之分也；好狎者失己，不知己之分也。君子明禮而知分，故居上不驕，爲下不亂，與人不爭，處己必敬，此所以作事可法，容止可觀，而爲萬夫之望者也。

修身踐言，謂之善行，行修言道，禮之質也

孳孳爲善者，舜之徒也，孳孳爲利者，跖之徒也。天下莫不爲善，豈人人爲舜也

歟哉？非也。方其爲善，其心則舜之心也。天下莫不爲利，豈人人爲跖也歟哉？非也。方其爲利，其心則跖之心也。故人不可以不爲善也，雖小善而必爲，然後能爲大善。舜之所以爲舜者，以其樂取諸人以爲善，聞一善言，見一善行，從之莫能禦也。

然則如之何斯可以爲善矣？曰修身也，踐言也。修身者必敬，踐言者必忠，忠與敬者，善之大端，人德之要也，故曰：「修身踐言，謂之善行。」行篤敬則行修矣，言忠信則言道矣，故曰：「義以爲質，禮以行之。」又曰：「忠信之人，可以學禮。」此行修言道所以爲禮之質也。苟無其質，雖習于《曲禮》威儀之多，君子不謂之知禮。晚周之衰，天下士大夫既其文而不既其實，莊周寓言矯弊，遂以爲忠信之薄而道之華，此豈吾聖人所謂「禮云禮云」者乎！

禮，聞取于人，不聞取人；禮，聞來學，不聞往教

君子有財以給天下之求，有道以應天下之問，其心必欲無一夫之不獲其所，而天下之人皆至于道。聖人在上則行其道，聖人在下則懷其志。故堯舜所以猶病于博施濟衆，而孔子乃于其老者安之，朋友信之，少者懷之，此豈取人而往教所得周哉？蓋取人則失己，往教則枉道，聖人中道而立，使天下之人皆得取于我，而來學以求正焉。則己立而給不匱，道大而應無方，然後天下之人，皆得預被其澤，而有足者咸可以至于斯，此禮所以在彼而不在此也。

文之以禮樂

孔子曰：「立于禮，成于樂。」孟子曰：「禮者，節文斯二者是也；樂者，樂斯二者是也。」君子之爲人，不惟率性守質而已，固有禮樂以文之也。今人有大其居者，知丹雘之爲麗，則必塗其垣牆，然後謂之富室；有愛其身者，知衣服之爲美，則必飾以組繡，然後謂之備服。此庸人匹夫之所及，非有過人之智而後能也。今之修性學道反不能焉，豈禮樂之不及歟？蓋以謂不足爲而不爲耳。

天下之咎，莫大于不足爲，不能爲者次之。不足爲者曰：禮與樂者，人之文也，吾將遊乎天而皆不足爲也。孟子所謂「非徒無益，而又害之」者是也。不能爲者，孳孳焉，拳拳焉，守一善、占一藝以終其身，則其無咎也亦有間矣。彼之自絶于禮樂者，其學蓋出于老氏，齊其上下，等其君臣，漠然欲置天下于無，而人之所以相生養之道，與其所以懽欣交通之情，皆不若相忘之爲愈，此其寡恩于禽獸也，甚矣。嗚呼！胡爲學聖人者反樂此之異哉？若臧武仲之知，公綽之不欲，卞莊之勇，冉求之藝，所守一善、占一藝以終其身者。雖然，禮樂非有異于人之性也，學者止于道焉而已。性者，道之質也，禮樂者，道之具也。上焉者生而能之，中焉者學而能之，下焉者勉而能之，及其至也，皆謂之成人可也。然則聖人豈異于人哉？

乃所願則學孔子也

嗚呼！孔子之生，所謂不幸之幸者也。不幸而生于世衰道微，終以窮死。復幸而得賢弟子，有顔回者，師其道于當時，有孟軻者，師其道于後世，而聖人之道，庶幾乎有傳。雖然，吾嘗謂爲顔回者易，而爲孟軻者難。揚雄所謂「在則人，亡則書」，其説蓋亦未盡也。

譬夫見龍而象龍，與不見龍而畫之者，形容具存，而耳目可及，故象者易爲力。若夫目之所未嘗見，耳之所未嘗聞，而區區求諸有無之間，而擬其形容，故畫者難爲功也。❶雖然，聖人之道，言所不能傳，而非言亦無以傳。是故善學者，因其言而求其心，躍然有得于中，然後合之于聖人之道，果無以異也，而後爲之，是亦聖人也。故見而師之于當時者易，聞而師之于後世者難。知其難而能難者，後世有孟軻一人而已，孟軻真知孔子者也。故其言伯夷、伊尹、柳下惠，以謂皆得聖人之一偏，而獨推尊孔子爲集大成，又從而爲之辭曰：「乃所願則學孔子也。」故言伯夷之清，柳下惠之和，伊尹之任，則譬之以力；孔子之集大成，則譬之以巧。蓋巧者能中，而力者能至也。

夫射者期至于的也，有力者皆能至，其在東西上下，未可知也，惟巧者能中于的。故孔子之道，無可無不可者也；伊尹、伯夷、柳下惠之道，或清或任或和，皆東西上下者也。孔子之道，聖人之中也，行之萬世而無弊；伯夷、伊尹、柳下惠，聖人之過也，天下之賢者行之而無弊，不肖者行之而有弊，天下之智者行之而無弊，愚者行之而有弊。其中者，常道也；其過者，權道也。伯夷、伊尹、柳下惠之憂後世也深，孔子之慮後世也大，其立教異也，其心則皆聖人之心也。故學者必明夫聖人之心，此不可不知也。

❶「故畫」，原誤作「耳目」，依四庫本、敬鄉樓本改。

浮沚集卷三

宋　周行己　撰

策

兩漢興亡

愚嘗謂國家之興亡，天也，非人所能爲也，一歸于人不可也。雖然，因是人之言而興，則是人之功也；因是人之言而亡，則是人之罪也，一歸于天不可也。考諸兩漢之興亡，則斷可知矣。何也？夫西漢之興，始于韓信之一言；其亡也，始于張禹之一言。然而西漢之興亡，亦非二人者能爲之也。東漢之興，始于邳彤之一言；其亡也，始于胡廣之一言。然而東漢之興亡，亦非二人者能爲之也。請捨其説而備言之。❶

夫漢興之初，劉、項雎雄之未判，高祖猶豫而未決，得韓信一言，遂任武勇，封功臣，決策東向，傳檄而天下定矣。世祖方得二郡之助，而衆兵未合，議者欲因二郡之衆，建策入關，向使從其言，是委成業而臨不測，漢之爲漢，未可知也。邳彤廷争，光武一悟，而大功立矣。夫二京之興，是二人之力也。孝成之世，日食地震，災異洊臻，吏民上書，皆言王氏之盛。張禹以國之元老，天子猶豫，躬萬乘而下問焉，禹乃私己畏禍，不斥言其弊，反引春秋之事以爲詭説。王氏既固，而漢祚之基，絶于此矣。質

❶ 「捨」，敬鄉樓本校記黄群按：「捨」當爲「推」。

帝之没，建立之權，係于大臣。胡廣以國之舊臣，朝廷倚重，不從李固之忠言，而苟合梁冀之邪謀，昏主立而漢室衰矣。二京之亡，此二人者實任其責也。故曰由是人之言而興，則是人之功也，由是人之言而亡，則是人之罪也，一歸于天者非也。

然而兩漢之興亡，雖因是四人者，而求其所以興亡，蓋亦久矣。周之於穆不已，詩人以爲天之命，夏禹之立啓，孟子以爲天與之，則夫社稷之興亡，豈一人之力哉！且以秦失其鹿，天下共逐之，智者用其謀，勇者用其力，人人皆以爲可立取也。陳、項之鋒，鋭不可嬰，高祖非有祖宗積累之休，德澤施于民之久也，然而奮衣提劍，七年而成帝業，成功之速，抑何由而致之哉！新室之亂，盜賊强梗，群聚山谷，磨牙摇毒，以相噬螫。世祖之興，語其才，非若高祖之英雄也；語其謀，非若高祖之洪遠也。然而奮臂一呼，四方響應，昆陽之役，一舉而天下爲漢，宜陽之師，不戰而赤眉束手者，此豈一人之力哉？及其衰也，西京自成帝，而東京自桓靈之後。庸君繼出，禮樂政教不足以維持國家，恩惠德澤不足以浹洽生靈。委政外家，權臣擅命，因緣積習，以底于亡。其間略無一君聰明睿斷，爲之扶衰振朽，此又豈人之所能爲哉？故曰國家之興亡，天也，非人之所爲也，一歸于人不可也。雖然，人臣之言不可不慎也。兩漢之興，後世必歸其功于韓信、邳彤，故讀其史，則有深嘉而屢歎者矣；兩漢之亡，後世必歸罪于張禹、胡廣，故讀其史，則有憤懑而謾罵者矣，皆不可逃于後世也。嗚呼！人臣之言不可不慎如此。

昔唐高宗之世，幃房易奪，大臣不從，

李勣以老臣輔少主，天子委誠取決，勣乃畏禍，從而道之。武氏奮，而唐之宗族戕滅殆盡，國祚幾絶，議者以幾于一言喪邦，此張禹、胡廣之類哉！然而國家之有是事也，是人也，亦天之爲也。故學者讀其史而泥其迹，亦何異于指釜爲魚哉？愚所以推其意而併以獻焉。

風俗盛衰

今之天下，古之天下也，一何異于古乎！古之民，今之民也，一何乖于今乎！豈九重睿聖，不迨堯、舜、禹、湯之隆，而二府登賢，非禹、稷、皋陶之盛耶？然則十八路之地，數百州之民，倉廩實而禮節或未治，既庶富而教化或未及，積習之俗，未革于忠厚，漸漬之風，尚溺于偷薄，將誰責之而可。百里之縣，未得其令也，千里之郡，未得其守也，是以主德不宣，恩澤不流，而民之利害，壅于上聞也。則雖吾君吾相，相與願治之勤，竊病下民之未盡知也，豈非爲吏者鄙，不足以推君之治而致之民，則所以治者未必治歟！嗚呼，甚哉民之無知！習見善則安于爲善，習見惡則安于爲惡。郡守縣令，民之師帥，而風化之所瞻也，道民之道，可不慎哉！

考自載籍之傳，其治道之得失，習俗之美惡，流風遺烈，百姓猶有存者。故太王好仁，而邠之人貴恕；僖公好儉，而晉之人蓄聚；燕之人敢于急❶，召公之遺風也；朝鮮之人，至于有禮，箕子之教也。長纓鄙好，且變鄒俗，紫衣賤服，猶化齊風，故聖人

❶「急」，敬鄉樓本校記黄群按：「急」下脱「人」字。

之于仁義深矣。其于教也，勤而不怠，緩而不迫，欲民漸習而趨之，至于久安而成俗也。故三代御俗，有風化，有法制，君仁莫不仁，君義莫不義，汙者修，悍者愿，躁者慤，農莫不以力盡田，賈莫不以察盡財，工莫不以功盡器，士莫不以道盡學，此風化之至也。分地以建國，度土以居民，正井邑，均賦稅，宮室器用各有制，衣服飲食各有度，此法制之行也。風化所以動民之心，法制所以定民之志，法制立而風化行，故廉恥興而忠厚之俗成，薰爲太平，垂祀八百年，而傳三十六王。後世雖法制之去，而暴君汙吏，毒民以苛刻，民有畔心，則思先王之仁而不忍去；欲爲亂，則思先王之義而不敢作，蓋其所以宥民者深，而禮義之風未衰，廉恥之心未盡也。

後世欲治之主，圖所以治天下者，莫不有法制，亦莫不有風化，然一授非其吏，則刑罰勝而仁義之道不行，故法制壞而風化不宣于下，國異政，家殊俗，賈誼所謂「移風易俗，使天下回心而向道，類非俗吏之所爲」者，此也。故有偏舉之政，有不勝之俗，得良吏則敦厚之俗勝矣，得健吏則節義之俗勝矣，得貪吏則盜竊之俗勝矣，得酷吏則忮暴之俗勝矣。故盜賊所以未息，刑罰所以未省，庸吏擾之也，欲善俗莫若擇吏。然良吏之所施設，則各論俗而尚教，奚必同條而共貫哉！若龔遂爲渤海，首率以儉約；文翁爲蜀，先化以學校；南陽好商賈，召公富以本業；潁川好爭訟分異，黃霸化以篤厚。若是皆救民風之失，起不舉之教，何必華山之騄耳，然後行遠乎！

竊惟今日之盛，豈無若是數人者，足以治天下，而郡縣簿書期會爲務，而風俗壞敗，則因循而不爲慮，此所以積習之俗未革爲忠厚，漸漬之風尚溺于偷薄，盜賊或未息，刑罰或未省也。爲今之説，莫如除汰珪符，妙簡銅墨，以是重其任，至其黜陟亦以是，則何患乎不若三代之盛時哉？

孔門四科兩漢孰可比

嘗謂有聖人之學，而無不可成就之才。然古之常人，每足以過人，而後世卓犖高才有不及焉，何也？是非出于天者不同，而所以成就之者異也。

古之人其所以學于聖人者，吾不知其果何事，而昔之人嘗以管仲許人者，彼乃愀然見于顔色，而甚不取之。至于子路，則曰吾先子之所畏也。夫子路之才，不過足以宰百里，而管仲相桓公，霸天下，其功烈赫赫如此。是人也，乃獨羞其所大者，而深畏其所小者，此其志，豈不欲爲管仲之所已成者，而進夫子路之所未就者歟？蓋其學不同也。是以劉向比仲舒于伊尹，而歆以謂師友淵源，未及孔門游、夏，此誠知言。故爲樂正子得聖人所學之要。❶孟子曰：「樂正子，善人也，信人也。」

夫學者至于自信則本立矣，積而充之以至于聖人無疑也。然則士之學，亦必先正其本而成就其大，則必有大過人者矣。此孔門之學，其見于答問之間，雖循循有序而不相躐，然自洒掃應對以上，要皆所以去其養心之害，而導夫至正之路，必使至于確然自得而後已。夫是故雖愚必明，雖柔必强，而孔孟之徒所尊畏者，不過四科。至于

❶「爲」，敬鄉樓本校記黄群按：「爲」應作「惟」。

他所學存于己，亦皆有過人者，是非謂其才皆足以過人，謂其得聖人之學者，亦各因其仁智之見而成就其才。此學不傳而道不明于天下，士之習尚，又或蔽于一時之俗，而激于當世之風。若西漢之尚功名，東漢之尚名節，及方之孔門四科，則不可同日而論。蓋嘗觀其名實，班班爲史氏所稱道者多矣。然而齷齪廉謹，無能往來，當時以爲德行，而不可方之顔、閔。從容平、勃，遨遊二帝，當時以爲言語，而不可比之宰我、子貢。附會陰陽之説，牽合異同之論，當時以爲文學，而不可比之游、夏。發奸擿伏，條秩可觀，當時以爲政事，而不可比之冉有、季路。又其間卓然爲學聖人者如揚雄，蓋後之人嘗比之孟子，則四科之列優爲之也。而觀迫于禍患，曾微顔子之樂其貧賤，而著之于書，乃不如子貢之足以知聖人也，又況其餘乎？嗚呼！觀人者亦必求其所以存于心者，而不必事爲已效。若顔子之學孔子，蓋嘗存心于視聽言動之間，而得之于哀樂未發之際，其所以未至于聖人一間者，特有見于所立卓爾之故，孔子已許之可以共其出處，則得其所設施，又可知矣。若夫宰我、子貢、冉有，學聖人之道者也，雖于孔子之道有所未至，而皆足以知聖人之要，故其所謂德行、言語、文學、政事也，非後世所謂德行、言語、文學、政事也。

雖然，是數子雖不得盡用于世，得夫聖人明之以有聞于後世，故學者因以得其言而考之。若兩漢數百載間，豈無豪傑特立之士，能傳聖人之學于千百載不傳之後，不幸不得有爲于世，而又不幸不得聖人發明，而雜出于傳記，猥與下概同流，亦不無其人。而愚亦謂黄憲、徐孺子，真顔子之流，至于沈其光耀而不得聞者，夫豈少哉？

策　問

聖賢之學

問：　昔吾夫子居于洙、泗之間，從之遊者三千人，而顏子最稱高弟，後世學者皆曰吾師。考其志業，蓋淡如也：　簞食瓢飲，不改其樂，夫子稱其賢；　不遷怒，不貳過，夫子稱其好學。乃若言志，不過「願無伐善，無施勞」。而喟然之嘆，則曰：「既竭吾才，如有所立卓爾。」若與今之所謂學者不相似。然何夫子與之，同其行藏？　而于爲邦之問，告之以王者之事？　古人不吾欺也。遐想高風，若有不可及者，抑不知夫子之門，果何所學乎！

夫以孟子之雄才，卓然名世，宜其前無愧于古人，乃其所願，猶吾夫子學，而所以推稱顏子，蓋嘗以爲與夫禹、稷、顏回同道，學者論世尚友，不可以不知也。昔人嘗以子貢賢于夫子，嗚呼！　賜也猶不敢望回，況于夫子哉！　夫人之知人，不若自知之審，此無足疑也。而世之學者，皆曰：　夫子，大聖人也；　顏子，大賢人也，而去孔子一間者也。此可以爲知言矣，然猶意其人云爾，吾亦云爾。抑不知孔子之所以爲聖者果何道？　而顏子之所以賢而去聖人一間者果何事？　使孟子生于孔子之時，亦將並駕其說于天下乎？　將果如其所願而學之乎？　如其學于孔氏之門也，比德顏子，又將孰先而孰後乎？

讀其書不知其人，不可也，如或知之，使

後之學者，知聖人之道，將何自而入；入聖人之門，復何修而至。韓愈曰：「軻之死不得其傳。」信斯言也，聖學之不傳久矣。有人于此，猶見聖人之心，默得聖人之道，是得其傳于千載不傳之後矣，是亦吾孔孟之徒矣。此學校所以當講也，各示所見無隱。

司徒典樂之教

問：孔孟而上，教化一出于官長，司徒以待萬民，典樂以待國子，自堯舜迄于成周，未之或改，豈人心固同歟？讀其書，嘗聞其略矣。三教六德，六行六藝，司徒之任也。直溫寬栗，剛而無虐，簡而無傲，樂德樂語樂舞，典樂之任也。兩者爲教，將同乎？將不同乎？何其待之異也。抑又有可疑者，成于樂，學之終也。爲國子者，豈皆不待下學而能立于禮乎！實則不至，躐等以賊夫人之子，非先王之用心也。若聖與仁，吾夫子所不敢居也。司徒與民固遠，將躬率以正，善其耳目，且猶不可，況載色載笑，告之話言又可乎？乃能使鄉人共進此道，其術安在？周公必不我欺。遐想遺風，使人抱經而嘆，何其高且遠也。今諸君從事于兹，出于天子命之，亦古所謂教官之屬也。若孔孟而下，曰師曰弟子云者，乃王澤既熄之後，羈臣遊士區區憂世之所爲，私淑艾可也，不足爲今日言也。

好　惡

問：章子通國皆稱不孝，而孟子爲之禮貌；仲尼賢于堯舜，而魯人以爲東家丘。夫人好惡之相絶，豈直爲尋常之間哉？昔人有問于吾夫子者曰：「鄉人皆好之，何如？」曰：「未可也。」「鄉人皆惡之，何如？」曰：「未可也。不如鄉人之善者好之，其不善者惡之。」此其爲好惡之説甚審也。然而物我異觀，是非相埒，彼其善者曰：「吾所好者善也，所惡者其不善也。」然則所謂善與不善，又孰從而定之哉？

嗚呼！善惡好惡，不能定于一鄉，而況于天下乎！昔許劭有人倫鑒，汝南之俗，號爲月旦評，至同郡畏其名節，豪傑資其品題，其所裁量，遂爲覈論。豈其知人之性素明，成敗之迹已驗歟？案：此下有闕文。

王道

問：三代以來，一姓傳有天下，受命而王，歷數久遠，❶皆天也。然而必以有道而興，無道而亡，是以周過其歷，秦不及期，由漢迄唐，罔不由此。《書》曰：「與治同道罔不興，與亂同事罔不亡。」敢問歷代之所以興者何道？所以亡者何事？

孔子、孟子言王道詳矣，諸生習乎《詩》《書》《禮》《樂》之文，心乎仁義道德之實，達乎三王之法，而覽乎歷世之道，見其始而知其末，聞其風而知其自。敢問王道之所以爲道者，何道也？必有取法于斯。若孔子、孟子云者，何事也？歷世得之多、得之寡者，何代也？損之益之施于今者，何宜也？詳言之無隱。

❶「遠」，四庫本、敬鄉樓本皆作「近」。

孔門數子得失

問：孟子嘗謂：「聞伯夷之風者，頑夫廉，懦夫有立志；聞柳下惠之風者，鄙夫寬，薄夫敦。奮乎百世之上，百世之下，聞者莫不興起。」且仲尼之于二子者，可謂出乎其類，拔乎其萃者也。從之遊者，洙泗之間，誾誾行行，疑者有質，問者有答，惑者有解，失者有救，親炙漸摩，所得博矣，蓋非特聞風而已矣。三千之徒，稱善七十二子，又豈有頑懦鄙薄之比哉！然而以由之果，而有愠見之稱；以求之藝，❶而有聚斂之貪；以賜之達，而有貨殖之汙；宰予忘父母之愛，而必于短喪；子夏捐道義之樂，而悦于紛華。數子之失，古人不我欺也。以爲質之不美歟？則其賢又列于四科焉。以爲自外入，不能盡性之所充歟？而孟子謂聞夷、柳之風，其效若此之盛，豈吾聖人又或少貶耶？抑古之學者，入道自有攸趣，未易窺較歟？不然，胡爲其然耶？諸君，仲尼之徒也，于數子之得失，商摧之審矣，明以復我！

君子小人

問：爲天下者，用君子則治，用小人則亂，此甚不難知也。自古人主，亦未嘗欲用小人，而不欲用君子，然而卒用小人而不用君子，以至于亂亡者，誠亦不明夫君子所以爲君子，小人所以爲小人而已矣。且以治世之君，以君子爲君子而用之；亂世之

❶「藝」，原誤作「達」，依四庫本、敬鄉樓本改。

君，以小人爲君子而用之。甚哉，君子小人之難知也！君子于此必有道矣，諸君一日從事于斯，如有道人主進君子而退小人，使昭然不疑于其間，將何爲説？願預聞焉！

賈誼馬周所言

問：古之人有一言而可興邦者，不可以不知也。漢文帝時，幾至刑措，而賈誼有流涕太息之言。唐至貞觀，米斗三錢，外户不閉，可謂治平矣，而馬周所建言，皆切一時。蓋天下未嘗無事，惟其安不忘危，所以常安；治不忘亂，所以常治。雖堯、舜之爲君，禹、皋陶、益、稷之爲臣，不能忘儆戒于無事之時。國家承平百有餘年，自三代以來，未有如今日之盛也。然欲不忘儆戒于無事之時，以防危亂于治安之日，將亦有所謂流涕太息、事有切于一時者乎！夫賈誼，洛陽年少；馬周，常何家客，彼皆有王佐之才。諸君自視，寧將歉然？盍亦言之，以觀諸君之才之識，如何其小大遠近也？

學校科舉

問：爲天下者莫急于得才，學校所以養才也，科舉所以取才也。方今内有太學，外有郡縣之學，太學養士數千百人，郡縣之學多者數百人，少者數十人，不爲不盛矣。而科舉三歲所取進士、經律、特奏名率千數百人，不爲不多矣。然而朝廷議者，猶患人才之難，夫豈養之之道有所未至，而取之之法有所未盡乎？將欲學校之間，講所以養之之道，以益今日之所未至；科舉之外，設所以取之之法，以廣今日之所未盡，亦有說乎？諸君從事于斯久矣，必知其說。知其說而不以告也，可乎不可？

煮海榷酤之禁

問：煮海、榷酤之利，縣官經費，仰給居多。或曰：「非三代之法，此甚高之論，不可行于今。」然而利之所在，民自從之，雖日殺之不可禁。今郡縣斷罪，犯此兩禁者，日相屬也。夫既曰利矣，爲國者曰利吾國，爲民者曰利吾身，夫焉得而禁之弛之？弗禁固不可也，禁之已迫，又將可乎？蓋犯此兩禁者，類皆無賴等死之人，禁之稍寬，則容奸而爲利，迫之已甚，則群聚而爲盜，此不可以不長久慮也。如欲弛其禁，易其法，使國有歲入之常，而民免抵罪之虞，豈無策乎？諸君生長于斯，固所耳聞而目見者也，其必有憫焉于心者，試爲詳言之！

本朝治法

問：宋有天下，百數十年，朝無威福之臣，野無豪猾之奸，内無寇攘之變，外無夷狄之虞，自三代以來，未有天下治安無事，若此其久也。其間聖祖神孫，盛德相繼，創業垂統，必有可傳之法，持盈守成，必有善繼之事。自天子詔書，朝廷故事，至于名臣奏議，天下所耳聞而目見者也。諸生有志于仕，可得不知乎？《詩》云：「於戲！前王不忘。」試爲講之，以爲今天子之獻！

佛老與儒者之道同異

問：近世學士大夫，多引佛老之說以

輔六經之旨，其論甚高，末學晚生，尚不能知其言，況能達其心乎！彼其爲老者曰：「道先天地生，吾道尊。」爲佛者曰：「天上天下，惟我獨尊。」爲儒者曰：「自生民以來，未有夫子也，吾道尊。」此特戲論爲勝負之説，非學者之談也。

學者或以謂老、佛與吾儒，皆明一性，其道同；或以謂老氏廢仁義禮樂，佛氏棄君臣父子，其道異。昔人蓋有以是三者異同爲問，其爲説者曰：「將無同。」當時以爲名言。夫所謂三語者，果同乎？其不同乎？果同也，則三者盍混而爲一，何紛紛其多門乎？果不同也，則老、佛之言，豈得以證六經之説乎？此不敏之所疑也。諸子直諒多聞，試爲略其立教之迹，而明其爲心之道，以定異同之論。啓茲未悟，同于大通，虚心以俟者也。

孟荀揚文中四子是非

問：天下之所難知者，非是非之難知也，似是而非者難知也，似非而是者難知也。孟軻之書七篇，力陳仁義之説，而或者疑其説時君以湯、武之事。荀況之書三十二篇，深明大儒之效，而或者疑其有性惡之論。揚雄之作《法言》，采掇孔孟學行之意，或者疑其著《劇秦美新》之書。王通之爲《中説》，規模《論語》答問之義，或者疑其房、杜諸子無所稱述。此四書者，與五經諸史並行于世，學者之所習也。考其言與其人，其似是而非耶？其似非而是耶？明以復我，使不陷于邪説，以應朝庭之令，不亦善乎？

浮沚集卷四

宋　周行己　撰

序

易講義序

《易》之爲書，伏羲始作八卦，文王因而重之，孔子繫之以辭，于是卦爻彖象之義備，而天地萬物之情見。聖人之憂天下來世其至矣，先天下而開其物，後天下而成其務。是故極其數以定天下之象，著其象以定天下之吉凶，六十四卦，三百八十四爻，皆所以順性命之理，盡變化之道也。散而在野，則有萬殊，統之在道，則無二致，所以「《易》有太極，是生兩儀」。太極者，道也；兩儀者，陰陽也。陰陽，一道也；太極，無極也。萬物之生，負陰而抱陽，莫不有太極，莫不有兩儀，絪緼交感，變化無窮。形則受其生，神則發其知，情僞出焉，萬緒起焉。

《易》之所以定吉凶，生大業也。故《易》者，陰陽之道也；卦者，陰陽之物也；爻者，陰陽之動也。卦雖不同，所同者奇耦；爻雖不同，所同者九六。是以六十四卦互爲其體，三百八十四爻互爲其用。遠在八荒之外，近在一身之中，暫于瞬息，微于動靜，莫不有卦之象焉，莫不有爻之義焉。至哉《易》乎！其道至大而無所繫，其用至神而無不存。時固未始有一，而卦亦未始有定象；事固未始有窮，而爻亦未始有定位。以一時而索卦，則拘而無變，非

《易》也；以一事而明爻，則窒而不通，非《易》也。知所謂卦爻彖象之義，而不知所謂卦爻彖象之用，亦未爲知《易》也。由是得之于精神之動，心術之運，與天地同其德，與日月合其明，與四時合其序，與鬼神合其吉凶，然後可以謂之知《易》也。

雖然，《易》之有卦，《易》之已然者也；卦之有爻，卦之已見者也。已形已見者，可以言知，未形未見者，不可以名求，則所謂《易》者，果何如哉？此學者所以當知也。

禮記講義序

禮經三百，威儀三千，皆出于性，非僞貌飾情也。鄙夫野人卒然加敬，逡巡遜卻而不敢受；三尺童子拱而趨市，暴夫悍卒莫敢狎焉。彼非素習于數，與邀譽于人而然也，蓋其所有于性，感物而出者如此。天尊地卑，禮固立矣；類聚群分，禮固行矣。

人者，位乎天地之間，立于萬世之上，天地與吾同體也，萬物與吾同氣也，尊卑分類，不設而彰。聖人循此，制爲冠、昏、喪、祭、朝聘、鄉射之禮，以行君臣、父子、兄弟、夫婦、朋友之義。其形而下者，見于飲食器服之用；其形而上者，極于無聲無臭之微。衆人勉之，賢人行之，聖人由之。故所以行其身與其家、與其國、與其天下者，禮治則治，禮亂則亂，禮存則存，禮亡則亡。上自古始，下逮五季，質文不同，罔不由是。然而世有損益，惟周爲備，是以夫子嘗曰：「郁郁乎文哉！吾從周。」逮其弊也，忠信之薄，而情文之繁，林放有禮本之問，而孔子欲先進之從，蓋所以矯正反弊也。然豈禮之過哉？爲禮者之過也。

秦氏焚滅典籍，三代禮文大壞。漢興購書，《禮記》四十九篇，雜出諸儒傳記，不能悉得聖人之旨，考其文義，時有牴牾。然而其文繁，其義博，學者觀之，如適大都之肆，珠珍器帛，隨其所取；如遊阿房之宫，千門萬户，隨其所入；博而約之，亦可弗畔。蓋其説也，其粗在應對進退之間，而精在道德性命之要；始于童幼之習，而卒于聖人之歸。惟達古道者，然後能知其言；能知其言，然後能得其理。然則禮之所以爲禮，其則不遠矣。昔者顔子之所以從事，不出于視聽言動之間，而《鄉黨》之記孔子，多在于動容周旋之際。此學者所當致疑以思，致思以達也。

論語序

聖人達則化人以德，窮則教人以言，其窮也，其達也，皆天命之以成人而已。堯、舜、湯、文，化人以其德者也，孔子，教人以其言者也。由堯舜至于湯，五百有餘歲，其化寖失，而湯救之。由湯至于文王，五百有餘歲，其化寖失，而孔子救之。由孔子至于唐，千有餘歲，其化寖失，而未嘗無救之者。蓋聖人之德不可以傳，而其言可以載也；德不可以傳，而其化行于五百餘載之間而已。言可以載，故雖無聖人出，而中人行其言，亦可以教化于天下矣。由是觀焉，則天之于聖人，或窮之，或達之，豈虚言哉！

晚周之時，先王之教既以寖息，非特在上無其人，在下亦無其人矣。孔子不得見聖人，又不得見君子與善人，則在上可謂無其人矣； 未見剛者，又未見自訟與好德者，則在下可謂無其人矣。 上下無其人，則孰能知之耶？ 故其事君盡禮，非諂也，而或謂之諂； 其稱君知禮，非黨也，而或謂之黨。 固不可不疾也，而或以疾之爲佞； 名不可不正也，而或以正之爲迂。 于宋則有桓魋之患，于魯則不免叔孫之毀，或厄于陳，或屈于衛，可謂不見知于上下矣。 當是時，内之人能淺知之者，子貢而已； 能深知之者，顔子而已。 外之人或小知之者，達巷黨人而已； 能大知之者，儀封人而已。 嗚呼！ 可謂窮矣。 其窮如此，亦可以已矣，然猶與物紛紛役役相應以言者，亦曰天命我以其言教人而已。 或見其處己，或見其處人，或有以明其善惡之實，或有以辨其是非之似，或有以救其失，或有以長其善，或當其無事而言之，或因其有問而告之，或試其所爲而稱之，其言雖周旋曲折，千變萬化，無非爲中人而發爾。

是故絶之者四，而衆人未能，不可不知也。 道者三，以君子之德，不可不循也。 文之未喪將喪，則任于天而已，以非人力之所能爲也； 道之將行將廢，則委之命而已，以非人力之所能致也。 景公不用也，則其行也速，去他國之道也； 桓子不朝也，則其行也遲，去父母國之道也。 于陽貨則不見，而于南子則見焉，以勢之有可有不可也； 于孺悲而不見，于童子而見焉，以義之有可有不可也。 衆之拜上則不從，衆之純冕則俯身而從之，以禮不可無，而儉亦不可舍也。 使之媚己則不諾，使之從仕則遜言以諾之，以正不可忘，而權亦不可廢也。 凡此之類，皆可以見其處己也。

所罕言者，利、命、仁而已，以中人之所難言也； 所雅言者，詩書執禮而已，以中人之所可知也。 教之者四，所以成君子之善也； 惡之者三，所以黜小人之惡也。 性與天道，則或不得而聞，以其未能盡性以至命也； 死與鬼神，則或不得而問，以其未能保生而事人也。 言其樂之所損益以修諸内者，不可不慎也； 言其友之所損益以求諸人者，不可不擇也。 凡此之類，皆所以見其處人也。

世之治，在于得人而已； 世之亂，在于失人而已。 于舜則曰有五人焉，以其治在于得人也； 商則曰有三仁焉，以其亡在于失人也。 不累于高名也，篤于仁而已，此至德也； 不累于厚利也，篤于義而已，此亦至德也。 故泰伯以天下讓，民無得而稱焉，謂之至德者，以其篤于仁而不累于名也； 文王三分天下有其二，以服事殷，謂之至德者，以其篤于義而不累于利也。 不上人也，下之而已； 不抑人也，推之而已。 好學不恥下問，而謂之文者，以其能下人也； 文子薦其家臣，而謂之文者，以其能推人也。❶ 其志于學，無志于仕，不隱己之所短，不揜人之所長，是人所難爲也，而有以與曾晳與子貢者，以其能爲此也。 交久而不狎，富有而不矜，是人所難行也，而有以善平仲與子荆者，以其能行此也。 謂臧文仲爲竊位者，以其不仁而無下也； 謂臧武仲爲要君者，以其不義而無上也。 若此之類，皆所以明其善惡之實也。

于管仲則與之仁，而不可相廢也。 以申棖爲非剛，則剛之名不可盜而得之矣；

❶「推」，底本、四庫本均誤作「下」，據敬鄉樓本改。

以微生爲非直，則直之實不可以僞而爲矣。若此之類，皆所以辨其是非之似也。

子路能勇而不能怯，則告之以「臨事而懼」，所以欲其怯也； 子貢能辯而不能訥，則告之以「予欲無言」，所以欲其訥也； 司馬牛多言而躁，則告之以「其言也訒」，所以欲其寡言也； 冉求説中道而畫，則告之以「聞斯行之」，所以欲其無畫也。若此之類，皆所以救其失也。

于其問也，或大之，或善之； 于其答也，或然之，或悦而進之不已，或樂其才之可育。若此之類，皆所以長善也。

以士進而爲君子，以君子進而爲賢人，以孝出而爲仁，以仁出而爲智，中人之所可致也； 中人之所可能也。其所欲言非教而出于六者，或當其無事而言之，或因其所問而告之，或試其所爲而稱之者，以教之莫先乎此也。

蓋言賢、言君子、言士、言孝、言仁，所以使人之知學也； 言政，所以使人之知仕也。知學則不失己，知仕則不失人。子游、仲弓之問孝問仁，至于爲宰然後問政，則見其急于知學，亦緩于知政也。其言賢則告之以賢，皆所以使人之爲士也，然弟子未嘗稱其士者，蓋以士兼君子與賢，則雖善爲士者，固不足道也。其言孝則告之以孝，皆所以使人之爲孝也，至于弟子稱其孝者，閔子騫而已，孝可謂難得矣。其言仁則告之以仁，皆所以使人之爲仁也，至于弟子稱其仁者，仲弓而已，仁可謂難得矣。其言政則告之以政，皆所以使人之爲政也，然于弟子稱其政者，子游而已，蓋以政本于孝與仁，則雖爲善政者，固不足道也。其言賢則必繼之以不賢，言君子則必繼之以小人，言仁則必繼之以不仁者，所以使人知仁之不可不爲也，而惡之不可不去也。至于稱子賤之所行以爲貴，而知樊遲之所志可以爲賤也。稱仲弓爲仁，而又稱宰我爲不仁，蓋欲人之知仲弓所行可以爲榮，而知宰我之志可以爲辱故也。嗚呼！其所言、所稱以勸戒如此之詳，則其成德者亦宜衆矣。然其卒也，賢無若顏子，君子無若子賤，仁則無若乎仲弓，豈其命有所成，形有所適，而不可損益耶？亦在乎人加勉而已。

揚子曰：「有學術業，無心顏淵。」又曰：「希顏之人，亦顏之徒。」顏子賢者，猶可希也，又況仲弓、子賤乎！且顏子之所以賢者，不在乎他，亦在乎不改其樂也。世之學者，不以富貴動其心，而窮亦樂，達亦樂，是亦顏子之徒而已。《詩》云：「今我不樂，逝者其耋。」學者之于學也，猶可以不勉乎！

晁元升集序

元祐丁卯，行己與王文玉璪同在太學，每見文玉誦元升「安得龍山潮，駕迴馬河水。水從樓前來，中有美人淚」之句，每想其高趣，恨不得即見，嘗識其姓字簡册。後三年，行己應舉開封，幸中有司之選，而无咎實主文事。是歲元升亦自濟來赴禮部，因得相親，遂同登辛未進士第。今行己、元升爲同年，于无咎爲同第子。使行己其初不聞文玉之誦，則行己雖出无咎之門，而亦不知有元升。使行己終不出无咎之門，則元升雖與行己同年，而亦不知有行己。固知人之相知，非偶然也。將與元升别，求元升近文，元升出此編，因使予跋，遂以此書。明日元升遂行，實元祐六年五月四日也。

送季商老下第序

古之所謂士者，其自養也厚，其自待也重，其自信也篤。上之人求之則必知之，知之則必用之，用之則必盡之。卓犖者無不遇之嘆，闒茸者無偶得之幸。故在下者，皆自好而可以無疑也。後之世風教不明，淪于流俗。賢既不能自辨，而上之人亦莫之察。朝有混淆之風，下無難進之節，氣勢一去，風流遂遠。故高尚者謂其清勁足以激貪污，節義者謂其氣概足以動流俗，乃始見高于當世，而載之傳中以爲異。後世欲有爲之君，又設爲科目，以進退天下之士，籠取識拔之術，無所不至，法益密而進者益靡。嗚呼，士每賤矣！

今之由四方舉于禮部者幾人，由禮部進于天子者幾人，其取之不爲不詳矣，其得之不爲不艱矣，然而士之所以自負者如何哉？上之人所以得人者如何哉？古之法至簡，取人至寡，而賢者必進，不肖者必退。今之法至密，取人至多，而賢者不必得，不肖者不必黜。天下之人非不知之也，謂其無以易之也，朝廷之人非不知之也，謂其無以易之也。嗚呼，其終不可以復古乎？古之以行取之也，故得之；今之以言取之也，故失之。然則非行不足以得人，非言不足以取人，吾于二者有道焉。商老其起予哉！行修而不得進，言工而不見取，曰朝廷之過也，則非也，曰有司也。曰有司之過也，則非也，曰法也。士之才與業，待法而爲輕重厚薄，是法之過也，則安足以得士哉！商老起予者，故其行也，以此說贈之，商老以爲如何哉？異日吾有待焉！

朱廷隱字大隱序

昔《春秋》褒邾婁，書曰「儀甫」，説者謂國不如名，名不如字。字，君子之美稱也，所以表其德之實，而發揮其名之義也。

同舍朱君，以「廷隱」其名，「深甫」其字，若與夫名義違而不得以表其實也。蓋嘗聞隱之説矣，有所謂大隱者，有所謂小隱者。所謂大隱者，非謂隱其身而弗見也，隱于朝，假其位以行其道者也。夫有志乎致君澤民，而于貴賤得失則裕如，弗爲利害，古之有道者，未嘗不以是爲心，此得廷隱之義歟？朱君在太學諸生中，經甚明，行甚修，又嘗以經濟策著之成書，落落數萬言，皆能别白自古是非，區處當今利害，而不爲時學之竊借，苟取世資，允能有志于隱之大者也。于其所學如是，而求售于有司，累進弗獲，吾恐不能終成其志，輒憚進取之艱，而翻然樂林藪之逸也，故字之曰「大隱」。既以表其德之實，而發揮其名之義，且以佐其志而進也。古之人名之必可言之者此也。

行己與君出相從，入相友，于其稱也，必以正焉，義也，敢以是爲請！

元祐二年夏六月丙午序。

儲端中字序

人學然後知道，知道然後善學。博于古今而不知道，謂之多聞可也，而不可謂之善學；善于辭章而不知道，謂之能文可也，而不可謂之善學。然則如之何斯可謂之學乎？在于明吾之善以誠吾之身。明，然後知道之爲道也； 誠，然後知道之爲道也。由公之學，以達公之明，以達公之誠，其有不至于道者哉！ 古之聖人，皆由乎道，舍是其無適矣。

宣和四年九月一日。

李擇之字序

予友李純如之族弟，自蜀來，將補太學生，乞名于其兄，其兄名之曰「擇」。又使予爲字，予字之曰「擇之」。擇之之兄與予處，未嘗見其過，蓋能擇道而居之，擇友而交之，言必擇而後出，行必擇而後行。善無小，必擇而爲之； 惡無小，必擇而去之。故能若是也，子必是而擇之，亦庶幾其寡過矣，勉之哉！

送劉絜矩序

余有友者十四人，舉于禮部者十人。禮部第其可進，以名上于天子者，孫勰、段萬頃、歐陽獻、崔鶠、王靚，五人者，皆其才力自可以致功名，取富貴，一科目不足爲道。不幸而黜于禮部者五人，余弔之者一人，則李鷹方叔是也，賀之者一人，則吾子是也。方叔之學既成，文既工，而齒壯家貧，無父母兄弟可以爲樂，纍然如人贅，汲汲覓一官以畜妻子、以顯父母、以行其志而不可得，此非有以不若人也，此而後可以言命也，故余弔之者如此也。吾子年最少，二親富于春秋，兄弟無故，不身營衣食，以優游文籍間，人生得如此樂者能幾哉！ 吾嘗以爲人必有所艱難勞苦而後知道，安貧賤而後享富貴。如天使吾子于此，既得之，則其進未可知也； 既未得之，且能不爲淺人者戚戚怨有司，非同列，負抱其業而歸以益進，其所未至者如此，則其進豈易量哉？ 故余賀之者如此也。

余遊京師今六年，百無一得，且受于天者有不可移之愚，不能伺候時俗可否，獨知古人爲慕，汲汲于前修之言，惟日之不足，謂不得于此，必有以取聞者，以是齟齟齬齬，不與世俗合。至于瞽者聆其聲音而翔笑之，聾者見其狀貌而通侻之，雖百此，顧自信益厚，終不爲是易操，此皆吾子親見之者也。顧余心之樂者爲如何哉！ 所以自負者爲如何哉！ 去年秋，從試于有司，進既不獲，固獨喜之，謂天其必有以大畀于我者，則益進吾道以迎受之。古之大有爲者，未嘗不如是，則吾何爲遽戚戚耶？ 此余之志也。今又將進于子矣，吾子以爲如何哉？

吾子頎乎其形脩，温乎其辭順，才楚楚而志卓卓，吾知其不爲塵埃中人也，要當進于其大者遠者，則必渾渾浩浩，無愧于古人而後可也，則失之于彼，安知其不得之于此耶？ 故有以弔方叔者弔子，而子信之，則其進余不敢知也。以余之所以自喜者，爲吾子之賀，則余之心也，所以望于吾子者也，吾子以爲如何哉？ 鄉之人有以弔子者，亦必以是謝之，曰：「盍爲周子賀也。」

送强應物序

吾之病，在好强人以善，人之惡余者，獨不察余心也。讀聖人之書，則行聖人之道是也，今之人將取利于聖人之書，反顧聖人之道，邈若胡越不相及，此又何哉？余之心蓋欲人皆至于聖人之道，而無苟夫世云爾，今則又將强于子。夫昔也，吾與子未嘗有一朝之好，遇子于樂子之室，子必以余爲可語者也。其行也，請余言，余將不言，是以余爲簡子也，言而不實，則于余心有歉然者，余且言之，其好之，其惡之，吾無憾焉爾。

子且謂無鹽、嫫母，塗以朱鉛，飾以翡翠，而毛嬙、西子，蒙以蕭艾，被以緼絮，則將以爲孰美乎？是必曰毛嬙、西子美也。毛嬙、西子而美，是天下之美，果不在外也。士之學也，何異于是。學病乎不篤，不病乎無實，病乎無實，不病乎無名。若子好名者也，以充其實，則其發也光。欺人以借譽，徇人以飾佞，以掩惡媚世爲得，以不矜細行爲能，賤丈夫之事也。盍退而自省其于聖人之道爲是乎，爲非乎，而後行之。退之曰：「内不足者，急于人知，霈然有餘，厥聞四馳。」余嘗取以爲戒。

夫天下之人，皆可以爲賢，皆可以爲聖。其志不遠，則其求道不深，道不可一日成也。求之深者得之多，得之多者發之易。子欲以道勝人乎？譬夫一夫之强，百人之弱，而相與鬭，一人雖强而必困，百人雖弱而必勝者，其資之有衆寡也。子行矣，厚而資，吾見其慮之而足于心，言之而足于口，行之而足于身，揚之而足于名，不求勝于人，而天下之人莫能勝，夫人亦在勉之而已矣！

送何進孺序

曾子之後有子思，子思之後有孟子。曾子于仲尼之門，最爲魯鈍而朴野，然仲尼後能傳聖人之道者，曾子一人而已耳。曾子之學，見于孔門弟子所記者，《論語》是也。乃若《孝經》，孔子爲曾子而作也。孟子曰：「曾子養曾晳，必有酒肉，將徹，必請所與，問有餘，曰有。」又曰：「事親若曾子可也。」曾子之養，蓋養志也，非養口體也。聖人之學，自灑掃應對，以至入孝出悌，循循有序，故曰堯舜之道，孝悌而已。後世學者，大言闊論，往往以孝悌爲君子易行之事，若不足學，而以道德性命之説，增飾高妙，自置其身于堯舜之上，退而視其閨門之行，有悖德者多矣。若人者，其自欺者歟？其視曾子，獨不愧乎！

永康何君進孺，侍其親，致政而歸。告人曰：「吾少不敏，不知事親之道。吾歸，將思所以供膳羞珍好、藥石百物，問起居安否，飲食寒煖之節，以順適其志意。安車几杖，出入閭里，訪故舊朋友，具酒食燕樂，後生小子，考德問業，相從往來，載色載笑，如是以盡其親之歡，則吾之志，庶幾無憾。」余聞，喜而歎曰：「幸哉！有子如此，上可以無愧曾子，而進于聖人之學將不已者也。」然余爲之説曰：孔子嘗語曾子曰：「參乎！吾道一以貫之。」曾子曰：「唯。」門人問曰：「何謂也？」曾子曰：「夫子之道，忠恕而已矣。」聖人之語道亦至矣，曾子得之于一言之間，欣然而解，曾無觝滯，此與顔子于吾言無所不説，亦何異也。然則曾子之學乃至于此，豈聖人窮理盡性必本于孝悌而然耶？抑曾子魯鈍朴野，其受道之質與衆人不同乎？進孺天性好學，敦厚而疏通，其受道之質，過人遠矣。今也又能思事親之道以自盡，其他日學問，將進于曾子無疑，因其行以贈别。

新修三門檀施名銜序

理有默定之分，事無適然之合。人之所作，乃天之所爲； 物之所起，乃時之所至。古今一道，上下同流。是故逆數可以知來，前識以之垂記，符節之同，毫釐不忒。

粤有永嘉郡之支邑，瑞安縣之閑心普安禪寺者，肇基乾符，錫名大順，始自杉坑，遷于西隩，山名龍就，案號三台，前峰城列，後岡屏峙，林巒環複，氣象豐隆，真達人之道場，棲心之福地也。國朝隆平，度僧日廣，昔構既盈，益以前基，爲之重門，以限内外，逾三十年，草創未完。前管勾僧者道珂，選于徒衆，得師奕祖，屬幹其事。永嘉俗故樂施，然方趨城邑闤闠，揭榜大書，廣事供設，以張聲譽，奚暇顧此幽隱寂寥之地，以修默施不祈之福哉！故奕祖靳靳累歲，❶不能有成。

一日竭然南遊並郡，行次長溪，蓋未累馹，邑丞許公得之，欣然若有宿契，出俸二萬，邑人聞之，莫不喜捨，于是得錢三十萬以歸，求材僱工，不日而就。巍然雄麗，映冠山谷，望之者愕覩天宫，由之者恍迷華藏，莫不合掌肅恭，歡喜讚歎。夫以數百年之基創，至珂而加闢，僧奕祖之營造，遇許而乃成。天人相因，時物並至，事若偶然，理宜定數，略誌檀施之姓名，以紀歲時之符會。蓋經始于政和元年孟冬，落成于八年之孟夏。許公名邦，字邦直，永嘉横陽人，學行官業，皆有稱述。其餘名氏，列諸碑陰，以詔後來。

❶「靳靳」，四庫本作「勤勤」。

記

介軒記

佛者安時，避喧于峥水之上，得拳石之地爲之居，名曰「介軒」，其游景曇屬予爲記。予曰：「命，如何？」曇曰：「斯人也，厭世俗之煩混，樂山林之清虚，脱講席而勿顧，慕幽人之與俱，獨一軒以寄傲，將終身而不渝。」予曰：「是道也，節士之所守，而通人以爲痼者也。且夫彼佛之徒，識心達道，則有無同體，喧静一途。拳然之石，有大地之載；蝸然之室，有四海之居。夐然獨立，而萬物不能易也，死生不能變也，豈非所爲介乎！」曇曰：「唯唯，吾將命請進于斯。」于是敘而爲之記。

閑心普安禪寺修造記

孔子曰：「十室之邑，必有忠信。」吾于小溪，得僧顯琛焉。小溪蓋隸于温州，東踰嶺，陸行三十里至陶山，自陶山江行五十里，至瑞安縣，由縣乘平河北行七十里至州。居民遠僻，依山生活，地褊艱食，苦作以自給，故其民敦重信義，愛惜生理，不肯爲鬬訟以干州縣。琛處其間，和樂慈惠，信于一鄉，鄉人愛而不狎，敬而不疎。

熙寧九年，吾家始得吉地其鄉，爲二壙，與琛之居相望，蓋所謂閑心普安禪寺者是也。由寺而南，循山西行三四里，是爲周灣，吾祖葬焉。由寺而南，渡溪，西南行四五里，是爲燥原，吾母葬焉。周氏子孫，歲時來省二墳，必見琛，琛護視二墳，不以利焉，而以初吾祖父葬時，祖母年已高，嘗語琛曰：「婆子亦不久于世矣，他時殖骨此土，幸歲時臨視以慰幽魂。」越數年，吾祖母果棄養，遂以合葬于祖父之墓。琛能不忘其言，凡時節朔望，必與其徒設香果茶湯，雜作佛事墓上，鄉民因之往來奠謁，遊觀不絶，至今數年，遂爲故事。而琛每至墓上，與周氏子孫數數泣下，蓋天資仁慈人也。

元祐八年，某侍親歸省墓下。于是，蓋去鄉里仕于王朝者，已十數年，而琛年方六十餘，尚强壯無恙。訪其居，非昔之比。琛揖吾父子，由新路登白雲亭，循坂而上，入門，又循西廡，觀僧堂，登方丈，覽左右軒，復下循東廡而南，視廚倉庫院，觀新鑄鐘，訪其弟子道珂之室。琛曰：「是皆顯琛與道珂十年之勤，昔之敝者更新矣，昔之庳者更崇矣，今之所完，昔之所缺者也，今之所有，昔之所無者也，居者獲安，而遊者起敬，以示後人，可無述乎！且琛也老，幸可以休，珂才能主寺事，珂不敢以辱尊公大筆，敢屬之吾子，以幸吾門。」嗚呼！是不可以無述也。惟琛之慈惠，故人之從也悅；惟珂之强敏，故事之成也易。彼其完且有矣，亦既崇且新矣，而琛也獨能不居其成，雖曰未學，其違道不遠矣。故吾以謂慈惠者德也，强敏者才也，不居其成者道也，合是三者，舉而措之天下無難矣。是爲述。

浮沚集卷五

宋　周行己　撰

書

代上執政書

某聞居上位而不援乎下，則賢不可得而用；居下位而不求援乎上，則雖賢而不獲用。使仁人君子無意于天下，則上下不相爲用可也，苟有意于天下，如之何見賢而弗用，與其身自賢而弗求其用哉！某誦斯言久矣，未嘗敢聞于人，恐不知者以爲好大而欲人之尚己也。夫好自大而取尚于人，君子之所不爲，某雖不敏，顧舍所學而願爲之乎？然今日特有獻于閣下者，以閣下可以聞此，而某亦可以無自疑乎此也。閣下以道德相天子，拔取天下之才，共爲太平，而天下之吏，奮然各自淬厲，以僥覬萬一，如飢者待哺，勞者乞休，且不知其幾何人，此其志豈無望于閣下哉！而某之遲鈍不及事，未嘗斂衽執板，趨進于左右，又無當世顯名在人耳目，迺欲卒然以尺一之書，自別于衆人，而求閣下之知遇，某雖自信不疑己，使閣下何從而信哉！然某未嘗言，安知閣下之必不信也。

某自少時讀書應舉，粗爲有志于其大者，未嘗碌碌隨時俗上下。得官十餘年，困于奔走簿書之間，無所効其長，然某亦區區不敢廢職，而亦不敢以謹職爲能。閣下試度某之志與閣下之事孰先孰後哉！昔舒元輿嘗上書自薦于唐文宗，當時執政不察其心，過以浮誕爲廢，至今有讀其書者，爲之太息。某之事實類此，然閣下之賢，不可與李宗閔比也。鬷明蔑惡，堂下一言，叔向親援其手，曰：「子如不言，吾幾失之矣！」夫言之不可以已如此。且以某之不肖，方拙而寡與，苟不自言，其誰爲某言哉？故某不避狂易之誅，而以聞于閣下也，閣下以爲如何哉？干冒鈞顔，伏地待罪。

權樂清上韓守書

竊惟人子莫不欲孝于其父，人臣莫不願忠于其君，而其勢有得行有不得行者，何哉？蓋子之于父，親也，近也，故其爲孝也，莫不得其所欲。臣之于君，尊也，遠也，故其爲忠也，有未必獲其所願。是以古之君子，在畎畝而不忘，居江湖而有懷。誠以樂其道，不若親見其君之爲堯舜；著空言，不若行事之深切著明。此所以伊尹幡然，仲尼遑遑，馬遷留滯而嘆息也。

某生五十一年，而秩未離乎九品；仕二十七載，而官僅書乎四考。其于賢能，可謂至卑矣；其去堂陛，可謂至遠矣。然而願忠之心，豈不亦欲與夫朝夕左右侍從之臣，同効其尺寸哉！獨以其分有所局，而其勢不得通，雖有吾身親見之志，與夫著于行事之實，將何所施乎！所以踽踽涼涼，徒竊嘆于周南，而長興懷于魏闕，孰吾知者？今乃幸以攝事小邑，獲預應奉，因得効其尺寸之勤，乃若高官大職，顧豈敢望哉？年衰志闕，無所可爲，獨欲終老海濱，卒其區區之願。鷦鷯之巢，一枝而足；偃鼠之腹，勺水已盈。自度智能，不過一邑一曹，得與役屬以勤享上，官卑而志同，職小而忠一。左右侍從之臣，承命于上，趨走服役之臣，効力于下，上下相濟，小大不渝，此事所以成，而分所以定也。

某昔者薦名，嘗出先德之門，而筮仕之初，于今太守爲同僚之分，以是夤緣，因得自列。伏覬高明，憐其故家之舊物，而采其願忠之誠心，不憚一舉手之勤，以置于一枝棲息之地，他日補報，未必在衆人之後也。

上宰相書

某聞人臣之事君也，不敢有其身，君命之進則進，不敢私其身後之；君命之退則退，不敢强其身先之。父召無諾，君命召，不俟駕行，尊者之賜，卻之爲不恭，況君命之進乎！侍于長者，問日蚤暮則退，欠伸撰杖屨則退，色斯舉矣，翔而後集，況君命之退乎！然而君子之進也每難，其退也每易，易于不爲而難于有爲故也。不爲，義也；有爲，行其義也。故曰：「有不爲也，而後可以有爲。」

某少負羸疾，不樂通物，泯然居閒，竊慕存心養性之説，于周、孔、老、佛無所不求，而未嘗有意于進取。間者，父兄命之，嘗試以其所知，寓于有司之間，或者不以爲不可，遂籍仕版，辛未、庚子，蓋三十年矣，或遷或罷，纔書四考，何其進之少而退之多乎！豈不曰命之進則進，命之退則退，不敢私其身而爲之進退歟！今也行年五十有四，憂患病苦，齒髮衰矣，方寸亂矣，少壯不力，老將何爲。而閣下過聽，猥蒙收録，進之吾君，不以其不肖無堪，置之學士大夫之列。被命之日，不議于人，不卜于神，舍其閒居安業之私，幡然有行，不敢以速進爲嫌，誠爲晚遇得歸而不敢有其身故也。且士方畎畝，不忘致君獨安，昔之不爲，今不可以有爲乎！

閣下二十年間，再秉鈞軸，天下之士，莫不以類而進，成就功業。而某方以疾故退居田里，乃今獲遇，雖樸樕不足比數，然亦豈獨不欲効其尺寸，以行其所知哉！惟今百度完具，四夷賓服，上下恬熙，内外無患，治安無事矣。然無事者，有事之所慮也，古之聖智之人，安不忘危，治不忘亂，雖虞舜成周之盛時，未嘗不兢兢業業以相警戒，且今任天下之重者，獨不在于閣下乎！不知閣下以今爲樂歟？亦以爲憂也？以爲憂，則君聖臣賢，優游無爲，上下同樂，方享太平，何有于憂乎！以爲樂，則慮近之遠，審風之自，怨不在大，禍生所忽，未可以爲樂也。賢者之謀國，如醫者之治病，五臟六腑，不可偏勝，偏勝則患生。今天下之勢，不有偏勝者乎？疾之所起，必有標本，治其疾者，必先其本，後其標。今天下之勢，不有急于先者乎？

閣下以不世之宏才，可久之大德，越自熙、豐，至于今日，逮事三主，始終一心，豐功偉績，昭焕今古，所更多矣，所知審矣。伏自建立以來，良法美意，皆酌今而可行，民便國安，皆利便而可久。然而更有異志之變更，因之庸吏之玩弛，慮其所可憂，先其所當務，得無復有益廣其未究者乎？得無復有當務其偏蔽者乎？于是時則又緩急之勢，先後之序。不知其勢者，不可以有爲也，不知其序者，不可以有爲也。非閣下之智足以知之，才足以任之，勢足以行之，其孰能與于此哉？所以方今天下有志之士，無有大小，無有遠邇，無有親疎，皆欲轉助閤下，以起太平偏勝之勢，以圖今日急先之務。在閤下益廣賢路，以收實才，更定法度，以救時弊。天下有志于斯者，舍閤下而無適矣，舍是而之他者，皆非爲國計者也。故助閤下者，忠臣義士之所願也，閤下收之則爲朝廷之用，舍之則爲他門之用矣。爲他門之用者，閤下以爲安乎？爲朝廷之用者，閤下以爲安乎？閤下之用舍，朝廷之安危也。人君之職，在任一相，一相之職，在任群賢。自古未有得才而不治者，亦未有不才而治者也。天下之治亂，在于法度之善否，法度之善否，在于人才之得失。人能爲之，人能壞之，人能修之，未有出于人而人不可爲者。獨時有險易，才有智愚，智者可以濟其險，愚者可以行其易。雖曰「成功則天」，而不可曰「天也，人不可爲也」。所以知其可爲者，天下之心，皆欲安而已矣，所以不可不爲。天下安，斯朝廷安矣。故所以用人者，在于善法度也，所以善法度者，在于安天下也。天下安則朝廷安，朝廷安則私門亦安矣。計私門而不計國家，自古未有得以安者也。故智者處其安，愚者處其危，欲濟未危之勢而保至安之計者，舍閤下未知其孰可與議者。顧雖晚至下客，獨效古人區區之義，布其腹心，以幸萬一。若夫條布緩急之勢，與其先後之序，則以俟命，未可以立言判也。干冒鈞聽，下情無任恐懼之至。

上祭酒書

行己敢言之。行己七歲就傅，授句讀，誦五經書，十五歲學屬文，十七歲補太學諸生，是時一心學科舉文，編綴事類，剽竊語言，凡所見則問而學焉，趨而從之，十八九相與也。又二年讀書，蓋見古人文章，浩浩如濤波，纚纚如春華，于是樂而慕之，又學爲古文，上希屈、宋，下法韓、柳，見自古文人多不拘爾，謂誠若是也。恃文爲非誚，憑文以戲謔，自謂吾徒爲神仙中人，而鄙昔之相從者，謂跼促若轅下駒，然求其問而學焉者，十或得二三爾。又二年讀書，益見道理，于是始知聖人作書遺後世，在學而行之，非以爲文也，乃知文人才士不足尚。

昔吾先聖言：雖有周公之才之美，使驕且吝，其餘不足觀也已。又況中人以下，以片言隻句之小才，以自咤于敦實之士乎！意謂學期至于孔子而已。且言曰：士志于道，據于德，依于仁，游于藝，所以教學也。于是早晚思古人之修德立行，誦其詩，讀其書，日與古人居；讀其書，誦其詩，日與古人謀。言亦思古人也，行亦思古人也，于是求問而學焉者益罕矣。凡昔之交游者，今則皆謝之而不敢學焉，凡昔之所鄙者，今則皆敬之而不敢慢焉。兢兢衆人之中，惟恐一叛乎道，而入于流俗之習，日學之，夜思之，未始敢舍也。有人誘之曰：「子迂也，何不爲時之趨？」行己則不敢從也。有人鄙之曰：「子矯也，何不任真之樂？」行己則不敢已也。嘗以是二者，校己之所祈嚮者而思之，則亦嘗語之曰：「中人之性，就下則易，趨上則難，未有不以修爲而能爲君子善人者也。若縱性之所欲，而合之以衆人之所爲，則必愈下爾。不學則已，學焉而不知道，君子不爲也。」昔韓文公之言曰：「行成于思毀于隨。」有旨哉！又曰：「善雖不吾與，吾將强而附；不善雖不吾拒，吾將强而去。」皆父兄之所教于行己，而某之所願學者也，故得以是說拒之。又行之今，才期月爾，非而毀之日益甚，行己亦弗之易也，更求己之所未至者而爲之，凡所近于厚者，無所不爲也，凡所近于薄者，無所不去也。

去年且思陽城之訓，念何蓄之行，遂以覲親告歸于涇。今也且以是來學，不識所從者果正矣，其猶有説乎。孔子曰：「敏于事而慎于言，就有道而正焉。」某雖不敏，竊願學焉。伏惟先生誨人不倦，願賜一言以正之，幸甚！幸甚！

與佛月大師書

昨日言詩，頗爲開益。苦手瘡，殊無情緒，不能款款議論，歸來甚闕然，意謂尚未深得師之妙耳。昔齊己號詩僧也，不過風花雪月巧句，而于格又頗俗。今之參寥，亦以詩名，雖豪逸可愛，人不及道。吾師數篇，已能過之，清思妙句，飄然如孤鵠翔雲，又能作古體，淡淡造静理。學之不已，古人不難到也。知禪衆中好静甚，不欲時時往聒噪，輒得小詩奉寄，能以問答之餘見和否？伏暑，願彌盡珍重理，渴仰！渴仰！

啓

謝鄆帥王待制辟司録啓

當其失職，衆所棄捐，乃于窮時，獨被收采，義與尋常而加重，感淪方寸以彌深。伏念某受數多奇，居閒少仕。行不俟駕，蓋人臣莫敢有其身； 出以爲時，故君子亦欲行其義。志雖大而無當，道固迂而難逢，匪九遷之是謀，亦三黜之奚怨，獨志業之未就，邈歲月之忽徂。亦已焉哉，不作周公之夢，聊且爾耳，將求范蠡之舟。屬東南之寇攘，蹇去留之道阻，迍邅多故，流落殊方，百病咸生，千金散盡，苟將免死，孰不爲貧。方滯念之紛如，竭嘉招之俯及。捧檄而喜，載懷三釜之悲； 承命即行，敢負百金之諾。此蓋某人懷忠信而近厚，敦故舊而弗遺，欲四海之舉安，況一夫之失所。激頹風于難進，拔寒流以事君。雖匪其人，蓋亦有意。老而彌卲，勉吾信之未能； 窮且益堅，期民安而爲報。

代賀吴侍郎啓

渙恩中宸，正位東臺，凡屬甄鎔，率同抃蹈。恭以某人三朝儁老，一德舊臣，道盛格天之功，仁懋佐王之業，一人簡在，百辟具瞻，果自殊庭，再登黄闥。朝廷尊重，慰人望于巖巖； 輿頌載喧，識公歸于几几。竚疇丕績，薦正冢司，並九敍以歌庸，浹萬方而胥悦。某邈分郡寄，阻簉賓墀，歡遠服之孤心，慶熙朝之盛典。蟠木願器，早荷于元工； 坯土在鈞，日陶于洪造。

代徐守謝金帶紫章服啓

祗奉貢儀，恪修臣職，誤蒙中旨，洊錫異恩。帶飾黄金，媿靡功于將閫； 服加紫綬，榮曳綵于親庭。曾無毫髮之勞，曷稱便蕃之賜。顧惟疎賤，必有夤緣。此蓋某人載世勳門，鍾天間氣。文章班馬，優廷策于巍科；道德老莊，静臣心于止水。出納帝命，允惟夙夜之勞；陟降王庭，式是靖恭之節。榮宣恩旨，密贊俞音。故得小臣，叨蒙盛典，敢不精審有孚之吉，勉持不息之誠！惟孝及忠，終始敢期于一節；乃恩與德，頂踵奚報于萬分。

代人賀樞密啓

恩涣宸庭，位隆天府，聳聞休命，遏抃輿心。恭以某人問學淵源，性資端亮，出甚盛之世，佐有爲之君，天下僉曰才難，主上必其柄用。内參宸略，坐制本兵，決斷機務之先，從容廟堂之上。每深簡在，方切具瞻，果進樞衡之茂庸，總司喉舌之重柄。可大之業，非位不行；太平之基，得賢所致。故將紀綱四海，弼諧萬幾，法度清而陰陽和，造化調而天地順，進司元宰，益重本朝。某邈守遠藩，側聆光命，莫次凫趨之列，徒深燕賀之誠。

學官與交代啓

舊尹之政告新尹，矧在儒官；先知之民覺後知，惟尊道藝。非宜晚學，輒代高賢。伏惟某人有德而文，因人以教，拳拳遵回之好，❶踽踽慕軻之傳。樂得英才，共希生而知者；如工大木，惟恐斲而小之。造三年而有成，修四教以誰繼？豈兹汰礫之

❶「遵」，原誤作「隨」，依四庫本、敬鄉樓本改。

在後，能與精金而争輝！翔集泮林，願終同于聲氣；泳思學海，當不異于源流。瞻德誠深，頌言靡既。

賀張節使啓

伏審揚命王庭，賜旌侯服。伏惟歡慶，恭以某人胚胎間氣，心膂良臣，才高人傑之雄，戚重國甥之懿。久騰英譽，密簡淵衷，果疇勳閥之隆，爰付節旄之寄。宸慈欽敍，式慰在天之靈；庶言允諧，克協象賢之慶。金章紫綬，增輝綵服之榮；畫戟油幢，彌重仙官之貴。仲尼孝友，何必有政于藩宣；卻縠詩書，正可坐籌于帷幄。爲國屏翰，期永保于乂康；若時謀猷，將無忘于入告。竚觀遠業，益進近司。凡在有知，孰不交慶！某夙蒙恩顧，喜劇私誠，疚方困于河魚，賀輒愆于廈燕。

與張才叔啓

昨離師帳，久侍親闈，實緣省定之勤，是缺興居之問。有懷文席，無喻寸襟。屬茲承乏于成均，竊獲經途于治部。操舟及境，豫深望履之懷；執箒候門，行遂摳衣之請。是爲慰抃，奚究敷宣。

代郡守除漕謝運使啓

分符屬部，實荷安全，聯職計司，復叨庇賴。辱奬提之有自，惟欣感之何云。恭惟某人學有淵源，行多枝葉，搢紳先生之所欣慕，國家天下之所曰賢。暫領外臺，豈久淹于遠服；即聞中詔，行進拜于近宸。某孤陋無聞，數奇不偶。功名晚矣，行年半百之餘；世味淡然，宴坐一身之寄。顧豈長于治賦，尚有切于依仁。晤展未聞，願言曷既。

賀轉運使復任啓

光膺詔旨，再領使權，凡在庇臨，罔不抃躍。恭惟某人才周治體，學造聖微，繇清閥以開祥，奮榮途而底績。知深宸扆，名竦朝紳，迺眷西顧之列城，實預中都之計偫。曩付轉輸之重，嘗資課入之優。農事弗違，軍儲有羨。風聞謬誤，輒致煩言。天監昭明，遽還舊物。俾宣寬大之詔，倚分宵旰之憂。一方夙懼于神明，比屋復覩于富庶。足兵足食，豈止致俗于阜康；有猷有爲，行即進司于宥密。某攝居屬部，預遵教條，瞻廈屋以欣如，奉簡書而惕若。

浮沚集卷六

宋　周行己　撰

雜　著

座右銘

惟余之生兮，父命以名。謂余曰行己兮，俾充夫性之所能。曰：「汝立志必高而宏！」曰：「汝學道必思而行！待人過厚，可以保生，責己盡詳，然後有成。人惡勿記，人善乃稱。切磋琢磨，孰無朋友？惟善可親，惟敬能久。聞過必改，見善斯守。誠心行此，惟汝之有。聖人何得？不輕小善爲無益；聖人何長？不恃小惡爲無傷。告汝以行己之道，汝慎無忘！」嗚呼予乎！年既成人矣，而行實迷其塗。嗟已往之無及，念來今之可圖。汝尚不守，惟汝不孝，汝尚無知，惟汝無教。敬之戒之，久乃知效！

勸學文

天地之性，莫貴于人。四民之長，莫貴乎士。士之所貴者，以學而已。然人皆有可學之性，而或不得學者，蓋由出乎貧賤之家，日迫于饘粥之不暇，所以沈爲下愚，終身不靈，以貽笞戮，無所不至，此人之不幸也。諸生生于富有之家，復賴父兄之賢，使得從師爲學，一身亦幸矣。然而父兄之所以願望于子弟者，豈幸一身而已哉！亦期于有成，將以幸一家，幸一鄉，又推而廣之，幸一國，幸天下也。當今太平之世，不能力學，期乎有成，以幸一鄉一國而及乎天下，以副父兄之顒望，亦自棄而已。語曰：「將相寧有種？」諸君勉之哉！

齋揖文

學校者，禮義之所起。群居不以禮則慢，慢則善心日喪，不善之心日滋，君子小人于是乎分，不可不念也。故禮義之所始，在于正容體，齊顏色，順辭令，三者立身之要節。而學有齋揖，近或因循以爲末節，遂置而弗講，謂徒拂人之情，而無益于學者之事，此甚不思也。夫正者，一歲之始也；朔者，一月之始也；朝者，一日之始也。今吾徒群居，正必拜，朔必賀，而朝獨不相揖乎！于其朝焉，相揖以致敬，問安否以致愛，群居之道也。推此于朝，則一日之敬愛不可勝用矣；推此于朔，則一月之敬愛不可勝用矣；推此于正，則一歲之敬愛不可勝用矣；推此以終其身，則一身之敬愛不可勝用矣。嗚呼，孰謂其無益于學也！學也者，學爲人者也。思爲人，不可以不敬其親；思敬其親，不可以不敬其身；思敬其身，不可以不敬其人。日月逝矣，一折枝之易，猶或憚而弗爲，則任重道遠，終身其能勝舉乎！此齋揖之禮所以不可廢也。

從弟成己審己直己存己用己字説

周氏積德遠矣，居温州者及其輩才五世，由温州任起家者爲江陰。江陰生四十七年，官司封員外郎，職集賢校理而卒。某嘗恨其壽不充德，位不登才，意其後必有大興起者，不在于諸父氏，必在于爾伯仲間也。

成己于江陰爲適長孫，審己其次，直己又其次，存己又其次，用己又其次。既皆以其父命得名于余，又欲以成人之禮待之而字之。于是因推其説，而語其所以大興起其家之道，曰：「爾亦聞有所謂君子之學乎？夫古之君子，爲己而學，爲人而仕。今之君子，爲己而仕，爲人而學。何謂爲己之學？以吾有孝悌也則學，以吾有忠信也則學，學乎内者也，養其德者也，故爲己而學者，必有爲人之仕矣。何謂爲人之學？人以我爲多聞也則學，人以我爲多能也則學，學乎外者也，利其聞者也，故爲人而學者，必有爲己之仕矣。然則今之所謂君子者，古之所謂小人乎！爾于此焉，亦將何擇？」

吾嘗觀夫孔氏之門，其所以教人者多術矣。至于樊遲學稼則不與，子貢貨殖則不與，子張干禄則不與，是何也？漆雕開不願仕則與之，曾點浴乎沂則與之，顔淵在陋巷則與之，是何也？嗚呼！昔者孟子蓋嘗推其本而言之矣，以爲舜與跖之分，在于利與善之間。夫天下之人，何莫爲善，不必皆舜也，而曰舜焉，謂是心也無以異乎舜之心也，不謂舜可乎？天下之人，何莫爲利，不必皆跖也，而曰跖焉，謂是心也無以異于跖之心也，不謂跖可乎？然則士之于此，不可以不思也。天下之人，惟不知思，是以善與心昧，利與實滋。于其學也，不知爲己而爲人之爲説；于其仕也，不知爲人而爲己之爲利。先達之士，比肩倡于上；後進之士，接武應于下。父以是教其子，兄以是詔其弟，師以是傳其徒，少習之，長成之，靡然成風，蕩不可返，此其甚可哀者，爾于是獨可無思乎！

于成己字思仁。爾則思之，孰爲仁乎？孰爲非仁乎？惡乎而至于仁？惡乎而至于不仁？古則有之，曰：「成己仁也，成物知也。」曰：「君子去仁，惡乎成名。」曰：「爲仁由己，而由人乎哉！」此其所謂仁者何也？爾則思之，曰：「欲成吾己者，果不可以不仁也。」則又思之，曰：「仁在我者也，吾何患而不爲哉？」于是朝焉仁也，暮焉仁也，食焉仁也，寢焉仁也，目視耳聽，手舉足運，無非仁也，而後可以謂之善成己者矣。

于審己字思明。爾則思之，孰爲明乎？孰爲不明乎？惡乎而至于明？惡乎而至于不明？古則有之，曰：「不明乎善，不誠乎身矣。」曰：「大學之道，在明明德。」曰：「明則誠矣，誠則明矣。」此其所謂明者何也？爾則思之，曰：「欲審吾己者，果不可以不明也。」則又思之，曰：「明在我者也，吾何患而不爲哉？」于是朝焉明也，暮焉明也，食焉明也，寢焉明也，目視耳聽，手舉足運，無非明也，而後可以謂之善審己者矣。

于直己字思敬。爾則思之，孰謂敬乎？孰謂不敬乎？惡乎而至于敬？惡乎而至于不敬？古則有之，曰：「敬以直內。」曰：「修己以敬。」曰：「毋不敬。」此其所謂敬者何也？爾則思之，曰：「欲直吾己者，果不可以不敬也。」則又思之，曰：「敬在我者也，吾何患而不爲哉？」于是朝焉敬也，暮焉敬也，食焉敬也，寢焉敬也，目視耳聽，手舉足運，無非敬也，而後可以謂之善直己者矣。

于存己字思養。爾則思之，孰爲養乎？孰爲不養乎？惡乎而得其養？惡乎而不得其養？古則有之，曰：「養心莫善于寡慾。」曰：「存其心，養其性，所以事天也。」曰：「以直養而無害，則塞乎天地之間。」此其所謂養者何也？爾則思之，曰：「欲存吾己者，果不可以不養也。」則又思之，曰：「夫養在我者也，吾何患而不爲哉！」于是朝焉養也，暮焉養也，食焉養也，寢焉養也，目視耳聽，手舉足運，無非養也，而後可以謂之善存己者矣。

于用己字思本。爾則思之，孰爲本乎？孰爲非本乎？惡乎而得其本？惡乎而不得其本？古則有之，曰：「君子務本，本立而道生。」曰：「天下之本在國，國之本在家，家之本在身。」曰：「大德不官，大道不器，大信不約，大時不齊。」察于此四者，可以有志于本矣。此其所謂本者何也？爾則思之，曰：「欲用吾己者，果不可以無本也。」則又思之，曰：「本在我者也，吾何患而不爲哉？」于是朝焉本也，暮焉本也，食焉本也，寢焉本也，目視耳聽，手舉足運，無非本也，而後可以謂之善用己者矣。

嗚呼！成己者果以仁矣，審己者果以明矣，直己者果以敬矣，存己者果以養矣，用己者果以本矣，則其學也，吾必以爲爲己之學也，必爲善者也；其仕也，吾必以爲爲人之仕矣，非爲利者也。斯所謂古之君子者也，斯所謂大興起其家之道也。《書》曰：「思曰睿。」《語》曰：「學而不思則罔。」惟睿惟聖，惟罔惟狂。夫聖與狂，爾則擇之。古之人，名，所以定其體；字，所以表其德。夫豈徒哉！爾或不思，則名非其體也，字非其德也，吾之云云，侮聖言也。爾其勉哉！

論晏平仲

越石父之責人也，終無已乎？脱之縲紲而弗謝，一入閨而請絶，何其嚴哉！雖然，石父以君子望晏子者也，然非人之情也，設于晏子可也。惟晏子能受盡言，而善改過。孔子曰：「晏平仲善與人交，久而敬之。」非此之謂乎？

書李氏事後

夫善，天下之所同也。爲善莫大于愛人，爲不善莫大于害人。三代之得天下也以仁，其失天下也以不仁。非獨三代爲然，繼三代者莫不然。唐之所以亡，五代之所以亂，蓋可知矣。方晉開運之末，胡人據有中原，盜賊擾亂蜂起，天下糜潰極矣。李氏以一布衣，能屈賊人而保萬乘之衆，此豈直智巧果敢而然哉！亦其愛人之義，有以動其善心故也，故能革暴使之勿殺，易貪使之勿取。夫人之爲不善，至于爲盜而殺人，亦甚矣，然而可以義動。是知善者，天下之所同也，況不爲盜而殺人者，有不可與爲善乎！故爲善無小，可以保天下，爲不善無大，不足以保一身。爲天下者皆知善之爲善，則唐不至于亡，五代不至于亂，中原不至于塗炭。夫豈獨一李氏可以保其鄉里，而爲天下者不得以保四海以及其身乎？

嗚呼！善與不善，可以類求矣。

跋薛唐卿秦璽文

李斯篆，世傳爲第一，學者莫不愛之。吾每見其書，幾不疾唾而卻走者，何哉？謂夫人善成其君之過也。夫秦之君，其資亦未若桀紂之惡之甚也，而二三臣釀其君于不善，則又有甚焉者。嗚呼斯乎！是嘗去《詩》《書》以愚百姓者乎！是嘗聽趙高以立胡亥者乎！是嘗殺公子扶蘇與蒙恬者乎！是嘗教其君嚴督責而安恣睢者乎！使其璽不得傳者斯人也，而其刻畫，吾忍觀之哉！顧唐卿猶區區珍藏之者，豈不欲傳百世以爲監歟？吁！是何以監也？

跋李文叔歐公帖

世有君子小人，猶天之有陰陽，不能相無，能相消長耳。世用君子，則不賢者遠矣，世用小人，則賢者遠矣，朋黨之説所由起也。昔慶曆之盛，群賢並用，必有不得志者，遂爲黨説中之，欲以盡去君子。當是時，蓋有自列爲黨者，有憂死其黨者，然則果黨歟？非也。彼獨懼夫君子小人之分不明，而國之理亂由此其出，有憂之大，忘其區區一身，期悟當世之主，此仁人之用心也。世主欲知其説，無他，公與私而已矣。出于公，其道同，非黨也；出于私，其利同，黨也。忘一己而憂天下，謂之公乎？謂之私乎？斷可識矣。由今觀古，牛黨多小人，李黨多君子，然而以黨易黨，所以必復。必有憂心者，然後可與議此。文忠昔嘗爲之説矣，觀此帖，若有戚戚然者何哉？《詩》云：「憂心悄悄，慍于群小。」其斯之謂乎！

跋李文叔蔡君謨帖

近世士人多學今書，不學古書，務取媚好，氣格全弱。君謨正書多法魯公，簡牘行草，備兼諸體，皆能冠絶一時，學古故也。然而以古並之，便覺不及，豈古人心法不傳，而規模形似，不足以得其妙乎！

馮先生辯

或問馮先生參于某曰：「先生何如，而子欲以爲師乎哉？」某曰：「先生之孝于親，友于弟，雖舜亦不過如此而已。吾不是師，而將何師乎？」或者曰：「舜，大聖人也，後世無及焉。而子曰先生之孝，雖舜不過如此，何也？先生以參自名，慕曾子，猶以爲不能及也，而以爲舜，不亦過乎？」某應之曰：「吾所謂如舜者，如舜之孝而已矣。舜之聖，固後之世未見其能及也。夫孝自天子達于庶人，能盡其道者，舉相似也。曾子之于舜，吾未見其有以異焉。曾子之于孝，以有曾皙者也，舜之于孝，以有瞽瞍者也，二者之盡于孝，是或一道也。子固以爲舜爲聖人，而其孝不可及乎？曾子之不得瞽瞍，而其孝不若舜乎？吾竊悲今世之人自以爲不若人也。堯舜之後，世之士皆堯舜之學也，而曰不可及焉，則不學而已矣。顔淵曰：『舜何人也，予何人也，有爲者亦若是。』有人焉而爲曾子之孝其親者，吾必曰曾子而已矣，吾不知其不可及也。有人焉而爲舜之孝其親者，吾必曰舜而已矣，吾不知其不可及也。」

或者曰：「子以爲先生之孝果如舜，舜漁于雷澤，漁者皆讓居，耕于歷山，耕者皆讓畔，而天下之士又多就之者。先生居于鄉，其德不及于閭里，在太學，太學之士無有與其賢者，是果不如舜也。」某曰：「子以爲若是之不如舜誠是也。子且以爲今之民，皆堯之民乎？今之士，皆堯之士乎？如之何必其人之皆化也？孔子曰：『不如鄉人之善者好之，其不善者惡之。』先生居于太學，其鄉人之賢者，率其徒，狀先生之德，上于祭酒司業。太學之士，聞先生之賢者，皆往拜之，雖不善之人，亦不敢不敬于先生之側，先生之德，亦可謂化矣。其曰不如舜者，不如舜之廣也，時勢則然也，其孝果有以異乎？無以異也。」

或者曰：「夫人孰不爲孝，子以先生爲孝，是顯天下之人皆不孝也。以先生之孝如舜，是舜之後，或聖或賢，皆不若先生之賢也。」某曰：「是又不然者也，吾豈敢厚誣天下之人哉？人孰不愛其親，而先生能盡愛親之道焉。盡其孝如先生者有矣，吾不得而知也。孔子之稱曾子，不曰顏子之徒皆不孝也；孟子之稱舜，不曰堯禹之君皆不孝也。舜之後，禹、湯、文、武，其孝非不若舜也，舜之孝顯也，禹、湯、文、武而爲舜，亦舜也。天下之孝，天下之人皆能盡也，能盡其孝者，皆舜也。豈謂古聖賢不若舜哉？當其可也；豈謂先生必賢于古聖賢哉？當其可也。」

或者曰：「子以爲先生孝而師之，是子必不孝也。」某曰：「某于天地之間，豈敢以不孝自處也！雖然，吾學焉而未能盡其道者也，而先生能盡之，則其師也宜。」

或者曰：「吾子之言馮先生則是也，然衆人所不爲，而吾子必爲之，人皆以子爲狂且怪，特邀奇而好名者也。姑已之，不宜有是名也。」某應之曰：「此又吾子之惑滋甚也。不識吾子所謂怪者，以其異于衆乎，以其異于聖人之道乎？吾學聖人道者也，合于聖人之道者謂之常，離于聖人之道者謂之怪。古之人未嘗無師也，雖聖人亦有師，吾之師其如舜者，獨非聖人之道歟？吾何怪之有？吾固怪夫世之人未嘗求師也，卒然問之，則必曰：『吾亦何常師之有。』否則必曰：『吾師其成心而已矣。』夫二者，固聖人之道也。而世之人以應人者，是亦未嘗有師者也，是亦未嘗師其成心者也。曰：『茲不亂聖言以行怪歟？』其或有焉，曰『師』曰『弟子』云者，亦必求爲利而已矣。學必爲道也，如必曰從衆，衆人之學爲道乎，爲利乎？如曰爲道，吾從衆可也。學必有師也，如必曰從衆，衆人之學有師乎，無師乎？如曰有師，吾從衆可也。人之學不可以不知道，欲知道，必從師而問焉。吾學道也，吾求師也，而曰邀奇而好名，是則聖人之道皆不可爲已。然則吾安敢避是名哉！與其得罪于聖人，吾寧得罪于衆人。故凡有合于聖人之道者，吾必爲之，凡有不合于聖人之道者，吾必去之，是非止于道而公也，吾不忍枉其道，以求合乎衆也。凡吾之所學者如是，是又不可不辯也。如有曰：『衆如是不可也，必從衆。』吾則敬謝焉。如有曰：『道如是不可也，必從道。』吾則敬受焉，吾非求勝者也。」

馮先生贊

吾誰與歸？惟馮先生。舜盡事親，先生實能。以庶被逐，慟哭于庭。恐傷親心，順命以行。假卜以食，迺徂于京。元豐元年，補國子生。三歲告歸，父猶不聽，稽顙自責，以顯厥誠。遂名曰「參」，以慕于曾。迺與其弟，復來自西。不得于親，不慰孝思。憂心耿耿，望白雲飛。實隱不言，人莫之知。三舉不售，有德實遺。天之報善，亦何杳微？嗚呼！今世之人，鮮有不辱其親者矣。吾非斯人而誰與歸！

書呂博士事

元祐二年秋七月辛酉，太學徐生不祿，博士呂公率其僚往弔，而哭之慟。周行已躍而起曰：於美乎哉！師弟子之風興矣。自孔子没，大道喪，悠悠數千載間，學者不知師其師，師者不知自處其師，維聖若賢，百不一遇。少也則聞有胡先生，能群諸弟子于太學教之，禮風義行，翕然嚮古。今亡矣三十餘年，謂晚生訖不可得見，迺復在今日。於美乎哉！師弟子之風興矣。先生之賜甚厚，非特太學化之，將亦四方化之；非特今世化之，將亦後世化之，先生之賜甚厚也。且將歌其風，倡之天下，布之伶官，而上之天子也，故書。

段公度哀詞

吾友公度，姓段，諱萬頃，廬陵人。負其學來京師求仕。元祐二年，開封考其業優，薦之禮部。明年，禮部試，復爲第六人，遂以其名進于天子。擢第，調太平州蕪湖縣尉，將以歸榮其親也，未行，以六月十八日得寒疾，九日遂卒。

嗚呼！余于公度相得最晚，而相知最深。公度爲人，貌嚴而氣和，言直而辭順，樂人之善而厚于義。其文無所不能，通《春秋》，尤長于《楚辭》，有《擬騷》一篇。其志蓋將以爲天下，而不得施，可哀也夫！余故爲騷語以哀之，公度志也。

有美人兮吉水之陽，處幽渺兮植蘭芳。紛菲菲兮流長昧，莫與適兮獨傍徉。曰予以俟乎春兮乘光，草木既秀兮鳥翺翔。鼓予瑟兮樂予行，來歸兮翊上皇。采蓀茞兮水中央，實既與兮飲予以瓊漿。命不奈何兮以不康，乘回風兮駕忽荒。雲靄靄兮雨不降，非旣不腆兮實民不良。望不來兮悲傷，戀戀兮難忘！

樂生傳

鄂之人有樂生者，任水，鬻于市，得百錢，即罷休。以其僦屋飲食之餘，遨嬉于邸戲中，既歸，又鼓笛以歌，日以爲常。其隣人有劉氏者，饒于財而多營，身勞而心常不足。聞其貧而樂，疑之，召問其故。曰：「是吾貧爾也，非得已也。然貧則易給，雖勞而無累，吾是以得自樂也。」富者入其說，憐之，舉百金，使收其利，而歸其本。生負金而歸，遂廢其常業，則心營指劃，貿貿然朝暮馳逐于市，及夜，又計之，惟恐其不足也，憊而寐，其聲呼呼，如是數日。隣之富人不聞其爲笛以歌也，怪而問之，則曰：

「是吾昔也，雖貧而無累，故自得。今也多財而多累，故勞于心者常不足。以吾之一身，百金猶有餘，❶是惡用其多爲？願復以是歸于主人。」富者豁然悟曰：「噫！是亦吾之累也。」遂焚契裂券，守其分以終身。

吾聞之，曰：「有是哉！夫天下之不足者生于貪，安于分者常自得。力不足而求仕，智不足而求名，噫！亦惑矣。吾可以自警也歟！」故記之。

代李守寺觀祈晴文

狂恒雨若，顧敏政之不修。哀我民斯，念艱食之有害。方秋務穫，時霖弗休。諗茲罪譴之敢辭，仰覬高明之垂照。倬回陽光之赫，大決陰滯之霪。惠彼西成，遂茲豐歲！

代諸廟祈晴文

方秋務穫，霪雨弗收。哀我民斯，害于艱食。曰暘曰雨，惟神之司。肅將潔馨，仰祈明報！

原武神廟祈雨文

天地之候，四氣之序，雨潤日暵，蓋各有時。自春徂夏，膏澤未霈，先時者苗將就槁，後時者種未入土，民有憂之。惟令，民之父母，民憂亦憂，民喜亦喜。神食于此土，令之憂，亦神之憂也。令職其明，神職其幽。修政布德以召和，令之職也；驅雷行雨以利

❶「金」，依前後文意疑當作「錢」。

物，神之職也。苟失其時，則失其職矣。是用潔蠲吉辰，恭祈嚴像，虔奉苾芬之薦，仰期肸蠁之靈。神其念之！神其念之！

原武神廟謝雨文

比以下民作苦，時雨後愆，萬室嗷嗷，歸命于神。忝攝兹土，不得自安。當傾丹悃，躬叩神祠，式蒙神惠，洊降膏澤，合境告足，民心歡欣。是用虔修菲儀，以答靈貺，惟神弗忘，永保有年！

原武佛寺謝雨文

一滴之雨，我佛皆知。衆妙之生，何物非此。故最大最明者道，惟精惟一者人。誠心雖微，真理必著。比緣亢旱，仰叩覺皇。果大布于慈雲，遂洊降于甘霔，四野霑足，萬靈歡欣。三農務興作之功，百物遂發生之性，秋成在望，民力稍蘇。悉歸廣大之神通，難報生成之妙利。伏願繼今以往，與時無窮，四海絶水旱之災，庶民無盜賊之苦，永一人于有慶，保萬國之咸寧！

超化寺龍潭請水文

惟神無方，徧滿虛空，而水性亦徧滿虛空。水之所積，神龍之所宅也。惟龍能大能小，或隱或見，變化無常，能以一滴之水，徧滿虛空，大地霑潤，萬物滋生，龍之爲神昭昭矣。而原武小邑，密鄰神龍之宅，自春不雨，以涉夏中，穀苗將槁，函種不立，民心嗷嗷，惟令之憂。儻令弗虔，惟神之殛。而憫此民庶，將弗得食，願丐一滴之靈泉，以爲此方之霖雨。因及普天，遂周四海，惟龍之神，感而遂通，不疾而速，又何難焉？

超化寺龍潭謝雨文

比以農工在務，時雨愆期，望陰雲之弗興，久旱魃之爲虐。虔傾丹悃，遐仰僊祠。恭迎聖地之靈泉，遠致敝邑之淨刹。神龍變化，雲雷勃興，曾不崇朝，而下大雨，群心感悦，諸穀遂成。是用式薦馨香，恭答靈貺，仍憑淨梵，還致靈潭。惟神聽之弗忘，永吾民之多福！

代楚州李守寺觀祈雨

萬寶告成，屬有陽于旱暵；百靈薦祉，竟無望于皇慈。永惟民食之難，實賴神天之祐。肅將誠潔，躬叩高明，祈布慈雲，普施法雨，使有生悉霑于利澤，均率土咸遂于豐登！

又代諸廟祈雨

刺史惟民之憂，民惟食之憂。神食于兹土，福于兹土。民之憂，刺史之憂也，刺史之憂，神之憂也。方秋百穀將成，雨弗時至，秀者不實，實者未豐。民憂之，刺史惟民憂之憂，而神亦惟刺史憂之憂也。是用肅將明祀，徧禱神祠，惟神憂其憂而効其靈，使民不失望焉！神之德也，刺史之職也。

代天慶觀謝雨文

下民咨怨，雖愚而靈。上帝照臨，無幽

不格。惟隆祥所以象德，惟務德可以動天。頃以秋稼將成，時雨弗至，念農夫之多戚，率官僚而竭誠。協臻顒若之孚，倏致霈然之澤，兆茲豐歲，曾不崇朝。荷大道罔極之恩，保斯民有秋之望。諗茲來報，仰冀降歆！

代崇寧寺謝雨文

有情咨怨，雖愚而靈。大覺慈悲，無感不應。比以農民之戚，仰伸梵竺之祈。曾不崇朝，霈然下雨，兆茲多稼，遂大有年。民無飢凍之憂，國有豐穰之慶。仰憑大力，難報殊恩。

代諸廟謝雨文

嗟我民斯，憂于艱食，禱于神止，望彼豐年。曾不崇朝，霈然下雨，大田回潤，嘉穀再生。仰承顧諟之靈，敢後馨香之報！

閑心寺蓋藏文

如來出世，立教隨機；菩薩間生，應病示藥。群機不等，教設多途；彼病殊方，藥分衆品。故九百八十大部，總爲方便之門；而二十五千餘言，盡識真常之旨。巍巍寶梵，各各叢林，獨茲龍就之名山，尚闕金文之秘藏。十方雲侶，罔得披尋；四衆檀那，若爲歸嚮。頃結金剛之淨社，時宗禪慧之妙門。月供千金，歲周二律，欲乘茲利，圖集大緣。儻就殊功，尚資巨力。若男若女，已乘般若之舟；此生他生，更結龍華之會。

閑心寺置椅桌文

淳古之風，巢居而足。莊嚴之事，華座非奢。彼時此時，以宜爲貴。前聖後聖，易地皆然。故彼藁席之宜，❶諒非棟宇之稱。惟吾此刹，建自大唐，僧徒歲增，梵宮日廣，每經壇齋筵之盛集，而設几敷座之或虧。趙州繩牀，雖淳淡而自得；維摩丈室，亦高廣而必周。斯待檀那，共安吾衆。資道場之宴坐，儻獲心閑；願天下之普安，同沾佛利！

代郭守修城隍廟文

神無不在，爲物之宗，在無不報，示必有本。城隍之神，人民于斯，倉廩于斯，帑藏于斯，甲兵于斯，刑獄于斯，冒亦大矣，報亦厚矣。故祀典有載，德音所及。祠宇之敝，咎將誰執？因民之暇，卜日之吉，易壞以完，增陋而嚴，以舍神止。神之臨矣，歲時祀之，民之福矣。惟吏之職，以是來告。

淨居寺蓋造文

永嘉名郡，圓機故廬，開山五百年來，受業一千餘衆，莊嚴冠于二浙，焚修聞于四方。爰有名代之宗師，實爲此邦之福地。昨因天數，忽遘火災，雲侶星奔，宮寶燼委。星霜之變，將及于歲周；土木之功，罔聞于檀施。某等屬以衆緣建請，使檄來臨，俾

❶「宜」，四庫本作「儀」。

爲勸導之人，辦此興修之事。必資巨力，共集勝緣。此生他生，同成于佛果；若男若女，各發于好心。

閑心寺建藏院過廊文

不爲之爲，應時而造。能舍難舍，作佛最親。廣大聖經，藏輪已具，莊嚴佛土，廊宇未周。時節因緣，有不獲已。檀那布施，必所欣聞。願發大心，共成兹事。

閑心寺置經藏文

金人闡化，粤自西乾。白馬傳經，始于東漢。厥後流通彌衆，逮兹翻譯滋多。并合諸家，共爲一藏，皆是傳心之要，悉明成佛之方。凡我學徒，必勤修證，舍諸經教，何所依歸？闕然貝葉之文，虚此寶華之藏。敢求信士，共集大緣！儻發虚心，請垂芳字！

浮沚集卷七

祭文

宋　周行己　撰

代朝請祭金華縣君文

悲夫人世，生死相續，百歲幾何，草露風燭。昔我季父，起家白屋，弱冠甲科，四十州牧。謂富與貴，不求從欲。職始校理，官纔郎屬。奄至大故，德卒不禄。嗚呼金華！實配我叔。安樂生同，艱難死獨。嗷嗷諸孤，孰爲饘粥？以卒婚嫁，以資飽煖。它時有餘，今日不足。人生如此，曷其反覆！惟某不孝，或謂可録。叔父父我，是教是告。叔母母我，是拊是鞠。覬其有成，以嗣吾族。得官歸覲，喜溢面目。送我于行，涕泣以囑。平生善言，終身三復。微叔我告，我于何穀？微母我鞠，我于何餗？恩德隆厚，日月遄速。自叔之亡，如傷屠戮。往來見母，尚盡款曲。每及平生，相顧頗蹙。孰謂一别，罹此荼毒。彼蒼奈何，斯人不淑。聲容揚揚，杳不可矚。生死茫茫，昧不可贖。尊設酒醴，殽具水陸。銜哀陳辭，永訣此哭！

祭馮當世文

嗚呼！知生者弔，知死者傷。今或不知其死而傷之者，吾亦勝其所當。抑人情之必稱，何禮文之固常。惟公既名重乎朝廷，于下走而奚取。曾聲氣之未接，洞心情而相許。或者誚公，公寧弗疑。欲妻以女，嘗不鄙夷。不合而止，人亦斯已。還登于朝，終以薦禰。噫！士之相知，蓋百世而一遇。曾毫釐之未報，忽厭世而我去。謂大德之宜壽，曷中道而遽亡。天乎難堪，人也弗康。伊昔脱驂，惡涕無從。今此薄奠，以薦其衷。

祭親友文

生不可有，附贅懸疣。死曷能逃，泣露浮漚。金烏西墜，其誰與留？長川東逝，其誰與救？去歲今時，霜月如晝。公于是時，天命不祐。氣兮觱發，風兮栗烈。公于是時，歸宅荒丘。念我昔日，與公相友，嗟我未來，匪友匪媾。我有季女，❶則謂公舅。公有令子，將慶公後。捨我長往，不遂一覿。具此薄奠，作歌以侑。公兮有靈，宜鑒于柩。

祭劉絜矩文

惟子之愷悌明敏，鄉人待以有成，孰知其忽然至此耶？嗚呼哀哉！子之始來京師，與其兄同補太學生，便有聲。兄歸子留，以期于成，曰：「親之志也。雖去親之側而予不憂。」居太學一年，太學以其行成，使試藝于秋官，果以得名。當此之時，鄉人咸慶子，而子之親亦望子以爲榮也。

明年，既不利于春官，將歸省其親，鄉人既送子行，翌日輒以疾告，急出視子，疾非尋常。子曰：「此疾其將殆耶？」鄉人

❶「女」，原誤作「友」，依敬鄉樓本校記改。

皆曰：「子也何至于此？」乃與子卜醫，得吴，謀于鄉人，謀于朋友，咸曰是良。治子之疾，日見厥效。子亦自云：「我之疾其有瘳乎！」子既起床，坐且行矣，語如無事時。鄉人皆喜，且爲子合謀曰：「子當亟歸，以釋親憂。」子曰：「方夏之熱，我倦不可以行李，且遣奴歸，以報我親，俟秋而歸。」及秋，子家使人來迓子于京師，而子之疾果殆于初矣。鄉人蹙然私謀曰：「是將必不可以復起也，且奈之何？」易醫凡三，藥物亦良，而不與病當，而已在膏肓，綿綿延延，竟殞厥身。嗚呼！孰謂子之愷悌明敏而至于此耶？人皆有死，而子獨不壽而夭耶？

昔者來自遠鄉，以待子成且榮，雖去親之遠，離親之久，而不以爲憂。今乃客死于京師，歿不得臨其屍，殮不得視其棺，爲父母兄弟者，奈何其悲！昔之所以不爲憂者，今則甚憂也。嗚呼哀哉！其奈之何？鄉人與子家門客張秀才，共殯子之柩于國東門外，非葬也，以待子之家來取也。

今月十六日，子家遣外甥僧修，與子之故奴王新，以書來報某等曰：「子之柩以地遠隔江海，不可以負歸，無可奈何，願爲火化，獨得其骨，以還葬于鄉。與其在京師，亦可以不爲異域鬼也。」嗚呼哀哉！子之親至于此，心如何其悲也！鄉人敢以是命，卜今月壬戌之良日，發子之殯，舉子之柩，將衣之以薪，而使子之形骸，與火俱化。嗚呼哀哉！是亦子之命夫！病不得在親之側，歿不得終于寢之堂，葬又不得從先王之禮教，其可奈何？嗚呼哀哉！事固有不可奈何，禮固有反經合道，子其有知，斯達矣。生爲今之人，而死同太古之道，亦自有可樂者。如死者無知矣，則此又安足較耶？嗚呼哀哉！生死之道不可知，存亡之理不可推，其然耶？其不然耶？姑陳詞以薦誠，魂有知，其鑒此！

祭張子充文

元豐太學，莫如子舊，學醇行懿，惟才之茂。徘徊場屋，數上數否，八行設科，遂爲舉首。天子嘉之，可爲師表。一命南昌，州學教授，再命辟雍，小學司糾。方將進用，疾遽不救。人胡爲善，天胡弗壽。昔送子舟，今拊子柩。潸然出涕，念子游久。仲氏懿親，同學良友。今子既亡，吾故亦朽。人生萬事，何所不有。從事難任，卜居未就。男長女大，髮白面皺。視子之年，吾亦豈久。分既有定，事非必偶。悠然任運，泊然自守。死生一門，聊飲吾酒。

祭劉取新文

緬歲月之逾邁，奪吾生之多忤。慨百年之共盡，忽四時之代序。紛群感之增懷，鮮一歡之獲遇。何懿親與暱友，倏朝亡而夕故。若夫子之堂堂，矧年齡之未暮。惟生稟之正直，宜神聽之祐助。曾有政之弗施，而天喪之奚遽。匪溺親私，實懷友輔。我善曷告，我過曷補。悵艱途之念深，弭情話而難晤。❶悲一飯而三輟，痛達旦而九寤。尋髣髴于平生，惝彷徨而靡據。唁嫠老以彌哀，撫孤遺而逾慕。疇先進于已往，閱逝川而競注。託末契于後來，與今吾而

❶「難」，四庫本、敬鄉樓本作「誰」。

異趣。已矣乎！惟達人之大觀，通死生于一度。洎暫聚之隨化，炯真常而永固。吾知子之未嘗亡，子亦與吾而未嘗去。杳無臭以無聲，洎何思而何慮。

祭王司理文

生死之分，達士之常。曰仁者壽，壽胡弗長？典獄再期，孰匪孰良？凡我邦人，罔不曰臧。官斯事斯，吾亦其康。今其亡矣，曷不盡傷！躬致薄奠，示哀弗忘！

祭女弟悦師文

西方聖人，明世之説，以親戚爲緣累，以死生爲幻妄。汝願學焉，而爲之徒。捐棄天屬，得其適于昨生；蜕脱天形，復其真于今死。汝既無憾，吾亦奚悲？乃若吾徒，學于中國。明人倫于一性，未嘗不哀也，而亦未嘗哀；通晝夜乎一貫，未嘗不死也，而亦未嘗死。故吾哀而不傷，非累也；謂汝死而不忘，非幻也。汝既學焉，知其理矣。如或以生爲戀，以死爲憂，則何所見焉而爲之學？何所學焉而爲之徒？

祭劉令人文

惟順與正，女子之事。今人有之，克相夫子。哀此良人，泣繼以死。我思古人，此誠烈婦。身埋九原，義重千古。我則姻婭，逮其季母。不敢以傷，致此觴俎。

誌銘

趙彦昭墓誌銘

士患不立，不患不聞。元豐作新太學，四方游士歲常數千百人。温，海郡，去京師阻遠，居太學不滿十人，然而學行修明，頗爲學官先生稱道。一時士大夫語其子弟，以爲矜式，四方學者皆所服從而師友焉。蔣元中、沈彬老不幸早死，不及禄。劉元承今爲監察御史，元禮爲中書舍人，許少伊今爲敕令删定官，方進未艾。戴明仲爲臨江軍教授，趙彦昭爲辟廱正以卒，張子充最早有聞，每舉不利，今以八行薦于朝。凡此吾鄉之士，皆能自立于學校，見用于當世。其間或先或後，或貴或賤，或壽或夭，則有命也，然不可謂不聞矣。

明仲之喪，某嘗爲誌以哀。不幸今彦昭葬，又來求銘。嗚呼！吾于彦昭，其可辭乎？彦昭爲人，博學知古今，性嫉惡，喜論天下事。自其少時已不群，方十歲，能爲《猛虎行》，鄉里大人先生莫不奇之，以爲必有立。少孤，季父析其資産，與兄異財。稍長，曰非也，悉舉以屬其兄。獨遊京師，已而有名，登崇寧二年進士第，主潁昌府長葛簿。屬天子益修學法，州置學官，選爲濟州州學教授，導學者以篤學力行，不專務科舉，士有成材。考滿，朝廷以爲能，遷辟廱正，兼攝司業，浸嚮用矣。不幸有疾，遂至不起，年纔四十八，官纔承直郎。嗚呼悲夫！

彦昭諱霄，其先蓋會稽人，五代之亂，始徙永嘉。曾祖某，祖某，父某，皆隱德不仕。先娶同郡薛氏，生男二人： 寧孫、亨孫。女三人： 長歸沈琮，次歸陳亶，次在室。再娶括蒼祝氏，生男一人： 桂孫，早死。寧孫、亨孫皆才美而善學，人以爲彦昭有子也，僅勝冠，相繼以死。彦昭之亡，幾至絶世。家人求得遺子于外，曰紹孫，今纔十歲。嗚呼！ 彦昭才而爲善者也，其報若此，豈天之于人，豐其名者，嗇其福乎？ 其殁于京師辟廱官舍，大觀三年四月六日也。其葬也，于其鄉李奥之原，政和元年十二月八日也。銘曰：

貴賤壽夭屬于天，仁義忠信屬于人。達非其通窮非屯，殁而不朽爲有聞。旁可萬家李奥原，善無不報尚後昆！

許少明墓誌銘

三代而上，士之賢者，由鄉舉里選，度德而定位，量能而授職，故朝無濫進，下無失實。自漢以後，始詔策士，然猶問以當世之務，不全以言。至唐，設爲科目，文益煩而實益失，法益密而氣益衰。魁偉卓犖之士，俛首章句，一不中程，蓋有終身湮没而不得進者。夫天之降材，固將有用于世，而士之學道，亦欲兼濟于時。而後世取士之科，每不足以得之，廢天之材，乏士之用，可勝歎哉！

吾鄉許少明先生，蓋其人已。先生身長八尺，眉目疎大，偉然豪舉，真人之傑也。自爲兒童，已氣概落落，日誦數千言。數歲即能爲詩，從鄉里長者丈人遊，皆奇其才氣，必大有成。甫冠，遊京師，補太學生，文詞秀出等輩，學官先生交口稱道。居鄉里，教授學徒，諸邑交禮，迎至學校。邑令下車，必造其廬，請所以爲政，有疑議，多就諮決，其爲人所禮重如此。凡三上禮部，而名不登于仕籍。顧且老矣，無以行其義，爲治説二十篇，奏闕下，皆當世之要務。久之不報，浩浩然有歸志。曰：「君臣之義，不可廢也，遇不遇，命也。」遂卜居邑之東山，躬耕晦迹，不復進取。

嗚呼！若先生者，豈其學之不茂，才之不足歟？惟其科舉較藝之敝，不足以得高世之士，而司文者又未必知言之人，此所以覬倖十一，而失之者常多也。崇寧天子，繼述先帝，嘗患科舉試言，❶一日之選，不足以得士之實，參稽古今，作新一代之文，州建學校，學置官師，罷三歲科舉之試，爲三舍考選之法。又設八行之舉，以察隱德。凡士之占一藝、著一行者，莫不畢用于時，可謂無遺賢矣。先生于是老且病，勦于世故，卒不見用而終，此可以語命也夫！

先生名景亮，居温州瑞安縣，生五十七年，以政和三年十一月甲子卒于家。卒之日，邑中之人皆涕泣相謂。其君子曰：「吾何遊乎？」其小人曰：「吾何依乎？」相顧涕泣，至行道之人弗忍。蓋先生平日極輸誠信，樂施與，援人之急，所以得于人者如此。娶同邑趙氏女，生女子一人，歸郡學生薛得輿。無男子爲後。于是其弟景衡，爲承議郎大名府少尹，政和五年十月己酉，少尹舉先生之喪，葬于郡之西山瑞鹿寺之西原，以某與先生遊，卜銘。銘曰：

❶「言」，原作「官」，依四庫本、敬鄉樓本改。

爲天下者必用賢，而賢不必用者，取士之法未至也。法既至而不得賢者，有司之罪也。有司明良而或失之者，蓋亦有命焉爾矣。士苟知命，則其進退豈不綽綽然有餘裕哉？嗚呼！少明先生之謂歟？

壽昌縣君胡氏墓誌銘

某之從祖叔父名況，崇寧元年，以奉議郎知信州鉛山縣事。十月庚辰，喪其夫人壽昌縣君。越明年，使來告曰：「吾將以崇寧二年十一月初九日乙酉，葬壽昌于常州江陰縣來春鄉道泰之原，❶屬汝銘。」

某謹按：壽昌君姓胡氏，世爲毗陵望族。曾祖諱某，贈太師開府儀同三司沂國公。祖諱某，太常寺奉禮郎。父諱某，早世，弗及仕。胡氏自文恭公起家，嘗以其兄之子歸吾從祖祖父校理。既又以其兄子之子歸鉛山，于是遂爲世姻。而壽昌與校理之夫人，以姑姪爲姑婦。凡吾周氏之族，皆曰鉛山夫人之賢，似吾校理夫人之賢。蓋其爲胡氏也，保傅之訓教者相若也；爲周氏也，姑婦之詔聽者相若也。故以其所以爲女事者爲婦事，而周氏之爲婦道者，皆曰是爲婦足法；以其所以爲婦事者爲母事，而周氏之爲母道者，皆曰是爲母足法也。嗚呼！女子之行，不出于閫，擬人之善，莫如其親，是所以書也，所以信也。壽昌蓋以夫登朝，封爲邑君，享年五十有七。生男子五人某，皆舉進

❶「泰」，原脱，依四庫本、敬鄉樓本補。

士。女子三人，長適晉陵胡璿，次適高沙李材，次許嫁姑蘇徐孝廣。孫女一人。銘曰：

生有訓，歸有詔。婦是則，母是傚。惟壽禄，彼覆幬。訂來者，視豐報。

王君夫人毛氏墓誌銘

吾友良弼，將葬其母，以鄉八行朱敏功狀來請銘。維母夫人姓毛氏，永嘉郡人，年甫及嫁，歸同里王氏之瑜。王氏家方多資，屬舅姑相繼喪世，口衆費廣，家財稍衰。夫人才智出諸男子右，能不愛其裝具，悉貨所有，佐其夫以事本業。于是閉門處約，問遺服用，不敢修飾，至衣其子，雖弊不恥，艱躓數歲，家乃少贏。諸子稍長，悉遣遠就師學。聞州里之賢者，趣語其子曰：❶「苟如其爲人，雖不利進取，吾何汝責？」故其子所與遊，多鄉里善人君子，而所習問學，知本德性，異于科舉苟得之士，此其夫人所知，過人遠矣。

良弼，夫人長子，名清臣，最賢。方夫人之疾，其初甚微，雖明醫不能察其所以治。良弼以爲憂，悉考方書，精求藥材，得所謂乳核之證，與所以治療之方，于是夫人疾小間者數年，而良弼遂知醫藥。他疾有不能知者，往往投藥屢中。二弟天益、天澤，皆能遵其訓守，循循無大故。夫人年五十一，卒于政和元年六月十四日。四年二月十二日，乃始克葬于其里大羅山天柱峰之麓。銘曰：

❶「趣」，四庫本作「輒」。

才而智，成人之室維其義。子克家，法後世，夫人之譽永終惠。

丁世元墓誌銘

國朝既包有四海，温之爲郡，粤在海隅，而民方幸脱五代之亂，其上世未有業儒爲官者，家或饒資，必被役于公。凡民一爲吏，則挾法鉤致，人情倚爲輕重，以邀利入。是時，惟吾家曾大父贈屯田君，與丁君世元，顧籍文無害，出入公私，毫忽不犯，故皆號稱長者。而二人亦獨相好，由是屯田君以其女歸世元之子。某生晚，不得親見其行事，尚聞諸族黨與鄉里長老之所傳，咸謂世元爲人，性寬而色和，尤喜施惠，樂道人以善，無少長戚踈，皆得其歡。閭里有争者，往往先就決曲直，君以爲可，然後敢聞有司，以爲不可，遂不復訟。曰：「丁君長者，必不我欺！」至其家一切，飾以儒者法度。常曰男女婚嫁，必于儒家，庶可訓以善而責以義。使子孫學儒，猶坐嘉蔭之下，自有清風。至于他術，譬如置之荆棘，動輒見傷，況足庇身乎！故于丁氏之家無他業，而君子長者之風，子如其父，弟如其兄，鄉黨莫不推重以取法焉，則其爲善之效，益可見矣。

君治平四年正月乙亥以疾卒于家，享壽六十有九。其孫昌期承父後，以熙寧二年四月丁酉，葬君于郡之西山法濟院之北原。已，恨弗獲銘其墓，于是始遣其曾孫某來，求所以表其實于某。昌期，蓋周出也，于其父行不可得辭。且謂夫人爲吏以厚，一可書也；以儒施家，二可書也；爲善之效，三可書也。是可以書也，某安得而不銘耶？君諱某，世元其字也。曾祖諱某，祖諱某，❶父諱某，皆不仕。取葉氏，生子男一人某，先卒。女一人，適進士蔣某。于是元祐八年七月庚寅敍而系之曰：

敦彼人斯，吾邦是臧！封之巍巍，實爲其藏。貽示後人，無或吾傷！

蔡君寶墓誌銘

人生百年，欻若白駒之過隙，其間時命不齊，或三四十年，或五六十年，抑又幾何？故未知善，必汲汲求知善；既知善，必汲汲求爲善。豈惟分陰之可惜，蓋亦一念之不可怠也。吾友平陽蔡君濟，嘗爲予言其兄君寶頗患俗之不美，親在而異財，既殁而私居也。嘗欲廣其室廬以族處，益其田疇以族食，于以合宗族，于以表鄉閭，皇皇汲汲，凡經理資財以爲是，蓋十餘年矣。年甫强仕，志弗克就，而不幸以死。嗚呼！古之爲善者，夜以繼日，坐以待旦，蓋懼夫時不待人故也。君寶父汝平，弟元康、元嘉，皆爲儒者。而君濟最有知識善學，賢士大夫多傾下之。其兄君寶之强爲善也又如此，獨惜其年之不足，不能成其所願爲以見于世，此可爲長太息也。君寶名元龜，娶母之姪女陳氏，生女一人，男二人，皆未名。其卒也，以政和二年六月丁亥；其葬也，以卒之明年三月壬申。君濟書來請銘。銘曰：

蔡氏之先，温陵其邦。自唐中和，徙温平陽。世業儒仁，君材幹强。力

❶「祖諱某」三字，原脱，依敬鄉樓本校記補。

相厥家，覬以儒昌。合族而居，謀之孔臧。年期不百，志弗克揚。垂髫在室，戴白在堂。人之亡矣，曷歸其傷。大奧之原，邑之西鄉。迺銘斯善，以慰其藏！

沈子正墓誌銘

永嘉沈躬行之父，諱度，字子正，年六十一，紹聖元年三月某甲子，卒于京師。明年某月某甲子，葬于其居邑瑞安縣某鄉某之原。先期，躬行致林石介夫狀來請銘。觀君平生治行，蓋剛介尚氣節，不惑于流俗者也。温爲郡並海，俗信巫祝禁忌，至使良民陷于不義。方春病瘟，鄰里親戚絶不相問訊，死亟置棺他室，密封固棄去，百日乃啓，爲喪事，謂不爾且相傳以死。有司不知禁，民習莫敢犯。熙寧初，永嘉大疫，君母病死，其女奴又死，家人臥疾數輩，内外皆恐，議如巫説。君獨不顧觸禁忌，具棺斂爲服，朝夕哭泣，薦奠如禮，卒無他。居邑火，焚其友廬，人莫敢嚮，君聞譟作，疾趨，蹈煙焰，負其母而出，鄉人壯其義，是可銘者。

君曾祖諱某，祖諱某，父諱某。娶某氏，生子男三人，名志行、躬行、夷行。女子六人，嫁張暉、陸綱、林晞顔、葉正己、趙霈，其一尚幼。君喜儒，男必遣就學，女必歸進士。洛陽程頤正叔、京兆吕大臨與叔、括蒼龔原深之，與吾鄉先生介夫，皆傳古道，名世宗師，學者莫得其門，君能資躬行從之遊，而鄉黨朋友咸稱之，以爲君子之子。其來請也，又可得辭。銘曰：

不惑于俗，智也； 趨人之急，義

也。君則已矣，以尚其子！

戴明仲墓誌銘

道學不明，世儒蔽聰明于方册文辭之間，不知反身入德之要。仁義禮智根于心，而措于事業，致懵昧于理亂之機，顛冥于進退之義，道大悖矣而不知返也。嗚呼！間有懷才抱器，知學達本之士，可與有爲，而湮沈下僚，無所遇合，且覬其逢，不幸短命死矣，可不爲之歎息哉，吾友戴君明仲是已！明仲資稟剛明，少而有立，嘗從洛陽程氏問學，知聖人之學，❶近在吾身，退而隱于心，合于聖人之言，若自有得。方且沈涵充擴，日進而未已，優游鄉黨，期以有爲于世，而年纔三十有七，奄至大故。嗚呼！真可謂不幸也已！

君之弟迅，狀君平生世次，曰：君諱述，温州永嘉人。曾大父某，大父某，父某，皆不仕。君爲童子，誦書日數千言，爲文，操筆立成。從人受學，未幾已盡其能，輒棄去。肄業鄉校，較其藝，常爲諸生先。因去遊京師，試廣文館，時趙丞相主文柄，得其所試業，異之，意其爲老儒先生，擢異等，而君未冠也，由是知名京師。以爲太學士皆科舉口耳之學爲未至，于是益遊四方，求古所謂爲己之學。尋居父喪，寢食如禮，廬墓終喪。中元符三年進士第，調婺州東陽縣主簿。吏裒私錢完公舍以待，君至得狀，悉以俸錢償之。州徙君監銀冶，君以去辭弗獲，因慨然賦《歸去來》詩十首以自見，投檄而去。邑人争挽留之，君徐譬之曰：「仕

❶「學」，四庫本、敬鄉樓本均作「道」。

宦顧當擇地耶？」乃奉親屏居里中，優游累年，闔門讀書，若無仕進意。會州置學官，選爲臨江軍軍學教授，部使者交薦其能。俄以母憂解職，居廬哀毀，得疾以卒，時大觀四年三月癸卯也。妻同郡劉氏，右諫議大夫安上之妹。子男二人：顒、穎。女三人，皆幼。

君孝友直諒，挺然不可屈折，世儒或訾其太高，博學精識，議論古今審至。嘗自許欲有爲于世，蓋于其小者，不屑就也。不幸短命，不克盡其才以死，有志之士，莫不爲之太息出涕。病且革，無一語及私，顧妻子在旁，無憐色。嗚呼，可謂難矣！其遊同郡林定爲哀君之文，亦曰明仲蓋吾鄉之益友也。初舉廣文館進士，未試于禮部，喪其親，鄉人謂戴氏有子，將于此乎觀禮。明仲不惑于老釋陰陽之説，居喪哀毀，不食菜果。既葬，廬于墓側，無一不如禮者，鄉人翕然稱之。登第，調婺之東陽縣主簿，有所不合，賦《歸去來》十首，投檄而歸。會行三舍法，選用師儒，復出爲臨江軍軍學教授。丁母憂，得疾于倚廬。醫曰：「是疾也，不可以風，盍遷諸内。」明仲不可，曰：「疇昔之夜，吾夢焉，有告以生死之説，吾其止于此乎！」居六日而卒。

嗟夫！生死亦大矣，而所守如此，則夫用舍行藏之際，其肯動心于刑禍利禄而輒變其操耶？蓋其天資過人遠甚，自少時爲文，已爲先生宿儒所驚異，益廣以學，則隆禮篤孝，不交流俗，議論超邁，器業不群，將以大用于世也。不幸而止于此，其命矣夫！明仲樂人之善，而少所可。辱與定游久，其亡也哭之哀，故又爲詞以哭之：

創大廈之崇高兮，非一木之能支。

涉長流之浩蕩兮，豈芥舟之所宜。致黄、唐于兹世兮，匪大人而曷爲。嗟聖賢之難偶兮，或異世而參差。幸皇明之在御兮，誕圖任于皐、夔。彼蹈襲之爲學兮，邈層霄而管窺。望古昔以並驅兮，足次且而莫階。美夫人之智及兮，復勇義而弗疑。蹈中庸之正路兮，喟末俗之多歧。氣邁往而莫屈兮，肯折腰于夸毗。坐藝圃以導道兮，將舞雩而浴沂。何命極而至此兮，亶閔凶而獨罹。又神聽之昧昧兮，仍疾疢于荒危。豈吾喪之不勝兮，守禮經而弗移。夢有神以來告兮，實明者之前知。痛才難而莫贖兮，撫世儒而孔悲。晝惻惻以忘食兮，夕太息而不寐。寓斯文以告哀兮，匪交情之獨私。

政和元年六月丙午，其家舉君之柩，葬于郡之西山太夫人墓之次。以行己爲同學，來請銘。顧二君之言，其文義皆可傳久，于是并著之而爲銘云。

何子平墓誌銘

客有服喪者，貿貿然來，拜伏涕洟，興揖而言曰：「恕嘗獲私于吾子，今也不幸，恕之先君大故，恕不敢死，以圖卒大事，今既有期，敢來請銘。」客，余同學生也，不得辭。于是敍而銘之曰：君姓何氏，諱某，字子平，世爲温州永嘉人。先無顯者，自父祖以來，皆以利術厚其業。君生長其間，心習氣染，若不學而能。及壯，即多就舉貸，行賈江湖間。初不利，愈苦志經度，盡知四方物色良窳多寡，與其價之上下，用是子錢稍稍登本。迺益羅取衆賈所棄，時其鈍利，爲之出入。人家緩急須索百物無不有，物直常數倍，遂致累資千萬，稱于大家。亦其平生直諒，用心勤久之效，非特智術然也。余觀司馬遷載古之貨殖，若陶朱公、師史之徒，皆智度加于常人，然後能各就其所欲爲，雖利道不一，要其行事，與君操術略相似，可以爲理生者言也。

君初娶胡氏，生二男子，曰思，曰愿，皆先卒。後娶鍾氏，有男一人，元祐八年三月乙未，以疾終于家，年七十三。將以明年正月壬午，葬于州城之西南吹臺鄉斷塘里。銘曰：

初艱而後贏，利之經。生勤而死寧，道之徵。尚者能能，而不尚者其不能。嗚呼子平！

朱君夫人陳氏墓誌銘

杉橋朱氏者，有厚德，能仁其邑里。其祖有名錢者，里人爲諱之，不曰錢而曰金帛，至今不改，此豈有禁令服從哉？某女弟歸其來孫昌年，嘗見其父祖輩行，多高年長者，粹然淳古，皆有温良之氣。而女弟歸寧，亦每稱其家人女子，皆雍睦恭順，無間忌之行。于是昌年母陳氏爲嫡長婦，能身服其善訓，以佐助其夫子。凡所以善宗族，周貧乏，悉如其上世所爲，雖中年寡居，亦守此不懈。所以及今人獨稱其爲良家善族，❶亦其天資淳懿，與其父宿學長者素所教訓之力，與朱氏爲一時之會也。

夫人父諱某，夫諱某，皆温州平陽人。

❶「獨」，四庫本作「皆」。

有男子七人，長某，嘗舉進士；次二子，從釋氏；又其次某，爲太學生，有聞；皆先夫人卒。他人所不能堪，而夫人無深念甚憂之色，非忍也，寬故也。比終，獨季子昌年、昌晨當後事。昌年賢，嘗爲政和二年貢士，人期以起家者也。女子一人爲尼，名戒學。夫人年十九而嫁，四十八而寡，七十五而卒。卒以政和四年三月乙巳。是年十二月丙午，葬于其鄉金山之原。服喪者有孫男八人，重孫男三人，以爲福善之報云。銘曰：

一夫爲善，一鄉所歸。一婦爲善，一家所宜。人孰無善，胡莫弗爲。從義則利，從利則虧。銘以告之，守此勿隳！

鄧子同墓誌

吾之友鄧氏子，諱洵異，字子同，元祐五年五月二十四日，卒于京師。越六月五日，某至自洛，即其殯哭之。已而語諸人曰：「哀夫！吾子同之亡也。夫道之不明，天下學士淪于流俗，以聖人書爲發策決科之具。父教其子，兄詔其弟，師傳其徒，莫不一出于此。雖有良質美才，生則溺耳目恬習之事，長則師世儒崇尚之言，至頭童齒豁，不知反一言以識諸身。而子同少年敏發，于此獨知有所謂聖人之學之要，目之所視，耳之所聽，口體之所安，無不學也，其志蓋將誠于心而達之天下。嗚呼！孰謂吾子同之亡也？」

夫子同生二十二年，監綾錦院祕書丞諱良之子，贈朝請大夫諱至之孫。大夫君居鄉，動有禮法。祕書君爲中牟令有聞，宜有是子也。而亡之，命夫！是歲，冬十二月，其兄將舉其柩歸，將以某日葬于許州陽翟縣某村某山。鄧氏世爲成都人，以其世父龍圖君貴，遂徙居陽翟。子同之葬祔先塋也。永嘉周行己誌。

葉君墓誌銘

葉生漸從予游，刻勤有志向，父死且葬，屬予銘。嗚呼！夫人有子，擇術業儒，義方孰大于是！葉君名芳也，居温州永嘉也，業吏也。娶韓也，子洙與漸也。生寶元己卯十月乙酉也，死崇寧壬午五月癸亥也。葬其居會昌湖也，死之明年十二月庚申也。銘曰：

人而弗儒，懵懵其趨。儒而弗居，懵也如初。而充而儒，君子儒乎？

周君墓誌銘

永嘉有隱君子者，姓周，諱某，字彦通，故司封員外郎、集賢校理某之子。初，校理以恩得補一子官，君居長，避匿鄉里，弗肯出。校理殁，資産貨財，一無所取，蕭然獨結廬于謝公山之側，治園居閒，未嘗交俗。歲常蔬食，日從佛者希淨遊。鄉里親戚，推其忠信篤敬。過其門，知其爲隱者之居也；入其室，知其爲君子之人也；至啓手足，又知其從淨公之有得也。生五十七年，卒于崇寧四年六月之庚申，葬于五年十一月之丁酉。其居，郡之登瀛坊也，其藏，瑞安縣之魚潭山也。娶同郡陳氏，生男二人，女二人。銘曰：

卻榮而弗攖，去利而弗争，恂恂然退，若無所能，心平氣和，獨與道成，是爲君子之徵！

浮沚集卷八

宋　周行己　撰

五言古詩

憶歐、段

歲暮何所思，道南咸與籍。出門泥漫漫，跬步成乖隔。人情未免俗，節物復感迫。念我江海人，紓節慕古昔。少年弄柔翰，頗謂得所適。豈有軒冕心，況自便菽麥。人生不可意，變態忽如弈。浪藉太學生，俯就科舉責。居然五六載，頗不料損益。貧賤思富貴，富貴悲迫阨。所得九牛毛，置身豈良策？何如謝客兒，會稽卜佳宅。文章富貴心，山水樂幽僻。長安不可居，季冬猶絺綌。緬望悲故鄉，恨無晨風翮。寒窗九轉腸，紛亂不可繹。此意竟誰語，坐覺鄙吝積。不見二三子，詎可論肝膈。悠悠百世名，浩浩此生跡。離婁燭千里，盲不見咫尺。

營居有感

有鵲銜枯枝，往往營其巢。巢成雌卵雛，雛出聲嗷嗷。雌飛雄啄食，絡繹日百遭。咄哉誰使汝，理也不可逃。曠曠宇宙內，顧奚獨汝曹。人生結棟宇，斬木與誅茅。經營壯有室，耆艾尚勤勞。

待李純如、鄧子同

誰云相知好？相知亦吾累。一夕不在眼，青燈已無寐。晚定李鄧交，付託足心地。嶷然諸儒中，百馬逢一驥。對我懷抱豁，軒眉得深意。昨朝分手出，冠帶修人事。淹留久未返，終夕念乖異。搖落庭樹秋，虛窗發清吹。坐起無一歡，出門屢瞻跂。歸鼓朱絲絃，復理黄卷字。絃誦雖曰樂，其如心不遂。欻欲往從君，念無晨風翅。掃地焚香坐，聊以待君至。

題樂文仲僊軒

古有大隱人，不必在林藪。屠釣得賢傑，能出漢庭右。用之即爲虎，信是經濟手。樂生淮海來，貧窶常露肘。洒翁病風痺，粥食不到口。下簾長安市，授經供卯酉。生涯一僊軒，貌作槁木朽。膽實大于身，豪氣貫牛斗。往往或下人，恐是黄石叟。屈身以伸道，此事古來有。貧賤交分薄，益見俗態醜。丈夫豈得知，事定蓋棺後。與爾同一笑，聊進杯中酒。

寄題鳳翔長孫家集芳亭

種木須種松，松有四時芳。種草須種蘭，蘭有十里香。衆木豈不大，秋至即凋傷。百草豈不好，露下紛萎黄。人生事園圃，用意各有方。不貴草木多，只貴草木良。但種松與蘭，主人家道昌。

玩師求詩歸台州

越鳥棲南枝，胡馬依北風。人生亦懷土，安能長西東。玩公白雲老，方丈憑高峰。忽爲萬里遊，應緣來晨鐘。君看伊與洛，二川日溶溶。逝者亦如此，流轉何時窮。我居謝公山，天台一水通。莽莽宇宙內，那知忽相逢。塵埃識眉宇，覺我耳目聰。暫來還復去，有如無根蓬。令我長歎息，不得久相從。側身雞鶩群，仰羨高飛鴻。

奉和佛月大師

朝出太學門，廣路長飇飛。如何緇塵微，污我如雪衣？擬足投清淨，入寺扣禪扉。遇彼賞心人，發言破夕霏。既見彌明句，乃知侯喜微。琅琅發妙語，慰此渴與飢。小卷大字書，一一各有歸。更以金玉贈，萬丈生光輝。日落微雲收，明月滿書幃。

贈沈彬老

永嘉人物衰，斯文久零替。學徒寡道心，日與風俗敝。我生衰敝後，上思千載事。實欲閭里間，一一蹈仁義。敬重鄉人情，翻遭俗眼忌。晚得沈夫子，學問有根柢。矯矯流輩中，頗識作者意。歡然慰吾心，歸此同好嗜。吾子更我聽，士也貴尚志。古道自足師，不必今人貴。荼苦不異畝，薰蕕不同器。所憂義理愆，何恤流俗議。進道要勇決，取與慎爲計。去惡如去沙，沙盡自見底。積善如積土，土多迺成巋。讀書要知道，文章實小技。子試反覆思，鄙言有深味。自非心愛合，安能吐肝肺。行行慎取之，紓節思遠大。豈但勸鄉閭，永爲斯民賴。

敬贈李方叔 鷹

蛟龍吐雲氣，霧豹出文采。許潁有佳士，翰林風流在。吾道固多艱，明時屢危殆。嘉穀生螟蝗，稊稗勞取采。平生數萬言，未料寒與餒。天生濟世才，發揮必有待。伯樂一顧重，豈不價百倍。展足造青雲，會見絶四海。顧我茅葦姿，謬欲漸蘭茝。達人固多可，借譽飾駑猥。丈夫一相知，胸中何磊磊。願作南山松，青青期不改。此事雖一時，風流激千載。

肺病

吾生與静佯，早無適俗器。失身掛塵網，道心日已替。今兹得肺病，自可絶人事。默觀悟生理，是身同一蜕。代馬無南蹄，越鳥無北翅。物各歸其本，我何有于世。冠冕且罷休，養痾山水際。藉石看白雲，臨流鼓蘭枻。百種絶念慮，優游聊卒歲。誰云病疾苦，解后即良計。

次韻李十七僧宜見過，兼簡杜思誠

坎壈客遊子，歲莫懷百憂。困若伏轅駒，未遇甘垂頭。志度藴剛潔，勁氣横清秋。豈事稻粱啄，比翼黄鶴遊。人情憎遠客，言笑懷戈矛。有道死不泯，能易匈匈不？窮當志益堅，詎逐波上鷗。有杜莫逆交，有李山陽儔。日想文義會，夫我心則休。心休日月閒，忽忽時歲遒。俗子浪嗤詬，日夕競咆烋。圓鑿事方柄，固知不相謀。我徒方外士，汎若不繫舟。東西與南北，無入不優游。至此願隨俗，俛眉愧前修。駕言歸去來，山寒不可留。薄俗利口實，斬斬非我侔。太息仰明月，忍作尋常流。

蚊

天地不愛人，生此人之苦。吁嗟實微物，身不及毛羽。利嘴善噆膚，令人失眠睡。長夏五六月，執熱不通噫。此物于是時，翾翾夸得勢。一聚動億萬，翳空如坌壒。當晝即散伏，得夜乃紛會。每見燈火集，不容設幬蓋。初若蝟毛戢，次第緣罅隘。稍稍傍耳飛，嚶鳴欲相賣。揮拂不敢停，得便時一嘬。所欲未涓滴，❶已見盈腹背。捨命不畏死，忽遭一拍碎。顧我七尺軀，豈不容爾細。蜂有毒在尾，爾有毒在喙。畏爾衆口多，不比蜂一蠆。安得厲金商，掃蕩聊一快。

寄題江陵李潛道釣磯

嚴陵避世士，四海一釣磯。三聘非其心，獨采富春薇。蒙城有静者，白首卧荆扉。築臺俯溪鳥，默翫道心微。箕踞謝官長，把竿忘是非。少年詞賦場，秉筆落珠璣。投老漫假板，長嘯却南歸。緬懷直鉤

❶「欲」，敬鄉樓本校記疑爲「飲」。

理，濯髮待日晞。貧賤得肆志，富貴多危機。

觀傅公濟、胡志衡《楚越唱和集》，因成短句奉贈

清露凝百草，四海黄葉秋。遊子思故鄉，中夜攬衣裘。起坐不成寐，歎息銜百憂。久客豈其願，亦爲甘旨謀。平生少年日，睥睨氣食牛。秉志三皇前，展步狹九州。乃今已半百，尚有餓凍愁。生逢聖明代，不忍棄田疇。折節衆士底，足爲妻嫂羞。伯樂尚未遇，焉知非驊騮。觀其《楚越集》，迥覺出輩流。有如閲武庫，森然見戈矛。近者咸興作，無乃或暗投。五車空拄腹，一飽豈易求？不如臨洮子，匹馬萬户侯。遇合各有時，莫笑東家丘。

復用前韻奉酬夢符學録

子卿五言法，氣格厲勁秋。綿綿武功裔，尚不廢箕裘。洒然落妙語，一破萬古憂。文章本道德，作者通神謀。惜其命不達，白首猶飯牛。學者願識面，或比韓荆州。儒冠真誤身，未免妻子愁。長安游俠兒，生不辨田疇。儒有不黔突，此輩飫珍羞。左右夾燕趙，出入跨騏騮。富貴即稱賢，寧辨清濁流。乃知讀萬卷，不如持尺矛。斯言雖有激，亦爲智者投。古人願執鞭，如或不可求。君看授業生，已爲公與侯。颯然灌園翁，零落守舊丘。

古意贈答段公度

野人比芹子，昔獻已負慚。安得長者語，借譽苦爲甘。自愧斂帚姿，欲駕騧驪驂。寸進復尺退，虎穴詎得探。

寄題方氏賞心亭

日月欻不淹，萬物紛迴薄。冬索復春敷，夏茂以秋落。彼來無窮期，詎可盡酬酢。人生聊爾耳，政應如解籜。可料百年身，胡爲自束縛。達人暢高情，物物各有樂。濁醪隨身置，心賞悟遠託。陶阮寓酒意，斯亭豈虛作。

送別

人生如斷蓬，萬里忽相值。會日常苦難，別日常苦易。十年聞子名，未識已心醉。我友豈不多，愛子好心地。身小胸膽大，面目無邪氣。磊磊棟梁姿，温温瑚璉器。人物衰落盡，百馬逢一驥。我懷未傾倒，離別已復至。天寒霜正繁，山險道不利。君行獨何爲？百里求自試。願持孝友資，發爲惻隱治。上馬且勿難，吾民竚嘉惠。他年廟堂上，舉此亦不異。强飯數寄書，待爾慰窮悴。

同舍劉子美將歸唐，作詩見貽，次韻以送其行

我學比棘猴，漫費三年刻。技成無所

用，奔走虚南北。儒生紛逐利，雅道日衰息。乃獨資章甫，取售裸人國。雖知自守重，豈若趨時得。念欲障狂瀾，亮非一簣力。吁嗟且置此，徒使氣填臆。與子共師友，焉得久默默。行行慎兹道，慰我日惻惻。

送友人東歸

是身如聚沫，如燭亦如風。奔走天地内，苦爲萬慮攻。陳子得先覺，水鏡當胸中。異鄉各爲客，相看如秋鴻。扁舟忽歸去，宛然此道東。我亦議遠適，西入華與嵩。飲水有餘樂，避煩甘百窮。相逢不可欺，偶然如飄蓬。于道各努力，千里自同風。

和郭守叔光絶境亭

雲横絶塵境，峻堞若繩削。群山列培塿，衆水分脈絡。下瞰萬瓦居，縹緲見樓閣。松風發天籟，泠然衆音作。皛皛天宇清，塵襟一澄廓。

少年子

臨洮少年子，白馬黄金羈。醉向壚邊宿，小女倩縫衣。不惜千金贈，只惜少年時。當時不行樂，過時空自悲。

北山閣

北山有高閣，暇日聊登遊。臨眺益慘

愴，焉能寫我憂。軒軒皆嶄石，激激瞰溪流。野鳥時上下，白雲自沈浮。徙倚事窮覽，良時忽我遒。日匿西岡下，月出東嶺頭。寒烟没樹杪，勁風夾山陬。十月客衣單，不可重遲留。緬望涇水濱，使我心悠悠。

九日登高有感

置酒臨重陽，舉觴忽不樂。憶昔登高日，親朋盛杯酌。人事經年異，物景但如昨。生别未會遇，死别已冥漠。吾生更飄蕩，四海無所著。黄花眼中見，翻令懷抱惡。莫覓四坐歡，節序正寥落。

征婦怨

嫁君苦太遲，别君苦太早。官行有程期，不得暫相保。妾有嫁時衣，金縷光葳蕤。送君即遠道，數日望君歸。君去竟何許？君歸竟何長！昔爲膠與漆，今爲參與商。朝看雲間雁，暮看水底魚。鴈魚過幾許，何處寄君書？有食不下咽，有衣不被體。夜回九轉腸，日下千行淚。階前萱草長，奩内粉黛空。萱草不解憂，粉黛爲誰容？人生若朝露，顔色豈長好？況乃懷憂愁，憂愁復易老。及春不開花，結子待何時？君在須早歸，妾在長相思。妾不願君富貴，妾只願君賤貧。賤貧足相保，富貴多棄舊。妾不願君成功，妾只願君早歸。早歸及年少，功成妾已老。君去妾二八，容顔花莫如。肌白不著粉，色紅不施朱。即今君尚未酬勳，妾年二十已有餘。

楊花

楊花初生時，出在楊樹枝。春風一飄蕩，忽與枝柯離。去去辭本根，日月逝無期。欲南而反北，焉得定東西。忽然驚飈起，吹我雲間飛。春風無定度，卻送下污泥。寄謝枝與葉，邂逅復何時。我願爲樹葉，復恐秋風吹我令黄萎。我願爲樹枝，復恐斧斤斫我爲椽榱。只願爲樹根，生死長相依。

和子同觀音寺新居

太學士千數，濟濟多白袍。其中靡不有，令人愧遁逃。風俗且如此，焉能獨守高？詳擇乃其道，或得賢與豪。近復失段子，嗚呼命不遭。吾生得覬豁，誰能置圈牢。武或萬人敵，何用學《六韜》？文士亦齷齪，勞心徒忉忉。利害竟何許，相去九牛毛。脱略或吾事，青松隱藜蒿。麟鳳豈仰見，狐狸多叫號。不如卜清曠，❶樂此阮與陶。文思韓吏部，詩見杜工曹。揮麈談風月，中夜聲飂飂。往往移北山，不必反楚騷。吾道用無窮，所志各有操。或隱身幽討，或放迹遊遨。平生事已定，用心奚獨勞！

送畢之進狀元二首

春風不開花，吹雲翳白日。天寒食不足，江頭拾芋栗。我馬不敢驅，畏此霜霰密。君行當奈何，開帆轉飄忽。挽舟君且住，爲君一洗拂。今日此良會，他時未可

❶「不如」，原誤作「如不」，依敬鄉樓本改。

必。我生鋤犁手，一飯願已畢。官曹雖强汝，今汝心若失。扁舟行亦歸，還我性曠逸。騎牛不騎馬，鼓腹吞溟渤。他年作霖雨，勿汙我蓬蓽。

畢髯奇男子，未識已心與。獻策集英殿，脱略獨豪舉。二年襄陽幕，歸舟峴山渚。同事三日留，時時作險語。隆準帝王孫，蕭然好風度。詩書百萬卷，胸中莽迴互。平生蘇惠州，氣概頗自許。人生艱難際，政可觀去處。二子經濟才，用之則爲虎。髯公且爲客，王孫且爲主。明朝各天涯，歌眉爲誰嫵。柂師挽舟去，回首空南浦。莫笑參軍强，參軍定强否？

雨中有懷

世態紛戢戢，客愁亦不盡。坐窗木榻穿，百慨逢一哂。觸眼敗人意，喜事日益泯。小暑三日熱，重我憂躁疢。崇朝一雨洗，意氣覺清緊。焚香彊起坐，曲肱聽鳴蚓。出門復有觀，物色相蝡蠢。❶危芳墮簷牙，水螾上堦楯。失勢蛛墜網，得時朽蒸菌。矜飛啄泥燕，戢翼翔雲隼。此理復誰論，中腸紛結縝。懷我平生好，意得如合脗。歐段屈薄宦，❷有如驥服靷。兖李困諸生，豪氣浮海蜃。華李本達識，磊落忘畦畛。忼慨任關西，開口見肝腎。高蹈潘逸士，未能趨縣尹。小王頗清修，對策如射埻。復有孫夫子，未許連車軫。聚散各異處，單居謝推引。❸言

❶「蝡蠢」，原誤作「蠢蝡」，依《東甌詩存》改。
❷「歐」，原誤作「款」，依《東甌詩存》改。
❸「居」，四庫本作「車」。

笑誰與歡，思逝如抽筍。作詩當晤言，爲我發大囅。

奉酬天復《古風》

我生不愛言，欲言令人惡。總總乾坤内，抱此誰與託？昔者所親人，今或苦荼若。生交各分離，死交已冥漠。事非固必存，千載一轉腳。要知達士心，閲世等糟粕。不求萬法脱，不與萬法縛。索然天地中，去留如解籜。萬事豈足爲，而苦自結約。吾以此應世，方枘入圓鑿。何當得蔡侯，飄若雲中鶴。新詩近道要，如病飲良藥。上言古心人，次言時道薄。落落濟世志，拙者但駭愕。功名付吾子，我獨甘藜藿。誰知陋巷中，簞瓢有餘樂。

五月二十五日晚自天壽還，呈秦少章

客思日百種，無一適所願。入夏對燈火，坐窗如坐圈。開口畏禍機，俛首學癡鈍。嘉友不在眼，相思劇方寸。晚涼策馬出，豁然對清論。盈月阻良覿，歡喜論繾綣。上言得三益，次言科舉困。新詩破煩想，覺人體中健。重我特特來，殷勤留一飯。促膝對夜樹，蕭爽無俗坌。歸來勞夢侵，令人欲高遯。

政和丁酉罷攝樂清，寓柳市莊居，和林惠叔見寄

懷禄非其心，事君要以道。古來際遇間，每恨見不早。觀其風雲會，事業何草草。卓哉張子房，器博用殊少。恐量世主心，用此恰恰好。所以收其才，遠從赤松老。富貴非利達，貧賤非枯槁。超超聖賢心，吾欣願執掃。

遷居有感示二三子

四時忽代序，靡靡無停息。白露應節降，涼颸變晨夕。閒居二十載，遷徙靡寧日。鳥鼠有巢穴，我居無定室。田園固所乏，婚嫁何當畢。貧賤難爲好，仁義寡所匹。總總百年内，萬事安可必。人生七十稀，我今五十一。齒髮已彫喪，肌肉乏腴實。固窮吾素分，苟得鮮終吉。餘年當幾何，任運非得失。

發東陽

客行無緩程，悲吟無緩聲。促促復促促，居家食不足。徘徊重徘徊，欲行還欲歸。近懷遠弗顧，强復驅車去。

七言古詩

寄魯直學士

當今文伯眉陽蘇，新詞的皪垂明珠。我公江南獨繼步，名譽籍甚傳清都。達人嗜好與俗異，誰欲海邊逐臭夫。小生結髮讀書史，隱憫每願脱世儒。幾載俛首黌堂趨，争唼粱藻從群鳧。野人鼓瑟不解竽，悠悠舉目誰與娛。幸有達者黄與蘇，誰復跼蹐如轅駒。古來志士恥沈没，參軍慷慨曳長裾。相知寧論貴賤敵，詩奏終使蘭艾殊。當時仲宣亦小弱，蔡公歎其才不如。迺知士子名未立，須藉顯達齒論餘。嬰兒失乳投母哺，當亦飲食瓊漿壺。

次天峰居士韻奉寄

天峰静者巢箕叟，著書不爲牛馬走。夜雨題詩寄日邊，觀者辟易皆縮手。嗚呼大雅久不聞，吾道悠悠付林藪。伏龍鳳雛人未知，畎田猥大皆稂莠。將軍爲志窮益堅，魯儒雖死不更守。鵾鵬有翅須摶風，苦李當道誰開口？京師車馬十二門，一日萬億無不有。呑腥啄腐何卒卒，正坐誚言芷漸滫。可憐惠施多才卿，不悟據梧瞑低首。功名浩蕩悵何許，置身謀慮苦不久。盍似淵明歸去來，不作折腰求五斗。飽食大人如肉山，衮衮奔馳氣如吼。東山野人氣亦芒，郎將自昔今獨否。誰能脂韋化百鍊，世態欻如屈伸肘。何時尊酒話疇昔？擊節新詩意非苟！

泥雪憶志康、公度、元老

正月二日多雪寒，京師道路無日乾。巷南巷北一望隔，出門但見泥漫漫。歸來危坐官屋底，日飽太倉半升米。相思更覺行路難，蒙垢何當爲一洗！

和任昌叔寄終南之什

少陵作者今卓爾，彭澤一觴意何已？

詩工酒逸覺有神，此理浪傳嗤俗子。卻求舉選科目間，仰看有道當汗顔。聞君欲往更愁絶，歸心日夜急飛湍。

送歐陽司理歸荆南

荆南秀氣有異才，我今見之歐陽子。一昨長年讀書五車過，下筆神捷風雲起。一新書警末俗，儒衣喜好入骨髓。此君矯矯出輩流，一心本學妙達理。斯之自信謝黨與，萬口一律誰信爾。眼明卻見法令新，四海文章盡蘇氏。馬群一遇伯樂空，近拔其尤自君始。可憐平生萬艱苦，及壯一官歸故里。丈夫行道會有時，用心深處良獨知。眼中人才不易得，鳳翥龍驤非爾誰。野人一身日百謗，人笑阮癡端不癡。憶昔定交論心腹，示我青青千載期。玆事風流定不朽，謝爾紛紛輕薄兒。如此嘉會豈易得？端知聚散非人力。相期遠大莫相憶，要須身健且强食。

次君陟見志韻

秋風颯颯吹寒雨，寒士畏寒不畏暑。杜陵四海無尺椽，頗思大屋連千礎。大庇天下寒士寒，小利猶能及雀鼠。平生志大不小用，未解從人問科舉。可憐時俗喜儇媚，此道悠悠付何所。不如歸來負寒日，食芹得味絶不苦。人生何處無一飯，飽臥便便腹如鼓。

竹枝歌上姚毅夫

元祐辛未，閏月既望，隴西太守燕

客于郡之雅歌堂。客有某好余詩歌，因作竹枝詞五章，章五句，以紀其事。而一章言其行樂之欲及時，二章言其及時而樂，三章言其樂極而悲，四章言其悲而自反，五章言其反正也。

秋月亭亭揚明輝，浮雲一點天上飛，欻忽回陰雨四垂。人生萬事亦爾爲，今不行樂待何時？

翠幕留夜燈燭光，主人歡娛客滿堂，龍船盛酒蠡作觴。秦吹齊歌舞燕倡，夜如何其夜未央。

佳人玉顔冰雪肌，寶髻繡裳光葳蕤，齊聲緩歌楊柳枝。歌罷障面私自悲，坐客滿堂淚霑衣。

酒當毒藥色當斤，人生行樂如浮雲，一杯更盡客已醺。❶ 美人不用歌文君，客有相如心不春。

壺傾燭燼樂事衰，堂上歌聲有餘哀，主人謝客客已歸。風蕩重陰月還輝，皎皎千里光無虧。

❶「一杯更盡」，底本與敬鄉樓本均作「動□□□」，依四庫本補改。

浮沚集卷九

宋　周行己　撰

五言律詩

上元被差監酤，妙覺書呈文叔二首

密雪霑游幕，餘寒犯酒茵。坐招群客飲，愁是獨醒人。事業慚知己，衣冠媿此身。吾生自有分，休問紫姑神。

竊禄知踰分，論才昧所長。幸同操犢鼻，幾不試漁陽。醉客或遭詬，少年來索嘗。此吾稽古力，咄咄未須忙。

走筆問訊晁四以道

問訊晁夫子，成州去幾時？衣冠空攘攘，鬢髮獨絲絲。器業終難合，行藏只自知。嵩山讀書處，還許寄晨炊。

故鄉群盜阻，不見一人來。免死依君禄，全生抵酒杯。衰年聊爾耳，吾道已焉哉？未遂鹿門去，相思日幾回。

寓居婁氏樓居

樓高雲隱户，秋静月侵幃。曠宇涵天界，連山軸地機。宿鴉風葉亂，歸牧笛聲稀。身世浮雲外，人生何所依？

遷居柳市有感

緬懷彭澤令，從借剡溪居。水漫衆流會，山連夜逕疎。閉關非避世，爲道久忘書。乍愜幽棲趣，永欣塵鞅除。羅含亦有宅，洲渚啓柴門。未足拒風色，猶堪隔世暄。卜居空著論，畢娶詎忘言。且折薛中券，相從籬下樽。

臥病京師，蒙少伊察院惠米，因敍歸懷奉呈

臥病逾三伏，辭鄉已四年。故人分禄米，鄰舍貸醫錢。志業其如命，行藏休問天。吾歸舟已具，老去合求田。

再依前韻酬少伊

亦有南堤宅，棲遲可寄年。免從依廡賃，賸得買鄰錢。爲道難逢世，知吾獨是天。小橋連里巷，行日話桑田。

次少伊韻反招隱

伏蒙少伊察院和篇，有「招隱」之句。夫言歸者，衰病之所慕也。公方振職臺綱，四方想望以爲重，詎可云乎爾？輒次元韻，反「招隱」以復之。

我已逾衰齒，公猶小五年。少時能作賦，平日不言錢。風采桓公雅，詩情白樂天。朝綱方有賴，未可話歸田！

少伊察院再用「年」字韻寵示二篇，輒復酬和，一章陳德，一章敍情

恂恂許御史，清譽自初年。門絶苞苴使，家惟薪菜錢。文章名蓋世，忠義力回天。不爲兒孫計，何須僻處田。

咄咄休無賴，栖栖又一年。時從柱下史，獨貸薛中錢。多病惟須藥，長貧不怨天。歸期無遠道，猶滯稻粱田。

雨後晨出滎澤道中寄嘉仲明府

宿雨郊原潤，新晴禾黍香。天高晨氣静，地闊野風涼。忽忽憂群盜，悁悁懷故鄉。攝官聊免死，何敢論行藏？

謝嘉仲相招寄居滎澤

已解陳蕃榻，仍留杜甫亭。飽聞期月政，願受一廛氓。萬事尊中酒，餘年水上萍。依投知有地，流轉任浮生。

送李子興新第歸寧

新恩好驥子，門户有輝光。婚宦通三世，山川共一方。拜親今緑綬，傳業自青緗。買宅如來此，相從及早涼。

寄題江南李氏四照亭

聞道新亭好，開軒四望虚。葱葱佳氣合，衮衮衆山趨。野鳥來還去，浮雲卷卻舒。登臨富幽興，應不羡陶朱。

道中有感

皛皛平川静，暉暉寒食曛。連山荒白草，屬地亂黄雲。歲晚關心事，天邊爲客身。扁舟終不惡，奔走失吾真。

次渠僅老韻四首

癡拙時無用，歸來老罷休。夜寒爲客夢，歲晚異鄉愁。烏有南枝宿，川皆東海流。凭高望歸路，雲重失滄洲。

世事人情了，年華鬢髮侵。平生憂國淚，老去戀鄉心。四壁家千里，三秋書萬金。號寒小兒子，念汝故情深。

烏暮已歸宿，吾今行亦休。百年能幾許，萬事不勝愁。貧賤須行樂，功名可枕流。鱸魚秋興遠，風起白蘋洲。

憂患功名晚，塵勞歲月侵。愁來無與語，老去獨傷心。不復周公夢，寧須季子金？題詩憑遣興，情極恐言深。

次李榮澤韻

已罷仍僑寓，雖貧强客羞。閒居非素隱，高臥得清秋。故國今何在？他鄉未免憂。爲儒生用拙，老去更宜休。

宿大足寺

塵埃得古寺，突兀亂山中。疊徑僧居僻，懸崖鳥道通。塞雲常雨雪，山木自多風。萬事浮生外，心花發暮鐘。

送左與言赴杭司録

艱難惟義重，去住各愁深。喬木迷歸夢，孤帆伴客吟。相看憂國淚，獨立望鄉心。到日如無事，來書速寄音。

晨至石碣院，時喪女殯此院，二首

蕭寺來人少，祇林過雨清。日光微破影，雲色未全晴。久客嗟殊俗，中年哭後生。庭前空柏子，此意復誰明？

曉色初明野，雲容尚隱林。蒿萊三徑拙，❶鳥雀一枝深。憂患他鄉淚，淹留故國心。平生丘壑趣，衰謝媿同襟。

送王天粹登第歸

王氏青箱學，名家千里駒。朝廷求士急，吾子應時須。上第人皆有，高才世久虛。別君誰暖眼？書信莫令疎。

奉和林惠叔

攝邑聊觀政，無才可及人。案書捐吏役，簷日遂吾真。聽説桑麻好，懽言雨露新。貧居願時熟，聊試甑中塵。

世間同大宅，何處是安居？臥地有知足，棲巢亦晏如。松楸懷舊隱，城市遠先廬。衰病難堪責，交遊喜漸疎。

❶「拙」，敬鄉樓本校記云：「疑『掩』字。」

書王仲元都巡城上小亭

王子吹簫處，孤城城上臺。回回衆山入，隱隱一川來。花草三春合，軒窗四面開。得官兼吏隱，端復謝塵埃。

原武喪女有感

人世剎那頃，汝身能幾秋。一生如夢了，萬事蓋棺休。年老不禁哭，夜長都是愁。棄置復棄置，千古共山丘。

飄零同逆旅，生死異前途。恩愛此生斷，聲谷昨夢餘。幻身今墮甑，戲事已陳芻。寂滅真爲樂，勞勞得爾如。

秋霽分韻得「中」字

清晚搔頭望，晴天已不同。霽烟才冉冉，雨意却濛濛。爲客艱難裏，思親涕淚中。獨憑心事在，倚杖看秋鴻。

春日郊行

野步春郊淨，佳遊病眼開。風流可憐柳，零落不堪梅。水接仙舟泛，山紆俗駕回。歸歟月已没，餘興更登臺。

聞官軍捷報呈彦升、時仲

滯雨春惟冷，端憂夜更長。曲肱思已亂，如面世難防。捷報聞平寇，安書喜到鄉。鹿門心未遂，誰與論行藏？

五言排律

壽郡守

僊系蘇門遠，英流富緒長。胚胎潛間氣，庭玉煥祥光。永日輝南陸，融風麗北堂。綵餘長命縷，香剩浴蘭湯。丹穴皆威鳳，荆山必豫章。精神森秀發，器質儼温良。懿學傳經濟，嘉猷合贊襄。慶流多顯赫，筮仕早騰驤。遊刃無閒劇，提衡絶否臧。高情薰愛日，勁節肅清霜。暫借朱轓出，行看皂纛揚。頌聲喧道路，輿望屬巖廊。時遇生申旦，官臨指李鄉。衆真金闕奏，滿郡玉爐香。强仕春秋富，昌朝事業芳。臣千君萬壽，賡載濟時康。

原武祈雨有應，呈諸同僚

嗷嗷憂旱魃，懇懇叩神祠。自疏官多曠，無辜歲莫饑。奇峰俄變黑，甘液遽如篩。雷電寧無物？風雲自有師。荒郊回沃壤，榮穗發萎枝。攝邑乖爲政，同僚實副時。民心惟禮義，邦本繫安危。食足無他事，恩餘及我私。白看雲子粒，滑想杜陵匙。拂拭萊蕪甑，香炊定可期。

七言律詩

壽沈守

三甲三壬五福俱，胸中落落貯瓊琚。

池塘芳草詩情遠，富貴浮雲世事疎。一郡壽爐薫愛日，層霄仙籍寄真書。君王萬億臣千億，永作天官拱帝居。

壽時相三首

皇天祐德必生賢，尊主功高五帝前。嶽骨昴精來間氣，彭齡聃壽與遐年。遠無憂患身先退，近有湖山樂更全。秖恐蒼生須謝傅，每聞人誦衮衣篇。

每聞人誦衮衣篇，又值君臣慶會年。臘雪已先調鼎實，春風還是作霖天。經綸道自心源出，損益時隨世變遷。當宁旰宵懷舊德，非公誰與濟商川？

非公誰與濟商川，年德俱隆文武全。省事省官民自定，足兵足食務當先。烹鮮取治惟無擾，置器期安在不偏。公壽且千君且萬，四方永永樂堯年。

次僧曇隱《謝見臨》韻二首

倦雲小息五公山，來往扁舟勝據牽。强飯未能追馬革，寄餐端恐識猪肝。山泉周匝流清泚，古木森羅照屈蟠。獨臥北窗懷太古，元無一物到門闌。

隱跡僧居無所爲，蒲團曲几面清池。一身有累須三徑，萬物無私各四時。心與溪山相宛轉，事隨塵世漫紛披。山中不用詩招隱，已約施巖采紫芝。

几山出示《陽橋唱和》諸什。竊慨英才之沈寂，光景之流邁，因兩次其韻，皆以「少日」爲篇首，一以贈監鎮孫和仲，一以贈知丞苗几山云

少日稱豪弓馬場，時平不復戍漁陽。引杯看劍夜雲黑，横槊賦詩寒日黃。霜落草枯閒戰騎，位卑禄薄困征商。白頭未試吳王妓，楊柳蕭蕭古道傍。

少日稱豪筆硯場，一官家近住河陽。人情易變春雲薄，世故飽諳秋鬢黃。寒日蒼涼臨迥野，浩歌悲壯激哀商。時平民樂官無事，醉倒題詩舞袖傍。

子固、嘉夫相過，觀几山唱和

萬事都將笑一場，不如載酒訪高陽。凍消地面可憐緑，日暖柳枝無奈黃。尚德久從君子魯，言詩仍有起予商。太平無事閒居樂，且醉高樓大道傍。

再和子固

老年不入少年場，不似當時在洛陽。福善坡頭回曳練，石家寺裏看姚黃。春風楊柳東西陌，古道樓臺南北商。流落如今歸未得，白頭憔悴卷城傍。

嘉夫再有冰玉交輝佳句復和酬報

爛爛雙瞳掣電光，照人皮裏有秋陽。誰將鼠腊同蒼璧，枉把鹽車服乘黄。合有猷謀陳稷契，即看灝噩繼周商。近來佳句驚人甚，敢並蒹葭玉樹傍。

和李文叔見招

杜曲林泉可寄年，功名富貴有危顛。囊中佳句渾輕與，海内名方莫浪傳。赤脚拏舟能楚些，明眸度曲解胡旋。且過叔度留終日，未問他年騎錦韉。

再和文叔

事業功名看百年，千杯醉墨謾張顛。關西夫子時方棄，稷下諸儒誰與傳。契闊十年纔道舊，間關千里又言旋。飄萍斷梗無根柢，愁唤嬴童理破韉。

病中思歸呈千之十七兄

白首遑遑謾世憂，我今問米下揚州。支離病骨難堪暑，浩蕩歸心不待秋。兵火彫零餘故里，功名衰謝獨扁舟。腐儒老死終無用，收拾綸竿好去休。

再用前韻趣歸

故鄉何處海東頭，地盡東南最勝州。水陸歸程幾百驛，風塵回首恰三秋。無才北使能降敵，決意東歸已辦舟。去國不緣明主棄，只緣多病更宜休。

和孫德平病秋思歸

春雨秋風無盡期，鳶飛魚躍各天機。年光逝水催前浪，世事浮雲換白衣。草木變衰知節改，田園蕪没要吾歸。人生萬事惟心可，真處何妨世俗譏。

奉和知丞苗几山時几山以謗被劾

陸沈僚底惘騤瞿，玩世滑稽常自如。鞍馬猶堪供矍鑠，功名誰復念居諸。胸懷金玉天知我，仕宦風波丞負予。尊酒夜闌聽軟語，清談笑謔極群書。

和使君閔雨

布穀催耕候已深，驕陽未肯化爲霖。一年鈴閣傳齋禁，三月花時負賞心。空谷靈湫能奮響，叢祠古木已成陰。時取九華龍水，又禱西祠。侏儒飽死渾無計，屬耳頹墻聽雨音。

次胡志衡韻

城北城南春渺然，幅巾藜杖望晴天。何須多事途窮哭，莫倚高才甕下眠。渭水來從鳥鼠穴，隴山真接首陽巔。登臨未盡牛羊下，安得羲和叱馭旋。

和蔡八十約同歸

十年塵土送春衣，每見春風憶翠微。射策決科知已誤，求田問舍早須歸。人生豈料長身健，行李還應與願違。遥望故山心獨往，杖藜三嘆暮雲飛。

再和蔡八十約歸

聞説尋山意已清，況逢佳客作山行。百年心事同杯酒，萬里春風出帝城。秋燕欲歸棲集穩，春鷗無事往來輕。風流定是輸陶謝，應笑癡人似步兵。

五言絶句

蘭溪驛

小雨滋春態，餘花落晚香。扁舟還獨往，誰與論行藏？

姑射仙人

易簡乾坤理，和平兆庶情。誰知爲帝力，萬國自生成。

魯直帖

秀潤瞻眉宇，清真接話言。端能愈吾疾，已覺意超然。

李端叔帖

鐵面黄犀骨，霜髭燦蝟毛。晚年聊混俗，猶不廢稱豪。

米元章帖

戲事匆陳了，浮生甑墮休。遺音餘翰墨，人尚想風流。

七言絶句

和丁忠節三首

絶廬高隱白雲間，德行人知是閔顔。側席求賢新詔墨，❶肯教夫子久居山。

七十稀年幾許閒，星星鬢髮半衰顔。寸心灰盡周公夢，不戀朝衣只戀山。

大儒出處自無心，調爕功高利物深。用舍行藏皆是道，不分朝市與山林。

送禪照大師四首

常寧隱子書來告行，隱子喜文而未及道，是行也，將求師而問焉。友人林惠叔贈言，有「脱鞋」之語，隱子疑曰薄之甚矣，非也。予因述其語贈行，且解按劍之疑。

海鴈年年自往來，迢迢此去幾時回。春風滿路真消息，應是桃花處處開。

千峰如畫不安排，的的天然更莫猜。草碧花紅春鳥叫，此中何處問如來。

行行識取靈巖路，多少遊人只麼回。門前有箇擎天柱，千萬歸時帶取來。

脱却多年破草鞋，脚根步步踏如來。

❶「墨」，四庫本、敬鄉樓本作「黑」。

昔人根鈍真堪笑，直待血流方始回。

和趙鼎臣贈吕令二首

幕下胸中水鏡寒，否臧定不失毫端。要知四海皆兄弟，莫作前人青白看。

坐衙官似坐禪僧，萬物風行自飲冰。縱解他心無所得，不知何處計才能。

偶書楷老帖後

楷公不見十三年，何處高談洞下禪？禪裏相思無是處，不相思處有誰傳？

春日五首

送春小雨作輕凉，碧瓦鱗鱗動霽光。紫燕銜泥歸舊屋，黄蜂採蜜度斜陽。

小窗午枕夢初醒，特特來尋春徑行。晴日暖風無俗客，岸巾柳底聽新鶯。

蛺蝶尋花經竹過，蜘蛛結網趁絲行。簷前翻翼頻來燕，葉底窺人欲去鶯。

深院回廊春日長，晴絲冉冉暖浮光。五株恰似陶彭澤，滿縣愧爾潘河陽。

無賴春物惱人愁，百年心事信沈浮。何時買得會稽宅，蠟屐自作烏衣遊。

元日同麻萬紀、王振叔行南寺五首

正月一日思悠哉，水邊盡日意遲回。豈無俗人一盃酒，不作區區城裏來。

岸頭欣欣木向榮，岸下涓涓春水生。晴日煖風無俗客，故尋野徑逐溪行。

寒風昨夜動天起，春色今朝入眼濃。橋北斜斜柳垂緑，岸南細細草生茸。

南寺橋頭緩緩歸，卻來高閣更遲遲。
水邊白鷺雙雙立，樹杪烏鴉箇箇飛。
出自西門入北門，南迴東轉逐村村。
輕黃淺緑飽經眼，卻得歸來細細論。

哭呂與叔四首

平生已作老藍川，晚意賢關道可傳。
一簣未容當百漲，獨將斯事著餘編。
淹留也復可疑人，不向清朝乞此身。
芸閣校讎非苟禄，每回高論助經綸。
朝聞夕死事難明，不盡心源漫久生。
手足啓云猶是過，默然安得議虧成。
朝廷依制起三王，歎惜真儒半已亡。
猶有伊川舊夫子，飄然鶴髮照滄浪。

睡起偶書二首

晴日薰人午睡迷，輕舟小楫夢中歸。
覺來搔首窗前立，草緑花紅燕子飛。
爐香一炷滿牀書，野杏山桃三四株。
食罷睡餘還獨立，一身此外復何須。

瀟湘暮雪

凍雲垂地雪紛飛，日暮天寒鴈已歸。
猶有江頭問津者，不知此去欲何依。

春閨怨三首

春盡遼陽無信來，花奩鸞鏡滿塵埃。
黃鶯恰恰驚人夢，欲到郎邊却麽迴。

深院無人簾幕垂，漫裁白紵作春衣。
停針忽憶當年事，羞見梁間燕子飛。

燕子引雛來去飛，楊花漠漠草萋萋。
窗前睡起渾無緒，倚遍欄干日又西。

示負書

平生萬卷漫多聞，一悟中庸得本真。
從此盡將覆醬瓿，只于心地起經綸。

留題祇陁僧房

回舟小息取僧房，一枕春風意味長。
江上鵓鴣啼雨罷，隔洲烟樹日蒼蒼。

從姚毅夫乞酒

春來不飲動經旬，空戴陶潛漉酒巾。
風雨惱春愁獨坐，提壺無事故撩人。

示提壺

藜杖芒鞋一幅巾，翛然無事可關身。
一壺任醉春長在，南北東西作主人。

武陵烟雨

桃花流水武陵源，烟雨冥冥暗一川。
試問山中避秦者，不知此景是何年。

文集佚存

文十一篇❶

論增修法度劄子❷

臣竊惟國朝受命，民不易肆，祖宗相承，以聖繼聖，基本之厚，太平之久，三代以來所未有也。陛下紹承七聖之丕基，恢張先帝之弘業，❸綱紀至此而大備，❹禮樂至此而大興，風俗至此而大定，人材至此而大成，自古未有今日之至治極盛者也。然而太平既久，民安無事，内外恬熙，官吏媮惰。臣竊過計，恐其法度漸弛，奸弊漸生。蓋人情無事則安，安則無深遠之思；人情無事則忽，忽則無憂虞之念。故無事者，有事之所起也，雖堯舜三代盛時，未嘗不兢兢業業以相戒慎。臣愚欲望陛下先之以沈幾，照之以遠慮，察媮惰於無事，止奸弊於未萌，斷自淵衷，委之大臣，因時損益，增修法度，振其所或廢，補其所未全，調而一之，持而定之，以懋官吏，以休四海，以固祖宗甚盛無疆之業。

《慎江文徵》卷八

❶ 「文十一篇」，前十篇即敬鄉樓本《浮沚集補遺》中的「文十首」，末篇爲今補遺。

❷ 「劄子」二字，原脱，依《慎江文徵》卷八補。

❸ 「弘」，原誤作「丕」，依《慎江文徵》卷八改。

❹ 「綱紀」，原作「法度」，依《慎江文徵》卷八改。

論戒飭守令監司奉行詔令劄子

臣久居田里，僻在海濱，竊見陛下每降手詔，幽遐之民歡欣争聽，至於感泣，皆知聖主愛民之深。然而四方萬里之遠，州縣官吏之衆，豈能悉如詔旨，奉行不違？間者累行申命，使監司使者，歲行舉時頒，檢察違戾，丁寧訓飭亦已至矣。而積翫習弛，不肖之吏尚多廢格。臣愚欲望陛下出自宸慮，更定守令監使之選，使承流而責以布宣；增置御史之員，使分部而察其勤惰。如是，則上澤必行，下情無壅，遠近同仁，臻極治矣！

《慎江文徵》卷八

代賀玄圭表

帝德升聞，天心克享，肆申休命，誕錫玄圭。躬受路朝，禮備一人之慶；恩覃寰宇，歡同萬國之心。矧在承宣，尤深忭蹈。伏以禹功不伐，堯德無名，洪水既平，庶土咸正。歌及九功之叙，弼於五服之成，四海會同，萬世永賴。嘉乃丕績，維汝之賢；告厥成功，時帝之克。歸美報上，代天錫圭。十有二山，爲州之鎮；尺有二寸，法天之時。上有雲雷，蓋示聖人之澤；下無瑑飾，又知天子之全。色應天玄，驗爲禹物；數非周制，益辨堯時。歷年千百而無聞，遇君三五而後出。

恭惟皇帝陛下，行帝之德，則天之明。協和萬邦，而人文化成；光被四表，而休嘉洊至。粤有瑞文之應，而昭鎮室之祥。景命自天，元功惟帝。群臣三請，彌彰克遜之誠；優詔屢頒，俯聽僉俞之議。乃協迎長之日，大申展采之儀。端冕當陽，握符御極。膺乾篤祜，焕大寶以維新；卜世延洪，符九鼎而永固。臣幸逢聖旦，逖竦鴻猷。匏繫周南，莫預軒墀之拜舞；葵傾魏闕，但瞻雲日之高明。

《東甌先正文録》卷一

陶隱居丹室記

崇寧三年夏六月，維揚呂君少逸來蒞是邑，敏明夷易，未朞政成，以其餘暇，歷覽山川，得陶隱居先生丹室於陶山佛寺。先生本史故不載嘗至此方，賈嵩采《登真訣》作別傳云：「梁天監中，自海道至永嘉，得木溜嶼居之，❶以作丹室。」永嘉境中無所謂木溜嶼者，而室之下有仙壇丹井，雖歲久相傳，不可考驗，然陶山之爲陶山舊矣。豈山以人著，今名遂傳，昔名遂泯乎！

按諸家傳皆云，先生長七尺二寸，神儀明秀，膚色皙澤。今其像繪，趙清獻公得閣下本，傳置室中，豈其然乎！先生當齊、梁搶攘之間，脱身軒冕，世傳仙去，滋味非其好也。鄉民祝而尸之，方且舞倡優而薦葷羶，於是少逸不以爲宜，乃下令歲時祠享，易蒲塞之供。敢如故者，以淫祀論。昔子路問爲政奚先，子曰：「必也正名乎！」雖子路，孔門之高弟，尚不能知其意，而孔子推其本末語之，苟名之不正，至於民無所措手足，然果不可以不先也。是名也，又況於

❶「溜」，《東甌先正文録》作「榴」。

事，可以觀政矣。某邑民而仕於鄉校者也，屬序其説以著於後，欲先生之實不誣，而奉祀之禮得宜也。既又繫之以祝詞，使祝世守之，且以不忘乎其故也。辭曰：

杳無極兮道之精，倏無跡兮仙之靈。洞神想兮神乃凝，眸子方兮壽萬齡。骨肉融兮欻上昇，游八極兮登太清。駕雲車兮弭雲旌，熠明月兮望儀形。翱尚羊兮竚中庭，屏葷羶兮撤腐腥。奠椒漿兮肴木英，薦青精兮達芬馨。聊徘徊兮感故情，來弗兆兮去莫程，天寥寥兮地冥冥。

《慎江文徵》卷十九

浮沚記

余浮雲其仕，泛然出，油然歸，有名無位，凡民如也；有鄉無居，逆旅如也。僦室淨光山下，古西射堂之遺址，蕞然小洲，繚以汋水。予視吾生若漚，起滅不常；視吾身若萍，去留無止。以吾無止之身，而處暫寓之室，聚沫也，塵垢也，蟬蜕也，芻狗也，於吾何有哉！政和歲在玄黓執徐，六月癸丑，颶風大作，橋斷門隳，簷折雨漫，乃易橋以舟，墐北户而南嚮，增簷爲軒，寄容足之苟安。按《爾雅》：水中可居曰「洲」，其小者曰「沚」，人所爲曰「潏」。予惡潏之名，而欣沚之義，于是總其名曰「浮沚」。浮沚之西，舊爲小閣，名曰「漚閣」。浮沚之東，新爲小軒，名曰「萍軒」。其北舊爲門道所從出，闢而爲室，道不行焉，名曰「浮室」。室者室也，室吾心之陰幽不善也。其南假道于鄰，引舟而渡，到彼岸焉，名曰「筏渡」。渡者，度一切陽明之善也。是吾居也，因水而爲洲，因洲而爲室，因室而爲名，因名而爲義。義皆浮義也，寄焉宜也，聊爾而已耳。

故吾不獨浮其仕，又且浮其居，不獨浮其居，又且浮其生。然則有之而何得，無之而何失，如此而仕，吾故安於仕也；如此而居，吾故安於居也；如此而生，吾故安於生也。吾聞古之有道者，貧而樂，窮而通，豈謂是歟？非曰能之，願學焉，記以自警。

《東甌先正文録》卷一

謝祭酒司業書

古之爲天下者至簡易也，舉天下而付之百執事，使分爲之，未嘗諰諰焉致疑於其人。蓋先之以庠序之教，孝弟之義，使人皆知仁義之行，而無犯上作亂之心，然後委之以府庫而不疑其竊，與之以封疆而不疑其叛，託之以社稷而不疑其亂。非謂其法制足以使人不能竊且亂也，能使人不爲竊且亂也。後世之爲教也，異於是矣，大開禄利之路以誘之於前，而嚴其法禁以驅之於後，使天下之人皆揺奪其忠實之良心，而顛沛于利害之間，上下一道，而莫之覺也。是以天下之人，生則溺於耳目恬習之事，長則師世俗崇尚之言，以仁義爲迂闊不切之務，而甘心於得喪寵辱以爲實有。嗚呼，胡爲而莫之覺也！

昔之舉天下之善者，莫不歸之於舜，舉天下之惡者，莫不歸之於跖，而孟子以爲舜與跖之分無他，義與利之間而已。夫天下之人，莫不爲義也，固未必人人皆至於舜；莫不爲利也，固未必人人皆至於跖。而匹夫單行，一不受嗟來之食，此其爲義至小也，然而君子之所以與之者，謂其已有舜之心矣。尋常之人，簞食豆羹之不忍，此其爲害至小也，然而君子之所以惡之者，謂其已有跖之心矣。是故聖人之所恃以爲天下者，爲其有善教以養天下仁義之心，而君子之所以自重其心，以有仁義之實也。

某生而守父母之訓，長而聞先生長者之言，皆以爲如此，是以平居不爲儳焉。其躬取利於君子之所賤，蓋嘗三省於視聽言動之間，不使斯須有不慊於心之餒，謂古人擴充仁義之心者，其要在此。比者天下欲得可用之才，而舉天下之士各付之有司，使觀其仁義之言，以求其仁義之實。而某嘗以其所知者，寓之於無能之辭，以應有司之問。而或者因其言以得其實心，謂其學之不苟也，乃越去等夷，於數千人之中，不責其記誦疏略，不繩以科舉法度，而特取其心之所存者，如某者抑何足道，而有司所以取士之意甚美也。夫爲國家養天下仁義之才者，太學也；爲天下得天下仁義之士者，❶有司也。然則某亦自有心矣，□因近世舉子之常禮，而得以區區之説致謝焉。

《慎江文徵》卷四十

謝郭茂恂運使舉充幕職啓

分曹屬郡，慚昧官箴，第課外臺，濫塵薦牘，名浮其實，愧甚於榮。竊以黜陟爲天下之至公，去就乃儒者之大義。世道既喪，人僞益滋，上罕徇公滅私之人，下多後義先利之士，假茲名器，作爲福威，繇是開請託

❶「爲天下」，敬鄉樓本校記疑當作「爲國家」。

之門，寖以長奔馳之俗，口耳郵傳，心面溪山。嗟媚竈之皆然，信踰墻之可賤。士風至此，吏道何觀！幸遇非常之賢，思革既久之弊，覈實才而矯舉，拔寒俊以明揚，權利莫回，英能並出。如某者拙無所用，愚不可移，嘐嘐徒志於古人，踽踽何爲於斯世，無他學術，仕有時乎爲貧，畏此簡書，疾不知其爲政，猥多賴寵，獲是偷安。依馬帳於三餘，睎孔門之一間。惟羞不職，敢歎徒勞。既煩言之屢興，亦胡顏而久處。塵埃歲月，夢寐江湖，掩黄卷以長謡，望白雲而增慕。攬衣竊歎，襆被興懷，居然不堪之憂，負此宜去之實，未蒙沙汰，更辱衮褒。

此蓋伏遇某人，推舉直錯枉之心，致事君以人之義，激揚士類，引翼教風。謂静退者或有弗爲，而貪冒者無所不至，曲收狷介之善，覬懲澆兢之風，顧非其宜，奚取於是。謹當益充其學，勉副所期，監鄙夫患得之言，守君子難進之節。修身俟命，惟不愧於斯心；行道致君，庶無慚於往哲。欲報之德，莫知其他。

《慎江文徵》卷五

包端睦忠孝傳

夫忠孝難矣哉！性靈天植，能盡其道，斯存順而歿寧也。故絶裾赴召者，不得爲忠；袖手時艱者，不得爲孝。厥維艱哉！若予内娟端睦包公，殆無忝於忠孝者矣。

公諱汝諧，與弟汝嘉皆業儒，遵履繩墨，更饒大略，事親至孝，雖菽水必盡歡，自幼及長，孺慕之情不少衰，鄉里咸稱包孝子云。宣和庚子冬，方臘起睦州，連陷杭、歙、婺諸郡。明年春，至遂昌，吾州民望風奔遁，郡守倅皆倉皇莫知計所出。州學教授劉士英與館下生石礪，獨謀措置禦賊，白守倅，糾集義士王三錫、丁仲修輩二十有八人，公預焉。是時賊勢熾甚，僉謂城不可保，民有乘舟浮海者，有負妻子匿山谷者。公激於義，白諸父老曰：「某聞戰陳無勇，非孝也，臨敵避難，非忠也。某與若曹雖無官守，然所食皆君食也，可値時變而甘不義乎！」父老曰：「爾能爲草莽忠臣，吾屬死無恨矣。」公乃身先士卒，惟士英之令是從，雖喪元，有弗顧焉。三月二日報賊臨處州，已及白沙，衆皆驚阻。公從士英，白守倅，戎服督視，以振士氣，由是戈戟森列城上，人心甫定。至四月七日，賊犯白沙，士英謀分兵截上戍嶺，以公率衆往。逮夜，州牒公等兵亟捍城西鄉，鼓行至行春橋，賊已逾嶺矣，焚刼暘嶴，距城甚邇。公與義勇王琉等不俟整陣，徑犯賊鋒，連斬數十級，士英領兵還，燒緑野橋，使賊不得渡。十五日，賊犯思遠樓，公等奮擊，賊退去。先後從士英禦敵不下數十戰，竟死於難，鄉之人無大小靡不咨嗟隕涕焉。事平，當路敍勳，以公當立專祠，乃賜忠孝匾，樹厥宅里，以示激勸。予既傳其事，復系以贊云：

嗟乎！爰兹綱常，天經地義。暗者弗通，柔者自棄。民彝弗湮，聖道未墜。卓然包公，美厥性靈。不率自勇，不察自明。義以輔主，仁以報親。沈爲河嶽，升爲星辰。肅肅廟食，耿耿精英！

《東甌先正文録》卷一

祭劉起居文

人莫不學，鮮能知道。孟死無傳，顏亡絶好。篤生程公，萬世師表，乃繼斯文，以興墜教。四方朋來，隨其所造。致知格物，默通玄授。一理達元，萬殊同妙。施國爲忠，施家爲孝。公來自南，聞言知要。擔簦于雒，周旋探討。達中之庸，入德之奥。立身愛君，無愧屋漏。進退可觀，從政何有。凡我邦人，望公則厚。駒隙方馳，菌朝奪壽。年位不登，才業弗究。哀我人斯，善人是悼。逝川莫回，殞身奚救。矧我同人，又親且舊。憒憒不樂，朝夕在疚。百感裝懷，寸心如攪。哀以告公，公來寧否？

《東甌先正文録》卷一

劉君元長墓銘

荆溪劉氏，爲永嘉望族，居山川之勝，有竹木畜産之饒，世稱長者。子弟好學，謹立能幹，治有節法，至中書舍人安上、起居郎安節，相繼爲禁從，門閥益大，遂甲於鄉里，而君於起居爲再世父，中書爲再從叔父。君爲人深沈，有智度，謀定胸中而機不發於外，舉止燕笑，從容可觀，若素居養於高位者。樂善喜士，頗涉書記，能論詩人得失。少孤，事母兄孝謹，有欲異籍者，輒賦鴻雁詩以動之，資財多寡終弗較也。鄉鄰歲飢，穀踴貴，君每平其直以出之，一鄉價不得高，貧者賴以生。俗窶不能葬者，必火而棄諸江，君每勸止，因營地數十畝，資其葬，以是鄉人愛德之。至其殁也，莫不咨嗟。嗚呼！人之行義爲善，何必有位哉！君諱孺，字元長，大觀四年正月甲子殁于家，政和二年十二月甲子葬于其居章奥山。曾祖文隆，祖□，父恂，皆不仕。男五人，安序、安雅、安宅、安術、安國，皆業儒。安雅、安國早亡，安序、安宅舉太學。女五人，長適何悌，次徐中行，次林廷直，次周于己，次戴迅，皆應進士舉，而周于己爲承事郎，前通判興國軍事。諸孫男女十人，詵詵未艾也。銘曰：

一夫行義，一鄉有賴。施于有政，則利彌大。何莫於此，而或以害。然者弗愧，弗然者戒！

《東甌先正文録》卷一

祭二十叔文❶

水部仕唐，官於平陽。中更五季，混亂八荒。藝祖受命，統臨萬方。屯田自衢，乃還故鄉。年尚童稚，其歸母將。四海初定，俗罕簪裳。起家刀筆，恭靖敦良。始教子書，人知義方。校理決科，于家有光。閲今五世，其德彌芳。仕亦未艾，處亦有常。裏居僑寓，千指五房。皆幸飽燠，無或流亡。惟後之大，匪流之長。永嘉三祖，五位最昌。三一四三，五五同堂。八父既逝，叔少且强。惟吾叔父，吾父之行。吾父既殁，叔父惟藏。今又逝矣，念其可忘！連體共

❶ 此文據中華書局影印本《永樂大典》第一百四十六册補。

氣，一安百康。豈有疏戚，莫不痛傷。纍纍諸孤，將誰之望？覬從父祖，降家百祥。孝心惟微，德報惟彰。哀今弗見，涕零其瀼。薄奠侑之，傒其來饗！

《永樂大典》卷一萬四千五十「祭」字韻，頁二十五上引《周博士集》

詩十七首❶

古意

南山有元豹，七日不下食。欲澤雨露潔，成彼文章飾。皮成爲身菑，不如生羽翼。只愁羽翼成，復遭羅且弋。

鍾離中散草書

學書如學禪，心悟筆自到。若非賢達人，安能字畫妙。鳥跡不必傳，篆籀亦異好。草聖實奇偉，變化不可料。張顛號神特，酒酣一脱帽。要識善用心，乃知皆同調。近世有鍾離，筆力絶能紹。不必衛夫人，自是過逸少。浩如觀波瀾，劃見鯨尾掉。宛轉或遊龍，突兀忽峰峭。精逸一何有，信是得其奧。豈但揮端毫，亦足見風操。

出都門

擾擾宇宙内，經營固多端。有求皆勞

❶ 「詩十七首」，前十三首即敬鄉樓本《浮沚集補遺》中的「詩十三首」，後四首爲今補遺。

生，此身豈能安？艱難出都門，所歷百辛酸。秣馬臨遠道，欲去復盤桓。久客人情深，決別淚汍瀾。親知無別語，勸我但加餐。去去忍回首，西望路漫漫。緬懷白雲下，矯首時獨看。平生扁舟興，來此事征鞍。來時顔色好，歸時衣裳寬。上馬不能恨，下馬不敢嘆。但願還家樂，不辭行路難。

題永寧傳舍

浩浩車馬跡，往來各有求。而我亦何爲？行役不得休！驚風吹砂礫，草木春不柔。荒山相經互，渭水日悠悠。下馬古驛亭，開軒竹修修。颯颯爽氣入，得慰征途憂。移牀取一息，撼撼如清秋。永願息鞍馬，何當具扁舟。我生湖海間，築居必清幽。城南五畝宅，山高水亦流。家園千木奴，不貴萬户侯。既輸東皋税，一飽亦易謀。藐然塵囂外，榮貴如浮漚。咄咄狂痴子，胡爲此淹留！

謝黄襲明、吴君寶見訪

平生敬愛人，經月不一面。出處各有道，淡泊終所願。避喧繁臺寺，稍息奔走賤。豈是蔣詡人，佳客來不倦。不責禮數優，草草具盤饌。爲歌朱絲絃，知音我所戀。日暮翩然去，思君情如線。乘興還一來，慎莫比秋扇。

送王六、薄康朝之長安

君居洛水北，門前是官路。官路塵土多，君行向何處？晨朝束行李，西望長安樹。慘慘寒風吹，行人不敢顧。古來行路難，君行慎許與！故人日已新，新人即復故。

次韻張才叔、蔡天復、詹持國二月一日同步城南

人生本自得，苦爲百慮疚。窮年燈火窗，鬱没令人瘦。方春萬物作，欣欣共晴晝。步履聊出郭，疎散忘隘陋。當時二三子，來往心疎透。歡然共攜手，住處同一簉。弱柳分已緑，小桃紅欲溜。細草軟宜藉，急流清可漱。杯傾野橋邊，酒從村店售。脱帽看晴雲，擊木雜鳴咮。或静欲寂默，或狂忽騰蹂。埜老愕僵仆，村童怪驚走。恐是天上仙，無乃人間秀。瀟灑羲皇上，磊落漢庭右。日暮欲返步，已行更引脰。此會得真率，他時涣邂逅。

次韻李千之秋夜見懷❶

清夜炯不寐，虚窗入圓璧。鴻雁正南飛，庭柯已改色。四運無停景，歘見節序隔。百物自穰穰，吾心自寂寂。秋物本何悲，君悲當自適。楚玉非達士，淚苦爲秋滴。不如陶淵明，濁醪度晨夕。以兹俟君子，須要生理得。一飲置君憂，再飲□君□。我感知己分，爲子豁丹臆。

述懷二十韻奉贈段公度、歐陽元老

少小從結髮，讀書懷古人。年未十四五，出走京洛塵。當時黌堂士，教我文章

❶「李」，原作「林」，依敬鄉樓本校記改。

新。氣格一入俗，至今不復振。病驥思逸足，鞭策傷苦辛。切雲漫崔嵬，慚愧席上珍。邇來二三子，論交偶情親。以我忘疵賤，所得皆鳳麟。念我勤服義，嘉我能仁親。故此傾丹臆，誨我日諄諄。論詩到平淡，文師韓子純。學道貴能行，卓爾非因循。生平志已定，不復顧狺狺。脱略塵累縶，逝將遊廣津。一披霧豹姿，豁然開我神。人生貴相知，願言結近賓。頗恨相得晚，甚知二子真。樂此臭味同，締好期終身。

巫山高

誰謂巫山高？朝言暮可期。而我有所思，邂逅藐無時。誰能心似石？見此月如眉。款款琴上聲，此意人詎知？

有所思

春風應節至，寸草亦知時。人生非木石，誰能無所思？桃花亂愁眼，柳葉憶蛾眉。所思良不遂，願言何可期？

重遊仙巖

此地一爲別，風塵歧路賒。登臨元有待，巖谷更重華。石竇寒凝髓，虹梁迴綴霞。仙源端可狎，飛轡繞林涯。

美人曲

美人娟娟似秋月，宮中女兒妬欲殺。惡言忽入恩愛移，自是君王不情察。深宮夜冷調秦箏，曲曲翻成哀怨聲。願得風吹落君耳，回心照妾相思情！

次邢元輔知府韻二首❶

飄零南北道，祇爲草堂留。佳句堪排悶，端居正復愁。何年尋舊壑，無路借前籌。擬訪乘槎客，真仙不可求。

高齋連大厦，安隱客心舒。每發難逢笑，時翻未見書。艱難恩意重，零落舊游疏。欲買西河地，終焉此荷鋤。

《永樂大典》卷一〇九九九

香爐峰

護國門前似匡阜，雲峰路上認香爐。重重妄想雖堪嘆，也勝塵埃看畫圖。

明王瓚弘治《温州府志》卷二二

坡南塘

滎陽居士居罕出，高堂華厦安於山。人自墊溺豈關我，乃復辛苦事所難。徒杠未成天欲寒，風吹溱洧波漫漫。安得亟語賢刺史，刺史愛民如赤子。

明張孚敬嘉靖《温州府志》卷七

❶ 此下四首，據北京大學點校本《全宋詩》卷一二七三《周行己三》補。

附録一

《河南程氏外書》、《粹言》有關記載❶

程子葬父，使周恭叔主客。客欲酒，恭叔以告，先生曰：「勿陷人於惡。」

《河南程氏外書》卷七

周恭叔行己。自太學早年登科，未三十，見伊川，持身嚴苦，塊坐一室，未嘗窺牖。幼議母黨之女，登科後其女雙瞽，遂娶焉，愛過常人。伊川曰：「某未三十時，亦做不得此事。然其進鋭者其退速。」每嘆惜之。周以官事求來洛中，監水南糴場，以就伊川，會伊川有涪陵行。後數年，周以酒席有所屬意，既而密告人曰：「勿令尹彦明知。」又曰：「知又何妨，此不害義理。」伊川歸洛，先生以是告之。伊川曰：「此禽獸不若也，豈得不害義理？」又曰：「以父母遺體偶倡賤，其可乎？」

《河南程氏外書》卷十二

游定夫問伊川：「戒慎乎其所不睹，恐懼乎其所不聞，及其至也，至於無聲無臭乎？」伊川曰：「馴此可以至矣。」後先生與周恭叔以此語問伊川。伊川曰：「然其間亦豈無事？」恭叔請問，伊川曰：「如荀子云：『學者始乎爲士，終乎爲聖人』，可以明之。」

❶《附録》所收各篇題名，均爲校點者所加。

《河南程氏外書》卷十二

（程）子謂周行己曰：「今之進學者，如登山：方於平易，皆能闊步而進，一遇峻險，則止矣。」

《河南程氏粹言》卷一

朱熹《伊洛淵源録》有關記載

周恭叔名行己，永嘉人。《遺書》第十七卷，或云乃其所記也。祁寬記和靖語云，恭叔自太學蚤年登科，未三十，見伊川，持身嚴苦，塊坐一室，未嘗窺牖。幼議母黨之女，登科後其女雙瞽，遂娶焉，愛過常人。伊川曰：「頤未三十時，亦做不得此事。然其進鋭者其退速。」每歎惜之。嘗酒席有所屬意，既而密告人曰：「勿令尹彦明知。」又曰：「知又何妨，此不害義理。」伊川歸，和靖偶及之，伊川云：「此禽獸不若也，豈得不害義理！」又曰：「父母遺體，以偶賤倡，可乎？」上蔡謝公亦言：「恭叔不是擺脱得開，只爲立不住，便放了。」胡文定公亦云：「人須是於一切世味淡薄方好，不要有富貴相。周恭叔才高識明，初年甚好，後來只緣累太重，若把得定，儘長進在。」

《伊洛淵源録》卷十四

李先之名朴，贛上人。爲西京學官，因受學焉。《吕氏雜志》云，李先之、周恭叔皆從程先生學問，而學蘇公文詞以文之，世多譏之者。

張思叔，河南壽安人。家甚微，年長，未知讀書，爲人傭作。一日見縣官出入，傳呼道路，思叔頗羨慕之，問人何以得如此，或告之曰，此讀書所致耳。思叔始發憤從人受學，執勞苦之役，教者憐其志，頗勸勉之。後頗能文，入縣學、府學。被薦，以科舉之學，不足爲也。因至僧寺，見道楷禪師，悦其道，有祝髪從之之意。時周恭叔行己官洛中，思叔亦從之，恭叔謂之曰：「子它日程先生歸，可從之學，無爲空祝髪也。」及伊川先生歸自涪陵，思叔始見先生。

《伊洛淵源録》卷十二

温州新修學記（節録）

葉適

學立于紹興初，積久蠹毁。嘉定七年，留公茂潛來守，既修崇之，食增田焉。告諸生曰：「峙飾廬廩，苟厚其養而已；若夫本原師友，必納諸道德，太守職也。昔周恭叔首聞程、吕氏微言，始放新經，黜舊疏，挈其儔倫，退而自求，視千載之已絶，儼然如醉忽醒，夢方覺也，頗益衰歇。而鄭景望出，明見天理，神暢氣怡，篤信固守，言與行應，而後知今人之心可即於古人之心矣。故永嘉之學，必兢省以禦物欲者，周作于前而鄭承于後也。薛士隆憤發昭曠，獨究體統，興王遠大之制，權末寡陋之術，不隨毁譽，必摭故實，如有用我，療復之方安在！至陳君舉尤號精密，民病某政，國厭某法，銖稱鎰數，各到根穴，而後知古人之治可措於今人之治矣。故永嘉之學，必彌綸以通世變者，薛經其始而陳緯其終也。四人，邦之哲民也，諸生得無景行哉！」

《葉適集·水心文集》卷十

題二劉文集後

葉適

按《周博士集》，元豐時，永嘉同遊太學者，蔣元中、沈彬老、劉元承、劉元禮、許少伊、戴明仲、趙彦昭、張子充，所謂「不滿十人，而皆經行修明，爲四方學者敬服」者也。紹興末，州始祠周公及二劉公於學，號三先生。

余觀自古堯舜舊都，魯衛故國，莫不因前代師友之教，流風相接，使其後生有所考信。今永嘉徒以僻遠下州，見聞最晚，而九人者，乃能達志開道，蔚爲之前，豈非俊豪先覺之士也哉！然百餘年間，緒言遺論，稍已墜失。而吾儕淺陋，不及識知者多矣。幸其猶有存者，豈可不爲之勤重玩繹之歟！

《葉適集・水心文集》卷二十九

韓淲《澗泉日記》有關記述

周恭叔行己，文字温淡，但時有莊、老，與程氏之説相背。詩亦好。

《澗泉日記》卷下

《宋元學案・周許諸儒學案》案語

祖望謹案：世知永嘉諸子之傳洛學，不知其兼傳關學。考所謂「九先生」者，其六人及程門，其三則私淑也。而周浮沚、沈彬老又嘗從藍田吕氏遊，非横渠之再傳乎？鮑敬亭輩七人，其五人及程門。晦翁作《伊洛淵源録》，累書與止齋求事蹟，當無遺矣，而許横塘之忠茂，竟不列其人，何也？予故謂爲晦翁未成之書。今合爲一卷，以志吾浙學之盛，實始于此。而林竹軒者，橫塘之高弟也，其學亦頗啓象山一派。述《周許諸儒學案》。梓材案：周、許諸先生原列《永嘉學案》之一，謝山《序録》始定爲《周許諸儒學案》。

百家謹案：伊洛之學，東南之士，龜山、定夫之外，惟許景衡、周行己親見伊川，得其傳以歸。景衡之後不振；行己以躬行之學，得鄭伯熊爲之弟子，梓材案：鄭先生爲浮沚私淑弟子。其後葉適繼興，經術文章，質有其文，其徒甚盛。

祖望謹案：浮沚時與許景衡、劉安節、安上、戴述、趙霄、張煇、沈躬行、蔣元中稱「元豐太學九先生」。族孫去非爲張南軒高弟。

《宋元學案》卷三十二《周許諸儒學案》

次韻周恭叔五首

許景衡

問學探前聖，聲名自妙年。何疑待價玉，卻計買山錢。北極雲垂地，西江水接天。扁舟如有約，吾亦賦歸田。

黃卷開三館，紅塵又幾年。病多須藥物，旅寓費囊錢。舊學寧無意，斯文祇任天。軒軒千里鶴，可但戲芝田。

鄉國兵戈息，仍聞大有年。欲尋江上宅，預辦酒家錢。好句煩「招隱」，餘生且樂天。向來真可笑，舍己別耘田。

賜環初就日，弛擔又逾年。老矣懷三徑，歸歟有幾錢。報君慚犬馬，戀闕望雲天。但得鄰顏巷，寧論負郭田。

鄰並端如約，追隨可判年。稻粱當富歲，魚蟹不論錢。春到花開處，霜餘橘熟天。清尊長嘯傲，滄海半桑田。

《橫塘集》卷三

送商霖兼簡恭叔

許景衡

末學紛紛只自誇，孔顏門户本無遮。農工商賈皆同氣，草木蟲魚是一家。我欲收心求克己，公知誠意在閑邪。汝南夫子規模大，歸去相從海一涯。

《橫塘集》卷五

題周恭叔謝池讀書處

趙處澹

粉蝶黃蜂二月天，初晴已覺十分妍。市橋船系垂垂柳，花寺鐘敲淡淡煙。幽趣靜看青鳥啄，閒情獨羡白鷗眠。謝家風月今何許，總入池溏夢裏篇。

《東甌詩集·續集》卷三

附録二

明萬曆《温州府志》本傳

周行己字恭叔，永嘉人。祖豫，父泳，俱登第。行己風儀秀整，語音如鐘，讀書十行俱下。游太學，以文行著。時尚新學，行己獨往伊洛，從二程子遊。做《顏子不貳過論》，有曰：「過不必大，毫末萌於心，而天地爲之應；悟不必久，斯須著於心，而天下歸其仁。」伊川可之曰：「是子達早，然憂其退速。」登元祐第。京師貴人欲妻以女，行己曰：「吾姨母貧，女瞽，吾母雖不言，意已屬，吾養志可也。」辭婚歸娶焉。伊川語人曰：「某未三十時，亦做不得此事。」崇寧行舍法，選師儒，除太學博士。行己請於朝，願分教鄉里，以便養親，詔許之。宣和初，除祕書省正字。卒於鄆。有文集三十卷。

伯父彦通，辭蔭不仕，世稱隱君子。孫學古，兩薦漕闈不第，遂棄去，以風雅自娯。曾孫如堅，登右科，爲合浦令。族孫去非登第，爲張南軒高弟，終紹興倅。弟承己別有傳。

明萬曆《温州府志》卷十一《人物》一

《宋元學案》本傳

周行己，字恭叔，永嘉人也。學者稱爲浮沚先生。少而風儀秀整，語音如鐘，十行並下。遊太學，時新經之說方盛，而先生獨之西京，從伊川遊，持身艱苦，塊然一室，未嘗窺牖。嘗作《顔子不貳過論》曰：「過不必大，毫末萌於心，而天地爲之應；悟不必久，斯須著於心，而天下歸其仁。」伊川亦稱之。吕與叔時在同門，先生亦師事之。豐清敏公爲司業，一日，騶從鬨於堂下，先生上書規之，清敏爲巽謝焉，時兩賢之。成元祐進士，求監洛中水南糴場，以便從學。

先生未達時，從母有女，爲其太孺人所屬意，嘗有成言而未納采。至是，其女雙瞽，而京師貴人欲以女女之，先生謝曰：「吾母所許，吾養志可也。」竟娶之，愛過常人。伊川常語人曰：「某未三十時，亦不能如此。然其進鋭者其退速，當慎之。」其後先生嘗屬意一妓，密告人曰：「勿令尹彦明知也。」又曰：「此似不害義。」伊川聞曰：「此安得不害義！父母之體，而以偶賤倡乎？」謝上蔡曰：「恭叔不是擺脱不開，只爲立不住，便放倒耳。」胡文定曰：「恭叔才識高明，只緣累太重。若把得定，便長進矣。」

崇寧中，官至太學博士，願分教鄉里，以便養親，許之。尋教授齊州。大觀三年，侍御史毛□劾先生師事程氏，卑汙苟賤，無所不爲，遂罷歸，築浮沚書院以講學。宣和中，除祕書省正字。卒於鄆。所著有《周博士集》三十卷。梓材案：陳直齋《書録解題》：《浮沚先生集》十六卷，《後集》三卷，云先生所居謝池坊有「浮沚書院」。○雲濠案：《周博士集》三十卷，本之萬曆《温州府志》。考《宋史·藝文志》稱《周行己集》十九卷，正合前後兩集之數。《温志》蓋傳譌也。《永樂大典》本《浮沚集》八卷，見《四庫書目》。予從《永樂大典》得見之，其文蓋學東坡者。先生以偶墮狎邪之故，遂爲謝、尹諸公所譏。先然考其晚年所造，似已爲不遠之復，未可以此一節抹殺之。晦翁謂先生學問「靠不得」者，恐太過也。

永嘉諸先生從伊川者，其學多無傳，獨先生尚有緒言。南渡之後，鄭景望私淑之，遂以重光。故水心謂永嘉之學「覘千載之已絶，退而自求，克兢省以禦物欲者，周作於前，鄭承於後」。然則先生之功，不可没也。修。

《宋元學案》卷三十二《周許諸儒學案》

《宋史翼》本傳

周行己字恭叔，永嘉人也。學者稱爲浮沚先生。少而風儀秀整，語音如鐘，讀書十行並下。遊太學，時新經之説方盛，而行己獨之西京，從伊川遊，持身艱苦，塊然一室，未嘗窺牖。嘗作《顔子不貳過論》曰：「過不必大，毫末萌於心，而天地爲之應；悟不必久，斯須著於心，而天下歸其仁。」伊川稱之曰：「是子早達，然憂其速退。」豐稷爲司業，一日，騶從鬨於堂下，行己上書規之，稷爲巽謝，時兩賢之。成元祐進士，求監洛中水南糴場，以便從學。

行己未達時，從母有女爲其母所屬意，嘗有成言而未納采。至是其女雙瞽，而京師貴人欲以女女之。行己謝曰：「吾母所許，吾養志可也。」竟娶之，愛過常人。伊川常語人曰：「某未三十時，亦不能如此。」

崇寧中，官至太學博士，願分教鄉里，以便養親，尋授齊州教授，發明中庸之旨，此邦始知有伊洛之學。大觀三年，御史毛注劾行己師事程氏，卑汙苟賤，無所不爲，遂罷歸，築浮沚書院以講學。宣和中，除祕書省正字。卒於鄆。所著有《周博士集》三十卷，與許景衡、劉安上、安節、戴述、趙霄、張煇、沈躬行、蔣元中，稱「元豐九先生」。

陸心源《宋史翼》卷二十三《儒林》一

清乾隆《瑞安縣志》本傳

周行己，程子門人，字恭叔。祖豫，父泳，皆中第。泳官至正議大夫。行己風儀秀整，❶語音如鐘，讀書十行俱下。入太學，以文行著。作《齋揖文》，同舍遵行之。司業豐稷騶從閧惇化堂下，行己移書規之，稷愧謝，由是名重京師。時新學行，乃獨之洛，從伊川。二劉、許、趙繼至，❷皆敬下之。作《顏子不貳過論》，有曰：「過不必大，毫末萌於心，而天地爲之應；悟不必久，斯須著於心，而天下歸其仁。」或以告伊川，伊川可之，曰：「是子達早，然亦憂其退速。」登元祐第，時太學九人中，行己最先進，京師貴人争欲妻之。行己曰：「吾姨母貧，其女瞽，未適，吾母雖不言，其意已有屬，養志可也。」辭婚歸娶之。伊川語人曰：「某年未三十，亦做不得此事。」

崇寧行舍法，選師儒，除太學博士。行己請於朝，願分教鄉里，以便養親，詔許之。仍帶舊官教授本州。於是以所聞於程氏者，發明旨要，以迪後進，此邦始有洛學。越二年，丁父憂，服闋，授齊州教授。大觀三年，毛御史注劾行己師事程頤，卑汙苟賤，無所不爲，遂罷歸。築室於郡城謝池

❶「風」，原作「豐」，據他文「風儀」連稱詞例改。

❷「趙」，依《宋元學案・周許諸儒學案》，疑當作「戴」，即戴述。趙霄係私淑，未至洛陽受業。

坊，臨池作東山堂。又作浮沚於雁池之西，皆自爲記。宣和初，除祕書省正字，鄆守王靚請爲幕賓，後卒於鄆。靚以朝命津其喪歸，葬邑之芳山鄉杉坑里，祔父正議大夫墓。有文集十九卷。《浮沚先生集》十六卷，《後集》三卷。族孫去非爲南軒高弟，見《伊洛淵源録》。

舊志云：按瑞安所址，爲周氏舊第，所前有周正議巷，世傳爲正議大夫周泳所居，里巷首有慕賢坊以表周氏也。今考《陶山丹室記》云：「行己邑民，仕於鄉校者也。」及卒於鄆，稱以朝命津其喪，歸葬安固，則先生爲瑞人明矣。一築室於謝池，一遷居於柳市，皆教授本州後事。舊誤入永嘉，竊校定。

清乾隆《瑞安縣志》卷八《人物》三

清光緒《永嘉縣志》本傳

周行己字恭叔，居謝池坊。從祖豫，父泳，俱進士第。行己風儀秀整，語音如鐘，讀書十行俱下。游太學，以文行著。司業豐稷騶從閧敦化堂下，行己移書規切，稷遜謝，由是名重京師。時競尚新學，行己獨往伊洛從二程子遊。作《顔子不貳過論》，有曰：「過不必大，毫末萌於心，而天地爲之應；悟不必久，斯須著於心，而天下歸其仁。」伊川可之曰：「是子達早，然憂其退速。」登元祐第，京師貴人欲妻以女，行己曰：「吾姨母貧，女瞽，吾母雖不言，意已屬，吾養志可也。」辭婚歸娶焉。伊川語人曰：「頤年未三十時，亦做不得此事。」

爲太學博士，求便養親，詔授本州教

授，發明中庸之旨，邦人始知有伊洛之學。宣和初，除祕書省正字。卒於鄆，鄆守王靚以太學之舊，辟入幕府。卒於鄆，靚津其喪歸葬焉。有文集三十卷。與許景衡、劉安節、安上、戴述、趙霄、張輝、沈躬行、蔣元中稱「元豐九先生」。

弟承己，孫學古，俱別有傳。族孫去非，字直夫，登隆興癸未進士第，爲張南軒高弟，淳熙中，官桂林通判，終紹興府通判。著有《嶺外代答》十卷。

乾隆府志云，按舊府志及《永嘉縣志》俱載行己永嘉人，浮沚書院即恭叔故居。《文獻通考》則稱其宅在謝池坊。而瑞安新舊縣志載，行己與其父正議大夫泳墓在瑞安杉坑，有正議巷、慕賢坊在縣城。考文集《陶隱居丹室記》稱，維揚呂君少逸令瑞邑，行己以邑民仕於鄉校，則行己祖籍當在瑞安。故瑞有正議巷，而太博遷居永嘉，卒葬父墓之側耳。

清光緒《永嘉縣志》卷十三《人物志·儒林》

附録三

書目提要

《浮沚先生集》十六卷《後集》三卷

祕書省正字永嘉周行己恭叔撰。十七入太學，有盛名，師事程伊川，元祐六年進士，爲太學博士。以親老歸，教授其鄉，再入爲館職，復出作縣，永嘉學問所從出也，鄉人至今稱周博士。集序，林越撰，言爲祕書郎，則不然。先祖妣，先生之第三女，先君子其自出也，故知其本末。所居謝池坊，有浮沚書院。

陳振孫《直齋書録解題》卷十七

《浮沚先生集》十六卷《後集》三卷

陳氏曰：祕書省正字永嘉周行己恭叔撰。十七入太學，有盛名，師事程伊川。元祐六年進士，爲太學博士。以親老歸，教授其鄉。再入爲館職，復出作縣，永嘉學問所從出也，鄉人至今稱博士。集序，林鉞撰。先祖妣，先生之第三女，先君之所自出，故知其本末。所居謝池坊，有浮沚書院。

馬端臨《文獻通考》卷二百三十七

《浮沚集》八卷《永樂大典》本

宋周行己撰。行己字恭叔，永嘉人。元祐六年進士，官至祕書省正字，出知樂清縣。陳振孫《書録解題》稱其爲太學博士，以親老歸，教授其鄉。再入爲館職，復出作縣，鄉人至今稱周博士，蓋相沿稱其初授之官也。振孫載《浮沚先生集》十六卷，《後集》三卷。《宋史·藝文志》載《周行己集》十九卷，正合前後兩集之數，而又别出《周博士集》十卷，已相牴牾。萬曆《温州府志》又稱行己集凡三十卷，更參錯不符。考振孫之祖母，即行己之第三女，振孫所記，當必不誤。《宋史》及温州志均傳譌也。行己早從伊川程子游，傳其緒論，實開永嘉學派之先。集中有《上宰相書》，云：「少慕存心養性之説，於周孔佛老，無所不求，而未嘗有意於進取。」又有《上祭酒書》，云「十五學屬文，十七補太學諸生，學科舉。又二年，讀書益見道理，於是學古人之修德立行」云云。觀所自敘，其生平學問梗概，可以略見，則發爲文章，明白淳實，粹然爲儒者之言，固有由也。且行己之學雖出程氏，而與曾鞏、黄庭堅、晁説之、秦觀、李之儀、左譽諸人皆相倡和。集中《寄魯直學士》一詩稱：「當今文伯眉陽蘇，新詞的爍垂明珠。」於蘇軾亦極傾倒，絶不立洛蜀門户之見。故耳擩目染，詩文亦皆嫻雅有法，尤講學家所難能矣。集久失傳，今從《永樂大典》所載蒐羅排比，共得八卷。較之原編，十幾得五，尚足見其大凡也。

《四庫全書總目》卷一百五十五

案《永樂大典》本《浮沚集》，凡文七卷，詩二卷。如《歷代名臣奏議》二百十三所載《論增修法度奏》，《東嘉先哲録》二所引《劉安上墓誌》，《慎江文類》四所載《代郭守賀玄圭表》，陳遇春《甌栝文録》一所載《包端睦忠孝傳》，❶《東甌詩集》一所録《絶境亭

❶ 「端」，原誤作「瑞」，據本書所載《包端睦忠孝傳》改，參見第一三八頁。

詩》，《浮沚集》失收詩文尚夥，此特舉其略。今並未收。又《書録解題》謂集有林越序，此本亦無之，則其散佚者多矣。浮沚講學本伊川，文章則軌步眉山，此集雖不完，而瑋文奧筆，猶見梗概。若《上皇帝書》第二篇，集一。纚纚數千言，極陳時政之得失，暢達雄偉，酷類東坡論事之文。其《戴明仲墓誌銘》集七。❶全録戴迅行狀及林定哀詞，不削一字，惟于首尾略加論斷。哀詞本爲韻語，亦遂不復作銘，則又體格奇剏，足補金石例者。《困學紀聞》二十僅舉《跋秦璽文》一篇，未足盡浮沚之文也。

又案《文淵閣書目》九，有《周博士文集》一部，四册全。則明初所傳，不止浮沚前後集矣。其書止十卷，蓋不及《浮沚集》之完備，故永樂時修《大典》不載其本也。

孫詒讓《温州經籍志》卷十九

書周恭叔浮沚集後（節録）

盧文弨

周恭叔名行己，永嘉人。宋元祐六年進士，官至祕書省正字，出知樂清縣，鄉人相沿稱其初授之官爲周博士云。早從伊川程子遊，而集中有與釋門往來文字，闌入彼家之言，其學似未盡醇。若因其推崇眉陽爲文伯，以爲能化去洛蜀門户之見，則於釋氏又若何置論哉？其在太學，以同學生馮參行至孝而師事之，爲群士所怪笑，勿恤也。其教授於鄉也，謂禮義之所始，在於正容體，齊顔色，順辭令，學有齋揖，弟子每朝必揖其師，此愛敬之道也，其可廢乎！

❶「明」，原誤作「銘」，據底本卷七改。見本書第九四頁。

乾隆四十七年三月朔日，在晉陽書。

盧文弨《抱經堂文集》卷十二

《敬鄉樓叢書》本《浮沚集》後跋

武英殿聚珍版本周恭叔先生《浮沚集》，凡文七卷，詩二卷。❶余舊藏是書兩部，一爲武英殿原刊本，一爲閩重刊本。據《直齋書録解題》十七，《浮沚集》原爲十六卷，又後集三卷，共十九卷。顧原書失傳已久，今所傳武英殿本，係從《永樂大典》中輯集而成，其卷帙殆不及原書之半，蓋散佚者多矣。余嘗就周天錫《慎江文徵》、陳遇春《東甌先正文録》、孫衣言《永嘉集内編》、曾唯《東甌詩存》及光緒《永嘉縣志》等書，蒐羅先生遺著，共得文十首，詩十三首，皆爲大典本《浮沚集》失收之作，特彙爲補遺一卷，以附于本集之後。《東嘉先哲録》所載《劉安上墓誌》，以刪節，非全文，不録。浮沚爲永嘉城西南隅一小池，地近松臺山麓，幽静可愛，先生之故居在焉。余少時里居讀書，每過其地，輒遲徊不能去。先生爲永嘉學問所從出之一人，而永嘉諸先生嘗從伊川遊者，其書世已鮮傳。先生是集，雖非完本，而緒言大義，猶可概見也。兹以殿本、閩本及諸書所載浮沚詩文，互相校勘，并附録孫琴西先生按語于各篇之下，以付排印。是不僅爲便于讀者，亦所以示景仰先生之微意也。

民國二十年三月黄群記。

《敬鄉樓叢書》第三輯《浮沚集》卷末

❶「二卷」，原誤作「卷二」，依《浮沚集目録》改。

鳴謝

《儒藏》精華編惠蒙善助，共襄斯文；謹列如左，用伸謝忱。

本煥法師　壹佰萬元

北京大學《儒藏》編纂中心

本册审稿人　张忱石

本册责任编委　沙志利

圖書在版編目(CIP)數據

儒藏．精華編．二二〇/北京大學《儒藏》編纂中心編．—北京:北京大學出版社，2007.11

ISBN 978-7-301-11938-9

Ⅰ．儒…　Ⅱ．北…　Ⅲ．儒家　Ⅳ．B222

中國版本圖書館 CIP 數據核字(2007)第 175424 號

書　　名：儒藏(精華編二二〇)
著作責任者：北京大學《儒藏》編纂中心
責 任 編 輯：謝丹雲　童　祁
標 準 書 號：ISBN 978-7-301-11938-9/B·0624
出 版 發 行：北京大學出版社
地　　址：北京市海淀區成府路 205 號　100871
網　　址：http://www.pup.cn
電 子 信 箱：dianjiwenhua@163.com
電　　話：郵購部 62752015　發行部 62750672　編輯部 62756694
　　　　　出版部 62754962
印　刷　者：北京中科印刷有限公司
經　銷　者：新華書店
　　　　　787 毫米×1092 毫米　16 開本　44.5 印張　588 千字
　　　　　2007 年 11 月第 1 版　2007 年 11 月第 1 次印刷
定　　價：1200.00 元

ISBN 978-7-301-11938-9
定價：1200.00元